MANUAL DOS ACORDOS DE LENIÊNCIA NO BRASIL
Teoria e prática
CADE, BC, CVM, CGU, AGU, TCU, MP

Amanda Athayde

Prefácio
Paula A. Forgioni

Apresentação
Ana Frazão

MANUAL DOS ACORDOS DE LENIÊNCIA NO BRASIL
Teoria e prática

CADE, BC, CVM, CGU, AGU, TCU, MP

2ª edição revista, ampliada e atualizada

Pesquisadoras colaboradoras:
Agnes Macedo de Jesus, Anna Binotto, Deborah Novaes,
Isabela Monteiro e Mônica Tiemy Fujimoto

Belo Horizonte

FÓRUM
CONHECIMENTO JURÍDICO

2021

© 2019 Editora Fórum Ltda.
2021 2ª edição

É proibida a reprodução total ou parcial desta obra, por qualquer meio eletrônico,
inclusive por processos xerográficos, sem autorização expressa do Editor.

Conselho Editorial

Adilson Abreu Dallari
Alécia Paolucci Nogueira Bicalho
Alexandre Coutinho Pagliarini
André Ramos Tavares
Carlos Ayres Britto
Carlos Mário da Silva Velloso
Cármen Lúcia Antunes Rocha
Cesar Augusto Guimarães Pereira
Clovis Beznos
Cristiana Fortini
Dinorá Adelaide Musetti Grotti
Diogo de Figueiredo Moreira Neto (*in memoriam*)
Egon Bockmann Moreira
Emerson Gabardo
Fabrício Motta
Fernando Rossi
Flávio Henrique Unes Pereira

Floriano de Azevedo Marques Neto
Gustavo Justino de Oliveira
Inês Virgínia Prado Soares
Jorge Ulisses Jacoby Fernandes
Juarez Freitas
Luciano Ferraz
Lúcio Delfino
Marcia Carla Pereira Ribeiro
Márcio Cammarosano
Marcos Ehrhardt Jr.
Maria Sylvia Zanella Di Pietro
Ney José de Freitas
Oswaldo Othon de Pontes Saraiva Filho
Paulo Modesto
Romeu Felipe Bacellar Filho
Sérgio Guerra
Walber de Moura Agra

FÓRUM
CONHECIMENTO JURÍDICO

Luís Cláudio Rodrigues Ferreira
Presidente e Editor

Coordenação editorial: Leonardo Eustáquio Siqueira Araújo
Aline Sobreira de Oliveira

Av. Afonso Pena, 2770 – 15º andar – Savassi – CEP 30130-012
Belo Horizonte – Minas Gerais – Tel.: (31) 2121.4900 / 2121.4949
www.editoraforum.com.br – editoraforum@editoraforum.com.br

Técnica. Empenho. Zelo. Esses foram alguns dos cuidados aplicados na edição desta
obra. No entanto, podem ocorrer erros de impressão, digitação ou mesmo restar
alguma dúvida conceitual. Caso se constate algo assim, solicitamos a gentileza de
nos comunicar através do *e-mail* editorial@editoraforum.com.br para que possamos
esclarecer, no que couber. A sua contribuição é muito importante para mantermos
a excelência editorial. A Editora Fórum agradece a sua contribuição.

Dados Internacionais de Catalogação na Publicação (CIP) de acordo com a AACR2

AT865m	Athayde, Amanda Manual dos Acordos de Leniência no Brasil: teoria e prática — CADE, BC, CVM, CGU, AGU, TCU, MP / Amanda Athayde. 2. ed. – Belo Horizonte: Fórum, 2021. 659p.; 14,5cm x 21,5cm ISBN: 978-65-5518-258-3 1. Direito da Concorrência. 2. Direito Antitruste. 3. Direito Econômico. 4. Direito Empresarial I. Título. CDD: 341.378 CDU: 346

Elaborado por Daniela Lopes Duarte – CRB-6/3500

Informação bibliográfica deste livro, conforme a NBR 6023:2018 da Associação Brasileira de
Normas Técnicas (ABNT):

ATHAYDE, Amanda. *Manual dos Acordos de Leniência no Brasil*: teoria e prática — CADE, BC, CVM,
CGU, AGU, TCU, MP. 2. ed. Belo Horizonte: Fórum, 2021. 659p. ISBN 978-65-5518-258-3.

[2ª edição]

A Lucas Pimpão, Pedro Pipoca, Marcelo e Farofa, meus amores e melhores parceiros de todos os dias, noites e madrugadas.

[1ª edição]

Ao meu filho Pedro, meu companheirinho, que acompanhou a redação do livro de dentro e de fora da barriga. Ao meu marido Marcelo, pela parceria em todas as empreitadas. Ao Farofa, o fiel escudeiro da nossa família.

AGRADECIMENTOS DA 2ª EDIÇÃO

Nesta segunda edição, agradeço a todos os que cederam parte do seu tempo para discutir as novas ideias das atualizações dos capítulos deste livro comigo, apresentando comentários, sugestões, críticas e ponderações: Carolina Pancotto Bohrer, Daniel Rebello, Eliane Coelho Mendonça, Henrique Machado, João Victor Freitas, Márcio Schusterchitz, Pedro Brandão e Souza, Priscilla Craveiro, Rodrigo de Grandis, Samantha Dobrowski, Vanir Frischestein, Victor Fernandes e Victor Godoy. Agradeço também a todos os que me convidaram para participar de eventos ou para ofertar cursos sobre os temas, pois me permitiram ouvir dúvidas de alunos que estarão, de algum modo, respondidas por escrito nesta atualização do livro.

Agradeço também àquelas que me apoiaram durante a minha segunda licença-maternidade e meu retorno "a todo vapor" ao trabalho na Universidade de Brasília (UnB) e na Subsecretaria de Defesa Comercial e Interesse Público do Ministério da Economia (SDCOM/SECEX/ME), que viabilizou a atualização deste livro: Ana Lúcia ("Aiú") e Daniela Motta ("TiDoni"), vocês foram meus braços com os meus pequenos enquanto eu escrevia.

Ainda, agradeço aos pesquisadores que colaboraram com pesquisas para as atualizações desta segunda edição: Isabela Monteiro e Deborah Novaes. Agradeço também às pesquisas específicas realizadas por Luísa Faria, Matheus Rodrigues e Gabriel Andrade em alguns trechos pontuais do livro.

AGRADECIMENTOS DA 1ª EDIÇÃO

Agradeço às exímias pesquisadoras que colaboraram na elaboração deste livro: Agnes Macedo de Jesus, Anna Binotto e Mônica Fujimoto. E à brilhante acadêmica Isabela Monteiro de Oliveira, que procedeu a uma minuciosa revisão desta obra.

Agradeço também àqueles que cederam parte do seu tempo para discutir as ideias e as minutas preliminares de capítulos deste livro comigo, apresentando comentários, sugestões, críticas e ponderações: Alexandre Barreto de Souza, Beto Vasconcelos, Carlos Fernando de Araújo, Carolina Pancotto Bohrer, Daniel Andreoli, Daniel Rebello, Débora Costa Ferreira, Deltan Dallagnol, Eduardo Alonso Olmos, Fábio Sgueri, Fernando Antônio Oliveira Júnior, Henrique Machado Moreira, Marcelo Pontes Viana, Márcio Barra Lima, Márcio Schusterchitz, Maria Cecília Andrade, Paulo Roberto Galvão, Samantha Chantal e Wagner de Campos Rosario.

Ainda, agradeço aos meus pais, Daniel e Ângela, pelo incentivo aos estudos e a uma vida profissional e pessoal equilibrada. Às minhas irmãs, Letícia e Bárbara, por serem minhas inspirações diárias de mães e profissionais. Aos meus cunhados, por fazerem minhas irmãs felizes. Aos meus sobrinhos, Lara, Mateus, Rafael, Oliver, Mário, Guto e Maitê, por trazerem tanta leveza e ingenuidade à vida adulta. Agradeço também às fadas do lar Claudinha e Ângela, que permitiram esse meu esforço acadêmico durante a licença-maternidade. E à minha família de coração, composta pelo meu sogro, Bira, minha sogra, Maria Emília, meus cunhados e concunhado, pela acolhida sempre carinhosa.

Finalmente, agradeço a duas das minhas principais inspirações acadêmicas. À Prof.ª Paula A. Forgioni, minha eterna orientadora, que mais uma vez me brinda com um prefácio, agora para o meu segundo livro. E à Prof.ª Ana Frazão, incentivadora deste projeto desde a sua concepção, que me concedeu a honra de apresentar o livro.

LISTA DE ABREVIATURAS E SIGLAS

ABA – *American Bar Association*
ADIn – Ação Direta de Inconstitucionalidade
ACCC – Australian Competition and Consumer Commission
AGU – Advocacia-Geral da União
AMB – Associação de Magistrados Brasileiros
ANP – Agência Nacional do Petróleo e Gás Natural
ANPC – Acordos de Não Persecução Cível
ANPP – Acordo de Não Persecução Penal
ANTC – Associação Nacional dos Auditores de Controle Externo dos Tribunais de Contas do Brasil
APS – Acordo administrativo em Processo de Supervisão
API – Interface de Programação de Aplicativos
ARDC – Ações de Reparação por Danos Concorrenciais
AUD-TCU – Associação da Auditoria de Controle Externo do Tribunal de Contas da União
BC – Banco Central
BNDES – Banco Nacional de Desenvolvimento Econômico e Social
Cade – Conselho Administrativo de Defesa Econômica
CAQi – Custo Aluno-Qualidade Inicial
CAS – Comitê de Acordo de Supervisão
CC – Código Civil
CCA – Competition and Consumer Act
CCR – Câmara de Coordenação e Revisão
CDC – Código de Defesa do Consumidor
CGU – Controladoria-Geral da União
CNSP – Confederação Nacional dos Servidores Públicos
Coanp – Comissão de Análise e Negociação de Termos de Compromisso
Coaps – Comissão de Acordo Administrativo em Processo de Supervisão
Coder – Comitê de Decisão de Recurso e Reexame
Copat – Comitê de Decisão de Processo Administrativo Sancionador e de Termo de Compromisso
Copas – Comitê de Decisão de Processo Administrativo Sancionador
Coter – Comitê de Decisão de Termo de Compromisso
CPC – Código de Processo Civil
CPP – Código de Processo Penal

CRSFN	–	Conselho de Recursos do Sistema Financeiro Nacional
CTC	–	Comitê de Termo de Compromisso
CVM	–	Comissão de Valores Monetários
DAL	–	Diretoria de Acordos de Leniência
Decap	–	Departamento de Controle e Análise de Processos Administrativos Punitivos
Degef	–	Departamento de Gestão Estratégica, Integração e Suporte da Fiscalização
Deres	–	Departamento de Regimes de Resolução
Detran/PR	–	Departamento de Trânsito do Paraná
Direc	–	Diretor de Relacionamento Institucional e Cidadania
DOJ	–	Departamento de Justiça
DPP	–	Departamento de Patrimônio Público e Probidade da Procuradoria-Geral da União
ENCCLA	–	Estratégia Nacional de Combate à Lavagem de Dinheiro
FBI	–	Federal Bureau of Investigations
FCPA	–	Foreign Corrupt Practices Act
FDDD	–	Fundo de Defesa de Direitos Difusos
Fiesp	–	Federação das Indústrias do Estado de São Paulo
FGTS	–	Fundo de Garantia do Tempo de Serviço
Funcef	–	Fundação dos Economiários Federais
FMI	–	Fundo Monetário Internacional
FOIA	–	Freedom of Information Act
FRCP	–	Federal Rules of Civil Procedure
FRCrP	–	Federal Rules of Criminal Procedure
GAFI	–	Grupo de Ação Financeira Internacional
Gedec	–	Grupo Especial de Delitos Econômicos
Gepad	–	Sistema de Gestão e Controle de Processos Administrativos Sancionadores
GRU	–	Guia de Recolhimento da União
IBGE	–	Instituto Brasileiro de Geografia e Estatística
ICC	–	International Chamber of Commerce
ICN	–	International Competition Network
IN	–	Instrução Normativa
IPCA	–	Índice Nacional de Preços ao Consumidor Amplo
Jecrim	–	Juizados Especiais Cíveis e Criminais
LINDB	–	Lei de Introdução às Normas do Direito Brasileiro
MJSP	–	Ministério da Justiça e Segurança Pública
MP	–	Ministério Público
MPDFT	–	Ministério Público do Distrito Federal e Territórios
MPE	–	Ministério Público Estadual
MPF	–	Ministério Público Federal
OAB	–	Ordem dos Advogados do Brasil
OCDE	–	Organização para Cooperação e Desenvolvimento Econômico
PAR	–	Processo Administrativo de Responsabilização

PAS	–	Processo Administrativo Sancionador
Petros	–	Fundação Petrobras de Seguridade Social
PFE	–	Procuradoria Federal Especializada da CVM
PGR	–	Procuradoria-Geral da República
PIC	–	Procedimento Investigatório Criminal
RICade	–	Regimento Interno do Cade
SBDC	–	Sistema Brasileiro de Defesa da Concorrência
SCC	–	Secretaria de Combate à Corrupção
SDE/MJ	–	Secretaria de Direito Econômico do Ministério da Justiça
SEAE/MF	–	Secretaria de Acompanhamento Econômico do Ministério da Fazenda
SEC	–	Securities and Exchange Commission
Secre	–	Secretário-Executivo
Seprac	–	Secretaria de Promoção da Produtividade e Advocacia da Concorrência
SFN	–	Sistema Financeiro Nacional
SG/Cade	–	Superintendência-Geral do Cade
SIC	–	Serviço de Informação aos Cidadãos
SPS	–	Superintendência de Processos Sancionadores
STF	–	Supremo Tribunal Federal
STJ	–	Superior Tribunal de Justiça
STPC	–	Secretaria da Transparência e Prevenção de Corrupção
TAC	–	Termo de Ajustamento de Conduta
TC	–	Termo de Compromisso
TCC	–	Termo de Compromisso de Cessação
TCE	–	Tomada de Contas Especiais
TCU	–	Tribunal de Contas da União
TFUE	–	Tratado sobre o Funcionamento da União Europeia
UNCAC	–	Convenção das Nações Unidas contra a Corrupção

SUMÁRIO

PREFÁCIO
Paula A. Forgioni 25

APRESENTAÇÃO
Ana Frazão 27

INTRODUÇÃO 31

CAPÍTULO 1
TEORIA GERAL DOS ACORDOS DE LENIÊNCIA 39

1.1 Justificativas para a instituição de um programa de leniência ... 41

1.1.1 Detecção de práticas ilícitas como justificativa dos acordos de leniência 43

1.1.2 Obtenção de provas como justificativa dos acordos de leniência 54

1.1.3 Eficiência, efetividade e alavancagem investigativas como justificativa dos acordos de leniência.................................... 57

1.1.4 Cessação da infração como justificativa dos acordos de leniência 61

1.1.5 Sanção aos demais infratores como justificativa dos acordos de leniência 63

1.1.6 Recolhimento de verbas pecuniárias como justificativa dos acordos de leniência 68

1.1.7 Dissuasão de práticas ilícitas futuras como justificativa dos acordos de leniência 80

1.1.8 Aprimoramento dos processos administrativos públicos como justificativa dos acordos de leniência 91

1.2 Pilares para a estruturação de um programa de leniência efetivo 93

1.2.1 Alto risco de detecção da prática como pilar para a estruturação de um programa de leniência efetivo..................... 94

1.2.2 Receio de severas punições como pilar para a estruturação de um programa de leniência efetivo.................... 98

1.2.3	Transparência, previsibilidade e segurança jurídica como pilares para a estruturação de um programa de leniência efetivo	118
1.3	Requisitos compartilhados por todos e requisitos específicos de alguns acordos de leniência no Brasil	122
1.3.1	Requisitos compartilhados por todos os acordos de leniência no Brasil	126
1.3.1.1	Cessação da conduta como requisito compartilhado por todos os acordos de leniência	127
1.3.1.2	Confissão como requisito compartilhado por todos os acordos de leniência	127
1.3.1.3	Cooperação com a investigação e ao longo de todo o processo como requisito compartilhado por todos os acordos de leniência	128
1.3.1.4	Resultado da cooperação como requisito compartilhado por todos os acordos de leniência	129
1.3.2	Requisitos específicos de alguns acordos de leniência no Brasil	130
1.3.2.1	Primazia como requisito específico de alguns acordos de leniência	131
1.3.2.2	No momento da propositura, ausência de provas suficientes contra o proponente, como requisito específico de alguns acordos de leniência	132
1.3.2.3	Programa de *compliance*/integridade como requisito específico de alguns acordos de leniência	133
1.3.2.4	Auditoria externa/Monitor externo como requisito específico de alguns acordos de leniência	134
1.3.2.5	Recolhimento de verbas pecuniárias como requisito específico de alguns acordos de leniência	136
1.4	Panorama geral dos acordos de leniência no Brasil e cooperação inter e intrainstitucional na negociação e no sancionamento	138
1.4.1	Breve panorama geral dos acordos de leniência no Brasil	139
1.4.2	A cooperação intra e interinstitucional nos acordos de leniência no Brasil	146
1.4.2.1	Da cooperação interinstitucional no momento da negociação/celebração dos acordos de leniência	149
1.4.2.2	Da cooperação interinstitucional no momento do sancionamento dos envolvidos nos ilícitos processados com origem nos acordos de leniência	162
1.4.2.2.1	Da cooperação intrainstitucional nos acordos de leniência	176
1.4.3	Dos acordos assemelhados que não constituem acordos de leniência	176

1.4.3.1 Acordos de colaboração premiada.. 184

1.4.3.1.1 Breve histórico dos acordos de colaboração premiada na Lei nº 12.850/2013.. 184

1.4.3.1.2 Da legitimidade para a celebração dos acordos de colaboração premiada... 195

1.4.3.1.3 Orientações do MPF sobre a celebração de acordos de colaboração premiada... 198

1.4.3.2 Acordos de Não Persecução Cível e Penal................................... 205

1.4.3.3 Termo de Compromisso de Cessação (TCC) Antitruste no Cade.. 222

1.4.3.4 Termo de Compromisso (TC) no SFN.. 223

1.4.3.5 Termo de Ajustamento de Conduta (TAC).................................. 224

1.4.3 Panorama geral dos acordos de leniência e dos acordos assemelhados no Brasil.. 225

CAPÍTULO 2
LENIÊNCIA ANTITRUSTE.. 237

2.1 Leniência antitruste: contextualização e breve histórico legislativo.. 237

2.1.1 Da alteração da autoridade competente para celebrar o acordo de leniência antitruste na Lei nº 12.529/2011.............................. 242

2.1.2 Do fim do impedimento para que o líder do cartel seja proponente do acordo de leniência antitruste na Lei nº 12.529/2011.. 244

2.1.3 Da ampliação dos ilícitos penais cobertos pela imunidade concedida ao signatário na Lei nº 12.529/2011............................ 247

2.2 Leniência antitruste: requisitos legais.. 247

2.2.1 Primazia – Do requisito de a empresa ser a primeira a se qualificar com respeito à infração noticiada ou sob investigação.. 249

2.2.2 Cessação da conduta – Do requisito de a empresa e/ou pessoa física cessar sua participação na infração noticiada ou sob investigação.. 255

2.2.3 No momento da propositura, ausência de provas suficientes contra o proponente – Do requisito de que, no momento da propositura do acordo, a SG/Cade não disponha de provas suficientes para assegurar a condenação da empresa e/ou da pessoa física... 256

2.2.4 Confissão – Do requisito de a empresa e/ou pessoa física confessar sua participação no ilícito.. 260

2.2.5 Cooperação com a investigação e ao longo de todo o processo – Do requisito de a empresa e/ou pessoa física

	cooperar plena e permanentemente com a investigação e o processo administrativo	262
2.2.6	Resultado da cooperação – Do requisito de que a cooperação da empresa e/ou da pessoa física resulte na identificação dos demais envolvidos na infração e na obtenção de informações e documentos que comprovem a infração noticiada ou sob investigação	264
2.3	Leniência antitruste: benefícios	269
2.3.1	Benefícios administrativos do acordo de leniência antitruste para os infratores	269
2.3.1.1	Acordo de leniência antitruste total	273
2.3.1.2	Acordo de leniência antitruste parcial	273
2.3.1.3	Outras repercussões administrativas do acordo de leniência antitruste?	276
2.3.1.4	Leniência *plus* antitruste	277
2.3.2	Benefícios criminais do acordo de leniência antitruste para os infratores	285
2.3.2.1	Da participação do Ministério Público nos acordos de leniência antitruste	287
2.3.2.2	Da abrangência criminal do acordo de leniência antitruste	290
2.3.3	Benefícios do acordo de leniência antitruste para a investigação	293
2.3.4	Benefícios do acordo de leniência antitruste para a política de defesa da concorrência	294
2.3.5	Repercussões cíveis do acordo de leniência antitruste	296
2.4	Leniência antitruste: as fases de negociação	306
2.4.1	Fase 1: a proposta de acordo de leniência e a concessão de senha (*"marker"*) ou de termo de fila de espera	307
2.4.1.1	Da concessão da senha (*marker*)	310
2.4.1.2	Da concessão do termo de fila de espera	314
2.4.2	Fase 2: a apresentação de informações e documentos	317
2.4.3	Fase 3: a formalização do acordo de leniência antitruste pela SG/Cade	321
2.4.4	Fase 4: a publicização (ou não) do acordo de leniência antitruste	325
2.4.5	Fase 5: a declaração de cumprimento (ou não) do acordo de leniência pelo Tribunal do Cade	333
2.4.6	Da desistência ou da rejeição da proposta de acordo de leniência antitruste	336

2.5	Leniência antitruste e TCC antitruste	338
2.5.1	Dos requisitos para a celebração de TCC antitruste em casos de cartel	343
2.5.1.1	Do requisito de promover contribuições pecuniárias para a celebração de TCC antitruste	345
2.5.1.1.1	Da base de cálculo das contribuições pecuniárias como requisito para a celebração de TCC antitruste	347
2.5.1.1.2	Da alíquota das contribuições pecuniárias como requisito para a celebração de TCC antitruste	348
2.5.1.1.3	Do desconto nas contribuições pecuniárias como requisito para a celebração de TCC antitruste	349
2.5.1.1.4	Outras discussões sobre as contribuições pecuniárias como requisito para a celebração de TCC antitruste	351
2.5.1.2	Do requisito de reconhecer a participação na conduta investigada para a celebração de TCC antitruste	355
2.5.1.3	Do requisito de colaborar com a instrução processual para a celebração de TCC antitruste	359
2.5.1.4	Do requisito de não praticar a conduta investigada ou agir de forma a gerar seus efeitos lesivos para a celebração de TCC antitruste	360
2.5.1.5	Do requisito de pagar multa em caso de descumprimento do TCC	361
2.5.1.6	Outras exigências específicas para a celebração de TCC antitruste específicos	363
2.5.2	Do procedimento de negociação e celebração de TCC antitruste	365
2.5.2.1	Da fase de proposta de requerimento de TCC ou da concessão de senha (*marker*)	365
2.5.2.2	Da fase de abertura das negociações e da nomeação da comissão (na SG/Cade ou no Tribunal)	366
2.5.2.3	Da fase de apresentação de informações e documentos que comprovem a infração	366
2.5.2.4	Da fase de apresentação da proposta final de TCC pelos proponentes e de parecer da comissão negociadora pela homologação ou pela rejeição da proposta	368
2.5.2.5	Da fase de homologação do TCC no Tribunal do Cade e da sua publicização	368
2.5.2.6	Da fase de acompanhamento do cumprimento do TCC pela ProCade	370
2.6	Leniência antitruste: panorama geral	370

CAPÍTULO 3
LENIÊNCIA NO SISTEMA FINANCEIRO NACIONAL.............. 377

3.1 Leniência no Sistema Financeiro Nacional: breve histórico legislativo... 377

3.2 Leniência no Sistema Financeiro Nacional: requisitos legais...... 382

3.2.1 Primazia – Do requisito de a empresa ser a primeira a se qualificar com respeito à infração noticiada ou sob investigação... 384

3.2.2 Cessação da conduta – Do requisito de a empresa e/ou pessoa física cessar sua participação na infração noticiada ou sob investigação... 388

3.2.3 No momento da propositura, ausência de provas suficientes contra o proponente – Do requisito de que, na ocasião da propositura do acordo, o BC e a CVM não disponham de provas suficientes para assegurar a condenação administrativa da empresa e/ou da pessoa física... 390

3.2.4 Confissão – Do requisito de a empresa e/ou pessoa física confessar a prática da infração.. 394

3.2.5 Cooperação com a investigação e ao longo de todo o processo – Do requisito de a empresa e/ou pessoa física cooperar efetiva, plena e permanentemente para a apuração dos fatos, com as investigações e com o processo administrativo... 395

3.2.6 Resultado da cooperação – Do requisito de que a cooperação da empresa e/ou da pessoa física seja útil ao processo, resultando na identificação dos demais envolvidos e na obtenção de informações e documentos que comprovem a infração... 396

3.3 Leniência no Sistema Financeiro Nacional: benefícios.............. 397

3.3.1 Benefícios administrativos do acordo de leniência no Sistema Financeiro Nacional para os infratores.. 397

3.3.1.1 Acordo de leniência total no BC... 399

3.3.1.2 Acordo de leniência parcial no BC.. 401

3.3.1.3 Acordo de leniência total na CVM.. 406

3.3.1.4 Acordo de leniência parcial na CVM.. 406

3.3.2 Benefícios do acordo de leniência do Sistema Financeiro Nacional para a investigação.. 409

3.3.3 Benefícios do acordo de leniência do Sistema Financeiro Nacional para a sociedade brasileira... 411

3.3.4 Repercussões criminais do acordo de leniência no Sistema Financeiro Nacional.. 411

3.3.5	Repercussões cíveis do acordo de leniência no Sistema Financeiro Nacional	419
3.4	Leniência no Sistema Financeiro Nacional: as fases da negociação	421
3.4.1	Fase 1: a proposta de acordo de leniência e sua qualificação/admissibilidade	422
3.4.2	Fase 2: a negociação dos termos do acordo de leniência no Sistema Financeiro Nacional e a elaboração do histórico da conduta	427
3.4.3	Fase 3: a tomada de decisão colegiada sobre a assinatura do acordo de leniência no Sistema Financeiro	429
3.4.4	Fase 4: a publicização obrigatória do acordo de leniência	433
3.4.5	Fase 5: a declaração de cumprimento do acordo de leniência	436
3.4.6	Da desistência ou da rejeição da proposta de acordo de leniência no Sistema Financeiro	438
3.5	Leniência e Termo de Compromisso no Sistema Financeiro Nacional	439
3.5.1	Breves considerações sobre a experiência prévia da CVM com relação aos Termos de Compromisso	441
3.5.2	Dos requisitos para a celebração dos Termos de Compromisso no BC e na CVM	444
3.5.3	Do procedimento de negociação e celebração dos Termos de Compromisso no BC	454
3.5.3.1	Da fase de proposta do Termo de Compromisso do BC	455
3.5.3.2	Da fase de avaliação sobre o prosseguimento ou não da rejeição preliminar pelo COTER	456
3.5.3.3	Da fase de negociação em si do Termo de Compromisso do BC	456
3.5.3.4	Da fase de decisão do COTER sobre a celebração do Termo de Compromisso do BC	457
3.5.3.5	Da fase de publicização obrigatória do Termo de Compromisso do BC	458
3.5.3.6	Da declaração (ou não) de cumprimento do Termo de Compromisso pelo BC	459
3.5.4	Do procedimento de negociação e de celebração dos Termos de Compromisso na CVM	459
3.5.4.1	Da fase de proposta do Termo de Compromisso na CVM	460
3.5.4.2	Da fase de avaliação sobre o prosseguimento ou da rejeição liminar pela Superintendência da CVM, ouvida a PFE	461
3.5.4.3	Da fase de negociação em si do Termo de Compromisso pelo CTC	461

3.5.4.4	Da fase de decisão colegiada sobre a celebração do Termo de Compromisso na CVM	463
3.5.4.5	Da fase de publicização obrigatória do Termo de Compromisso na CVM	463
3.5.4.6	Da declaração (ou não) de cumprimento do Termo de Compromisso na CVM	464
3.5.5	Das repercussões criminais, cíveis e administrativas dos Termos de Compromisso do BC e da CVM	464
3.6	Leniência e Termo de Compromisso no Sistema Financeiro: panorama geral	465

CAPÍTULO 4
LENIÊNCIA ANTICORRUPÇÃO 467

4.1	Leniência anticorrupção: breve histórico legislativo	467
4.2	Leniência anticorrupção: instituições envolvidas no "sistema nacional anticorrupção"	479
4.2.1	Da Controladoria-Geral da União (CGU)	483
4.2.2	Da Advocacia-Geral da União (AGU)	485
4.2.3	Do Tribunal de Contas da União (TCU)	488
4.2.4	Do Ministério Público (MP)	499
4.3	Leniência anticorrupção: requisitos legais	503
4.3.1	Primazia – Do requisito de a empresa ser a primeira a manifestar interesse para a apuração do ato lesivo específico, quando tal circunstância for relevante	505
4.3.2	Cessação da conduta – Do requisito de a empresa cessar sua participação na infração noticiada ou sob investigação	510
4.3.3	Confissão – Do requisito de a empresa admitir sua participação no ilícito	511
4.3.4	Cooperação com a investigação ao longo de todo o processo – Do requisito de a empresa cooperar plena e permanentemente com a investigação e o processo administrativo	513
4.3.5	Resultado da cooperação – Do requisito de que da cooperação resulte a identificação dos demais envolvidos na infração, quando couber, e a obtenção célere de informações e documentos que comprovem a infração noticiada ou sob investigação	515
4.3.6	Programa de integridade/*compliance* – Do requisito de a empresa instituir ou aperfeiçoar o programa de integridade empresarial	518
4.3.7	Verbas pecuniárias – Do requisito de a empresa recolher verbas pecuniárias	524
4.4	Leniência anticorrupção: benefícios	532

4.4.1	Dos benefícios administrativos parciais do acordo de leniência anticorrupção para as pessoas jurídicas	533
4.4.2	Dos possíveis benefícios administrativos e cíveis do acordo de leniência anticorrupção para as pessoas físicas que adiram ao acordo	540
4.4.3	Outras repercussões administrativas do acordo de leniência anticorrupção?	543
4.4.4	Dos benefícios do acordo de leniência anticorrupção para a investigação	544
4.4.5	Benefícios do acordo de leniência anticorrupção para o combate à corrupção	546
4.4.6	Repercussões criminais do acordo de leniência anticorrupção	548
4.4.7	Repercussões cíveis do acordo de leniência anticorrupção	549
4.5	Leniência anticorrupção: as fases	552
4.5.1	Fase 1: a proposta de acordo de leniência à CGU e a assinatura do Memorando de Entendimentos com a CGU e a AGU	553
4.5.2	Fase 2: a negociação dos termos do acordo de leniência anticorrupção com a CGU e a AGU	559
4.5.3	Fase 3: a assinatura do acordo de leniência anticorrupção pela CGU e pela AGU	562
4.5.4	Da desistência ou da rejeição da proposta de acordo de leniência anticorrupção	563
4.5.5	Possíveis implicações nas fases da leniência anticorrupção decorrentes das ações sistêmicas e operacionais do Acordo de Cooperação Técnica STF/CGU/AGU/MJ/TCU de 2020	567
4.6	Leniência anticorrupção: panorama geral	571

CAPÍTULO 5
LENIÊNCIA DO MP ... 573

5.1	Acordo de leniência do MP: legislação aplicável	573
5.2	Leniência do Ministério Público: requisitos	584
5.2.1	Confissão, cooperação com a investigação e ao longo de todo o processo, resultado da cooperação e primazia – Do requisito de atender ao interesse público	586
5.2.2	Resultado da cooperação – Do requisito de apresentar informações e provas relevantes	588
5.2.3	Cessação da conduta – Do requisito de cessar a prática	592
5.2.4	Programa de integridade/*compliance* – do requisito de implementar um programa de *compliance* ou equivalente (conformidade ou integridade)	594

5.2.5	Cooperação com a investigação e ao longo de todo o processo – do requisito de colaborar	595
5.2.6	Verbas pecuniárias – do requisito de recolher verbas pecuniárias	597
5.2.7	Auditoria externa/monitor externo ("Monitor Independente de *Compliance*") – do requisito de se submeter a auditoria/monitor externo, às suas expensas, se for o caso	607
5.3	Leniência do Ministério Público: benefícios	611
5.3.1	Dos benefícios cíveis do acordo de leniência para as pessoas jurídicas	611
5.3.2	Dos possíveis benefícios cíveis e criminais do acordo de leniência do MP para as pessoas físicas que adiram ao acordo da pessoa jurídica	612
5.3.3	Benefícios do acordo de leniência do Ministério Público para a investigação	620
5.3.4	Benefícios do acordo de leniência do Ministério Público para a sociedade brasileira	622
5.3.5	Repercussões administrativas do acordo de leniência do Ministério Público	622
5.4	Leniência do MP: fases de negociação	626
5.4.1	Fase 1: a proposta do acordo de leniência	627
5.4.2	Fase 2: a assinatura do Termo de Confidencialidade e o início das negociações do acordo de leniência	627
5.4.3	Fase 3: a assinatura do acordo de leniência pelo Ministério Público e a homologação interna pela 5ª CCR	628
5.4.4	Fase 4: a confirmação (ou não) dos benefícios do acordo de leniência em juízo	629
5.4.5	Da desistência ou da rejeição da proposta de acordo de leniência	630
5.5	Leniência do Ministério Público: panorama geral	631

REFERÊNCIAS 633

PREFÁCIO

Algumas pessoas possuem uma capacidade de realização incrível. A Prof.ª Amanda Athayde é uma delas. Acompanho seu desenvolvimento intelectual há muitos anos, desde quando a conheci garota, na Faculdade de Direito da Universidade de São Paulo, pleiteando uma vaga no programa de doutorado. Era impossível não abraçar seu projeto, arquitetado e defendido com entusiasmo contagiante. Dedicou-se ao curso de corpo e alma e, ao final, ofereceu ao público sua já consagrada obra *Antitruste, Varejo e Infrações à ordem econômica*.

Amanda seguiu na vida acadêmica, tornando-se professora da prestigiada Faculdade de Direito da Universidade de Brasília, formando equipe com outros talentos, como a cara amiga Ana Frazão e o Paulo Burnier. Senti-me realmente honrada por ter sido convidada para prefaciar este seu novo livro, desta vez sobre Acordos de Leniência no Brasil.

Em sua homenagem, confessarei uma predileção. São muito mais úteis para a sociedade e para a evolução do estudo do direito os professores/escritores de direito empresarial que não se fecham em confortáveis torres de marfim, ignorando o dia a dia do mundo econômico. Por mais esforçados que possam ser, os reclusos pecam por tentar ensinar matéria com a qual tiveram contato apenas pelos livros. Nós, professores de direito empresarial, nutrimos uma necessidade quase atávica da prática, do barulho da barganha dos agentes econômicos, dos gritos de suas crises. A favor da minha visão, apenas lembro que todos os grandes expoentes do direito comercial sempre foram exímios profissionais. Por isso, a famosa "dedicação exclusiva" para jovens professores é um desastre. Pode funcionar em outras matérias (mais nobres até, como a filosofia do direito e o direito romano...) mas não no direito empresarial. Vem à mente a famosa citação de Vivante feita logo na introdução ao seu *Tratado*, que deveria ecoar nas mentes daqueles que pretendem regular o ensino superior no Brasil:

> Não se aventurem jamais a tratar de um tema jurídico se não conhecerem a fundo a estrutura técnica e a função econômica do instituto que é objeto

de seu estudo. É uma deslealdade científica, uma falta de probidade falar de um instituto para delinear sua disciplina jurídica sem o conhecer a fundo em sua realidade.[1]

Se confessei um preconceito, gostaria de desautorizar outro, que vejo nutrido com certa empáfia pseudoacadêmica. Não existe tarefa mais hercúlea para um doutrinador do que a elaboração de um manual, ainda mais quando inexiste estrada asfaltada a seguir, i.e., um esqueleto clássico, já vincado por quem nos antecedeu, ou um texto legal a servir de norte. Um manual *green field*, como este da Amanda, exige profundo conhecimento teórico e prático, além de capacidades de síntese e de sistematização singulares.

Amanda nunca passou perto de uma torre de marfim. No Brasil, é simplesmente a profissional que mais entende de Acordos de Leniência na seara concorrencial. Ninguém conduziu tantas negociações quanto ela, sempre defendendo com afinco o interesse público. Não é de se espantar que lhe tenha faltado tempo para selar acordos políticos em Brasília. Preferiu estudar e trabalhar, entregando à sociedade o fruto do seu esforço.

Somente alguém com tamanha seriedade e conhecimento conseguiria conceber uma ideia tão bem-desenhada e erigir estrutura assim fluida, quase óbvia, para tratar dos Acordos de Leniência. É um daqueles raros casos em que se analisa um índice e vem à mente a indagação: como ninguém pensou nisso antes?

De início, a explicação sobre as justificativas e os pilares para a leniência. Depois, cada capítulo dedicado a um acordo específico: CADE, BC, CVM, CGU, AGU, TCU e MP. O texto é claro, transparente e direto, como a autora. *Amanda tem envergadura moral para ensinar que conceber e implementar acordos envolvendo a Administração não é transigir com o interesse público – e fá-lo com maestria e elegância.*

Arcadas, novembro de 2018.

Paula A. Forgioni
Professora Titular de Direito Comercial da Faculdade de Direito da Universidade de São Paulo

---

[1] No original: *"Non si avventurino mai in alcuna trattazione giuridica se non conoscono a fondo la struttura tecnica e la funzione economica dell'istituto che è l'oggetto dei loro studi. (...) È una slealtà scientifica, è un difetto di probità parlare di un istituto per fissarne la disciplina giuridica senza conoscerlo a fondo nella sua realtà".*

APRESENTAÇÃO

É com o coração repleto de alegria que eu tenho a honra de apresentar este livro, escrito pela jovem e promissora jurista Amanda Athayde, Prof.ᵃ de Direito Comercial da Faculdade de Direito da Universidade de Brasília (UnB), de quem tenho o privilégio de ser colega. A obra não poderia ser mais oportuna, considerando a importância do tema e as inúmeras controvérsias que desperta. Afinal, os acordos de leniência são poderosos instrumentos de cooperação entre particulares e Estado para a prevenção e repressão de atos de corrupção e outros tipos de ilícitos corporativos, possibilitando às autoridades não apenas a ciência das infrações, como também as provas respectivas.

Dessa maneira, a leniência apresenta-se como uma excelente alternativa para contornar a crise do modelo de regulação econômica baseado no comando e controle, cuja eficácia depende de fatores inexequíveis ou de difícil implementação, tais como a existência e o funcionamento de um aparato estatal robusto e eficiente para controlar e monitorar o cumprimento das normas jurídicas e aplicar as penalidades em caso de violações.

Como se sabe, o referido modelo é muito distante do que acontece na vida real, especialmente no âmbito dos chamados "crimes de colarinho-branco" ou ilícitos corporativos. Em relação a eles, são notórias as dificuldades de detecção e comprovação das infrações, o que faz com que o *enforcement* das regras respectivas, se depender apenas do Estado, fique irremediavelmente comprometido.

Logo, é imperioso que se busquem novas alternativas para assegurar a eficácia das normas jurídicas que regulam os mercados, dentre as quais se encontra a cooperação, de que é exemplo a leniência. Entretanto, a implementação dessa solução não é trivial, até por envolver uma delicada relação com os incentivos e o suporte que recebe da própria heterorregulação. Daí a importância de que, dentre outras medidas, tais acordos sejam baseados na mais estrita boa-fé e confiança, uma vez que, sem a devida segurança jurídica por parte do administrado, toda a política de cooperação com a Administração Pública tende a ruir.

Ainda há que se administrar os conflitos valorativos que são inerentes à leniência, pois a ética consequencialista que a inspira, normalmente baseada em cálculos de custo-benefício, não raro se choca com a ética deontológica, voltada para o valor intrínseco de cada conduta, criando sérios impasses. Tal cenário é nitidamente perceptível no caso brasileiro, em que é frequente que a leniência seja atacada por estimular o denuncismo e a traição ou por ser vista como instrumento de impunidade ou alívio indevido das penas em relação àquele que cooperou com o Estado.

Tais discussões, longe de serem banais, são de extrema importância, pois sabemos que o direito é apenas uma das partes do sofisticado conjunto de variáveis que resultam nas instituições, ou seja, nas regras de mercado que orientam o comportamento dos agentes econômicos. Logo, se não houver um mínimo de sincronia entre as regras jurídicas e as regras sociais, o preço do desarranjo pode ser a má aplicação ou a subutilização da leniência.

A realidade nacional ainda trouxe outro grande desafio para os acordos de leniência, que diz respeito à consistência dos procedimentos para a sua implementação e sincronia entre estes e as garantias do administrado, o que envolve a necessária conciliação das atuações dos diversos agentes que normalmente são competentes para apreciar e decidir tais questões. É da falta de sintonia institucional que decorreram várias das confusões e conflitos que já presenciamos no cenário brasileiro, sobretudo entre AGU, CGU, MP, TCU e, conforme o caso, outras autoridades, como o CADE.

Tais circunstâncias mostram que a implementação dos acordos de leniência, apesar do seu fantástico potencial, não é simples, uma vez que requer a harmonia entre diversas autoridades e entre as múltiplas esferas de responsabilidade envolvidas direta ou indiretamente – criminal, administrativa e civil –, bem como o equacionamento de discussões importantes, ainda não resolvidas pelo nosso ainda precário Direito Administrativo Sancionador. Dentre elas, menciona-se a questão de se saber as consequências jurídicas, do ponto de vista punitivo, de um mesmo fato que é considerado ilícito em diferentes âmbitos, estando sujeito a autoridades distintas para efeitos de apuração e punição: indaga-se em que medida as diferentes esferas de ilicitude deveriam impor uma coordenação formal e material entre as diversas autoridades, para assegurar coerência e uniformidade aos diversos procedimentos, bem como para garantir que a soma das sanções ou medidas aplicadas contra o administrado observe, em seu conjunto, o princípio constitucional da proporcionalidade da pena.

É no meio desse verdadeiro cipoal de controvérsias e conflitos que Amanda Athayde tem a coragem e a ousadia de, por meio do presente livro, mapear, organizar e sistematizar os aspectos fundamentais dos acordos de leniência em diferentes esferas, por meio de uma proposta objetiva e didática, que busca incluir no debate outros públicos que não apenas os juristas, mas sem se furtar a abordar várias das discussões jurídicas subjacentes às soluções de que trata.

O próprio título do livro já reflete, de forma fidedigna, o propósito de conciliar a teoria com a prática, inclusive para o fim de auxiliar tanto aqueles que se interessam pelo tema a partir de uma perspectiva acadêmica, como aqueles que se interessam pelo tema por necessidades profissionais.

Diante dessa proposta tão desafiadora, ninguém melhor do que Amanda para executá-la, já que reúne características muito especiais em relação a esse assunto: conhecimento e sofisticação teórica com vasta experiência prática.

No que diz respeito ao preparo acadêmico, que ninguém se iluda com a juventude de Amanda. Além de ser daqueles talentos que já se destacavam desde a graduação, passou por intenso período de lapidação, em seu doutorado na USP. Sob os cuidados da sua orientadora Paula A. Forgioni – que já é, por si só, uma inspiração para todas nós mulheres, tanto no plano profissional, como no plano pessoal –, pôde se dedicar não apenas ao tema específico de sua tese, na área de Direito da Concorrência, mas à verdadeira imersão nos mais variados assuntos do Direito Empresarial e Econômico. Os resultados diretos desse proveitoso processo foram a aprovação da sua tese de doutorado – que também já virou livro – e a sua aprovação em primeiro lugar no concurso para Professora Adjunta de Direito Empresarial da Universidade de Brasília (UnB).

Já no que diz respeito à experiência prática, Amanda ocupou durante quase 5 anos o cargo de Chefe de Gabinete da Superintendência-Geral do Cade e de Coordenadora do Programa de Leniência do Cade, tendo a oportunidade de negociar diretamente diversos acordos de leniência e de verificar, a partir da sua própria vivência profissional, os potenciais e os desafios do instituto.

Não é exagero dizer, portanto, que o presente livro é "a cara da Amanda", refletindo igualmente a sua trajetória marcada pela precocidade, pela energia, pela dedicação a tudo que faz e pela vontade de fazer a diferença.

Diante de um livro que já nasce predestinado a ser um sucesso, a alegria que tenho, como colega e profissional, só não é maior do que a alegria que tenho no plano pessoal, diante dos profundos laços de afeto e admiração que nos unem: a de acompanhar de perto as conquistas da Amanda, me realizando igualmente por meio delas!

Brasília, 22 de novembro de 2018.

Ana Frazão
Professora Adjunta de Direito Civil e Comercial da Universidade de Brasília

INTRODUÇÃO

Acordo de leniência é o acordo celebrado entre uma autoridade pública investigadora e um agente privado (seja este uma pessoa jurídica ou física), por meio do qual a autoridade concede a extinção ou o abrandamento da penalidade aplicável ao agente, recebendo em troca provas e a colaboração material e processual ao longo das investigações. O programa de leniência, por sua vez, consiste no arcabouço jurídico que provê incentivos da autoridade pública investigadora para que os agentes privados a procurem para a negociação dos referidos acordos de leniência.

No Brasil, o tema dos acordos de leniência ganhou proeminência sobretudo a partir de 2013 e 2014, no contexto de grandes investigações realizadas pelo Ministério Público e pela Polícia Federal. Em que pese isso, o primeiro programa de leniência instituído na legislação brasileira foi o antitruste, voltado à investigação de cartéis pelo Conselho Administrativo de Defesa Econômica (Cade), nos termos da Lei nº 10.149/2000, que alterou a Lei nº 8.884/94 ao inserir os artigos 35-B e C, atualmente previsto nos artigos 86 e 87 da Lei nº 12.529/11.

A partir dessa experiência exitosa do programa de leniência Antitruste, em 2013, no contexto de pressão dos movimentos de combate à corrupção e das manifestações populares, foram aprovadas duas leis que incrementaram sobremaneira o instrumental público de investigações no Brasil. A primeira delas é a Lei da Empresa Limpa, convencionalmente chamada de Lei Anticorrupção (Lei nº 12.846/2013), que instituiu o programa de leniência Anticorrupção, nos termos do seu artigo 16. Na prática, na esfera federal, a celebração destes acordos de leniência tem envolvido a Controladoria-Geral da União (CGU) e a Advocacia-Geral da União (AGU), bem como suscitado discussões a respeito da forma de compatibilização desse instrumento com as atividades do Ministério Público (MP) e do Tribunal de Contas da União (TCU).

A segunda lei aprovada em 2013, por sua vez, foi a Lei sobre Crimes de Organização Criminosa (Lei nº 12.850/2013), que delineou, em termos precisos e particularizados, um verdadeiro sistema de colaboração premiada. Esta legislação, em que pese não ser o substrato jurídico para a celebração dos acordos de leniência, pavimentou o caminho para a celebração concomitante de acordos de colaboração premiada das pessoas físicas e dos acordos de leniência pelas pessoas jurídicas com o MP, fundamentados na reinterpretação de dispositivos legais, dentre eles o art. 129, I, c/c art. 37, *caput*, da Constituição Federal; o art. 37 da Convenção das Nações Unidas contra a Corrupção (Convenção de Mérida); o art. 26 da Convenção das Nações Unidas contra o Crime Organizado Transnacional (Convenção de Palermo); o art. 3º, §§2º e 3º, do Código de Processo Civil (CPC) e o art. 840 do Código Civil (CC).

Em 2017, diante dos resultados positivos obtidos pelas autoridades públicas investigadoras a partir da celebração de acordos de leniência, foi promulgada a Lei sobre Crimes no Sistema Financeiro Nacional (SFN), Lei nº 13.506/2017, que instituiu o programa de leniência no âmbito do Banco Central (BC) e da Comissão de Valores Mobiliários (CVM), nos termos dos arts. 30 a 32. Buscou-se, com isso, modernizar o instrumental investigativo dessas duas autoridades, que estava defasado diante das modernas práticas ilícitas dos agentes no mercado financeiro.

Mais recentemente, em 2019, foi promulgada a Lei nº 13.964/19 (convencionalmente chamada de "pacote anticrime"), que alterou o Código de Processo Penal (CPP) para acrescer o art. 28-A, referente ao acordo de não persecução penal com o Ministério Público, em caso de infração penal praticada sem violência ou grave ameaça e com pena mínima inferior a quatro anos. As condições para sua celebração estão previstas nos incisos deste dispositivo legal, sendo necessário que o investigado tenha confessado formal e circunstancialmente a prática da infração penal. Ademais, esse pacote anticrime alterou o §1º do art. 17 da Lei de Improbidade Administrativa (Lei nº 8.829/1992) e permitiu expressamente a celebração de acordos de não persecução cível. Essa alteração confirma, portanto, a linha de argumentação que já sustentava a possibilidade de celebração dos acordos de leniência sobre fatos objeto da Lei de Improbidade Administrativa.

Diante dessa multiplicidade de programas de leniência e de instrumentos assemelhados no Brasil, nota-se, em diversas ocasiões, uma notória confusão sobre os contornos jurídicos de cada um dos institutos, especialmente nos casos em que mais de uma autoridade é competente para celebrar acordos. Resta necessário, portanto, estudar as especificidades teóricas e práticas de cada um destes programas de leniência, apresentar seus elementos unificadores, dignos de uma teoria geral, bem como distingui-los dos acordos que se assemelham, mas que não são acordos de leniência.

Para tanto, o capítulo 1 deste livro traz uma abordagem teórica geral sobre os acordos de leniência no Brasil. Inicialmente, apresenta as oito justificativas para a instituição de um programa de leniência: a detecção de práticas ilícitas; a obtenção de provas; a eficiência, a efetividade e a alavancagem investigativa; a cessação da infração; a sanção dos demais infratores; a reparação e o ressarcimento dos danos; a dissuasão de práticas ilícitas futuras; e o aprimoramento dos processos administrativos públicos.

Em seguida, são detalhados os três pilares que se considera serem necessários para a estruturação de um programa de leniência efetivo: alto risco de detecção da prática; receio de severas punições; e transparência, previsibilidade e segurança jurídica.

Adiante, são apresentados, nessa segunda edição do livro, os requisitos essenciais e os não essenciais dos acordos de leniência, a partir da experiência brasileira. Todas as legislações brasileiras referentes a acordos de leniência exigem os seguintes requisitos essenciais: cessação da conduta; confissão; cooperação com a investigação e ao longo de todo o processo; e resultado da cooperação. Por outro lado, apenas algumas legislações exigem o que se chama, portanto, de requisitos não essenciais: primazia; no momento da propositura, ausência de provas suficientes contra o proponente; programa de *compliance*/integridade; auditoria externa/monitor externo; e recolhimento de verbas pecuniárias. Trata-se de comparativo relevante para a adequada compreensão dos contornos jurídicos de cada programa de leniência no Brasil, sob pena de se exigir (ou de se deixar de exigir) o cumprimento de um requisito sem fundamentação legal, ou mesmo sem ter em mente o conjunto de requisitos que fazem sentido ao combate daquela prática em específico objeto do acordo.

Passa-se então à apresentação do panorama geral dos acordos de leniência no Brasil. Para tanto, nesta segunda edição do livro foi realizado esforço didático para consolidar em um quadro comparativo as seguintes informações de todos os programas de leniência no Brasil: tipo de infração abarcada pelo acordo; órgão competente para a celebração; previsão legal; previsão infralegal; possíveis beneficiários; se há exigência de ordem de chegada/primazia; benefícios administrativos, criminais e cíveis.

Em seguida, ciente de que a investigação de algumas dessas práticas ilícitas pode atrair a competência e/ou atribuição de mais de uma autoridade pública, passa-se à argumentação sobre as formas possíveis de cooperação interinstitucional nos acordos de leniência no Brasil. Tem-se a visão de que a cooperação interinstitucional entre as autoridades públicas brasileiras é imprescindível para o combate de ilícitos tipicamente organizados e sofisticados. Nesta segunda edição, portanto, apresento aquilo que entendo ser o caminho adequado para a necessária cooperação intra e interinstitucional, tanto no momento da negociação e da celebração dos acordos quanto no momento do sancionamento, por meio do que denomino ser um "balcão coordenado".

Para finalizar este primeiro capítulo, nesta segunda edição do livro também são brevemente apresentados os contornos dos acordos assemelhados que não constituem acordos de leniência: acordos de colaboração premiada, acordos de não persecução cível e penal, Termo de Compromisso de Cessação (TCC) Antitruste no Cade, Termo de Compromisso (TC) no SFN e Termo de Ajustamento de Conduta (TAC). A principal diferença desses acordos é que os acordos de leniência são, em essência, acordos instrumento de investigação, ao passo que os acordos assemelhados são pactos de ajustamento de conduta ou de não persecução, sem aportes adicionais que necessariamente auxiliem as autoridades públicas em uma investigação atual ou futura. Ademais, os acordos de leniência abarcam, via de regra, pessoas jurídicas (e em alguns casos também pessoas físicas), ao passo que os acordos assemelhados são voltados, em alguns casos apenas, para pessoas físicas e, em outros casos, a ambos, indivíduos e empresas. Para tanto, também foi realizado esforço didático para consolidar em um quadro comparativo as seguintes informações de todos os acordos assemelhados que não constituem acordos de leniência: tipo de infração abarcada pelo acordo; órgão competente para a celebração; previsão legal; previsão infralegal; possíveis beneficiários; se há exigência de ordem de chegada/primazia; benefícios administrativos, criminais e cíveis.

Os capítulos seguintes são subdivididos por escopo de aplicação do programa de leniência. O capítulo 2 concentra-se no programa de leniência antitruste do Cade. O capítulo 3 apresenta o programa de leniência no SFN, tanto do BC quanto da CVM. O capítulo 4 discute o programa de leniência anticorrupção da CGU e da AGU. Finalmente, o capítulo 5 detalha o programa de leniência do MP. Todos esses capítulos foram atualizados e ampliados nesta segunda edição.

Todos estes capítulos seguem, intencionalmente, uma estrutura de sumário semelhante, para que seja possível comparar cada um dos

INTRODUÇÃO | 35

assuntos entre cada um dos referidos programas de leniência. Assim, os capítulos de 2 a 5 apresentam, inicialmente, um breve histórico legislativo do respectivo programa de leniência. Em seguida, passa-se à análise dos requisitos legais do programa de leniência a que o capítulo se refere. Adiante, são apresentados os benefícios daquele acordo de leniência, sejam eles administrativos, criminais e/ou cíveis. A seguir, é delineado um passo a passo das fases de negociação do acordo em cada uma das instituições públicas, apresentado em forma visual e textual, para facilitar a compreensão do que se trata, na prática, a negociação de um acordo de leniência. Por fim, é apresentado um panorama geral de todas as informações apresentadas naquele capítulo específico.

Nesta segunda edição, foram apresentadas discussões atuais específicas a cada um dos capítulos. No capítulo 1, da Teoria Geral dos acordos de leniência, foram incluídos temas, por exemplo, como uma oitava justificativa aos programas de leniência, para além das sete anteriormente apresentadas: o aprimoramento dos processos administrativos públicos. A justificativa de recolhimento de verbas pecuniárias foi mais bem detalhada, para abranger a diferenciação entre reparação de danos/ressarcimento e multa/contribuição pecuniária. A justificativa da dissuasão de práticas futuras também foi complementada com suas inter-relações com os programas de *compliance*/integridade e com a exigência de submissão a auditoria externa/monitor externo (Monitor Independente de *Compliance*), cuja missão difere do Comitê Especial de Investigação (*Special Committee*). Neste ponto, também foi apontada intersecção com o direito securitário, na medida em que se apresentou a possibilidade (ou não) de os acordos de leniência e os assemelhados serem cobertos por seguros *Directors and Officers* (seguros D&O). A intersecção entre *compliance* empresarial e acordos de leniência também foi aportada, quando do estudo da justificativa da dissuasão de práticas ilícitas futuras. Também foi acrescida a discussão sobre penas não pecuniárias que podem ser aplicadas pelas autoridades públicas, como instrumento de fortalecimento do pilar de receio de severas punições para a estruturação de um programa de leniência efetivo. Ainda, os requisitos para a celebração dos acordos de leniência foram classificados entre essenciais e não essenciais, tendo em vista as exigências contidas nas respectivas legislações no Brasil. Ademais, foi apresentada a proposta de um "balcão coordenado" para a cooperação interinstitucional, tanto no momento da negociação e celebração dos acordos de leniência quanto no momento do sancionamento dos atos decorrentes deste instrumento, em contraponto à ideia de "balcão único".

No capítulo 2, por sua vez, sobre o acordo de leniência antitruste, foram realizadas atualizações nesta segunda edição do livro, por exemplo, referentes às modificações trazidas na atualização do Guia de Leniência, aos documentos modelo de negociação e às possíveis repercussões da versão preliminar do Guia de Dosimetria de Multas de Cartel. Também foram apresentados dados empíricos sobre a evolução destes acordos no Cade (incluindo a sua "taxa de sucesso" e a "taxa de cumprimento"). Ainda, foram apresentados debates referentes às ações de reparação de dano, seja no âmbito de projetos de lei, seja no âmbito acadêmico (como *umbrela effects*", "*pass on defense*", arbitragem e responsabilização dos administradores com fundamento na Lei das Sociedades Anônimas). Ademais, foi realizado esforço didático para apresentar o passo a passo das fases de negociação dos Termos de Compromisso de Cessação no Cade.

Já no capítulo 3, sobre o acordo de leniência no SFN, foram incluídas discussões atuais nesta segunda edição, por exemplo, as possíveis razões pelas quais ainda não foi celebrado nenhum acordo no BC e na CVM. Ademais, foram detalhadas as modificações trazidas pela Instrução CVM nº 613/2019. Sobre os termos de compromisso, foi realizado esforço didático para apresentar o passo a passo das fases de negociação, bem como apresentados os dados mais recentes sobre os já assinados no BC e na CVM.

Por sua vez, no capítulo 4, sobre o acordo de leniência anticorrupção, foram incluídas novas discussões nesta segunda edição, por exemplo, a alteração realizada no §1º do art. 17 da Lei de Improbidade Administrativa, Lei nº 8.829/1992, que deixa expressa a possibilidade de negociar acordos de leniência com relação a fatos de improbidade administrativa. Ainda, foi explicada de modo didático a forma que CGU e AGU têm implementado para garantir possíveis benefícios cíveis e administrativos do acordo de leniência anticorrupção também para as pessoas físicas que adiram ao acordo de leniência da pessoa jurídica. Ademais, foi pormenorizadamente detalhado o Acordo de Cooperação Técnica STF/CGU/AGU/MJ/TCU, em 6 de agosto de 2020, bem como sua repercussão negativa junto ao MPF. Também foi apresentada a discussão sobre a cláusula de garantia nos acordos de leniência, para evitar discussões em casos que resultem em recuperação judicial ou falência das empresas signatárias. Foi mencionada, também, a controvérsia sobre a natureza jurídica desses acordos.

E finalmente, sobre o acordo de leniência do MP, foram incluídos nessa segunda edição do livro temas como, por exemplo, as alterações trazidas pela Lei nº 13.655/2018 na Lei de Introdução às Normas do

Direito Brasileiro (LINDB), em específico no art. 26, que incluiu genericamente o permissivo de celebração de acordo entre a Administração Pública e particular para, entre outros, eliminar "situação contenciosa". Foi incluída também a possível exigência de que, para celebrar o acordo, seja requisito se submeter à auditoria externa/monitor externo (Monitor Independente de *Compliance*). Ainda, foi explicada de modo didático a forma que o MP tem implementado para garantir possíveis benefícios cíveis e criminais do acordo de leniência também para as pessoas físicas que adiram ao acordo de leniência da pessoa jurídica, para além dos acordos de colaboração premiada possíveis. Ademais, foi apresentada a nova Orientação do MPF sobre a subscrição ou adesão de pessoas físicas aos acordos de leniência, bem como sobre a adesão de outros membros do MPF, diante do princípio constitucional da indivisibilidade.

Espera-se, com esta segunda edição do livro, portanto, apresentar de forma ainda mais estruturada, didática e detalhada, a teoria e a prática dos programas de leniência no Brasil, bem como contribuir para uma Teoria Geral dos acordos de leniência.

CAPÍTULO 1

TEORIA GERAL DOS ACORDOS DE LENIÊNCIA

Para que se elabore uma Teoria Geral dos acordos de leniência no Brasil, é necessário responder a duas perguntas gerais: o que justifica a instituição de um programa de leniência? Ou seja, por que as autoridades públicas abrem mão de eventualmente punir empresas e indivíduos para conceder benefícios a um (ou a parte) dos infratores por meio da celebração de um acordo de leniência? É uma pergunta, portanto, "para dentro" da autoridade pública, que diz respeito às funções esperadas do instrumento.

A segunda pergunta, por sua vez, é a seguinte: quais são os pilares para a estruturação de um programa de leniência efetivo? Ou seja, por que os colaboradores irão procurar uma autoridade pública para negociar um acordo? É uma pergunta "para fora" da autoridade pública então, voltada para o agente infrator, sobre as condições necessárias para que este infrator procure a autoridade pública para negociar um acordo de leniência.

Figura 1 – Justificativas e pilares dos acordos de leniência

PERGUNTA PARA DENTRO DA AUTORIDADE PÚBLICA:	PERGUNTA PARA FORA DA AUTORIDADE PÚBLICA:
QUAIS AS RAZÕES QUE JUSTIFICAM QUE SE ABRA MÃO DE PUNIR EMPRESAS E INDIVÍDUOS PARA CONCEDER BENEFÍCIOS A UM (OU A PARTE) DOS INFRATORES QUE CELEBREM O ACORDO DE LENIÊNCIA?	QUAIS AS CONDIÇÕES NECESSÁRIAS PARA QUE OS COLABORADORES PROCUREM A AUTORIDADE PÚBLICA PARA NEGOCIAR UM ACORDO DE LENIÊNCIA?
JUSTIFICATIVAS	PILARES

JUSTIFICATIVAS E PILARES DOS ACORDOS DE LENIÊNCIA

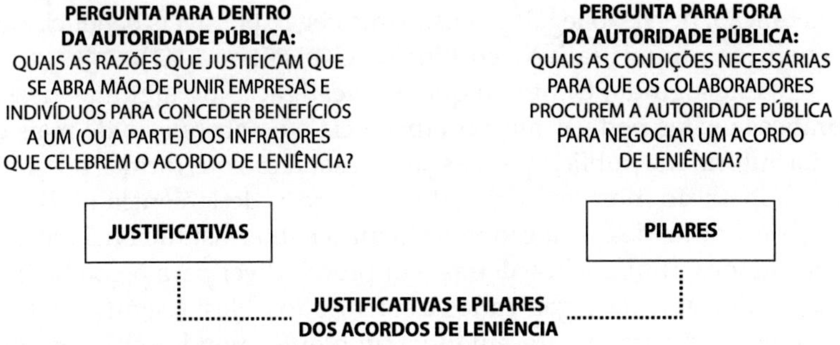

Fonte: elaboração da autora.

Visando a responder à primeira pergunta central, serão inicialmente apresentadas oito justificativas para a estruturação dos programas de leniência. São essas as razões que a autoridade pública deve ter em mente, diariamente, durante a negociação e mesmo após a celebração dos acordos. Essas justificativas devem ser analisadas conjuntamente, sem dar peso demasiado a uma em detrimento da outra. É preciso ter em mente essa visão mais ampla, não míope, do que justifica a celebração de um acordo de leniência sob a perspectiva da própria autoridade pública, sob pena de não se utilizar toda a potencialidade desse tipo de acordo em benefício da sociedade brasileira (item 1.1).

Em seguida, com vistas a responder à segunda pergunta central, são descritos os três pilares essenciais que a autoridade pública deve fortalecer diariamente para atrair os infratores a procurarem seu programa de leniência. Se assim não for, há uma grande chance desse arcabouço legal não passar de letra morta, sem qualquer impacto positivo para a sociedade brasileira, dado que os colaboradores não terão incentivos para procurar as autoridades públicas que podem celebrar os acordos de leniência (item 1.2).

Em seguida, serão apresentados, nesta segunda edição do livro, os requisitos compartilhados por todos os acordos de leniência previstos na legislação brasileira e os requisitos específicos de apenas alguns acordos. Trata-se de comparativo relevante para a adequada compreensão dos contornos jurídicos de cada programa de leniência no Brasil, sob pena de se exigir (ou de se deixar de exigir) o cumprimento de um requisito sem fundamentação legal, ou mesmo sem a adequada compreensão do conjunto de requisitos que fazem sentido ao combate daquela prática (item 1.3).

Passa-se, finalmente, à apresentação do panorama geral dos acordos de leniência no Brasil. Para tanto, nesta segunda edição do livro foi realizado esforço didático para consolidar em um quadro comparativo as seguintes informações de todos os programas de leniência no Brasil: tipo de infração abarcada pelo acordo; órgão competente para a celebração; previsão legal; previsão infralegal; possíveis beneficiários; benefícios administrativos, criminais e cíveis (item 1.4.1).

Em seguida, ciente de que a investigação de algumas dessas práticas ilícitas pode atrair a competência e/ou atribuição de mais de uma autoridade pública, passa-se à apresentação das formas possíveis de cooperação interinstitucional nos acordos de leniência no Brasil. Tem-se a visão de que a cooperação intra e interinstitucional entre as autoridades públicas brasileiras é imprescindível para o combate de ilícitos tipicamente organizados e sofisticados. Nesta segunda edição do livro, portanto, é apresentado aquilo que entendo ser o caminho adequado para a necessária cooperação intra e interinstitucional, tanto no momento da negociação/celebração dos acordos quanto no momento do sancionamento, por meio do que denomino ser um "balcão coordenado" (item 1.4.2).

Para finalizar, nesta segunda edição do livro também são brevemente apresentados os contornos dos acordos assemelhados que não constituem acordos de leniência: acordos de colaboração premiada, acordos de não persecução cível e penal, Termo de Compromisso de Cessação (TCC) Antitruste no Cade, Termo de Compromisso (TC) no SFN e Termo de Ajustamento de Conduta (TAC). A principal diferença desses acordos é que os acordos de leniência são, em essência, acordos instrumento de investigação, ao passo que os acordos assemelhados são pactos de ajustamento de conduta ou de não persecução, sem aportes adicionais que necessariamente auxiliem as autoridades públicas em uma investigação atual ou futura. Ademais, os acordos de leniência abarcam, via de regra, pessoas jurídicas (e em alguns casos também pessoas físicas), ao passo que os acordos assemelhados são voltados, em alguns casos apenas, para pessoas físicas e, em outros casos, a ambos, indivíduos e empresas. Para tanto, também foi realizado esforço didático para consolidar em um quadro comparativo as seguintes informações de todos os acordos assemelhados que não constituem acordos de leniência: tipo de infração abarcada pelo acordo; órgão competente para a celebração; previsão legal; previsão infralegal; possíveis beneficiários; benefícios administrativos, criminais e cíveis (item 1.4.3).[1]

1.1 Justificativas para a instituição de um programa de leniência[2]

O conceito de leniência é muito mais amplo que sua aplicação no Direito Antitruste, onde surgiu com maior proeminência no Brasil. No sentido literal, o termo "leniência" denota noção de tolerância ou clemência[3] e "leniente" a noção de brandura ou suavidade.[4] No contexto da política antitruste, o termo leniência ganhou conotação especial, passando a ser empregado quando há aplicação de uma pena ou obrigação menos severa do que aquela que seria aplicável caso não

---

[1] Agradeço à pesquisadora Deborah Novaes pela pesquisa bibliográfica que subsidiou a elaboração deste capítulo.

[2] Agradeço às pesquisadoras Agnes Macedo de Jesus e Anna Binotto pela pesquisa bibliográfica que subsidiou a elaboração deste capítulo pela autora.

[3] Segundo o *Oxford Dictionary*, o termo *"leniency"* significa: *"The fact or quality of being more merciful or tolerant than expected; clemency"*.

[4] Segundo o *Dicionário Michaelis*, o termo "leniente" significa: "Que revela lenidade; brando, suave", "Que ou o que acalma ou suaviza; lenitivo".

houvesse cooperação voluntária,[5] ou para se referir a um sistema geral de exoneração total ou parcial das penalidades aplicáveis.[6]

Isso posto, as justificativas para a instituição de um programa estatal que concede tais benefícios em sede de acordo são pelo menos oito, que serão detalhadamente apresentadas a seguir: a detecção de práticas ilícitas (1.1.1), a obtenção de provas (1.1.2); a eficiência, a efetividade e a alavancagem investigativa (1.1.3); a cessação da infração (1.1.4); a sanção dos demais infratores (1.1.5); a reparação e o ressarcimento dos danos (1.1.6); a dissuasão de práticas ilícitas futuras (1.1.7); e o aprimoramento dos processos administrativos públicos (1.1.8).

Figura 2 – Justificativas dos acordos de leniência

Fonte: elaboração da autora.

---

[5] "*In general, leniency could mean any penalty or obligation that is less severe than one which would be sought in the absence of full, voluntary co-operation*" (OCDE – ORGANIZAÇÃO PARA A COOPERAÇÃO E DESENVOLVIMENTO ECONÔMICO. *Fighting hard core cartels*: harm, effective sanctions and leniency programmes. Paris: OCDE, 2002. p. 19).

[6] "*Leniency is a generic term to describe a system of partial or total exoneration from the penalties that would otherwise be applicable to a cartel member which reports its cartel membership to a competition enforcement agency*" (ICN – INTERNATIONAL COMPETITION NETWORK. Cartel case initiation. *In*: *Anti-cartel enforcement manual*: cartel enforcement – subgroup 2 ICN cartels working group. May 2007. cap. 4. Disponível em: http://www.internationalcompetitionnetwork.org/uploads/library/doc343.pdf. Acesso em: 23 out. 2018. p. 6).

1.1.1 Detecção de práticas ilícitas como justificativa dos acordos de leniência

Uma das principais justificativas para a instituição de um programa de leniência é a capacidade desse instrumento de aumentar as chances de detecção de práticas ilícitas pela autoridade investigadora. A instituição de um programa de leniência permite que a autoridade investigadora competente tome conhecimento de uma prática ilegal que era, até então, total ou parcialmente desconhecida. Isso permite o início de uma nova investigação ou, pelo menos, o robustecimento de uma investigação existente com relação à qual não se tinha provas suficientes para prosseguir.

Hammond[7] pontua que o advento dos programas de leniência transformou de forma radical a maneira como as autoridades investigadoras ao redor do mundo detectam, investigam e detêm práticas ilícitas. Isso porque, quando eficientes, os programas de leniência levam os infratores a confessar sua conduta ilícita à autoridade investigadora antes mesmo de uma investigação ser aberta. Em outros casos, os programas induzem as empresas sob investigação a abandonar o ilícito e a "correr" para as autoridades públicas investigadoras, a fim de fornecer evidências acerca dos outros comparsas.

Nesse sentido, Harding, Beaton-Wells e Edwards[8] entendem que o "truque da leniência" é fazer com que cada um dos potenciais delatores saiba que o incentivo da cooperação (a "cenoura") foi oferecido para todos os participantes do ilícito, forçando-os a decidir se e quão rápido devem "mudar de lado" e receber a rara recompensa: certa e completa segurança contra a persecução judicial. Caso não cooperem, as sanções serão aplicadas a todos os demais coautores ("o bastão"). Trata-se, assim, do instrumento da "cenoura e do bastão" (*"carrot and stick approach"*).

Desse modo, de acordo com a Organização para Cooperação e Desenvolvimento Econômico (OCDE), o principal objetivo dos programas de leniência é descobrir ilícitos que, de outra maneira,

---

[7] HAMMOND, Scott D. Cornerstones of an effective leniency program. *Justice News*, Washington, D.C., Nov. 22, 2004. Disponível em: https://www.justice.gov/atr/speech/cornerstones-effective-leniency-program. Acesso em: 14 abr. 2018. O autor é ex-procurador-geral adjunto da Divisão Antitruste do Departamento de Justiça norte-americano (DOJ).

[8] HARDING, Christopher; BEATON-WELLS, Caron; EDWARDS, Jennifer. Leniency and criminal sanctions: happily married or uneasy bedfellows? *In:* BEATON-WELLS, Caron; TRAN, Christopher (Eds.). *Anti-cartel enforcement in a contemporary age*: leniency religion. Oxford: Hart Publishing, 2015, cap. 12, p. 234-260.

permaneceriam secretos.[9] O foco das autoridades investigadoras tende a ser, portanto, nas práticas ilícitas que são, tipicamente, de difícil detecção. Isso porque, com relação às práticas de fácil detecção, não há grandes incentivos para a autoridade investigadora instituir um programa de leniência, dado que esta já consegue identificá-las e persegui-las facilmente. Assim, com relação a práticas ilícitas de difícil detecção, os incentivos são significativamente maiores para que a autoridade investigadora institua um programa de leniência. Não raras vezes, para alguém que não faz parte do ilícito, um determinado comportamento pode até ser visto com desconfiança ou sinal de alerta, mas sem as informações, documentos e detalhes a detecção da prática se torna difícil, altamente custosa e, em alguns casos, praticamente inviável. Esse fato ocorre porque os participantes, cientes dos riscos de serem detectados, tipicamente tendem a acobertar os rastros de sua participação.

De acordo com Lorenz,[10] as autoridades obtêm informações sobre possíveis ilícitos de, pelo menos, três formas. A primeira e a mais cara, em termos de carga de trabalho e custos, seria o monitoramento do mercado. A segunda seria a obtenção de informações por meio de terceiros que atuam no mercado atingido pelo ilícito e que, voluntariamente, se dirigem à autoridade investigadora para delatar a conduta.[11] Por fim, a terceira forma de obter informações e documentos de uma infração seria diretamente com os envolvidos, seja por meio de investigação direta (auditorias e mandados de busca e apreensão), seja incentivando as empresas e os indivíduos a entregar as evidências do ilícito em troca de benefícios. Essa última forma de detecção é que será objeto de aprofundamento no livro.

Adicionamos a estas três uma quarta forma de obtenção de informações: o denunciante premiado ou *"whistleblower"*.[12] Em suma,

---

[9] OCDE. *Use of markers in leniency programmes*. 2014. Disponível em: http://www.oecd. org/officialdocuments/publicdisplaydocumentpdf/?cote=DAF/COMP/WP3(2014)9& doclanguage=en. Acesso em: 18 abr. 2018. p. 4. Ainda, de acordo com a OCDE, os programas de leniência *"elicit confessions, direct evidence about other participants, and leads that investigators can follow for other evidence too. The evidence is obtained more quickly, and at lower direct cost, compared to other methods of investigation, leading to prompt and efficient resolution of cases"*.

[10] LORENZ, Moritz. *An introduction to EU competition law*. Cambridge University Press, 2013. p. 352 e 353.

[11] Neste ponto, Lorenz (em LORENZ, *idem*) pontua que esses terceiros *"may provide public authorities with some insider information in order to facilitate the punishment of their competitors involved in cartels and to enhance their market position. Customers of undertakings involved in anticompetitive practices may also have an interest in bringing the infringement to an end since they may be overcharged as a result of the restriction of competition"*.

[12] Para mais informações, sugere-se a leitura do seguinte artigo: ATHAYDE, Amanda; MATOS, Mylena. Denunciante premiado? Whistleblower no Brasil e o direito antitruste. *Portal JOTA*, 29 mar. 2018.

nos termos de Athayde e Matos, trata-se de um terceiro, não participante do ilícito ou crime, que decide reportá-lo à autoridade competente, com vistas à obtenção de alguma recompensa (como uma retribuição pecuniária). Esta forma de detecção de ilícito tem sido objeto de avanços legislativos no Brasil. Em 10 de janeiro de 2018 foi publicada a Lei nº 13.608/2018, que instituiu formalmente a figura do *whistleblower* no ordenamento jurídico brasileiro. Ademais, a Lei nº 13.964/2019 ("Pacote Anticrime"), de 24 de dezembro de 2019, incluiu o artigo 4º-A, que determina a existência de unidade de ouvidoria ou correição na União, Estados, Distrito Federal e Municípios e suas autarquias e fundamentos, empresas e sociedades de economia mista, com vistas a relatar informações sobre crimes, ilícitos administrativos ou omissões lesivas ao interesse público. Ainda, incluiu os artigos 4º-B e 4º-C, que dá garantias ao denunciante, como preservação de identidade e proteção contra demissão arbitrária, alteração injustificada de funções ou atribuições, imposição de sanções, de prejuízos remuneratórios ou materiais de qualquer espécie, retirada de benefícios, diretos ou indiretos, ou negativa de fornecimento de referências profissionais positivas.

Todos os programas de leniência atualmente existentes no Brasil (e que serão pormenorizadamente apresentados neste livro) podem ser justificados pelo fato de que ilícitos como cartel, corrupção, lavagem de dinheiro, crimes no mercado financeiro e no mercado de capitais, organizações criminosas, etc., são, via de regra, de difícil detecção pelas autoridades investigadoras.

O ilícito de cartel[13] possui caráter sigiloso e fraudulento e é reconhecidamente difícil de detectar e investigar.[14] Muitas vezes observa-se, em cartéis detectados, a utilização de códigos, siglas, números,

---

[13] Como ilícito anticompetitivo, nos termos do art. 36, §3º, I, da Lei nº 12.529/11, um cartel é um acordo entre empresas supostamente concorrentes para "acordar, combinar, manipular ou ajustar" entre si "a) os preços de bens ou serviços ofertados individualmente; b) a produção ou a comercialização de uma quantidade restrita ou limitada de bens ou a prestação de um número, volume ou frequência restrita ou limitada de serviços; c) a divisão de partes ou segmentos de um mercado atual ou potencial de bens ou serviços, mediante, dentre outros, a distribuição de clientes, fornecedores, regiões ou períodos; d) preços, condições, vantagens ou abstenção em licitação pública". O cartel pode, ainda, ser crime contra a ordem tributária, econômica e contra as relações de consumo, nos termos do art. 4º, II, da Lei nº 8.137, que determina que "Constitui crime contra a ordem econômica: II - formar acordo, convênio, ajuste ou aliança entre ofertantes, visando: a) à fixação artificial de preços ou quantidades vendidas ou produzidas; b) ao controle regionalizado do mercado por empresa ou grupo de empresas; c) ao controle, em detrimento da concorrência, de rede de distribuição ou de fornecedores. Ainda, o art. 90 da Lei de Licitações tipifica como crime o ato de "frustrar ou fraudar, mediante ajuste, combinação ou qualquer outro expediente, o caráter competitivo do procedimento licitatório, com o intuito de obter, para si ou para outrem, vantagem decorrente da adjudicação do objeto da licitação: Pena - detenção, de 2

nomenclaturas, códigos de conduta (como "regras de campeonato" ou "estatutos"), etc., que visam a acobertar as práticas, o que pode dificultar a compreensão pelos investigadores e sua posterior condenação. Os investigados tendem a apresentar defesas no sentido de que a interpretação dos documentos não está correta e de que aqueles códigos, por exemplo, não são evidências de um cartel. A existência de um colaborador que explique, detalhadamente, o que significa cada um daqueles códigos facilita não apenas a inicialização da investigação, mas também o seu desenvolvimento, já que aqueles podem ser desencadeadores de novas descobertas e de novas evidências.[14]

Por essa razão, um número considerável de jurisdições já adotou programas de leniência antitruste como modo de desvendar condutas anticompetitivas, tais como Alemanha,[15] Austrália,[16] Áustria,[17] Brasil,[18]

(dois) a 4 (quatro) anos, e multa". Por fim, pode-se interpretar o cartel como um ato lesivo à Administração Pública com base na Lei Anticorrupção.

[14] *"Modern cartels, aware of their illegality, operate in secrecy and oftentimes engage in elaborate efforts to conceal their existence from the authorities. They employ encoded language, encrypted telecommunication means, anonymous email accounts and other ways of maintaining secrecy"* (OCDE. Recent challenges for cartel combat: Chile's new leniency programme. *In:* LATIN AMERICAN COMPETITION FORUM, 7, 2009, Santiago. *Anais... OCDE,* 2009. p. 4). Assim, *"The challenge in attacking hard-core cartels is to penetrate their cloak of secrecy. (...) That secrecy makes discovering and proving violations much more difficult for enforcement agencies"* (OCDE. *Fighting hard core cartels:* harm, effective sanctions and leniency programmes. Paris: OCDE, 2002. p. 7 e 11). Por isso, *"Cartels are usually difficult to detect and to investigate"* (ICC – INTERNATIONAL CHAMBER OF COMMERCE. *ICC leniency manual:* a user-guide for filing leniency applications worldwide. 2. ed. Paris: ICC, 2018. p. 5. Disponível em: https://cdn.iccwbo.org/content/uploads/sites/3/2016/10/icc-leniency-manual-second-edition.pdf. Acesso em: 30 abr. 2018). No mesmo sentido, ICN, *op. cit.,* p. 3: *"Cartels are by their nature hidden and secret".*

[15] Informações a respeito podem ser obtidas em: ALEMANHA. Bundeskartellamt. *Leniency programme.* Disponível em: http://www.bundeskartellamt.de/EN/Banoncartels/Leniency_programme/leniencyprogramme_node.html. Acesso em: 26 abr. 2018. Ver também: MELLO, Magno Antonio Correia de. Programas de leniência em países membros e parceiros da organização para a cooperação e desenvolvimento econômico. *Consultoria Legislativa,* nov. 2015. Disponível em: http://bd.camara.gov.br/bd/handle/bdcamara/26442. Acesso em: 26 abr. 2018. p. 4-8.

[16] Ver: AUSTRÁLIA. Australian Competition & Consumer Commission. *ACCC immunity and cooperation policy for cartel conduct.* Camberra: ACCC, Sept. 2014. Disponível em: https://www.accc.gov.au/publications/accc-immunity-cooperation-policy-for-cartel-conduct. Acesso em: 26 abr. 2018. Ver também: MELLO, *op. cit.,* p. 8-19 e ICC, *op. cit.,* p. 14 e 15.

[17] Ver: ÁUSTRIA. Federal Competition Authority. *Handbook on leniency programme.* Disponível em: https://www.bwb.gv.at/en/cartels_and_abuse_control/leniency/. Acesso em: 26 abr. 2018. Ver também: MELLO, *op. cit.,* p. 20-25 e ICC, *op. cit.,* p. 16 e 17.

[18] Ver: CADE – CONSELHO ADMINISTRATIVO DE DEFESA ECONÔMICA. *Programa de leniência.* Disponível em: http://www.cade.gov.br/assuntos/programa-de-leniencia. Acesso em: 26 abr. 2018. Ver também: MELLO, *op. cit.,* p. 25-30 e ICC, *op. cit.,* p. 20 e 21.

Bulgária,[19] Canadá,[20] Chile,[21] Coreia do Sul,[22] Eslováquia,[23] Estados Unidos,[24] Estônia,[25] Formosa,[26] Hungria,[27] Japão,[28] Lituânia,[29] México,[30]

---

[19] Informações a respeito podem ser obtidas em: BULGÁRIA. Commission for Protection of Competition. *Policy of the commission for protection of competition on immunity from fines or reduction of fines in case of participation of an undertaking in a secret cartel ("leniency")*. Disponível em: http://www.cpc.bg/Competence/Leniency.aspx. Acesso em: 26 abr. 2018. Ver também: MELLO, *op. cit.*, p. 30-34.

[20] Ver: Immunity and Leniency Programs, do Competition Bureau do Canadá. Informações a respeito podem ser obtidas em: CANADÁ. Competition Bureau. *Immunity and leniency programs*. Disponível em: http://www.competitionbureau.gc.ca/eic/site/cb-bc.nsf/eng/h_02000. html. Acesso em: 10 out. 2018. Ver também: MELLO, *op. cit.*, p. 34-45.

[21] *Vide*: CHILE. Fiscalia Nacional Economica. *Guía de delación compensada*. Santiago: FNE, 2017. Disponível em: http://www.fne.gob.cl/delacion-compensada/guia-de-delacion-compensada/. Acesso em: 26 abr. 2018. Ver também: MELLO, *op. cit.*, p. 46-49 e ICC, *op. cit.*, p. 22 e 23.

[22] Veja o artigo 22-2 do: COREIA DO SUL. Korean Fair Trade Commission. *Monopoly regulation and fair trade act*. 9 abr. 2018. Disponível em: http://www.ftc.go.kr/solution/skin/ doc.html?fn=abe6ebfcffcd366c32a8cb91035bdbee5ad625cdf007b29f88891153490137d1&rs=/ fileupload/data/result/BBSMSTR_000000002411/. Acesso em: 26 abr. 2018. Ver também: MELLO, *op. cit.*, p. 49-54.

[23] Informações a respeito podem ser obtidas em: ESLOVÁQUIA. Antimonopoly Office of the Slovak Republic. *Decree nº 172/2014*: laying down details of leniency programme. 2014. Disponível em: http://www.antimon.gov.sk/data/files/405_172_2014-decree-laying-down-details-of-leniency-programme.pdf. Acesso em: 26 abr. 2018. Ver também: MELLO, *op. cit.*, p. 54-58.

[24] Ver: ESTADOS UNIDOS. Department of Justice. *Leniency program*. Disponível em: https:// www.justice.gov/atr/leniency-program. Acesso em: 26 abr. 2018. Ver também: MELLO, *op. cit.*, p. 58-63 e ICC, *op. cit.*, p. 70 e 71.

[25] Informações a respeito podem ser obtidas em: ESTÔNIA. Republic of Estonia Competition Authority. *Leniency programme*. Disponível em: http://www.konkurentsiamet.ee/index. php?id=15112. Acesso em: 26 abr. 2018. Ver também: MELLO, *op. cit.*, p. 63-67.

[26] O programa de leniência de Taiwan pode ser encontrado em: TAIWAN. Fair Trade Commission. *Regulations on immunity and reduction of fines in illegal concerted action cases*. Jan. 6, 2012. Disponível em: https://www.ftc.gov.tw/internet/english/doc/docDetail. aspx?uid=1302&docid=12223. Acesso em: 27 abr. 2018. Ver também: MELLO, *op. cit.*, p. 67-72.

[27] Informações a respeito podem ser obtidas em: HUNGRIA. Hungarian Competition Authority. *Leniency policy*. Disponível em: http://www.gvh.hu/en/for_professional_users/ leniency_policy. Acesso em: 27 abr. 2018. Ver também: MELLO, *op. cit.*, p. 72-75.

[28] Sobre o Programa de Leniência japonês, ver: JAPÃO. Japan Fair Trade Commission. *ICN Anti-cartel enforcement template*. Disponível em: http://www.jftc.go.jp/en/policy_enforcement/ cartels_bidriggings/anti_cartel.html. Acesso em: 27 abr. 2018; JAPÃO. Japan Fair Trade Commission. *Cartels and bid-riggings*. Disponível em: https://www.jftc.go.jp/en/policy_ enforcement/cartels_bidriggings/index.html. Acesso em: 27 abr. 2018. Ver também: MELLO, *op. cit.*, p. 75-79 e ICC, *op. cit.*, p. 44 e 45.

[29] Ver: LITUÂNIA. Competition Council of the Republic of Lithuania. *Rules on immunity from fines and reduction of fines for the parties to prohibited agreements*: general provisions. 2008. Disponível em: https://kt.gov.lt/en/legislation/rules-on-immunity-from-fines-and-reduction-of-fines-for-the-parties-to-prohibited-agreements. Acesso em: 27 abr. 2018. Ver também: MELLO, *op. cit.*, p. 79-83.

[30] Informações a respeito podem ser obtidas em MÉXICO. Comisión Federal de Competencia Económica. *Programa de inmunidad*. Disponível em: https://www.cofece.mx/

Polônia,[31] Portugal,[32] Reino Unido,[33] Rússia,[34] Turquia[35] e União Europeia.[36] É evidente, portanto, a importância da leniência para a investigação de práticas de difícil detecção como os cartéis.

Também são de difícil detecção os ilícitos de corrupção,[37] dado que são marcadamente caracterizados por ocultamento, clandestinidade

---

autoridad-investigadora/programa-de-inmunidad/. Acesso em: 27 abr. 2018. Ver também: MELLO, *op. cit.*, p. 83-91 e ICC, *op. cit.*, p. 46 e 47.

[31] *Vide*: POLÔNIA. Office of Competition and Consumer Protection. *Leniency programme.* Disponível em: http://www.uokik.gov.pl/leniency_programme.php. Acesso em: 27 abr. 2018. Ver também: MELLO, *op. cit.*, p. 91-95 e ICC, *op. cit.*, p. 50 e 51.

[32] Informações a respeito podem ser obtidas em: PORTUGAL. Autoridade da Concorrência. *O programa de clemência.* Disponível em: http://www.concorrencia.pt/vPT/Praticas_Proibidas/O_programa_de_clemencia/Paginas/Programa-da-Clemencia.aspx. Acesso em: 27 abr. 2018. Ver também: MELLO, *op. cit.*, p. 95-102 e ICC, *op. cit.*, p. 52 e 53.

[33] Ver: REINO UNIDO. Competition and Markets Authority. *Cartels*: come forward and apply for leniency. 2014. Disponível em: https://www.gov.uk/guidance/cartels-confess-and-apply-for-leniency. Acesso em: 27 abr. 2018. Ver também: MELLO, *op. cit.*, p. 102-108 e ICC, *op. cit.*, p. 68 e 69.

[34] Ver: MELLO, *op. cit.*, p. 108-113 e ICC, *op. cit.*, p. 56 e 57.

[35] Ver: MELLO, *op. cit.*, p. 113-116 e ICC, *op. cit.*, p. 64 e 65.

[36] Ver: UNIÃO EUROPEIA. European Competition Network. *ECN model leniency programme.* Disponível em: http://ec.europa.eu/competition/ecn/mlp_revised_2012_en.pdf. Acesso em: 27 abr. 2018. Ver também: MELLO, *op. cit.*, p. 117-122 e ICC, *op. cit.*, p. 12 e 13.

[37] Com base no Código Penal, a corrupção pode ser entendida como o ato de "solicitar ou receber, para si ou para outrem, direta ou indiretamente, ainda que fora da função ou antes de assumi-la, mas em razão dela, vantagem indevida, ou aceitar promessa de tal vantagem" (art. 317 – corrupção passiva) ou como de "oferecer ou prometer vantagem indevida a funcionário público, para determiná-lo a praticar, omitir ou retardar ato de ofício" (art. 333 – corrupção ativa). Também na Lei de Improbidade Administrativa (Lei nº 8.429/92, em seus artigos 9º a 11, encontra-se o crime de corrupção, importando enriquecimento ilícito para os agentes, lesão ao erário público e aos princípios da Administração Pública (legalidade, moralidade e eficiência). Finalmente, a Lei Anticorrupção (Lei nº 12.846/13) entende corrupção como o ato de: "I - prometer, oferecer ou dar, direta ou indiretamente, vantagem indevida a agente público, ou a terceira pessoa a ele relacionada; II - comprovadamente, financiar, custear, patrocinar ou de qualquer modo subvencionar a prática dos atos ilícitos previstos nesta Lei; III - comprovadamente, utilizar-se de interposta pessoa física ou jurídica para ocultar ou dissimular seus reais interesses ou a identidade dos beneficiários dos atos praticados; IV - no tocante a licitações e contratos: a) frustrar ou fraudar, mediante ajuste, combinação ou qualquer outro expediente, o caráter competitivo de procedimento licitatório público; b) impedir, perturbar ou fraudar a realização de qualquer ato de procedimento licitatório público; c) afastar ou procurar afastar licitante, por meio de fraude ou oferecimento de vantagem de qualquer tipo; d) fraudar licitação pública ou contrato dela decorrente; e) criar, de modo fraudulento ou irregular, pessoa jurídica para participar de licitação pública ou celebrar contrato administrativo; f) obter vantagem ou benefício indevido, de modo fraudulento, de modificações ou prorrogações de contratos celebrados com a administração pública, sem autorização em lei, no ato convocatório da licitação pública ou nos respectivos instrumentos contratuais; ou g) manipular ou fraudar o equilíbrio econômico-financeiro dos contratos celebrados com a administração pública; V - dificultar atividade de investigação ou fiscalização de órgãos, entidades ou agentes públicos, ou intervir em sua atuação, inclusive no âmbito das agências reguladoras e dos órgãos de fiscalização do sistema financeiro nacional".

e fraude, violando os parâmetros de integridade que devem nortear as relações com a organização do Estado.[38] Nesse sentido,

> fora hipóteses mais caricatas, a corrupção não ocorre sempre de inopino, de súbito ou entre desconhecidos que até então se ignoravam. O saber e o compartilhar que existem em sua consumação observam uma lógica de pertinência, de pertencer e de ser apto a movimentar-se na organização e atuar.[39]

Assim, a infração da corrupção cria, em regra, "uma assimetria informacional, que favorece o infrator, porque naturalmente é ele quem mais sabe sobre o ilícito do que o Estado ou qualquer outra pessoa".[40] Nesse sentido, o MPF sinaliza que

> [a] introdução do acordo de leniência no microssistema anticorrupção nacional cuida, portanto, de otimizar a eficiência e a efetividade da atividade estatal de repressão a ilícitos e condutas lesivas ao erário, especialmente nos casos de corrupção. Assim, troca-se ganho informacional relevante sobre infrações que dificilmente seriam detectadas ou comprovadas adequadamente sem a participação do *"insider"*, por benefícios legais exculpantes, concedidos pelo Estado ao agente colaborador.[41]

---

[38] MPF. Nota Técnica sobre os Termos de Adesões ou Subscrições de pessoas físicas em acordos de leniência. 6 maio 2020. p. 14. Disponível em: http://www.mpf.mp.br/pgr/noticias-pgr/mpf-elabora-nota-tecnica-para-orientar-atuacao-de-membros-em-acordos-de-leniencia-com-adesao-de-pessoas-fisicas. Acesso em: 18 jun. 2020.

[39] BRASIL. Ministério Público Federal. *Estudo Técnico nº 01/2017 – 5ª CCR*. Brasília: set. 2017. Disponível em: http://www.mpf.mp.br/atuacao-tematica/ccr5/publicacoes/estudos-tecnicos/docs/Estudo%20Tecnico%2001-2017.pdf. Acesso em: 6 jul. 2018. p. 42.

[40] *Idem.*

[41] BRASIL. Ministério Público Federal. *Estudo Técnico nº 01/2017 – 5ª CCR*. Brasília: set. 2017. Disponível em: http://www.mpf.mp.br/atuacao-tematica/ccr5/publicacoes/estudos-tecnicos/docs/Estudo%20Tecnico%2001-2017.pdf. Acesso em: 6 jul. 2018. p. 46.

[42] A Lei nº 9.613/98 (Lei de Combate e Prevenção à Lavagem de Dinheiro), em seu artigo 1º, tipificou o crime de lavagem de dinheiro como "ocultar ou dissimular a natureza, origem, localização, disposição, movimentação ou propriedade de bens, direitos ou valores provenientes, direta ou indiretamente". A lei ainda prevê que "§1º Incorre na mesma pena quem, para ocultar ou dissimular a utilização de bens, direitos ou valores provenientes de infração penal: I - os converte em ativos lícitos; II - os adquire, recebe, troca, negocia, dá ou recebe em garantia, guarda, tem em depósito, movimenta ou transfere; III - importa ou exporta bens com valores não correspondentes aos verdadeiros. §2º Incorre, ainda, na mesma pena quem: I - utiliza, na atividade econômica ou financeira, bens, direitos ou valores provenientes de infração penal; II - participa de grupo, associação ou escritório tendo conhecimento de que sua atividade principal ou secundária é dirigida à prática de crimes previstos nesta Lei".

Esse também é o caso, por exemplo, da lavagem de dinheiro[42] e dos ilícitos no mercado financeiro e de capitais.[43] Veja que o processo de lavagem de dinheiro é uma forma de transformar o dinheiro "sujo", obtido de forma criminosa, em recurso "limpo". Segundo Lilley,[44] a lavagem de dinheiro pode ser um processo de grande complexidade, principalmente porque, com o advento da globalização dos mercados e dos fluxos financeiros e a ascensão da Internet, ela tomou proporções globais.[45] De acordo com o GAFI (Grupo de Ação Financeira Internacional), a finalidade da lavagem de dinheiro é dificultar o rastreamento

---

[43] Conforme AMBIMA – ASSOCIAÇÃO BRASILEIRA DAS ENTIDADES DOS MERCADOS FINANCEIRO E DE CAPITAIS. *Guia de prevenção à "lavagem de dinheiro" e ao financiamento do terrorismo no mercado de capitais brasileiro*. 2014. Disponível em: http://www.anbima.com.br/data/files/A8/96/7B/01/B78C7510E855FB75862C16A8/ANBIMA-Guia-PLD_1_.pdf. Acesso em: 28 abr. 2018, "o combate à lavagem de dinheiro passou a figurar entre as principais preocupações das autoridades nos mercados financeiro e de capitais brasileiro" (p. 5). Como disposto acima, o arcabouço legal brasileiro para lidar com a questão da lavagem de dinheiro foi definido pela Lei nº 9.613, de 03 de março de 1998 – alterada pelas Leis nº 10.701, de 9 de julho de 2003, e nº 12.683, de 09 de julho de 2012. Quando tal crime ocorre no mercado de capitais, ganha destaque a Instrução da Comissão de Valores Imobiliários (CVM) nº 301, que regulamenta "a identificação e o cadastro de clientes, o registro de transações e o limite de valores, bem como as políticas, procedimentos e controles internos para controle das operações e o cadastramento dos clientes de que tratam os incisos I, II e III do art. 10, o monitoramento e a comunicação das operações e o limite referidos nos incisos I a III do art. 11, e a responsabilidade administrativa prevista nos arts. 12 e 13, todos dispositivos da Lei nº 9.613, de 3 de março de 1998, que trata dos crimes de 'lavagem' ou ocultação de bens, direitos e valores, inclusive no que se refere à prevenção da utilização do sistema financeiro para a prática de tais ilícitos" (art. 1º). As instituições que atuam no mercado de capitais devem observar cumulativamente a Circular nº 3.461/2009 do Banco Central (BC), que determina que "Art. 1º As instituições financeiras e demais instituições autorizadas a funcionar pelo Banco Central do Brasil devem implementar políticas, procedimentos e controles internos, de forma compatível com seu porte e volume de operações, destinados a prevenir sua utilização na prática dos crimes de que trata a Lei nº 9.613, de 3 de março de 1998".

[44] LILLEY, Peter. *Lavagem de dinheiro*: negócios ilícitos transformados em atividades legais. São Paulo: Futura, 2001. p. 62. "A lavagem de dinheiro é simultânea e frustrantemente simples em alguns casos, e nebulosamente complexa em outros. Obviamente ela não é tão uniforme e linear quanto os exemplos clássicos nos fazem acreditar. Porque, se fosse, seria facílimo ser identificada e interrompida" (p. 62). "A globalização dos mercados e dos fluxos financeiros, é evidenciada ao máximo na estonteante ascensão da Internet. A criação de um mercado único significa que o dinheiro (não importando seu pedigree) pode viajar ao redor do mundo em nanossegundos, tornando assim lugar-comum seus saltos sobre múltiplas jurisdições. A lavagem de dinheiro virtual é uma realidade. Como proclamou a publicidade de uma recente conferência (que não versava sobre a lavagem de dinheiro, apresso-me a informar, mas sim sobre a nova economia global), 'Novas regras. Nada de fronteiras. Você está preparado para ser global?'" (p. 13).

[45] Callegari afirma que "a transferência de dinheiro de um a outro país dificulta sua persecução por parte das autoridades e acaba por facilitar sua ocultação" (CALLEGARI, André Luís. *Lavagem de dinheiro: aspectos penais da Lei nº 9.613/98*. 2. ed. Porto Alegre: Livraria do Advogado, 2008. p. 38).

e a identificação da origem ilegal do dinheiro.[46] Devido a esse caráter intrínseco de disfarce, ocultação, a lavagem de dinheiro é um ilícito de difícil detecção, cuja investigação pode ser favorecida a partir do momento em que os colaboradores auxiliam na compreensão do "percurso do dinheiro".

Similarmente, ilícitos como o de *insider trading*, por exemplo, ao envolverem agentes internos e/ou externos à empresa,[47] podem ser mais facilmente perseguidos a partir do uso dos acordos de leniência.[48] A prática do *insider trading* pode ser entendida como a realização de operações com valores mobiliários por "pessoa que, em virtude de fatos circunstanciais, tem acesso a 'informações relevantes' relativas aos negócios e situação da companhia", em proveito ou benefício próprio.[49] As informações relevantes são aquelas que "podem influir de modo ponderável na cotação dos valores mobiliários de emissão da companhia, afetando a decisão dos investidores de vender, comprar ou reter esses valores".[50] Assim, na medida em que o *insider* obtém e usa indevidamente uma informação que sabidamente não poderia usar, tende a ocultá-la, para proteger seus ganhos ilícitos no mercado de capitais.

---

[46] *"The goal of a large number of criminal acts is to generate a profit for the individual or group that carries out the act. Money laundering is the processing of these criminal proceeds to disguise their illegal origin"*. O modelo criado pelo GAFI prevê três fases para a lavagem de dinheiro: i) *placement* (colocação) – consiste no ingresso dos recursos ilícitos no mercado formal, por meio de depósitos em contas bancárias, compra de produtos e serviços financeiros, compra e venda de bens móveis e imóveis, negocia com cidadãos comuns ou empresas transnacionais, etc.; ii) *layering* (ocultação) – realização de operações com o objetivo de quebrar as evidências sobre a origem do dinheiro, dificultando o seu rastreamento, por meio de transferências entre contas correntes, entre empresas, transferências para paraísos fiscais etc.; e iii) *integration* (integração) – introdução dos valores no sistema legal, sob a forma de atividade lícita (os criminosos investem em artigos de luxo, negócios legítimos etc.) (GAFI – GRUPO DE AÇÃO FINANCEIRA INTERNACIONAL. *Money laundering*. Disponível em: http://www.fatf-gafi.org/faq/moneylaundering/. Acesso em: 2 maio 2018).

[47] A prática de *insider trading* pode envolver os chamados *insiders* primários e os *insiders* secundários. Os *insiders* primários são pessoas ligadas à própria companhia, que obtêm informações privilegiadas diretamente em suas atividades junto à companhia (por exemplo, acionistas, administradores ou funcionários), já os *insiders* secundários são pessoas que têm acesso às informações privilegiadas de forma direta ou indireta, por meio dos *insiders* primários. Para mais informações sobre o ilícito de *insider trading*, ver CVM – COMISSÃO DE VALORES MOBILIÁRIOS. *Uso indevido de informação privilegiada (Insider trading)*. 1. ed. Rio de Janeiro: CVM, 2016.

[48] Essa opinião é compartilhada, inclusive, pela CVM. *Vide*: PIMENTA, Guilherme. Com leniência, CVM deve chegar a vazador de informação, diz diretor. *Portal JOTA*, 16 abr. 2018. Disponível em: https://www.jota.info/tributos-e-empresas/mercado/leniencia-cvm-vazador-16042018. Acesso em: 9 maio 2018.

[49] PARENTE, Norma Jansen. *Aspectos jurídicos do insider trading*. CVM, 1978.

[50] *Idem*.

Por sua vez, também se observa que são de difícil detecção os ilícitos de organização criminosa.[51] De acordo com Barros,[52] a criminalidade organizada vem se tornando mais complexa material e estruturalmente. Apoia-se em suporte tecnológico avançado e com gestão similar à das grandes empresas, sendo comum que apresente uma estrutura organizacional estável, com operação sistemática, pirâmide hierárquica com, no mínimo, três níveis e divisão de tarefas. Tanto é assim que investigações recentes no âmbito da Operação Lava Jato descobriram a existência de um departamento da empresa inteiramente estruturado para este propósito de implementar os atos da organização criminosa, o que evidencia, na prática, o que é trazido

---

[51] O parágrafo 1º do art. 1º da Lei nº 12.850/13 trouxe o conceito de organização criminosa para os efeitos da aplicação da lei: §1º Considera-se organização criminosa a associação de quatro ou mais pessoas estruturalmente ordenada e caracterizada pela divisão de tarefas, ainda que informalmente, com objetivo de obter, direta ou indiretamente, vantagem de qualquer natureza, mediante a prática de infrações penais cujas penas máximas sejam superiores a 4 (quatro) anos, ou que sejam de caráter transnacional. Importante ainda destacar que a Lei nº 12.694, de 24 de julho de 2012, que "dispõe sobre o processo e o julgamento colegiado em primeiro grau de jurisdição de crimes praticados por organizações criminosas", considera, de acordo com o artigo 2º, o conceito de organização criminosa como "a associação, de 3 (três) ou mais pessoas, estruturalmente ordenada e caracterizada pela divisão de tarefas, ainda que informalmente, com objetivo de obter, direta ou indiretamente, vantagem de qualquer natureza, mediante a prática de crimes cuja pena máxima seja igual ou superior a 4 (quatro) anos ou que sejam de caráter transnacional". Ainda, a Convenção de Palermo, internalizada pelo Brasil em 2004, dispõe que: "Art. 2º. Para efeitos da presente Convenção, entende-se por: a) 'Grupo criminoso organizado' – grupo estruturado de três ou mais pessoas, existente há algum tempo e atuando concertadamente com o propósito de cometer uma ou mais infrações graves ou enunciadas na presente Convenção, com a intenção de obter, direta ou indiretamente, um benefício econômico ou outro benefício material".

[52] BARROS, Marco Antônio de. *Lavagem de capitais e obrigações civis correlatas*: com comentário, artigo por artigo, à Lei 9613/98. São Paulo: Revista dos Tribunais, 2004, p. 35. "Sem dúvida, a questão da criminalidade organizada atingiu tal grau de complexidade estrutural, material e de penetração político-social que os procedimentos preventivos e repressivos, tidos no passado como eficientes, se tornaram absolutamente ultrapassados. Houve uma alteração substancial na quantidade e na qualidade dos crimes e, por conseguinte, impressionante aumento dos ganhos ilícitos pelas organizações criminosas. Investigações da política e estudos do Ministério Público revelam que uma das características marcantes das organizações criminosas consiste na sua estrutura organizacional estável, operando em geral de forma sistemática, com divisão de tarefas que visam obtenção de vantagens econômicas, políticas e sociais, mediante a utilização de métodos que mesclam a sequência de atos cobertos sucessivamente por ilicitude e licitude. Geralmente apoiadas em suporte tecnológico avançadíssimo e com gestão similar às grandes empresas idôneas, pode-se dizer que, do ponto de vista estrutural, é comum as organizações criminosas apresentarem as seguintes características: a) estrutura hierárquico-piramidal, estabelecida no mínimo em três níveis, com a presença de um chefe, sub-chefe/conselheiro, gerentes e partícipes de outros escalões subalternos; b) divisão de tarefas entre os membros da organização, como decorrência da diversificação de atividades; c) restrição dos componentes apenas a pessoas de absoluta confiança, para melhor controlar a atuação individual; d) envolvimento de agentes públicos; e) busca constante de lucro e poder; f) 'lavagem' do capital obtido ilicitamente".

na literatura. Assim, o acordo de leniência permite adentrar nessas organizações secretas e fechadas, por meio da colaboração direta e interna dos participantes do crime organizado.

Assim, o acordo de leniência permite que a autoridade investigadora competente tome conhecimento de uma prática ilegal que era, até então, total ou parcialmente desconhecida. Importante destacar que o fato de a prática ser totalmente desconhecida leva, via de regra, à concessão de benefícios totais ao proponente (leniência total ou imunidade). Similarmente, o fato de a prática ser parcialmente desconhecida leva, regra geral, à concessão de benefícios parciais ao proponente (leniência parcial). É importante que o colaborador que propõe a negociação do acordo de leniência tenha essa clareza de quais são os benefícios decorrentes da celebração de um acordo, e que haja o mínimo possível de discricionariedade por parte da autoridade pública.

Assim ocorre na legislação antitruste, na medida em que a Lei nº 12.529/2011 determina que, se o Cade não tiver conhecimento prévio, concede-se a imunidade total. Essa é uma das possíveis razões pelas quais o Cade tem conseguido detectar práticas ilícitas totalmente desconhecidas, evidenciada pelo fato de que a maioria dos processos julgados pelo Tribunal diz respeito a leniências totais e não parciais.[53] Por sua vez, o fato de a CGU apenas conceder benefícios parciais ao proponente no acordo de leniência anticorrupção, mesmo que tenha total desconhecimento da prática, pode ser uma das razões pelas quais todos os acordos celebrados e as propostas apresentadas até 2019 dizerem respeito a investigações já em curso.[54] Nesse contexto, interessante mencionar que o Acordo de Cooperação Técnica STF/CGU/AGU/MJ/TCU, celebrado em 6 de agosto de 2020,[55] enuncia como décimo sétimo princípio específico quanto aos acordos de leniência anticorrupção, a primazia da autodenúncia, nos termos do art. 16, parágrafo 1º, inc. I, da Lei nº 12.846, de 2013, e do Decreto nº 8.420, de 2015.

---

[53] Cade. Processos administrativos de acordos de leniência julgados pelo Cade. Disponível em: http://www.cade.gov.br/assuntos/programa-de-leniencia/processos-julgados. Último acesso em: 16 jun 2020.

[54] CGU. Acordos de leniência. Disponível em: https://www.gov.br/cgu/pt-br/assuntos/responsabilizacao-de-empresas/lei-anticorrupcao/acordo-leniencia. Último acesso em: 16 jun. 2020.

[55] Acordo de Cooperação Técnica entre o Supremo Tribunal Federal (STF), a Controladoria-Geral da União (CGU), a Advocacia-Geral da União (AGU), Ministério da Justiça e Segurança Pública (MJSP) e o Tribunal de Contas da União (TCU) em matéria de combate à corrupção no Brasil, especialmente em relação aos acordos de leniência da Lei nº 12.846/2013. Disponível em: http://www.stf.jus.br/arquivo/cms/noticiaNoticiaStf/anexo/Acordo6agosto.pdf. Acesso em: 18 set. 2020.

Dessa forma, nota-se que os programas de leniência têm, como uma de suas justificativas, justamente a função de trazer luz a práticas de difícil detecção, que de outra forma poderiam permanecer fora do alcance das autoridades investigadoras.

1.1.2 Obtenção de provas como justificativa dos acordos de leniência

Outra justificativa para a instituição de um programa de leniência é a capacidade desse instrumento de obter provas[56] relevantes para a investigação. Essas provas tendem a consistir em informações e documentos "internos" da prática ilícita, fornecidos por quem efetivamente participou da prática ilícita, que muito possivelmente seriam difíceis de serem obtidos de outra forma que não por meio da colaboração.

Um colaborador efetivo pode relatar com riqueza de detalhes o histórico do ilícito, seus participantes ao longo do tempo, seu *modus operandi*, os locais em que as práticas foram perpetradas, os conflitos internos que eventualmente existiram, as dificuldades que foram enfrentadas e os meios utilizados para sua superação, dentre diversos outros detalhes, informações e documentos. Vejamos alguns exemplos das possíveis informações e documentos que podem ser obtidos de um colaborador sobre uma determinada reunião. De quem foi a ideia para se reunirem? Quem fez o convite? Quando foi convocada? Havia uma pauta preestabelecida? Quem foram os convidados? Quem efetivamente compareceu? Onde foi realizada? Quem arcou com os custos? Há comprovantes do pagamento desses custos? Como os participantes entraram no local? Havia registro na portaria do local? Houve ligações

---

[56] De acordo com Fernando Capez (em CAPEZ, Fernando. *Curso de processo penal*. 23. ed. São Paulo: Saraiva, 2016, p. 398), "do latim *probatio*, é o conjunto de atos praticados pelas partes, pelo juiz (CPP, arts. 156, I e II, 209 e 234) e por terceiros (p. ex., peritos), destinados a levar ao magistrado a convicção acerca da existência ou inexistência de um fato, da falsidade ou veracidade de uma afirmação. Trata-se, portanto, de todo e qualquer meio de percepção empregado pelo homem com a finalidade de comprovar a verdade de uma alegação. Por outro lado, no que toca à finalidade da prova, destina-se à formação da convicção do juiz acerca dos elementos essenciais para o deslinde da causa". Seguindo a classificação indicada pelo autor (p. 433 e 434) e outros doutrinadores do direito processual (LIMA, Renato Brasileiro de. *Manual de processo penal*: volume único. 5. ed. Salvador: Juspodivm, 2017, p. 591 e THEODORO JÚNIOR, Humberto. *Curso de direito processual civil*. 56. ed. Rio de Janeiro: Forense, 2015. v. 1. p. 1106), aqui estou considerando prova como provas diretas (quando a prova, "por si, demonstra um fato, ou seja, refere-se diretamente ao fato probando") e indiretas ("quando alcança o fato principal por meio de um raciocínio lógico-dedutivo, levando-se em consideração outros fatos de natureza secundária, porém relacionados com o primeiro").

entre os participantes? Houve trocas de mensagens ou e-mails? Como era o local de reunião? Em qual posição os participantes estavam sentados na mesa? Havia infraestrutura para a reunião (projetor, computador, etc.)? Quem liderou as conversas? Como estava o clima? Quais foram os resultados alcançados? Quais participantes saíram satisfeitos e quais não? Houve encaminhamentos? Foi pré-agendada uma futura reunião?

É verdade que algumas dessas provas poderiam ser obtidas por meio de medidas cautelares de busca e apreensão, por exemplo. No entanto, em alguns casos, ainda assim, pode ser necessária ajuda para a compreensão das provas, dado seu caráter cifrado. Conforme já mencionado, há dificuldade de detecção dos ilícitos objeto dos acordos de leniência, dado que, por vezes, os participantes usam números, letras ou apelidos para se referirem aos demais coautores. Nesse sentido, a colaboração em sede do programa de leniência pode ser capaz de identificar, com maior facilidade, os infratores, bem como apresentar informações detalhadas da infração.

Em um caso de corrupção e lavagem de dinheiro, por exemplo, uma planilha de pagamentos indevidos apreendida como prova, apesar de ser muito relevante para a investigação e de poder ser utilizada como evidência autônoma, pode ser mais bem compreendida pelos detalhes de quem efetivamente conheceu da sua elaboração, preenchimento ou atualização. O que querem dizer as siglas utilizadas ao lado dos números? Qual a ordem cronológica dos documentos? Há documentos lícitos (como notas fiscais, etc.) que podem ser apresentados de modo a corroborar a narrativa da lavagem de dinheiro e que ainda não foram conhecidos pela autoridade investigadora? O MPF reconhece, inclusive, que em sua vastíssima aplicação, os acordos de leniência acabam efetivamente por trazer ao conhecimento da autoridade a existência de fatos novos, ou relevantes elementos de prova novos sobre fatos investigados.[57]

Em um caso de cartel, por exemplo, uma tabela apreendida que contenha siglas de empresas ao lado de informações de licitações, apesar de também ser muito relevante para a investigação e de também poder ser utilizada como evidência autônoma, pode ser mais bem compreendida na medida em que colaborador explica o que é cada linha e cada coluna da tabela, seus significados, as disputas ali refletidas. Não raras vezes,

---

[57] MPF. Nota Técnica sobre os Termos de Adesões ou Subscrições de pessoas físicas em acordos de leniência. 6 maio 2020. p. 14. Disponível em: http://www.mpf.mp.br/pgr/noticias-pgr/mpf-elabora-nota-tecnica-para-orientar-atuacao-de-membros-em-acordos-de-leniencia-com-adesao-de-pessoas-fisicas. Acesso em: 18 jun. 2020.

a dinâmica anticompetitiva se torna mais clara e verossímil a partir dos detalhes que são apresentados pelos colaboradores.

Toda essa riqueza de arcabouço probatório, consistente nas informações e documentos apresentados pelo colaborador, pode então ser consolidada em um ou em diversos documentos, que irão subsidiar as investigações. No programa de leniência antitruste e no programa de leniência no Sistema Financeiro Nacional (SFN), por exemplo, essas provas são consolidadas em documentos denominados "Históricos da Conduta".[58] No programa de leniência do MP, por sua vez, a colaboração tende a ser apresentada nos chamados "Anexos", que contêm o depoimento detalhado e cronológico dos colaboradores.[59]

---

[58] No âmbito do Programa de Leniência Antitruste, o *Guia: Programa de Leniência antitruste do Cade* define que "o Histórico da Conduta é um documento elaborado pela Superintendência-Geral do Cade (SG/Cade) que contém a descrição detalhada da conduta anticompetitiva, conforme entendimento da SG/Cade, com base nas informações e nos documentos apresentados pelo proponente do acordo de leniência (…). Trata-se de documento elaborado e assinado pela SG/Cade, o qual não é assinado pelo proponente do acordo de leniência ou por seus advogados" (CADE. *Guia*: Programa de Leniência antitruste do Cade. 2016. Disponível em: http://www.cade.gov.br/acesso-a-informacao/publicacoes-institucionais/guias_do_Cade/guia_programa-de-leniencia-do-cade-final.pdf. Acesso em: 25 abr. 2017). Já no que concerne ao Programa da Leniência no SFN, a Circular nº 3857/2017 do BC, dispõe que: Art. 86. A aceitação da proposta implica a celebração de acordo administrativa em processo de supervisão e a elaboração, pelo Banco Central do Brasil, de histórico de conduta. Art. 89. O histórico de conduta deve conter, no mínimo: I - a exposição detalhada fatos relativos à infração noticiada; II - a identificação dos demais envolvidos na prática da infração e o detalhamento da participação de cada um, quando couber; III - outras disposições que, diante das circunstâncias do caso concreto, forem reputadas necessárias; e IV - lista com todas as informações e os documentos, fornecidos pelo signatário do acordo administrativo em processo de supervisão, que comprovem a prática da infração noticiada. Parágrafo único. Será conferido tratamento reservado e acesso restrito ao histórico de conduta, observado o disposto no §3º do art. 31 da Lei nº 13.506, de 2017 (BRASIL. Banco Central do Brasil. Circular nº 3.857, de 14 de novembro de 2017. Dispõe sobre o rito do processo administrativo sancionador, a aplicação de penalidades, o Termo de Compromisso, as medidas acautelatórias, a multa cominatória e o acordo administrativo em processo de supervisão previstos na Lei nº 13.506, de 13 de novembro de 2017. *Diário Oficial*, Brasília, 21 ago. 2018. Seção 1, p. 30).

[59] Conforme a Orientação nº 07/2017 da CCR do Ministério Público Federal, "7.4. OBJETO DO ACORDO (descrição genérica dos fatos que serão revelados e por quem; a descrição específica deverá ser feita em anexos, sendo um para cada fato, incluindo as fontes probatórias). • Deve ser demonstrada a relevância das informações e provas: não basta que os fatos e provas sejam novos, precisam ser aptos a revelar e a desmantelar organização criminosa. • Deve haver a previsão sobre como se procederá em caso de revelação de novos fatos, depois de celebrado o acordo (possível aditamento do acordo, com previsão das consequências do aditamento). • Caso o objeto do acordo de leniência envolva mais de um fato ilícito e/ou mais de uma pessoa envolvida, e haja a necessidade de manutenção de sigilo sobre algum dos fatos ilícitos, a explicitação desses fatos e pessoas deverá ser feita em sumário ao termo do acordo de leniência, relegando a descrição de cada um dos fatos para anexos específicos que permitam o levantamento do sigilo em momentos distintos" (BRASIL. Ministério Público Federal. *Orientação nº 07/2017*: acordos de leniência. Brasília: MPF, 2017. Disponível em: http://www.mpf.mp.br/pgr/documentos/ORIENTAO7_2017.pdf.

Isso significa que investigações sem a celebração de acordos de leniência são insuficientes? Não é isso que se afirma neste livro. Não se faz aqui uma defesa do uso indiscriminado dos acordos de leniência no Brasil. Há diversos casos em que a investigação é capaz de obter provas diretas e indiretas da prática ilícita, permitindo, assim, a formação do juízo de convencimento pela condenação dos investigados, sem qualquer benefício obtido em um programa de leniência. O que se quer ressaltar, porém, são os efeitos positivos decorrentes da cooperação, do testemunho e dos detalhes trazidos pela colaboração, sem desqualificar, de qualquer modo, as investigações autônomas.

Nota-se, portanto, que há diversos detalhes, documentos e informações que muito dificilmente seriam obtidos de outro modo que não pela colaboração de quem participou da infração, de modo que consubstanciam importante justificativa para a celebração de acordos de leniência.

1.1.3 Eficiência, efetividade e alavancagem investigativas como justificativa dos acordos de leniência

Outra justificativa para a instituição de um programa de leniência é a capacidade desse instrumento de aumentar a eficiência, a efetividade e a alavancagem investigativa da autoridade investigadora.[60][61] O acesso

---

Acesso em: 25 abr. 2017). Veja como exemplo os anexos da delação premiada de executivos da JBS (SHALDERS, André; BARBIÉRI, Luiz Felipe. Leia a íntegra da delação de executivos da JBS. *Poder 360*, 19 maio 2017. Disponível em: https://www.poder360.com.br/justica/leia-a-integra-da-delacao-de-executivos-da-jbs/. Acesso em: 28 abr. 2018). Em maio de 2017 foram apresentado 41 anexos, versando sobre as condutas objeto da referida delação: 1) BNDES; 2) Guido Mantega – outros temas; 3) Fundos de pensão; 4) A interação com Lucio Funaro – CEF/FI-FGTS; 5) Eduardo Cunha e Lucio Funaro/Ministério da Agricultura; 6) A conta-corrente – Lucio Funaro; 7) A interação com Eduardo Cunha – Renovação da desoneração da folha de pagamento; 8) Eleição de Eduardo Cunha para Presidente da Câmara dos Deputados; 9) Fatos especialmente corroborados por elementos especiais de prova/Michel Temer; 10) Fatos especialmente corroborados por elementos especiais de prova/Aécio Neves; etc. (*vide* apenso 1 da petição 7003, que pode ser encontrada em SHALDERS, André; BARBIÉRI, Luiz Felipe. Leia a íntegra da delação de executivos da JBS. *Poder 360*, 19 maio 2017. Disponível em: https://www.poder360.com.br/wp-content/uploads/2017/05/PET_7003_APENSO_1.pdf. Acesso em: 28 abr. 2018. p. 63).

[60] *"Leniency programs uncover conspiracies that would otherwise go undetected and also make the ensuing investigations more efficient and effective"* (OCDE. *Fighting hard core cartels*: harm, effective sanctions and leniency programmes. Paris: OCDE, 2002. p. 7). De acordo com a OCDE, no Programa de Leniência, *"[t]he evidence is obtained more quickly, and at a lower direct cost, compared to other methods of investigation, leading to prompt and efficient resolution of cases"* (OCDE. *Use of markers in leniency programmes*. 2014. Disponível em: http://www.oecd.org/officialdocuments/publicdisplaydocumentpdf/?cote=DAF/COMP/WP3(2014)9&doclanguage=en. Acesso em: 18 abr. 2018. p. 4).

antecipado a informações e documentos relacionados a práticas de difícil detecção reduz custos de iniciação dos casos, de instrução processual e também de litigância em um eventual questionamento judicial da condenação.[61]

Nesse sentido, Lorenz[62] afirma que uma das principais vantagens do programa de leniência, em comparação com os demais instrumentos de obtenção de informações e documentos, é a de proporcionar resultados semelhantes (ou melhores) a custos relativamente baixos. Os custos de iniciação dos casos são mais baixos porque o colaborador traz ao conhecimento da autoridade uma prática ilícita de difícil detecção, que tende, portanto, a ter custos investigativos mais altos. Ademais, os custos de instrução processual também são reduzidos, dado que os programas de leniência proporcionam um mecanismo relativamente mais rápido de reunir informações e documentos (vez que, como já mencionado, permitem um acesso "de dentro" da própria prática ilegal), reduzindo ainda mais o custo da investigação. Por fim, como um dos requisitos tradicionais do programa de leniência é justamente

---

[61] A efetividade dos programas de leniência também foi objeto de análises empíricas. Em MILLER, Nathan H. Strategic leniency and cartel enforcement. *American Economic Review*, v. 99, n. 3, p. 750-768, 2009 e ZHOU, Jun. *Evaluating leniency with missing information on undetected cartels*: exploring time-varying policy impacts on cartel duration. 2013. (TILEC Discussion Paper nº 2011-042). Disponível em: http://papers.ssrn.com/sol3/papers. cfm?abstract_id=1934191. Acesso em: 3 maio 2018), ao estudar a efetividade do *US Corporate Leniency Program* concluíram que tal instrumento obteve êxito tanto no aspecto dissuasivo quanto nos aspectos desestabilizador e de detecção. O *European Leniency Program* também teve sua efetividade analisada por Brenner (em BRENNER, Steffen. An empirical study of the European corporate leniency program. *International Journal of Industrial Organization*, v. 27, nº 6, p. 639-645, 2009). O autor conclui que o acordo de leniência permite que a autoridade antitruste aplique maiores multas e a duração das investigações nos casos em que há o acordo é reduzida em 1 ano e meio. Ademais, o estudo empírico realizado por Frübing e Polk (em FRÜBING, Stefan; POLK, Andreas. *Product differentiation, leniency programs and cartel stability*. 2016. (BIIPS Working Paper nº 3). Disponível em: https://ssrn. com/abstract=2893593. Acesso em: 3 maio 2018. p. 20) traz como conclusão que "*cartels between close competitors tend to be more profitable and less stable. Given that a leniency program is more dangerous for cartels with lower critical discount factors, those profitable and from a buyer's perspective particularly harmful cartels are more likely to be disrupted by them*". Portanto, "*the introduction of leniency programs in competition regimes can be regarded as effective, since they tend to destabilize profitable and harmful cartels*".

[62] LORENZ, Moritz. *An introduction to EU competition law*. Cambridge University Press, 2013. p. 352 e 353.

a confissão ou a admissão de sua participação na prática ilícita,[63] [64] [65] são reduzidos os eventuais custos da autoridade investigadora com futuros questionamentos judiciais.[66]

---

[63] O colaborador interessado na leniência anticorrupção deve: (I) primeiro: ser o primeiro a manifestar interesse em cooperar para a apuração do ato lesivo específico, quando tal circunstância for relevante; (II) cessação: cessar sua participação na infração noticiada ou sob investigação a partir da data de propositura do acordo; (III) admissão: admitir sua participação no ilícito; (IV) cooperação: cooperar plena e permanentemente com a investigação e o processo administrativo, comparecendo, sob suas expensas, sempre que solicitado, a todos os atos processuais, até a decisão final (inclusive com o cálculo dos valores); (V) resultado da cooperação: assegurar que de sua cooperação resulte a identificação dos demais envolvidos na infração e a obtenção célere de informações e documentos que comprovem a infração noticiada ou sob investigação; e (VI) programa de integridade: instituir ou aperfeiçoar o Programa de Integridade empresarial.

[64] Já na leniência antitruste: (I) primeira: o colaborador deve ser o primeiro a se qualificar com respeito à infração noticiada ou sob investigação; (II) cessação: o colaborador deve cessar sua participação na infração noticiada ou sob investigação a partir da data de propositura do acordo; (III) provas da SG/Cade: que no momento da propositura do acordo, a Superintendência-Geral não disponha de provas suficientes para assegurar a condenação do Proponente; (IV) confissão: o colaborador deve confessar sua participação no ilícito; (V) cooperação: o colaborador deve cooperar plena e permanentemente com a investigação e o processo administrativo, comparecendo, sob suas expensas, sempre que solicitado, a todos os atos processuais, até a decisão final sobre a infração noticiada proferida pelo Cade; e (VI) resultado da cooperação: : assegurar que de sua cooperação resulte a identificação dos demais envolvidos na infração e a obtenção de informações e documentos que comprovem a infração noticiada ou sob investigação.

[65] Por fim, na leniência do Sistema Financeiro Nacional: (I) primeiro: ser o primeiro a se qualificar com respeito à infração noticiada ou sob investigação (mas pode não ser o primeiro também – art. 30, §4º); (II) cessação: cessar sua participação na infração noticiada ou sob investigação a partir da data de propositura do acordo; (III) provas do BC/CVM: no momento da propositura do acordo, a autoridade não disponha de provas suficientes para assegurar a condenação do Proponente; (IV) confissão: confessar sua participação no ilícito; (V) cooperação: cooperar plena e permanentemente com a investigação e o processo administrativo, comparecendo, sob suas expensas, sempre que solicitado, a todos os atos processuais, até a decisão final sobre a infração noticiada proferida pelo BC/CVM; e (VI) resultado da cooperação: garantir que de sua cooperação resulte utilidade para o processo, a identificação dos demais envolvidos na infração e a obtenção de informações e documentos que comprovem a infração noticiada ou sob investigação.

[66] De acordo com a OCDE, *"A leniency programme allows an antitrust authority to detect and prosecute cartels in a much more cost-effective manner than by using traditional investigative methods. Obtaining information about the existence of a secret cartel directly from one of the cartel members as opposed to outside sources is already a great gain as the authority need not extend any effort in this respect. (...) Lastly, there are substantial resource savings due to the fact that either the prosecution of amnesty recipients may not even have commenced (for example in the US) or the findings of an administrative enforcement agency may not be disputed under judicial review"* (OCDE. Session I: using leniency to fight hard core cartels. *In:* LATIN AMERICAN COMPETITION FORUM, 7, 2009, Santiago. *Anais...* OCDE, 2009. p. 6). No mesmo sentido, Wouter P. J Wils, ao afirmar que *"Leniency not only allows for cheaper and more reliable collection of intelligence and evidence of antitrust violations than would be possible if only the other investigative methods were available. It also adds an incentive for cartel participants to create and keep more evidence in the first place. This increases the possibilities for competition authorities to find evidence through other methods, for instance through 'dawn raids', and this increased possibility in turn increases the incentives to apply for leniency, thus creating a virtuous circle"* (WILS, Wouter P. J. Leniency in

Diante do exposto, os programas de leniência resultam em maior eficiência[67] na gestão administrativa, haja vista que viabilizam uma investigação mais robusta, em um tempo menor, com menor dispêndio de recursos – humanos e financeiros – e com maior efetividade, aumentando significativamente as chances de se obter melhores resultados na investigação da autoridade.

Ademais, os programas de leniência permitem uma alavancagem investigativa que dificilmente poderia ser obtida de outra maneira. Se as autoridades públicas não têm conhecimento da infração, a celebração do acordo permite a persecução a um ilícito de difícil detecção, e com provas que dificilmente seriam obtidas de outro modo. Se as autoridades públicas já têm conhecimento da prática, mas parcial, a celebração do acordo robustece a investigação e permite a persecução, em potencial, a mais envolvidos (pessoas jurídicas e físicas), dado o incremento no material probatório. Ainda, em legislações em que há um benefício extra a confessar outros ilícitos ainda não descobertos (como é o caso da leniência *plus* na seara concorrencial, vide cap. 2, *infra*), o programa de leniência permite que múltiplas novas infrações sejam descobertas a partir de uma única investigação inicial, como um novelo de lã sendo desfeito pelas autoridades públicas.

Sobre esse ponto, insta mencionar que o Acordo de Cooperação Técnica STF/CGU/AGU/MJ/TCU,[68] celebrado em 6 de agosto de

---

antitrust enforcement: theory and practice. *World Competition: Law and Economics Review*, v. 30, n. 1, 2013. Disponível em: https://papers.ssrn.com/sol3/papers.cfm?abstract_id=939399. Acesso em: 2 maio 2018. p. 22).

[67] Segundo Chester Barnard (em BARNARD, Chester I. *As funções do executivo*. São Paulo: Atlas, 1971), a eficiência é a dimensão do desempenho expressa pela relação do processo envolvido, seu meio. Assim, possui foco interno e refere-se aos custos envolvidos. Pode-se dizer ainda que eficiência é quando algo é realizado da melhor maneira possível, ou seja, com menos desperdício ou em menor tempo. Nestes termos, Chiavenato (em CHIAVENATO, Idalberto. *Introdução à teoria geral da administração*: uma visão abrangente da moderna administração das organizações. 7. ed. Rio de Janeiro: Elsevier, 2003. p. 23) entende que eficiência "significa fazer bem e corretamente as coisas. O trabalho eficiente é um trabalho bem executado". De forma complementar, Cury (em CURY, Antonio. *Organização e métodos*: uma visão holística. 8. ed. São Paulo: Atlas, 2006) afirma que a eficiência é "alcançada quando o executivo manipula, de forma adequada, os insumos de que necessita para atingir seus produtos". Por outro lado, eficácia seria a dimensão do desempenho expressa pelo alcance dos objetivos ou metas, independentemente dos custos implicados. Assim, possui foco externo e refere-se aos resultados (BARNARD, 1971, *op. cit.*). Ainda, diz-se que eficácia "significa atingir objetivos e resultados. Um trabalho eficaz é um trabalho que resulta proveitoso e bem-sucedido" (CHIAVENATO, 2004, *op. cit.*). Destarte, a eficácia é "atingida quando, sendo eficiente, o gerente atinge seus produtos, de maneira apropriada, como programado" (CURY, 2006, *op. cit.*).

[68] Acordo de Cooperação Técnica entre o Supremo Tribunal Federal (STF), a Controladoria-Geral da União (CGU), a Advocacia-Geral da União (AGU), Ministério da Justiça e Segurança

2020, enuncia como sexto princípio específico quanto aos acordos de leniência anticorrupção a busca do interesse público da vantajosidade da proposta de acordo para a Administração Pública, devendo-se analisar os custos e o resultado útil das medidas judiciais e extrajudiciais cabíveis, sopesando-as com a alavancagem investigativa, a obrigação de aprimoramento do programa de integridade e o dever de colaboração das pessoas jurídicas. Ainda, a Nota Técnica nº 2/2020 5ª CCR/MPF,[69] enuncia o acordo de leniência como um instrumento primário de alavancagem probatória.

1.1.4 Cessação da infração como justificativa dos acordos de leniência

Outra justificativa para a instituição de um programa de leniência é a capacidade desse instrumento de cessar imediatamente uma prática ilícita. Isso porque o colaborador deve, via de regra, cessar sua prática ilícita a partir do momento em que procura a autoridade para apresentar informações e documentos e colaborar,[70][71][72][73] salvo

---

Pública (MJSP) e o Tribunal de Contas da União (TCU) em matéria de combate à corrupção no Brasil, especialmente em relação aos acordos de leniência da Lei nº 12.846/2013. Disponível em: http://www.stf.jus.br/arquivo/cms/noticiaNoticiaStf/anexo/Acordo6agosto.pdf. Acesso em: 18 set. 2020.

[69] Nota Técnica nº 2/2020 5ª CCR/MPF. Disponível em: http://www.mpf.mp.br/atuacao-tematica/ccr5/notas-tecnicas/docs/nota-tecnica-2-2020-acordo-de-cooperacao-acordo-de-leniencia-final.pdf. Acesso em: 22 set. 2020.

[70] Tal obrigatoriedade encontra-se presente na Leniência Anticorrupção: (I) primeira: a empresa candidata deve ser a primeira a manifestar interesse em cooperar para a apuração do ato lesivo específico, quando tal circunstância for relevante; (II) cessação: a empresa deve cessar sua participação na infração noticiada ou sob investigação a partir da data de propositura do acordo; (III) admissão: a empresa deve admitir sua participação no ilícito; (IV) cooperação: a empresa deve cooperar plena e permanentemente com a investigação e o processo administrativo, comparecendo, sob suas expensas, sempre que solicitado, a todos os atos processuais, até a decisão final (inclusive com o cálculo dos valores); (V) resultado da cooperação: da cooperação da empresa deve resultar a identificação dos demais envolvidos na infração e a obtenção célere de informações e documentos que comprovem a infração noticiada ou sob investigação; e (VI) programa de integridade: a empresa deve instituir ou aperfeiçoar o Programa de Integridade empresarial.

[71] A mesma obrigação se repete no âmbito da Leniência do MP: (I) oportunidade: ser a primeira empresa a revelar os fatos desconhecidos à investigação; (II) efetividade: ter capacidade real de contribuição da colaboradora à investigação, por meio do fornecimento de elementos concretos que possam servir de prova; (III) utilidade: explicitar quantos e quais são os fatos ilícitos e pessoas envolvidas, que ainda não sejam de conhecimento do MPF, bem como quais são os meios pelos quais se fará a respectiva prova; (IV) informações e provas: apresentar informações e provas relevantes; (V) cessação: cessar as condutas ilícitas; (VI) *compliance*: implementar programa de *compliance*/conformidade/integridade/equivalente e se submeter

em situações excepcionais e sob a autorização expressa da autoridade competente.[74]

Com relação ao chamado "flagrante esperado", vale destacar a regulamentação do instrumento da "ação controlada", previsto no art. 8º, da Lei nº 12.850/13, e definido como o ato de "retardar a intervenção policial ou administrativa relativa à ação praticada por organização criminosa ou a ela vinculada, desde que mantida sob observação e acompanhamento para que a medida legal se concretize no momento mais eficaz à formação de provas e obtenção de informações". O emprego desse instrumento depende de autorização judicial (art. 8º, §1º, da

---

a auditoria externa; (VII) colaboração: colaborar de forma plena, sem qualquer reserva, com as investigações, durante toda a vigência do acordo de leniência, portando-se com honestidade, lealdade e boa-fé; (VIII) reparação de danos: pagar valor relativo à antecipação de reparação de danos, ressalvado o direito de outros órgãos buscarem o ressarcimento adicional, prestando garantias; e (IX) multa: pagar multa, prestando garantias.

[72] Também consta no acordo de leniência Antitruste: (I) primeira: a empresa deve ser a primeira a se qualificar com respeito à infração noticiada ou sob investigação; (II) cessação: a empresa deve cessar sua participação na infração noticiada ou sob investigação a partir da data de propositura do acordo; (III) provas da SG/Cade: no momento da propositura do acordo, a Superintendência-Geral não disponha de provas suficientes para assegurar a condenação do Proponente; (IV) confissão: a empresa deve confessar sua participação no ilícito; (V) cooperação: a empresa deve cooperar plena e permanentemente com a investigação e o processo administrativo, comparecendo, sob suas expensas, sempre que solicitado, a todos os atos processuais, até a decisão final sobre a infração noticiada proferida pelo Cade; e (VI) resultado da cooperação: da cooperação da empresa deve resultar a identificação dos demais envolvidos na infração e a obtenção de informações e documentos que comprovem a infração noticiada ou sob investigação.

[73] Bem como no âmbito da Leniência do SFN: (I) primeira: a empresa deve ser a primeira a se qualificar com respeito à infração noticiada ou sob investigação (mas pode não ser a primeira também – art. 30, §4º); (II) cessação: a empresa deve cessar sua participação na infração noticiada ou sob investigação a partir da data de propositura do acordo; (III) provas do BC/CVM: no momento da propositura do acordo, a autoridade não disponha de provas suficientes para assegurar a condenação do Proponente; (IV) confissão: a empresa deve confessar sua participação no ilícito; (V) cooperação: a empresa deve cooperar plena e permanentemente com a investigação e o processo administrativo, comparecendo, sob suas expensas, sempre que solicitado, a todos os atos processuais, até a decisão final sobre a infração noticiada proferida pelo BC/CVM; e (VI) resultado da cooperação: da cooperação da empresa deve resultar utilidade para o processo, a identificação dos demais envolvidos na infração e a obtenção de informações e documentos que comprovem a infração noticiada ou sob investigação.

[74] A título de exemplo, temos o uso de câmeras secretas pelo FBI para gravar reuniões do cartel, levando à condenação do cartel internacional de lisina. Note que as gravações foram facilitadas por uma testemunha colaboradora. Para mais detalhes, ver: HAMMOND, Scott D. Caught in the act: inside an international cartel. *Justice News*, Washington, D.C., Oct. 18, 2005. Disponível em: https://www.justice.gov/atr/speech/caught-act-inside-international-cartel. Acesso em: 1 maio 2018. No Brasil, temos o recente caso da colaboração entre os executivos da JBS e a Polícia Federal: com base nas delações de executivos da empresa, a PF investigou (Operação Patmos) a entrega de malas lotadas de dinheiro que teriam sido repassadas a mando do empresário Joesley Batista a intermediários do presidente Michel Temer, do senador Aécio Neves e do operador Lúcio Funaro.

Lei nº 12.850/2013) e deve ser estruturado de forma a não configurar o chamado "flagrante preparado", que é considerado ilegal e faz da conduta praticada crime impossível (art. 17 do Código Penal). Assim, nessa figura do "flagrante esperado"/"ação controlada", a autoridade ou agente policial pode aguardar para realizar a prisão em flagrante no momento em que o crime de fato está em curso, para obter mais informações e provas sobre a organização criminosa.

Assim, nota-se que, caso a prática ilícita esteja em curso e o colaborador venha a procurar a autoridade investigadora no contexto do programa de leniência, a sociedade é beneficiada de imediato, pois os efeitos negativos resultantes da prática ilícita são cessados antecipadamente, reduzindo os prejuízos aos cidadãos do país.

1.1.5 Sanção aos demais infratores como justificativa dos acordos de leniência

Ainda, outra justificativa para a instituição de um programa de leniência é a capacidade desse instrumento de permitir que se imponha, com maior probabilidade, uma sanção aos demais infratores que não colaboraram com a autoridade investigadora. O objetivo é o de que, não obstante a concessão de imunidade ao colaborador ou a redução de suas penalidades, outros participantes da conduta possam ser efetivamente sancionados como resultado dessa investigação, a partir da obtenção de informações e documentos suficientes para condená-los e puni-los. A severidade dessa punição é um dos pilares de um programa de leniência efetivo (vide item 2.2, *infra*)

Nesse ponto,[75] o interesse dos cidadãos do país de ver os ilícitos desvendados, cessados e punidos supera o interesse de sancionar uma única empresa e/ou indivíduo que colaborou e possibilitou a identificação, o desmantelamento e a punição de todos os demais pertencentes à organização criminosa.[76] Nesse sentido, entendo que

---

[75] BRASIL. Ministério da Justiça. *Combate a cartéis e Programa de Leniência*. 3. ed. Brasília: SDE; MJ; Cade, 2009. (Coleção SDE/Cade nº 01/2009). Disponível em: http://www.cade.gov.br/acesso-a-informacao/publicacoes-institucionais/documentos-da-antiga-lei/cartilha_leniencia.pdf. Acesso em: 14 abr. 2018. p. 17.

[76] De acordo com a OCDE, "*To maximise the incentive for defection and encourage cartels to break down more quickly, it is important not only that the first one to confess receive the 'best deal', but also that the terms of the deal be as clear as possible at the outset*" (OCDE. *Fighting hard core cartels*: harm, effective sanctions and leniency programmes. Paris: OCDE, 2002. p. 8). No mesmo sentido, Wils afirma que "*the higher the discount from the otherwise applicable penalty that is offered to the cartel member who defects and cooperates with the competition authority, the stronger the incentive to cheat and report will be*" (WILS, Wouter P. J. Leniency in antitrust enforcement:

as autoridades investigadoras não devem permitir, salvo situações excepcionais, que todos os participantes do ilícito celebrem acordos.[77] É necessário que alguns dos infratores sejam punidos pelos seus ilícitos, sem reduções em suas respectivas penalidades.

Essa é a prática, por exemplo, do Departamento de Justiça (DOJ) nos Estados Unidos, que, na negociação de acordos subsequentes ao acordo de leniência, opta por excluir da concessão de benefícios aqueles indivíduos de alta culpabilidade (*"carve out"*[78]), que serão então processados pelo juízo criminal.[79]

---

theory and practice. *World Competition: Law and Economics Review*, v. 30, n. 1, 2013. Disponível em: https://papers.ssrn.com/sol3/papers.cfm?abstract_id=939399. Acesso em: 2 maio 2018. p. 24). Marco Colino afirma que a eficiência de um programa de leniência pode ser medida pelo incentivo ao *self-report* gerado. De acordo com a autora, *"Self-reporting will happen only if firms, fearing that their illegal activity might be detected by the enforcer, sense that they are both duly protected and adequately rewarded by the policy".* Nesse sentido, pontua os seguintes incentivos que devem ser gerados para uma maior efetividade da política de leniência: (i) proteção adequada aos delatores; (ii) transparência e previsibilidade no procedimento; (iii) confidencialidade; e (iv) dar uma recompensa positiva ao delator (como o afastamento ou redução da multa) (MARCO COLINO, Sandra. The perks of being a whistleblower: designing efficient leniency programs in new antitrust jurisdictions. *Vanderbilt Journal of Transnational Law*, v. 50, n. 5, 2016. Disponível em: https://ssrn.com/abstract=2871056. Acesso em: 3 maio 2018. p. 14-17).

[77] Lucas Campio Pinha, Marcelo José Braga, Glauco Avelino Sampaio Oliveira pontuam que uma importante vantagem do Programa de Leniência Antitruste brasileiro é a abordagem *"winners take all".* De acordo com os autores, "A questão é que as políticas de leniência tendem a reduzir a expectativa de penalidades dos membros de um cartel, o que modifica os incentivos das firmas e pode resultar na formação de novos cartéis e na maior estabilidade dos mesmos (…). Desta forma, é interessante fornecer benefícios apenas para o primeiro candidato a qualificar-se, tal como ocorre no EUA e em contrariamente ao que ocorre na UE" (PINHA, Lucas Campio; BRAGA, Marcelo José; OLIVEIRA, Glauco Avelino Sampaio. A efetividade dos programas de leniência e o contexto brasileiro. *Revista de Defesa da Concorrência*, v. 4, n. 1, p. 133-152, 2016. Disponível em: http://revista.cade.gov. br/index.php/revistadedefesadaconcorrencia/article/view/253. Acesso em: 3 maio 2017. p. 146 e 147). A título de curiosidade, *"In Canada, immunity will not be granted to a firm that was the sole beneficiary of the activity in Canada. This requirement is evidently intended to ensure against the possibility that there would be no party against which Canada could take enforcement action concerning a cartel that had caused harm there"* (OCDE. *Fighting hard core cartels*: harm, effective sanctions and leniency programmes. Paris: OCDE, 2002. p. 18).

[78] Para fins do presente texto, entende-se *"carve out"* como o ato de excluir certos indivíduos (funcionários, diretores, executivos) altamente culpáveis do antro de proteção do acordo de leniência ou da imunidade, para garantir que eles possam ser processados individualmente por sua conduta ilícita.

[79] Conforme o DOJ, *"the Division may exercise its discretion to exclude from the protections that the conditional leniency letter offers those current directors, officers, and employees who are determined to be highly culpable"* (ESTADOS UNIDOS. Department of Justice. *Frequently asked questions about the antitrust division's leniency program and model leniency letters.* 2017. Disponível em: https://www.justice.gov/atr/page/file/926521/download. Acesso em: 28 abr. 2018. p. 20 e 21). Essa previsão é corroborada por Sally Yates, Ex-Procuradora-Geral Adjunta do DOJ, ao afirmar que *"the Antitrust Division has recently announced that it is revamping its procedures to ensure that each of its criminal offices systematically identifies all potentially culpable individuals*

Esse alerta também é relevante no sentido de que as autoridades públicas exijam dos colaboradores subsequentes algum tipo de elemento probatório adicional que auxilie na investigação. Caso contrário, poderá haver um desincentivo a que os participantes do ilícito sejam os primeiros a levar a denúncia à autoridade e à própria celebração do acordo de leniência inicial. Um agente infrator poderia, por exemplo, avaliar que não vale a pena ser o primeiro a colaborar, pois os benefícios que ele receberia não seriam tão maiores que os do colaborador subsequente a ponto de compensar os custos de celebração do acordo (custos de negociação, de busca de documentos, de exposição perante clientes e terceiros, entre outros).

Não se está aqui a afirmar que apenas acordos subsequentes com novas provas devam ser aceitos, já que o juízo de conveniência e oportunidade é específico para cada caso e para cada tipo de ilícito, devendo ser realizado por cada autoridade. Em determinadas situações, por exemplo, a própria confissão de um coautor subsequentemente pode ser capaz de robustecer a investigação, como elemento de corroboração. No entanto, é importante que sejam estabelecidas balizas previsíveis para os acordos subsequentes, pois, caso todos os investigados possam realizar acordos, haverá a redução do risco de severas punições, em prejuízo à própria atratividade do programa de leniência.

Assim, para autoridades no Brasil que possuem outros tipos de acordos subsequentes, como é o caso dos Termos de Compromisso de Cessação (TCCs) no Cade,[80] dos Termos de Compromisso (TCs) no

---

as early in the investigative process as possible. Antitrust prosecutors are taking a hard look at which individuals are 'carved in' – and thus receive protections against prosecution – and 'carved out' of a corporate agreement. Now, after the new policy, they are erring on the side of 'carving out', in order to ensure that those individuals most responsible for wrongdoing are not given a pass" (YATES, Sally Q. Deputy attorney general Sally Q. Yates delivers remarks at the New York City Bar Association White Collar Crime Conference. *Justice News*, Washington, D.C., May 10, 2016. Disponível em: https://www.justice.gov/opa/speech/deputy-attorney-general-sally-q-yates-delivers-remarks-new-york-city-bar-association. Acesso em: 28 abr. 2018). Ainda, no *Individual Accountability for Corporate Wrongdoing* – mais conhecido como "Yates Memorandum" – *"designed to ensure that individual accountability is at the heart of [DOJ's] corporate enforcement strategy"*, consta a previsão de que *"(4) absent extraordinary circumstances or approved departmental policy, the Department will not release culpable individuals from civil or criminal liability when resolving a matter with a corporation"* (ESTADOS UNIDOS. Department of Justice. *Individual accountability for corporate wrongdoing.* Washington, D.C., 2015. Disponível em: https://www.justice.gov/archives/dag/file/769036/download. Acesso em: 28 abr. 2008).

[80] Conforme já mencionado, o acordo de leniência antitruste é instrumento disponível apenas ao primeiro agente infrator a reportar a conduta anticoncorrencial ao Cade (art. 86, §1º, I, da Lei nº 12.529/2011). Ainda, cabe pontuar que a leniência traz benefícios tanto administrativos quanto criminais (art. 86, §4º c/c art. 87 da Lei nº 12.529/2011). Por sua vez, o TCC é acessível a todos os demais investigados na conduta anticompetitiva (art. 85 da Lei nº 12.529/2011), gerando benefícios na seara administrativa, mas sem previsão de benefícios automáticos

BC[81] e na CVM[82] e da própria leniência do MP[83] e da colaboração premiada no âmbito dos MPs,[84] este deve ser um alerta relevante.

na seara criminal. Especificamente para os casos de acordo, combinação, manipulação ou ajuste entre concorrentes, como é o caso de cartel, o TCC possui os seguintes requisitos: (I) pagamento de contribuição pecuniária ao Fundo de Defesa de Direitos Difusos, conforme art. 85, §1º, III, da Lei nº 12.529/2011 e art. 224, *caput*, do Regimento Interno do Cade (RICade); (II) reconhecimento de participação na conduta investigada por parte do proponente, nos termos do art. 225 do RICade; (III) colaboração do proponente com a instrução processual, conforme art. 226 do RICade; (IV) compromisso do proponente a não praticar a conduta investigada, nos termos do §1º do art. 85 da Lei nº 12.529/2011; (V) será fixada multa para o caso de descumprimento, total ou parcial, das obrigações compromissadas.

[81] A assinatura do Termo de Compromisso deverá ser autorizada por órgão colegiado previsto no regimento interno do BC (art. 11, §3º, da Lei nº 13.506/2017), ou seja, o Comitê de Decisão de Processo Administrativo Sancionador e de Termo de Compromisso (Copat) (Portaria BC nº 96.152 de 21 de dezembro de 2017). As reuniões do Comitê não serão públicas, tendo em conta o caráter sigiloso das propostas de Termo (art. 9º, §2º, da Portaria BC nº 96.151/2017), e o assessoramento do Copat será realizado por uma comissão composta por, no mínimo, duas áreas do BC. Essa comissão se chama Comissão de Análise e de Negociação de Propostas de Termo de Compromisso (Coanp), a quem caberá emitir parecer técnico sobre as propostas de Termos de Compromisso, recomendando ao Copat sua aceitação ou rejeição (art. 4º, da Circular BC nº 97.222/2018). Antes disso, caberá à Comissão realizar negociação com o proponente sobre o teor da proposta de Termo de Compromisso (art. 4º, §1º, da Circular BC nº 97.222/2018). A proposta de Termo de Compromisso no BC tramitará em autos apartados (art. 61, §2º, da Circular BC nº 3.857/2017). Quanto aos efeitos processuais do Termo de Compromisso, para o BC, o §1º do art. 11, da Lei nº 13.506/2017 é expresso no sentido de que a apresentação de proposta não suspende o andamento do processo, efeito este que apenas acontecerá quando for efetivamente firmado o Termo de Compromisso (§2º do art. 11, da Lei nº 13.506/2017).

[82] No âmbito da CVM, a assinatura do Termo de Compromisso também deverá ser autorizada por órgão colegiado previsto no regimento interno da CVM (art. 83 da Instrução CVM nº 607). A Portaria CVM/PTE 71 de 15 de agosto de 2005 regulamentou a composição e o funcionamento do Comitê de Termos de Compromisso (CTC), que é responsável pela apreciação da oportunidade e conveniência da celebração de Termos de Compromisso na CVM. Esse Comitê também analisa a adequação da proposta formulada pelo acusado, sendo responsável pela proposta de rejeição ou aprovação ao Colegiado da CVM (art. 83 da Instrução CVM nº 607).. No âmbito da CVM há apenas indicação de que o Termo de Compromisso suspende o processo administrativo em curso (art. 88, I da Instrução CVM nº 607) e de que, se as obrigações assumidas pelo comprometente não forem cumpridas de forma integral e adequada, o curso do processo será retomado (art. 90 da Instrução CVM nº 607). De qualquer forma, a suspensão do processo administrativo só beneficia o acusado que firmar o Termo de Compromisso, prosseguindo contra os demais investigados, tanto no BC quanto na CVM (art. 11, §2º, da Lei nº 13.506/2017).

[83] A Leniência do MP encontra-se prevista nas seguintes leis e dispositivos: art. 129, I, da CF/88; art. 5º e 6º da Lei 7.347/85; art. 26 da Convenção de Palermo; art. 37 da Convenção de Mérida; art. 3º, §§2º e 3º, do CPC; arts. 840 e 932, III, do CC/02; arts. 16 a 21 da Lei 12.846/2013; Lei 13.410/2015; princípio da eficiência, art. 37, *caput*, da CF/88; orientação da 5ª CCR do MPF. Ela se aplica tanto às pessoas físicas quanto às pessoas jurídicas.

[84] Por sua vez, os acordos de colaboração premiada estão previstos nas seguintes leis: Lei nº 12.850/2013 (organização criminosa, art. 4º); Lei nº 7.492/86 (crimes contra o sistema financeiro nacional, art. 25, §2º); Lei nº 8.072/90 (crimes hediondos, art. 8º, § único); Lei nº 8.137/90 (crimes contra a ordem tributária, econômica e relações de consumo, art. 16, § único); Lei nº 9.613/1998 (crimes de "lavagem" e ocultação de bens, direitos e valores, art. 1º, §5º); Lei nº 9.807/1999 (organização e a manutenção de programas especiais de proteção a vítimas e testemunhas ameaçadas, art. 14); Lei nº 11.343/2006 (crimes previstos na lei de

Caso assim não aconteça, corre-se o risco de que os infratores não mais tenham receio da detecção e das severas punições, e de que haja, assim, uma redução de incentivos para que futuros colaboradores sejam os primeiros a procurar a autoridade para relatar a ocorrência de uma prática ilícita em sede dos programas de leniência.[85]

Interessante mencionar a pesquisa empírica conduzida por Craveiro,[86] que trata justamente da capacidade de se sancionar os demais infratores a partir de um acordo de leniência. A autora calculou o que chamou de "taxa de sucesso" dos acordos de leniência antitruste e buscou verificar se os signatários do acordo realmente identificaram os demais participantes da infração e se apresentaram informações e documentos que comprovassem a infração. Para tanto, adotou como indicador dessa taxa de sucesso a proporção entre pessoas físicas e jurídicas punidas pelo Cade (tanto por meio de condenações quanto por meio de TCCs subsequentes) em comparação ao total de pessoas representadas no processo.

Segundo a autora, com base em dados até agosto de 2020, que abarcam 31 processos oriundos de 34 acordos de leniência já julgados pelo Tribunal do Cade, a taxa de sucesso seria de 66%. Assim, Craveiro conclui que o programa de leniência do Cade vem sendo efetivo em detectar, investigar e punir infrações contra a ordem econômica, ainda que guarde espaço para melhorias. A autora esclarece que cinco desses 34 acordos não tiveram como resultado condenações e nem termos de compromisso assinados, seja porque se entendeu pela ausência de comprovação de efeitos no Brasil,[87] seja pela insuficiência de provas para comprovar a materialidade do cartel.[88]

---

drogas, art. 41); Código Penal (art. 159). Ao contrário da Leniência do MP, os Acordos de Colaboração Premiada aplicam-se somente às pessoas físicas.

[85] *"The size of the incentive to be first is illustrated by the US investigation of the graphite electrodes cartel, where the amnesty applicant received no penalty, the next firm to come in was fined USD 32.5 million, the third company, USD 110 million, and the last one, USD 135 million".* Assim, *"To maintain the strong incentive to be first, leniency to those who come in later should be clearly less generous"* (OCDE. *Fighting hard core cartels*: harm, effective sanctions and leniency programmes. Paris: OCDE, 2002. p. 9).

[86] CRAVEIRO, Priscila. Uma régua na Leniência Antitruste: as taxas de sucesso e de declaração de cumprimento como medidas de efetividade do Programa de Leniência do Cade. Trabalho de Conclusão de Curso apresentado à Banca Examinadora da Escola de Direito da Fundação Getúlio Vargas. Brasília, setembro de 2020. *No prelo.*

[87] Sobre o tema, a autora cita os processos administrativos nº 08012.000773/2011-20 e nº 08012.000774/2011-74.

[88] Sobre o tema, a autora cita os processos administrativos 08700.008005/2017-51, 08700.008004/2017-15 e 08700.010320/2012-34.

Ademais, Craveiro aponta que seria interessante que outras pesquisas futuras pudessem realizar uma análise da taxa de sucesso em processos administrativos originados de investigações *ex officio* ou de representações. Entendo que também seria valioso se fossem realizadas outras pesquisas empíricas utilizando essa mesma metodologia, só que com relação aos acordos de leniência no SFN, Anticorrupção e do MP, a fim de que se possa comparar tais taxas de sucesso, como medidas da capacidade de sancionamento dos demais infratores por meio dos acordos de leniência.

1.1.6 Recolhimento de verbas pecuniárias como justificativa dos acordos de leniência

Ainda, outra justificativa para a instituição de um programa de leniência é a capacidade desse instrumento de permitir o recolhimento de verbas pecuniárias, que podem incluir tanto a reparação dos danos/ressarcimento[89] (natureza de indenização) quanto as multas/contribuições pecuniárias (natureza de sanção). A terminologia[90] ressarcimento, reparação ou contribuição ainda é diversa a depender do autor, de modo que se apresenta a figura seguinte para auxiliar na compreensão dos conceitos que serão utilizados neste livro:

Figura 3 – Elementos constitutivos das verbas pecuniárias contidas nos acordos de leniência

Fonte: elaboração da autora.

---

[89] Da mesma forma entende a OCDE: *"Leniency programmes have the potential to promote compensation of victims of a cartel"* (OCDE. Session I: using leniency to fight hard core cartels. *In*: LATIN AMERICAN COMPETITION FORUM, 2009, Santiago. Anais... OCDE, 2009. p. 10).

[90] Segundo Carlos Roberto Gonçalves, há distinção entre os vocábulos ressarcimento e reparação. Para ele, ressarcimento é o pagamento de todo o prejuízo material sofrido, abrangendo o

Mas qual a destinação dessas verbas pecuniárias? Em relação à reparação de danos/ressarcimento, os valores devem ser destinados aos cofres das entidades que efetivamente sofreram o decréscimo patrimonial, ou seja, às vítimas dos atos lesivos, uma vez que visa tão somente a repor o *status quo* do seu patrimônio.

Por sua vez, em relação às multas, os valores devem ser destinados aos cofres do ente mais amplo que exerceu o poder punitivo. Ou seja, a multa não irá diretamente para os cofres do Cade, da CGU, da AGU ou do MP, mas sim para o Fundo de Direitos Difusos, ao Tesouro Nacional, etc., que representem o ente mais amplo. Isso porque não parece adequado destinar tais valores a instituições e órgãos de controle específicos, pois não há suporte legal, fiscal, orçamentário e financeiro para tal. Além disso, há uma questão ética subjacente ao debate sobre a destinação da contribuição pecuniária, em vista do risco de *moral hazard*.[91]

Trata-se, além de uma justificativa dos programas de leniência, de um requisito específico para a celebração dos acordos de leniência no Brasil (vide item 1.3.2.5, *infra*), dado que o recolhimento prévio à celebração do acordo é exigido apenas na leniência anticorrupção e na leniência do MP. Nestes casos, a autoridade investigadora se antecipa e garante a verba pecuniária total ou parcial dos infratores colaboradores.

Mas mesmo nos casos em que é possível a celebração dos acordos sem o recolhimento prévio dessas verbas pecuniárias (caso das leniências no Cade e no SFN), essa continua sendo uma das justificativas dos programas de leniência, dado que o acordo de leniência não isenta de responsabilidade civil os participantes do ilícito, possibilitando, por conseguinte, que os prejudicados, de modo privado ou difuso,[92]

---

dano emergente e os lucros cessantes, o principal e os acréscimos que lhe adviriam com o tempo e com o emprego da coisa. Reparação, por sua vez, é a compensação pelo dano moral, a fim de minorar a dor sofrida pela vítima. (GONÇALVES, Carlos Roberto. *Direito civil brasileiro*: responsabilidade civil. 15. ed. São Paulo: Saraiva Educação, 2020. v. 4. p. 394).

[91] O conceito de *moral hazard*, ou risco moral, está relacionado ao oportunismo pós-contratual, ou seja, ao comportamento não cooperativo entre as partes após a assinatura de um contrato, englobando assimetrias de informação entre as partes contratantes, bem como dificuldades de monitoramento entre elas, o que pode criar aumento nos custos da transação (FARINA, Elizabeth *et al. Competitividade: mercado, Estado e organizações*. São Paulo: Singular, 1997). Nesse contexto, poder-se-ia levantar que a destinação do valor da contribuição pecuniária para o próprio órgão responsável pela apuração ou sanção das práticas investigadas poderia levar ao questionamento da integridade das penalidades aplicáveis, na medida em que o órgão público teria incentivos claros para a imposição de penalidades em valores mais altos. Ver: FALCÃO, Márcio. Bloqueio: MPF e governo discutem destino de R$ 8,5 milhões da leniência da Odebrecht. Portal JOTA, 11 abr. 2019.

[92] Conforme o art. 5º da Lei nº 7.347/85 (Lei de Ação Civil Pública), "têm legitimidade para propor a ação principal e a ação cautelar: I - o Ministério Público". Cabe pontuar que "Art. 1º Regem-se pelas disposições desta Lei, sem prejuízo da ação popular, as ações de

ajuízem suas respectivas ações para obter o ressarcimento cível dos danos. Veja-se, portanto, que o programa de leniência pode subsidiar, direta ou indiretamente, as ações de ressarcimento e reparação em face dos envolvidos na prática ilícita. Assim, pode-se dizer que, por meio do acordo de leniência, tem-se um retorno positivo praticamente imediato para a sociedade.

Algumas perguntas podem ser feitas a respeito desse recolhimento das verbas pecuniárias. Como se faz o cálculo do suposto dano causado, para que seja possível definir o *quantum* da rubrica da reparação de danos/ressarcimento? O que a autoridade pública faz caso a parte prejudicada venha a ser ressarcida antecipadamente pelo infrator? Ademais, será que a existência de seguros contratados pela empresa infratora (como os seguros *Directors and Officers*, "seguros D&O"), em benefício próprio ou em benefício dos administradores, assegura a cobertura dessas rubricas de reparação de danos/ressarcimento e multa/contribuição pecuniária, de modo a representar, inclusive, uma espécie de incentivo para a propositura de acordos de leniência? É o que se passa a analisar.

Como se faz, porém, o cálculo do suposto dano causado, para que seja possível definir o *quantum* da rubrica da reparação de danos/ressarcimento? A discussão tem sido levantada por acadêmicos e por técnicos das autoridades investigadoras.

O Cade, por exemplo, em estudo sobre o cálculo de danos no cartel de peróxidos[93] no Brasil, usou três diferentes metodologias: (i) modelos de séries temporais – usaram-se dados provenientes do processo e de fontes públicas para identificar séries de preços e calcular o dano (no caso, foram identificadas quatro séries de preços da Peróxidos Brasil: "preços-fábrica", "preços-entrega", "preço para exportação com taxas de entrega" e "preço para exportação sem taxa de entrega";[94] após,

---

responsabilidade por danos morais e patrimoniais causados: I - ao meio-ambiente; II - ao consumidor; III - a bens e direitos de valor artístico, estético, histórico, turístico e paisagístico; IV - a qualquer outro interesse difuso ou coletivo; V - por infração da ordem econômica; VI - à ordem urbanística; VII - à honra e à dignidade de grupos raciais, étnicos ou religiosos; VIII - ao patrimônio público e social".

[93] CADE. *Prevenção ótima de cartéis*: o caso dos peróxidos no Brasil. Brasília: Cade, 2016. (Documento de Trabalho nº 02/2016). Disponível em: http://www.cade.gov.br/acesso-a-informacao/publicacoes-institucionais/dee-publicacoes-anexos/documento-de-trabalho-002-o-caso-dos-peroxidos-no-brasil.pdf. Acesso em: 10 out. 2018.

[94] CADE. *Prevenção ótima de cartéis*: o caso dos peróxidos no Brasil. Brasília: Cade, 2016. (Documento de Trabalho nº 02/2016). Disponível em: http://www.cade.gov.br/acesso-a-informacao/publicacoes-institucionais/dee-publicacoes-anexos/documento-de-trabalho-002-o-caso-dos-peroxidos-no-brasil.pdf. Acesso em: 2 maio 2018. p. 19 e 22.

CAPÍTULO 1
TEORIA GERAL DOS ACORDOS DE LENIÊNCIA | **71**

utilizou-se a série de "preços-fábrica" nacionais completada pela projeção linear construída a partir do "preço-entrega" para estimar os danos provocados pelo cartel); (ii) diferenças em diferenças – escolheu-se um mercado que pudesse servir como contrafactual (no caso, foram escolhidos os países da América do Sul e os EUA) e comparou-se a evolução dos preços do produto (no caso, peróxido de hidrogênio) no mercado cartelizado e no de controle;[95] e (iii) modelos estruturais – especificou-se um sistema de equações de demanda e uma relação de oferta.

Por sua vez, Cuiabano,[96] para calcular os lucros ilegais e o dano do cartel de revenda de combustível: (i) usou informações do processo para determinar a duração do cartel (de maio a agosto de 2007); (ii) determinou as condições de mercado da demanda por etanol e gasolina em Londrina; (iii) utilizou informações do processo e da Agência Nacional do Petróleo e Gás Natural (ANP) para caracterizar os cartelistas; (iv) obteve distâncias de viagem e de tempo usando a Interface de Programação de Aplicativos (API) do Google para cada estação em relação a um varejista de combustível localizado no centro da cidade, mas não mencionado nos arquivos; (v) adicionou taxas de inflação regional, utilizando o Índice Nacional de Preços ao Consumidor Amplo (IPCA) do estado do Paraná (fornecido pelo Instituto Brasileiro de Geografia e Estatística – IBGE), bem como outros alteradores de custo, como o preço internacional do açúcar e do petróleo (fornecido pelo Fundo Monetário Internacional – FMI) e, ainda, o número de veículos licenciados no Paraná (fornecido pelo Departamento de Trânsito do Paraná – Detran/PR); (vi) por fim, estimou os danos considerando o total de vendas de gasolina e etanol no período do cartel. Veja, portanto, que não há uma fórmula clara e objetiva de como realizar o cálculo do ressarcimento.

Tito,[97] em sua tese de doutorado em economia, discorre sobre as metodologias de cálculo do sobrepreço em casos de cartel, bem como

---

[95] O Cade observa que "a aplicação da metodologia DD requer duas suposições básicas: (i) que os preços nos diferentes mercados sigam uma mesma tendência comum e (ii) que os mercados de controle não sejam afetados pelo cartel" (CADE. *Prevenção ótima de cartéis*: o caso dos peróxidos no Brasil. Brasília: Cade, 2016. (Documento de Trabalho nº 02/2016). Disponível em: http://www.cade.gov.br/acesso-a-informacao/publicacoes-institucionais/dee-publicacoes-anexos/documento-de-trabalho-002-o-caso-dos-peroxidos-no-brasil.pdf. Acesso em: 2 maio 2018. p. 28).

[96] CUIABANO, Simone. *Competition policy evaluation through damage estimation in fuel retail cartel*. TSE, Sept. 2017. (TSE Working Paper nº 17-847).

[97] TITO, Fabiana. *Ensaios sobre danos de cartel*: metodologias de cálculo de sobrepreço, efeito repasse (pass-on) e multa ótima. Tese apresentada à Faculdade de Economia, Administração

discute efeito repasse (*pass-on*) e multa ótima. A autora argumenta que as metodologias para o cálculo destes três componentes do dano não são complexas, mas sim "até fáceis de serem aplicadas, quando se tem amplo acesso a dados". Diante disso, apresenta empiricamente seus cálculos para o caso conhecido como "cartel dos compressores", argumentando, ao final, que as multas não têm sido suficientes para impor dissuasão, recomendando-se o uso de parâmetros que tragam racionalidade econômica e desestimulem as práticas anticompetitivas.

Em 2018, a fim de auxiliar membros do Ministério Público e do Poder Judiciário, bem como eventuais prejudicados que tenham interesse na propositura de ações coletivas, a Secretaria de Promoção da Produtividade e Advocacia da Concorrência (Seprac), ligada à Secretaria Especial da Fazenda do Ministério da Economia, elaborou um guia prático para a realização de cálculo do sobrepreço em ações de reparação de danos em casos de cartéis.[98] O documento instrui os interessados com diretrizes para avaliações quantitativas em três situações distintas: i) identificação da presença de cartel no mercado; ii) mensuração do sobrepreço resultante dos cartéis operantes; e iii) estimativa do repasse do sobrepreço calculado ao longo da cadeia produtiva do mercado afetado. Com esta publicação, a Secretaria buscou desenvolver o *enforcement* privado em complementação ao *enforcement* público, à medida que incentivou o efeito dissuasório de penalização econômica do agente infrator através da construção do racional concorrencial da multa.

No âmbito do TCU, por sua vez, existem pelo menos cinco metodologias que têm sido testadas para a apuração desse dano. As metodologias são as seguintes: (i) metodologias tradicionais de engenharias de custos, típicas de auditorias em obras públicas, sobretudo baseadas em análises de preços (curvas ABC, etc.);[99] (ii) uso de notas

---

e Contabilidade da Universidade de São Paulo (FEA-USP) para obtenção do título de Doutora em Ciências. 2018.

[98] Cálculo de danos em cartéis – Guia prático para o cálculo do sobrepreço em ações de reparação de danos. Disponível em: https://www.gov.br/fazenda/pt-br/assuntos/noticias/2018/maio/seprac-lanca-guia-pratico-para-identificacao-de-carteis-e-para-o-calculo-de-seu-dano. Acesso em: 2 abr. 2021.

[99] Essa metodologia tradicional de engenharia de custos foi utilizada, por exemplo, nos seguintes julgados do TCU: BRASIL. Tribunal de Contas da União. Acórdão nº 763/2007. Plenário. Relator: Marcos Bemquerer. Sessão: 02 maio 2007. *Diário Oficial da União*, Brasília, 4 maio 2007; BRASIL. Tribunal de Contas da União. Acórdão nº 6.850/2016. 2ª Câmara. Relator: Ana Arraes. Sessão: 07 jun. 2016. *Diário Oficial da União*, Brasília, 13 jun. 2016, entre outros.

CAPÍTULO 1
TEORIA GERAL DOS ACORDOS DE LENIÊNCIA | 73

fiscais eletrônicas;[100] (iii) métodos econométricos, baseados na escolha de variáveis explicativas, na identificação do modelo matemático a ser utilizado e, consequentemente, na quantificação do impacto da prática em função das variáveis;[101] (iv) produto bruto mitigado;[102] e (v) índice de recuperação projetado.[103]

Por sua vez, no âmbito da CGU, o cálculo dos valores a serem pagos pelo signatário do acordo de leniência também segue algumas premissas. De plano, a assinatura do acordo e o valor acordado não oferecem quitação de danos, tampouco afastam as competências do TCU. Esse valor, por sua vez, é composto por duas rubricas. Uma rubrica com natureza de sanção, decorrente da multa prevista na Lei Anticorrupção[104] e da multa prevista da Lei de Improbidade Administrativa, e outra rubrica com natureza de ressarcimento, decorrente do cálculo de eventuais danos[105] e do enriquecimento.[106]

---

[100] Essa metodologia de uso de notas fiscais eletrônicas é viabilizada por uma interpretação do art. 198 do Código Tributário Nacional c/c Resolução TCU nº 207, de 31 de outubro de 2007, que estabelece procedimentos para solicitação de informações protegidas por sigilo fiscal à Fazenda Pública federal, estadual, distrital ou municipal. Foi utilizada, por exemplo, no seguinte julgado do TCU: BRASIL. Tribunal de Contas da União. Acórdão nº 1990/2015. Plenário. Relator: Benjamin Zymler. Sessão: 12 ago. 2015. *Diário Oficial da União*, Brasília, 20 ago. 2015.

[101] Essa metodologia econométrica foi utilizada, por exemplo, no seguinte julgado do TCU: BRASIL. Tribunal de Contas da União. Acórdão nº 3089/2015. Plenário. Relator: Benjamin Zymler. Sessão: 2 dez. 2015. *Diário Oficial da União*, Brasília, 15 dez. 2015.

[102] Essa metodologia do produto interno mitigado visa a aplicar analogicamente os raciocínios utilizados em penas de outras esferas de persecução, como (i) a pena do perdimento do produto do crime (art. 91, II, "b", da Parte Geral do Código Penal; art. 7º, I, da Lei nº 9.613/1998, sobre os crimes de "lavagem" ou ocultação de bens, direitos e valores; art. 33, §4º, do Código Penal; art. 387, IV, do Código de Processo Penal); e (ii) a restituição do produto do ilícito (art. 49, §2º, e art. 59 da Lei nº 8.666/1993). Foi utilizada, por exemplo, no seguinte julgado do TCU: BRASIL. Tribunal de Contas da União. Acórdão nº 1306/2017. Plenário. Relator: José Múcio Monteiro. Sessão: 21 jun. 2017. *Diário Oficial da União*, Brasília, 3 jul. 2017.

[103] Essa metodologia do índice de recuperação projetado ainda não foi utilizada pelo TCU, mas é fruto de discussões acadêmicas. A ideia é que seja possível projetar quanto que o Estado poderá recuperar do prejuízo com a investigação e, assim, calcular qual o valor a ser pago pelo colaborador.

[104] Para o cálculo da multa prevista na Lei Anticorrupção, os parâmetros estão definidos nos arts. 17 a 23 do Decreto nº 8420/2015, que estabelece fatores agravantes específicos e o valor a ser deduzido em razão dos fatores atenuantes. Além disso, estabelece os limites máximo e mínimo da multa e regras de dosimetria (art. 6º, I).

[105] Dano é entendido pela CGU como sinônimo de prejuízo e abarca todos os valores pagos a título de propina (custo ilícito), o superfaturamento por sobrepreço ou inexecução contratual (admitido pela empresa e/ou por decisão terminativa do TCU) e outros danos materiais. A Lei Anticorrupção utiliza o termo "dano", por exemplo, no art. 6º, §3º, no art. 13, no art. 16, §3º, e no art. 21, parágrafo único. Por sua vez, os danos por sobrepreço ou inexecução contratual que forem endereçados no acordo serão abatidos do montante do enriquecimento a ser ressarcido, enquanto os danos decorrentes de propina *não* o serão.

O estudo conjunto da OCDE e da *Stolen Asset Recovery Iniciative* (StAR), do Banco Mundial, intitulado *Identification and Quantification of the Proceeds of Bribery*,[107] aborda os distintos métodos para identificação e quantificação dos valores ilegalmente absorvidos através de práticas ilícitas, definindo cinco mecanismos por meio dos quais os atos ilícitos podem estruturar-se: (i) contratos com o setor público;[108] (ii) autorizações, outorgas, licenças, entre outros, do Poder Público;[109] (iii) atos que levam a evitar custos ou prejuízos;[110] (iv) atos que levam a evitar atrasos;[111] e (v) ganhos decorrentes de flexibilização dos controles internos e registros.[112]

Tem-se, portanto, que calcular reparação de danos/ressarcimento não é trivial.[113] Foi neste contexto que o Acordo de Cooperação Técnica

---

[106] Enriquecimento é entendido pela CGU, em termos práticos, como o lucro auferido com contratações indevidas ou pela execução viciada de um contrato (auferido ou pretendido). Abarca qualquer tipo de vantagem patrimonial indevida (art. 9º da Lei de Improbidade Administrativa), os valores acrescidos ilicitamente ao patrimônio (art. 12, I, da Lei de Improbidade Administrativa) e a vantagem ou proveito direta ou indiretamente obtidos da infração (art. 19, I, da Lei Anticorrupção).

[107] OCDE; THE WORLD BANK. *Identification and quantification of the proceeds of bribery*: a joint OECD-StAR analysis. OECD Publishing, 2012. Disponível em: http://www.oecd.org/daf/anti-bribery/50057547.pdf. Acesso em: 21 nov. 2018.

[108] Em relação aos contratos, o estudo conjunto da OCDE e da *Stolen Asset Recovery Iniciative* (StAR) sugere como métodos de quantificação (i) a receita bruta decorrente do contrato; (ii) o lucro líquido decorrente do contrato (em que se subtraem os custos legais e legítimos decorrentes do contrato); e (iii) outros métodos que devem ser aplicáveis, por exemplo, quando não houve valor ilegal efetivamente absorvido, caso em que as autoridades devem esforçar-se para quantificar o valor que teria sido ilegalmente auferido.

[109] No caso de autorizações governamentais ou licenças, o estudo conjunto da OCDE e do StAR indica ser mais difícil identificar os valores ilegalmente auferidos por meio do contrato, de forma que estes devem ser estimados, por exemplo, com base no valor total pago ilegalmente, ou com base no valor de instalação da operação ilegal decorrente da autorização.

[110] No caso de atos que levam a infratora a evitar custos ou prejuízos, o estudo conjunto da OCDE e do StAR sugere aplicar o método do "benefício derivado" (*derived benefit*), consistente na soma de todos os custos ou prejuízos evitados em decorrência de ato ilícito.

[111] Para atos ilegais que visam a evitar atrasos ou acelerar procedimentos, o estudo conjunto da OCDE e do StAR sugere que seja colocado em perspectiva o tempo não dispendido pelo infrator como base para calcular os prejuízos.

[112] Em relação a atos ligados à "flexibilização" de controles internos ou registros, o estudo conjunto da OCDE e do StAR indica que devem-se relacionar os atos ilegais aos benefícios atingidos (se foi um contrato superfaturado, um custo ou tempo evitado, etc.).

[113] Parecer do Departamento de Estudos Econômicos no Processo Administrativo nº 08012.002568/2005-51 (SEI 0260624): "havendo disponibilidade de dados adequados, a utilização dos métodos apropriados juntamente com análises de robustez possibilita estimar valores confiáveis para o dano do cartel. Entretanto, o trabalho necessário para chegar à especificação mais adequada – que inclui a escolha do cenário contrafactual, do período do cartel e das variáveis explicativas do modelo – não é trivial". Segundo a OCDE: "*Accurately measuring harm to competition is difficult even in the best of cases*". "*Measuring harm in practice is difficult even in straightforward cartel cases because of data requirements and the need to construct a convincing (...) scenario. The more difficult cases will likely require substantial inputs from skilled and experienced analysts with detailed knowledge of the industries too. (...) The most often*

entre o Supremo Tribunal Federal (STF), a Controladoria-Geral da União (CGU), a Advocacia-Geral da União (AGU), o Ministério da Justiça e Segurança Pública (MJSP) e o Tribunal de Contas da União (TCU) em matéria de combate à corrupção no Brasil, especialmente em relação aos acordos de leniência da Lei nº 12.846/2013 (doravante "Acordo de Cooperação Técnica STF/CGU/AGU/MJ/TCU de 2020"[114]), celebrado em 6 de agosto de 2020, enuncia como quinto princípio específico quanto aos acordos de leniência anticorrupção a busca do consenso interinstitucional quanto à apuração e eventual quitação de danos decorrentes de fatos abrangidos no acordo, sem prejuízo da obrigatoriedade do ressarcimento integral do dano pelos fatos e circunstâncias não abrangidos no acordo (vide item 1.4, *infra*).

Ademais, o que a autoridade pública pode/deve fazer caso a parte prejudicada pelo decréscimo patrimonial venha a ser ressarcida antecipadamente pelo infrator? A Diretiva da União Europeia nº 2014/24, de 2014, por exemplo, em seu art. 57.6,[115] determina que não se aplicará a inidoneidade às empresas que se comprometerem a

---

used methods (...) typically require relatively large data sets" (OECD. *Quantification of harm to competition by national courts and competition agencies.* OCDE, 2011). Ainda sobre o assunto, Hovenkamp: *"methods have become technically quite demanding"* (HOVENKAMP, Herbert. *Quantification of harm in private antitrust actions in the United States.* University of Iowa Legal Studies Research Paper, 2011).

[114] Acordo de Cooperação Técnica entre o Supremo Tribunal Federal (STF), a Controladoria Geral da União (CGU), a Advocacia Geral da União (AGU), Ministério da Justiça e Segurança Pública (MJSP) e o Tribunal de Contas da União (TCU) em matéria de combate à corrupção no Brasil, especialmente em relação aos acordos de leniência da Lei nº 12.846/2013. Disponível em: http://www.stf.jus.br/arquivo/cms/noticiaNoticiaStf/anexo/Acordo6agosto.pdf. Acesso em: 18 set. 2020.

[115] Diretiva da União Europeia nº 2014/24, de 2014. Art. 57 (Motivos de exclusão). "1. As autoridades adjudicantes devem excluir um operador económico da participação num procedimento de contratação se tiverem determinado, mediante verificação em conformidade com os artigos 59º, 60º e 61º, ou se de qualquer outro modo tiverem conhecimento de que esse operador económico foi condenado por decisão final transitada em julgado com fundamento num dos seguintes motivos: (...) b) Corrupção, tal como definida no artigo 3º da Convenção relativa à luta contra a corrupção em que estejam implicados funcionários da União Europeia ou dos Estados-Membros da União Europeia (33) e no artigo 2º, nº 1, da Decisão-Quadro 2003/568/JAI do Conselho (34), ou ainda na aceção da legislação nacional da autoridade adjudicante ou do operador económico. (...) 6. Qualquer operador económico que se encontre numa das situações referidas nos nºs 1 e 4 pode fornecer provas de que as medidas por si tomadas são suficientes para demonstrar a sua fiabilidade não obstante a existência de uma importante causa de exclusão. Se essas provas forem consideradas suficientes, o operador económico em causa não é excluído do procedimento de contratação. Para o efeito, o operador económico deve provar que ressarciu ou que tomou medidas para ressarcir eventuais danos causados pela infração penal ou pela falta grave, esclareceu integralmente os factos e as circunstâncias através de uma colaboração ativa com as autoridades responsáveis pelo inquérito e tomou as medidas concretas técnicas, organizativas e de pessoal adequadas para evitar outras infrações penais ou faltas graves".

ressarcir o dano e tomarem as medidas necessárias para evitar outros atos de corrupção (o chamado *self-cleaning*). Nos EUA, por sua vez, as "agências governamentais" só não decretam a inidoneidade se houver a colaboração da empresa com os órgãos públicos e se aquela se comprometer a ressarcir o erário, dentre outros requisitos.[116]

No âmbito concorrencial, o efetivo ressarcimento aos prejudicados, extrajudicial ou judicial, devidamente comprovado, já foi considerado como uma circunstância atenuante para a penalização de empresas investigadas por cartel, nos termos do art. 12 da Resolução nº 21/2018 do Cade.[117] Ou seja, o cumprimento voluntário pelo infrator de uma das rubricas (reparação de danos/ressarcimento) acabou impactando no cálculo da outra rubrica (multa/contribuição pecuniária). O dispositivo também estende esta circunstância atenuante ao cálculo da contribuição pecuniária em sede de negociação de Termo de Compromisso de Cessação, nas ocasiões em que o ressarcimento extrajudicial ou judicial seja devidamente comprovado no âmbito das Ações de Reparação por Danos Concorrenciais. Esse parâmetro foi apresentado também na versão preliminar do Guia de Dosimetria de Multas de Cartel, publicado pelo Cade em julho de 2020. Segundo seus termos, quando da análise dos "efeitos econômicos negativos produzidos no mercado", as medidas tomadas pelas partes investigadas para a redução dos danos, como o ressarcimento das vítimas antes do julgamento, podem ser consideradas como fator para a redução do valor da multa.[118] Trata-se, assim, de uma alternativa para a cooperação interinstitucional no momento do sancionamento (vide item 1.4.2, *infra*).

---

[116] 48 C.F.R. §9.406-1. "*(a) It is the debarring official's responsibility to determine whether debarment is in the Government's interest. The debarring official may, in the public interest, debar a contractor for any of the causes in 9.406-2, using the procedures in 9.406-3. The existence of a cause for debarment, however, does not necessarily require that the contractor be debarred; the seriousness of the contractor's acts or omissions and any remedial measures or mitigating factors should be considered in making any debarment decision. Before arriving at any debarment decision, the debarring official should consider factors such as the following: (…) (4) Whether the contractor cooperated fully with Government agencies during the investigation and any court or administrative action. (5) Whether the contractor has paid or has agreed to pay all criminal, civil, and administrative liability for the improper activity, including any investigative or administrative costs incurred by the Government, and has made or agreed to make full restitution*".

[117] ATHAYDE, Amanda; MAIOLINO, Isabela. Ressarcimento voluntário de danos e acordos no Cade – O que isso significa para as ações de reparação de dano por conduta anticompetitiva no Brasil? *Portal JOTA*, 10 dez. 2018.

[118] Guia de Dosimetria de Multas de Cartel do Cade. Disponível em: http://www.cade.gov.br/noticias/cade-lanca-versao-preliminar-de-guia-de-dosimetria-de-multas-de-cartel. Acesso em: 6 ago. 2020).

Outra relevante discussão diz respeito aos seguros contratados pela empresa infratora (como os seguros *Directors and Officers*, "seguros D&O"), em benefício próprio ou em benefício dos administradores, que asseguram a cobertura dessas rubricas de reparação de danos/ ressarcimento e multa/contribuição pecuniária, de modo a representar, inclusive, em uma espécie de incentivo para a propositura de acordos de leniência? Em relação ao seguro D&O, a resposta perpassa, em síntese, por uma interpretação sistemática da natureza do acordo de leniência e das exclusões causais dessas apólices, segundo Athayde e Rodrigues.[119]

Os autores inicialmente apresentam os seguros D&O (*Directors and Officers Liability Insurance*) como apólices destinadas à cobertura dos riscos na administração de uma companhia.[120] Essas apólices transferem o risco patrimonial a uma seguradora, em virtude de eventuais processos de responsabilização em face de seus administradores ou em face da própria companhia. Esse risco é transferido, por conseguinte, por apólices com uma cobertura principal (que, em geral, asseguram o custo com a defesa – advogados, peritos, contadores etc. – e as indenizações em processos judiciais e administrativos ajuizados em face dos administradores), conhecida como "Cobertura A" (*side a*). Não obstante, também são tipicamente comercializadas com coberturas destinadas a assegurar a própria sociedade: na "Cobertura B" (*side b*) a seguradora se compromete a reembolsar à sociedade tomadora os dispêndios que esta realizou com a defesa e as indenizações diante de processos de responsabilização dos administradores (art. 5º, §2º, inc. II, da Circular SUSEP nº 553/2017); já na "Cobertura C" (*side c*) a própria

---

[119] ATHAYDE, Amanda; RODRIGUES, Matheus. Interfaces entre Seguros D&O, acordos de leniência, Termos de Compromisso e Governança Corporativa. *In:* GOLDBERG, Ilan; JUNQUEIRA, Thiago. *Temas Atuais de Direito dos Seguros*, Vol. II. São Paulo: Thomson Reuters Brasil, 2020.

[120] A SUSEP (Superintendência de Seguros Privados) classifica o seguro D&O como um ramo específico de seguro de responsabilidade civil, denominando-o como um seguro RC D&O. Não obstante, a doutrina assevera que o seguro D&O é mais amplo que um mero seguro de responsabilidade, porquanto dispõe de (i) coberturas para a própria companhia tomadora (side C; *entity coverage*), de (ii) coberturas atípicas a um seguro de responsabilidade civil (*eg.*, gastos com publicidade, penhora online, indisponibilidade de bens do administrador e dos familiares, multas, extradição etc.) e, ainda, de coberturas a um amplo leque de responsabilidades (*eg.*, trabalhista, antitruste, tributária, civil etc.), assegurando, portanto, uma cobertura genérica ao risco de administrar uma sociedade empresarial. Nesse sentido: LACERDA, Maurício Andere Von Bruck. *O seguro dos administradores no Brasil: o D&O Insurance brasileiro.* Curitiba: Juruá, 2013.p. 106-110. Em recente obra, Ilan Goldberg também diferencia o Seguro D&O e o seguro de responsabilidade civil com fulcro na teoria pugliattiana da causa do negócio jurídico. (GOLDBERG, Ilan. *O contrato de seguro D&O.* 1. ed. São Paulo: Thomson Reuters Brasil, 2019, p. 154).

sociedade tomadora se torna segurada, sendo comercializada no Brasil, notadamente, em relação a eventuais reclamações no mercado mobiliário.

Por outro lado, os acordos de leniência são instrumentos de investigação e meio de produção de prova que exigem a confissão, pelos signatários, da prática de ilícitos dolosos ou equiparáveis. Segundo Athayde e Rodrigues, isto por si só afasta a cobertura securitária de qualquer apólice, tendo em vista que é nulo o contrato de garantia de risco proveniente de ato doloso do segurado, do beneficiário ou de algum representante destes, conforme art. 762 do Código Civil.[121] Essa conclusão, por conseguinte, não será diferente com o Seguro D&O.

Dessa maneira, Athayde e Rodrigues sustentam que a natureza jurídica do acordo de leniência é ontologicamente incompatível com a exclusão causal do Seguro D&O, porquanto este não assegura o desembolso a processos de responsabilização que imputem atos dolosos ou equiparáveis (culpa grave) aos administradores ou à sociedade empresária (art. 3º, inc. XVII, Circular SUSEP nº 553). Ou seja, eventuais infrações dolosas ou equiparáveis inseridas nos acordos de leniência, que exigem a confissão dos signatários, inevitavelmente afastarão a cobertura do Seguro D&O. Essa restrição se aplica, inclusive, no acordo de leniência total, uma vez que neste as apólices não assegurarão os desembolsos com os profissionais contratados para a negociação dos instrumentos, bem como não assegurarão eventuais desembolsos com verbas pecuniárias pactuadas.

Essa conclusão de Athayde e Rodrigues se reverbera, inclusive, na prática comercial desse ramo securitário. Isso porque, embora não exaustivamente, diversas seguradoras após a Operação Lava Jato passaram a dispor expressamente a exclusão de coberturas em relação a ilícitos e condutas que são notadamente objeto de acordos de leniência,

---

[121] Faz-se necessário destacar a especificidade da nulidade disposta no art. 762 em relação ao possível vício na formação do negócio jurídico disposto na parte geral do Código Civil (art. 104, inc. II), conforme destaca a doutrina: "Poder-se-ia afirmar que o seguro buscando garantir ato doloso esbarraria, irremediavelmente na proibição geral de objetos ilícitos (art. 104, II). De igual maneira, aduzir que, sendo ato ilícito, faltaria também o legítimo interesse (art. 757), O cuidado da legislação, todavia, explica-se pelas características próprias do contrato de seguro, podendo alguém buscar se segurar, e sucessivamente praticar ato doloso, discutindo depois que ilícito foi o ato praticado e não o objeto contratual. É necessário distinguir duas situações. O objeto do contrato de seguro pode ser integralmente nulo, como um seguro para o transporte de mercadoria contrabandeada. Diferentemente, o seguro pode ter objeto lícito, mas durante sua vigência ocorrer a prática de ato doloso, como a realização de um assalto pelo segurado, enquanto perdura uma apólice de seguros pessoais. O objeto do contrato não é ilícito e, portanto, não há nulidade. O efeito jurídico será outro, ensejando a possibilidade de não indenização dos prejuízos." (TZIRULNIK, Ernesto *et al. O contrato de seguro de acordo com o código civil brasileiro*. 3. ed. São Paulo: Editora Roncarati, 2016, p. 97)

como: fraude, dolo, simulação, lavagem de dinheiro, evasão ou sonegação fiscal, enriquecimento ilícito, vantagens indevidas, crime contra a ordem tributária, evasão de divisas, peculato, falsidade ideológica, contrabando ou descaminho, falsificação de documentos ou de produtos.[122]

Ademais, os autores informam que algumas seguradoras passaram a dispor da chamada "cláusula de atos lesivos à Administração Pública", que inverteu a lógica securitária tradicional: ao invés de desembolsar antecipadamente os custos com a defesa em processos de responsabilização, as seguradoras passaram contratualmente a reembolsar a sociedade e/ou os administradores, pelos custos ao longo da defesa no processo judicial ou administrativo, apenas diante da superveniência de sentença definitiva que inocentasse ou afastasse a prática de atos ilícitos dolosos ou equiparáveis desses segurados.[123] As seguradoras também se tornaram mais criteriosas, dispondo de cláusulas específicas para exclusão de reclamações decorrentes desses ilícitos contra a Administração Pública. A título de exemplo, mencionam-se as seguintes cláusulas que eventualmente são dispostas nessas apólices D&O: (i) cláusula específica de exclusão de abuso de mercado; (ii) cláusula específica de exclusão de reclamações de órgãos oficiais (assim entendido como qualquer órgão ou agência governamental ou administrativa com poderes regulatórios, normativos e fiscalizatórios); (iii) cláusula específica de exclusão de coberturas referente a qualquer indenização disposta em Termos de Ajustamento de Conduta (TAC) ou em Termos de Compromisso (TC); (iv) cláusula específica de exclusão de qualquer indenização decorrente de processos administrativos em

---

[122] Nesse sentido, destaca-se cláusula de exclusão da apólice padrão da ZURICH MINAS BRASIL SEGUROS S.A: "5.1.1 Reclamações resultantes de, baseadas em, atribuíveis a, ou em consequência de atos intencionais ilícitos dolosos ou por culpa grave equiparável ao dolo atribuídos ao Segurado, beneficiário ou representante, de um ou de outro, incluindo, porém não se limitando, à: fraude, dolo, simulação, lavagem de dinheiro, evasão ou sonegação fiscal, enriquecimento ilícito, vantagens indevidas, crime contra a ordem tributária, evasão de divisas, peculato, falsidade ideológica, contrabando ou descaminho, falsificação de documentos ou de produtos, bem como quaisquer outros atos ilícitos dolosos cometidos ou alegadamente cometidos pelo Segurado". Disponível em: https://www.zurich.com.br/-/media/project/zwp/brazil/docs/do-cg/v-2.pdf?la=ptr&hash=50CC11235914EAB29ABF7275A4617BEF. Acesso em: 15 jun. 2020.

[123] Nesse sentido: "Em vez de antecipar os custos de defesa e determinar o direito à repetição se, ao final, restar reconhecido o dolo do segurado, a cláusula determina a sistemática inversa: demonstrada a condição – inexistência de dolo do administrador por decisão final – a seguradora reembolsará os custos de defesa." (GOLDBERG, Ilan. *Op. cit.*, p. 507). Esse autor ainda traz um exemplo ilustrativo dessa cláusula em uma apólice, na nota de rodapé 430. Ressalta-se, no entanto, que a legalidade dessa cláusula pode ser questionada à luz da eficácia irradiante da presunção de inocência (art. 5º, inc. LVII, da Constituição Federal).

Tribunais de Contas; (v) cláusula específica de exclusão de atos lesivos contra a Administração Pública ou privada, nacional ou estrangeira, inclusive custos de defesa; e (vi) cláusula específica de exclusão de reclamações decorrentes de práticas anticoncorrenciais.[124]

Portanto, em resposta ao questionamento posto, Athayde e Rodrigues apontam que o seguro D&O não irá assegurar as coberturas com as rubricas de reparação de danos/ressarcimento e multa/contribuição pecuniária, não sendo, por conseguinte, uma espécie de incentivo para a propositura de acordos de leniência.

1.1.7 Dissuasão de práticas ilícitas futuras como justificativa dos acordos de leniência

Ainda, outra justificativa para a instituição de um programa de leniência é a capacidade desse instrumento de dissuadir práticas ilícitas futuras. O programa de leniência insere elemento de incerteza entre os participantes da prática ilegal.[125] Será que a autoridade competente será capaz de detectar? Será que os demais coautores (se houver) irão reportar a prática à autoridade competente antes? Institui-se um elemento adicional de instabilidade, a fim de desincentivar práticas futuras.

A limitação dos benefícios somente ao primeiro (ou, em alguns casos, aos primeiros que trouxerem informações incrementais) que chegar à autoridade investigadora resulta em uma "corrida" entre os infratores comparsas, criando um elemento de desconfiança entre eles: o receio de ser denunciado por um "colega" igualmente infrator.[126]

---

[124] Para ilustrar os modelos de cláusulas específicas de exclusão, destacam-se as redações modelos da apólice padrão da ZURICH MINAS BRASIL SEGUROS S.A. Disponível em: https://www.zurich.com.br/-/media/project/zwp/brazil/docs/do-cg/v-2.pdf?la=ptr&hash=50CC11235914EAB29ABF7275A4617BEF. Acesso em: 15 jun. 2020.

[125] Neste ponto, Lorenz (em LORENZ, *op. cit.*, p. 353) pontua a criação de suspeitas entre os membros do conluio como outro benefício da leniência em relação a outros mecanismos de obtenção de informações acerca de ilícitos antitruste. Nas palavras do autor, os programas de leniência criam *"higher costs of sustaining cartels in operation"*, na medida em que *"Granting immunity to individual cartel members increases the uncertainty and diminishes trust between parties to an illegal agreement thus elevating the costs of monitoring"*.

[126] Essa lógica fica clara no voto proferido pelo ex-Conselheiro Márcio de Oliveira Júnior no âmbito do Processo Administrativo nº 08012.005255201011: "Ademais, por meio do acordo de leniência, têm-se benefícios à função repressiva do Cade pela persecução de uma conduta de difícil detecção, bem como à função preventiva do Cade, pela desestabilização dos cartéis. Sabe-se que a premissa de um cartel é a lealdade entre concorrentes e a construção de um mecanismo de arrefecimento de competição em troca de ganhos mútuos entre os agentes envolvidos na conduta. Nesse sentido, a confiança entre rivais é o ponto chave da articulação de um cartel, já que facilita a supressão da rivalidade interna entre os infratores. Assim, o acordo de leniência vem auxiliar na desestabilização dessa confiança, inserindo mais um

O dilema do prisioneiro,[127] antes desconhecido por muitos, adquire destaque, pois a leniência, ao enfraquecer os laços de confiança entre participantes em uma conduta ilícita e, consequentemente, dificultar a coordenação entre eles, faz com que a delação se torne uma escolha justificável do ponto de vista racional, ainda que não seja, de fato, a estratégia com os melhores resultados.

Trata-se de situação típica da Teoria dos Jogos, cujo modelo mais difundido é o "dilema do prisioneiro",[128] em que se ilustra uma situação de conflito envolvendo dois suspeitos (A e B) que cometeram um crime de maior gravidade (C1) e um de menor gravidade (C2). A polícia possui evidências suficientes para condenar o crime C1, contudo, não possui

---

elemento de instabilidade entre os participantes do conluio e desconstruindo alinhamentos que resultavam em prejuízos à concorrência. A iminência de que algum cartelista poderá denunciar a prática traz desincentivos à formação e à manutenção de cartéis" (CADE. *Processo Administrativo nº 08012.005255201011*. Relator: Márcio de Oliveira Júnior. Julgado em: 28 nov. 2016).

[127] O dilema do prisioneiro, jogo que simula o impasse entre não confessar e confessar, se estrutura da seguinte maneira: dois criminosos, A e B, são presos e interrogados separadamente. A polícia não possui provas suficientes para condená-los, então oferece a ambos um acordo: (i) se um dos criminosos confessar e o outro permanecer em silêncio, o que confessou sai livre e o silente cumpre 10 anos de prisão; (ii) se ambos ficarem em silêncio, serão condenados a 1 ano de prisão cada; e (iii) se ambos confessarem, cada um leva 5 anos de prisão. Logicamente, o melhor resultado individual (para um prisioneiro apenas e não para outro) é a confissão: caso "A" confesse e "B" não, "A" sairá livre; se "A" confessar e "B" também, "A" pegará uma pena menor. Porém, o melhor resultado conjunto a ser obtido pelos prisioneiros seria se os dois não confessassem, pois assim ambos serão soltos em 1 ano. Em análise da influência do dilema do prisioneiro na realidade antitruste, Victor Rufino conclui que "a estrutura básica de incentivos para a confissão de um cartel é, a princípio, desfavorável à opção pela confissão – ao menos nos casos em que a autoridade investigadora não detém informações sobre a prática – considerados os custos suportados pelo agente que confessa e os benefícios fruíveis na opção pelo silêncio, versus os custos e benefícios associados à adoção da confissão" (RUFINO, Victor Santos. *Os fundamentos da delação*: análise do Programa de Leniência do Cade à luz da Teoria dos Jogos. Dissertação (Mestrado) – Universidade de Brasília, Brasília, 2016. Disponível em: http://repositorio. unb.br/bitstream/10482/22288/1/2016_VictorSantosRufino.pdf. Acesso em: 29 abr. 2018, p. 34 e 35). De acordo com o autor, "arranjos que busquem ampliar o número de confissões, particularmente em casos de completa ignorância dos fatos por parte do investigador, devem se direcionar, nesse cenário, a aumentar, sempre que possível, os custos da opção pelo silêncio e, ao mesmo tempo, mitigar os receios e sacrifícios decorrentes da adoção do caminho da colaboração, sobretudo por meio do oferecimento de garantias contra os seus efeitos negativos e benefícios tangíveis capazes de compensar, ou mitigar, as perdas suportadas. Do mesmo modo, podem extrair benefícios da inversão de incentivos após a primeira confissão, estruturando-se para cooptar novos colaboradores em uma mesma investigação, escalonando as garantias e benefícios auferíveis, sem fomentar uma postura de passividade do tipo 'pagar para ver'" (p. 35).

[128] Cf. LESLIE, Christopher R. Antitrust amnesty, game theory, and cartel stability. *Journal of Corporation Law*, v. 31, p. 455, 2006. Para mais informações acerca da Teoria dos Jogos e de como tal modelo representa a lógica do acordo de leniência, ver: SANTOS, Natália B. C.; RODRIGUES, Filipe A. Os jogos da leniência: uma análise econômica da Lei Anticorrupção. *Revista Jurídica Luso-Brasileira*, ano 4, n. 6, p. 2.509-2.534, 2018.

evidências suficientes do crime C2. Dessa forma, para convencer ao menos um dos prisioneiros a confessar o crime com menos provas, é feita a mesma proposta para os dois, por meio de quatro cenários: (i) se A confessar e fornecer provas contra B, A não será condenado por nenhum dos dois crimes e B será condenado a três anos de prisão; (ii) se B confessar e A não confessar, A não será condenado por nenhum dos dois crimes e B será condenado a 3 anos de prisão; (iii) se ambos confessarem, ambos serão condenados a 2 anos de prisão; e (iv) se nenhum dos dois confessar, cada um será condenado a 1 ano de prisão pelo crime C2. É o que se observa na Figura 4:

Figura 4 – Matriz do dilema do prisioneiro

A B	Don't Confess	Confess
Don't Confess	1 1	1 3 0
Confess	3 0	3 2 2

Fonte: LESLIE, Christopher R. Antitrust amnesty, game theory, and cartel stability. *Journal of Corporation Law*, v. 31, p. 455, 2006.

Nesse cenário, ao buscar seus próprios interesses a curto prazo, as partes devem confessar diante da incerteza acerca do comportamento do outro. No programa de leniência, cria-se situação similar para estimular que um membro do grupo denuncie o restante do esquema em benefício próprio. Assim, ao inserir dentro da organização criminosa um elemento adicional de incerteza, visa-se a desestabilizar os ilícitos já existentes e, também, a desestimular ilícitos futuros.

Assim também entende Canetti, para quem os programas de leniência representam ferramentas de dissuasão do ilícito em três frentes. Primeiro, pela criação de desconfianças recíprocas que tornem insustentável a associação para o cometimento de infrações. Segundo, pelo incremento da atividade sancionadora estatal. E terceiro, pela prevenção quanto à reincidência (formação dos mesmos cartéis ou organizações), considerando-se a traição inerente à celebração do acordo.[129]

---

[129] CANETTI, Rafaela Coutinho. *Acordo de leniência: fundamentos do instituto e os problemas de seu transplante ao ordenamento jurídico brasileiro*. 1. Reimpressão – Belo Horizonte: Fórum, 2018, p. 29.

Nesse contexto, pode-se dizer que o programa de leniência aumenta os riscos da prática ilícita, uma vez que facilita a sua detecção, torna a investigação mais rápida e robusta (dado que permite a obtenção de melhores informações e documentos comprobatórios do ilícito) e, por consequência, aumenta as chances de condenação. Ao tornar os riscos de praticar o ilícito maiores do que as vantagens auferidas com ele, os programas de leniência atuam, também, como verdadeiros dissuasores de novas infrações.[130]

Essa dissuasão futura de ilícitos também pode se dar por meio da instituição de programas de *compliance*/integridade[131] pelas empresas. Sobre o tema, Athayde e Frazão[132] discutem o que acontece

---

[130] De acordo com Harrington, um programa de leniência apresenta dois objetivos principais: prevenir a formação de novos cartéis e desestabilizar cartéis já existentes. O primeiro objetivo é denominado de *deterrence* (dissuasão). A ideia seria alterar os incentivos que as firmas teriam para se cartelizarem *ex ante*, de modo que a ameaça de uma denúncia tornasse o cartel não lucrativo e/ou instável. O segundo objetivo é denominado de *desistance* (desistência) e ocorre quando o conjunto de estados em que o cartel pode ser desfeito é expandido, desestabilizando um cartel já existente (HARRINGTON, Joseph E. Optimal corporate leniency programs. *The Journal of Industrial Economics*, v. 56, n. 2, p. 215-246, 2008). Nesse sentido, Wouter P. J. Wils afirma que os programas de leniência aumentam as dificuldades de se criar e manter cartéis, na medida em que *"Setting up and maintaining a successful cartel requires effort. The cartel members have to select and coordinate their behaviour on mutually consistent, collusive strategies, allowing the cartel participants as a group to increase profits, and providing for a fair distribution of profits between them. They also need to develop mechanisms to discourage cheating, involving monitoring, rewards and punishments. In a dynamic economy, successful cartels may have to develop an organizational structure that allows them to solve these problems continuously. A well-designed leniency programme can make these tasks more difficult. The possibility for a deviator to apply for leniency increases the payoff of cheating, thus making collusion more difficult to sustain. It increases uncertainty, making it more difficult for cartel participants to reach agreement, diminishing trust among them, and increasing the need for costly monitoring. (…) This effect of leniency may lead to cartels breaking down earlier than they would otherwise or even not being formed in the first place"* (WILS, Wouter P. J. Leniency in antitrust enforcement: theory and practice. *World Competition: Law and Economics Review*, v. 30, n. 1, 2013. Disponível em: https://papers.ssrn.com/sol3/papers.cfm?abstract_id=939399. Acesso em: 2 maio 2018. p. 23). Ainda como explica Danilo Andreato, em relação à esfera antitruste, mas igualmente válido para os outros âmbitos: atua o colaborador como agente interno de desestabilização do grupo infrator, de modo a propiciar a ruptura da *societas sceleris* e, por consequência, do cartel. É fora de dúvida que o acordo de leniência consiste em um importante instrumento investigativo de natureza especial direcionado a prevenir e reprimir infrações penais e administrativas contra a ordem econômica, reduzindo a margem de impunidade, evitando a dilapidação dos recursos públicos e fortalecendo o Estado Democrático de Direito (ANDREATO, Danilo. *Técnicas especiais de investigação*: premissas teóricas e limites constitucionais. Belo Horizonte: Arraes Editores, 2013. p. 123).

[131] Para mais informações sobre o tema, sugere-se: CUEVA, Ricardo Vilas Bôas; FRAZÃO, Ana. *Compliance Perspectivas e desafios dos programas de conformidade*. Belo Horizonte: Fórum, 2019; CARVALHO, André Castro *et al*. Manual de Compliance. Rio de Janeiro: Forense, 2019; FRANCO, Isabel. *Guia Prático de Compliance*. 1. ed. Rio de Janeiro: Forense, 2020.

[132] ATHAYDE, Amanda; FRAZÃO, Ana. Leniência, Compliance e o Paradoxo do Ovo ou da Galinha: do compliance como instrumento de autorregulação empresarial. *In*: CUÊVA

primeiro no âmbito de uma empresa: um acordo de leniência ou um programa de *compliance*? Quem nasceu primeiro: o ovo ou a galinha? As autoras entendem que é possível ter ambos os cenários, tendo em vista a existência de incentivos públicos e privados que fazem com que a leniência seja tanto causa quanto consequência dos programas de *compliance*/integridade.

Por um lado, Athayde e Frazão sustentam que o acordo de leniência pode ser a causa e o *compliance* a consequência, por exemplo, quando o programa de leniência exige, como requisito para a celebração do acordo, a instituição de um programa de *compliance*/integridade. Trata-se de um requisito específico de alguns acordos, exigido apenas no acordo de leniência anticorrupção e do MP (vide item 1.3.7, *infra*). Nesses casos, a adoção de programas de *compliance* em acordos de leniência não tem como objetivo propriamente evitar investigações, mas sim o objetivo mais amplo de evitar a prática futura do ilícito, mantendo-se a legalidade e a ética nas práticas empresariais.

Por outro lado, o *compliance* também pode ser a causa e a leniência a consequência, por exemplo, quando a existência de um programa de *compliance* empresarial permite a detecção da práticas infrativas e a propositura do acordo de leniência às autoridades públicas. Nestes casos, o *compliance* decorre dos próprios agentes privados. Ao se colocar como causa dos acordos de leniência, o *compliance* mostra todo o seu potencial de efetividade, possibilitando que o ilícito seja reportado às autoridades quando elas não têm sequer conhecimento ou quando ainda não têm provas suficientes para a sua identificação.

Nesse contexto, convém mencionar que o Acordo de Cooperação Técnica STF/CGU/AGU/MJ/TCU,[133] celebrado em 6 de agosto de 2020, enuncia como sexto princípio específico quanto aos acordos de leniência anticorrupção a busca do interesse público da vantajosidade da proposta de acordo para a Administração Pública, devendo-se analisar os custos e o resultado útil das medidas judiciais e extrajudiciais cabíveis, sopesando-as com a alavancagem investigativa, a obrigação de aprimoramento do programa de integridade e o dever de colaboração

---

Ricardo Vilasboas; FRAZÃO, Ana (Org.). *Compliance* – Perspectivas e Desafios para os Programas de Conformidade. Belo Horizonte: Fórum, 2018. p. 297-314.

[133] Acordo de Cooperação Técnica entre o Supremo Tribunal Federal (STF), a Controladoria Geral da União (CGU), a Advocacia Geral da União (AGU), Ministério da Justiça e Segurança Pública (MJSP) e o Tribunal de Contas da União (TCU) em matéria de combate à corrupção no Brasil, especialmente em relação aos acordos de leniência da Lei nº 12.846/2013. Disponível em: http://www.stf.jus.br/arquivo/cms/noticiaNoticiaStf/anexo/Acordo6agosto.pdf. Acesso em: 18 set. 2020.

das pessoas jurídicas. Ainda, sustenta como décimo sexto princípio específico quanto aos acordos de leniência anticorrupção a colaboração do particular por meio do programa de integridade, com a readequação das práticas empresariais e o estabelecimento de novos padrões éticos no ambiente corporativo.

Cumpre destacar um movimento recente de incentivos públicos à criação de programas de *compliance*/integridade empresariais. Na nova "Lei das Estatais" (Lei nº 13.303/2016), são exigidas regras de governança corporativa e práticas de *compliance* no estatuto das companhias estatais.[134] O Ministério da Fazenda (atualmente Ministério da Economia) passou a condicionar, a partir de 2017, a concessão de seguro de crédito à exportação[135] às empresas que demonstrassem ter programa de *compliance* anticorrupção instituído, visando a promover um ambiente de negócios mais íntegro, nacional e internacionalmente.[136]

A Lei Estadual do Rio de Janeiro nº 7.753/2017, por exemplo, sancionada em outubro de 2017, dispõe sobre a obrigatoriedade de instituição de programa de integridade[137] nas empresas que contratarem com o Poder Público fluminense. Essa exigência tem por objetivo,

---

[134] É o que dispões o art. 6º da Lei n.º 13.303/2016, *in verbis*: "O estatuto da empresa pública, da sociedade de economia mista e de suas subsidiárias deverá observar regras de governança corporativa, de transparência e de estruturas, práticas de gestão de riscos e de controle interno, composição da administração e, havendo acionistas, mecanismos para sua proteção, todos constantes desta Lei". A referida Lei, no que concerne às práticas de governança exigidas, determina a criação e divulgação de um Código de Conduta e Integridade (art. 9º, §1º), de um "canal de denúncias que possibilite o recebimento de denúncias internas e externas relativas ao descumprimento do Código de Conduta e Integridade e das demais normas internas de ética e obrigacionais" (art. 9º, §1º, inciso III), de "mecanismos de proteção que impeçam qualquer espécie de retaliação a pessoa que utilize o canal de denúncias" (art. 9º, §1º, inciso IV), realização de treinamentos periódicos sobre o Código de Conduta a seus empregados (art. 9º, §1º, inciso VI), análise de pré-qualificação de fornecedores com a exigência de consulta ao Cadastro Nacional de Empresas Inidôneas (art. 37) e presença da matriz de riscos como cláusula contratual (art. 69, inciso X).

[135] O seguro de crédito à exportação provê cobertura da União para operações de crédito à exportação contra riscos comerciais, políticos e extraordinários para quaisquer bens e serviços exportados a partir do Brasil. Encontra previsão legal na Lei nº 6.704/1979.

[136] Para mais informações: http://www.fazenda.gov.br/noticias/2017/dezembro/em-evento-sobre-anticorrupcao-sain-apresenta-medidas-para-fortalecer-seguro-de-credito-a-exportacao; http://www. camex.gov.br/noticias-da-camex/1946-definicao-de-diretrizes-para-o-sistema-de-compliance-do-seguro-de-credito-a-exportacao; http://www.fazenda.gov.br/noticias/2016/maio/sain-apresenta-novos-procedimentos-de-compliance-a-exportadores; e http://www.sain.fazenda.gov.br/assuntos/credito-e-garantia-as-exportacoes/compliance-no-seguro-de-credito-a-exportacao.

[137] Lei Estadual do Rio de Janeiro nº 7.753/2017, que dispõe sobre a instituição do programa de integridade nas empresas que contratarem com a Administração Pública do Estado do Rio de Janeiro e dá outras providências. *O Programa de Integridade consiste, no âmbito de uma pessoa jurídica, no conjunto de mecanismos e procedimentos internos de integridade, auditoria e incentivo à denúncia de irregularidades e na aplicação efetiva de códigos de ética e de conduta,*

segundo o art. 2º da Lei, (I) proteger a Administração Pública estadual dos atos lesivos que resultem em prejuízos financeiros causados por irregularidades, desvios de ética e de conduta e fraudes contratuais; (II) garantir a execução dos contratos em conformidade com a Lei e regulamentos pertinentes a cada atividade contratada; (III) reduzir os riscos inerentes aos contratos, provendo maior segurança e transparência na sua consecução; e (IV) obter melhores desempenhos e garantir a qualidade nas relações contratuais.

O mesmo se verifica no Distrito Federal, onde a Lei nº 1.806/2017, sancionada em fevereiro de 2018, também torna obrigatória a implantação de programas de integridade para empresas que celebrem contratos acima de determinado valor com o Distrito Federal.[138] A referida lei foi regulamentada pelo Decreto nº 40.388, de 20 de janeiro de 2020, em que há a discriminação dos documentos exigíveis para comprovação de um programa de integridade que seja considerado adequado pelo Poder Público, bem como a indicação dos órgãos competentes a essa avaliação.

Além do Rio de Janeiro e do Distrito Federal, cujas legislações foram brevemente apresentadas, os Estados de Alagoas,[139] Amazonas,[140] Ceará,[141] Espírito Santo,[142] Goiás,[143] Maranhão,[144] Minas Gerais,[145] Mato Grosso,[146] Mato Grosso do Sul,[147] Pará,[148] Paraíba,[149] Pernambuco,[150]

---

políticas e diretrizes com o objetivo de detectar e sanar desvios, fraudes, irregularidades e atos ilícitos praticados contra a administração pública do Estado do Rio de Janeiro.

[138] Projeto de Lei Distrital nº 1.806/2017, que dispõe sobre a obrigatoriedade da implantação do programa de integridade nas empresas que contratarem com a Administração do Distrito Federal, em todas as esferas de Poder, e dá outras providências. O programa de integridade consiste, no âmbito de uma pessoa jurídica, no conjunto de mecanismos e procedimentos internos de integridade, auditoria, controle e incentivo à denúncia de irregularidades e na aplicação efetiva de códigos de ética e de conduta, políticas e diretrizes com o objetivo de detectar e sanar desvios, fraudes, irregularidades e atos ilícitos praticados contra a administração pública do Distrito Federal.

[139] Decreto nº 48.326/16.

[140] Lei nº 4.730/2018.

[141] Lei nº 16.192/2016.

[142] Lei nº 10.793/2017 e Decreto nº 3.956-R/2017.

[143] Lei nº 18.672/2014.

[144] Decreto nº 31.251/2015.

[145] Decreto nº 46.782/2015.

[146] Decreto nº 522/2016.

[147] Decreto nº 14.890/2017.

[148] Decreto nº 2.289/2018.

[149] Decreto nº 38.308/2018.

[150] Lei nº 16.309/2018.

Paraná,[151] Rio de Janeiro,[152] Rio Grande do Norte,[153] Rio Grande do Sul,[154] Santa Catarina,[155] São Paulo[156] e Tocantins[157] já apresentam legislações semelhantes. Há ainda alguns municípios que preveem a mesma exigência de implantação de programas de integridade para empresas que celebrem contratos com a Administração.

Sobre esse tema, cumpre apontar, ainda, que há em tramitação no Congresso o Projeto de Lei do Senado nº 429, de 2017, de autoria do Senador Antonio Anastasia, que propõe a alteração da Lei dos Partidos Políticos para dispor que o estatuto partidário preveja adoção de um programa de integridade a fim de coibir desvios, fraudes e atos ilícitos. O projeto ainda prevê que uma eventual violação a esse dever implicaria o cancelamento imediato da filiação, além de que a falta de programa efetivo resultaria na suspensão da legenda de recebimento do fundo partidário.

Apesar de louváveis as iniciativas, nota-se que o *compliance*, nestes casos, acaba indo a reboque das legislações, ou seja, se torna uma consequência de incentivos públicos, que induzem o comportamento empresarial nesta direção. Trata-se, na opinião de Athayde e Frazão,[158] de estratégia que leva o *compliance* "à força" as empresas, como solução de curto prazo, o que pode resultar em diversos riscos, como a criação de um programa de integridade "de fachada", sem o efetivo comprometimento da alta administração e dos funcionários. Por esta razão, a obrigatoriedade de implementação de programa de integridade como critério à celebração de acordo de leniência torna-se objeto questionável, visto seu potencial prejuízo à análise da autenticidade do compromisso das organizações para com a cessação de práticas delitivas.

Em contrapartida, nota-se igualmente um crescente interesse por parte das sociedades na aquisição da certificação ISO 37001,[159] sob

---

[151] Decreto nº 10.271/2014.

[152] Lei nº 7.753/2017 e Decreto nº 46.366/2018.

[153] Decreto nº 21.177/2015.

[154] Lei nº 15.228/2018.

[155] Decreto nº 1.106/2017.

[156] Decreto nº 60.106/2014.

[157] Decreto nº 4.954/2013.

[158] ATHAYDE, Amanda; FRAZÃO, Ana. Leniência, Compliance e o Paradoxo do Ovo ou da Galinha: do compliance como instrumento de autorregulação empresarial. *In*: CUÊVA Ricardo Vilasboas; FRAZÃO, Ana (Org.). *Compliance – Perspectivas e Desafios para os Programas de Conformidade*. Belo Horizonte: Fórum, 2018. p. 297-314.

[159] Segundo James Batista Vieira e Rodrigo Tavares de Souza Barreto, "[...] a norma ISO 37001:2015 tem como principal objetivo apoiar as agências, públicas e corporativas, na prevenção e combate ao suborno, por meio da adoção de requisitos, políticas, procedimentos

a justificativa de que há certa inclinação por parte da Administração Pública em exigir a implementação desse sistema de gestão antissuborno como critério para contratações. A esse respeito, destaca-se que o conjunto de práticas e orientações estabelecido por esta norma, além de fornecer parâmetros internacionais e ferramentas de gestão na prevenção, identificação e reação a práticas de suborno, estipula um modelo mais robusto e específico de controle interno. Isto porque a certificação oferece elementos que não são usualmente abrangidos nos programas de integridade, tais como: i) consideração do contexto da organização; ii) estipulação de ciclo de melhoria contínua e iii) definição de objetivos e planos. Tendo isso em vista, alguns especialistas acreditam que a estruturação promovida pela implementação da Norma ISO 37001 nas empresas é medida mais eficiente no combate à corrupção do que os já popularizados programas de *compliance*, especialmente devido à efemeridade inerente aos programas e projetos em contraponto à implementação de sistemas e procedimentos consolidados internacionalmente.[160]

Especialmente a respeito da obrigatoriedade da certificação da ISO 37001 em acordos de leniência, é possível identificar sua utilização por mais de um órgão do Poder Público. Citam-se a título de exemplo os acordos celebrados pela CGU/AGU com as empresas Braskem[161] e Odebrecht[162] em processos relacionados à Operação Lava-Jato; e o

---

e controles adequados para lidar com os riscos de suborno e a promoção de uma cultura de integridade, transparência e conformidade com as leis e regulamentos aplicáveis" (VIEIRA, James Batista. BARRETO, Rodrigo Tavares de Souza. Governança, gestão de riscos e integridade. ENAP, 2019. p. 211. Disponível em: https://repositorio.enap.gov.br/bitstream/1/4281/1/5_Livro_Governan%C3%A7a%20Gest%C3%A3o%20de%20Riscos%20e%20Integridade.pdf. Acesso em: 17 abr. 2021).

[160] Michel Epelbaum, diretor da Ellux Consultoria fez uma boa diferenciação entre as ferramentas que constituem a certificação ISSO 37001 dos instrumentos trazidos pelos programas de integridade usualmente implementados, para mais informações, ver: https://www.linkedin.com/pulse/iso-37001-x-programa-de-integridade-michel-epelbaum/?originalSubdomain=pt. Acesso em: 17 abr. 2021.

[161] Cláusula 9.4 do acordo de leniência celebrado entre a Controladoria-Geral da União, Advocacia-Geral da União e a empresa Braskem S.A. e as pessoas físicas funcionários e ex-funcionários, disponível em: https://www.gov.br/cgu/pt-br/assuntos/responsabilizacao-de-empresas/lei-anticorrupcao/acordo-leniencia/acordos-firmados/braskem.pdf (Acesso em: 19 mar. 2021).

[162] Cláusula 9.6 do acordo de leniência celebrado entre a Controladoria-Geral da União, Advocacia-Geral da União e a empresa Odebrecht S.A. e as pessoas físicas funcionários e ex-funcionários, disponível em: https://www.gov.br/cgu/pt-br/assuntos/responsabilizacao-de-empresas/lei-anticorrupcao/acordo-leniencia/acordos-firmados/odebrecht.pdf (Acesso em: 19 mar. 2021).

acordo de leniência firmado entre MPF e J&F Investimentos S.A. no âmbito da Operação Carne Fraca.[163]

Por fim, cumpre mencionar que na esteira da implementação de um programa de *compliance* efetivo, autoridades públicas brasileiras (notadamente CGU, AGU e MP, vide cap. 4, item 4.3.8. e cap. 5, item 5.2.7, *infra*) têm exigido, em alguns casos excepcionais, que a empresa signatária do acordo se submeta a uma auditoria externa/monitor externo ("Monitor Independente de *Compliance*") pós-leniência. O trabalho do monitor externo consiste na emissão de relatórios a respeito da aplicação do programa de *compliance*/integridade, os quais serão apresentados, em seguida, à autoridade pública. Trata-se de uma espécie de terceirização, pela Administração Pública, do acompanhamento do programa de *compliance* empresarial, que pode ser um instrumento relevante para promover a autorregulação empresarial.

Segundo Oliveira,[164] ao monitor externo (também chamado de "Monitor de *Compliance* Independente") cabe, em apertadíssima síntese, realizar uma série de ações e tomada de providências voltadas à aderência da empresa aos termos da leniência rumo ao seu cumprimento integral, apoiando-a em seu caminho de final reabilitação empresarial e resgate reputacional, em decorrência das práticas de corrupção reconhecidas no acordo de leniência. Segundo o autor

> O Monitor Independente é um profissional de reputação ilibada, notória especialização e imparcial, indicado pela empresa, aprovado pelo MPF e remunerado pela empresa – no caso J&F, trata-se de Comitê Independente, composto por três profissionais – que se constitui em *longa manus* do MPF, e que terá uma série de atribuições voltadas ao acompanhamento da execução do acordo de leniência, verificando o cumprimento *in loco* das obrigações assumidas pela empresa no acordo. Concomitantemente *coach* e *referee* da empresa, o Monitor atuará de modo independente no processo de revitalização da empresa, para que esta possa o mais rapidamente possível retomar o curso natural dos negócios e sair do pós-leniência melhor do que ingressou – *corporate get well program*.

---

[163] Cláusula XV.XII do acordo de leniência celebrado entre o Ministério Público Federal e a empresa J&F Investimentos S.A. e as pessoas físicas funcionários e ex-funcionários das empresas do grupo, disponível em: http://www.mpf.mp.br/df/sala-de-imprensa/docs/acordo-leniencia (Acesso em: 19 mar. 2021).

[164] OLIVEIRA, Gustavo Justino. "Pós-acordo de leniência": desafios das empresas para sua reabilitação. *Portal Conjur*, 28 ago. 2019. Disponível em: https://www.conjur.com.br/2019-ago-28/pos-acordo-leniencia-desafios-empresas-reabilitacao. Acesso em: 23 set. 2020.

A inspiração brasileira reside no *Independent Compliance Monitoring* norte-americano, implementado como método de acompanhamento de acordos de leniência pelo Departamento de Justiça dos Estados Unidos (DOJ) e pela *Securities and Exchange Commission (SEC)*, cujas linhas gerais estão previstas no documento conhecido como "Memorando Morford",[165] que trata da seleção e uso dos monitores em acordos com empresas. Esse documento, por sua vez, foi objeto de esclarecimentos posteriores no "Memorando Benczkowski",[166] de outubro de 2018, referente à seleção desses monitores.

Na prática brasileira essa experiência com o monitor externo ainda é limitada, e isso pode se dar por diversas razões. Primeiramente, por uma questão temporal, dado que os acordos de leniência anticorrupção existem na legislação brasileira há poucos anos e, portanto, ainda estão em fase de maturação. Segundo, por uma questão de necessidade, já que não são todos os casos de infração empresarial que demandam monitores externos, mas sim aqueles casos muito graves, que envolvem um programa de *compliance* constatado falho e que retratam o cometimento de ilícitos de grande potencial ofensivo à sociedade brasileira. Em terceiro lugar, porque se trata de um tipo de intervenção estatal muito evidente na esfera do agente privado, que foge, portanto, à lógica padrão da livre-iniciativa empresarial. E, por fim, em quarto lugar, porque se trata de uma exigência muito custosa para a empresa, já que os monitores têm que ser profissionais *experts* em temas variados, com amplo acesso e possibilidade de mudanças nos processos e na governança empresarial.

Importante distinguir essas duas figuras, porém, do chamado "Comitê Especial de Investigação" (*Special Committee*). Diferentemente do monitor externo ou da auditoria externa, que são contratados para monitorar a empresa após a celebração de um acordo com as autoridades públicas, este Comitê atua justamente para cumprir a finalidade da investigação em si. Ou seja, em empresas em que há certa dúvida de que os administradores (diretores e/ou conselheiros da administração) serão capazes de conduzir investigações confiáveis[167] (seja porque são

---

[165] ESTADOS UNIDOS. Departamento de Justiça. *Memorandum Morford, Office of the Deputy Attorney General, U.S. Department of Justice, March 7, 2008*. Disponível em: https://www.justice.gov/sites/default/files/dag/legacy/2008/03/20/morford-useofmonitorsmemo-03072008.pdf. Acesso em: 23 set. 2020.

[166] ESTADOS UNIDOS. Departamento de Justiça. *Memorandum Benczkowski, Selection of Monitors in Criminal Division Matters, October 11, 2018*. Disponível em: https://www.justice.gov/opa/speech/file/1100531/download. Acesso em: 23 set. 2020.

[167] Essa opinião parece ser compartilhada por Otávio Yasbek, que atuou como monitor independente de conformidade do programa de compliance instituído após a celebração

controladores, seja porque a empresa é de histórico familiar, seja porque os próprios administradores estão envolvidos nos fatos), contrata-se um Comitê Especial de Investigação em que são convocados terceiros, independentes, para conduzir os trâmites de investigação. É fato que esse Comitê tende a contratar auditorias, empresas de análise forense e escritórios de advocacia especializados para a realização do trabalho operacional de investigação, mas é este Comitê quem toma as decisões empresariais sobre a metodologia e etapas de investigação, portanto, decorrentes dos eventuais fatos ilícitos que forem encontrados.

Os acordos de leniência, portanto, têm o condão de dissuadir práticas futuras, uma vez que inserem elemento de incerteza nas relações entre infratores, em especial diante da limitação dos benefícios somente ao primeiro (ou, em alguns casos, aos primeiros que trouxerem informações incrementais) e da forte atividade sancionadora estatal. Assim, aumenta os riscos da prática ilícita, uma vez que facilita a sua detecção. Um reforço dessa dissuasão de dá, inclusive, por meio da criação ou do fortalecimento de programas de *compliance*/integridade empresariais.

1.1.8 Aprimoramento dos processos administrativos públicos como justificativa dos acordos de leniência

Por fim, a oitava justificativa para a instituição de um programa de leniência, inserida nesta segunda edição do livro, é o papel do referido instrumento no aprimoramento dos processos administrativos públicos.

Isso ocorre porque a assinatura de acordos de leniência implica, também, um processo de aprendizado por parte da Administração Pública. Por meio dos referidos acordos e, consequentemente, da colaboração detalhada dos signatários, a autoridade pode perceber, de forma muito clara, como os agentes privados acabaram burlando os respectivos processos administrativos públicos. Ao identificar quais foram os caminhos encontrados para esses desvios, a Administração Pública pode verificar os possíveis "furos" no processo e, diante desse novo conhecimento, é possível promover uma espécie de "engenharia

---

de acordo de leniência pela Odebrecht, em 2016. *Compliance* não pode ignorar o papel do controlador que praticou corrupção, diz monitor da Odebrecht. Estadão, 6 ago. 2020. Disponível em: https://economia.estadao.com.br/noticias/governanca,compliance-nao-pode-ignorar-o-papel-do-controlador-que-praticou-corrupcao-diz-monitor-da-odebrecht,70002970471. Acesso em: 23 set. 2020.

reversa", a fim de aprimorar tais processos e impedir que as mesmas práticas ilícitas ocorram novamente no futuro.

Um exemplo desse aprimoramento dos processos administrativos públicos pode ser observado no caso Lava Jato, em relação à Petrobras. Por meio da celebração dos acordos de leniência foi possível descobrir que os diretores da companhia utilizavam indevidamente a lista de empresas habilitadas junto ao Cadastro de Fornecedores de Bens e Serviços da Petrobras para direcionar os convites para as licitações e, assim, praticar atos de corrupção e viabilizar o cartel entre as empresas. Nos termos apresentados no Histórico da Conduta apresentado pela empresa SOG/Setal junto ao Cade, "essa prerrogativa da diretoria finalística e da Diretoria de Serviços de escolher as empresas que eram convidadas para o certame foi utilizada como importante ferramenta para a viabilidade do cartel. Tanto foi assim que [...] para a implementação da conduta, era importante que os dois diretores *à época* [...] recebessem previamente do "Grupo" de empresas a lista daquelas que deveriam ser convidadas para participar dos certames. Apenas as convidadas poderiam participar dos certames, sendo que as empresas convidadas já haviam combinado previamente quais delas seriam vencedoras e quais apresentariam propostas de cobertura".[168] A partir do momento em que esse modo de operação foi identificado, abre-se então a possibilidade de a Petrobras modificar o processo de chamamento das empresas para participar das suas licitações, com o fim, justamente, de diminuir as chances de que fossem praticados atos de corrupção e de cartel.

Também é possível exemplificar esse aprimoramento dos processos administrativos públicos diante da investigação do chamado "cartel do câmbio". Segundo a investigação no Cade, originada por meio de um acordo de leniência, empresas e indivíduos teriam atuado conjuntamente para manipular taxas de câmbio envolvendo o real e moedas estrangeiras, bem como índices de referência no mercado de câmbio, como o do Banco Central do Brasil (PTAX), do WM/Reuters e do Banco Central Europeu.[169] Nesse contexto, caso as instituições afetadas ou potencialmente afetadas pela prática entendessem que seu

---

[168] Acordo de leniência celebrado entre a Superintendência-Geral do Cade e a empresa Setal Engenharia e Construções, a SOG Óleo e Gás e as pessoas físicas funcionários e ex-funcionários das empresas do grupo. Histórico da Conduta público disponível em: http://www.cade. gov.br/noticias/cade-celebra-acordo-de-leniencia-no-ambito-da-201coperacao-lava-jato201d (último acesso em: 20 maio 2020).

[169] Processo Administrativo no Cade 08700.004633/2015-04. Disponível em: http://www.cade. gov.br/noticias/superintendencia-do-cade-investiga-cartel-na-manipulacao-de-taxas-de-cambio (último acesso em: 29 maio 2020).

CAPÍTULO 1
TEORIA GERAL DOS ACORDOS DE LENIÊNCIA | 93

respectivo processo de definição dos índices de referência era passível de "furos", poderiam utilizar as informações obtidas por meio do acordo para aprimorar seus controles internos.

Ainda, como exemplo hipotético, pode-se também citar a prática da lavagem de dinheiro, que é investigada tanto pelas autoridades do Sistema Financeiro Nacional quanto pelo Ministério Público. Neste caso, se houver a celebração de um acordo de leniência com um dos operadores financeiros, que detalhe a forma do ilícito, as contas bancárias utilizadas, a forma de se tentar dar licitude ao dinheiro ilícito e burlar a fiscalização, em outros casos futuros é possível que os investigadores tenham melhores ferramentas de investigação, bem como as autoridades públicas afetadas pela lavagem de dinheiro possam "fechar os furos" encontrados pelos infratores.

Portanto, como visto, o conhecimento adquirido por meio dos acordos de leniência colabora para processos administrativos públicos menos abertos à prática de ilícitos, pois tais acordos trazem à tona informações que não teriam sido obtidas por outros meios, ou ao menos não teriam sido facilmente obtidas. Nesse sentido, trata-se de uma das justificativas para a celebração de um acordo de leniência.

1.2 Pilares para a estruturação de um programa de leniência efetivo

Segundo a *International Competition Network* (ICN), existe um consenso entre as autoridades de defesa da concorrência – que entendo ser aplicável também a outros programas de leniência que não apenas o antitruste – de que há alguns requisitos para a estruturação de um programa de leniência efetivo. Dentre eles, incluem-se (i) o alto risco de detecção da prática, ou seja, o compromisso, por parte das agências, de investigar vigorosamente as práticas que serão objeto de acordo; (ii) o receio de severas punições, já que, se as sanções não forem significativas, não haverá incentivo para se buscar escapar das punições; e (iii) transparência, previsibilidade e segurança jurídica em torno das negociações e assinatura dos acordos.[170]

---

[170] Ver: ICN. Drafting and implementing an effective leniency policy. *In: Anti-cartel enforcement manual*: cartel enforcement – subgroup 2 ICN cartels working group. May 2007. cap. 2. Disponível em: http://www.internationalcompetitionnetwork.org/uploads/library/doc1005. pdf. Acesso em: 23 out. 2018; ICN. *Checklist for efficient and effective leniency programmes*. Disponível em: http://www.internationalcompetitionnetwork.org/uploads/library/doc1126. pdf. Acesso em: 24 out. 2018; HAMMOND, Scott D. Cornerstones of an effective leniency

Nesse sentido, três os pilares necessários para a estruturação de um programa de leniência efetivo, que serão detalhadamente apresentados a seguir: alto risco de detecção da prática (1.2.1); receio de severas punições (1.2.2) e transparência, previsibilidade e segurança jurídica (1.2.3).

Figura 5 – Pilares dos acordos de leniência

Fonte: elaboração da autora.

1.2.1 Alto risco de detecção da prática como pilar para a estruturação de um programa de leniência efetivo

O primeiro pilar para a estruturação de um programa de leniência efetivo é a existência de um alto risco de detecção da prática ilícita pela autoridade investigadora. A autoridade tem que ser temida como capaz de identificar a conduta, ou seja, deve-se incutir nos infratores um receio genuíno de detecção.[171]

Se as empresas e os indivíduos acreditarem que o risco de serem descobertos pelas autoridades é muito pequeno, então mesmo

---

program. *Justice News*, Washington, D.C., Nov. 22, 2004. Disponível em: https://www.justice.gov/atr/speech/cornerstones-effective-leniency-program. Acesso em: 14 abr. 2018.

[171] Nesse sentido, a OCDE afirma que "*A credible threat of detection, prosecution and punishment is necessary to make leniency an attractive option for cartel members*" (OCDE. Session I: using leniency to fight hard core cartels. *In:* LATIN AMERICAN COMPETITION FORUM, 2009, Santiago. Anais... OCDE, 2009. p. 10).

penas máximas rígidas e multas altas não serão suficientes para deter a atividade ilícita. Da mesma forma, se os infratores não temem a detecção, eles não estarão inclinados a delatar suas irregularidades às autoridades em troca de imunidade ou redução de penas. Portanto, as autoridades devem cultivar um ambiente em que os agentes percebam um risco significativo de detecção pelas autoridades, caso entrem ou continuem a se envolver em práticas ilícitas.

Nesse sentido, é importante notar que os programas de leniência se tornam especialmente eficazes quando são complementados por outros instrumentos. Em outras palavras, deve haver uma ameaça crível para a empresa e os indivíduos envolvidos em atividades ilegais de que a conduta ilícita também será descoberta por outros meios.[172] Assim, é importante que as autoridades não contem apenas com os chamados "métodos reativos", mas também com "métodos proativos" de detecção de ilícitos. Explica-se.

Os métodos reativos estão relacionados à identificação de infrações com base em algum evento externo à autoridade investigadora.[173] Esses métodos incluem, por exemplo, o recebimento de denúncias da população em geral e de informantes,[174][175] as colaborações premiadas,

---

[172] LORENZ, *op. cit.*, p. 353. No mesmo sentido, Wouter P. J. Wils afirma que *"leniency can only work if the companies and individuals concerned perceive a risk that the competition authorities will detect and establish the antitrust violation without recourse to leniency"* (WILS, Wouter P. J. Leniency in antitrust enforcement: theory and practice. *World Competition: Law and Economics Review*, v. 30, n. 1, 2013. Disponível em: https://papers.ssrn.com/sol3/papers. cfm?abstract_id=939399. Acesso em: 2 maio 2018. p. 22).

[173] ICN. Cartel case initiation. *In: Anti-cartel enforcement manual*: cartel enforcement – subgroup 2 ICN cartels working group. May 2007. cap. 4. Disponível em: http://www. internationalcompetitionnetwork.org/uploads/library/doc343.pdf. Acesso em: 30 abr. 2018. p. 3.

[174] A respeito da possibilidade de se instituir a figura do *WhistleBlower* no Brasil: ATHAYDE, Amanda; MATOS, Mylena. Denunciante premiado? Whistleblower no Brasil e o Direito Antitruste. *Portal JOTA*, 29 mar. 2018.

[175] *"An agency can firstly become aware of cartel activity through a complaint, typically from a direct or indirect purchaser of the cartelised goods, or from a competitor who may be excluded from the cartel arrangements. Alternatively, complaints may originate from any member of the general public who may become aware of an issue or be suspicious of cartel activities. Agencies also tend to receive a lot of complaints about suspected cartel behaviour from consumers. Through a rigorous filtering process many of these complaints are found relatively quickly to be without legal foundation. This helps avoid diversion of valuable resources away from investigations into genuine cartel behaviour. Unfounded complaints generally arise because of confusion between illegal cartel behaviour and legitimate activities such as price-fixing. In rare instances, complaints may be made as part of an attempt to cause trouble for a competitor. It is important to keep all possibilities in mind, particularly during the early stages of a case as more information is obtained about the behaviour and the parties involved"* (ICN. Cartel case initiation. *In: Anti-cartel enforcement manual*: cartel enforcement – subgroup 2 ICN cartels working group. May 2007. cap. 4. Disponível em: http://www.

os TCCs[176] e os próprios acordos de leniência.[177] [178] A despeito da sua importância, verifica-se que tais instrumentos possuem algumas limitações, na medida em que mantêm as autoridades numa posição passiva.[179]

---

internationalcompetitionnetwork.org/uploads/library/doc343.pdf. Acesso em: 30 abr. 2018. p. 4).

[176] Conforme já mencionado, o TCC é acessível a todos os investigados na conduta anticompetitiva não habilitados para o acordo de leniência (art. 85 da Lei nº 12.529/2011), gerando benefícios na seara administrativa, mas sem previsão de benefícios automáticos na seara criminal. Especificamente para os casos de acordo, combinação, manipulação ou ajuste entre concorrentes, como é o caso de cartel, o TCC possui os seguintes requisitos: (I) pagamento de contribuição pecuniária ao Fundo de Defesa de Direitos Difusos, conforme art. 85, §1º, III, da Lei nº 12.529/2011 e art. 224, *caput*, do RICade; (II) reconhecimento de participação na conduta investigada por parte do proponente, nos termos do art. 225 do RICade; (III) colaboração do proponente com a instrução processual, conforme art. 226 do RICade; (IV) compromisso do proponente a não praticar a conduta investigada, nos termos do §1º do art. 85 da Lei nº 12.529/2011; (V) será fixada multa para o caso de descumprimento, total ou parcial, das obrigações compromissadas.

[177] De acordo com a OCDE, "*Amnesty/leniency programmes continue to be the most effective cartel detection measure. Many competition authorities rely extensively on a leniency program to detect and investigate cartels, recognising that such programs have a high successful detection rate and provide strong evidence on the existence and functioning of the cartel. However, over-reliance on amnesty/leniency programmes may undermine the very effectiveness of leniency programmes, as it may undermine the likelihood that cartel conduct can be detected outside the leniency program. A combination of tools that could include both pro-active and reactive detection measures is viewed to be most effective*" (OCDE. *Ex officio cartel investigations and the use of screens to detect cartels*. OCDE, 2013. Disponível em: http://www.oecd.org/daf/competition/exofficio-cartel-investigation-2013.pdf. Acesso em: 30 abr. 2018. p. 5). No mesmo sentido, "*in order to be effective, leniency programmes must be complemented by other investigative means so as to demonstrate that the competition authority has the ability to uncover cartels on its own, thus maintaining the requisite level of uncertainty on the part of cartelists to induce them to break ranks*" (OCDE. Session I: using leniency to fight hard core cartels. *In*: LATIN AMERICAN COMPETITION FORUM, 2009, Santiago. *Anais... OCDE*, 2009. p. 4).

[178] "*In their efforts to overcome the inherent challenge of cartel detection, competition agencies tend to rely on 'reactive detection' tools, i.e. on third parties coming forward with information on the existence and the functioning of the cartel, rather than pro-actively seeking out suspicious firms or markets to investigate ex officio (so called 'pro-active detection'). Dissatisfied customers reporting suspicions of anti-competitive behaviour by sellers are an important source of information for competition agencies, just like disgruntled employees turned into whistle-blowers, or co-conspirators who choose to come forward and confess their illegal behaviour through amnesty or leniency programmes. It is for this reason that most competition agencies around the world allocate most of their resources to pursuing the growing number of cases brought to them by such detection programmes, and devote less attention to pro-actively seeking out and detecting cartels*" (OCDE. *Ex officio cartel investigations and the use of screens to detect cartels*. OCDE, 2013. Disponível em: http://www.oecd.org/daf/competition/exofficio-cartel-investigation-2013.pdf. Acesso em: 30 abr. 2018. p. 9).

[179] A título de exemplo, Cuiabano (em CUIABANO, Simone *et al*. Filtrando cartéis: a contribuição da literatura econômica na identificação de comportamentos colusivos. *Revista de Defesa da Concorrência*, Brasília, v. 2, n. 2, p. 43-63, nov. 2014. p. 45) pontua que a leniência, "além de manter as agências em uma posição reativa, costumam delatar cartéis pouco estáveis, que já estão próximos do momento de ruptura. Assim, aqueles cartéis lucrativos e mais bem-sucedidos, possivelmente, não serão delatados, pois as empresas beneficiárias teriam menos incentivos a procurar as autoridades".

CAPÍTULO 1
TEORIA GERAL DOS ACORDOS DE LENIÊNCIA | 97

Nesses termos, torna-se necessária a adoção, também, de métodos proativos, que são aqueles iniciados pelas próprias autoridades investigadoras, não dependendo de um evento externo.[180] Esses métodos geralmente envolvem análises econômicas de mercado, programas de educação e sensibilização sobre a ilegalidade de determinadas condutas, cooperação com outras autoridades nacionais e internacionais de repressão a práticas ilícitas, monitoramento da atividade de alguns *players*, filtros econômicos,[181] dentre outros, a fim de aumentar a probabilidade de detecção de infrações.

Assim, o ideal é que os métodos reativos e proativos sejam utilizados de forma complementar pelas autoridades, para ampliar as oportunidades de detecção das infrações e, consequentemente, aumentar o temor dos infratores de que a autoridade seja capaz de detectar a conduta. Segundo a OCDE,[182] a experiência da maioria das

---

[180] ICN. Cartel case initiation. *In: Anti-cartel enforcement manual*: cartel enforcement – subgroup 2 ICN cartels working group. May 2007. cap. 4. Disponível em: http://www.internationalcompetitionnetwork.org/uploads/library/doc343.pdf. Acesso em: 30 abr. 2018. p. 6.

[181] Em suma, filtros são testes estatísticos que analisam a estrutura do mercado ou o comportamento dos players. De acordo com a OCDE, existem basicamente dois tipos de filtros: *"i) a structural approach, which includes the analysis of structural and product characteristics of a specific market or industry that make successful collusive strategies more likely; and ii) a behavioural approach, which includes the identification through screening of firms' behaviour or market outcomes that may be the outcome by a collusive strategy"*. Para a OCDE, a forma mais eficiente de filtrar cartéis é pela combinação de métodos estruturais e comportamentais (OCDE. *Ex officio cartel investigations and the use of screens to detect cartels*. OCDE, 2013. Disponível em: http://www.oecd.org/daf/competition/exofficio-cartel-investigation-2013.pdf. Acesso em: 30 abr. 2018. p. 6. Disponível em: http://www.oecd.org/daf/competition/exofficio-cartel-investigation-2013.pdf. Acesso em: 30 abr. 2018). Segundo Silva, métodos estruturais e comportamentais se complementam da seguinte maneira: enquanto os primeiros permitem a identificação de mercados que possuem condições mais propícias para a ocorrência de cartéis, os segundos dão subsídios à análise dos traços de formação e dissolução de cartéis a partir de dados de empresas específicas. Em outras palavras, os filtros econômicos estruturais indicam se há ou não condições estruturais para cartéis ocorrerem, enquanto os comportamentais indicam se eles devem ter ocorrido de fato ou não (SILVA, Lucas Freire. *Simulação de efeitos de um choque na tecnologia de detecção de cartéis*: subsídios para a política antitruste brasileira. 74f. Dissertação (Mestrado) – Universidade de Brasília, Brasília, 2016. Disponível em: http://repositorio.unb.br/bitstream/10482/23226/1/2016_LucasFreireSilva.pdf. Acesso em: 30 abr. 2018. p. 20).

[182] De acordo com a OCDE, *"Pro-active detection measures should be implemented not only because of their intrinsic detection capabilities, but also because they may produce positive externalities in terms of improving the efficacy of amnesty/leniency programmes. So if pro-active methods are properly designed and implemented, they may allow the agency to detect and subsequently investigate cartels which would otherwise remain stable under a stand-alone amnesty/leniency regime. It should be noted in this regard that the probability of detection plays an important part in the decision of amnesty/ leniency applicants to cooperate with the competition agency. It follows that if competition agencies can somehow increase the probability of detecting cartels, they may be able to induce more amnesty/ leniency applications. In other words, if competition agencies are able to strike fear of detection into*

autoridades indica que métodos mistos de detecção de infrações, ou seja, que contam tanto com instrumentos reativos quanto com mecanismos proativos, contribuem mais com o combate às infrações. Nesse sentido, é interessante pontuar a experiência do Cade, em que menos da metade das investigações[183] é iniciada por métodos reativos, o que evidencia a forte incidência de investigações proativas, sinalizando o alto risco de detecção das práticas por esta autoridade.

1.2.2 Receio de severas punições como pilar para a estruturação de um programa de leniência efetivo

O segundo pilar para a estruturação de um programa de leniência efetivo é o receio de punições severas para aqueles que forem condenados. As penas não podem ser vistas como simples "custos de se fazer negócio", sendo importante que os riscos percebidos de pena superem as recompensas potenciais.[184]

Conforme Spratling,[185] isso passa tanto pela aplicação de multas severas às empresas infratoras como pela persecução criminal dos indivíduos. A responsabilização individual aumenta os custos de implementação de um ilícito, já que a empresa (e seus acionistas atuais) não será capaz de "arcar" com todas as consequências do cometimento da infração, em especial se a responsabilização for criminal. Seguros empresariais, que cobrem os riscos financeiros, não são capazes que ilidir a aplicação da pena criminal, o que aumenta receio de punição pelos indivíduos atuantes no ilícito. Nessa linha, a persecução criminal se justifica na medida em que, de todas as possíveis penas e altas multas, o

---

cartelists' hearts, that may be another reason for conspirators to desist from their activities and to race for amnesty/leniency. Thus, pro-active detection measures may in fact be implemented for the purpose of complementing and reinforcing amnesty/leniency programmes" (OCDE. *Ex officio cartel investigations and the use of screens to detect cartels.* OCDE, 2013. Disponível em: http://www.oecd.org/daf/competition/exofficio-cartel-investigation-2013.pdf. Acesso em: 30 abr. 2018. p. 6 e 17).

[183] MOURA, Bruno; DANTAS, Iuri. Cade investiga cartéis ainda desconhecidos na Lava Jato. *Portal JOTA*, 30 jun. 2017. Disponível em: https://www.jota.info/especiais/cade-investiga-carteis-ainda-desconhecidos-na-lava-jato-30062017. Acesso em: 9 out. 2018.

[184] De acordo com a OCDE, *"The seriousness of the possible penalties, and thus the significance of relief that leniency can promise, is an important factor. If penalties are too weak or are applied too infrequently, then firms may disregard an offer to relax them"* (OCDE. *Fighting hard core cartels: harm, effective sanctions and leniency programmes.* Paris: OCDE, 2002. p. 25).

[185] SPRATLING, Gary R. Making companies an offer they shouldn't refuse: the antitrust division's corporate leniency policy – an update. 1999. *Justice News*, Washington, D.C., Feb. 16, 2019. Disponível em: https://www.justice.gov/atr/speech/making-companies-offer-they-shouldnt-refuse-antitrust-divisions-corporate-leniency-policy. Acesso em: 30 abr. 2018.

CAPÍTULO 1
TEORIA GERAL DOS ACORDOS DE LENIÊNCIA | 99

tempo de cadeia tende a ser, se não o maior, um dos maiores incentivos para a celebração dos acordos de leniência.[186] [187]

É nesse contexto que a divisão antitruste do DOJ dos EUA há tempos apregoa o *"jail time"* como a forma mais eficaz de dissuadir a "tentação de trair o sistema e lucrar com a colusão".[188] O foco na

---

[186] HAMMOND, Scott D. Cornerstones of an effective leniency program. *Justice News*, Washington, D.C., Nov. 22, 2004. Disponível em: https://www.justice.gov/atr/speech/cornerstones-effective-leniency-program. Acesso em: 14 abr. 2018. O autor, ao se questionar sobre o que seria uma punição severa, diz acreditar que *"most people would agree that the threat of criminal sanctions and individual jail sentences passes the test and provides the foundation for an effective leniency program"*. Hammond afirma ainda que *"all else being equal, a jurisdiction without individual liability and criminal sanctions will never be as effective at inducing amnesty applications as a program that does. Individuals stand the most to lose and so avoiding jail sentences is the greatest incentive for seeking amnesty"*. *"We are observing firsthand in some of our investigations how the threat of criminal prosecution in the United States has deterred a significant number of global cartels from extending their conspiracy into the United States. We have uncovered cartels that operated profitably and illegally in Europe, Asia, and elsewhere around the world, but did not expand their cartel activity to the United States solely because it was not worth the risk of U.S. sanctions. I am referring to cartels that had every opportunity to target U.S. consumers, because they sold in the U.S. market. Indeed, in some cases, the U.S. market was the largest and potentially most profitable but the collusive conduct still ceased at the border. Why? The answer, from the mouths of the cartel members and verified by our investigators, is that the executives did not want to risk getting caught and going to jail in the United States"*.

[187] Nesse sentido, de acordo com a OCDE, *"Criminal sanctions on individuals involved in the illegal behaviour and a corresponding offer for their relaxation have shown to be very effective in inducing cooperation under a leniency programme. In addition, they can be a powerful deterrent to cartel activity as company officers are much more likely to consider the potential consequences of their conduct when not only the company's accounts but also their personal freedoms are at stake"* (OCDE. Session I: using leniency to fight hard core cartels. *In:* LATIN AMERICAN COMPETITION FORUM, 2009, Santiago. *Anais...* OCDE, 2009. p. 12).

[188] BAER, Bill. *Prosecuting antitrust crimes*. Washington, D.C.: DOJ, 2014. Disponível em: http://www.justice.gov/atr/file/517741/download. Acesso em: 30 abr. 2018. p. 2. Nesse sentido, ver os seguintes posicionamentos: *"The Antitrust Division has steadfastly emphasized the importance of individual accountability and stiff corporate fines to induce leniency applications and optimize deterrence of cartel conduct"* (HAMMOND, Scott D. *The evolution of criminal enforcement over the last two decades*. Miami: DOJ, 2010. Disponível em: http://www.justice.gov/atr/public/speeches/255515.pdf. Acesso em: 30 abr. 2018); *"It is indisputable that the most effective deterrent to cartel offenses is to impose jail sentences on the individuals who commit them"* (HAMMOND, Scott D. *Charting new waters in international cartel prosecutions*. California: DOJ, 2006. Disponível em: http://www.justice.gov/atr/file/518446/download. Acesso em: 30 abr. 2018); *"The Division has long supported the belief that the best and surest way to deter and punish cartel activity is to hold the most culpable individuals accountable by seeking jail sentences"* (GRIFFIN, James M. The modern leniency program after ten years – a summary overview of the Antitrust Division's criminal enforcement program. *Justice News*, San Francisco, Aug. 12, 2003. Disponível em: https://www.justice.gov/atr/speech/modern-leniency-program-after-ten-years-summary-overview-antitrust-divisions-criminal. Acesso em: 4 nov. 2018); *"An individual defendant faces a greater risk of jail time today than even a few years ago. Approximately 50 individual defendants were imprisoned for antitrust and related offenses in FYs 1999 and 2000, which is more than the total number of individuals imprisoned in the previous five years combined"* (HAMMOND, Scott D. *When calculating the costs and benefits of applying for corporate amnesty, how do you put a price tag on an individual's freedom*. California: DOJ, 2001. Disponível em: http://www.justice.gov/atr/file/519066/download. Acesso em: 30 abr. 2018); *"During the 1990's, the Antitrust Division*

penalização dos indivíduos se justifica na medida em que, de acordo com Yates,[189] uma das formas mais efetivas de combate a práticas infracionais corporativas é a responsabilização dos indivíduos que conduziram tais práticas. Isso importa por diversas razões, inclusive porque desencoraja a prática futura de infrações, incentiva mudanças no comportamento empresarial, garante que os verdadeiros responsáveis pela infração serão punidos e promove confiança no sistema de justiça.[190] [191]

---

prosecuted almost equal numbers of individuals (476) as corporations (480). From 2000-2009, we prosecuted more than twice as many individuals (453) as corporations (220). And during the most recent five-year period, we prosecuted almost three times as many individuals (352) as corporations (123)" (SYNDER, Brent. *Individual accountability for antitrust crimes.* New Haven: DOJ, 2016. Disponível em: https://www.justice.gov/opa/file/826721/download. Acesso em: 30 abr. 2018); *"An integral part of antitrust enforcement policy is the prosecution of culpable individuals as well as their firms. Ultimately, it is individuals that commit antitrust crimes, and it is felt that those responsible for a firm's participation in hard core anticompetitive behavior must be held personally accountable if this behavior is to be prevented"* (CHEMTOB, Stuart M. *Antitrust deterrence in the United States and Japan.* Washington, D.C.: DOJ, 2000. Disponível em: http://www.justice. gov/atr/file/518541/download. Acesso em: 30 abr. 2018); *"Culpable executives of multinational firms who engage in international cartel activity run the risk of imprisonment in addition to heavy fines"* (SPRATLING, Gary R. *International cartels:* the intersection between FCPA violations and antitrust violations. Washington, D.C.: DOJ, 1999. Disponível em: http://www.justice. gov/atr/file/518581/download. Acesso em: 30 abr. 2018).

[189] ESTADOS UNIDOS. Department of Justice. *Individual accountability for corporate wrongdoing.* Washington, D.C., 2015. Disponível em: https://www.justice.gov/archives/dag/file/769036/ download. Acesso em: 28 abr. 2008. p. 1 e 4).

[190] Por isso, para Yates *"both criminal and civil attorneys should focus on individual wrongdoing from the very beginning of any investigation of corporate misconduct. By focusing on building cases against individual wrongdoers from the inception of an investigation, we accomplish multiple goals. First, we maximize our ability to ferret out the full extent of corporate misconduct. Because a corporation only acts through individuals, investigating the conduct of individuals is the most efficient and effective way to determine the facts and extent of any corporate misconduct. Second, by focusing our investigation on individuals, we can increase the likelihood that individuals with knowledge of the corporate misconduct will cooperate with the investigation and provide information against individuals higher up the corporate hierarchy. Third, by focusing on individuals from the very beginning of an investigation, we maximize the chances that the final resolution of an investigation uncovering the misconduct will include civil or criminal charges against not just the corporation but against culpable individuals as well"* (ESTADOS UNIDOS. Department of Justice. *Individual accountability for corporate wrongdoing.* Washington, D.C., 2015. Disponível em: https://www. justice.gov/archives/dag/file/769036/download. Acesso em: 28 abr. 2008. p. 4).

[191] A OCDE chama a atenção para o seguinte: *"The situations and incentives of individuals may differ significantly from those of the corporations for whom they work. Where the individuals may also be liable or responsible for the violations, their interests and those of the corporation may conflict. In the US program, leniency for individuals may follow from, but does not depend on, leniency for the corporation. Canada's program is even more explicit in recognising the need to treat individuals separately from the corporations for which they work, emphasising that an offer of co-operation may be made by anyone who has been implicated in a possible violation and that employees are free to approach the agency on their own behalf. Individuals would be well advised to retain independent counsel, rather than rely on the corporation to represent their interests. In the EC, there is no individual liability, so there is less incentive for individuals to come forward against the judgement of their firms. Despite the lack of individual liability, firms still have an incentive to come forward because high company fines are possible and are being levied"* (OCDE. *Fighting hard*

CAPÍTULO 1
TEORIA GERAL DOS ACORDOS DE LENIÊNCIA | 101

No Brasil, cartel é crime, nos termos do art. 4º da Lei nº 8.137/90, punível com pena de reclusão de dois a cinco anos e multa. A lavagem de dinheiro, por sua vez, é crime punível com reclusão de três a dez anos e multa.[192] Ainda, participar em organização criminosa é punível com reclusão de três a oito anos e multa.[193] Ademais, a corrupção ativa ou passiva é punível com pena de dois a doze anos e multa.[194] Nesse sentido, há importante fator dissuasório da pena de prisão, de modo que as autoridades públicas investigadoras devem incrementar sua cooperação com as Polícias Federal[195] e Civil e com os Ministérios Públicos,[196] para assegurar que os indivíduos que não participarem do programa de leniência estejam sujeitos à persecução e à condenação criminal.[197]

Assim, ainda que uma infração esteja sujeita a sanções criminais, civis e administrativas, se as empresas e seus executivos não forem adequadamente dissuadidos e informados acerca do poder punitivo

---

core cartels: harm, effective sanctions and leniency programmes. Paris: OCDE, 2002. p. 23 e 24). No Brasil, de acordo com o artigo 86 da Lei nº 12.529/2011, tanto as empresas quanto as pessoas físicas envolvidas ou que estiveram envolvidas na infração à ordem econômica podem ser proponentes do acordo de leniência, de forma que a leniência dos indivíduos não depende da leniência da empresa.

[192] Art. 1º, Lei nº 9.613/1998.

[193] Art. 2º, Lei nº 12.850/2013.

[194] Arts. 317 e 333, do Código Penal.

[195] "Em dezembro de 2007, a SDE e a Polícia Federal celebraram acordo de cooperação e estabeleceram um Centro de Investigações de Cartéis para a cooperação e troca de informações e documentos em investigações administrativas e criminais dessas infrações" (BRASIL. Ministério da Justiça. *Combate a cartéis e Programa de Leniência*. 3. ed. Brasília: SDE; MJ; Cade, 2009. (Coleção SDE/Cade nº 01/2009). Disponível em: http://www.cade.gov.br/acesso-a-informacao/publicacoes-institucionais/documentos-da-antiga-lei/cartilha_leniencia.pdf. Acesso em: 14 abr. 2018. p. 13).

[196] Atualmente estão vigentes 12 acordos, assinados pelos Ministérios Públicos do Espírito Santo, Paraná, Rio Grande do Sul, Distrito Federal e dos Territórios, Minas Gerais, São Paulo, Goiás, Acre, Rondônia, Pará, Mato Grosso do Sul e Santa Catarina (CADE. *Cade e Ministério Público do Espírito Santo firmam acordo de cooperação técnica*. Brasília, 14 mar. 2018. Disponível em: http://www.cade.gov.br/noticias/cade-e-ministerio-publico-do-espirito-santo-firmam-acordo-de-cooperacao-tecnica. Acesso em: 30 abr. 2018). "Em 2008, o Ministério Público do Estado de São Paulo foi pioneiro na criação de um grupo especializado no combate aos cartéis – Grupo de Atuação Especial de Repressão à Formação de Cartel e à Lavagem de Dinheiro e de Recuperação de Ativos (Gedec), que contou com pleno apoio da SDE para sua implementação" (BRASIL. Ministério da Justiça. *Combate a cartéis e Programa de Leniência*. 3. ed. Brasília: SDE; MJ; Cade, 2009. (Coleção SDE/Cade nº 01/2009). Disponível em: http://www.cade.gov.br/acesso-a-informacao/publicacoes-institucionais/documentos-da-antiga-lei/cartilha_leniencia.pdf. Acesso em: 14 abr. 2018. p. 13).

[197] BRASIL. Ministério da Justiça. *Combate a cartéis e Programa de Leniência*. 3. ed. Brasília: SDE; MJ; Cade, 2009 (Coleção SDE/Cade nº 01/2009). Disponível em: http://www.cade.gov.br/acesso-a-informacao/publicacoes-institucionais/documentos-da-antiga-lei/cartilha_leniencia.pdf. Acesso em: 14 abr. 2018. p. 13.

das autoridades, podem entender que as possíveis penalidades são compensadas pelas potenciais recompensas da infração. Daí a relevância de haver, também, decisões, condenações prévias e sanções efetivas, as quais, além de punir os infratores de determinada conduta, enviam uma mensagem bem clara ao mercado:[198] "não admitimos esse tipo de conduta e a iremos punir com severidade".[199]

Nesse contexto, importante também trazer a discussão sobre a importância de se ter penalidades não apenas pecuniárias. Caso as penas sejam tão somente pecuniárias, é possível que as empresas envolvidas paguem a multa para os executivos, fazendo "valer a pena" incorrer nos riscos da prática delituosa. Quando as penas extrapolam apenas o bolso, os indivíduos, que são aqueles que efetivamente praticam os ilícitos, passam a ter maior receio em sua implementação. Também seria possível que a empresa embutisse a multa no preço dos seus produtos ou serviços, prejudicando duplamente os consumidores.

Assim, apresentam-se alguns exemplos de penas não pecuniárias[200] previstas nas respectivas legislações passíveis da celebração de acordos de leniência, apresentando brevemente algumas de suas respectivas discussões.

Na seara concorrencial, o próprio Cade reconhece que "a principal penalidade aplicada é a multa",[201] mas o art. 38 da Lei nº 12.529/2011 prevê diversas outras punições, que podem ser impostas isolada ou

---

[198] Nesse sentido, a OCDE afirma que *"In order to fully capitalise on both the sufficient level of sanctions and enforcement credibility in maximising a leniency programme's effectiveness, an enforcement authority should publicise the results of its activity. Engaging in competition advocacy and building awareness of the severity of legally foreseen sanctions, the number of companies (and individuals) prosecuted and the sanctions imposed on the one hand and of the benefits that await cartel members who break ranks on the other hand, contributes greatly to a leniency programme's success"* (OCDE. Session I: using leniency to fight hard core cartels. *In:* LATIN AMERICAN COMPETITION FORUM, 2009, Santiago. *Anais...* OCDE, 2009. p. 11).

[199] Conforme exposto no item 1.5 *supra*, umas das justificativas para a instituição de um programa de leniência é a capacidade desse instrumento de permitir o sancionamento dos demais infratores que não colaboraram com a autoridade investigadora. Assim, concede-se imunidade ou redução de penalidades ao infrator-colaborador para, em troca, sancionar outros tantos infratores com base nas provas obtidas com aquele.

[200] De acordo com Marrara e Nohara, as sanções concorrenciais poderiam ser classificadas como sanções pecuniárias, imposição de deveres de fazer, sanções impeditivas de direito e sanções extintivas de direito. Na presente obra, consolidaremos todas essas três tipologias anteriores sobre a nomenclatura mais ampla de "penas não pecuniárias". MARRARA, Thiago; NOHARA, Irene Patrícia. *Processo administrativo*: Lei 9.784/1999 comentada. 2. ed. rev., atual. e ampl. São Paulo: Thomson Reuters Brasil, 2018.

[201] Guia de Dosimetria de Multas de Cartel do Cade. Disponível em: http://www.cade.gov.br/noticias/cade-lanca-versao-preliminar-de-guia-de-dosimetria-de-multas-de-cartel. Acesso em: 6 ago. 2020.

cumulativamente à multa, quando assim exigir a gravidade dos fatos ou o interesse público geral. São elas:

> Sem prejuízo das penas cominadas no art. 37 desta Lei, quando assim exigir a gravidade dos fatos ou o interesse público geral, poderão ser impostas as seguintes penas, isolada ou cumulativamente:
>
> I - a publicação, em meia página e a expensas do infrator, em jornal indicado na decisão, de extrato da decisão condenatória, por 2 (dois) dias seguidos, de 1 (uma) a 3 (três) semanas consecutivas;
>
> II - a proibição de contratar com instituições financeiras oficiais e participar de licitação tendo por objeto aquisições, alienações, realização de obras e serviços, concessão de serviços públicos, na administração pública federal, estadual, municipal e do Distrito Federal, bem como em entidades da administração indireta, por prazo não inferior a 5 (cinco) anos;
>
> III - a inscrição do infrator no Cadastro Nacional de Defesa do Consumidor;
>
> IV - a recomendação aos órgãos públicos competentes para que:
>
> a) seja concedida licença compulsória de direito de propriedade intelectual de titularidade do infrator, quando a infração estiver relacionada ao uso desse direito;
>
> b) não seja concedido ao infrator parcelamento de tributos federais por ele devidos ou para que sejam cancelados, no todo ou em parte, incentivos fiscais ou subsídios públicos;
>
> V - a cisão de sociedade, transferência de controle societário, venda de ativos ou cessação parcial de atividade;
>
> VI - a proibição de exercer o comércio em nome próprio ou como representante de pessoa jurídica, pelo prazo de até 5 (cinco) anos; e
>
> VII - qualquer outro ato ou providência necessários para a eliminação dos efeitos nocivos à ordem econômica.

Na prática, essas penas alternativas tendem a ser pouco usadas pelo Cade. De Carli[202] realiza pesquisa empírica sobre as sanções não

---

[202] DE CARLI, Bárbara. Sanções não pecuniárias em infrações contra a ordem econômica: uma análise da jurisprudência do CADE na vigência da Lei 12.529/11. *No prelo*. O recorte empírico da autora abrangeu todas as decisões condenatórias em que o órgão se valeu da aplicação das penas previstas no art. 38 desde o início da vigência da Lei nº 12.529/11. A autora esclarece que um único processo administrativo no CADE pode reunir diferentes tipos de representados e que eles podem ser investigados e punidos por condutas distintas ou até mesmo por mais de uma conduta. Além disso, é possível que esses representados recebam mais de uma pena não pecuniária. Por esses fatos, vários dados apresentados acima acabam por exceder número de processos analisados.

pecuniárias aplicadas pelo Cade na vigência da Lei nº 12.529/2011. A autora conclui, a partir da análise de 96 (noventa e seis) processos julgados, que, quanto aos critérios legais que justificam essas sanções, nos termos do *caput* do art. 38 ("gravidade dos fatos"[203] ou o "interesse público geral"), o argumento da gravidade dos fatos se confundiria com a gravidade da infração e que o interesse público seria aferido apenas caso a caso.

A autora apresenta que 59% das penalidades teriam envolvido entidades representativas (como, por exemplo, sindicatos, associações, conselhos profissionais), 40% empresas, 21% pessoas físicas, 5% cooperativas e 3% outras entidades. A autora ainda identifica que 55% das decisões aplicam a obrigação de "abster-se de praticar" ou de "cessar a prática", 45% aplicam pena de comunicação do teor da decisão aos associados/filiados/membros por qualquer meio de divulgação, 40% determinam a divulgação da decisão do Cade em site por tempo definido pela autoridade, 15,6% (15 casos) aplicam a proibição de contratar com instituições financeiras oficiais e de participar de licitação, 14,6% (14 casos) obrigam a publicação da decisão em jornal e 14,6% (14 casos) recomendam o encaminhamento de ofício a outras autoridades. Apenas em 2,1% dos casos (ou seja, 2 casos) é que teria havido a determinação de cisão de sociedade, transferência de controle societário, venda de ativos ou cessação parcial de atividade, e também apenas em 2,1% dos casos (ou seja, 2 casos) é que teria sido aplicada a sanção de proibição de exercer o comércio em nome próprio ou como representante de pessoa jurídica, pelo prazo de até cinco anos.

Ademais, a autora advertiu que somente 22 casos, dentre os 96 processos, poderiam ser considerados decisões fundamentadas, com considerações, ponderações ou condições mínimas para justificar a aplicação de penalidades não pecuniárias. Dentre estes 22 casos, concluiu-se pela existência de quatro grupos, quanto aos objetivos almejados. O primeiro reuniu as decisões que aplicaram penalidades não pecuniárias em razão da posição de líder e do papel ativo, ou seja, no intuito de punir com rigor os infratores centrais na conduta ilícita (14% das decisões fundamentadas). O segundo grupo abrangeu as decisões que procuraram dissuadir, desestimular a prática ilícita (41% das decisões fundamentadas). O terceiro se referiu a decisões que tinham

---

[203] MARANHÃO, Juliano. Nem castigo, nem prevenção: a medida de desconcentração na Lei Brasileira de Defesa da Concorrência. *Revista de Direito da Concorrência, Consumo e Comércio Internacional*, vol. 25, p. 62, 2014. O autor defende que a gravidade dos fatos não se confundiria com a gravidade da própria infração.

como objetivo cessar a conduta e seus efeitos, restaurar o ambiente competitivo (23% das decisões fundamentadas). Por fim, o quarto grupo proposto pela autora reuniu as decisões que foram fundamentadas com mais de um objetivo ou a partir de objetivos distintos dos demais grupos (28% das decisões fundamentadas).

Segundo dados obtidos pelo Serviço de Informação aos Cidadãos (SIC) do Cade, considerando todos os processos julgados entre março de 2012 e dezembro de 2020, houve um total 609 penalidades não pecuniárias aplicadas individualmente. Ou seja, trata-se um cômputo do total de penalidades aplicadas, sendo que uma mesma pessoa física/jurídica pode ter sido condenada a mais de uma penalidade não pecuniária, o que altera o quantitativo apresentado na pesquisa empírica apresentada por De Carli,[204] que considerou as penalidades não pecuniárias por processo administrativo. Desse total de 609 penalidades não pecuniárias, é possível observar o seguinte quadro:

- 68 (11,1%) dizem respeito ao inciso I, referente à publicação em jornal de extrato da decisão condenatória;
- 75 (12,3%) dizem respeito ao inciso II, referente à proibição de contratar com instituições financeiras oficiais e participar de licitação;
- 122 (20%) dizem respeito ao inciso III, referente à inscrição do infrator no Cadastro Nacional de Defesa do Consumidor;
- 0 diz respeito ao inciso IV, a), referente à recomendação aos órgãos públicos para que seja concedida licença compulsória de direito de propriedade intelectual de titularidade do infrator quando a infração estiver relacionada ao uso desse direito;
- 143 (23,5%) dizem respeito ao inciso IV, b), referente à recomendação aos órgãos públicos para que não seja concedido ao infrator parcelamento de tributos federais por ele devidos ou para que sejam cancelados, no todo ou em parte, incentivos fiscais ou subsídios públicos;
- 6 (0,9%) dizem respeito ao inciso V, referente à cisão de sociedade, transferência de controle societário, venda de ativos ou cessação parcial de atividade;

---

[204] DE CARLI, Bárbara. Sanções não pecuniárias em infrações contra a ordem econômica: uma análise da jurisprudência do CADE na vigência da Lei 12.529/11. *No prelo.*

- 17 (2,7%) dizem respeito ao inciso VI, referente à proibição de exercer o comércio em nome próprio ou como representante de pessoa jurídica, pelo prazo de até cinco anos;
- 178 (29,2%) dizem respeito ao inciso VII, referente a qualquer outro ato ou providência necessários para a eliminação dos efeitos nocivos à ordem econômica.

Observo, portanto, que, apesar de um número aparentemente alto de penalidades não pecuniárias aplicadas, sua aplicação pelo Cade tende a ser, de certo modo, protocolar. Duas hipóteses bastante utilizadas (art. 38, incisos I e III, da Lei nº 12.529/2011), que computam conjuntamente 31,1% dos casos, refletem procedimentos de cunho quase que processual, de publicação da decisão ou de mera inscrição em cadastro público de defesa do consumidor. Por sua vez, as penas não pecuniárias mais severas, como aquelas relacionadas a remédios estruturais (cisão de sociedade, transferência de controle societário, venda de ativos ou cessação parcial de atividade, nos termos do inciso V do art. 38 da Lei nº 12.529/2011)[205] e de proibição de exercer o comércio em nome próprio ou como representante de pessoa jurídica (inciso VI do art. 38 da Lei nº 12.529/2011), foram utilizadas em apenas 3,6% dos casos. Ainda, sanção potencialmente severa como o licenciamento compulsório de direito de propriedade intelectual, ainda que em caráter de recomendação (inciso IV, a) do art. 38 da Lei nº 12.529/2011), nunca foi aplicada pelo Tribunal do Cade, ao longo de todos esses oito anos. Registre-se, ainda, que em 29,2% dos casos há a aplicação de "qualquer outro ato ou providência necessários para a eliminação dos efeitos nocivos à ordem econômica", cabendo ainda maiores esforços acadêmicos para analisar, a fundo, quais são tais atos ou providências adicionais determinadas pelo Cade. Ademais, apesar de 23,5% das penas não pecuniárias dizerem respeito a uma penalidade que potencialmente pode ter bastante relevância na atividade econômica do infrator (inciso IV, b) do art. 38 da Lei nº 12.529/2011, referente à recomendação aos órgãos públicos para que não seja concedido ao infrator parcelamento de tributos federais por ele devidos ou para que sejam cancelados, no

---

[205] Para mais informações sobre esse tema, sugerem-se os seguintes trabalhos: BRAGA, Tereza Cristine Almeida. Combate a cartéis e remédios antitruste: o poder público e a arquitetura de incentivos e desincentivos na concorrência. 2018. DIAS, Rodrigo Pereira. Antitruste: sanção de desinvestimento em ativos. Um estudo de caso no Processo Administrativo n. 08012.11142/2006-79. Dissertação (Mestrado em Direito), Fundação Getulio Vargas – FGV, 2016. DOTTO, Carolina Matthes. Remédios estruturais em casos de infração à ordem econômica: as limitações jurídicas e econômicas a serem observadas pelo CADE.

todo ou em parte, incentivos fiscais ou subsídios públicos, ainda não há detalhes sobre o resultado dessa recomendação, ou seja, se foi ou não efetiva em termos de efeito dissuasor. Cabe notar, ainda, que esse modo talvez protocolar de aplicação de penalidades não pecuniárias possui uma relevante exceção, já que em 12,3% dos casos o Tribunal do Cade decidiu por aplicar a penalidade de proibição de contratar com instituições financeiras oficiais e participar de licitação (inciso II do art. 38 da Lei nº 12.529/2011), esta sim uma penalidade não pecuniária bastante severa.

A possibilidade de penas alternativas também existe no âmbito da CGU, como consequência da condenação no chamado Processo Administrativo de Responsabilização (PAR). Com a promulgação da Lei Anticorrupção (Lei nº 12.846/2013), que estipulou a responsabilização administrativa e civil de pessoas jurídicas por condutas ilícitas contra a Administração Pública, foram definidas outras penalidades além da sanção pecuniária. Sob âmbito administrativo, segundo o art. 6º, incisos I e II, do Decreto nº 8.420/2015, que regulamenta a legislação e estipula inclusive o modelo de acordo de leniência a ser utilizado pela CGU (no plano federal) e pelas outras autoridades máximas competentes, são cabíveis duas formas de sanção: (i) multa; e (ii) publicação extraordinária da decisão administrativa condenatória.

Do ponto de vista da responsabilidade judicial e civil, que está a cargo da AGU e tem como objetivo reparar o dano causado ao Erário, as penalidades não pecuniárias são listadas ao longo dos incisos do art. 19 da mencionada lei, que compreendem também as hipóteses de: (i) perdimento dos bens, direitos ou valores que representem direta ou indiretamente vantagem ou proveito obtidos mediante a infração (com exceção do direito da pessoa lesada e de terceiro de boa-fé); (ii) suspensão ou interdição parcial das atividades da pessoa jurídica infratora; (iii) dissolução compulsória da pessoa jurídica (sob a condição de que esta tenha sido habitualmente utilizada na promoção de atos ilícitos, ou ainda, para ocultar ou dissimular interesses ilícitos ou a identidade dos infratores); e iv) proibição de receber incentivos, subsídios, subvenções, doações ou empréstimos do Poder Público ou de instituições financeiras controladas por este durante prazo determinado.

Pontua-se a viabilidade legal de aplicação cumulativa de penalidades previstas também em outras legislações, como a Lei de Licitações (Lei nº 8.666/1993) e a Lei da Improbidade Administrativa (Lei nº 8.429/1992), o que inclui a pena de declaração de inidoneidade para licitar ou contratar com a Administração Pública enquanto perdurarem os motivos determinantes da punição ou até que seja promovida a reabilitação perante a própria autoridade que aplicou a penalidade (art. 87, inciso IV, da Lei nº 8.666/1993).

Ainda, no âmbito da Lei nº 13.506/2013, que dispõe sobre o processo administrativo sancionador na esfera do Banco Central (BC) e da Comissão de Valores Mobiliários (CVM), o BC pode aplicar penas não pecuniárias da seguinte forma (art. 5º e incisos):

- Admoestação pública (publicação de texto definido da decisão condenatória no site do BC, que substituiu a pena de advertência, presente na normativa anterior);
- Proibição de prestar determinados serviços para as instituições-alvo;
- Proibição de realizar determinadas atividades ou modalidades de operações;
- Inabilitação para atuar como administrador e para exercer cargo em órgão previsto em estatuto ou em contrato social de instituições-alvo; e
- Cassação de autorização para funcionamento.

A Comissão de Valores Mobiliários (CVM), por sua vez, segundo o estipulado pelo mencionado instrumento legal e pela Lei nº 6.385/76, pode aplicar as seguintes penas alternativas (art. 11 e incisos):

- Advertência;
- Inabilidade temporária para o exercício de cargo de administrador ou de conselheiro fiscal de companhia aberta, de entidade do sistema de distribuição ou de outras entidades que dependam de autorização ou registro no órgão, por até 20 anos;
- Suspensão de autorização ou registro para exercício das atividades mencionadas na legislação;
- Inabilitação temporária para o exercício das atividades mencionadas na legislação;
- Proibição temporária de praticar determinadas atividades ou operações, para os integrantes do sistema de distribuição ou de outras entidades que dependam de autorização ou registro na CVM, por até 20 anos;
- Proibição temporária de atuar de forma direta ou indireta em uma ou mais modalidades de operação no mercado de valores mobiliários, por até 10 anos.

Diante de todo o exposto, algumas penalidades alternativas serão objeto de breve discussão a respeito dos seus possíveis contornos doutrinários e práticos.

A pena de cisão de sociedade, venda de ativos ou cessação parcial de atividade consiste em um remédio estrutural, dado que modifica a própria estrutura da empresa penalizada. A obrigatoriedade de desinvestimento, que pode alcançar ativos produtivos e financeiros das sociedades, configura pena severa, tendo em vista seu potencial de impacto sobre o planejamento estratégico da empresa no longo prazo. Trata-se, na prática, de medida excepcionalíssima, aplicada apenas uma vez pelo Cade, na forma de alienação de ativos, no caso do cartel dos cimentos. Braga[206] argumenta que neste caso a proposta de alteração estrutural por descruzamento societário foi considerada diante da comprovação de que as empresas envolvidas no conluio se serviram de suas participações minoritárias para alinhar e manipular o mercado a partir da presença, ainda que sem poder de controle, no quadro de acionistas das concorrentes. Com esta sanção, o Cade buscou atingir os efeitos dissuasórios do desmonte das estruturas viciadas de mercado que se consolidaram ao longo da duradoura existência do cartel. Foi determinado pela autoridade o desinvestimento de 20% da capacidade produtiva de concreto nas regiões onde as pessoas jurídicas condenadas possuíam mais de uma unidade de concretagem, sendo tal valor definido segundo uma análise técnica que considerou a participação mínima necessária para que um concorrente detenha condições fáticas de exercício de rivalidade no mercado.[207]

A pena de transferência do controle societário, por sua vez, abarca discussões não apenas na seara concorrencial, mas também anticorrupção. Isto porque, como mencionado por Salomão Filho,[208] as compensações pecuniárias, apesar de necessárias para cumprir a reparação dos danos causados ao mercado, são insuficientes para remir as condutas ilícitas e transformar as mentes daqueles que as arquitetam, sendo primordial, portanto, a adoção de medidas mais efetivas na dissuasão de práticas ilícitas, como, por exemplo, a modificação do

---

[206] BRAGA, Tereza Cristine Almeida. *Combate a cartéis e remédios antitruste*: o poder público e a arquitetura de incentivos e desincentivos na concorrência, 2018, p. 120-123.

[207] OCDE. *Revisões por Pares da OCDE sobre a Legislação e Política de Concorrência: Brasil*. 2019. p. 133.

[208] SALOMÃO FILHO, Calixto. Respostas estruturais para a corrupção empresarial. *Valor Econômico*, 1 abr. 2015. Disponível em: https://valor.globo.com/opiniao/coluna/respostas-estruturais-para-a-corrupcao-empresarial.ghtml. Acesso em: 14 mar. 2021.

controle societário em favor de outro empresário não envolvido na ilicitude.

Sobre esse assunto, Frazão[209] aponta que a alienação compulsória de controle configura sanção menos gravosa do que outras penalidades não pecuniárias, como a extinção da personalidade jurídica ou encerramento das atividades da sociedade infratora, uma vez que separa de forma racional a figura do empresário da empresa, punindo e afastando da gestão empresarial aqueles que de fato detinham poder e responsabilidade sobre os atos ilícitos praticados. A importância desse mecanismo pode ser observada diante da possibilidade de manutenção das atividades produtivas, dos empregos e das riquezas geradas pela função social da empresa infratora. Esta é também a posição do ministro do Tribunal de Contas da União (TCU), Bruno Dantas, que sustentou publicamente a utilização de medidas de afastamento compulsório dos dirigentes do controle acionário das sociedades, especialmente nos casos em que os modelos de negócio estiveram intrinsecamente relacionados a esquemas de corrupção.[210]

Braga destaca que tal medida não imputa na expropriação patrimonial automática do infrator na esfera concorrencial, uma vez que o poder de controle sobre a sociedade pode ser precificado mediante ações, por exemplo, não apenas do bloco de controle, mas também de valores e direitos mobiliários que detêm a faculdade de conversão em ações. Tendo em vista que cada ação detém certo valor monetário, este "acabará sendo absorvido pelo detentor anterior do controle, seguindo, nesse particular, o mesmo raciocínio do desinvestimento determinado pela autoridade antitruste. A lógica de funcionamento e justificação é bem semelhante à da venda de ativos, rememore-se. Dessa forma, não há prejuízo patrimonial porque tal alienação é geralmente onerosa e representa um novo arranjo empresarial que privilegia boas práticas e extirpa vicissitudes do meio empresarial".[211]

---

[209] FRAZÃO, Ana. Direito antitruste e direito anticorrupção: pontes para um necessário diálogo. *In*: FRAZÃO, Ana (Org.). *Constituição, Empresa e Mercado*. GECEM, 2017. p. 04-29.

[210] Revista Consultor Jurídico. MPF acreditou que empreiteiras não superfaturaram, diz Bruno Dantas. *Conjur*, 6 jan. 2019. Disponível em: https://www.conjur.com.br/2019-jan-06/mpf-acreditou-empreiteiras-nao-superfaturaram-bruno-dantas. Acesso em: 14 mar. 2021.

[211] BRAGA, Tereza Cristine Almeida. Combate a cartéis e remédios antitruste: o poder público e a arquitetura de incentivos e desincentivos na concorrência, 2018, p. 164. Disponível em: https://repositorio.unb.br/handle/10482/32580#:~:text=BRAGA%2C%20 Tereza%20Cristine%20Almeida.,incentivos%20e%20desincentivos%20na%20 concorr%C3%AAncia.&text=A%20presente%20disserta%C3%A7%C3%A3o%20enfoca%20 novas,pela%20aplica%C3%A7%C3%A3o%20de%20uma%20multa. Acesso em: 15 mar. 2021.

Atualmente, tramita na Câmara dos Deputados o Projeto de Lei nº 3.444/2019, do deputado Tiago Mitraud (Novo/MG), que visa a alteração da Lei Anticorrupção para permitir justamente a "alienação do controle acionário em casos de fraude à licitação", por um prazo que deverá "ser razoável e levar em consideração o vulto e a complexidade da alienação", sob o limite máximo de dois anos. Pontos específicos da redação do referido projeto foram objetos de críticas de alguns especialistas por negligenciar a existência das diferentes naturezas que podem constituir as pessoas jurídicas infratoras. Isto porque, como bem pontuado por Ueda,[212] "[...] tomando por base a amplitude dos sujeitos passivos da referida Lei podemos afirmar que a mesma tem aplicação quer para sociedades empresárias ou capitalistas (sob a visão de geração de receitas e lucros), quer para 'sociedades' sem fins lucrativos (associações) ou fundações (compostas por um patrimônio destacado do instituidor)".

Considerando que o próprio Projeto de Lei nº 3.444/2019 é explícito acerca de suas pretensões de alcançar todas as pessoas jurídicas tidas como responsáveis pelos atos previstos na legislação, Ueda recomenda que a redação sofra modificações para abarcar a pena de alteração do controle societário ao invés de controle acionário. Igualmente, sugere que esta pena seja ajustada para compreender os casos em que pessoa jurídica infratora que não tenha natureza societária, da mesma forma, tenha seus bens "administrados por outros que não os administradores da época do ato lesivo".

Destaca-se que na esfera concorrencial, por sua vez, verifica-se apenas uma ocasião em que o Cade de fato utilizou medida similar a esta sanção: no âmbito do Termo de Compromisso de Cessação firmado no processo administrativo que investigava o suposto cartel da areia, o órgão estipulou a cláusula de terceirização da gestão compartilhada de infraestrutura.[213] Diante disso, ao que tudo indica, a alienação compulsória de controle societário não parece ter sido desenvolvida no antitruste.

Na perspectiva internacional, também se discute a ausência de mecanismos que garantam a exclusão dos gestores responsáveis por escândalos de corrupção de futuros processos de compras públicas.

---

[212] UEDA, Andréa Silva Rasga. A alienação do controle acionário na lei anticorrupção. *Portal JOTA*, 27 mar. 2019. Disponível em: https://www.jota.info/opiniao-e-analise/artigos/a-alienacao-do-controle-acionario-na-lei-anticorrupcao-27062019. Acesso em: 18 abr. 2021

[213] CADE. *Processo Administrativo 08012.004430/2002-43*. Relator: Márcio de Oliveira Júnior. Julgado em 25 mar. 2015.

Eduardo Olmos[214] destacou que, não raramente, grandes corporações funcionam como bodes expiatórios ao proteger os indivíduos do seu alto escalão diretamente envolvidos na condução ilícita dos seus negócios, enquanto as companhias pagam pela devolução dos lucros ilegais obtidos com as práticas arquitetadas por pessoas físicas. O autor propõe que a exclusão dos gestores é uma boa ferramenta no auxílio à transformação da cultura organizacional das empresas, contudo, é necessário ainda buscar a melhoria da colaboração entre as autoridades, celebração de instrumentos de colaboração internacional para reconhecimento de decisões estrangeiras e padronização de normativas e diretrizes de investigação e sanção.

A respeito da pena de proibição de exercer atividade de gestão, esta não está prevista expressamente na Lei nº 12.529/2011, contudo, ao analisarmos o texto encontramos no art. 38, inciso VI, dispositivo que se assemelha à imposição de desqualificação profissional mediante a vedação às pessoas físicas condenadas de exercerem altos cargos com poderes para representar as sociedades.[215] Oliveira[216] descreve que a pena descrita como impedimento ao condenado de "exercer o comércio em nome próprio ou como representante de pessoa jurídica, pelo prazo de 5 anos" relaciona-se ao que a doutrina antitruste estrangeira denomina "*debarment*", isto é, a sanção dissuasória de afastamento dos atores que contribuíram com a cartelização dos cargos de liderança que lhes permitiram a execução da conduta delitiva, com o objetivo de assegurar o egresso da reincidência e os efeitos danosos da aplicação descomedida de multas pecuniárias, ao mesmo tempo em que preserva a reputação empresarial da pessoa jurídica infratora.

Esta possibilidade legal está prevista também na Lei nº 9.447/1997 e, apesar de considerada a mais severa sanção aplicada no âmbito do Sistema Financeiro Nacional, busca preservar justamente a função

---

[214] OLMOS, Eduardo Alonso. Too Small to Debar? Too Small to Disgorge Illegal Profits? What About the Senior Executives, incluing the CEO? *Law and Financial Markets Review*, v. 13, n. 4, p. 254-260. Disponível em: https://www.tandfonline.com/doi/full/10.1080/17521440.201 9.1669327. Acesso em: 17 abr. 2021

[215] SANTOS, Flávia Chiquito dos. *Aplicação de penas na repressão de cartéis: uma análise da jurisprudência do CADE. Tese apresentada à Faculdade de Direito da Universidade de São Paulo (FDSP-USP) para obtenção do título de Mestre em Direito Econômico e Financeiro.* 2014. p. 150. Para mais informações, ver também MARTINEZ, Ana Paula; FERRARI, Eduardo Reale. Repressão a cartéis: interface entre direito administrativo e criminal. 2013. Universidade de São Paulo, São Paulo, 2013, p. 121-122.

[216] OLIVEIRA, Renan Cruvinel de. Definindo Sanções ótimas a práticas anticompetitivas e corruptas: a punição a indivíduos por meio de mecanismos alternativos. *Revista de Defesa da Concorrência*, v. 8, n. 2, p. 144-163, 2020. Disponível em: https://revista.cade.gov.br/index. php/revistadedefesadaconcorrencia/article/view/493. Acesso em: 20 mar. 2021.

social da instituição financeira infratora. No âmbito antitruste, esta penalidade foi aplicada recentemente pela autoridade concorrencial brasileira às pessoas físicas condenadas nos processos relativos ao cartel das ambulâncias, investigado pela Operação Sanguessuga;[217] ao cartel em licitações destinadas à contratação de serviços terceirizados de tecnologia da informação no Distrito Federal;[218] e ao cartel internacional no mercado de mangueiras marítimas.[219]

Nesse contexto, é possível mencionar também que a sanção de afastamento de administradores, apesar de não ser um requisito legal para a celebração dos acordos de leniência anticorrupção, tem sido exigida pela CGU e a AGU em casos concretos, com cláusulas que solicitam o afastamento dos administradores em alguns dos seus acordos. Trata-se, assim, de uma exigência compreendida como um desdobramento da implementação das políticas de *compliance* empresarial, previsto até mesmo no Manual Prático da CGU de Avaliação de Programa de Integridade em Processo Administrativo de Responsabilização,[220] vide cap. 4, item 4.3.6, *infra*.

Ainda a respeito desse assunto, cabe mencionar o provimento do recurso em Habeas Corpus nº 120.261 – SP (2019/0335328-0) pelo STJ, acórdão recentemente julgado com unanimidade pelo colegiado da Sexta Turma e que reverteu a decisão do TRF3 em desfavor da proibição aos administradores do Grupo J&F de ocupar cargos ou funções dentro das empresas, uma vez serem estes investigados pela Operação Lava Jato. Anteriormente, o TRF3 havia estipulado a vedação ao acesso à administração da empresa JJMP Participações Ltda. aos investigados como medida cautelar no âmbito da instrução da ação penal que investiga as atividades ilícitas das empresas do grupo econômico

---

[217] CADE. *Processo Administrativo 08012.009732/2008-01*. Relator: Paula Farani de Azevedo Silveira. Julgado em 7 out. 2020.

[218] CADE. *Processo Administrativo 08012.004280/2012-40*. Relator: Maurício Bandeira Maia. Julgado em 30 out. 2019.

[219] CADE. *Processo Administrativo 08012.001127/2010-07*. Relator: João Paulo de Resende. Julgado em 30 mar. 2016.

[220] Manual Prático da CGU de Avaliação de Programa de Integridade em Processo Administrativo de Responsabilização. Disponível em: https://www.gov.br/cgu/pt-br/centrais-de-conteudo/publicacoes/integridade/arquivos/manual-pratico-integridade-par.pdf. Acesso em: 23 set. 2020. "14.4. Em relação aos envolvidos no ato lesivo: a) a PJ afastou de seus quadros funcionais os envolvidos no ato lesivo? b) os envolvidos no ato lesivo, ainda que mantidos na PJ, foram afastados de cargos com poderes de administração, gestão e representação legal? c) os envolvidos no ato lesivo, ainda que mantidos na PJ, estão sendo monitorados? Apresentação de cópia do termo de rescisão do contrato ou outro documento oficial que comprove o desligamento ou afastamento do cargo. Apresentação dos relatórios de monitoramento."

em questão, ainda que este mesmo Tribunal tenha deferido o pedido dos recorrentes de participarem, sem direito a voto, das reuniões da Diretoria e demais órgãos administrativos das empresas. Ocorre que, em decisão mais recente, o ministro relator Rogério Schietti revogou tal impedimento sob as seguintes justificativas:

- Aproximação do término da instrução criminal que motivou a imposição das medidas cautelares, sem que tenha sido verificada tentativa de obstaculização, interferência ou prejuízo ao desenvolvimento processual por parte dos administradores;

- Atenuação gradual do risco de reiteração de prática delitiva mediante a utilização das empresas do grupo por parte dos administradores, considerada a alteração da situação fática que permitiu a ocorrência das primeiras infrações;

- Consideração do efetivo cumprimento do acordo de leniência celebrado com o Ministério Público Federal (MPF), o que inclui a implementação e efetividade do programa de integridade acordado com a autoridade até o momento;

- Essencialidade da participação efetiva dos administradores no grupo empresarial, especialmente diante das circunstâncias negativas trazidas pela pandemia de covid-19, dada a importância da tomada de decisões estratégicas que visem a preservação das atividades produtivas, manutenção dos empregos e continuidade da arrecadação em face da crise sanitária;

- Comprometimento do Grupo J&F em pagar multa colossal no valor de dez bilhões e trezentos milhões de reais, montante que corresponde a uma meta de difícil atingimento, dadas as circunstâncias extraordinárias que alteraram o cenário econômico do país.

Em sua decisão, o Relator ponderou que a revogação acompanha as máximas parciais que compõem o princípio da proporcionalidade, isto é, adequação, necessidade e proporcionalidade em sentido estrito, "o que inclui, no particular, a necessidade de escolha, entre as medidas cabíveis, da alternativa menos onerosa ou gravosa, sob a ótica do sujeito passivo",[221] a qual está sempre sujeita de verificação. Nesse sentido,

---

[221] BRASIL. Superior Tribunal de Justiça. *Recurso em Habeas Corpus nº 120.261-SP*. Relator: Rogério Schietti. *DJ*: 26 maio 2020.

entendeu que as medidas cautelares impostas aos administradores, que incluem a mencionada proibição de ocupar cargos e funções nas empresas investigadas, não acompanhariam a nova realidade fática enfrentada pelas sociedades. Mais uma vez, observa-se que o argumento trazido pelo magistrado considera a sobrevivência da atividade empresarial em contraponto a soluções meramente punitivistas e reducionistas.

Sobre a penalidade de proibição de participação de licitações públicas, a OCDE adverte que a estipulação do período mínimo de cinco anos, preestabelecido pela legislação antitruste, pode ser excessiva a depender da conduta praticada e do mercado afetado por ela. Em documento oficial que analisou a política de defesa da concorrência brasileira, o órgão internacional recomendou que a discricionariedade do Cade na aplicação desta penalidade seja utilizada segundo parâmetros proporcionais que considerem a gravidade da infração, sua duração e o mercado relevante onde ocorreu a conduta anticompetitiva, tendo em vista que sua aplicação uniforme pode gerar efeitos adversos indesejados, como preços mais elevados ou diminuição da quantidade ofertada no mercado. Por esta razão, a OCDE recomendou que a legislação brasileira passe a adotar um período máximo para a proibição de participar de licitação, dado que a exclusão de um competidor diminui a concorrência nos certames organizados pela Administração Pública.[222] No Guia de Dosimetria do Cade, inclusive, há o alerta de que "a sanção aplicada não deve gerar mais efeitos negativos do que positivos. Nessa linha, por exemplo, deve-se evitar que as punições restrinjam de forma significativa a concorrência, em especial no tocante a licitações públicas. Quando um grupo com elevado percentual de participação de mercado é condenado por cartel, pode ser mais adequada a restrição de não contratação com o Estado apenas aos que tiveram um maior nível de responsabilidade pela conduta, por exemplo, os líderes".[223]

Diante disso, a aplicação desta modalidade sancionadora pede parcimônia e análise do contexto do mercado onde ocorreu a infração, tendo em vista que a proibição pode restringir a oferta de competidores e assim diminuir as opções na contratação pública. Este cenário é certamente mais prejudicial à sociedade, dado que a existência de poucas empresas habilitadas na participação de um processo licitatório

---

[222] OCDE. *Revisões por Pares da OCDE sobre a Legislação e Política de Concorrência: Brasil*. 2019. p. 197-198.

[223] Guia de Dosimetria de Multas de Cartel do Cade. Disponível em: http://www.cade.gov.br/noticias/cade-lanca-versao-preliminar-de-guia-de-dosimetria-de-multas-de-cartel. Acesso em: 6 ago. 2020.

aumenta o risco de cartelização, diminui os incentivos para melhor oferta na prestação do serviço e promove preços menos competitivos.

A esse respeito, cita-se a recente discussão travada no âmbito do STF sobre a possibilidade de o TCU declarar a inidoneidade das empreiteiras julgadas por fraudes licitatórias nas obras da Usina de Angra 3, ainda que os ilícitos mencionados tenham sido objeto de acordos de leniência celebrados com outras autoridades de nível federal. Em liminar posteriormente confirmada pela maioria do Tribunal, o ministro relator Gilmar Mendes, ao argumentar pela necessidade de suspensão das sanções para empresas colaboradoras como condição de cumprimento dos próprios acordos celebrados, destacou a importância das infratoras continuarem em pleno funcionamento e operação no mercado usual, uma vez que "em se tratando mais especificamente de grandes construtoras cuja atuação econômica se volta primordialmente à realização de grandes empreendimentos de contratação pública, não desrazoado imaginar que a decretação de inidoneidade configuraria uma verdadeira 'pena de morte' para a empresa".[224] Nesse sentido, negar a contratação com o Poder Público às sociedades protegidas por acordos de leniência recairia no próprio impedimento ao cumprimento das cláusulas acordadas.

Ainda, em contextos de crise econômica, como o vivenciado em 2020 diante da pandemia de saúde nacional e internacional, multas exclusivamente pecuniárias podem trazer mais fortemente argumentos de ônus excessivo e defesas de *failing firm*[225] quando da dosimetria da pena. Esse parâmetro foi apresentado também na versão preliminar do Guia de Dosimetria de Multas de Cartel, publicado pelo Cade em julho de 2020. Segundo seus termos, no tocante à capacidade de paramento do Representado, tem-se a aplicação de atenuantes na pena ao ser constatado o efetivo comprometimento da capacidade financeira, podendo esta ser comprovada por pedidos de falência ou de recuperação[226] judicial da empresa.[227]

---

[224] BRASIL. Supremo Tribunal Federal. *Mandados de Segurança nº 35.435-DF, 36.173-DF, 36.496-DF e 36.526-DF*. Relator: Gilmar Mendes. *DJ*: 26 maio 2020.

[225] OLIVEIRA JR. Fernando. A teoria da *failing firm* e sua aplicação no Brasil. 2014. Dissertação de Mestrado UnB. Disponível em: https://repositorio.unb.br/handle/10482/16424. Acesso em: 21 abr. 2021.

[226] Em recuperação, Odebrecht quer renegociar leniência. *Folha de São Paulo*, 19 jun. 2019. Disponível em: https://www1.folha.uol.com.br/mercado/2019/06/em-recuperacao-odebrecht-quer-renegociar-leniencia.shtml. Acesso em: 17 abr. 2021.

[227] Guia de Dosimetria de Multas de Cartel do Cade. Disponível em: http://www.cade.gov.br/noticias/cade-lanca-versao-preliminar-de-guia-de-dosimetria-de-multas-de-cartel. Acesso em: 6 ago. 2020.

A situação econômica do réu é um dos elementos objetivos considerados na dosimetria da pena aplicada pelo Conselho, tendo sua previsão no inciso VII do artigo 45 da legislação antitruste. O Tribunal do Cade já adotou três posicionamentos distintos a respeito do significado e parâmetro deste dispositivo: i) porte da empresa, ii) poder de mercado e iii) situação econômica adversa. Considerando que a análise da vantagem auferida (inciso III) e dos efeitos econômicos negativos produzidos no mercado (inciso VI) constitui dispositivo que já pondera o porte da empresa e seu poder de mercado, seria razoável propor que o inciso VII deveria mensurar e se restringir a eventuais dificuldades econômicas enfrentadas pelo infrator. Diante disso, a sanção pecuniária deve considerar as condições deficitárias enfrentadas de modo a não prejudicar os negócios da empresa ou implicar em pena que constitui a emitente decretação de falência da infratora.[228] Como mencionado por Oliveira,[229] além dos esforços empregados para superar e minimizar os riscos inerentes aos acordos de leniência, as empresas precisam suportar as dificuldades financeiras decorrentes da própria colaboração, originadas da crise reputacional generalizada que se instaura na história das sociedades.

Tal preocupação está presente também em outras legislações que versam sobre as penas pecuniárias, como na própria Lei Anticorrupção (inciso VI da art. 7º) e na legislação penal através da Lei nº 8.173/1990, que define os crimes contra a ordem tributária, econômica e contra as relações de consumo.

De todo modo, frisa-se que não se entende o acordo de leniência tendo como finalidade ou justificativa a preservação da empresa, em que pese essa possa ser uma de suas consequências mediatas. É possível visualizar em alguns casos certo esforço por parte dos signatários que tiveram seus pedidos de recuperação judicial homologados pelo Poder Judiciário de conservar o cumprimento dos acordos de leniência firmados, considerados vitais para a continuidade dos negócios das empresas e para a venda de ativos, uma das estratégias de enfrentamento dos planos de recuperação. Assim, ainda que a celebração desses acordos corrobore com a estratégia de sobrevivência das companhias

---

[228] BOSON, Daniel Silva. Interpretação e aplicação dos elementos de dosimetria da pena do art.. 45 da Lei nº 12.529/11. *Revista de Defesa da Concorrência*, v. 8, n. 1, p. 72-106, 2020. Disponível em: https://revista.cade.gov.br/index.php/revistadedefesadaconcorrencia/article/view/506/29. Acesso em: 20 mar. 2021.

[229] OLIVEIRA, Gustavo Justino. "Pós-acordo de leniência": desafios das empresas para sua reabilitação. Portal Conjur, 28 ago. 2019. Disponível em: https://www.conjur.com.br/2019-ago-28/pos-acordo-leniencia-desafios-empresas-reabilitacao. Acesso em: 23 set. 2020.

no longo prazo, não se entende que os acordos de leniência objetivem explicitamente ou tenham como uma das suas justificativas a manutenção da existência dessas empresas infratoras.

Por fim, é possível mencionar a discussão a respeito da possível anulação do acordo de leniência e seus efeitos, também no contexto das severas punições. A segurança jurídica é um dos mais importantes pilares de um programa de leniência efetivo (vide item 1.2.3, *infra*), de modo que a anulação de um acordo poderá trazer efeitos reflexos negativos não apenas para os signatários afetados pela decisão, mas sim para todo o programa. Assim, decisões de anulação devem ser analisadas pelos órgãos julgadores com muito cuidado, restringindo-se aos casos estritamente necessários para a manutenção da própria higidez e confiabilidade dos programas de leniência. Discussões a respeito de eventual descumprimento de cláusulas dos acordos de leniência começam a ocorrer no Brasil recentemente, tanto no âmbito dos acordos de leniência anticorrupção quanto no antitruste. Quanto ao acordo de leniência anticorrupção, a discussão encontra-se pendente de julgamento do STF, no caso da JBS, em que se discute a possibilidade de rescisão do acordo, a pedido da Procuradoria-Geral da República, da colaboração feita por acionistas e executivos da empresa.[230] Por sua vez, quanto ao acordo de leniência antitruste, a discussão segue pendente de decisão do Tribunal do Cade, após voto controverso de uma das conselheiras (vide item 2.4.5, *infra*).

1.2.3 Transparência, previsibilidade e segurança jurídica como pilares para a estruturação de um programa de leniência efetivo

Por fim, o terceiro pilar para a estruturação de um programa de leniência efetivo é que as autoridades investigadoras tenham programas transparentes, previsíveis e que deem segurança jurídica aos possíveis colaboradores.[231] É imprescindível que os infratores saibam o que os

---

[230] Consultor Jurídico. STF deve julgar possibilidade de anular acordos de delações dia 17. 8 jun. 2020. Disponível em: https://www.conjur.com.br/2020-jun-08/stf-julgar-possibilidade-anular-acordos-delacoes-dia-17. Acesso em: 21 abr. 2021.

[231] De acordo com a OCDE, "*Clarity, certainty, and priority are critical, as firms may be more likely to come forward if the conditions and the likely benefits of doing so are clear. To maximize the incentive for defection and encourage cartels to break down more quickly, it is important not only that the first one to confess receive the 'best deal', but also that the terms of the deal be as clear as possible at the outset*" (OCDE. *Fighting hard core cartels*: harm, effective sanctions and leniency programmes. Paris: OCDE, 2002. p. 8). Ainda, de acordo com Rufino (RUFINO, *op. cit.*, p. 50), o Programa de Leniência, como um "jogo voltado à confissão de um cartel",

CAPÍTULO 1
TEORIA GERAL DOS ACORDOS DE LENIÊNCIA | **119**

espera, ou seja, que tenham uma ideia geral acerca do caminho que vão percorrer ao longo da negociação.[232] Veja que, ainda que o possível candidato a um programa de leniência não saiba exatamente qual o resultado final da negociação (pois depende das diversas "fases" que serão percorridas ao longo da negociação), o colaborador tenderá a não procurar a autoridade investigadora para cooperar caso imagine que, ao final da negociação, estará em situação pior do que no início da negociação.[233] Por isso é importante que os administrados saibam como a autoridade com a qual irão negociar interpreta a legislação, qual a jurisprudência nos tribunais (se existente), a seriedade e a correição dos negociadores, etc. Marrara bem adverte que "a credibilidade do programa de leniência provém da comprovação histórica da seriedade, do profissionalismo, da boa-fé e da respeitabilidade das entidades, dos órgãos e das autoridades competentes".[234]

O Acordo de Cooperação Técnica STF/CGU/AGU/MJ/TCU, celebrado em 6 de agosto de 2020, enuncia como décimo terceiro princípio[235] específico quanto aos acordos de leniência anticorrupção a razoabilidade e proporcionalidade, sempre prevalecendo a lógica de que o colaborador não pode estar nas mesmas condições do não

---

"esbarra nos expressivos ganhos advindos da permanência no conluio, que podem não ser compensados pelas prerrogativas concedidas ao delator. O primeiro passo de um programa que lida com essas variáveis, portanto, é ser claro – e generoso – quanto ao que oferece e seguro quanto ao efetivo gozo dos benefícios".

[232] "Imagine-se a situação de um delator em potencial que, conhecendo os benefícios da adesão ao programa e tentado a buscar a opção pela confissão, analisa quais os próximos passos a seguir. É preciso que o delator ou, mais importante, seus advogados, tenham a capacidade de delimitar, da melhor maneira possível, todo o percurso adiante, de maneira a mapear as variáveis-chave do processo. O ponto essencial aqui – tal qual em relação aos benefícios esperados e à certeza do seu gozo – é ampliar a compreensão sob a opção cooperar em um cenário em que o silencio é atrativo em si" (RUFINO, *op. cit.*, p. 54).

[233] Ver: PIMENTA, Guilherme. Empresa não pode sair de leniência pior do que entrou, diz Amanda Athayde. *Portal JOTA*, São Paulo, 21 jun. 2018. Disponível em: https://www.jota. info/tributos-e-empresas/mercado/empresa-leniencia-entrou-amanda-athayde-21062018. Acesso em: 9 out. 2018.

[234] MARRARA, Thiago. Comentários ao artigo 16. *In*: DI PIETRO, Maria Sylvia Zanella; MARRARA, Thiago (Coord.). *Lei anticorrupção Comentada*. Belo Horizonte: Fórum, 2018, p. 190.

[235] Acordo de Cooperação Técnica entre o Supremo Tribunal Federal (STF), a Controladoria Geral da União (CGU), a Advocacia Geral da União (AGU), Ministério da Justiça e Segurança Pública (MJSP) e o Tribunal de Contas da União (TCU) em matéria de combate à corrupção no Brasil, especialmente em relação aos acordos de leniência da Lei nº 12.846/2013. Disponível em: http://www.stf.jus.br/arquivo/cms/noticiaNoticiaStf/anexo/Acordo6agosto.pdf. Acesso em: 18 set. 2020.

colaborador, mas também não pode equiparar-se àquele que, desde o início, optou por não delinquir.

Interessante, nesse contexto, pontuar as preocupações de Oliveira[236] quanto ao momento "pós-leniência". Segundo o autor, há desafios, dentre outros, que dizem respeito à obrigação de indicar fatos relevantes para o mercado financeiro (Instrução CVM nº 358/02[237]), a eventuais questionamentos sobre a alienação e venda de ativos pós-leniência[238] e também a rescisões contratuais fundamentadas em cláusulas contratuais anticorrupção[239] (previstas de modo generalizado em contratos públicos e privados, nacionais e internacionais).

Nesse sentido, entende-se que algumas dúvidas que podem pairar sobre o possível colaborador em um programa de leniência tendem a ser sanáveis com a divulgação, por exemplo, de Guias.[240] Quais os requisitos para aceitar a leniência? Quem pode celebrar ou quem não pode? Existem vedações? Quais os prazos de negociação? Quanto tempo esta vai durar? Existem cláusulas-padrão? Existem documentos on-line disponíveis para dar previsibilidade em relação às cláusulas-padrão? Essas cláusulas são ou não negociáveis? Quais os benefícios do acordo de leniência? Existe uma expectativa dos benefícios ou eles são completamente discricionários? Quais os riscos

---

[236] OLIVEIRA, Gustavo Justino. "Pós-acordo de leniência": desafios das empresas para sua reabilitação. Portal Conjur, 28 ago. 2019. Disponível em: https://www.conjur.com.br/2019-ago-28/pos-acordo-leniencia-desafios-empresas-reabilitacao. Acesso em: 23 set. 2020.

[237] OLIVEIRA, Gustavo Justino de. SCHIEFLER, Gustavo H. C. Operações de fusão e aquisição e as intercorrências a partir dos acordos de leniência. *In:* CARVALHO, André Castro *et al.* (Coord.). *Manual de Compliance.* São Paulo: Forense, 2019. p. 421-442.

[238] Instrução CVM nº 358/02. "Art. 2º Considera-se relevante, para os efeitos desta Instrução, qualquer decisão de acionista controlador, deliberação da assembleia geral ou dos órgãos de administração da companhia aberta, ou qualquer outro ato ou fato de caráter político-administrativo, técnico, negocial ou econômico-financeiro ocorrido ou relacionado aos seus negócios que possa influir de modo ponderável: (...) XXII – pedido de recuperação judicial ou extrajudicial, requerimento de falência ou propositura de ação judicial, de procedimento administrativo ou arbitral que possa vir a afetar a situação econômico-financeira da companhia".

[239] No caso envolvendo Âmbar Energia Ltda. e a Petrobras, a estatal petrolífera rescindiu contrato celebrado com a Âmbar, em virtude de interpretação de preexistente cláusula contratual anticorrupção, considerando motivo rescisório fatos revelados pelo acordo de leniência firmado pelo MPF e a J&F (Agravo nº 0050528-43.2017.8.19.0000).

[240] No âmbito da Leniência Antitruste, existe o já mencionado "Guia Programa de Leniência Antitruste do Cade" (CADE. *Guia*: Programa de Leniência antitruste do Cade. 2016. Disponível em: http://www.cade.gov.br/acesso-a-informacao/publicacoes-institucionais/guias_do_Cade/guia_programa-de-leniencia-do-cade-final.pdf. Acesso em: 25 abr. 2017). Igualmente, nos acordos de leniência do MP, a Orientação 7 da 5ª Câmara de Coordenação e Revisão do Ministério Público Federal (BRASIL. Ministério Público Federal. *Orientação nº 07/2017*: acordos de leniência. Brasília: MPF, 2017. Disponível em: http://www.mpf.mp.br/pgr/documentos/ORIENTAO7_2017.pdf. Acesso em: 25 abr. 2017).

da negociação? É possível que o acordo tenha repercussões em outras esferas? Qual o risco de vazamento das informações?

Ademais, é igualmente importante que os colaboradores tenham conhecimento dos procedimentos internos do acordo de leniência, ou seja, do dia a dia da negociação. Especificamente, é imprescindível que saibam quais são os instrumentos da autoridade negociadora da leniência para garantir a lisura no processo de negociação. Nesse sentido, deve estar claro quem é a equipe responsável pela negociação (quem é a cara com quem eu vou negociar?);[241] como vai ser o manuseio das informações e dos documentos; como se dará a entrega dos documentos e informações (material digital ou material impresso?); quem vai ter acesso ao banco de dados que contém as informações fornecidas pelo leniente; como vai ser franqueado o acesso dos servidores a esse material (cada um vai ter um *login* e senha?); se esses documentos estarão em uma sala-cofre ou não (preocupação com o sigilo); se existe a possibilidade de sair da negociação (*way out*, ou seja, se eu não mais quiser colaborar, eu consigo sair da negociação com a garantia de que as informações prestadas e a negociação em si não vão me prejudicar mais?);[242] dentre várias outras questões.

Em suma, é importante que os possíveis colaboradores tenham segurança jurídica em relação ao processo de negociação de um acordo de leniência. Segundo Canetti,[243]

---

[241] "A abstração através da institucionalização do procedimento, aqui, é insuficiente. É o elemento pessoal que prevalece. Ao declarar que busca a delação, ainda em sua fase inicial, o delator, pessoa física ou jurídica, sinaliza que cometeu o ilícito da área de competência da autoridade. Portanto, deve ter segurança de que aquele com quem dialoga tem consciência da singularidade da situação e está devidamente comprometido com as garantias inerentes ao processo em todas as suas fases" (RUFINO, *op. cit.*, p. 56).

[242] Aqui, cabe pontuar que o programa de leniência antitruste brasileiro, prevê, na sua regulamentação infralegal (art. 246 do regimento interno do Cade), que "Art. 246. Não importará em confissão quanto à matéria de fato nem reconhecimento da ilicitude da conduta analisada a proposta de acordo de leniência rejeitada, da qual não se fará qualquer divulgação. §1º O proponente poderá desistir da proposta de acordo de leniência a qualquer momento antes da assinatura do respectivo instrumento de acordo. §2º Caso o acordo não seja alcançado, todos os documentos serão devolvidos ao proponente, não permanecendo qualquer cópia na Superintendência-Geral. §3º As informações e documentos apresentados pelo proponente durante a negociação do acordo leniência subsequentemente frustrado não poderão ser utilizados para quaisquer fins pelas autoridades que a eles tiveram acesso". De acordo com Rufino (em RUFINO, *op. cit.*, p. 57), disposições como esta ajudam na construção de uma relação de confiança com a autoridade, sendo "indispensável ao objetivo de criar condições favoráveis à opção pela cooperação".

[243] CANETTI, Rafaela Coutinho. *Acordo de leniência*: fundamentos do instituto e os problemas de seu transplante ao ordenamento jurídico brasileiro. Belo Horizonte: Fórum, 2018, p. 160.

A incerteza quanto à sustentabilidade jurídica de instrumento bilateral negociado com a Administração Pública, e sobre a oponibilidade desse mesmo instrumento em face do Poder Público como um todo, é fator de grande erosão da capacidade desses acordos de gerar alguma alteração do status quo, e permitir ao Estado obter resultados práticos que procura. TACs e acordos de leniência, assim, compartilham das mesmas dificuldades. Ambos dependem, como mencionado, de um ambiente de segurança jurídica e institucional que permita às partes confiarem plenamente no cumprimento das obrigações assumidas pela Administração Pública.

Para que isso aconteça, a autoridade deve ser transparente e previsível acerca de seu entendimento da legislação, bem como de seus procedimentos internos de negociação de um acordo de leniência.[244] As autoridades públicas precisam ter em mente que a ausência de discricionariedade traz o máximo de previsibilidade e reduz significativamente questionamentos sobre eventuais práticas de arbitrariedade.

Uma vez compreendidas as justificativas para a instituição e os pilares de estruturação de um programa de leniência, passa-se, a seguir, à exposição de cada um dos tipos de acordo de leniência no Brasil.

1.3 Requisitos compartilhados por todos e requisitos específicos de alguns acordos de leniência no Brasil

Diante da multiplicidade de instrumentos legais de acordo de leniência no Brasil, cumpre distinguir aqueles requisitos que são compartilhados por todos os acordos de leniência previstos na legislação brasileira (1.3.1) daqueles requisitos específicos de alguns desses acordos (1.3.2), a fim de que não se criem falsas expectativas diante de um acordo, tanto por parte das autoridades públicas quanto pelos proponentes. A distinção é feita não com base naquilo que se entende

---

[244] A título de exemplo, Hammond (em HAMMOND, *op. cit.*) afirma que *"government speakers from the United States, Canada, and the EU, the three jurisdictions with the most experience and most success with leniency programs, have experience with earlier versions of leniency programs that were fundamentally flawed and were not successful. These programs lacked transparency, were unpredictable, and failed to provide the necessary incentives and induce self-reporting and cooperation. For example, the original version of the U.S. Corporate Leniency Program dates back to 1978. Until the current program was revised in 1993, we received only one leniency application per year, and the original program did not lead to the detection of a single international cartel, not one. We learned some lessons the hard way and revised the program in 1993. We made it more transparent and increased the opportunities and raised the incentives for companies to report criminal activity and cooperate with the Division. Since then, there has been a nearly twenty-fold increase in the application rate, and it has resulted in the cracking of dozens of large international cartels".*

ser ou não adequado exigir para a celebração deste tipo de acordo, mas sim naqueles requisitos que estão contidos na legislação brasileira atual, ou seja, uma visão pragmática das negociações.

Nota-se que todas as legislações brasileiras referentes a acordos de leniência têm os seguintes requisitos compartilhados: cessação da conduta; confissão; cooperação com a investigação e ao longo de todo o processo; e resultado da cooperação. Por outro lado, apenas algumas legislações exigem o que se chama, portanto, de requisitos específicos de alguns acordos: primazia; no momento da propositura, ausência de provas suficientes contra o proponente; programa de *compliance/* integridade; auditoria externa/monitor externo; e verbas pecuniárias. É o que se apresenta na figura seguinte:

Figura 6 – Requisitos compartilhados por todos e requisitos específicos de alguns acordos de leniência no Brasil

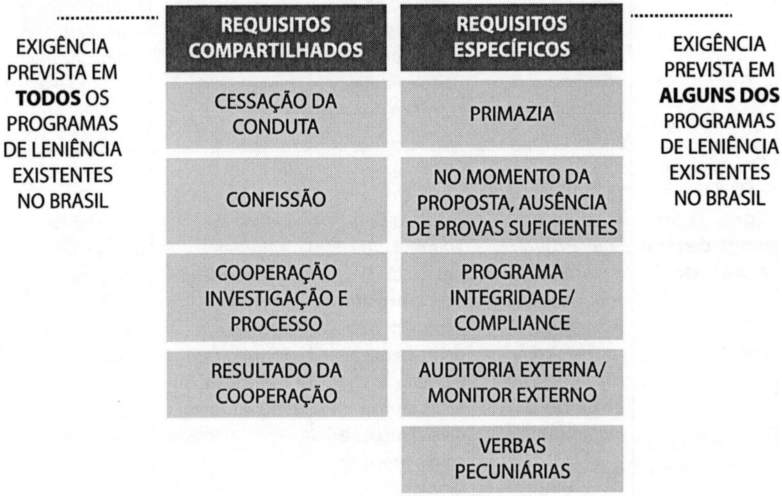

EXIGÊNCIA PREVISTA EM **TODOS** OS PROGRAMAS DE LENIÊNCIA EXISTENTES NO BRASIL	REQUISITOS COMPARTILHADOS	REQUISITOS ESPECÍFICOS	EXIGÊNCIA PREVISTA EM **ALGUNS DOS** PROGRAMAS DE LENIÊNCIA EXISTENTES NO BRASIL
	CESSAÇÃO DA CONDUTA	PRIMAZIA	
	CONFISSÃO	NO MOMENTO DA PROPOSTA, AUSÊNCIA DE PROVAS SUFICIENTES	
	COOPERAÇÃO INVESTIGAÇÃO E PROCESSO	PROGRAMA INTEGRIDADE/ COMPLIANCE	
	RESULTADO DA COOPERAÇÃO	AUDITORIA EXTERNA/ MONITOR EXTERNO	
		VERBAS PECUNIÁRIAS	

Fonte: elaboração da autora.

A tabela a seguir consolida todos estes requisitos por tipo de acordo de leniência, nos termos dos capítulos 2, 3, 4 e 5 deste livro:

Tabela 1 – Requisitos compartilhados por todos e requisitos específicos de alguns acordos de leniência no Brasil

(continua)

REQUISITOS COMPARTILHADOS POR TODOS OS ACORDOS DE LENIÊNCIA NO BRASIL			
	Leniência Antitruste	**Leniência no SFN**	**Leniência Anticorrupção**	**Leniência do MP**
Cessação da conduta	SIM *(2.2.2. Do requisito de a empresa e/ou a pessoa física cessar sua participação na infração noticiada ou sob investigação)*	SIM *(3.2.2. Do requisito de a empresa e/ou pessoa física cessar sua participação na infração noticiada ou sob investigação)*	SIM *(4.3.2. Do requisito de a empresa cessar sua participação na infração noticiada ou sob investigação)*	SIM *(5.2.3. Do requisito de cessar a prática)*
Confissão	SIM *(2.2.4. Do requisito de a empresa e/ou a pessoa física confessar sua participação no ilícito)*	SIM *(3.2.4. Do requisito de a empresa e/ou pessoa física confessar a prática da infração)*	SIM *(4.3.3. Do requisito de a empresa admitir sua participação no ilícito)*	SIM* *(5.2.1. Do requisito de atender ao interesse público)*
Cooperação com a investigação e ao longo de todo o processo	SIM *(2.2.5. Do requisito de a empresa e/ou a pessoa física cooperar plena e permanentemente com a investigação e o processo administrativo)*	SIM *(3.2.5. Do requisito de a empresa e/ou pessoa física cooperar efetiva, plena e permanentemente para a apuração dos fatos, com as investigações e com o processo administrativo)*	SIM *(4.3.4. Do requisito de a empresa cooperar plena e permanentemente com a investigação e o processo administrativo)*	SIM *(5.2.1. Do requisito de atender ao interesse público – efetividade e utilidade) (5.2.5. Do requisito de colaborar)*
Resultado da cooperação	SIM *(2.2.6. Do requisito de que a cooperação da empresa e/ou da pessoa física resulte na identificação dos demais envolvidos na infração e na obtenção de informações*	SIM *(3.2.6. Do requisito de que a cooperação da empresa e/ou da pessoa física seja útil ao processo, resultando na identificação dos demais envolvidos e na obtenção de*	SIM *(4.3.5. Do requisito de que da cooperação resulte a identificação dos demais envolvidos na infração, quando couber, e a obtenção célere de informações e documentos*	SIM *(5.2.1. Do requisito de atender ao interesse público – efetividade e utilidade) (5.2.2. Do requisito de apresentar informações*

(continua)

REQUISITOS COMPARTILHADOS POR TODOS OS ACORDOS DE LENIÊNCIA NO BRASIL			
	Leniência Antitruste	Leniência no SFN	Leniência Anticorrupção	Leniência do MP
	e documentos que comprovem a infração noticiada ou sob investigação)	informações e documentos que comprovem a infração)	que comprovem a infração noticiada ou sob investigação)	e provas relevantes)
Primazia	SIM (2.2.1. Do requisito de a empresa ser a primeira a se qualificar com respeito à infração noticiada ou sob investigação)	SIM * (3.2.1. Do requisito de a empresa ser a primeira a se qualificar com respeito à infração noticiada ou sob investigação)	SIM * (4.3.1. Do requisito de a empresa ser a primeira a manifestar interesse para a apuração do ato lesivo específico, quando tal circunstância for relevante)	SIM (5.2.1. Do requisito de atender ao interesse público – oportu-nidade)
No momento da proposítura, ausência de provas suficientes contra o proponente	SIM (2.2.3. Do requisito de que, no momento da proposítura do acordo, a SG/Cade não disponha de provas suficientes para assegurar a condenação da empresa e/ou da pessoa física)	SIM (3.2.3. Do requisito de que, na ocasião da proposítura do acordo, o BC e a CVM não disponham de provas suficientes para assegurar a condenação administrativa da empresa e/ou da pessoa física)	-	-
Programa de compliance/ integridade	-	-	SIM (4.3.6. Do requisito de a empresa instituir ou aperfeiçoar o Programa de Integridade Empresarial)	SIM (5.2.4. Do requisito de implementar um programa de compliance ou equivalente (conformidade ou integridade))
Auditoria externa/ Monitor externo	-	-	-	SIM * (5.2.7. Do requisito de se submeter a auditoria externa)

(conclusão)

REQUISITOS COMPARTILHADOS POR TODOS OS ACORDOS DE LENIÊNCIA NO BRASIL			
	Leniência Antitruste	Leniência no SFN	Leniência Anticorrupção	Leniência do MP
Verbas pecuniárias	-	-	SIM (4.3.7. Do requisito de a empresa promover contribuições pecuniárias)	SIM (5.2.6. Do requisito de promover contribuições pecuniárias)

Fonte: elaboração da autora.

1.3.1 Requisitos compartilhados por todos os acordos de leniência no Brasil

Nos termos das legislações atualmente em vigor no Brasil, são requisitos compartilhados por todos os acordos de leniência no Brasil a cessação da conduta (1.3.1.1), a confissão (1.3.1.2), a cooperação com a investigação e ao longo de todo o processo administrativo (1.3.1.3) e o resultado da cooperação (1.3.1.4).

Figura 7 – Requisitos compartilhados por todos os acordos de leniência no Brasil

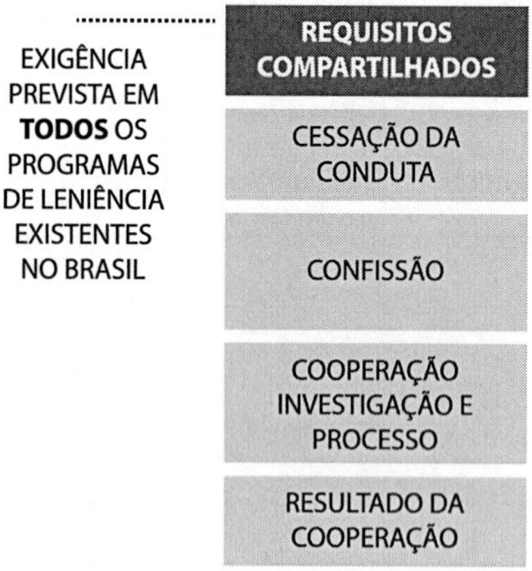

Fonte: elaboração da autora.

1.3.1.1 Cessação da conduta como requisito compartilhado por todos os acordos de leniência

O primeiro requisito compartilhado por todos os acordos de leniência, previsto em todas as legislações referentes ao tema no Brasil, é a exigência de que, a partir da data de propositura do acordo, o proponente cesse com sua conduta ilícita, encerrando, portanto, suas atividades delituosas, com capacidade de ensejar punição. Assim, a infração deve ter sido encerrada desde a data em que tenham sido iniciadas as negociações relativas ao acordo com as autoridades públicas, e não só a partir da data de efetiva celebração. A continuidade da prática delitiva de forma concomitante às negociações poderá constituir-se requisito de nulidade deste acordo, a não ser que haja expressa previsão legal autorizando a continuidade da prática para fins da própria investigação, como é o caso da "ação controlada", no âmbito da leniência do MP (vide cap. 5, *infra*).

Tabela 2 – Cessação da conduta como requisito compartilhado por todos os acordos de leniência

REQUISITOS COMPARTILHADOS POR TODOS OS ACORDOS DE LENIÊNCIA NO BRASIL			
	Leniência Antitruste	**Leniência no SFN**	**Leniência Anticorrupção**	**Leniência do MP**
Cessação da conduta	SIM *(2.2.2. Do requisito de a empresa e/ou a pessoa física cessar sua participação na infração noticiada ou sob investigação)*	SIM *(3.2.2. Do requisito de a empresa e/ou pessoa física cessar sua participação na infração noticiada ou sob investigação)*	SIM *(4.3.2. Do requisito de a empresa cessar sua participação na infração noticiada ou sob investigação)*	SIM *(5.2.3. Do requisito de cessar a prática)*

Fonte: elaboração da autora.

1.3.1.2 Confissão como requisito compartilhado por todos os acordos de leniência

O segundo requisito compartilhado por todos os acordos de leniência, previsto em todas as legislações referentes ao tema no Brasil, é a necessidade de confessar a participação na conduta. Diferentemente de outros tipos de acordo (como os Termos de Compromisso) em que essa não é uma exigência, nos acordos de leniência no Brasil a confissão é requisito compartilhado por todos. A nomenclatura utilizada pode variar, sendo que na leniência anticorrupção consta "admitir sua participação" (vide cap. 4, *infra*) e na leniência do MP essa exigência consta das cláusulas dos acordos já assinados, em que pese não constar das Notas Técnicas e Memorandos publicados pelo MPF (vide cap. 5, *infra*). Os benefícios concedidos pelo acordo se circunscrevem, portanto, ao escopo da confissão pelo signatário do acordo.

Tabela 3 – Confissão como requisito compartilhado por todos os acordos de leniência

REQUISITOS COMPARTILHADOS POR TODOS OS ACORDOS DE LENIÊNCIA NO BRASIL				
	Leniência Antitruste	**Leniência no SFN**	**Leniência Anticorrupção**	**Leniência do MP**
Confissão	SIM *(2.2.4. Do requisito de a empresa e/ou a pessoa física confessar sua participação no ilícito)*	SIM *(3.2.4. Do requisito de a empresa e/ou pessoa física confessar a prática da infração)*	SIM *(4.3.3. Do requisito de a empresa admitir sua participação no ilícito)*	SIM* *(5.2.1. Do requisito de atender ao interesse público)*

Fonte: elaboração da autora.

1.3.1.3 Cooperação com a investigação e ao longo de todo o processo como requisito compartilhado por todos os acordos de leniência

O terceiro requisito compartilhado por todos os acordos de leniência, previsto em todas as legislações referentes ao tema no Brasil, é a necessidade de que as signatárias cooperem com a investigação até o julgamento final do processo. Ou seja, ainda que as negociações de um acordo sejam demandantes de tempo e de recursos, trata-se de fase que apenas inicia as obrigações dos signatários. Estes devem cooperar plena e permanentemente ao longo de toda a investigação e o processo, colaborando sempre que demandados.

Tabela 4 – Cooperação com a investigação e ao longo de todo o processo como requisito compartilhado por todos os acordos de leniência

REQUISITOS COMPARTILHADOS POR TODOS OS ACORDOS DE LENIÊNCIA NO BRASIL			
	Leniência Antitruste	Leniência no SFN	Leniência Anticorrupção	Leniência do MP
Cooperação com a investigação e ao longo de todo o processo	SIM (2.2.5. Do requisito de a empresa e/ou a pessoa física cooperar plena e permanentemente com a investigação e o processo administrativo)	SIM (3.2.5. Do requisito de a empresa e/ou pessoa física cooperar efetiva, plena e permanentemente para a apuração dos fatos, com as investigações e com o processo administrativo)	SIM (4.3.4. Do requisito de a empresa cooperar plena e permanentemente com a investigação e o processo administrativo)	SIM (5.2.1. Do requisito de atender ao interesse público – efetividade e utilidade) (5.2.5. Do requisito de colaborar)

Fonte: elaboração da autora.

1.3.1.4 Resultado da cooperação como requisito compartilhado por todos os acordos de leniência

O quarto requisito compartilhado por todos os acordos de leniência, previsto em todas as legislações referentes ao tema no Brasil, é cooperar com a autoridade pública com o fim de identificar os demais envolvidos na infração (tanto pessoas físicas quanto pessoas jurídicas) e também de obter informações e documentos que comprovem a infração. Assim, ainda que o signatário do acordo tenha descrito toda a prática em um Histórico da Conduta, bem com apresentado uma série de documentos com provas do ilícito, por exemplo, sua cooperação ao longo da investigação e do processo é relevante para que novas informações, documentos e detalhes sejam obtidos. Assim, será possível robustecer e corroborar as afirmações e documentos trazidos no acordo com outros elementos, de outras fontes (por exemplo, oriundos de buscas e apreensões, de outros acordos subsequentes, etc.), sendo possível, assim, com um arcabouço probatório ainda mais forte, condenar os demais envolvidos.

AMANDA ATHAYDE
MANUAL DOS ACORDOS DE LENIÊNCIA NO BRASIL: TEORIA E PRÁTICA

Tabela 5 – Resultado da cooperação como requisito compartilhado por todos os acordos de leniência

REQUISITOS COMPARTILHADOS POR TODOS OS ACORDOS DE LENIÊNCIA NO BRASIL			
	Leniência Antitruste	Leniência no SFN	Leniência Anticorrupção	Leniência do MP
Resultado da cooperação	SIM *(2.2.6. Do requisito de que a cooperação da empresa e/ou da pessoa física resulte na identificação dos demais envolvidos na infração e na obtenção de informações e documentos que comprovem a infração noticiada ou sob investigação)*	SIM *(3.2.6. Do requisito de que a cooperação da empresa e/ou da pessoa física seja útil ao processo, resultando na identificação dos demais envolvidos e na obtenção de informações e documentos que comprovem a infração)*	SIM *(4.3.5. Do requisito de que da cooperação resulte a identificação dos demais envolvidos na infração, quando couber, e a obtenção célere de informações e documentos que comprovem a infração noticiada ou sob investigação)*	SIM *(5.2.1. Do requisito de atender ao interesse público – efetividade e utilidade) (5.2.2. Do requisito de apresentar informações e provas relevantes)*

Fonte: elaboração da autora.

1.3.2 Requisitos específicos de alguns acordos de leniência no Brasil

Nos termos das legislações atualmente em vigor no Brasil, são requisitos específicos de alguns acordos de leniência a primazia (1.3.2.1), a exigência de que, no momento da propositura, não haja provas suficientes contra o proponente (1.3.2.2), a existência de programa de *compliance*/integridade (1.3.2.3), a submissão a auditoria externa/monitor externo (1.3.2.4) e a obrigação de recolher verbas pecuniárias (1.3.2.5).

Figura 8 – Requisitos específicos de alguns acordos de leniência no Brasil

Fonte: elaboração da autora.

1.3.2.1 Primazia como requisito específico de alguns acordos de leniência

O primeiro requisito específico de alguns acordos de leniência, previsto apenas em algumas das legislações referentes ao tema no Brasil, é o de que o proponente do acordo seja o primeiro a trazer a conhecimento dos órgãos competentes os fatos e condutas relacionados àquela infração. Apesar de haver um senso comum a respeito da importância da "corrida" entre os infratores para propor acordos, há órgãos que não necessariamente possuem a primazia como exigência para celebração de um acordo de leniência.

Na leniência no SFN, por exemplo, apesar de o §2º, inciso I, do art. 30 da Lei nº 13.506/2017 prever a primazia, o seu §4º permite ao BC e à CVM celebrarem acordos com outras empresas que não sejam as primeiras (vide cap. 3, *infra*). Ademais, na leniência anticorrupção, apesar de o §1º, inciso I, do art. 16 da Lei nº 12.846/2013 exigir a celebração apenas com a primeira empresa a manifestar seu interesse em cooperar para a apuração do ato ilícito, o Decreto nº 8.420/2015, que regulamenta a lei, estreita interpretação, para que essa primazia só seja exigida "quando tal circunstância for relevante" (vide cap. 4, *infra*). Ainda, para a leniência do MP, a Orientação nº 07/2017 do MPF aduz que o acordo será oportuno quando a signatária for a primeira a revelar os fatos desconhecidos à investigação. Na prática, porém, têm sido celebrados acordos com outras empresas subsequentes, desde que tragam novos elementos probatórios, que corroborem ou ampliem a investigação ou o processo (vide cap. 5, *infra*).

Tabela 6 – Primazia como requisito específico de alguns acordos de leniência

REQUISITOS ESPECÍFICOS DE ALGUNS ACORDOS DE LENIÊNCIA NO BRASIL				
	Leniência Antitruste	**Leniência no SFN**	**Leniência Anticorrupção**	**Leniência do MP**
Primazia	SIM *(2.2.1. Do requisito de a empresa ser a primeira a se qualificar com respeito à infração noticiada ou sob investigação)*	SIM * *(3.2.1. Do requisito de a empresa ser a primeira a se qualificar com respeito à infração noticiada ou sob investigação)*	SIM * *(4.3.1. Do requisito de a empresa ser a primeira a manifestar interesse para a apuração do ato lesivo específico, quando tal circunstância for relevante)*	SIM *(5.2.1. Do requisito de atender ao interesse público – oportunidade)*

Fonte: elaboração da autora.

1.3.2.2 No momento da propositura, ausência de provas suficientes contra o proponente, como requisito específico de alguns acordos de leniência

O segundo requisito específico de alguns acordos de leniência, previsto apenas em algumas das legislações referentes ao tema no Brasil, é o de que não haja provas suficientes contra o proponente quando da proposta de acordo. Esse requisito não possui parâmetro objetivo na normativa da leniência antitruste, em que pese as propostas apresentadas neste livro (vide cap. 2, *infra*), o que reflete certa discricionariedade da autoridade pública. Também não há norma específica sobre o que se considera como provas suficientes na leniência do BC (vide cap. 3, *infra*). A CVM, por sua vez, procedeu a um avanço relevante em termos de segurança jurídica aos administrados, uma vez que no art. 101, §1º, da IN nº 607/2019 estabelece, claramente, a partir de que momento se considera o conhecimento da infração pela autoridade (vide cap. 3, *infra*).

CAPÍTULO 1
TEORIA GERAL DOS ACORDOS DE LENIÊNCIA | 133

Tabela 7 – No momento da propositura, ausência de provas suficientes contra o proponente como requisito específico de alguns acordos de leniência

REQUISITOS ESPECÍFICOS DE ALGUNS ACORDOS DE LENIÊNCIA NO BRASIL			
	Leniência Antitruste	Leniência no SFN	Leniência Anticorrupção	Leniência do MP
No momento da propositura, ausência de provas suficientes contra o proponente	SIM *(2.2.3. Do requisito de que, no momento da propositura do acordo, a SG/Cade não disponha de provas suficientes para assegurar a condenação da empresa e/ou da pessoa física)*	SIM *(3.2.3. Do requisito de que, na ocasião da propositura do acordo, o BC e a CVM não disponham de provas suficientes para assegurar a condenação administrativa da empresa e/ou da pessoa física)*	-	-

Fonte: elaboração da autora.

1.3.2.3 Programa de *compliance*/integridade como requisito específico de alguns acordos de leniência

O terceiro requisito específico de alguns acordos de leniência, previsto apenas em algumas das legislações referentes ao tema no Brasil, é o de que a empresa adote um programa de *compliance*/integridade. A ideia por trás desse tipo de requisito é dissuadir práticas futuras (vide item 1.1.7, *supra*), evitando a reincidência desses agentes em práticas delitivas, bem como melhor possibilitar a detecção de possíveis infrações internamente (vide item 1.1.1, *supra*), coibindo o reinício de ilícito por parte de funcionários que possam vir a ensejar sua futura punição. Trata-se de requisito exigido apenas pela leniência anticorrupção (vide cap. 4, *infra*) e pela leniência do MP (vide cap. 5, *infra*). Nesses casos, a exigência de adoção de programas de *compliance* em acordos de leniência não tem como objetivo propriamente evitar investigações, mas sim o objetivo mais amplo de evitar a prática futura do ilícito, mantendo-se a legalidade e a ética nas práticas empresariais.[245]

---

[245] ATHAYDE, Amanda; FRAZÃO, Ana. Leniência, Compliance e o Paradoxo do Ovo ou da Galinha: do compliance como instrumento de autorregulação empresarial. *In*: CUÊVA,

Tabela 8 – Programa de compliance/integridade como requisito específico de alguns acordos de leniência

REQUISITOS ESPECÍFICOS DE ALGUNS ACORDOS DE LENIÊNCIA NO BRASIL				
	Leniência Antitruste	Leniência no SFN	Leniência Anticorrupção	Leniência do MP
Programa de *Compliance/* **Integridade**	-	-	SIM *(4.3.6. Do requisito de a empresa instituir ou aperfeiçoar o Programa de Integridade Empresarial)*	SIM *(5.2.4. Do requisito de implementar um programa de compliance ou equivalente (conformidade ou integridade))*

Fonte: elaboração da autora.

1.3.2.4 Auditoria externa/Monitor externo como requisito específico de alguns acordos de leniência

O quarto requisito específico de alguns acordos de leniência, previsto apenas na leniência do MP, é o de o signatário se submeter à auditoria externa/monitor externo (vide item 5, *infra*). Isso significa que, às suas expensas, o signatário do acordo terá de contratar um auditor/monitor externo, isto é, um terceiro com autonomia perante a empresa monitorada, que acompanhará suas ações e verificará se sua atuação está se dando de forma íntegra. O trabalho do monitor externo consiste na emissão de relatórios a respeito da aplicação do programa de *compliance*/integridade, os quais serão apresentados, em seguida, à autoridade pública. Trata-se de uma espécie de terceirização, pela Administração Pública, do acompanhamento do programa de *compliance* empresarial, que pode ser um instrumento relevante para promover a autorregulação empresarial.

A inspiração brasileira reside no *Independent Compliance Monitoring* norte-americano, implementado como método de acompanhamento de acordos de leniência pelo Departamento de Justiça dos Estados Unidos (DOJ) e pela *Securities and Exchange Commission (SEC)*, cujas linhas gerais estão previstas no documento conhecido como "Memorando Morford".[246]

Ricardo Vilasboas; FRAZÃO, Ana (Org.). *Compliance* – Perspectivas e Desafios para os Programas de Conformidade. Belo Horizonte: Fórum, 2018. p. 297-314.

[246] ESTADOS UNIDOS. Departamento de Justiça. *Memorandum Morford, Office of the Deputy Attorney General, U.S. Department of Justice, March 7, 2008.* Disponível em: https://www.justice.

CAPÍTULO 1
TEORIA GERAL DOS ACORDOS DE LENIÊNCIA | 135

Importante distinguir essas duas figuras, porém, do chamado "Comitê Especial de Investigação" ("*Special Committee*"). Diferentemente do monitor externo ou da auditoria externa, que são contratados para monitorar a empresa após a celebração de um acordo com as autoridades públicas, este Comitê atua justamente para cumprir a finalidade da investigação em si. Ou seja, em empresas em que há certa dúvida de que os administradores (diretores e/ou conselheiros da administração) serão capazes de conduzir investigações confiáveis[247] (seja porque são controladores, seja porque a empresa é de histórico familiar, seja porque os próprios administradores estão envolvidos nos fatos), contrata-se um Comitê Especial de Investigação em que são convocados terceiros, independentes, para conduzir os trâmites de investigação. É fato que esse Comitê tende a contratar auditorias, empresas de análise forense e escritórios de advocacia especializados para a realização do trabalho operacional de investigação, mas é este Comitê quem toma as decisões empresariais, portanto, decorrentes dos eventuais fatos ilícitos que forem encontrados.

Para mais detalhes a respeito da experiência brasileira com "Monitores Independentes de *Compliance*", vide cap. 5, item 5.2.7, *infra*.

Tabela 9 – Auditoria externa/Monitor externo como requisito específico de alguns acordos de leniência

REQUISITOS ESPECÍFICOS DE ALGUNS ACORDOS DE LENIÊNCIA NO BRASIL			
	Leniência Antitruste	Leniência no SFN	Leniência Anticorrupção	Leniência do MP
Auditoria externa/ Monitor externo	-	-	-	SIM * *(5.2.7. Do requisito de se submeter a auditoria externa)*

Fonte: elaboração da autora.

---

gov/sites/default/files/dag/legacy/2008/03/20/morford-useofmonitorsmemo-03072008.pdf. Acesso em: 23 set. 2020.

[247] Essa opinião parece ser compartilhada por Otávio Yasbek, que atuou como monitor independente de conformidade do programa de compliance instituído após a celebração de acordo de leniência pela Odebrecht, em 2016. Compliance não pode ignorar o papel do controlador que praticou corrupção, diz monitor da Odebrecht. Estadão, 6 ago. 2020. Disponível em: https://economia.estadao.com.br/noticias/governanca,compliance-nao-pode-ignorar-o-papel-do-controlador-que-praticou-corrupcao-diz-monitor-da-odebrecht,70002970471. Acesso em: 23 set. 2020.

1.3.2.5 Recolhimento de verbas pecuniárias como requisito específico de alguns acordos de leniência

O quarto requisito específico de alguns acordos de leniência, previsto apenas em algumas das legislações referentes ao tema no Brasil, é o de que a empresa promova o recolhimento de verbas pecuniárias. Tanto na leniência anticorrupção (vide item 4, *infra*) quanto na leniência do MP (vide item 5, *infra*), em que se exige tal desembolso para celebrar o acordo, os montantes negociados dizem respeito à reparação dos danos/ressarcimento (natureza de indenização) e à multa/contribuição pecuniária (natureza de sanção) (vide item 1.1.6, *supra*). Nestes casos, a autoridade investigadora se antecipa e garante a verba pecuniária total ou parcial dos infratores colaboradores. Ademais, como já supramencionado, trata-se também de uma das justificativas dos programas de leniência no Brasil (item 1.1.6, *supra*).

No âmbito do Cade, do BC e da CVM não existe essa estipulação de recolhimento de verbas pecuniárias como condição para a celebração do acordo de leniência, ou seja, não existe esse cálculo antecipado. Esclarece-se, ainda, que nos TCCs do Cade há cálculo de multa/contribuição pecuniária (vide item 2.5.1, *infra*), similarmente ao disposto Termo de Compromisso no Sistema Financeiro Nacional, (vide cap. 3, seções X e Y, *infra*).

Adicione-se que, no sistema de defesa da concorrência, a reparação é prevista no art. 47 da Lei nº 12.529/2011, segundo o qual os agentes que forem prejudicados pela conduta anticoncorrencial podem ajuizar suas ações.[248][249] Ainda, permite-se que o MP peça a reparação por danos sociais.[250][251]

---

[248] Lei nº 12.529/2011, Art. 47: "Os prejudicados, por si ou pelos legitimados referidos no art. 82 da Lei nº 8.078, de 11 de setembro de 1990, poderão ingressar em juízo para, em defesa de seus interesses individuais ou individuais homogêneos, obter a cessação de práticas que constituam infração da ordem econômica, bem como o recebimento de indenização por perdas e danos sofridos, independentemente do inquérito ou processo administrativo, que não será suspenso em virtude do ajuizamento de ação".
Lei nº 8.078: "Art. 82. Para os fins do art. 81, parágrafo único, são legitimados concorrentemente: I - o Ministério Público; II - a União, os Estados, os Municípios e o Distrito Federal; III - as entidades e órgãos da Administração Pública, direta ou indireta, ainda que sem personalidade jurídica, especificamente destinados à defesa dos interesses e direitos protegidos por este código; IV - as associações legalmente constituídas há pelo menos um ano e que incluam entre seus fins institucionais a defesa dos interesses e direitos protegidos por este código, dispensada a autorização assemblear".

[249] Uma das discussões mais atuais na seara do direito da concorrência consiste justamente no risco de que as ações de ressarcimento ajuizadas pelos agentes prejudicados pelo cartel

CAPÍTULO 1
TEORIA GERAL DOS ACORDOS DE LENIÊNCIA | 137

sejam um elemento de dissuasão da celebração de novos acordos de leniência. Para mais informações: OCDE. *Public and private antitrust enforcement in competition*. Disponível em: www.oecd.org/daf/competition/antitrust-enforcement-in-competition.htm. Acesso em: 8 out. 2018. Nesse sentido: "*The threat of private damage claims can be a disincentive for a company considering applying under leniency if that would increase its exposure to liability in civil suits. If by applying for leniency cartel members would be placed in a worse position in relation to civil damage suits as compared with members that did not apply, their willingness to come forward would be significantly reduced*" (OCDE. Session I: using leniency to fight hard core cartels. *In:* LATIN AMERICAN COMPETITION FORUM, 2009, Santiago. *Anais...* OCDE, 2009. p. 14). No Brasil, Martinez pontua quatro principais desafios com que o SBDC deve lidar no que tange ao Programa de Leniência brasileiro. O primeiro é relacionado à leniência e às ações judiciais de restituição. No Brasil, uma firma que tenha comprovadamente participado de um cartel pode ser processada por agentes civis, incluindo indivíduos, municípios, governo, entre outros. Em 2013, por exemplo, o estado de São Paulo iniciou uma ação civil contra um beneficiário do acordo de leniência para ser ressarcido sobre o preço originário de um cartel nas licitações de construção e manutenção dos metrôs. A questão é que um membro de um cartel pode ser responsabilizado por restituir os danos causados por todos os membros, o que desestimularia a assinatura do acordo de leniência por expor a firma e a atividade criminal (MARTINEZ, Ana Paula. Challenges ahead of leniency programmes: the Brazilian experience. *Journal of European Law and Practice*, v. 6, n. 4, p. 260-267, 2015). Nesse sentido, dada a relevância do tema, a SG/Cade elaborou, em 2016, estudo sobre a experiência internacional e brasileira a respeito do acesso a documentos de acordos de leniência e TCC. No final, foi colocada em consulta pública uma proposta de Resolução (a Consulta Pública nº 05/2016) que disciplina o acesso a tais documentos no Brasil, a depender da fase processual do caso. A primeira fase da Consulta Pública nº 05/2016 recebeu contribuições entre 08 de dezembro de 2016 e 06 de fevereiro de 2017. Em 04 de julho de 2018, a Consulta Pública nº 05/2018 foi reaberta para receber contribuições até 25 de julho de 2018. Na proposta, há um dispositivo que prevê expressamente que "A Superintendência-Geral do Cade e o Plenário do Tribunal do Cade poderão considerar, no momento da negociação de TCC, ou no momento da aplicação das penas previstas nos arts. 37 e 38 da Lei nº 12.529/2011, uma redução da contribuição pecuniária ou da multa administrativa com relação aos participantes da infração concorrencial que comprovarem o ressarcimento judicial ou extrajudicial no âmbito das Ações de Reparação por Danos Concorrenciais, considerada nos termos do art. 45 da Lei 12.529/2011".

250 Conforme o art. 5º da Lei nº 7.347/85 (Lei de Ação Civil Pública), "têm legitimidade para propor a ação principal e a ação cautelar: I - o Ministério Público". Cabe pontuar que: "Art. 1º Regem-se pelas disposições desta Lei, sem prejuízo da ação popular, as ações de responsabilidade por danos morais e patrimoniais causados: I - ao meio-ambiente; II - ao consumidor; III - a bens e direitos de valor artístico, estético, histórico, turístico e paisagístico; IV - a qualquer outro interesse difuso ou coletivo; V - por infração da ordem econômica; VI - à ordem urbanística; VII - à honra e à dignidade de grupos raciais, étnicos ou religiosos; VIII - ao patrimônio público e social".

251 De acordo com estudo da Superintendência-Geral do Cade, a despeito da garantia constitucional (CF, art. 5º, XXXV) e legal (art. 47 da Lei nº 12.529/2011) para o ajuizamento de ações de reparação de danos por violação às regras concorrenciais (ARDC), verifica-se que a persecução privada no Brasil ainda é incipiente. Dentre as razões apontadas para o baixo uso das ARDC no Brasil, destacam-se: (i) ausência de uma cultura de reivindicação de danos por parte dos consumidores lesados no Judiciário; (ii) elevados custos e morosidade do litígio judicial, somados, por vezes, à falta de familiaridade do Judiciário brasileiro com a matéria concorrencial; (iii) indefinição quanto ao termo inicial da prescrição para ajuizamento da ação; e, principalmente, (iv) dificuldades em obter evidências e em fornecer análises econômicas e legais complexas que comprovem o nexo causal entre a conduta e o dano sofrido. Nos EUA, por outro lado, "as ARDC representam cerca de 90% do *enforcement*

Tabela 10 – Recolhimento de verbas pecuniárias como requisito específico de alguns acordos de leniência

REQUISITOS ESPECÍFICOS DE ALGUNS ACORDOS DE LENIÊNCIA NO BRASIL			
	Leniência Antitruste	Leniência no SFN	Leniência Anticorrupção	Leniência do MP
Verbas pecuniárias	-	-	SIM *(4.3.7. Do requisito de a empresa promover contribuições pecuniárias)*	SIM *(5.2.6. Do requisito de promover contribuições pecuniárias)*

Fonte: elaboração da autora.

1.4 Panorama geral dos acordos de leniência no Brasil e cooperação inter e intrainstitucional na negociação e no sancionamento

Diante da apresentação das justificativas para os acordos de leniência, dos pilares para um programa de leniência efetivo e dos requisitos compartilhados por todos os acordos de leniência no Brasil e dos requisitos específicos de alguns acordos, é possível traçar um panorama geral dos acordos de leniência no Brasil. O detalhamento de cada um dos respectivos acordos será objeto de capítulo específico neste livro, de modo que neste capítulo será apresentado um breve panorama geral dos acordos de leniência no Brasil, consolidado em um quadro comparativo com informações de todos os programas de leniência (1.4.1). A seguir, ciente de que a investigação de algumas dessas práticas ilícitas pode atrair a competência e/ou atribuição de mais de uma autoridade pública, passa-se à argumentação sobre as formas possíveis de cooperação inter e intrainstitucional nos acordos de leniência no Brasil, tanto no momento da negociação e da celebração dos acordos quanto no momento do sancionamento (1.4.2). Por fim, será possível

---

antitruste no país". São apontadas três razões para o difundido uso das ARDC nos Estados Unidos: (i) as regras de amplo *discovery*, ou seja, as regras amplas e favoráveis de acesso a documentos e informações para embasar a pretensão indenizatória e a estimativa de danos dos consumidores lesados; (ii) a limitação da responsabilidade dos beneficiários de acordos de leniência que cooperam em sede das ARDC, por meio do não ressarcimento triplicado por danos concorrenciais ("*treble damages*") e pela não responsabilidade solidária com os autores da conduta anticompetitiva; e (iii) a existência de prazos prescricionais favoráveis aos autores das ARDC. Essas três razões serão mais bem exploradas a seguir. O ponto (ii) é particularmente interessante, na medida em que mostra o medo dos cartelistas da reparação em triplo, incentivando o acordo de leniência.

apresentar os acordos assemelhados que não são acordos de leniência (1.4.3) e que, portanto, devem ser comparados e deles diferenciados.

Figura 9 – Acordos de leniência e outros tipos de acordos assemelhados

Fonte: elaboração da autora.

Registre-se, desde já, que a principal diferença desses acordos é que os acordos de leniência são, em essência, acordos instrumento de investigação, ao passo que os acordos assemelhados são pactos de ajustamento de conduta ou de não persecução, sem aportes adicionais que necessariamente auxiliem as autoridades públicas em uma investigação atual ou futura. Ademais, os acordos de leniência abarcam, via de regra, pessoas jurídicas (e em alguns casos também pessoas físicas), ao passo que os acordos assemelhados são voltados, em alguns casos apenas, para pessoas físicas e, em outros casos, para ambos, indivíduos e empresas.

1.4.1 Breve panorama geral dos acordos de leniência no Brasil

Existem quatro tipos de acordos de leniência no Brasil, que serão objeto de estudo em detalhe em seus respectivos capítulos: o acordo de leniência antitruste (cap. 2), o acordo de leniência no SFN (cap. 3), o acordo de leniência anticorrupção (cap. 4) e o acordo de leniência do MP (cap. 5). A tabela apresenta visualmente tais acordos de leniência:

Figura 10 – Acordos de leniência no Brasil

Fonte: elaboração da autora.

De modo a apresentar as semelhanças e diferenças dos acordos de leniência previstos na legislação brasileira, nesta segunda edição do livro foi realizado esforço didático para consolidar em um quadro comparativo as seguintes informações de todos os programas de leniência no Brasil: tipo de infração abarcada pelo acordo; órgão competente para a celebração; previsão legal; previsão infralegal; possíveis beneficiários; se há exigência de ordem de chegada/primazia; benefícios administrativos, criminais e cíveis.

Tabela 11 – Panorama geral dos acordos de leniência no Brasil
(continua)

	Leniência Antitruste	Leniência SFN	Leniência Anticorrupção	Leniência do MP
	Capítulo 2	Capítulo 3	Capítulo 4	Capítulo 5
Tipo de infração	Infrações contra a ordem econômica (condutas coordenadas)	Para BC: todas as infrações (arts. 3º e 4º da Lei nº 13.506/2017). Para CVM: todas as infrações.	Infrações previstas na Lei Anticorrupção e na Lei de Improbidade Administrativa.	Crimes relacionados à Lei Anticorrupção e à Lei de Improbidade Administrativa.
Órgão competente para a celebração	Negociado com a SG/Cade. Celebrado pela SG/Cade, com a interveniência-anuência do Ministério Público.	BC CVM	Autoridade máxima de cada órgão ou entidade pública. No âmbito federal: CGU, AGU, MP. Discussão sobre a competência do TCU para supervisão e revisão.	Negociação com o Ministério Público e Polícias. Homologado pelo juiz.

CAPÍTULO 1
TEORIA GERAL DOS ACORDOS DE LENIÊNCIA | 141

(continua)

	Leniência Antitruste	Leniência SFN	Leniência Anticorrupção	Leniência do MP
	Capítulo 2	**Capítulo 3**	**Capítulo 4**	**Capítulo 5**
Previsão legal	Arts. 86 e 87 da Lei nº 12.529/2011.	Art. 30 e seguintes da Lei nº 13.506/2017	Arts. 16 e 17 da Lei nº 12.846/2013	- Art. 129, I da CF/88 - Art. 5º e 6º da Lei 7.347/85 - Art. 26, da Convenção de Palermo - Art. 37 da Convenção de Mérida - Arts. 3º, §2º e 3º do CPC - Arts. 840 e 932, III, do CC/02 - Arts. 16 a 21 da Lei 12.846/2013 - Lei 13.410/2015 - Princípio da eficiência, art. 37, *caput* da CF/88
Previsão infralegal	Arts. 237 a 251 do RICade. Guia do programa de leniência do Cade, 2020.	Para BC: Circular BC nº 3857/2017 (alterada pela Circular BC nº 3910/2018) e Portaria BC nº 103.362/2019 (que revogou a Portaria BC nº 99.323/2018). Para CVM: Instrução CVM nº 607/2019 (alterada pela Instrução CVM nº 613/2019).	Arts. 28 a 40 do Decreto nº 8420/2015 Portaria CGU 909 Portaria CGU 910 Instrução Normativa TCU n. 74/2015 Portaria Interministerial CGU/AGU 2278/2016 Passo a Passo Leniência CGU, 2018. Instrução Normativa TCU n. 83/2018 (revoga IN TCU 74/2015) Instrução Normativa CGU/AGU n. 2/2018	Estudo Técnico nº 1/2017 da 5ª CCR MPF sobre acordos de leniência e Colaboração Premiada. Nota Técnica nº 1/2017 da 5ª CCR MPF sobre acordos de leniência e seus efeitos. Orientação nº 7/2017 da 5ª CCR MPF sobre acordos de leniência. Nota Técnica nº 02/2018 da 5ª CCR sobre a utilização de provas decorrentes de celebração de acordos no âmbito da Operação Lava-Jato, compartilhadas com órgãos de

(continua)

Leniência Antitruste	Leniência SFN	Leniência Anticorrupção	Leniência do MP
Capítulo 2	Capítulo 3	Capítulo 4	Capítulo 5
		Portaria Conjunta CGU/AGU n.4/2019 (revoga Portaria Conjunta CGU/AGU 2278/2016) Acordo de Cooperação Técnica STF/CGU/AGU/MJ/TCU 2020	controle (destacadamente, a Receita Federal, CGU, AGU, CADE e TCU). Nota Técnica nº 01/2020 da 5ª CCR sobre Termos de Adesões ou Subscrições de pessoas físicas em acordos de leniência celebrados pelo MPF, nos termos da Lei nº 12.846 e da Lei nº 8.429, no domínio da improbidade administrativa. Nota Técnica nº 02/2020 da 5ª CCR sobre o Acordo de Cooperação Técnica assinado pela AGU, CGU, TCU e MJSP, em 06.08.2020, com participação do STF, em matéria de combate à corrupção no Brasil, especialmente em relação aos acordos de leniência, da Lei nº 12.846, de 2013. Nota Técnica nº 04/2020 da 5ª CCR, referente à análise de pontos críticos do PL Substitutivo ao PL nº 10.887/201.

CAPÍTULO 1
TEORIA GERAL DOS ACORDOS DE LENIÊNCIA 143

(continua)

	Leniência Antitruste	Leniência SFN	Leniência Anticorrupção	Leniência do MP
	Capítulo 2	Capítulo 3	Capítulo 4	Capítulo 5
Possíveis beneficiários	Pessoas jurídicas e pessoas físicas	Pessoas jurídicas e pessoas físicas	Apenas pessoas jurídicas. Mas há interpretação e acordos que permitem a adesão de pessoas físicas.	Apenas pessoas jurídicas. Mas há interpretação e acordos que permitem a adesão de pessoas físicas.
Benefícios administrativos	Leniência total: imunidade administrativa total. Leniência parcial: redução de 1/3 a 2/3. da penalidade aplicável. Não repercute administrativamente em outros órgãos	Leniência Total: imunidade total. Leniência Parcial Padrão: redução de 1/3 a 2/3 da penalidade aplicável. Leniência Parcial (específica SFN): redução fixa de 1/3 da penalidade aplicável. Não repercute administrativamente em outros órgãos	Leniência parcial: Redução em até 2/3 da multa. Isenção ou atenuação da proibição de contratar com a Administração Pública (inidoneidade) – discussão a respeito da competência do TCU para aplicar penalidades. Isenção da obrigatoriedade de publicar a punição. Isenção da proibição de receber incentivos, subsídios e empréstimos públicos.	Não existem benefícios administrativos automáticos. Realização de gestões para entabular tratativas para a celebração de acordos tendo como objeto os mesmos fatos em outras autoridades. Emissão de certidão sobre a extensão da cooperação realizada. Empreendimento de gestões para que se retirem eventuais restrições cadastrais.
Benefícios criminais	Imunidade criminal total ou redução de 1/3 a 2/3 da penalidade aplicável (há intervenção-anuência do MP no Acordo de Leniência Antitruste).	Não existem benefícios criminais automáticos. Possível cooperação interinstitucional entre BC/CVM e MP.	Não existem benefícios criminais automáticos. Possível cooperação interinstitucional entre CGU/AGU e MP.	Não propositura de ações criminais para os indivíduos aderentes de baixa culpabilidade. Sem benefícios para os indivíduos de grave culpabilidade, que devem negociar Acordos de Colaboração Premiada.

(conclusão)

	Leniência Antitruste	Leniência SFN	Leniência Anticorrupção	Leniência do MP
	Capítulo 2	Capítulo 3	Capítulo 4	Capítulo 5
Benefícios cíveis	Não existem benefícios cíveis automáticos	Não existem benefícios cíveis automáticos	Não existem benefícios cíveis automáticos	Não propositura de ações cíveis ou sancionatórias (inclusive as ações de improbidade administrativa). Suspensão das ações já propostas ou prolação de decisão com efeitos meramente declaratórios.

Fonte: elaboração da autora.

Diante dessas diferenças entre os programas de leniência no Brasil, interessante mencionar a pesquisa de Passos,[252] que argumenta que os acordos de leniência do Cade e da CGU não "competem" entre si. Segundo o autor, como se tratam de duas leis diferentes com competências e objetos diferentes, os acordos não seriam excludentes, mas, sim, complementares. Para chegar a essa conclusão, o autor compara os dois acordos conforme os seguintes critérios de: (i) transparência do processo, (ii) segurança jurídica; (iii) sanções; e (iv) *enforcement*. O programa de leniência do Cade, segundo o autor, possuiria vantagem quando comparado com o da CGU/AGU em sete dos onze aspectos analisados, ao passo que a CGU não teria vantagem em nenhum desses aspectos, conforme tabela adiante. Nesse sentido, o programa de leniência do Cade, por enquanto, ainda seria o mais atrativo para o possível colaborador, evidenciando alguns gargalos da leniência anticorrupção, dentre eles a ausência de proteção mais ampla a pessoas físicas.

---

[252] PASSOS, Gabriel C. Dos acordos de leniência do CADE e da CGU: qual balcão é o mais atrativo? *Revista de Defesa da Concorrência*, v. 8, n. 1, p. 207-236, jun. 2020. p. 232.

Tabela 12 – Comparação entre os principais aspectos da Lei Anticorrupção e da Lei Antitruste com base nos critérios definidos

Aspectos Comparados	CADE	CGU	Critério de vantagem
Legislação, guias e diretrizes para um acordo de leniência	X		(i) Transparência do processo
Finalidade das Leis	-	-	-
Alcance das Leis nas três instâncias	-	-	-
Alcance das Leis em outras Leis	-	-	-
Os órgãos competentes para celebrar o acordo	X		(i) Transparência do processo
Requisitos subjetivos	X		(iv) *Enforcement*
Requisitos Objetivos	X		(iv) *Enforcement* e (ii) Segurança jurídica
Benefícios dos acordos dentro da instância administrativa	X		(iv) *Enforcement*
Benefícios dos acordos em outras instâncias	X		(iv) *Enforcement*
Publicização	X		(iv) *Enforcement*
Descumprimento	-	-	-

Fonte: PASSOS, Gabriel C. Dos acordos de leniência do CADE e da CGU: qual balcão é o mais atrativo? *Revista de Defesa da Concorrência*, v. 8, n. 1, p. 207-236, jun. 2020. p. 233.

Silveira e Fernandes, por sua vez, buscaram identificar a estrutura de incentivos para colaboração quando comparada a uma investigação antitruste e anticorrupção no Brasil. Nesse contexto, destacam que "a coexistência de múltiplos regimes de leniência inevitavelmente requer um esforço normativo (i) de alinhamento dos incentivos premiais dos sistemas e (ii) de criação de mecanismos de cooperação entre as agências responsáveis pelo *enforcement* das legislações" (tradução livre).[253]

Diante da multiplicidade de programas de leniência e, portanto, da multiplicidade de possíveis acordos de leniência a serem celebrados no Brasil, passa-se a seguir a apresentar os contornos daquilo que se entende ser um caminho para a cooperação intra e interinstitucional entre as autoridades públicas celebrantes destes acordos no país.

---

[253] SILVEIRA, Paulo Burnier; FERNANDES, Victor Oliveira. The Car Wash Operation in Brazil: Challenges and Perspectives in the Fight Against Bid Rigging. *In*: Global Competition Enforcement: New Players, New Challenges. Alphen aan den Rijn: Wolters Kluwer, 2019, p. 130

1.4.2 A cooperação intra e interinstitucional nos acordos de leniência no Brasil

A multiplicidade de legislações sobre acordos de leniência no Brasil tem que ser uma virtude, e não um vício do sistema jurídico do país. Mais programas de leniência devem resultar em mais acordos de leniência, mais infrações detectadas, mais condenações, maior dissuasão de práticas infrativas futuras. Não se pode deixar que a existência de mais programas de leniência no Brasil resulte em menos negociações ou em menos acordos assinados, com menos ilícitos detectados e menos punições. Se isso acontecer, quem estará sendo bem-sucedido são os infratores, e não as autoridades públicas responsáveis pela persecução desses ilícitos de difícil detecção. E para que isso não aconteça, ou seja, para que os programas de leniência continuem a ser instrumentos úteis em sua máxima potencialidade, a palavra-chave é a cooperação interinstitucional.

Diante da atuação concomitante de diversas instituições públicas no âmbito da negociação e celebração de acordos de leniência, com a condução de processos administrativos, civis e penais, eventualmente até nas esferas federal, estadual e municipal, as instituições públicas competentes devem necessariamente adotar um comportamento cooperativo. Conforme alertam Luz e Spagnolo, "o envolvimento de múltiplas autoridades em casos de leniência dificulta a efetividade dos mecanismos vigentes" (tradução livre).[254] Não se pode deixar essa dificuldade prosperar no Brasil.

Entretanto, cabe destacar a possibilidade de análise da questão sob um diferente prisma. Carson e Prado[255] argumentam que a "multiplicidade institucional" poderia, na verdade, auxiliar no combate à corrupção como problema de ação coletiva. A existência de múltiplos órgãos de controle em atuação no Brasil poderia resultar numa melhora do sistema de controle do Estado brasileiro, a partir de uma atuação coordenada com mecanismos de freios e contrapesos entre as autoridades. A ideia tem como pressuposto a sobreposição produtiva das funções de supervisão, investigação e punição entre os entes, o que resultaria numa rede de instituições com capacidade de responsabilização. Este sistema seria mais eficaz no afastamento de culturas institucionais corruptas, promovendo maior competição, complementariedade e compensação entre os entes. Nesse sentido, a multiplicidade institucional poderia

---

[254] LUZ, Reinaldo Diogo; SPAGNOLO, Giancarlo. Leniency, collusion, corruption, and whistleblowing. *Journal of Competition Law and Economics*, 2017.

[255] CARSON, Lindsey D.; PRADO, Mariana Mota. Using Institutional multiplicity to address corruption as a collective action problem: Lessons from the Brazilian case, *The Quarterly Review of Economics and Finance*, v. 62, p. 56-65, Nov. 2016.

alavancar as condições de negociação com os agentes infratores, além de trazer maior legitimidade e transparência durante este processo, o que resultaria em maior segurança jurídica para os colaboradores e consequente valorização dos programas de leniência.

As infrações de difícil detecção objeto dos acordos de leniência (vide item 1.1, *supra*) são praticadas por agentes altamente organizados, e é preciso que as autoridades públicas também atuem assim, de forma altamente organizada. A cooperação, sem vaidades institucionais e sem restrições pessoais, é essencial para que as instituições públicas brasileiras sejam vistas como confiáveis em se negociar e capazes de assinar acordos que trarão benefícios concretos para toda a sociedade.

Frade, Thomson e Athayde[256] argumentam que, embora ainda de maneira imperfeita e ainda pendente de melhores mecanismos de compatibilização dos instrumentos nos diversos órgãos, a Operação Lava Jato demonstrou maturidade institucional no sentido de incentivar a colaboração como forma de incremento à investigação e punição de ilícitos. Para os autores, mais do que criar um único caminho de colaboração ou investigação para esses ilícitos complexos, a lição da Operação Lava Jato seria de que, respeitadas as atribuições institucionais de cada órgão e o tipo de ilícito que investigam, deve ser construído um caminho seguro de cooperação, inclusive no que diz respeito ao tratamento dos investigados colaboradores. Assim, argumentam, o adequado funcionamento desses mecanismos de colaboração beneficiaria a todos (investigadores, colaboradores e sociedade), que veriam o ilícito descoberto e debelado de maneira mais eficiente. Também é nesse sentido a Nota Técnica nº 01/2017 do MPF, que sinaliza a importância da transversalidade, bem como a necessidade de adoção de modelo de cooperação interinstitucional para otimizar a incidência dos acordos de leniência. Esta também parece ser a premissa do Acordo de Cooperação Técnica entre o Supremo Tribunal Federal (STF), a Controladoria-Geral da União (CGU), a Advocacia-Geral da União (AGU), o Ministério da Justiça e Segurança Pública (MJSP) e o Tribunal de Contas da União (TCU) em matéria de combate à corrupção no Brasil, especialmente em relação aos acordos de leniência da Lei nº 12.846/2013 (doravante "Acordo de Cooperação Técnica STF/CGU/AGU/MJ/TCU de 2020"[257]), que será detalhado adiante.

---

[256] FRADE, Eduardo; THOMSON, Diogo; ATHAYDE, Amanda. A Operação Lava Jato e a investigação de cartéis no Brasil: evolução ou revolução? *In:* MATTOS, Cesar (Org.). *A revolução antitruste no Brasil 3.* São Paulo: Singular, 2018. p. 223-254.

[257] Acordo de Cooperação Técnica entre o Supremo Tribunal Federal (STF), a Controladoria-Geral da União (CGU), a Advocacia-Geral da União (AGU), o Ministério da Justiça e

A cooperação interinstitucional entre as autoridades públicas envolvidas nas investigações e nos processos que envolvem acordos de leniência deve ser implementada, portanto, em dois momentos cruciais: tanto no momento da negociação e da celebração dos acordos (1.4.2.1) quanto no momento do sancionamento (1.4.2.2), como se passa a expor. Deve-se avançar, portanto, nas discussões que se têm tido sobre "balcão único", que parecem se preocupar apenas com o momento da negociação e celebração dos acordos, para encontrar caminhos institucionais de "balcão coordenado" também para a fase do sancionamento dos atos objeto dos acordos de leniência. Por fim, lançam-se algumas primeiras reflexões a respeito da necessidade de cooperação intrainstitucional (1.4.2.3).

Figura 11 – Cooperação interinstitucional no momento da negociação/celebração e no momento do sancionamento

Fonte: elaboração da autora.

Segurança Pública (MJSP) e o Tribunal de Contas da União (TCU) em matéria de combate à corrupção no Brasil, especialmente em relação aos acordos de leniência da Lei nº 12.846/2013. Disponível em: http://www.stf.jus.br/arquivo/cms/noticiaNoticiaStf/anexo/Acordo6agosto.pdf. Acesso em: 18 set. 2020.

1.4.2.1 Da cooperação interinstitucional no momento da negociação/celebração dos acordos de leniência

A cooperação interinstitucional no momento da negociação e da celebração dos acordos de leniência pode ter basicamente duas formas de implementação: (i) balcão único e (ii) balcão coordenado, como se passa a detalhar.

O chamado "balcão único" ou "guichê único" para a negociação dos acordos de leniência (i) tende a ser uma corrente minoritária na doutrina nacional[258] e internacional,[259] em que pese barulhenta. Registre-se, ainda, que, apesar de alguns estudos mencionarem a expressão "balcão único" em seus textos, em termos materiais o que se argumenta é pela existência de um balcão coordenado, e não.[260] Segundo tal, seria necessário que todas as autoridades públicas com atribuição para negociar acordos de leniência ou fossem unificadas ou sentassem juntas na mesma mesa e avaliassem então, conjuntamente, se deveriam ou não assinar um determinado acordo em negociação, em suas respectivas esferas.

O principal ponto positivo do "balcão único", segundo argumentam, é que haveria aumento da segurança jurídica e previsibilidade, dada a impossibilidade fática de decisões contraditórias e redução da complexidade normativa. A unificação de pedidos de leniência num único guichê corroboraria o *enforcement* dos programas de leniência, tendo em vista o aumento do número de autoridades participantes do processo de negociação e, consequentemente, o incremento das oportunidades de investigação e constatação da existência de condutas ilícitas. A configuração criaria, portanto, incentivos aos infratores indecisos para buscarem a realização do acordo, dado o afastamento do cenário em que outros órgãos do Poder Público poderiam aventar novas persecuções e aplicar penalidades paralelas sobre os mesmos atos.[261] Ademais, reduzir-se-iam os custos de negociação e, portanto,

---

[258] MACEDO, Alexandre Cordeiro; SANT'ANA, Raquel Mazzuco. Balcão Único Para Negociação de acordos de leniência no Brasil. *SSRN Electronic Journal*, v. 23529, p. 1-36, 2019, p. 32. WARDE, Walfrido. O espetáculo da corrupção: como um sistema corrupto e o modo de combatê-lo estão destruindo o país. Leya, 2018.

[259] INTERNATIONAL CHAMBER OF COMMERCE-ICC. ICC Proposal to ICN for a onestop-shop for leniency markers. mar. 2016. Disponível em: https://iccwbo.org/publication/icc-proposal-icn-one-stop-shop-leniency-markers/. Acesso em: 27 set. 2020.

[260] SANTANA, Artur. *Corrupção e consensualismo*: os acordos de leniência sob a ótica da concertação administrativa interorgânica. Dissertação de Mestrado, USP. 2020.

[261] MACEDO, Alexandre Cordeiro; SANT'ANA, Raquel Mazzuco. Balcão Único Para Negociação de acordos de leniência no Brasil. *SSRN Electronic Journal*, v. 23529, p. 1-36, 2019, p. 28.

menor burocracia administrativa, já que em um único "balcão" haveria a discussão de todos os pontos de todas as autoridades públicas.

Entendo que a hipótese do balcão único consiste em uma posição pouco pragmática e com repercussões bastante prejudiciais aos programas de leniência no Brasil.[262] Pouco pragmática porque acredito ser improvável a existência de uma legislação única que unifique todos os requisitos, fases de negociação, benefícios e vedações para os acordos de leniência, dada a própria natureza distinta destes acordos em cada uma das suas respectivas esferas.[263] Ademais, entendo que haveria repercussões bastante prejudiciais aos programas de leniência no Brasil, por diversas razões. Primeiro porque, apesar de pretensamente diminuir custos com as negociações, a existência de um único "balcão" tem a grande potencialidade de se tornar um centro de burocracias e atrasos, já que qualquer exigência de qualquer dos órgãos envolvidos iria retardar o prosseguimento das negociações com todos os demais que estivessem sentados à mesa.

Ademais, entendo que pode haver severas repercussões negativas para as negociações, já que a rejeição da proposta de acordo de leniência por parte de qualquer dos órgãos integrantes do balcão único inviabilizaria o acordo para todas as demais autoridades públicas. Essa consequência mais ampla da rejeição unilateral individual pode ser prejudicial, assim, não apenas para o agente privado, que se vê impossibilitado de propor o acordo às demais autoridades e apresentar argumentos específicos, mas também para o próprio Estado, que deixa de ter acesso a todos os benefícios decorrentes da celebração de um acordo de leniência que pode ser relevante, no mínimo, para uma seara específica de persecução ao ilícito objeto do acordo.

Ora, ainda que as legislações estejam unificadas (o que, mais uma vez, entendo pouco provável que aconteça), é possível – e bastante provável, inclusive –, que cada órgão tenha uma visão diferente do acordo. Se para o Cade, por exemplo, uma determinada prática não

---

[262] PIMENTA, Guilherme. *Balcão único para negociar leniência pode não ser factível, diz especialista.* Amanda Athayde Linhares, que coordenou programa de negociações no Cade, lança livro sobre o tema. Portal JOTA, 10 abr. 2019.

[263] O PL nº 11.233/2018 apresentado pelo Deputado Roberto Alves de Lucena do PODE-SP traz disposições, conforme consta inclusive da justificativa apresentada ao PL, que tentam solucionar o problema da definição de atribuições entre os distintos órgãos componentes do microssistema de combate à corrupção, definindo em quais situações tal atribuição será do Ministério Público e em quais casos competirá ao órgão central de controle interno de cada Poder (a exemplo da CGU, no âmbito do Poder Executivo federal). Para tanto, cria um balcão único no Ministério Público em situações nas quais a atuação dos órgãos administrativos seja limitada por sua própria natureza e atribuições.

preenche o nível probatório para se assinar um acordo de leniência sobre cartel, esses mesmos documentos e informações podem ser suficientes para assinar um acordo de leniência sobre fraude a licitação com a CGU e a AGU. Igualmente, se uma determinada prática de lavagem de dinheiro é considerada de menor gravidade pelo MP, essa prática pode ser essencial para que o BC celebre seu primeiro acordo de leniência na história, fortalecendo a institucionalidade do seu programa de leniência. Ainda, se o MP já tem conhecimento parcial sobre uma determinada prática de *insider trading* porque já realizou uma busca e apreensão e tem amplo material digital e físico a analisar, a CVM pode ter interesse na celebração do acordo para que obtenha maiores detalhes e informações da prática, além de outros detalhes específicos da *extertise* da CVM que dificilmente seriam obtidos apenas com as evidências apreendidas. Além disso, o processamento e análise das informações obtidas por meio de uma busca e apreensão podem demandar tempo, de modo que a outra autoridade pública pode ter interesse na assinatura do acordo para viabilizar, de modo mais célere, a sua iniciação e instrução processual, bem como a alavancagem investigativa (vide cap. 1, item 1.1.3, *supra*). O que se nota na prática, segundo o ex-diretor da CVM, é que o Ministério Público não dá a mesma relevância que a CVM para os crimes de mercado de capitais (*insider trading*, manipulação de mercado, atuação irregular), o que reforça a nossa visão de que a existência de um balcão único poderia aportar prejuízos à persecução de ilícitos.[264]

Na mesma linha argumenta Monteiro que existem três cenários possíveis para leniência corporativa envolvendo várias autoridades: (i) autoridade única selecionada para negociar acordos de leniência – dependeria de lei; (ii) várias autoridades negociando em conjunto – já acontece nos acordos de leniência da CGU/AGU; (iii) várias autoridades negociando separadamente, mas de forma coordenada – já acontece em várias situações, mediante o compartilhamento de evidências e coordenação de processos, bem como a consideração de aspectos de acordos de outros reguladores em seus próprios acordos, como dedução de valores de multa. Assim, o autor sustenta que a melhor solução para o Brasil seria uma combinação dos cenários de leniência corporativa (ii) e (iii). Assim, poderia ter uma combinação de negociação conjunta

---

[264] MACHADO, Henrique. *CVM tem que repensar como tratar casos de corrupção, diz diretor de saída do colegiado.* Disponível em: https://economia.estadao.com.br/noticias/governanca,cvm-tem-que-repensar-como-tratar-casos-de-corrupcao-diz-diretor-de-saida-do-colegiado,70003538902. Acesso em: 21 abr. 2021.

quando as autoridades tutelam direitos equiparáveis e coordenação entre as autoridades nos demais casos.[265]

Frade, Thomson e Athayde[266] argumentam, nesse sentido, que a preservação das atribuições e do sistema jurídico de cada um dos órgãos permite que estes exerçam suas funções com todo o conhecimento e *expertise* necessários para o tipo de ilícito que possui competência, o que gera, em investigações complexas (como a da Operação Lava Jato), uma maior eficácia na descoberta e na punição do todo. É nesse sentido a segunda corrente sobre a forma de implementação dessa cooperação interinstitucional quando da negociação e celebração dos acordos de leniência, à qual me filio.

Trata-se de linha que entende ser possível alcançar todos os benefícios da primeira corrente por meio de um "balcão coordenado" (ii). Neste cenário, as legislações continuam a ser diferentes, as autoridades permanecem diferentes, com suas respectivas atribuições, as negociações continuam a ser separadas formalmente, mas as autoridades públicas passam a se coordenar, tanto por escrito quanto na prática.

Em um "balcão coordenado" por escrito, as autoridades públicas podem elaborar documentos públicos de *soft law* que sinalizam estes esforços de articulação e cooperação interinstitucional, por meio, por exemplo, de memorandos de entendimentos, portarias conjuntas, notas técnicas conjuntas, pareceres conjuntos, etc. É o caso, por exemplo, do Memorando de Entendimentos nº 1 assinado pelo Cade, em 16 de março de 2016, com o Grupo de Combate a Cartéis do Ministério Público Federal em São Paulo (Memorando de Entendimentos Cade-MPF SP 1/2016), formalizando a possibilidade de coordenação institucional caso os proponentes tenham interesse em colaborar tanto por meio de TCC, com o Cade, quanto por acordo de colaboração com o MPF/SP. Nessa hipótese, a SG/Cade pode auxiliar a interlocução com o Ministério Público e/ou a Polícia Federal, sendo que a negociação e a assinatura de eventuais acordos de colaboração premiada ocorrem a critério dessas autoridades. Esse mesmo modelo de memorando de entendimentos foi

---

[265] MONTEIRO, Alberto. O problema do balcão único anticorrupção no Brasil. Portal Conjur, 14 maio 2021; Disponível em: https://www.conjur.com.br/2021-mai-14/monteiro-problema-balcao-unico-anticorrupcao-brasil#author. Acesso em 25 ago. 2021.

[266] FRADE, Eduardo; THOMSON, Diogo; ATHAYDE, Amanda. A Operação Lava Jato e a investigação de cartéis no Brasil: evolução ou revolução? *In:* MATTOS, Cesar (Org.). *A revolução antitruste no Brasil 3.* São Paulo: Singular, 2018. p. 223-254.

replicado para o Ministério Público Estadual em São Paulo, em 2019.[267] Mais detalhes serão apresentados adiante, no item 2.5.1, *infra*.

No âmbito do programa de leniência do BC, há esforços nesse sentido. O art. 92-A da nova Circular BC nº 3.857/2017 (alterada pela Circular nº 3.910/2018) prevê que "a comunicação de que trata o §2º do art. 31 da Lei nº 13.506, de 2017, será disciplinada no memorando de entendimentos a ser firmado com o Ministério Público no âmbito do fórum permanente de que trata o §4º do art. 31 do aludido diploma legal". Em 13 de julho de 2020 foi finalmente celebrado Acordo de Cooperação Técnica entre BC e MPF (ACT BC-MPF 2020),[268] a fim de implantar o Fórum Permanente de Comunicação de que trata o art. 31, §4º, da Lei nº 13.506, de 13 de novembro de 2017. Mais detalhes serão apresentados no item 3.3.4, *infra*.

Também no âmbito do programa de leniência da CVM há a possibilidade de cooperação interinstitucional. Orientação de como poderão ser estruturadas as repercussões criminais dos acordos de leniência e dos termos de compromisso firmados no SFN pode ser encontrada no Termo de Cooperação Técnica celebrado, em 2008, entre CVM e MPF. Este Termo de Cooperação Técnica foi prorrogado por MPF e CVM em 2018.[269] Mais detalhes serão apresentados no item 3.3.4, *infra*.

Igualmente, no âmbito do acordo de leniência anticorrupção, a cooperação é visualizada de diversas formas, mas um dos principais passos nesse sentido foi dado com a Portaria Interministerial CGU/ AGU nº 2.278/2016, posteriormente revogada pela Portaria Conjunta nº 4, a qual foi assinada pela CGU e AGU em 9 de agosto de 2019. Mais detalhes serão apresentados no item 4.1, *infra*. Também esta parece ter sido a mensagem trazida pelo Acordo de Cooperação Técnica STF/ CGU/AGU/MJ/TCU, celebrado em 6 de agosto de 2020, apresentado a seguir e cujas repercussões específicas estão descritas no item 4.5.5, *infra*.

Em um "balcão coordenado" na prática, a coordenação entre as diversas instituições potencialmente envolvidas deve ser implementada concretamente, nas negociações em curso. E isso não apenas é possível, como já foi feito no Brasil algumas vezes, com resultados tanto positivos quanto negativos.

---

[267] CADE. Cade e Ministério Público de São Paulo assinam memorando de entendimento. Disponível em: http://antigo.cade.gov.br/noticias/cade-e-ministerio-publico-de-sao-paulo-assinam-memorando-de-entendimento. Acesso em: 21 abr. 2021.

[268] Acordo de Cooperação Técnica entre BC e MPF. Disponível em: http://www.mpf.mp.br/pgr/documentos/ACTBACEN.pdf. Acesso em: 3 set. 2020.

[269] CVM e MPF prorrogam Termo de Cooperação Técnica. Disponível em: http://www.cvm.gov.br/noticias/arquivos/2018/20180508-2.html. Acesso em: 23 set. 2020.

Como experiência positiva, pode-se mencionar o acordo de leniência firmado com o grupo de comunicação Interpublic (do qual fazem parte as agências de publicidade MullenLowe Brasil e FCB Brasil), que foi o primeiro, no Brasil, a contar com a participação de todos os órgãos de controle anticorrupção do país: o MPF, a CGU, a AGU e o TCU.[270] Em outubro de 2015, as agências de publicidade celebraram acordo de leniência com a força-tarefa da Operação Lava Jato (MPF). Em 2018, após aprovação do TCU, a CGU e a AGU[271] celebraram um acordo similar ao do MPF, segundo as mesmas bases financeiras. O acordo contou com a assinatura do MPF e assegurou que a empresa não estaria sujeita a punições, no âmbito da Lei Anticorrupção, em razão dos fatos descritos no acordo de leniência, por quaisquer das agências mencionadas. Situação semelhante ocorreu com a Andrade Gutierrez, que já havia celebrado acordos de leniência com o Cade e o MPF, e que também firmou acordo com o Ministério da Transparência (CGU) e com a AGU.[272]

Cabe citar a cooperação interinstitucional realizada com os chamados "acordos-espelho". Tal iniciativa consiste em proposta de

---

[270] De acordo com a Advogada-Geral da União, Grace Mendonça, "[o] acordo mostra integração entre órgãos e que estamos no caminho correto, que é o da integração entre os órgãos envolvidos, tratando da leniência como uma política de Estado. Daí então a grande novidade desse dia de hoje. O acordo de leniência que passou por todos os 4 órgãos envolvidos. Estamos avançando em um contexto de fomento a economia e de combate à corrupção". Para a subprocuradora-geral da República Mônica Garcia, coordenadora da Quinta Câmara de Coordenação e Revisão Criminal do Ministério Público Federal, responsável por homologar os acordos do MPF, o acordo representa um avanço. "O que se pretende é que se dê a esse instrumento de acordos de leniência uma segurança cada vez maior. O que se demonstra hoje é isso. Acabamos chegando a um acordo espelho, de valores idênticos, e é momento de celebração. Alcançamos resultado muito positivo. Atestamos que é possível com humildade institucional que todos avancemos em torno dessa política" (PIRES, Breno. CGU, AGU e MPF assinam e enaltecem primeiro acordo 'global' de leniência. *Estadão*, 16 abr. 2018. Disponível em: https://economia.estadao.com.br/noticias/governanca,cgu-agu-e-mpf-assinam-e-enaltecem-primeiro-acordo-global-de-leniencia,70002271113. Acesso em: 1 jul. 2018).

[271] Celebrado primeiro acordo de leniência que envolveu todos os órgãos de controle anticorrupção. *Migalhas*, 16 abr. 2018. Disponível em: http://www.migalhas.com.br/Quentes/17,MI278523,101048-Celebrado+primeiro+acordo+de+leniencia+que+envolveu+todos+os+orgaos. Acesso em: 1 jul. 2018.

[272] Segundo os termos do acordo de leniência celebrado, a construtora comprometeu-se a recolher R$1,49 bilhões, a serem pagos em até 16 anos, referentes a multa, danos e enriquecimento ilícito no contexto de 54 contatos celebrados com a administração pública (corrigido pela Selic, o valor deverá chegar a R$3,6 bilhões). Segundo informações divulgadas, o valor referente à reparação de danos será destinado aos órgãos da administração pública federal lesados, principalmente à Petrobrás (GOVERNO fecha acordo de leniência com Andrade Gutierrez de R$ 1,49 bi. *Folha de São Paulo*, 18 dez. 2018. Disponível em: https://www1.folha.uol.com.br/mercado/2018/12/governo-fecha-acordo-de-leniencia-com-andrade-gutierrez-de-r-149-bi.shtml. Acesso em: 19 dez. 2018).

padronização dos acordos de leniência, para evitar divergências entre a CGU, a AGU, o MPF e o TCU.[273] Um exemplo de acordo-espelho foi aquele celebrado com a empresa austríaca Bilfinger Maschinenbau GmbH & Co KG, o qual tinha como objeto atos de corrupção contra a Marinha do Brasil e que foi negociado concomitantemente com a CGU/AGU e o MPF.[274] Além disso, os mencionados acordos celebrados com as agências MullenLowe e FCB Brasil também foram negociados mediante evidentes esforços de articulação conjunta e simultânea entre CGU/AGU e MPF.[275] Nesses últimos, é possível identificar o reconhecimento nos acordos da CGU/AGU de obrigações relacionadas às colaborações firmadas com o MPF, que foram celebradas em momento anterior. Este caso foi considerado um grande passo na integração e diálogo dos entes envolvidos na execução de programas de leniência.[276]

Nessa esteira de aproximação entre as instituições foi que, em dezembro de 2019, foi apresentada pelo MPF minuta de um Compromisso de Cooperação Interinstitucional,[277] com o envolvimento de sete instituições envolvidas no combate à corrupção (MPF, AGU, CGU, CADE, CVM, BC e TCU), considerando as respectivas atribuições. Sua proposta consignava a sugestão de duas formas de órgãos colegiados na condução da cooperação interinstitucional em matéria de leniência: (a) Comissão de Cooperação Interinstitucional (CCI), à qual se atribuía a reunião de representantes de cada Parte Signatária para dar cumprimento e seguimento à atividade de articulação, coordenação e cooperação,

---

[273] Em relação ao TCU, cabe notar que há uma distinta atuação em relação aos acordos de leniência: a este órgão não cabe negociar e assinar os Acordos, mas analisar e tutelar a reparação integral dos danos causados. A esse respeito, é importante pontuar que o TCU não negocia o valor desses danos com os proponentes dos acordos de leniência, como fazem as demais autoridades, e não atua, assim, de forma consensual.

[274] BRASIL. Ministério Público da Transparência e Controladoria-geral da União. *CGU e AGU firmam leniência com empresa Bilfinger*. CGU, 2017. Disponível em: http://www.cgu.gov.br/noticias/2017/08/cgu-e-agu-firmam-leniencia-com-empresa-bilfinger. Acesso em: 20 nov. 2018. No MPF, ver: BRASIL. Ministério Público Federal. *Procedimento Extrajudicial nº 1.34.001.001469/2016-98*. Relatora: Maria Hilda Marsiaj Pinto. Homologado em: 6 set. 2017.

[275] BRASIL. Ministério Público da Transparência e Controladoria-geral da União. *CGU e AGU assinam acordo de leniência com as agências MullenLowe e FCB Brasil*. CGU, 2018. Disponível em: https://www.gov.br/cgu/pt-br/assuntos/noticias/2018/04/cgu-e-agu-assinam-acordo-de-leniencia-com-as-agencias-mullenlowe-e-fcb-brasil. Acesso em: 2 abr. 2021.

[276] PIMENTA, Raquel de Mattos; O Jogo em Ação: Os acordos de leniência da Controladoria Geral da União, *In: A Construção dos acordos de leniência da Lei Anticorrupção*. Ed. Blucher, 2020. p. 119 -146.

[277] Minuta de Compromisso de Cooperação entre MPF, AGU, CGU, CADE, CVM, BC e TCU. Disponível em: http://www.mpf.mp.br/atuacao-tematica/ccr5/notas-tecnicas/docs/nota-tecnica-2-2020-acordo-de-cooperacao-acordo-de-leniencia-final.pdf. Documento 1. Acesso em: 22 set. 2020.

dentro da qual as instituições compareceriam em igualdade de condições; e (b) Comitês de Cooperação Interinstitucional (Comitê-CI), cuja composição estaria a depender da participação institucional requerida no enfrentamento de cada caso concreto. Não houve, porém, a assinatura deste documento, e sim de um novo acordo, o Acordo de Cooperação Técnica STF/CGU/AGU/MJ/TCU, celebrado em 6 de agosto de 2020, detalhado adiante.

Há, porém, espaço para aprimoramentos. Uma experiência negativa parece ter acontecido com a empresa SBM Offshore, por exemplo, em que o acordo de leniência reuniu, inicialmente, o MPF, a CGU e a AGU como signatários, e a Petrobras como interveniente. Ao ser remetido à 5ª CCR/MPF para homologação, porém, o acordo foi rejeitado. Em seguida, em dezembro de 2017, enquanto negociava um segundo acordo de leniência com a CGU e a AGU (com a aprovação do TCU), a SBM Offshore foi alvo de ação de improbidade administrativa ajuizada pelo MPF. Após tomar conhecimento da referida ação, a empresa holandesa informou que não assinaria mais nenhum acordo de leniência a não ser que todas as autoridades brasileiras fossem contempladas na negociação.[278] Finalmente, após tantas idas e vindas, o terceiro acordo de leniência da SBM Offshore, que foi o primeiro a ser negociado pelo MPF, CGU e AGU, voltou a ser discutido especificamente com o MPF,[279] em maio de 2018, e foi assinado em outubro do mesmo ano.[280] Tal acordo inclusive já foi homologado pela 5ª CCR/MPF. O caso foi considerado um fracasso devido às divergências e embates entre os órgãos, que não conseguiram chegar a um consenso sobre o conteúdo dos compromissos que deveriam ser firmados com a infratora e o equilíbrio no comprometimento da colaboração nas esferas civil e criminal.[281]

Um passo nesse sentido do "balcão coordenado" parece ter sido dado em 6 de agosto de 2020, quando da assinatura do Acordo

---

[278] CAMAROTTO, Murillo. Perto de acordo de leniência inédito, SBM suspende assinatura após ação. *Valor Econômico*, 2 fev. 2018. Disponível em: https://www.valor.com.br/politica/5302271/perto-de-acordo-de-leniencia-inedito-sbm-suspende-assinatura-apos-acao. Acesso em: 1 jul. 2018.

[279] TRINDADE, Naira. SBM Offshore retoma acordo de leniência com governo. *Estadão*, 23 maio 2018. Disponível em: https://politica.estadao.com.br/blogs/coluna-do-estadao/sbm-offshore-retoma-acordo-de-leniencia-com-governo/. Acesso em: 1 jul. 2018.

[280] SBM devolverá R$ 1,22 bilhão à Petrobras em acordo de leniência. *Notícias do Dia*, 23 out. 2018. Disponível em: https://ndonline.com.br/florianopolis/noticias/sbm-devolvera-r-1-22-bilhao-a-petrobras-em-acordo-de-leniencia. Acesso em: 20 nov. 2018.

[281] PIMENTA, Raquel de Mattos; O Jogo em Ação: Os acordos de leniência da Controladoria-Geral da União. *In: A Construção dos acordos de leniência da Lei Anticorrupção*. Ed. Blucher, 2020. p. 119 -146.

CAPÍTULO 1
TEORIA GERAL DOS ACORDOS DE LENIÊNCIA | 157

de Cooperação Técnica entre o Supremo Tribunal Federal (STF), a Controladoria-Geral da União (CGU), a Advocacia-Geral da União (AGU), o Ministério da Justiça e Segurança Pública (MJSP) e o Tribunal de Contas da União (TCU) em matéria de combate à corrupção no Brasil, especialmente em relação aos acordos de leniência da Lei nº 12.846/2013 (doravante "Acordo de Cooperação Técnica STF/CGU/AGU/ MJ/TCU de 2020"[282]). Na parte inicial do documento, é realizada uma contextualização sobre a razão pela qual diversas instituições públicas estão envolvidas no combate à corrupção no Brasil:

- a competência comum da União, dos Estados, do Distrito Federal e dos Municípios em zelar pela guarda da Constituição, das leis e das instituições democráticas e pela conservação do patrimônio público (Art. 23, inciso I);
- a vinculação da administração pública aos princípios da legalidade, impessoalidade, moralidade, publicidade e eficiência (Art. 37, caput);
- as consequências gravosas pela prática de atos de improbidade administrativas, cumuladas com as da ação penal (Art. 37, § 4º);
- a institucionalização dos controles internos de cada Poder, que no caso do Poder Executivo é exercido pela Secretaria Federal de Controle Interno da Controladoria-Geral da União, e do controle externo exercido pelo Congresso Nacional com o auxílio do Tribunal de Contas da União (Arts. 70 e 71);
- a institucionalização das estruturas permanentes essenciais à função jurisdicional do Estado, notadamente o Ministério Público, incumbido da defesa da ordem jurídica, do regime democrático e dos interesses sociais e individuais indisponíveis (Art. 127) e a Advocacia-Geral da União, responsável pela representação judicial e extrajudicial da União, cabendo-lhe também as atividades de consultoria e assessoramento jurídico do Poder Executivo (Art. 131).

Segundo seus termos, o sistema jurídico brasileiro seria dotado de múltiplas camadas de competências e responsabilidades, com independência relativa ou mitigada entre elas, sem a existência de hierarquia ou subordinação entre elas. Essa natureza multifacetada e

---

[282] Acordo de Cooperação Técnica entre o Supremo Tribunal Federal (STF), a Controladoria-Geral da União (CGU), a Advocacia-Geral da União (AGU), o Ministério da Justiça e Segurança Pública (MJSP) e o Tribunal de Contas da União (TCU) em matéria de combate à corrupção no Brasil, especialmente em relação aos acordos de leniência da Lei 12.846/2013. Disponível em: http://www.stf.jus.br/arquivo/cms/noticiaNoticiaStf/anexo/Acordo6agosto. pdf. Acesso em: 18 set. 2020.

plural dos atos de corrupção demandaria, então, a atuação articulada de várias instituições para combatê-la:

> Dentro deste sistema, destacam-se (i) as instituições com poder de investigação e persecução penal (no nível federal através da Polícia Federal e Ministério Público Federal); (ii) as instituições encarregadas de promover ações judiciais pela prática de ato de improbidade administrativa (no plano federal através do Ministério Público Federal e os entes públicos REPÚBLICA FEDERATIVA DO BRASIL lesados, notadamente a União representada pela Advocacia-Geral da União); (iii) as instituições comissionadas legalmente para exercer as funções próprias ao controle interno, à persecução administrativa nos termos da Lei nº 12.846/2013 e à prevenção e combate à corrupção (no âmbito do Poder Executivo federal, a cargo da Controladoria Geral da União); bem como (iv) as instituições incumbidas do controle externo dos demais Poderes (que no âmbito federal é exercido pelo Tribunal de Contas da União).

O Acordo de Cooperação Técnica STF/CGU/AGU/MJ/TCU de 2020 afirma então que essas diversas instituições devem agir de forma coordenada e em estrita observância às suas atribuições e competências legalmente estabelecidas na matéria, sob pena de gerar insegurança jurídica, conflitos institucionais, sobreposição de atuações, insuficiência ou vácuos na atuação estatal, impunidade e desproporcionalidade na punição das pessoas físicas e jurídicas.

Em seguida, passa a apresentar sete princípios gerais aplicáveis em matéria de políticas e atuações estatais anticorrupção: (i) articulação interinstitucional e cooperação mútua; (ii) coordenação, uniformização e harmonização da atuação; (iii) respeito às atribuições e competências de cada órgão e instituição; (iv) atuação especializada e profissional; (v) atuação responsável, consciente, prudente e estratégica dos instrumentos disponíveis, com recuperação de ativos e defesa do patrimônio público; (vi) transparência e interação com a sociedade; (vi) eficiência e efetividade.

Especificamente quanto aos acordos de leniência anticorrupção, o Acordo de Cooperação Técnica STF/CGU/AGU/MJ/TCU de 2020 também enuncia dezessete princípios: (i) colaboração, lealdade, boa-fé objetiva e proteção da confiança entre o Estado e a pessoa jurídica colaboradora; (ii) segurança jurídica; (iii) efetividade, eficiência e celeridade de informações e provas, com a identificação dos envolvidos, quando couber; (iv) inaplicabilidade de sanções adicionais àquelas aplicadas ao colaborador do acordo de leniência, com as consequentes restrições ao compartilhamento de prova com outros órgãos sem a garantia de não utilização em face do colaborador que as apresentou; (v) busca do consenso interinstitucional quanto à apuração e eventual quitação de danos decorrentes de fatos abrangidos no acordo, sem prejuízo da obrigatoriedade do ressarcimento integral do dano pelos fatos e circunstâncias não abrangidos no acordo; (vi) a responsabilização objetiva da pessoa jurídica pelos atos lesivos; (vii) a busca do interesse público da vantajosidade da proposta de acordo para a Administração Pública, devendo-se analisar os custos e o resultado útil das medidas judiciais e extrajudiciais cabíveis, sopesando-as com a alavancagem investigativa, a obrigação de aprimoramento do programa de integridade e o dever de colaboração das pessoas jurídicas; (viii) preservação da empresa e dos empregos; (ix) objetividade dos parâmetros para fixação proporcional e razoável dos valores a serem pagos, a partir das rubricas de 1. natureza sancionatória, referente às multas da Lei nº 12.846, de 2013, e da Lei nº 8.429, de 1992, e 2. natureza de ressarcimento, por meio de uma estimativa justa e consensual dos valores a serem ressarcidos, considerando a necessidade de se dar efetividade à recuperação de ativos e observadas as condições subjetivas do colaborador; (x) especificidade das condições da empresa colaboradora e dos ilícitos cometidos; (xi) transparência e publicidade dos acordos de leniência, ressalvadas as informações e documentos protegidos por sigilo legal; (xii) cooperação internacional a fim de se garantir o combate sistêmico à corrupção e ao suborno transnacional, bem como a adequada e proporcional recuperação de ativos correspondente a cada jurisdição; (xiii) razoabilidade e proporcionalidade, sempre prevalecendo a lógica de que o colaborador não pode estar nas mesmas condições do não colaborador, mas também não pode equiparar-se àquele que, desde o início, optou por não delinquir; (xiv) efetividade e caráter dissuasório das sanções, uma vez que o acordo de leniência é instrumento de aplicação do direito sancionador; (xv) *non bis in idem*, de modo que a celebração do acordo de leniência suspende a aplicação de sanções pelas outras instituições signatárias em relação ao objeto do acordo, extinguindo-se a pretensão punitiva com o cumprimento integral do acordo, bem como admitindo-se a possibilidade de compensação entre valores e rubricadas da mesma natureza jurídica e relacionados aos mesmos ilícitos sancionados nas diversas esferas de responsabilização; (xvi) colaboração do particular por meio do programa de integridade, com a readequação das práticas empresariais e o estabelecimento de novos padrões éticos no ambiente corporativo; e (xvii) primazia da autodenúncia, nos termos do art. 16, parágrafo 1º, inc. I, da Lei nº 12.846, de 2013, e do Decreto nº 8.420, de 2015.

O Acordo de Cooperação Técnica STF/CGU/AGU/MJ/TCU de 2020 passa, em seguida, a enumerar os quatro pilares dos acordos de leniência anticorrupção: (i) efetiva colaboração do envolvido na apuração dos ilícitos, com a identificação dos demais envolvidos na infração administrativa, quando couber, e o fornecimento célere de informações e documentos aptos a colaborar com a comprovação da infração sob apuração; (ii) ressarcimento ao erário dos valores apurados consensualmente, sem prejuízo da obrigatoriedade do ressarcimento integral do dano pelos fatos e circunstâncias não abrangidos no acordo de leniência; (iii) a obrigação de implementação de altos padrões de integridade e *compliance*, aprovados previamente e sujeitos ao monitoramento de sua implementação; (iv) da perda de todos os benefícios em caso de descumprimento, com a reabertura e instauração de processos sancionatórios, declaração de inidoneidade, aplicação de outras sanções cabíveis, execução integral dos valores devidos, impedimento de realizar novo acordo pelo prazo de três anos e inclusão da pessoa jurídica no Cadastro Nacional de Empresas Punidas. Apesar de a nomenclatura utilizada ser de "pilares", trata-se, a nosso ver, de natureza de requisitos dos acordos de leniência anticorrupção (vide cap. 4, *infra*), e não realmente dos pilares para um programa de leniência efetivo, ou seja, porque os colaboradores irão procurar uma autoridade pública pra negociar um acordo.

Por fim, o Acordo de Cooperação Técnica STF/CGU/AGU/MJ/TCU de 2020 define o que chama de "ações sistêmicas" e "ações operacionais", com vistas a viabilizar essa cooperação no momento da negociação e da celebração dos acordos. Tais ações serão pormenorizadamente detalhadas no cap. 4, *infra*, uma vez que tratam especificamente dos acordos de leniência anticorrupção. Há que se verificar como tais ações serão implementadas na prática, para que se constate se há, de fato, uma tentativa de um "balcão coordenado", como se entende ser o adequado, e não de um "balcão único", cujas críticas e preocupações já foram supramencionadas.

Em que pese a assinatura deste Acordo de Cooperação Técnica STF/CGU/AGU/MJ/TCU de 2020, a 5ª CCR do MPF, por meio de sua Comissão Permanente de Assessoramento para Acordos de Leniência e Colaboração Premiada, publicou a Nota Técnica nº 2/2020 5ª CCR/MPF,[283] contrária à sua assinatura pelo Procurador-Geral da República.

---

[283] Nota Técnica nº 2/2020 5ª CCR/MPF. Disponível em: http://www.mpf.mp.br/atuacao-tematica/ccr5/notas-tecnicas/docs/nota-tecnica-2-2020-acordo-de-cooperacao-acordo-de-leniencia-final.pdf. Acesso em: 22 set. 2020.

As razões do MPF serão detalhadas no cap. 5, item 5.1, *infra*. A nosso ver, em resumo, trata-se de preocupação institucional de que o referido Acordo de Cooperação Técnica implemente um "balcão único", e não um "balcão coordenado", que reduza, portanto, a atuação do MPF no tema dos acordos de leniência.

Posteriormente à celebração do Acordo de Cooperação Técnica STF/CGU/AGU/MJ/TCU de 2020, o próprio STF voltou a manifestar a necessidade de se avançar no que chamamos, nesse livro, de "balcão coordenado". Em pedido de vista, o Ministro Dias Toffoli declarou a necessidade de maior segurança jurídica com relação ao que é pactuado em acordos de leniência.[284] O Ministro Luís Roberto Barroso acordou com Dias Toffoli, declarando que "o Estado tem que falar a uma só voz", e chegou a sugerir que o voto-vista do Ministro Dias Toffoli trouxesse uma proposta de modelo para reunir agências fiscalizadoras na validação desses acordos. O Ministro Luís Roberto Barroso apontou a potencial necessidade de um "condomínio" de órgãos fiscalizadores visando gerar harmonia entre os acordos feitos.[285]

Ainda sobre esse assunto, é possível listar outras experiências internacionais que vêm empregando esforços para fomentar a cooperação institucional entre seus órgãos com poderes persecutórios. Em 2018, o DOJ norte-americano tornou pública uma nova política institucional intitulada *"no piling on"*,[286] com diretrizes e orientações adicionais a serem incluídas ao *Justice Manual*, documento que já reunia uma série de soluções e procedimentos para alinhamento dos processos que tramitam em diferentes esferas (criminal, civil, regulatória e administrativa). Sua nomenclatura faz referência a uma popular estratégia do futebol americano, na qual os jogadores de um mesmo time se "empinham" uns sobre os outros e todos sobre um único adversário com o objetivo de paralisá-lo. A expressão, portanto, faz alusão à prevenção ao "empilhamento" de múltiplas sanções aplicadas sobre a mesma empresa

---

[284] BRASIL. Supremo Tribunal Federal. Mandado de Segurança 37.329-DF.

[285] MACEDO, Fausto. Toffoli pede vista e suspende julgamento da Primeira Turma sobre decisão do TCU que bloqueou pagamentos de órgãos públicos à Engevix. Disponível em: https://politica.estadao.com.br/blogs/fausto-macedo/toffoli-pede-vista-e-suspende-julgamento-da-primeira-turma-sobre-decisao-do-tcu-que-bloqueou-pagamentos-de-orgaos-publicos-a-engevix/. Acesso em 23 ago. 2021.

[286] Para mais informações sobre a *"non piling on policy"*, ver ESTADOS UNIDOS. Department of Justice. *1-12.000 - Coordination of Parallel Criminal, Civil, Regulatory, and Administrative Proceedings*. Justice Manual. Disponível em: https://www.justice.gov/jm/jm-title-1-organization-and-functions. Acesso em: 3 abr. 2021.

infratora que tenham como objeto a discussão de fatos idênticos.[287] O novo regramento trouxe orientações que têm como objetivo incentivar a comunicação prévia, efetiva e regular entre as autoridades, além de promover a coordenação institucional em três momentos distintos: i) instauração, com consideração das outras esferas eventualmente afetadas pela conduta e alinhamento com as outras autoridades competentes; ii) investigação, através da ponderação de parâmetros e métodos que permitam o mais eficiente compartilhamento de informações entre os órgãos interessados; e iii) solução, mediante a observação dos impactos da decisão que potencialmente podem atingir as instâncias de outras autoridades.[288] A política enriquece o debate sobre as variadas formas e incentivos para a promoção da cultura de cooperação interinstitucional num sistema de multiagências.

Diante de todo o exposto, entendo que a existência de um "balcão coordenado" é a melhor alternativa para a cooperação interinstitucional no momento da negociação e da celebração dos acordos de leniência no Brasil, que pode e deve ser implementada sem modificações legislativas. Trata-se de solução pragmática, que mantém as respectivas competências e atribuições de cada uma das autoridades públicas, que confirma a necessidade de especialização e de valor à *expertise* de cada uma das instituições na persecução de ilícitos no Brasil, sem criação de novas burocracias administrativas ou de riscos mais amplos aos incentivos para se colaborar por meio de acordos de leniência.

1.4.2.2 Da cooperação interinstitucional no momento do sancionamento dos envolvidos nos ilícitos processados com origem nos acordos de leniência

Para além da cooperação interinstitucional durante a negociação e celebração do acordo de leniência, é importante haver cooperação entre as autoridades públicas na fase de sancionamento. Trata-se de avançar, portanto, nas discussões que se tem tido sobre "balcão único", que parecem se preocupar apenas com o momento da negociação e

---

[287] IBRAC. Acordos e Políticas de Leniência: contribuição para o diálogo e a harmonização. José Inácio F. de Almeida Prado Filho e Bruna Sellin Trevelin (Org.). Editora Singular, 2020. p. 147.

[288] IBRAC. Acordos e Políticas de Leniência: contribuição para o diálogo e a harmonização. José Inácio F. de Almeida Prado Filho e Bruna Sellin Trevelin (Org.). Editora Singular, 2020. p. 146.

celebração dos acordos, para encontrar caminhos institucionais de "balcão coordenado" também para a fase do sancionamento dos atos objeto dos acordos de leniência.

Ou seja, na eventualidade de uma das empresas ou indivíduos ter (terem) celebrado acordo de leniência com parte das autoridades públicas competentes para o tema no Brasil, mas não em todas, a pergunta é: como viabilizar que esse colaborador não fique em posição pior que todos os demais investigados não colaboradores nas demais esferas em que não colaborou?[289]

O colaborador entrega todos os documentos e informações e com isso entrega ao Estado brasileiro uma ampla gama de provas contra si. Se outro órgão do mesmo Estado utiliza essas evidências contra o colaborador, o que se tem é a quebra do pilar da segurança jurídica, da previsibilidade e da transparência do programa de leniência (vide item 1.3, *supra*). O colaborador não teria, nessa hipótese, nenhum diferencial por ter celebrado o acordo de leniência, e isso certamente reduziria os incentivos para que novos colaboradores procurem as autoridades públicas para negociar novos acordos de leniência no futuro. O colaborador, na realidade, ficaria em posição de desproporção em relação àqueles não colaboradores, o que configuraria um claro desincentivo aos programas de leniência. Para Alves e Ros, nestes casos seria imprescindível que os órgãos de controle promovam uma comunicação constante sobre os programas de leniência, evitando-se assim sanções cruzadas que possam inviabilizá-los.[290]

Essa preocupação também foi manifestada pelo ministro Alexandre de Moraes do STF, que argumenta no sentido de que "quem colabora de maneira importante com a investigação deve ter a pena diminuída, atenuada ou até mesmo ser aplicado o perdão judicial, de acordo com a participação no ato de improbidade administrativa".[291]

---

[289] PIMENTA, Guilherme. *Empresa não pode sair de leniência pior do que entrou, diz Amanda Athayde.* Para ex-coordenadora de colaboração no Cade, CVM e BC devem garantir segurança jurídica a proponentes. Portal JOTA, 21 jun. 2018.

[290] ALVES, Marlus; ROS, Luiz. Comunicação e previsibilidade: pilares dos acordos de leniência. Portal Jota. 25 jun. 2020. Disponível em: https://www.jota.info/opiniao-e-analise/artigos/comunicacao-e-previsibilidade-pilares-dos-acordos-de-leniencia-25062020. Acesso em: 18 set. 2020.

[291] BRASIL. Supremo Tribunal Federal. ARE nº 1.175.650-RG/PR. Repercussão Geral no Recurso Extraordinário com Agravo 1.175.650/PR. 25/04/2019. Disponível em: https://stf.jusbrasil.com.br/jurisprudencia/861479651/repercussao-geral-no-recurso-extraordinario-com-agravo-rg-are-1175650-pr-parana-0058049-9120158160000/inteiro-teor-861479661?ref=feed. Acesso em: 21 abr. 2021.

Um primeiro passo nesse sentido da cooperação interinstitucional quando do sancionamento foi dado na investigação referente às práticas de corrupção no âmbito da construção da usina termoelétrica de Angra 3. Nos termos do voto do ministro Bruno Dantas, relator do processo no TCU, aplicou-se uma pena por inidoneidade às empresas UTC Engenharia S.A.; Construtora Queiroz Galvão S.A.; Empresa Brasileira de Engenharia S.A. (EBE); e Techint Engenharia e Construção S.A.; que não poderão participar de licitações na Administração Pública federal por cinco anos. Todavia, essa sanção deixou de ser aplicada às construtoras Odebrecht, Andrade Gutierrez e Camargo Corrêa, por terem elas contribuído com a investigação da Operação Lava Jato por meio de acordos de leniência. Nos termos do voto do ministro relator, "as graves ocorrências ora em apreciação somente vieram à tona com essa intensidade em virtude das informações carreadas aos autos por uma das empresas, primeiro, junto ao Cade e ao MPF, e, posteriormente, perante este Tribunal".[292]

Afirmou o ministro Bruno Dantas, nesse sentido, que a agenda do combate à corrupção se sustenta em dois pilares: (i) um conjunto de incentivos aptos a estimular os agentes infratores a cooperar com o Estado nas investigações; e (ii) um desenho institucional "que permita o diálogo permanente e a atuação coordenada entre os diversos órgãos de controle estatais".[293] O ministro ressaltou, ainda, o "dever das instituições estatais em honrar os compromissos assumidos nos acordos, garantindo concretamente os benefícios (sanções premiais) esperados pelo infrator-colaborador".[294] Não obstante, ele pontuou que os acordos

---

[292] BRASIL. Tribunal de Contas da União. Acórdão nº 483/2017. Plenário. Processo nº TC 016.991/2015-0. Relator: Bruno Dantas. Sessão: 22 mar. 2017. *Diário Oficial da União*, Brasília, 30 mar. 2017. p. 86. No mesmo sentido, o relator afirma que "[o]s indícios de conluio e restrição à competitividade inicialmente identificados pelo Tribunal, ainda em 2013 e 2014, foram substancialmente aprofundados, enrobustecidos e cabalmente comprovados a partir do fornecimento de informações e provas por uma das responsáveis e o compartilhamento de informações por parte do Cade e do MPF. Ora, não seria razoável que a empresa se dispusesse a fornecer informações para a investigação administrativa e não fosse de alguma forma favorecida por isso. Nessa hipótese, além de frustrar a justa expectativa e a confiança depositada no Estado, a sinalização que o TCU estaria dando para o mercado em geral seria a de que a celebração de acordos de colaboração ou leniência não seria algo vantajoso. Ao contrário, cumpre a esta Corte contribuir para que eventuais acordos tenham segurança jurídica, a fim de estimular a contribuição de outras empresas e dar efetividade à estratégia nacional de combate à corrupção" (BRASIL. Tribunal de Contas da União. Acórdão nº 483/2017. Plenário. Processo nº TC 016.991/2015-0. Relator: Bruno Dantas. Sessão: 22 mar. 2017. *Diário Oficial da União*, Brasília, 30 mar. 2017. p. 89).

[293] *Ibid.*, p. 87.

[294] No mesmo sentido, o ministro relator argumenta que "[o] acordo de leniência e a colaboração premiada são como um contrato. Qualquer pacto, contrato ou ajuste envolve cálculo,

CAPÍTULO 1
TEORIA GERAL DOS ACORDOS DE LENIÊNCIA | 165

de leniência e outros instrumentos de colaboração não podem afastar o TCU do exercício de sua função constitucionalmente estabelecida de "buscar o ressarcimento do dano sofrido pelos cofres públicos", devendo a cooperação institucional com os demais órgãos estar voltada à conciliação de duas principais necessidades, complementares entre si: "a de emitir incentivos às colaborações e a de reparar o dano ao erário".[295]

Tendo em vista encadeamentos específicos dessa decisão do TCU, algumas empresas impetraram os Mandados de Segurança nºs 35.435/DF, 36.496/DF, 36.526/DF e 36.173/DF perante o Supremo Tribunal Federal (STF). Discutia-se, em essência, se o TCU, em julgamento de fraudes licitatórias, poderia declarar a inidoneidade de empresas para contratar com a Administração Pública (Lei nº 8.443/1992, art. 46), ainda que os ilícitos tenham sido objeto de acordos firmados em programas de leniência com outras instituições federais. Em sede de liminar, o ministro relator Gilmar Mendes asseverou que o TCU teria outras formas de penalidade disponíveis para além da pena de inidoneidade, em sincronia com a argumentação do MPF, segundo a qual "a suspensão da aplicação da pena de inidoneidade responde a um imperativo inerente a qualquer acordo de leniência [...] Se o acordo

---

previsão e racionalidade estratégica. Como em qualquer avença, os agentes estimam riscos, barganham benefícios e assumem obrigações. Como em qualquer acordo, eles confiam na estabilidade das regras pactuadas, no funcionamento adequado das instituições para assegurá-las e esperam, sobretudo, segurança jurídica. Qualquer elemento que desestabilize desnecessariamente essa equação será percebido como motivo de insegurança para futuros interessados em negociar. Seus efeitos serão precificados e fatalmente elevarão os custos de transação de novos contratos. Consequentemente, nos próximos acordos, se houver, o Estado precisará ofertar benefícios ainda maiores em troca do mesmo grau de informações. Nada disso é desejável. É por essa razão que, ao possibilitar os acordos de leniência, o ordenamento jurídico pressupõe certa interação entre os órgãos. Essas instituições são braços operacionais de um mesmo Estado, de forma que a divisão de papéis entre elas representa mera organização administrativa decorrente das escolhas feitas na composição do ordenamento jurídico. Mas a redução nos índices de crimes dessa natureza, a cessação de condutas reprováveis, a punição aos infratores e a recomposição dos danos, ao fim e ao cabo, interessam ao Estado e à sociedade como um todo. Dessa forma, o Tribunal também deve considerar para esta decisão eventual colaboração que as empresas estejam fazendo junto ao Ministério Público Federal. Afinal, as informações obtidas por meio da celebração de acordos dessa natureza estão contribuindo para as investigações promovidas pela Lava Jato e são fundamentais para a continuidade e o aprofundamento das apurações" (*Ibid.*, p. 90-91).

[295] Em que pese ser positivo o fato de o ministro ter reconhecido a validade dos acordos de leniência celebrados com outras instituições, concedendo que produzissem efeitos no TCU, há quem argumente que as condições definidas no Acórdão foram sobremaneira gravosas para os colaboradores. Isso porque os signatários teriam que não apenas cooperar com o TCU e deixar de recorrer da decisão daquele tribunal, mas também concordar em pagar todos os valores que o TCU arbitrasse como adequados para ressarcimento ao erário. Tratar-se-ia, assim, de uma espécie de "cheque em branco" para o TCU, o que geraria insegurança jurídica, dada a inexistência de uma metodologia única e amplamente aceita para ressarcimento (*vide* cap. 1, Seção 1.1.6, *supra*).

de leniência prever a aplicação de multa e de sanções pecuniárias de monta contra a empresa que celebra o pacto, é necessário dar a ela condições para cumprir com tais sanções. Para tanto, é imprescindível que a empresa continue funcionando e operando em seu mercado atual".[296] Ademais, indicou que a "atuação [do TCU] deve limitar-se ao escopo de buscar integralmente a reparação do dano causado, sem inviabilizar o cumprimento dos citados acordos".[297]

Em seu voto final, em maio de 2020, perante a Segunda Turma do STF, o ministro relator Gilmar Mendes realizou abrangente análise sobre a consensualidade no Direito Administrativo sancionador e a multiplicidade dos regimes de leniência no microssistema anticorrupção. Argumentou que a interpretação conjugada dos múltiplos regimes de leniência que se inserem no microssistema anticorrupção deve zelar (i) pelo alinhamento de inventivos institucionais à colaboração e (ii) pela realização do princípio da segurança jurídica, a fim de que os colaboradores tenham previsibilidade quanto às sanções e benefícios premiais cabíveis quando da adoção de postura colaborativa com o Poder Público. O ministro votou, portanto, no sentido de que, embora a aplicação da sanção de inidoneidade aplicada com base na Lei nº 8.443/1992 não esteja contemplada expressamente na Lei Anticorrupção, a aplicação desta penalidade pelo TCU resultaria em ineficácia da cláusula que prevê a isenção ou a atenuação das sanções administrativas estabelecidas nos arts. 86 a 88 da Lei nº 8.666/1993, por consequência, esvaziando a força normativa do art. 17 da Lei nº 12.846/2013, pois os efeitos práticos das sanções mencionadas são semelhantes, senão coincidentes. Isso não suprimiria a missão institucional do TCU, já que seria possível ainda a apuração da existência de danos complementares que não foram integrados na reparação ao erário entabulada naqueles acordos.[298]

Em março de 2021, a Segunda Turma do STF decidiu, por maioria, pela suspensão definitiva da pena de inidoneidade aplicada às construtoras. Enquanto os ministros Ricardo Lewandowski e Kassio Nunes Marques acompanharam integralmente o Relator para permitir que as quatro impetrantes pudessem participar de licitações públicas

---

[296] MPF. Estudo Técnico 01/2017.

[297] BRASIL. Supremo Tribunal Federal. *Medida Cautelar em Mandado de Segurança nº 35.435-DF*. Relator: Gilmar Mendes. *DJ*: 13 abr. 2018.

[298] Para alcançar a reparação do dano ao erário, além de declarar a inidoneidade, o TCU pode, de acordo com a Lei nº 8.443/1992, decretar de indisponibilidade de bens (art. 44, §2º), aplicar multa (arts. 57 e 58), bem como conceder eficácia de título executivo às suas decisões que resulte em imputação de débito ou cominação de multa (art. 24).

CAPÍTULO 1
TEORIA GERAL DOS ACORDOS DE LENIÊNCIA | **167**

e afastar o esvaziamento das colaborações realizadas,[299] os ministros Edson Fachin e Cármen Lúcia votaram pela suspensão da sanção apenas no que se refere à construtora Andrade Gutierrez, sob a alegação de que as demais impetrantes teriam firmado seus acordos em momento posterior à decisão do TCU. Isto porque os ministros parcialmente vencidos consideraram a cronologia das negociações como critério final para concluir pela derrubada da punição exclusivamente no caso em que esta foi aplicada pelo TCU antes da celebração de acordo de leniência, tendo em vista que esse elemento caracterizaria a ausência de boa-fé por parte das construtoras que teriam aguardado "o final dos procedimentos investigatórios pela Corte de Contas para, só então, pretender enquadrar-se na condição de colaboradora, para fins de Lei 12.846/2013".[300]

Também nessa linha, o ministro do TCU Benjamin Zymler já se posicionou no sentido de que, a despeito de o Tribunal de Contas dever pugnar pelo integral ressarcimento do dano ao erário, não poderia atuar analisando acordos de leniência já celebrados ou ignorando seus efeitos e aplicando penalidades adicionais, sob pena de afetar negativamente a atuação das demais autoridades que celebram acordos de leniência.[301] Trata-se, inclusive, de posição recentemente reiterada pelo mesmo ministro, em decisão na qual afirmou que a não aplicação de sanções pelo TCU a colaboradores e signatários de acordos de leniência não implicava a perda de competência do TCU ou a sua subserviência a outros órgãos, mas sim uma postura de deferência aos acordos firmados, em coerência com o microssistema de combate à corrupção.[302]

---

[299] STF anula decisão do TCU e libera empreiteiras da Lava Jato a participar de licitações, *Folha de São Paulo*, 30 mar. 2021. Disponível em: https://www1.folha.uol.com.br/mercado/2021/03/stf-anula-decisao-do-tcu-e-libera-empreiteiras-da-lava-jato-a-participar-de-licitacoes.shtml. Acesso em: 21 abr. 2021.

[300] Revista Consultor Jurídico. Supremo permite que construtoras da "lava jato" voltem a participar de licitações. *Conjur*, 30 jan. 2021. Disponível em: https://www.conjur.com.br/2021-mar-30/tcu-nao-declarar-inidoneidade-empresa-firmou-leniencia#author. Acesso em: 20 abr. 2021.

[301] Ver: BRASIL. Tribunal de Contas da União. Acórdão nº 1221/2018. Plenário. Relator: Benjamin Zymler. Sessão: 30 maio 2018. *Diário Oficial da União*, 11 jun. 2018.

[302] Ver Processo nº TC 000.168/2016-5, em que o relator declarou que "A decisão de não sancionar a Construtora Odebrecht e os seus ex-executivos não implica uma postura de subserviência do TCU às outras instâncias de controle, em especial à criminal. Afinal, o Tribunal continua livre e detém a última palavra para sopesar, em cada caso concreto, os efeitos da colaboração sobre seu processo de controle externo e sobre a atividade persecutória em geral do Estado. No presente caso, verifico que a cooperação das pessoas arroladas neste feito, perante a esfera criminal, acarretou a aplicação mitigada do poder sancionatório da Justiça Penal, a despeito da violação de bem jurídico mais grave, tipificado como crime. A empresa sofreu a incidência de multa civil e obrigações de fazer e as pessoas físicas, variadas penas restritivas

Esse também foi o tema discutido no Tribunal Regional Federal da 4ª Região (TRF-4), no Agravo de Instrumento 5023972-66.2017.4.04.0000/ PR). Segundo seus termos, "seria coerente que o mesmo sistema jurídico admita, de um lado, a transação na LAC e a impeça, de outro, na LIA, até porque atos de corrupção são, em regra, mais gravosos que determinados atos de improbidade administrativa, como por exemplo, aqueles que atentem contra princípios, sem lesão ao erário ou enriquecimento ilícito".

Também sobre essa lógica de considerar a colaboração no momento do sancionamento em outro órgão, insta mencionar que em maio de 2020, em sede de apelação, o TRF-4 decidiu que o pacto de leniência tem o condão de extinguir, com resolução de mérito (CPC, artigo 487, III, alínea "b"), ação de improbidade ajuizada contra o signatário do acordo em vista da mesma situação fática. Isso fez com que certo pacto firmado com a União (via CGU) impedisse o prosseguimento de ação de improbidade que visava, entre outros pedidos, ao ressarcimento integral do dano em relação à sociedade de economia mista federal (não signatária da leniência).[303]

Essa também parece ter sido a lógica por trás do Acordo de Cooperação Técnica STF/CGU/AGU/MJ/TCU,[304] celebrado em 6 de agosto de 2020, dado que enuncia como um quarto princípio específico quanto aos acordos de leniência anticorrupção a inaplicabilidade de sanções adicionais àquelas aplicadas ao colaborador do acordo de leniência, com as consequentes restrições ao compartilhamento de prova com outros órgãos sem a garantia de não utilização em face do colaborador que as apresentou. Ainda, no décimo quinto princípio, sustenta o *non bis in idem,* de modo que a celebração do acordo de leniência suspende a aplicação de sanções pelas outras

---

de direitos. Nesse cenário, o Tribunal pode, numa atitude de deferência ao acordo firmado por outro órgão de controle e de respeito ao microssistema de combate à corrupção e de defesa da probidade administrativa, diante da relevância da cooperação para o Estado e para o processo de controle externo, recuar no exercício de seu poder sancionatório sobre o colaborador e reputar como suficiente a pena ou a medida substitutiva imputada pelo órgão penal" (BRASIL. Tribunal de Contas da União. *Processo nº TC 000.168/2016-5.* Relator: Benjamin Zymler. 2016).

[303] MOREIRA, Egon Bockmann. STF e TRF-4 têm dever de respeito interinstitucional aos acordos de leniência. *Conjur,* 1 jun. 2020.

[304] Acordo de Cooperação Técnica entre o Supremo Tribunal Federal (STF), a Controladoria-Geral da União (CGU), a Advocacia-Geral da União (AGU), Ministério da Justiça e Segurança Pública (MJSP) e o Tribunal de Contas da União (TCU) em matéria de combate à corrupção no Brasil, especialmente em relação aos acordos de leniência da Lei 12.846/2013. Disponível em: http://www.stf.jus.br/arquivo/cms/noticiaNoticiaStf/anexo/Acordo6agosto.pdf. Acesso em: 18 set. 2020.

instituições signatárias em relação ao objeto do acordo, extinguindo-se a pretensão punitiva com o cumprimento integral do acordo, bem como admitindo-se a possibilidade de compensação entre valores e rubricas da mesma natureza jurídica e relacionados aos mesmos ilícitos sancionados nas diversas esferas de responsabilização.

Ao discorrer sobre os mecanismos para afastar a ausência de segurança jurídica àqueles que colaboram voluntariamente com o Poder Público, dados os riscos enfrentados pelos colaboradores que podem sofrer com a persecução de outros órgãos com poderes para sancionar fatos já apreciados e compreendidos nos acordos, Justino[305] propôs interpretação jurídica que considere a oponibilidade *erga omnes* sobre os acordos de leniência firmados com a Administração Pública. Nesse sentido, para solucionar os problemas gerados pelo sistema anticorrupção baseado no modelo de multiagência, os acordos de leniência já firmados deveriam ser oponíveis a todos os outros colegitimados, o que incluiria inclusive o condão de resolver controvérsias judiciais preexistentes que versem sobre os mesmos fatos. Segundo o seu argumento, tal efeito cumpriria de maneira satisfatória o interesse estatal na dupla responsabilização da pessoa jurídica na esfera judicial e administrativa e, simultaneamente, cobriria as lacunas deixadas no ordenamento jurídico.

Ademais, enuncia como terceira ação sistêmica a ser implementada pelas instituições signatárias o compromisso de não sancionamento da empresa colaboradora com base nas provas apresentadas no próprio acordo de leniência, em específico a não aplicação das sanções de inidoneidade, suspensão ou proibição de contratar com a Administração Pública (vide item 4.5.5, *infra*), o traz críticas da Comissão Permanente de Assessoramento para acordos de leniência e Colaboração Premiada do MPF, nos termos da Nota Técnica nº 2/2020 5ª CCR/MPF. Segundo o documento, haveria um indevido padrão obrigatório de benefícios sem correspondência ao caso concreto, bem como a restauração do modelo da Medida Provisória nº 703/2015, que teve sua vigência encerrada. Assim, determinar a isenção de determinada penalidade a todos os colaboradores de maneira apriorística violaria a competência das

---

[305] OLIVEIRA, Gustavo Justino. Acordos de leniência e sua oponibilidade erga omnes: soluções a partir do sistema brasileiro anticorrupção multiagências. *Portal JOTA*, 3 mar. 2021. Disponível em: https://www.jota.info/opiniao-e-analise/colunas/direito-administrativo-sancionador/acordos-de-leniencia-e-sua-oponibilidade-erga-omnes-03032021?amp=1. Acesso em: 2 abr. 2021.

autoridades públicas com atribuição para celebrar o acordo de leniência, em cuja órbita está a potestade para negociar a transação de sanções previstas em lei, à luz do princípio de individualização, que inspiraria os ajustes de acordo com as circunstâncias de cada caso.

Diante do exposto, parece haver relativo consenso no sentido de que as autoridades públicas podem e devem cooperar quando do sancionamento de atos objeto de acordos de leniência. Há que se atentar, porém, em não transformar essa linha de raciocínio em uma tentativa de alijamento das competências e atribuições institucionais. E há que se viabilizar, também, o "como", ou seja, os meios pelos quais esse "balcão coordenado" é possível de ser implementado no momento do sancionamento.

É nesse sentido que vejo com certa preocupação inicial algumas disposições do Acordo de Cooperação Técnica STF/CGU/AGU/MJ/TCU de 2020 que levam à não aplicação por completo das competências e atribuições dos demais órgãos, uma vez celebrado um acordo de leniência – em que pese haja, em diversas menções no documento, a garantia do respeito a essas mesmas competências e atribuições.

A primeira preocupação tem caráter institucional, dado que os órgãos e instituições poderiam "perder", ainda que nos casos concretos, parte de sua competência ou atribuição. A segunda preocupação é de caráter individual para os servidores responsáveis pela investigação e sancionamento. Qual seria o embasamento legal para a não aplicação das sanções previstas na legislação brasileira? Um Acordo de Cooperação Técnica teria força jurídica para obstar a aplicação?[306] Ou poderia haver inclusive questionamentos da prática de prevaricação[307] por parte do servidor que deixar de investigar, de propor sanções ou de punir aqueles que cometeram infrações?

Ainda, há uma terceira preocupação de caráter operacional, dado que a celebração do acordo de leniência com uma instituição não necessariamente garante seu cumprimento até o final da investigação e do processo administrativo, civil ou criminal. Assim, caso uma instituição

---

[306] Essa preocupação com a ausência de amparo legal para que as autoridades signatárias deixem de aplicar as sanções também foi levantada pela Comissão Permanente de Assessoramento para acordos de leniência e colaboração premiada do MPF, nos termos da Nota Técnica nº 2/2020 5ª CCR/MPF, o que reforça a preocupação de caráter individual para os servidores.

[307] Código Penal. Art. 319 - Retardar ou deixar de praticar, indevidamente, ato de ofício, ou praticá-lo contra disposição expressa de lei, para satisfazer interesse ou sentimento pessoal: Pena - detenção, de três meses a um ano, e multa.

deixe de sancionar por completo tendo em vista a existência de acordo de leniência celebrado em outra esfera, teria que acompanhar ao longo de anos o cumprimento deste acordo em outra esfera, para, em caso de descumprimento, retomar a persecução.

Por fim, há uma quarta preocupação de caráter estratégico, já que esse caminho de abstenção ao sancionamento por alguns órgãos pode ser usado indevidamente pelas empresas, como uma estratégia empresarial de negociar com a autoridade pública que lhe pareça trazer mais conveniente e deixar, por conseguinte, a negociação mais difícil sobrestada. Com isso, passaria a tentar, administrativa e judicialmente, obter esses benefícios da inaplicabilidade das sanções nas outras esferas que trariam repercussões mais severas.

Diante de todas essas preocupações, proponho que o caminho para a cooperação interinstitucional no momento do sancionamento, via "balcão coordenado", deve se dar por meio da dosimetria da pena. Ou seja, as autoridades públicas julgadoras, ao se virem diante de um processo que teve informações e documentos oriundos de acordos de leniência ou seus assemelhados, devem aplicar sua legislação, mantendo suas respectivas competências e atribuições, mas utilizando os atenuantes da pena. Esse atenuante pode ser tanto expresso na legislação (opção ainda inexistente no Brasil) quanto genérico (por meio, por exemplo, de incisos tipicamente presentes, como o da "boa-fé do infrator"). Assim, entendo que haverá a criação de incentivos reflexos a novos acordos, na medida em que todo o Estado brasileiro estará, coordenadamente, buscando a segurança jurídica e o equilíbrio persecutório, sem a perda de competências e atribuições das instituições públicas, com o devido respeito às respectivas *expertises*.

Ou seja, a autoridade pública que estiver diante de um cenário de sancionamento de uma empresa ou de um indivíduo que colaborou com o Estado não deixa de punir por completo, dado que não há – pelo menos até o presente momento – base legal para tanto (à exceção do já mencionado Acordo de Cooperação Técnica STF/CGU/AGU/MJ/TCU de 2020). A autoridade pública permanece com suas atribuições constitucionais e/ou legais, mas utiliza a colaboração prestada ao Estado (ainda que diretamente para aquela autoridade não tenha sido prestada colaboração) como elemento atenuante da pena quando do sancionamento da prática naquele órgão.

No contexto antitruste já existe experiência correlata, no exterior e também no Brasil, nesse sentido de considerar a colaboração, via recolhimento de verbas pecuniárias, como fator atenuante da pena. No Reino Unido[308] e na Holanda,[309] por exemplo, há a precisão de que, se as partes efetivamente ressarcirem os prejudicados pelos danos decorrentes do cartel, poderão ter como benefício descontos sobre o valor da indenização mediante a apreciação proporcional do valor pago como compensação aos afetados pela infração. Estas experiências internacionais foram consideradas na Nota Técnica SG/CADE nº 24/2016 no âmbito do Processo Administrativo nº 08700.007888/2016-00, que se debruçou sobre a articulação entre as persecuções pública e privada para condutas anticompetitivas, tendo como um dos objetos a avaliação de propostas regulamentares, legislativas e de *advocacy* sobre as chamadas "Ações de Reparação por Danos Concorrenciais" (ARDC).[310]

---

[308] No Reino Unido, o mecanismo de ressarcimento voluntário é denominado *"voluntary redress scheme"*, e consiste na oportunidade concedida aos beneficiários da leniência e demais infratores de propor, de forma voluntária, um plano de ressarcimento aos prejudicados, que deverá ser aprovado pela autoridade concorrencial competente – *Competition and Markets Authority (CMA)*. Com a aprovação, os infratores poderão receber, como contraprestação, descontos sobre o valor da multa administrativa a ser aplicada numa alíquota de até 20% sobre o montante. Para mais informações sobre o desenvolvimento da persecução privada e ressarcimento voluntário no Reino Unido, ver RODGER, Barry James. Private Enforcement in the UK: Effective Redress for Consumers? *In*: B. Rodger, P. Whelan e A MacCulloch (Org.). *The UK Competition Regime: A Twenty-Year Retrospective*. Oxford University Press, 2021. Disponível em: https://privpapers.ssrn.com/sol3/papers.cfm?abstract_id=3667324&dgcid=ejournal_htmlemail_antitrust:antitrust:law:policy:ejournal_abstractlink. Acesso em: 02 abr. 2021

[309] Observa-se um aumento considerável no número de ajuizamentos de ARDCs na Holanda, sendo possível relacionar essas demandas ao modelo desenvolvido pela autoridade competente (*Dutch Competition Authority – ACM*) e pela Comissão Europeia, que estipulou como critérios mínimos para propostas simplificada da ação apenas as demonstrações do *quantum* do dano e do nexo causal. Este desenho favorece o *enforcement* privado e facilita o ressarcimento pelas partes lesadas pela infração. Além disso, a Holanda desenvolveu um sistema *"opt-out"* denominado "Meio Alternativo de Resolução de Conflito em Ação Coletiva de Danos", que tem como principais características: a) celebração de acordo extrajudicial que deverá ser homologado pelo Poder Judiciário; b) existência de consentimento pelos prejudicados; e c) efeito vinculante da homologação a todos os consumidores lesados pelo dano. Dados citados em um relatório da OCDE de 2015 corroboraram a opinião de que o programa pode ser considerado bem-sucedido, com seis acordos coletivos ajuizados perante o Tribunal Recursal de Amsterdã e, dentre esses, cinco declarados com efeitos vinculantes, com arrecadação de montantes que giraram em torno de EUR 1 bilhão por acordo firmado. Para mais informações sobre o modelo holandês de ressarcimento voluntário, ver CADE. Nota Técnica SG/CADE nº 24/2016. *Processo nº 08700.007888/2016-00*. Disponível em: https://sei.cade.gov.br/sei/modulos/pesquisa/md_pesq_documento_consulta_externa. php?DZ2uWeaYicbuRZEFhBt-n3BfPLlu9u7akQAh8mpB9yMtfNw6RSaWBYnMIjZ1_bzRh-8Ikzt1-iNRyLL15IZf-3xQwsFz3fuho1cgx-BuAiGIdXH0CI2pcjLZznRWZf0X. Acesso em: 2 abr. 2021

[310] CADE. Nota Técnica SG/CADE nº 24/2016. *Processo nº 08700.007888/2016-00*. Disponível em: https://sei.cade.gov.br/sei/modulos/pesquisa/md_pesq_documento_consulta_externa. php?DZ2uWeaYicbuRZEFhBt-n3BfPLlu9u7akQAh8mpB9yMtfNw6RSaWBYnMIjZ1_bzRh-8Ikzt1-iNRyLL15IZf-3xQwsFz3fuho1cgx-BuAiGIdXH0CI2pcjLZznRWZf0X. Acesso em: 2 abr. 2021

CAPÍTULO 1
TEORIA GERAL DOS ACORDOS DE LENIÊNCIA | **173**

Essa foi a inspiração para que o Cade previsse que o efetivo ressarcimento aos prejudicados, extrajudicial ou judicial, devidamente comprovado, fosse considerado como uma circunstância atenuante para a penalização de empresas investigadas por cartel, nos termos do art. 12 da Resolução nº 21/2018 do Cade.[311] Esse parâmetro foi apresentado também na versão preliminar do Guia de Dosimetria de Multas de Cartel, publicado pelo Cade em julho de 2020. Segundo seus termos, quando da análise dos "efeitos econômicos negativos produzidos no mercado", as medidas tomadas pelas partes investigadas para a redução dos danos, como o ressarcimento das vítimas antes do julgamento, podem ser consideradas como fator para a redução do valor da multa.[312] Trata-se, assim, de uma alternativa para a cooperação interinstitucional no momento do sancionamento.

No contexto do mercado de capitais também já existe experiência no sentido de considerar a colaboração, via recolhimento de verbas pecuniárias, como fator atenuante da penalidade. É o caso, por exemplo, do art. 69 da Instrução Normativa CVM nº 607/2019, que prevê que, caso o dano financeiro a investidores ou acionistas seja integralmente reparado até o julgamento do processo em primeira instância, a pena será reduzida de 1/3 a 2/3. Além disso, o art. 56, inciso I, da Circular nº 3.587/2017 também determina como circunstância atenuante a colaboração do infrator mediante fornecimento ao BC de novos elementos desconhecidos relativos à conduta, como a eventual identificação de outros agentes infratores e apresentação de informações que demonstrem a ocorrência da prática ilícita, o que garante ao investigado uma dedução de 20% (vinte por cento) sobre a multa e de um ano sobre as sanções de inabilitação e de proibições (§2º).

Citam-se igualmente as previsões contidas no Decreto nº 8.420/2015, que regulamenta a Lei Anticorrupção e através dos incisos do art. 18 confere percentuais de diminuição para penas pecuniárias nos casos envolvendo comprovado ressarcimento e o grau de colaboração da pessoa jurídica com investigação ou apuração do ato lesivo, independentemente do acordo de leniência, além de considerar sua comunicação espontânea antes da instauração do processo administrativo.

---

[311] ATHAYDE, Amanda; MAIOLINO, Isabela. Ressarcimento voluntário de danos e acordos no Cade – O que isso significa para as ações de reparação de dano por conduta anticompetitiva no Brasil? *Portal JOTA*, 10 dez. 2018.

[312] Guia de Dosimetria de Multas de Cartel do Cade. Disponível em: http://www.cade.gov.br/noticias/cade-lanca-versao-preliminar-de-guia-de-dosimetria-de-multas-de-cartel. Acesso em: 6 ago. 2020.

Também parece ter sido este o norte do ministro do STF Gilmar Mendes, quando votou no sentido de que o TCU deveria, ao julgar empresas que celebraram acordos de leniência com outras autoridades públicas, aplicar penalidades outras que não a pena de inidoneidade. Caso contrário, as empresas ficariam impossibilidades de funcionar e, consequentemente, de cumprir as próprias condições pactuadas com outras autoridades públicas, em completo contrassenso à própria função do acordo de leniência. Esse parece ter sido, inclusive, o motivo pela qual as instituições decidiram celebrar o já mencionado Acordo de Cooperação Técnica STF/CGU/AGU/MJ/TCU.

Essa proposta de cooperação interinstitucional no sancionamento via dosimetria da pena também resolveria, pelo menos em parte, também, a peculiar situação em que se encontram os colaboradores perante a CVM, no âmbito das investigações de corrupção no Brasil. Isso porque, quando um ato de corrupção for praticado por administrador estatutário em companhia aberta, este ato pode ser entendido como uma violação ao dever de lealdade do administrador, previsto no art. 155 da Lei nº 6.404/64. Esse foi o entendimento da CVM em pelo menos cinco casos envolvendo o escândalo de corrupção na Petrobras.[313] Nestes casos, chama atenção que os principais condenados nos processos administrativos sancionadores foram aqueles que colaboraram com o Estado brasileiro em outras esferas (sobretudo com o MP, na seara criminal, por meio de acordos de colaboração premiada), mas que não cooperaram diretamente com a CVM. Essa preocupação também encontra respaldo nas reflexões de um dos ex-diretores da CVM, para quem a CVM deve evitar que apenas sejam condenados administrativamente aqueles que colaboraram com as investigações do Ministério Público, sob risco de que se subverta o regime de incentivos das delações premiadas.[314]

---

[313] Condenações no âmbito dos PAS CVM 08/2016 SEI nº 19957.009805/2019-66 (assunto: navios-sonda Petrobras 10.000, Vitória 10.000 e Pride DS-5) e PAS CVM 09/2016 SEI nº 19957.009824/2019-92 (assunto: navio-sonda Titanium Explorer). Disponível em: http://www.cvm.gov.br/noticias/arquivos/2019/20191216-3.html. Acesso em: 08 set. 2020. O julgamento ainda está em curso nos seguintes processos, referentes à construção da RNEST e do Comperj da Petrobras: PAS CVM SEI 19957.010647/2019-97 (05/2016): administradores da Petrobras (assunto: Refinaria Abreu e Lima – RNEST), PAS CVM SEI 19957.011654/2019-14 (06/2016): membros da diretoria, conselho de administração e conselho fiscal da Petrobras (assunto: Complexo Petroquímico do Rio de Janeiro – Comperj) e PAS CVM SEI 19957.005789/2017-71 (SP2017/294): administradores e conselheiros fiscais da Petrobras (assunto: *impairment* na elaboração das demonstrações financeiras dos exercícios sociais encerrados em 31.12.2010, 31.12.2011, 31.12.2012, 31.12.2013 e 31.12.2014). Disponível em: http://www.cvm.gov.br/noticias/arquivos/2020/20200824-3.html. Acesso em: 8 set. 2020.

[314] MACHADO, Henrique. *CVM tem que repensar como tratar casos de corrupção, diz diretor de saída do colegiado.* Disponível em: https://economia.estadao.com.br/noticias/

Entendo que aplicar a legislação indistintamente a todos os administradores estatutários, sem distinção entre aqueles que colaboraram com outras autoridades públicas, consiste em um desincentivo mais amplo às colaborações com o Estado brasileiro. Assim, tal qual foi realizado para incluir um atenuante específico para a existência de programas de integridade (art. 68, inciso V, da Instrução Normativa CVM nº 607/2019), a CVM poderia atualizar sua legislação para incluir um atenuante específico para a colaboração do investigado com outras autoridades públicas no Brasil, ou mesmo utilizar o dispositivo contido em sua legislação de atenuante via dosimetria ao infrator de boa-fé.

Há quem discorde dessa opinião. Alguns especialistas[315] acreditam que a CVM é omissa na punição efetiva de administradores envolvidos em esquemas de corrupção e que o órgão regulador deveria se debruçar sobre as empresas listadas – locais conhecidos de origem dos crimes de corrupção. Isto porque, não raramente, as propinas pagas aos agentes públicos são usadas como alavanca competitiva para as empresas corruptoras, produzindo resultados excepcionais que, consequentemente, premiam com bonificações exorbitantes os administradores envolvidos nos atos ilícitos. Nesse sentido, as condenações aplicadas pelo órgão regulador seriam insuficientes para provocar efeito dissuasório suficientemente hábil para desincentivar novos incidentes.

Em resumo, a cooperação interinstitucional apenas será possível quando houver respeito às competências e atribuições de cada uma das autoridades públicas competentes para negociar e celebrar os acordos de leniência no Brasil. Não se pode querer inibir competências por parte de outras autoridades pelo fato de que se colaborou com apenas uma ou a parte delas. Por outro lado, não se pode sancionar os investigados sem qualquer distinção entre aqueles que colaboraram e aqueles que não colaboraram, em sentido mais amplo, com o Estado brasileiro.

Assim, entendo que o caminho para a cooperação interinstitucional no momento do sancionamento, via "balcão coordenado", deve se dar por meio da dosimetria da pena, seja por meio da inclusão expressa dessa atenuante nas legislações respectivas, seja com a interpretação

---

governanca,cvm-tem-que-repensar-como-tratar-casos-de-corrupcao-diz-diretor-de-saida-do-colegiado,70003538902. Acesso em: 21 abr. 2021.

[315] CHAVES, Renato. CVM é inerte no trato de empresas corruptoras e seus administradores. *Portal JOTA*, 11 dez. 2020. Disponível em: https://www.jota.info/opiniao-e-analise/artigos/cvm-e-inerte-no-trato-de-empresas-corruptoras-e-seus-administradores-11122020?utm_campaign=jota_info__ultimas_noticias__destaques__11122020&utm_medium=email&utm_source=RD+Station. Acesso em: 3 abr. 2021.

extensiva das circunstâncias atenuantes previstas em cada uma das legislações já existentes ("boa-fé dos infratores").

1.4.2.2.1 Da cooperação intrainstitucional nos acordos de leniência

Para além do relevante desafio de cooperação interinstitucional, que será abordado adiante, menciona-se, ainda que sem se aprofundar neste momento, a necessidade de aprimoramento, também, da cooperação intrainstitucional. Ou seja, para aquelas autoridades públicas em que há mais de um órgão interno envolvido na negociação e celebração de acordos (por exemplo, quando um órgão é responsável pela investigação/instrução processual e outro pelo julgamento), é preciso que haja também tal cooperação intrainstitucional, sob pena, novamente, de quebra dos pilares de um programa de leniência efetivo de segurança e previsibilidade (vide. 1.3, *supra*).

Essa deve ser uma preocupação, por exemplo, do Cade, na medida em que a SG/Cade é quem assina o acordo de leniência, ao passo que o Tribunal Administrativo é quem confere seus benefícios ao final da instrução processual. Isso também vale para o Tribunal de Contas, por exemplo, em que a área técnica, pertencente às Superintendências, possui, muitas vezes, interpretações opostas àquelas dos Conselheiros do TCU. O mesmo se aplica para o Ministério Público, que pode ter procuradores com interpretações divergentes, assim como a 5ª CCR, o que pode gerar instabilidades internas para a higidez do programa de leniência em questão. Se já há inúmeras discussões sobre como manter a estrutura de incentivos intacta para estes programas de leniência, a própria autoridade deve ficar alerta para controlar aquilo que está, muitas vezes, ao seu alcance, que é a própria cooperação intrainstitucional.

1.4.3 Dos acordos assemelhados que não constituem acordos de leniência

Para além dos acordos de leniência previstos na legislação brasileira, é importante distingui-los de outros tipos de acordo assemelhados. A principal diferença desses acordos é que os acordos de leniência são, em essência, acordos instrumento de investigação, ao passo que os acordos assemelhados são pactos de ajustamento de conduta ou de não persecução, sem aportes adicionais que necessariamente auxiliem as autoridades públicas em uma investigação atual ou futura. Ademais, os acordos de leniência abarcam, via de regra, pessoas jurídicas (e em alguns casos também pessoas físicas), ao passo que os acordos assemelhados são voltados, em alguns casos apenas, para pessoas físicas e, em outros casos, para ambos, indivíduos e empresas. A respeito destes, serão apresentados os acordos de colaboração premiada (1.4.3.1) e os acordos de não persecução penal (1.4.3.2), voltados para a legislação penal. Ademais, há os chamados Termos de Compromisso em algumas das legislações nacionais, como o Termo de Compromisso de Cessação (TCC) Antitruste no Cade (1.4.3.3), o Termo de Compromisso (TC) no SFN (1.4.3.4) e o Termo de Ajustamento de Conduta (TAC) (1.4.3.5), que são tipos de acordos *second best* na seara administrativa,[316] ou seja, são aqueles celebrados quando não há a previsão legal ou mesmo a disponibilidade material da celebração de um acordo mais amplo, como os acordos de leniência.

Figura 12 – Acordos assemelhados que não constituem acordos de leniência

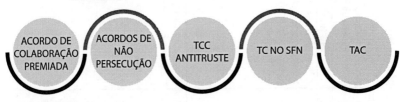

Fonte: elaboração da autora.

De modo a apresentar as semelhanças e diferenças dos acordos assemelhados que não constituem acordos de leniência previstos na legislação brasileira, apresenta-se a seguir tabela consolidada. Para tanto, também foi realizado esforço didático para consolidar em um quadro comparativo as seguintes informações de todos os acordos assemelhados que não constituem acordos de leniência: tipo de infração abarcada pelo acordo; órgão competente para a celebração; previsão legal; previsão infralegal; possíveis beneficiários; se há exigência de ordem de chegada/primazia; benefícios administrativos, criminais e cíveis.

---

[316] ATHAYDE, Amanda; RORIZ, Sarah. Pipoca com guaraná: combinando acordos de leniência com os do tipo second best. Consultor Jurídico Conjur, 17.04.2021. Disponível em: https://www.conjur.com.br/2021-abr-17/opiniao-combinando-acordos-leniencia-second-best. Acesso em: 22 abr. 2021.

Tabela 13 – Panorama geral dos demais acordos assemelhados que não constituem acordos de leniência no Brasil

(continua)

	TCC Antitruste	TC BC e CVM	Acordo de Colaboração Premiada	Acordo de Não Persecução Cível e Penal	TAC
	Capítulo 2	**Capítulo 3**	**Capítulo 1**	**Capítulo 1**	**Capítulo 1**
Tipo de infração	Infrações contra a ordem econômica (condutas coordenadas).	Para BC: apenas infrações não graves (arts. 3º e 4º da Lei nº 13.506/2017). Para CVM: todas as infrações.	Crimes previstos na legislação que contém a previsão de acordo de colaboração.	Para ANPC: infrações relativas aos atos de improbidade administrativa Para ANPP: delitos com pena mínima abstrata inferior a 4 anos, sem violência ou grave ameaça, quando não cabível transação penal	Infrações que correspondam às ações de responsabilidade por danos morais e patrimoniais listados na Lei de Ação Civil Pública
Órgão competente para a celebração	Negociado com a Superintendência-Geral do Cade (SG/Cade) ou pelo próprio Tribunal Administrativo. Homologado pelo Tribunal, sem a interveniência-anuência do Ministério Público.	BC CVM	Negociação com o Ministério Público e Polícias. Homologado pelo juiz.	Negociado com o Ministério Público Homologado pelo Juiz	Negociado pelo Ministério Público, Defensoria Pública, União, Municípios e Distrito Federal, autarquias e fundações públicas Dispensada homologação judicial, mas deverá haver homologação de órgão colegiado competente (como o CSMP ou CCR)

(continua)

	TCC Antitruste	TC BC e CVM	Acordo de Colaboração Premiada	Acordo de Não Persecução Cível e Penal	TAC
	Capítulo 2	**Capítulo 3**	**Capítulo 1**	**Capítulo 1**	**Capítulo 1**
Previsão legal	Art. 85 da Lei nº 12.529/2011.	Para BC: Art. 11 e seguintes da Lei nº 13.506/2017. Para CVM: Art. 11, §§5º a 8º, da Lei nº 6.385/1976.	- Lei nº 12.850/2013 (organização criminosa, art. 4º) - Lei nº 7.492/86 (crimes contra o sistema financeiro nacional, art. 25, §2º) - Lei nº 8.072/90 (crimes hediondos, art. 8º, § único) - Lei nº 8.137/90 (crimes contra a ordem tributária, econômica e relações de consumo, art. 16, § único) - Lei nº 9.613/1998 (crimes de "lavagem" e ocultação de bens, direitos e valores, art. 1º, §5º) - Lei nº 9.807/1999 (organização e a manutenção de programas especiais de proteção a vítimas e testemunhas	Para ANPC: - Art. 6º da Lei nº 13.964/19 - Art. 17, §1º e §10-A, da Lei nº 8.429/1992 - Art. 784, inciso XII, do CPC - Art. 19 da Lei nº 12.846/2013 Para ANPP: - Art. 3º da Lei nº 13.964/19 - Art. 28-A do CPP	- Art. 5º, §6º, da Lei nº 7.347/1985 - Art. 211 da Lei nº 8.069/1990 - Art. 113 da Lei nº 8.078/1990 - Art. 4º-A da Lei nº 9.469/1997

	TCC Antitruste	TC BC e CVM	Acordo de Colaboração Premiada	Acordo de Não Persecução Cível e Penal	TAC
	Capítulo 2	Capítulo 3	Capítulo 1	Capítulo 1	Capítulo 1
			ameaçadas, art. 14) - Lei nº 11.343/2006 (crimes previstos na lei de drogas, art. 41) - Código Penal (art. 159)		
Previsão infralegal	Arts. 219 a 236 do RICade. Guia Cade de TCCs em casos de cartel, 2016. Documento de Trabalho "TCC na Lei 12.529/2011". Fev. 2021.	Para BC: Circular BC nº 3857/2017 (alterada pela Circular BC nº 3910/2018) e Portarias BC nº 103.365/2019 (que revogou as Portarias nº 96.152/2017, nº 97.222/2018, nº 98.1000/2018 e nº 98.385/2018). Para CVM: Instrução CVM nº 607/2019 (alterada pela Instrução CVM nº 613/2019).	Orientação Conjunta nº 1/2018 do MPF sobre os Acordos de Colaboração Premiada.	Para ANPC: - Orientação nº 10/2020 da 5ª CCR MPF sobre parâmetros formais e materiais para celebração de Acordos de Não Persecução Cível. - Resolução nº 1.193/2020 do CPJ Para ANPP: - Orientação Conjunta nº 3/2018 do MPF sobre os Acordos de Não-Persecução Penal. - Resolução nº 181/2017 do CNMP - Resolução nº 183/2018 do CNMP	Resolução nº 179/2017 do CNMP Resolução CNMP nº 23/2017

(continua)

	TCC Antitruste	TC BC e CVM	Acordo de Colaboração Premiada	Acordo de Não Persecução Cível e Penal	TAC
	Capítulo 2	**Capítulo 3**	**Capítulo 1**	**Capítulo 1**	**Capítulo 1**
Possíveis beneficiários	Pessoas jurídicas e pessoas físicas	Pessoas jurídicas e pessoas físicas	Apenas pessoas físicas	Pessoas jurídicas e pessoas físicas	Pessoas jurídicas e pessoas físicas
Benefícios administrativos	Redução de até 50% da penalidade aplicável em faixas de desconto previstas. Caso haja leniência *plus*, redução de até 66,67% da penalidade aplicável, em faixas de desconto escalonadas. Não repercute administrativamente em outros órgãos	Deixa de instaurar ou suspende o processo administrativo em face do compromissário. Não repercute administrativamente em outros órgãos	Não existem benefícios administrativos automáticos.	Não existem benefícios administrativos automáticos.	Possibilidade de substituição ou suspensão de processo administrativo sancionador no âmbito da Agência Nacional de Saúde (ANS) Atenuação de multa pecuniária
Benefícios criminais	Não existem benefícios criminais automáticos. Possível cooperação interinstitucional entre Cade e MP.	Não existem benefícios criminais automáticos. Possível cooperação interinstitucional entre BC/CVM e MP.	Perdão judicial Redução em até 2/3 da pena privativa de liberdade. Substituição da pena privativa de liberdade por restritiva de direitos Regime diferenciado de pena (*).	Para ANPP: extinção da punibilidade do inquérito ou processo judicial envolvendo a infração cometida pelo investigado ou acusado.	Não existem benefícios criminais automáticos

(continua)

	TCC Antitruste	TC BC e CVM	Acordo de Colaboração Premiada	Acordo de Não Persecução Cível e Penal	TAC
	Capítulo 2	Capítulo 3	Capítulo 1	Capítulo 1	Capítulo 1
Benefícios cíveis	Não existem benefícios cíveis automáticos.	Não existem benefícios cíveis automáticos	Não existem benefícios cíveis automáticos.	Para ANPC: isenção ou redução das penas previstas na Lei 8.429/1992 e na Lei nº 12.846/2013, sendo vedada a concessão de isenção total das penalidades. Isenção ou atenuação das penas de: i) perda da função pública; ii) suspensão dos direitos políticos, exceto nos casos de ilegibilidade obrigatória ("Lei da Ficha Limpa"); iii) multa pecuniária; iv) proibição de contratar com a Administração Pública (inidoneidade); v) obrigatoriedade de publicar a punição; vi) suspensão ou interdição parcial de suas atividades; vii) dissolução compulsória da pessoa	Arquivamento do inquérito civil ou das peças de informações usadas na tomada do compromisso. Não promoção de ação de conhecimento relacionada à infração coberta pelo acordo

	TCC Antitruste	TC BC e CVM	Acordo de Colaboração Premiada	Acordo de Não Persecução Cível e Penal	TAC
	Capítulo 2	Capítulo 3	Capítulo 1	Capítulo 1	Capítulo 1
				jurídica; e viii) proibição de recebimento de incentivos, subsídios e empréstimos públicos, direta ou indiretamente, ainda que por intermédio de pessoa jurídica da qual seja sócio majoritário.	

Fonte: elaboração da autora.

1.4.3.1 Acordos de colaboração premiada

Este item apresentará, brevemente, o histórico dos acordos de colaboração premiada na Lei nº 12.850/2013 (1.4.3.1.1). Em seguida, passa-se à discussão sobre a legitimidade para a celebração desses acordos de colaboração premiada (1.4.3.1.2) e as orientações do MPF sobre o tema (1.4.3.1.3).

1.4.3.1.1 Breve histórico dos acordos de colaboração premiada na Lei nº 12.850/2013

Em termos históricos, o instituto da "colaboração premiada" está presente na legislação brasileira há anos. De fato, ele está previsto em distintos dispositivos no ordenamento jurídico, como a Lei nº 7.492/86 (sobre os crimes contra o sistema financeiro nacional, em seu art. 25, §2º[317]), a Lei nº 8.072/90 (sobre crimes hediondos, em seu art. 8º, parágrafo único[318]), a Lei nº 8.137/90 (sobre crimes contra a ordem tributária, econômica e relações de consumo, em seu art. 16, parágrafo único[319]), a Lei nº 9.613/1998 (sobre os crimes de "lavagem" e ocultação de bens, direitos e valores, em seu art. 1º, §5º[320]), a Lei nº 9.807/1999 (sobre a organização e a manutenção de programas especiais de proteção a vítimas e testemunhas ameaçadas, em seu art. 14[321]), a Lei nº 11.343/2006

---

[317] Lei nº 7.492/1986. Art. 25, §2º, alterada pela Lei nº 9.080/95: "Nos crimes previstos nesta Lei, cometidos em quadrilha ou coautoria, o coautor ou partícipe que através de confissão espontânea revelar à autoridade policial ou judicial toda a trama delituosa terá a sua pena reduzida de um a dois terços".

[318] Lei nº 8.0872/1990. Art. 8º, parágrafo único: "O participante e o associado que denunciar à autoridade o bando ou quadrilha, possibilitando seu desmantelamento, terá a pena reduzida de um a dois terços".

[319] Lei nº 8.137/1990. Art. 16, parágrafo único: "Nos crimes previstos nesta Lei, cometidos em quadrilha ou coautoria, o coautor ou partícipe que através de confissão espontânea revelar à autoridade policial ou judicial toda a trama delituosa terá a sua pena reduzida de um a dois terços".

[320] Lei nº 9.613/1988. Art. 1º, §5º: "A pena poderá ser reduzida de um a dois terços e ser cumprida em regime aberto ou semiaberto, facultando-se ao juiz deixar de aplicá-la ou substituí-la, a qualquer tempo, por pena restritiva de direitos, se o autor, coautor ou partícipe colaborar espontaneamente com as autoridades, prestando esclarecimentos que conduzam à apuração das infrações penais, à identificação dos autores, coautores e partícipes, ou à localização dos bens, direitos ou valores objeto do crime".

[321] Lei nº 9.807/1999. Art. 14: "O indiciado ou acusado que colaborar voluntariamente com a investigação policial e o processo criminal na identificação dos demais coautores ou partícipes do crime, na localização da vítima com vida e na recuperação total ou parcial do produto do crime, no caso de condenação, terá pena reduzida de um a dois terços".

CAPÍTULO 1
TEORIA GERAL DOS ACORDOS DE LENIÊNCIA | 185

(sobre crimes previstos na lei de drogas, em seu art. 41[322]), o Código Penal (em seu art. 159[323]) e, finalmente, a Lei nº 12.850/2013 (sobre crimes de organização criminosa, em seu art. 4º[324]). Nesses dispositivos legais de

---

[322] Lei nº 11.343/2006. Art. 41: "O indiciado ou acusado que colaborar voluntariamente com a investigação policial e o processo criminal na identificação dos demais coautores ou partícipes do crime e na recuperação total ou parcial do produto do crime, no caso de condenação, terá pena reduzida de um terço a dois terços".

[323] Código Penal, Decreto-Lei nº 2.848/1940, art. 159, §4º, alterada pela Lei nº 9.269/96: "Se o crime é cometido em concurso, o concorrente que o denunciar à autoridade, facilitando a libertação do sequestrado, terá sua pena reduzida de um a dois terços".

[324] Lei nº 12.850/2013, art. 4º: "O juiz poderá, a requerimento das partes, conceder o perdão judicial, reduzir em até 2/3 (dois terços) a pena privativa de liberdade ou substituí-la por restritiva de direitos daquele que tenha colaborado efetiva e voluntariamente com a investigação e com o processo criminal, desde que dessa colaboração advenha um ou mais dos seguintes resultados: I - a identificação dos demais coautores e partícipes da organização criminosa e das infrações penais por eles praticadas; II - a revelação da estrutura hierárquica e da divisão de tarefas da organização criminosa; III - a prevenção de infrações penais decorrentes das atividades da organização criminosa; IV - a recuperação total ou parcial do produto ou do proveito das infrações penais praticadas pela organização criminosa; V - a localização de eventual vítima com a sua integridade física preservada. §1º Em qualquer caso, a concessão do benefício levará em conta a personalidade do colaborador, a natureza, as circunstâncias, a gravidade e a repercussão social do fato criminoso e a eficácia da colaboração. §2º Considerando a relevância da colaboração prestada, o Ministério Público, a qualquer tempo, e o delegado de polícia, nos autos do inquérito policial, com a manifestação do Ministério Público, poderão requerer ou representar ao juiz pela concessão de perdão judicial ao colaborador, ainda que esse benefício não tenha sido previsto na proposta inicial, aplicando-se, no que couber, o art. 28 do Decreto-Lei nº 3.689, de 3 de outubro de 1941 (Código de Processo Penal). §3º O prazo para oferecimento de denúncia ou o processo, relativos ao colaborador, poderá ser suspenso por até 6 (seis) meses, prorrogáveis por igual período, até que sejam cumpridas as medidas de colaboração, suspendendo-se o respectivo prazo prescricional. §4º Nas mesmas hipóteses do caput, o Ministério Público poderá deixar de oferecer denúncia se o colaborador: I - não for o líder da organização criminosa; II - for o primeiro a prestar efetiva colaboração nos termos deste artigo. §5º Se a colaboração for posterior à sentença, a pena poderá ser reduzida até a metade ou será admitida a progressão de regime ainda que ausentes os requisitos objetivos. §6º O juiz não participará das negociações realizadas entre as partes para a formalização do acordo de colaboração, que ocorrerá entre o delegado de polícia, o investigado e o defensor, com a manifestação do Ministério Público, ou, conforme o caso, entre o Ministério Público e o investigado ou acusado e seu defensor. §7º Realizado o acordo na forma do §6º, o respectivo termo, acompanhado das declarações do colaborador e de cópia da investigação, será remetido ao juiz para homologação, o qual deverá verificar sua regularidade, legalidade e voluntariedade, podendo para este fim, sigilosamente, ouvir o colaborador, na presença de seu defensor. §8º O juiz poderá recusar homologação à proposta que não atender aos requisitos legais, ou adequá-la ao caso concreto. §9º Depois de homologado o acordo, o colaborador poderá, sempre acompanhado pelo seu defensor, ser ouvido pelo membro do Ministério Público ou pelo delegado de polícia responsável pelas investigações. §10º As partes podem retratar-se da proposta, caso em que as provas autoincriminatórias produzidas pelo colaborador não poderão ser utilizadas exclusivamente em seu desfavor. §11º A sentença apreciará os termos do acordo homologado e sua eficácia. §12º Ainda que beneficiado por perdão judicial ou não denunciado, o colaborador poderá ser ouvido em juízo a requerimento das partes ou por iniciativa da autoridade judicial. §13º Sempre que possível, o registro dos atos de colaboração será feito pelos meios ou recursos de gravação magnética, estenotipia, digital ou técnica similar, inclusive audiovisual, destinados a obter maior fidelidade das

colaboração premiada, observa-se que o benefício ao autor denunciante tende a ser, na grande maioria dos casos, uma redução de um a dois terços da pena, podendo, em alguns casos, chegar ao perdão judicial.[325]

A origem do instituto da colaboração premiada brasileira está na prática *in concreto* do MP, desenvolvida durante sua atuação em casos de grande repercussão, como na Operação Banestado[326] (com colaboradores como Alberto Youssef e outros dezesseis)[327] e no caso Mensalão (com Lúcio Bologna Funaro).[328] Contudo, por vezes, esses acordos não eram submetidos à homologação judicial, o que veio a acontecer após esforços da Estratégia Nacional de Combate à Lavagem de Dinheiro (ENCCLA),[329] que influenciou a edição da Lei nº 12.850/2013, adotando o modelo

---

informações. §14º Nos depoimentos que prestar, o colaborador renunciará, na presença de seu defensor, ao direito ao silêncio e estará sujeito ao compromisso legal de dizer a verdade. §15º Em todos os atos de negociação, confirmação e execução da colaboração, o colaborador deverá estar assistido por defensor. §16º Nenhuma sentença condenatória será proferida com fundamento apenas nas declarações de agente colaborador". Essa lei revogou a Lei nº 9.034/95, cujo art. 6º previa que: "Nos crimes praticados em organização criminosa, a pena será reduzida de um a dois terços, quando a colaboração espontânea do agente levar ao esclarecimento de infrações penais e sua autoria".

[325] ATHAYDE, Amanda; DE GRANDIS, Rodrigo. Programa de leniência antitruste e repercussões criminais: desafios e oportunidades recentes. *In:* CARVALHO, Vinicius Marques de (Org.). *A lei 12.529/2011 e a nova política de defesa da concorrência.* 1. ed. São Paulo: Singular, 2015. v. 1. p. 287-304.

[326] Segundo o Procurador Vladmir Aras, "A prática dos acordos escritos, clausulados, firmados após negociação entre o Ministério Público e a defesa surgiu ali, em meados da década passada, a partir do modelo de minha autoria e do procurador Carlos Fernando dos Santos Lima" (SILVA, Rodrigo D. Benefícios da delação: colaboração premiada é importante para romper pacto de silêncio mafioso. *Consultor Jurídico*, 25 jan. 2015. Disponível em: https://www.conjur.com.br/2015-jan-25/entrevista-vladimir-barros-aras-procurador-regional-republica. Acesso em: 15 nov. 2018).

[327] Segundo informações do MPF, "[n]o caso Banestado, foram feitos mais de 20 acordos de colaboração, recuperando-se aproximadamente R$ 30 milhões só em função dos acordos. Centenas de pessoas foram acusadas por crimes contra o sistema financeiro nacional, de lavagem de dinheiro, de formação de quadrilha e de corrupção, obtendo-se 97 condenações" (BRASIL. Ministério Público Federal. *Caso Banestado*. Disponível em: http://www.mpf.mp.br/para-o-cidadao/caso-lava-jato/atuacao-na-1a-instancia/investigacao/relacao-com-o-caso-banestado. Acesso em: 15 nov. 2018).

[328] O Acordo foi firmado entre o MPF e Lucio Bolonha Funaro em 21 de agosto de 2017. Para mais informações, ver: FALCÃO, Márcio. Os 29 anexos da delação de Lúcio Funaro. *Portal JOTA*, 14 set. 2017.

[329] Segundo De Sanctis, a atuação do ENCCLA teria influenciado diversos resultados nos instrumentos de combate à corrupção e lavagem de dinheiro, inclusive "Elaboração de diversos anteprojetos e propostas de alterações a projetos de lei em andamento, nos seguintes temas: organizações criminosas, lavagem de dinheiro, Lei nº 12.683/2012, extinção de domínio (perdimento civil de bens relacionados a atos ilícitos), prescrição penal, intermediação de interesses (lobby), sigilo bancário e fiscal, improbidade administrativa, responsabilização da pessoa jurídica, dentre outros". Entre estes anteprojetos, o autor destaca o da Lei nº 12.850/2013 (DE SANCTIS, Fausto Martin de. Combate à corrupção e à lavagem de dinheiro, *GEN Jurídico*, 2 jul. 2015).

CAPÍTULO 1
TEORIA GERAL DOS ACORDOS DE LENIÊNCIA | 187

de homologação. Por meio dessa lei, criou-se um verdadeiro sistema, um procedimento, aplicável aos acordos de colaboração premiada, que trouxe maior segurança aos potenciais colaboradores e que hoje sustenta a atuação do mesmo Ministério Público em casos como os da Operação Lava Jato, por exemplo.

Em linhas gerais, o acordo de colaboração premiada é um acordo entre as partes do processo penal (Ministério Público e investigado ou acusado, sempre assistido por seu defensor), por meio do qual o agente criminoso confessa sua responsabilidade na conduta criminosa e se compromete a contribuir com: (i) a identificação dos demais coautores e partícipes da organização criminosa e das infrações penais por ele praticadas; (ii) a revelação da estrutura hierárquica e da divisão de tarefas da organização criminosa; (iii) a prevenção de infrações penais decorrentes das atividades da organização criminosa; (iv) a recuperação total ou parcial do produto ou do proveito das infrações penais; e com (v) a localização de eventual vítima com a sua integridade física preservada.

Nos termos do art. 4º da Lei nº 12.850/2013, o acordo de colaboração premiada deve ser objeto de homologação pelo juiz,[330] por meio de requerimento do delegado de Polícia, do Ministério Público ou do colaborador, sendo este sempre assistido por seu defensor. O primeiro requisito para a sua celebração é o de que o colaborador coopere "efetiva e voluntariamente com a investigação e com o processo criminal". O segundo requisito é o de que, da colaboração, advenha ao menos um dentre cinco resultados práticos trazidos pela Lei.

O primeiro resultado esperado do acordo de colaboração premiada é o de que da colaboração resulte a identificação dos demais coautores e partícipes da organização criminosa e das infrações penais por eles praticadas (art. 4º, I). O segundo, de que resulte a revelação da estrutura hierárquica e da divisão de tarefas da organização criminosa (art. 4º, II).

---

[330] Há autores, como Douglas Fischer e Eugênio Paccelli, que entendem que, ainda que não ocorra homologação, o juiz pode considerar a postura do réu na dosimetria da pena ou mesmo na aplicação dos benefícios constituídos pelo *caput* do art. 4º da Lei nº 12.850/2013, independentemente da existência de acordo formal de colaboração: "Para bem logo, porém, esclareça-se que os benefícios constantes do caput do art. 4º da referida legislação poderão ser aplicados até mesmo no caso de inexistir a formalização do acordo de colaboração. O que é decisivo para a respectiva incidência é a efetiva colaboração em juízo (ou na investigação) e da qual tenham resultado os objetivos definidos nos incisos I a V do mesmo dispositivo legal (art. 4º). Ou seja, a eficácia da colaboração constitui matéria ao alcance da jurisdição, independentemente da formalização do acordo, podendo ser reconhecida na sentença e mesmo após ela, no que respeita, por exemplo, à afirmação do direito do colaborador a cumprir pena em estabelecimento diverso dos demais corréus ou condenados (art. 5º, VI)" (PACELLI, Eugênio; FISCHER, Douglas. *Comentários ao Código de Processo Penal e sua jurisprudência*. 5. ed. São Paulo: Atlas, 2013).

O terceiro, de que resulte a prevenção de infrações penais decorrentes das atividades da organização criminosa (art. 4º, III). O quarto, de que resulte a recuperação total ou parcial do produto ou do proveito das infrações penais praticadas pela organização criminosa (art. 4º, IV). E o quinto, de que resulte a localização de eventual vítima com a sua integridade física preservada (art. 4º, V).

Na opinião de Athayde e De Grandis,[331] a grande novidade desse sistema legal foi o delineamento, em termos precisos e particularizados, do procedimento da colaboração premiada.[332] O art. 4º da citada lei amplia o campo da licitude penal e, desse modo, veicula uma norma penal mais benéfica, verdadeira *lex mitior* ou norma permissiva de aplicação retroativa e ultrativa, sujeitando-se, inclusive, à analogia e à interpretação analógica.[333] Assim, acredita-se que sua incidência seja ampla e irrestrita quanto a todas as infrações penais, perpetradas, ou não, sob o contexto de uma organização criminosa (conforme o artigo 1º, §1º, da Lei nº 12.850/2013). No entanto, caso não se trate de crimes de organização criminosa, ou seja, em que há coautoria ou participação (crimes plurissubjetivos), há que se analisar a relevância da colaboração no caso concreto, bem como ponderar os benefícios a serem concedidos, que poderão ser reduzidos em virtude da reduzida atratividade das informações prestadas pelo colaborador.

É importante destacar, ainda, que esse acordo poderá ser celebrado apenas por pessoas físicas. A quaisquer colaboradores que cooperem efetiva e voluntariamente com a investigação e com o processo criminal,

---

[331] ATHAYDE, Amanda; DE GRANDIS, Rodrigo. Programa de leniência antitruste e repercussões criminais: desafios e oportunidades recentes. *In*: CARVALHO, Vinicius Marques de (Org.). *A lei 12.529/2011 e a nova política de defesa da concorrência*. 1. ed. São Paulo: Singular, 2015. v. 1. p. 287-304.

[332] BADARÓ, Gustavo Henrique. *Processo penal*. 3. ed. São Paulo: Revista dos Tribunais, 2015. p. 453.

[333] Discute-se, na doutrina, se a colaboração premiada seria exclusiva dos delitos perpetrados sob o contexto de uma organização criminosa – ou, ainda, sob uma das hipóteses definidas no art. 1º, §2º – caracterizada nos termos do art. 1º, §1º, da Lei nº 12.850/2013, ou se poderia aplicar-se a toda e qualquer modalidade delitiva. Cezar Roberto Bittencourt e Paulo César Busato sustentam que a colaboração incide exclusivamente sobre as condutas penais relacionadas às organizações criminosas, haja vista tratar-se de norma incriminadora (BITTENCOURT, Cezar Roberto; BUSATO, Paulo César. *Comentários à lei de organização criminosa, Lei nº 12.850/2013*. São Paulo: Saraiva, 2014. p. 124-125). Em sentido oposto, Gustavo Badaró assinala que a colaboração processual delineada na Lei de Organizações Criminosas (Lei nº 12.850/2013) não ficará restrita ao âmbito da criminalidade organizada, na exata medida em que inexiste peculiaridade ou especificidade nas outras condutas delituosas que justifique tratamento diverso. Há preocupação com o risco de erro judiciário, quando a fonte de prova é um computado. "E isso não é diferente se o agente colaborador participa de organização criminosa, de tráfico de drogas, de lavagem de dinheiro ou de crime contra o sistema financeiro nacional" (BADARÓ, *op. cit.*, p. 453).

observada a negociação entre as partes,[334] serão aplicáveis os benefícios gerais do perdão judicial ou da redução de até 2/3 da pena privativa de liberdade ou da substituição por restritiva de direitos. A mencionada redução poderá ser de metade da pena privativa de liberdade, quando a colaboração for posterior à sentença, caso em que também poderá ser concedido o benefício de progressão de regime, ainda que ausentes os requisitos objetivos para tal (art. 4º, §5º).

Ressalta-se, também, que os acordos de colaboração premiada não são celebrados apenas com o primeiro proponente, tal qual previsto em programas de leniência que exigem a primazia. Entretanto, se o colaborador for a primeira pessoa a prestar efetiva colaboração, também poderá gozar do benefício de não ser denunciada pelo Ministério Público (art. 4º, §4º, II), desde que não seja considerado líder da organização criminosa (art. 4º, §4º, I). Em qualquer caso, a concessão dos benefícios levará em conta a personalidade do colaborador, a natureza, as circunstâncias, a gravidade e a repercussão social do fato criminoso e a eficácia da colaboração (art. 4º, §1º). Em casos específicos de colaborações dotadas de alta relevância para a investigação, o Ministério Público poderá, ainda, requerer ao juiz a concessão de perdão judicial ao colaborador (art. 4º, §2º).

A colaboração premiada, portanto, na forma estipulada na Lei nº 12.850/2013, possui um caráter *híbrido*. Trata-se, ao mesmo tempo, de um instituto de Direito Penal e de Direito Processual Penal,[335] na medida em que proporciona benefícios de natureza material (perdão judicial,

---

[334] Ou seja, não se trata de um direito subjetivo do investigado existente *a priori*, mas sim o resultado de um processo de negociação com a autoridade competente.

[335] Sob a ótica processual penal, as informações fornecidas pelo agente colaborador ingressarão na ação penal, na maioria das vezes, por intermédio da oralidade. Assim, dar-se-ão as informações por ocasião do interrogatório, se o colaborador também vier a ser imputado, ou durante a instrução processual, ouvindo-se o colaborador na condição de testemunha anômala. Contudo, segundo observa Gustavo Badaró, dado o seu caráter de prova oral, será da essência do ato a sua produção sob contraditório judicial, "assegurando-se o direito a perguntas e reperguntas das partes e, em especial, daquele que foi delatado. Sem isso, resta inviabilizado o direito à prova do delatado, no caso, o direito de se defender provando" (BADARÓ, *op. cit.*, p. 457). Importante lembrar que a Orientação Conjunta nº 01/2018 das 2ª e 5ª Câmaras de Revisão do MPF sobre acordos de colaboração premiada destaca, também, que "Os principais atos do procedimento e suas tratativas, incluindo a entrega de documentos e elementos de prova pelo colaborador deverão ser registrados nos autos do 'Procedimento Administrativo', mediante atas minimamente descritivas, com as informações sobre data, lugar, participantes e breve sumário dos assuntos tratados, ou, se possível, ser objeto de gravação audiovisual" (BRASIL. Ministério Público Federal. *Orientação nº 01/2018*: acordos de colaboração premiada. Brasília: MPF, 2018. Disponível em: http://www.mpf.mp.br/atuacao-tematica/ccr5/orientacoes/orientacao-conjunta-no-1-2018.pdf. Acesso em: 15 nov. 2018).

redução ou substituição da pena privativa de liberdade) e processual penal ao agente colaborador. Tais benefícios estão relacionados intimamente à persecução penal, espaço em que ganha destaque a condição da colaboração premiada como meio de obtenção de prova e de causa suspensiva ou impeditiva do oferecimento da denúncia (imunidade processual) pelo Ministério Público.[336]

Em relação a esses benefícios, pergunta-se: há a possibilidade de prever adaptações ao regime de cumprimento de pena? Guilherme Nucci[337] traz outros questionamentos: poderiam os signatários firmar propostas para o presente e para o futuro? Poderiam os acordos prever elementos relacionados a questões cíveis? Poderiam vincular outras autoridades judiciárias e outros membros do Ministério Público que não participaram das negociações? Poderiam prever benefícios advindos de diferentes leis penais, formando uma combinação de leis para conceder benefícios? Poderiam prever cumulação de penas (por exemplo, pena privativa de liberdade, com prestação de serviços à comunidade)? Poderiam prever a suspensão do curso da prescrição? Poderiam prever que os benefícios de execução criminal se baseassem em uma pena fixa, estabelecida entre as partes, independentemente da pena eventualmente determinada? Poderiam prever multa compensatória em qualquer quantia? Poderiam determinar que a prova obtida em face da delação tenha validade em qualquer investigação ou processo, penal ou civil, presente ou futuro? Para tantas dúvidas, abre-se espaço para discussões acadêmicas e judiciais.

Determinados pontos, como a prescrição e a multa aplicável, estão adstritos à Lei, parecendo-nos que não podem ser objeto de acordo. Mas há outras questões, como é o caso das indenizações aplicáveis, que, em se tratando de direito patrimonial disponível, parecem ser mais facilmente enquadradas como objetos de acordo entre o investigado/interessado e o Ministério Público. De fato, ainda há incertezas sobre o conteúdo desses acordos, mas é inquestionável que o estabelecimento de claros requisitos e benefícios em relação ao acordo fez com que a Lei nº 12.850/2013 se tornasse o mais importante marco legal, no Brasil, para regular os acordos de colaboração premiada. De modo geral, destaca-se que o regramento disciplinou os seguintes pontos a respeito do referido acordo: i) legitimidade para propositura; ii) forma de atuação de cada um dos envolvidos; iii) direitos do colaborador durante o processo de

---

[336] Lei nº 12.850/2013, art. 4º, §§3º e 4º.

[337] NUCCI, Guilherme. Há limites para o prêmio da colaboração premiada? *Consultor Jurídico*, 3 jul. 2017.

celebração do acordo; iv) requisitos necessários para a plena concessão dos benefícios garantidos pela lei; e v) aspectos do seu procedimento.[338]

Por fim, importante ressaltar que a Lei nº 13.964/2019 (Pacote Anticrime) realizou modificações na Lei nº 12.850/2013, dentre diversas outras. Incluiu o art. 3º-A, que define o acordo de colaboração premiada como "negócio jurídico processual e meio de obtenção de prova, que pressupõe utilidade e interesse públicos". Além disso, com a adoção do art. 3º-B, estipulou-se a constituição do marco de confidencialidade a partir do recebimento da proposta para formalização do acordo, sendo considerada a violação do sigilo e da boa-fé a divulgação das negociações iniciais e documentos apresentados até o levantamento de sigilo por decisão judicial. Segundo Broeto e Melo,[339] o dispositivo visa formalizar definitivamente o Termo de Confidencialidade a fim de prevenir futuros vazamentos de informações, como costumeiramente visto na condução da Operação Lava Jato. No §1º do mesmo artigo, foi estabelecida a necessidade de exposição de justificativa para o indeferimento sumário por parte da autoridade competente sobre proposta de acordo de colaboração apresentada, com o objetivo de compelir o Ministério Público ou a autoridade policial responsável a explicitar as razões pelas quais não entende ser viável o acordo proposto. Ainda, no §6º, convenciona-se explicitamente a impossibilidade de utilização das informações ou provas apresentadas às autoridades para qualquer outra finalidade, nos casos de retratação ou não celebração do acordo por parte do colaborador.

Mais adiante, no §3º do art. 3º-C, o legislador determinou que, no "acordo de colaboração premiada, o colaborador deve narrar todos os fatos ilícitos para os quais concorreu e que tenham relação direta com os fatos investigados". Os autores elogiaram a iniciativa que inovou ao delimitar o acordo de colaboração premiada ao "objeto da investigação", considerando as críticas suscitadas por parte da doutrina que via com maus olhos a oportunidade anteriormente conferida às autoridades de exigir que o colaborador, no decorrer das investigações, falasse de fatos inteiramente alheios a estas, sob pena de ser acusado posteriormente de reserva mental. Segundo o novo dispositivo, "se há investigação,

---

[338] IBRAC. Acordos e Políticas de Leniência: contribuição para o diálogo e a harmonização. José Inácio F. de Almeida Prado Filho e Bruna Sellin Trevelin (Org.). Editora Singular, 2020. p. 33.

[339] BROETO, Filipe Maia; MELO, Valber. O pacote "anticrime" e seus impactos na colaboração premiada. *Consultor Jurídico*, 29 dez. 2019. Disponível em: https://www.conjur.com.br/2019-dez-29/pacote-anticrime-impactos-colaboracao-premiada. Acesso em: 20 abr. 2021.

por exemplo, sobre crimes de corrupção praticados no âmbito do poder legislativo, em período determinado, deverá o colaborador esclarecer tudo o que sabe sobre esses fatos, não sendo obrigado a declarar nada que não esteja, geográfica e/ou temporalmente, compreendido no específico âmbito das investigações".[340]

No §4º do art. 4º, o legislador ampliou as causas de improcessabilidade, permitindo que o Ministério Público deixe de oferecer denúncia nos casos em que a proposta se referir a "infração de cuja existência não tenha prévio conhecimento", devendo esta situação ser considerada como ocasião em que a autoridade competente não tenha "instaurado inquérito ou procedimento investigatório para apuração dos fatos apresentados pelo colaborador" (art. 4º-A). Por esta razão, deverá ser encarada como inédita quaisquer informações sobre as quais não houver investigação formalmente instaurada, casos em que foi oportunizado ao MP deixar de oferecer denúncia, o que garante maior segurança jurídica ao colaborador e cria maiores incentivos aos interessados.

Ainda no artigo 4º, Broeto e Melo destacam que as alterações feitas no §7º com a finalidade de complementar a redação anterior para assegurar a realização de audiência de oitiva do colaborador na presença de seu defensor e ausência do representante do MP visam garantir a plena voluntariedade da parte na celebração do acordo, especialmente nos casos em que houver efeito de medidas cautelares (inciso IV). Além disso, seus incisos definem os critérios que deverão ser considerados pelo magistrado no momento da homologação, como a necessidade de adequação dos benefícios pactuados às previsões legais de cumprimento de pena e progressão de regime em vigência, afastando qualquer convenção fora das hipóteses legais, fenômeno conhecido como prevalência do "negociado sobre o legislado".[341] Por fim, positivou-se a chamada "aptidão eficaz"[342] ao resguardar a conveniência das repercussões da colaboração aos resultados mínimos exigidos pelo dispositivo, com o objetivo de evitar a premiação exacerbada nos casos de pequenas e irrisórias colaborações.

---

[340] BROETO, Filipe Maia; MELO, Valber. O pacote "anticrime" e seus impactos na colaboração premiada. *Conjur*, 29 dez. 2019. Disponível em: https://www.conjur.com.br/2019-dez-29/pacote-anticrime-impactos-colaboracao-premiada. Acesso em: 20 abr. 2021.

[341] ARDIM, Afrânio da Silva. O princípio da obrigatoriedade da ação penal pública e os juristas punitivistas. *Empório do Direito*. Disponível em: https://emporiododireito.com.br/leitura/o-principio-da-obrigatoriedade-da-acao-penal-publica-e-os-juristas-punitivistas. Acesso em: 27 dez. 2019

[342] MELO, Valber; NUNES, Filipe Maia Broeto. *Colaboração premiada*: aspectos controvertidos. Rio de Janeiro: Lumen Juris, 2018.

A antiga redação retirava do magistrado a possibilidade de rejeição da denúncia e a aplicação da absolvição sumária (arts. 395, incisos I a III, e 397, incisos I a III, do Código de Processo Penal), bem como a oportunidade de absolvição dos acusados em momento posterior (art. 386, I a VIII, do CPP), uma vez que a homologação do acordo ocasionava um juízo preliminar de controle de acusação antes do oferecimento formal da denúncia. Isto porque os requisitos legais do acordo seriam equivalentes aos da denúncia, o que obrigava o magistrado a recebê-la quando oferecida e impedia a sua rejeição em razão do descumprimento de eventuais requisitos que ele mesmo considerou anteriormente satisfeitos. Afinal, como bem pontuado por Del Cid,[343] o raciocínio do legislador seguia a seguinte lógica: "[...] como o juiz irá rejeitar a denúncia e absolver sumariamente o(s) réu(s) dizendo que 'o fato narrado não constitui crime', sendo que na homologação do acordo ele próprio já aceitou os fatos narrados como descrição típica do ilícito?".

Entretanto, a redação do novo §7º-A, ainda que permita algum exame de pré-julgamento ou quebra de originalidade cognitiva por parte do magistrado, estabelece que o juiz possui o dever de "proceder à análise fundamentada do mérito da denúncia, do perdão judicial e das primeiras etapas de aplicação da pena" nos termos do Código Penal e do Código de Processo Penal, antes de conceder os benefícios pactuados, exceto nos casos em que o acordo prever o não oferecimento da denúncia na forma dos já descritos §§4º e 4º-A do mesmo artigo ou quando a sentença já tiver sido proferida. Tal dispositivo tem o objetivo justamente de afastar a condenação automática ou exclusão das hipóteses de absolvição sumária mencionadas no art. 397 do CPP.

Em seguida, o dispositivo previsto no §7º-B estabelece a nulidade de previsões que impliquem a renúncia ao direito de impugnar decisão homologatória por parte do colaborador, enquanto a nova redação do §8º obriga o magistrado, nos casos em que este recusar a homologação, a devolver às partes o documento para a realização das adequações necessárias, o que oportuniza às partes se inteirar antecipadamente sobre o conhecimento do juiz a respeito do caso.[344]

---

[343] CID, Daniel Del. Homologação de acordo delação e a justa prestação jurisdicional. *Consultor Jurídico*, 11 nov. 2016. Disponível em: www.conjur.com.br/2016-nov-11/del-cid-homologacao-delacao-justa-prestacao-jurisdicional. Acesso em: 28 abr. 2021.

[344] BROETO, Filipe Maia; MELO, Valber. O pacote "anticrime" e seus impactos na colaboração premiada. *Conjur*, 29 dez. 2019. Disponível em: https://www.conjur.com.br/2019-dez-29/pacote-anticrime-impactos-colaboracao-premiada. Acesso em: 20 abr. 2021.

Outro importante acréscimo feito ao art. 4º consiste na previsão do §10º-A, que positivou o entendimento da jurisprudência do STF a respeito da necessidade de, em todas as fases do processo, ser assegurado ao réu delatado o direito de manifestação em momento posterior ao decurso do prazo concedido ao réu que o delatou.[345] Nesse sentido, segundo Figueiredo,[346] estabeleceu-se que as alegações finais, quando não orais, devem ser apresentadas primeiro pelo Ministério Público, seguido pelos delatores e, só então, pelos delatados. Tal previsão buscou amparar o pleno exercício da defesa e contraditório aos delatados, "uma vez que, apesar de não perder a sua qualidade de réu, a versão do colaborador ganha nítido efeito acusatório, na medida em que confirma a imputação da denúncia".

O pacote "anticrime" tornou obrigatório o procedimento de registro das tratativas e dos atos de colaboração mediante recursos de gravação em áudio e vídeo dos depoimentos prestados, com o objetivo de assegurar a fidelidade das declarações e eventual posterior contraposição entre as versões oral e escrita dos relatos dos fatos. Anteriormente, a redação do §13 permitia que registro fosse facultativo a depender das condições técnicas disponíveis para a instrução. Além disso, enquanto a redação anterior previa que nenhuma sentença condenatória poderia ser proferida tendo em conta apenas as declarações do colaborador, o novo §16 ampliou as condições de imprestabilidade das suas palavras para decretação ou proferimento de a) medidas cautelares reais ou pessoais; b) recebimento de denúncia ou queixa-crime; e c) sentença condenatória. Por esta razão, ratificou-se a tese de que não pode o acordo de colaboração premiada, como via única, constituir *fumus comissi delict* ou fundar decisões – mesmo que não definitivas – antes ou depois da deflagração do processo, de forma incidental.[347] Ademais, o §17 foi introduzido para estabelecer a omissão dolosa sobre os fatos objeto da colaboração como hipótese para a rescisão do acordo homologado, como incentivo à boa-fé, objetividade e segurança jurídica nas declarações prestadas pelo colaborador. Além disso, o §18 explicitou a necessidade de

---

[345] BRASIL. Supremo Tribunal Federal. *Ag.Reg. Habeas Corpus nº 157627*. Relator: Edson Fachin. Julgado em 22 out. 2019. *Dje*: 23 out. 2019.

[346] FIGUEIREDO, Caroline Viera. As alterações do pacote "anticrime" na Lei de Organizações Criminosas. *Conjur*, 13 jun. 2020. Disponível em: https://www.conjur.com.br/2020-jul-13/caroline-figueiredo-pacote-anticrime-lei-organizacoes-criminosas. Acesso em: 28 abr. 2021.

[347] BROETO, Filipe Maia; MELO, Valber. Gravação audiovisual das tratativas do acordo de colaboração é possível? *Boletim Jurídico*, Uberaba/MG, ano 13, n. 1.623. Disponível em: https://www.boletimjuridico.com.br/doutrina/artigo/5033/gravacao-audiovisual-tratativas-acordo-colaboracao-possivel Acesso em: 27 dez. 2019.

cessação do envolvimento do colaborador na conduta ilícita relacionada ao objeto do acordo, também sob pena de rescisão.

O art. 5º foi alterado para incluir dentre os direitos do colaborador a possibilidade de cumprimento de sua prisão cautelar em estabelecimento penal distinto do local onde estão custodiados eventuais corréus ou condenados, visto que anteriormente o dispositivo previa esta condição somente quando do cumprimento da pena.[348] Finalmente, retomando a pauta da confidencialidade, o dispositivo §3º do art. 7º sofreu alteração para garantir o sigilo não apenas sobre acordo, mas também sobre os depoimentos do colaborador, até o momento do recebimento da denúncia ou da queixa-crime,

Em geral, é possível afirmar que o pacote "anticrime" somou aos dispositivos previstos na Lei do Crime Organizado a positivação de entendimentos que já vinham sendo adotados pela doutrina e pela jurisprudência, modificando pontualmente sua estrutura para sanar alguns pontos obscuros sobre a interpretação legal até então aplicada para os casos de acordo de colaboração premiada.

1.4.3.1.2 Da legitimidade para a celebração dos acordos de colaboração premiada

Quanto à legitimidade para condução e celebração de acordos de colaboração premiada, o art. 4º, §6º, da Lei nº 12.850/2013 determina que

> o juiz não participará das negociações realizadas entre as partes para a formalização do acordo de colaboração, que ocorrerá entre o delegado de polícia, o investigado e o defensor, com a manifestação do Ministério Público, ou, conforme o caso, entre o Ministério Público e o investigado ou acusado e seu defensor.

Esse dispositivo foi alvo de Ação Direta de Inconstitucionalidade (ADIn nº 5.508-DF), ajuizada pelo Procurador-Geral da República, pois, genericamente, "considerada a repercussão direta da colaboração premiada no processo penal, a autoridade policial, ao acertá-la, extravasaria os limites da investigação, imiscuindo-se no exercício da ação penal de iniciativa pública, privativa do Ministério Público", disposta no art. 129, I, da Constituição Federal. O MPF sustentava que a

---

[348] FIGUEIREDO, Caroline Viera. As alterações do pacote "anticrime" na Lei de Organizações Criminosas. Conjur, 13 jun. 2020. Disponível em: https://www.conjur.com.br/2020-jul-13/caroline-figueiredo-pacote-anticrime-lei-organizacoes-criminosas. Acesso em: 28 abr. 2021.

concessão da possibilidade de celebrar acordos de colaboração premiada aos delegados de polícia, como meio de investigação, viola o devido processo legal (art. 5º, LIV, da Constituição Federal), além de ofender o sistema de processo penal acusatório estruturado pela Constituição Federal, que atribui ao Ministério Público a titularidade exclusiva da ação penal (art. 129, I, §2º, da Constituição Federal) e dá protagonismo às partes (acusação e defesa) na condução do processo.[349] Ademais, destacava que a possibilidade de o delegado de polícia celebrar um acordo de colaboração premiada contendo cláusula de não oferecimento de denúncia, comum nesses acordos, configuraria uma "usurpação frontal da atribuição privativa do Ministério Público de promover – e, pois, de não promover – a ação penal pública".

Em sua petição inicial, a Procuradoria-Geral da República não afastava a importância da atuação das polícias, mas destacava que a "investigação policial criminal deve fazer-se em harmonia com as linhas de pensamento, de elucidação e de estratégia firmadas pelo MP, pois é a este que tocará decidir sobre propositura da ação penal e acompanhar todas as vicissitudes dela, até final julgamento". Adicionalmente, indicava a existência de precedentes do STF em que se declararam inconstitucionais "leis e atos normativos que exorbitem os limites da atuação do organismo policial e do juiz na persecução penal, por violação ao núcleo essencial do princípio acusatório".[350]

O julgamento da ADIn pelo STF deu-se no sentido de permitir que a Polícia Federal firmasse acordos de colaboração premiada,

---

[349] Segundo a petição inicial da ADI apresentada pela Procuradora-Geral da República (PGR), "ao admitir proposta de quem não é parte, a lei reforça papel inquisitorial do juiz e lhe retira isenção, o que repercute sobre o devido processo previsto na Constituição. Este implica direito a juiz imparcial e, para tanto, impõe o princípio da inércia (*ne procedat judex ex officio*), como garantia fundamental dos cidadãos. Prejudica-se, de forma grave, o direito de defesa, porquanto o juiz acabará tendo de intervir em negociação feita sem provocação do titular da ação penal ou, pior, contra a posição deste" (BRASIL. Supremo Tribunal Federal. *ADI nº 5.508-DF*. Relator: Marco Aurélio. Data de julgamento: 19 set. 2017. Data de Publicação: DJe-216: 25 set. 2017).

[350] Nesse sentido, destaca-se a ADI nº 5.104/DF, cuja ementa dispõe que "A Constituição de 1988 fez uma opção inequívoca pelo sistema penal acusatório. Disso decorre uma separação rígida entre, de um lado, as tarefas de investigar e acusar e, de outro, a função propriamente jurisdicional. Além de preservar a imparcialidade do Judiciário, essa separação promove a paridade de armas entre acusação e defesa, em harmonia com os princípios da isonomia e do devido processo legal. (...) Forte plausibilidade na alegação de inconstitucionalidade do art. 8º, da Resolução nº 23.396/2013. Ao condicionar a instauração de inquérito policial eleitoral a uma autorização do Poder Judiciário, a Resolução questionada institui modalidade de controle judicial prévio sobre a condução das investigações, em aparente violação ao núcleo essencial do princípio acusatório" (BRASIL. Supremo Tribunal Federal. *Medida cautelar na ADI nº 5.104/DF*. Relator: Roberto Barroso. Data de julgamento: 21 maio 2014. DJe-213: 30 out. 2014).

em decisão por maioria (6 votos favoráveis à constitucionalidade e apenas 4 votos contrários). Segundo o relator do caso, ministro Marco Aurélio, uma vez que o delegado é o titular do inquérito policial e das investigações, ele não poderia ser afastado das negociações de acordos de colaboração premiada.[351] Para o ministro, a cooperação entre órgãos de investigação e de persecução penal seria benéfica ao instituto, limitando-se cada órgão ao exercício legítimo de suas funções próprias. O ministro Edson Fachin votou pela inconstitucionalidade do dispositivo, destacando que, embora a autoridade policial pudesse integrar o processo de negociação dos acordos, não poderia figurar como parte celebrante do ato negocial. Os ministros Dias Toffoli, Rosa Weber e Luiz Fux tiveram posição intermediária. O primeiro sustentou que, conquanto a autoridade policial pudesse firmar acordos de colaboração premiada, não poderia negociar sobre as penas que seriam impostas aos colaboradores, mas apenas sugeri-las. Os últimos argumentaram que a Polícia Federal poderia firmar acordos de colaboração premiada desde que com prévia anuência do MPF. Assim, em junho de 2018, o STF decidiu pela constitucionalidade da celebração de acordos de colaboração premiada na fase de inquérito policial, decidindo, por maioria, pela improcedência da ADIn. O entendimento do STF foi de que a celebração dos acordos pela Polícia, como forma de obtenção de prova, não prejudicava a titularidade exclusiva da ação penal pelo Ministério Público, porque não impedia que este oferecesse denúncia contra as ações investigadas. Assim, segundo o acórdão, o acordo formalizado mediante a atuação da Polícia pressupõe a fase de inquérito policial, cabendo a manifestação, posterior, do Ministério Público.

---

[351] Destaca-se: "A delação premiada nada mais é do que depoimento revelador de indícios de autoria e materialidade criminosa, que, por si só, porquanto originado de um dos envolvidos na prática delitiva, não serve à condenação de quem quer que seja. A Lei é expressa, no artigo 3º, ao defini-la como instrumento de obtenção de provas, assim como o são a ação controlada, a captação ambiental de sinais eletromagnéticos, ópticos ou acústicos, a interceptação de comunicações telefônicas e telemáticas, o afastamento dos sigilos financeiro, bancário e fiscal, previstos nos incisos do referido artigo. Trata-se de meio extraordinário para chegar a provas, no que diz respeito a delitos praticados (...) Em síntese, o que é a delação premiada? É simples depoimento, prestado à autoridade, que será considerado, inclusive sob o ângulo das consequências, na hora devida, pelo órgão julgador, para fins de reconhecimento de benefícios, descritos na Lei. Transparece como confissão qualificada pelas informações que podem levar a resultados, também previstos na Lei – a identificação dos demais coautores e partícipes da organização criminosa e das infrações penais por eles praticadas; a revelação da estrutura e da divisão de tarefas do grupo; a prevenção de infrações penais decorrentes das atividades; a recuperação total ou parcial do produto ou do proveito dos delitos cometidos; e a localização de eventual vítima com a integridade física preservada" (BRASIL. Supremo Tribunal Federal. *ADI nº 5.508-DF*. Plenário. Relator: Marco Aurélio. Data de julgamento: 19 set. 2017. Data de Publicação: *DJe*-216: 25 set. 2017).

A discussão foi novamente trazida à tona pelo STF na decisão sobre homologação ou não do acordo de colaboração premiada celebrado pela Polícia Federal com o ex-governador do Rio de Janeiro Sérgio Cabral. Segundo o Ministro Luís Roberto Barroso, para a superação do entendimento firmado na ADIn nº 5.508-DF, seria necessária uma clara alteração das circunstâncias fáticas ou normativas ou, ainda, a apresentação de razões jurídicas extremamente fortes, o que, conforme o Ministro, não seria o caso. O restante dos ministros que votou pela impossibilidade do provimento do agravo proposto pela PGR não adentrou na competência da Polícia Federal para firmar acordos de colaboração premiada, restringindo-se a alegar a invalidade de tais acordos caso não haja anuência do MPF. Por fim, registra-se o voto do Ministro Fachin, o qual novamente divergiu do restante dos ministros, tendo votado contra a possibilidade de a Polícia Federal firmar acordo de colaboração sem anuência do MPF, mas decidindo pela validade do acordo de colaboração entre Sérgio Cabral e a Polícia Federal *in caso*, assim procedendo "em respeito à colegialidade, à luz da orientação até aqui prevalente que assegura à Polícia Federal legitimidade autônoma para celebrar Acordo de Colaboração Premiada".[352]

1.4.3.1.3 Orientações do MPF sobre a celebração de acordos de colaboração premiada

Diante de divergências a respeito do conteúdo e de críticas sobre a disparidade das cláusulas negociadas em acordos de colaboração premiada por diferentes procuradores dentro do próprio MPF, no início de 2018 foi divulgada a Orientação Conjunta nº 01/2018 das 2ª e 5ª Câmaras de Coordenação e Revisão sobre a celebração de acordos de colaboração premiada (Orientação Conjunta nº 01/2018 do MPF).[353]

Nesse documento, enuncia-se que o "acordo de colaboração premiada é negócio jurídico processual, meio de obtenção de prova, que pressupõe utilidade e interesse públicos" e que a "exclusividade para celebração de acordo de colaboração premiada pelo Ministério Público Federal não impede o auxílio ou a cooperação da Polícia Federal".

---

[352] BRASIL. Supremo Tribunal Federal. PET 8.482. GOES, Severino. STF começa a julgar recurso da PGR contra homologação da delação de Cabral. 21 maio 2021. Disponível em: https://www.conjur.com.br/2021-mai-21/plenario-stf-comeca-julgar-validade-delacao-premiada-ex-governador-sergio-cabral. Acesso em: 23 ago. 2021.

[353] BRASIL. Ministério Público Federal. *Orientação nº 01/2018*: acordos de colaboração premiada. Brasília: MPF, 2018. Disponível em: http://www.mpf.mp.br/atuacao-tematica/ccr5/orientacoes/orientacao-conjunta-no-1-2018.pdf. Acesso em: 15 nov. 2018.

No decorrer da Orientação Conjunta nº 01/2018 do MPF, incluem-se previsões sobre:

1. a instauração do procedimento administrativo de negociação dos acordos;
2. a instrução da negociação e o conteúdo da proposta de acordo;
3. o conteúdo mínimo das cláusulas do acordo;
4. a definição dos benefícios aplicáveis;
5. os efeitos civis decorrentes da assinatura do acordo de colaboração premiada;
6. a concorrência com outros MPs; e
7. o encerramento do procedimento administrativo.

As orientações dispõem que a instauração do procedimento administrativo (1) se inicia mediante o pedido escrito do advogado ou defensor do interessado, momento que marca também o sigilo sobre as negociações e seu conteúdo. O processo será formalizado por um termo de recebimento de colaboração e um termo de confidencialidade, que deverão ser assinados por membro do MPF, pelo colaborador e por seus representantes.

Há orientações sobre a instrução da negociação (2), incluindo a forma de registro, nos autos, da entrega de documentos e elementos de prova pelo colaborador, a necessidade de o MPF informar o interessado e seu defensor sobre o instituto da colaboração (abordando suas decorrências e seus benefícios), a necessidade de presença de advogado ou defensor em todas as tratativas negociais e a possibilidade de realização de diligências investigatórias pelo MPF. Ainda, descreve-se o conteúdo da proposta de acordo e dos seus anexos, em que deverão estar refletidos: (i) descrição dos fatos delitivos; (ii) duração dos fatos e locais de ocorrência; (iii) identificação de todas as pessoas envolvidas; (iv) meios de execução do crime; (v) eventual produto ou proveito do crime; (vi) potenciais testemunhas dos fatos e outras provas de corroboração existentes em relação a cada fato e a cada pessoa; (vii) estimativa dos danos causados;

As orientações também indicam o conteúdo mínimo (3) das cláusulas do acordo de colaboração premiada, determinando que estas devem conter, ao menos, disposições sobre: (i) base jurídica; (ii) qualificação do colaborador; (iii) demonstração de atendimento ao interesse público (i.e., demonstração da oportunidade, da efetividade e da utilidade do acordo, bem como indicação dos fatos ilícitos, dos indivíduos participantes e dos meios de prova que serão utilizados); (iv) objeto do acordo (i.e., descrição geral dos fatos narrados, salientando a relevância das informações prestadas e das provas empregadas, além de previsão sobre a possibilidade de aditamento do acordo e de revelação de novas informações); (v) obrigações mínimas do colaborador; (vi) compromissos do MPF; (vii) declaração de adesão e compartilhamento de provas; (viii) indicação de colaborações com autoridades estrangeiras; (ix) renúncia ao exercício da garantia contra autoincriminação e do direito ao silêncio; (x) previsão de garantia real ou fidejussória (i.e., em relação ao pagamento da contribuição pecuniária); (xi) hipóteses de rescisão do acordo e consequências; (xii) previsão sobre juízo competente para homologação; (xiii) previsão de necessidade de sigilo, até decisão judicial em contrário; (xiv) declaração de aceitação (pelo colaborador e seu advogado); e (xv) previsão sobre os efeitos civis do acordo de colaboração premiada.

Segundo a Orientação Conjunta nº 01/2018 do MPF, a definição dos benefícios aplicáveis pelo MPF (4) somente deverá ser iniciada depois de definidos os fatos delitivos que serão narrados pelo colaborador. Para determinar quais benefícios serão concedidos ao colaborador, o MPF deverá levar em consideração determinados parâmetros objetivos, dentre os quais: (i) a quantidade de fatos delitivos narrados pelo colaborador; (ii) a oportunidade da colaboração; (iii) a natureza e a credibilidade da descrição dos fatos narrados; (iv) a culpabilidade do agente em relação ao fato; (v) os antecedentes criminais; (vi) a disposição do agente em cooperar com a investigação e a persecução de outros fatos; (vii) os interesses da vítima; (viii) o potencial probatório da colaboração e outras consequências em caso de condenação; (ix) as provas apresentadas pelo colaborador e as linhas de investigação ampliadas; (x) a gravidade da ofensa e a importância do caso para se alcançar efetiva aplicação e observância das leis penais; (xi) o valor da potencial declaração ou das provas a serem produzidas para a investigação ou para o processo; (xii) a qualidade do material probatório apresentado e das declarações do colaborador; (xiii) a culpabilidade da pessoa em relação aos outros acusados; (xiv) a possibilidade de processar de maneira eficaz o acusado, sem a concessão do benefício de não exercício da ação penal; e (xv) reparação integral do dano, se for o caso.

Ao tratar dos efeitos civis decorrentes da celebração de acordo de colaboração premiada (5), as orientações indicam que, desde que os acordos sejam homologados pela CCR competente, suas disposições poderão incluir: (i) antecipação da reparação de danos à vítima, ainda que parcial; (ii) compromissos, por parte do MPF, de não propositura de ações cíveis de reparação de danos (por exemplo, no âmbito da Lei Anticorrupção); (iii) compromissos, por parte do MPF, de pedir a suspensão do trâmite processual ou a execução de sentenças condenatórias, no contexto de ações ajuizadas sob a Lei de Improbidade Administrativa; e (iv) estipulação de cumprimento voluntário de penalidades previstas na Lei Anticorrupção ou Lei de Improbidade Administrativa.

Sobre a possibilidade de envolvimento de outros Ministérios Públicos (concorrência com outros MPs) (6), a orientação destaca que, se os fatos narrados envolverem a atribuição de órgãos judiciais diversos, o membro do MPF responsável por conduzir a negociação do acordo deverá, alternativamente: (i) convidar os MPs com atribuição concorrente para participar das tratativas de formalização do acordo; (ii) submeter o procedimento de negociação do acordo à CCR do MPF, para que esta possa coordenar todos os envolvidos nesse processo; (iii) celebrar o acordo e submetê-lo, posteriormente à homologação, aos demais procuradores naturais. Se aceitarem e aderirem aos respectivos termos, receberão todas as provas produzidas. Se recusarem o acordo, devem devolver todas as provas e informações ao colaborador, sob a perspectiva dos princípios da confiança e da boa-fé, que devem reger as tratativas, a pactuação e o compartilhamento da prova";[354][355] ou (iv)

---

[354] Sobre o compartilhamento de provas, vale destacar decisão recente do STF envolvendo o compartilhamento de termos de depoimento e colaboração apresentados em acordos de colaboração premiada. O ministro relator Edson Fachin determinou que o juízo que homologa o Acordo tem competência para analisar pedidos de compartilhamento de termos de depoimentos prestados, mas que seria admissível a prova emprestada, desde que respeitando os termos do Acordo. O ministro Gilmar Mendes, no entanto, destacou que "[a] utilização de tais elementos probatórios produzidos pelo próprio colaborador em seu prejuízo de modo distinto do firmado com a acusação e homologado pelo Poder Judiciário é prática abusiva que viola o direito à não autoincriminação". Para mais detalhes, ver: DIREITO de não incriminação: compartilhamento de termos de colaboração deve seguir acordo, diz STF. *Consultor Jurídico*, 30 out. 2018. Disponível em: https://www.conjur.com.br/2018-out-30/compartilhamento-termos-colaboracao-seguir-acordo. Acesso em: 15 nov. 2018.

[355] Concretamente, parece-nos que a opção (iii) (exigência de que os demais MPs adiram ao Acordo de Colaboração Premiada para acessar seus anexos) é a mais empregada, dada sua relevância prática. Nesse sentido, quando outro Membro do MP ou os demais órgãos de fiscalização e controle desejarem ter acesso às provas colhidas por meio de Acordo de Colaboração Premiada, estes devem anuir aos termos do acordo celebrado e, se for o caso, assinar termo de adesão a tal Acordo. No acordo de leniência assinado pela Braskem S.A., por exemplo, consta a seguinte cláusula 4ª, §§2º e 3º: "Os fatos ilícitos revelados que não sejam conexos aos fatos investigados no âmbito da Operação Lava Jato serão informados sumarizadamente ao membro do Ministério Público com atribuição para investigação, perante qual o Ministério Público Federal empreenderá gestões para que adira a este Acordo, observando o disposto nesta Cláusula 4ª e %a, no que couber" e "Em caso de negativa de adesão a este acordo de leniência pelo membro do Ministério Público mencionado no §2º desta Cláusula, por qualquer motivo, os anexos e provas decorrentes deste acordo de

encaminhar os autos ao MP que tiver atribuição concorrente, "a fim de que seja analisado o interesse na celebração do acordo de forma integral, não sendo impeditiva à celebração do acordo, no entanto, a recusa ou a falta de interesse, devidamente declaradas, ocasião em que o acordo não contemplará os fatos recusados".

Por fim, sobre o encerramento do procedimento administrativo (7), a Orientação Conjunta nº 01/2018 do MPF dispõe sobre as hipóteses de (i) não homologação do acordo pelo juízo competente; (ii) descumprimento do acordo; (iii) frustração das tratativas; ou (iv) homologação do acordo. Se o juízo competente (i) deixar de homologar o acordo de colaboração ou discordar dos benefícios concedidos,[356] caberá ao Ministério Público defender o ajuste e o seu conteúdo, mediante a propositura das medidas processuais cabíveis. Ao MP também caberá a prerrogativa de, eventualmente, retomar a negociação do acordo, a fim de adequar suas cláusulas no que for necessário (isso dependerá, obviamente, de uma nova manifestação de vontade das partes, isto é, ou do MPF ou do colaborador).

No caso de (ii) descumprimento do acordo, caberá ao juízo decidir sobre a rescisão, devendo ser preservado o contraditório e, principalmente, a integridade de todas as provas produzidas até o momento da proposta de rescisão. É recomendável que os acordos já antevejam a possibilidade de rescisão e incluam cláusulas regulando

---

leniência que digam respeito aos fatos submetidos a tais promotores ou procuradores e cuja adesão for por estes negada serão devolvidas à empresa, mediante recibo, e não poderão ser utilizadas pelo membro do Ministério Público não aderente em desfavor da Colaboradora, empresas controladas, ou Prepostos, para quaisquer fins. Na hipótese de um anexo que aponte fatos atinentes a duas jurisdições ter sido rejeitado por um dos membros do Ministério Público competente e não pelo outro, o anexo poderá ser utilizado pelo último após excluídas as informações que digam respeito aos fatos de atribuição do Ministério Público não aderente".

[356] Sobre essa temática, destacam-se os casos envolvendo a devolução à PGR, pelo ministro Edson Fachin do STF, de diversos acordos enviados para sua homologação, para que fossem ajustados. Como exemplo, ver os acordos noticiados em: MEGALE, Bela; SOUZA, André de; SCHMITT, Gustavo. Fachin devolve à PGR oito delações de executivos da OAS. *O Globo*, 8 fev. 2018. Disponível em: https://oglobo.globo.com/brasil/fachin-devolve-pgr-oito-delacoes-de-executivos-da-oas-22377249. Acesso em: 15 nov. 2018; ESTADÃO CONTEÚDO. Fachin devolve delação da Galvão Engenharia à PGR para ajuste pontual. *Istoé*, 16 nov. 17. Disponível em: https://istoe.com.br/fachin-devolve-delacao-da-galvao-engenharia-a-pgr-para-ajuste-pontual/. Acesso em: 15 nov. 2018; MOURA, Rafael Moraes; PIRES, Breno. Fachin devolve delação da Galvão Engenharia à Procuradoria. *Estadão*, Brasília, 16 nov. 2017. Disponível em: https://politica.estadao.com.br/blogs/fausto-macedo/fachin-devolve-delacao-da-galvao-engenharia-a-procuradoria-para-ajuste-pontual/. Acesso em: 15 nov. 2018.

descumprimentos pontuais e suas decorrências.[357] De qualquer forma, o requerimento de rescisão deve ser precedido por instauração de novo procedimento administrativo para coleta de provas sobre a razão da rescisão (por exemplo, para apurar o descumprimento) ou por provocação direta do juízo, quando o descumprimento for incontestável. Vale lembrar que, de todo modo, sempre haverá uma fase de contraditório e ampla defesa, seja por via judicial ou extrajudicial.

A rescisão do acordo de colaboração celebrado pelo MP gera, porém, a seguinte dúvida: a decisão de rescisão teria natureza constitutiva ou declaratória? Quais seriam os efeitos práticos em um caso ou em outro? A esse respeito, cumpre mencionar decisão proferida pelo STF em dezembro de 2018, segundo a qual eventual rescisão de acordo celebrado por uma sociedade integrante de grupo econômico não invalida o acordo de leniência celebrado com as demais empresas do grupo. A decisão se deu no contexto dos debates envolvendo a rescisão de acordo de colaboração premiada celebrado pelos executivos da J&F, tendo a decisão do ministro Edson Fachin afirmado que

---

[357] Exemplo de rescisão por descumprimento pode ser visto nos acordos de colaboração premiada assinados pelos executivos da J&F. Em tais casos, a rescisão decorreu, sobretudo, da não comunicação ao MPF acerca de tratativas com um ex-integrante do Ministério Público Federal. Em relação a dois dos executivos, a rescisão deu-se por meio de instauração de procedimento administrativo pela PGR, sobre os Acordos de Colaboração Premiada de Wesley Batista e Francisco de Assis e Silva: "(…) por terem deixado de: i) entregar espontaneamente ao MPF o celular apreendido, que continha informação sobre este fato ilícito; ii) comunicar ao MPF acerca do ato ilícito praticado por Marcelo Miller (prestar consultoria informal remunerada ao grupo J&F ainda na condição de Procurador da República); e iii) pelo possível crime de corrupção ativa praticado por eles (cooptação de funcionário público, mediante vantagem indevida, para praticar ato de ofício a seu favor); os acordos de colaboração premiada de Wesley Batista e Francisco de Assis devem ser rescindido" (BRASIL. Procuradoria-Geral da República. *Procedimento Administrativo nº 1.00.000.016663/2017-47*: decisão nº 001/2018/ PGR. Brasília, 16 fev. 2018). Além disso, a denúncia por *insider trading* oferecida contra os executivos fez constar que Wesley Batista havia violado seu Acordo de Colaboração Premiada "praticando crime após a celebração de acordo de colaboração premiada, conduta totalmente incompatível com a de colaborador da Justiça". Em relação a outros dois, a rescisão foi declarada pela PGR (a partir do oferecimento de denúncia contra os colaboradores) e reconhecida pelo ministro Edson Fachin, do STF, em juízo de cognição sumária: "No caso, a análise do áudio e dos documentos (…) revela indícios suficientes de que os colaboradores omitiram, no momento da formalização do acordo de colaboração premiada, informações a que estavam obrigados prestar sobre a participação do então Procurador da República Marcello Miller no aconselhamento destes quando das negociações dos termos da avença. Num juízo de cognição sumária, como é próprio desta fase, tal fato pode implicar justa causa à ulterior rescisão dos acordos celebrados (…)" (BRASIL. Supremo Tribunal Federal. *Ação Cautelar nº 4.352-DF*. Relator: Edson Fachin. Data de julgamento: 28 fev. 2018). O principal efeito da rescisão foi que os colaboradores voltaram a estar sujeitos à ação penal, afastados todos os prêmios e benefícios previstos em seus acordos.

[a] homologação dos acordos mencionados deu-se em juízos distintos e por razões jurídicas diversas, razão pela qual não há relação de causa e efeito necessária que vincule a eventual rescisão do acordo tratado no presente feito a uma possível rescisão do acordo de leniência.[358]

Ainda sobre o encerramento do procedimento administrativo, se (iii) as tratativas de colaboração forem frustradas, o procedimento deverá ser arquivado, sendo resguardada a confidencialidade dos elementos de convicção e prova e a sua restituição ao interessado. O MPF deverá emitir certificação de tais providências e a CCR competente deverá ser informada do fato, para fins de registro, coordenação e controle. Vale ressaltar que o MPF não poderá valer-se dos elementos apresentados pelo interessado para qualquer outra finalidade, salvo se os obtiver por meio de linhas de investigação que sejam "absolutamente independentes". Finalmente, (iv) se houver homologação judicial do acordo, seu termo deverá ser juntado aos autos, de preferência antes da audiência de instrução e julgamento.

Por fim, cumpre destacar que em maio de 2020 a 5ª CCR do MPF publicou "Nota Técnica sobre os Termos de Adesões ou Subscrições de pessoas físicas em acordos de leniência" (doravante NT do MPF de 2020 sobre adesões de pessoas físicas),[359] que será objeto de análise no item 5.3.2, *infra*.

---

[358] BRASIL. Supremo Tribunal Federal. *PET nº 7003* – processo nº 0004604-22.2017.1.00.0000. Relator: Edson Fachin. Data da decisão: 17 dez. 2018. Disponível em: http://portal.stf.jus.br/processos/downloadPeca.asp?id=15339279615&ext=.pdf. Acesso em: 13 jan. 2019. "Alegando que o acordo de colaboração premiada, cuja rescisão se pretende no presente feito, está vinculado por interdependência ao acordo de leniência celebrado entre a JBS S.A. e o Ministério Público Federal, pretende referida pessoa jurídica intervir no presente feito na qualidade de assistente (eDOC. 557). A despeito das razões invocadas, a homologação dos acordos mencionados deu-se em juízos distintos e por razões jurídicas diversas, razão pela qual não há relação de causa e efeito necessária que vincule a eventual rescisão do acordo tratado no presente feito a uma possível rescisão do acordo de leniência. Sendo assim, indefiro o pedido formulado. Publique-se. Intime-se".

[359] MPF. Nota Técnica sobre os Termos de Adesões ou Subscrições de pessoas físicas em acordos de leniência. 6 maio 2020. Disponível em: http://www.mpf.mp.br/pgr/noticias-pgr/mpf-elabora-nota-tecnica-para-orientar-atuacao-de-membros-em-acordos-de-leniencia-com-adesao-de-pessoas-fisicas. Último Acesso em: 18 jun. 2020.

Tabela 13.a – Panorama geral do acordo de colaboração premiada – demais acordos assemelhados que não constituem acordos de leniência no Brasil

	Acordo de Colaboração Premiada
Tipo de infração	Crimes previstos na legislação que contém a previsão de acordo de colaboração.
Órgão competente para a celebração	Negociação com o Ministério Público e Polícias. Homologado pelo juiz.
Previsão legal	- Lei nº 12.850/2013 (organização criminosa, art. 4º) - Lei nº 7.492/86 (crimes contra o sistema financeiro nacional, art. 25, § 2º) - Lei nº 8.072/90 (crimes hediondos, art. 8º, § único) - Lei nº 8.137/90 (crimes contra a ordem tributária, econômica e relações de consumo, art. 16, § único) - Lei nº 9.613/1998 (crimes de "lavagem" e ocultação de bens, direitos e valores, art. 1º, §5º) - Lei nº 9.807/1999 (organização e a manutenção de programas especiais de proteção a vítimas e testemunhas ameaçadas, art. 14) - Lei nº 11.343/2006 (crimes previstos na lei de drogas, art. 41) - Código Penal (art. 159)
Previsão infralegal	Orientação Conjunta nº 1/2018 do MPF sobre os Acordos de Colaboração Premiada.
Possíveis beneficiários	Apenas pessoas físicas
Benefícios administrativos	Não existem benefícios administrativos automáticos.
Benefícios criminais	Perdão judicial Redução em até 2/3 da pena privativa de liberdade. Substituição da pena privativa de liberdade por restritiva de direitos Regime diferenciado de pena (*).
Benefícios cíveis	Não existem benefícios cíveis automáticos.

Fonte: elaboração da autora.

1.4.3.2 Acordos de Não Persecução Cível e Penal

A Lei nº 13.964/2019, conhecida como "Pacote Anticrime", viabilizou a celebração de Acordos de Não Persecução Cível (ANPC), conforme alteração realizada no §1º do art. 17 da Lei de Improbidade Administrativa (Lei nº 8.829/1992): "As ações de que trata este artigo admitem a celebração de acordo de não persecução cível, nos termos desta Lei".[360] Anteriormente, havia debate sobre a possibilidade de se

---

[360] Lei nº 13.964/2019. Art. 6º A Lei nº 8.429, de 2 de junho de 1992, passa a vigorar com as seguintes alterações: "Art. 17. § 1º As ações de que trata este artigo admitem a celebração de acordo de não persecução cível, nos termos desta Lei".

celebrar acordos de leniência a respeito de condutas previstas na Lei de Improbidade Administrativa, dado que a previsão legal do antigo art. 17, §1º, da Lei nº 8.429/1992 vedava transação, acordo ou conciliação na ação principal, de rito ordinário, que deverá ser proposta pelo MP.

É fato que a possibilidade de celebração dos acordos de leniência sobre fatos objeto da Lei de Improbidade Administrativa já vinha sendo argumentada com base nas alterações trazidas pela Lei nº 13.655/2018 na Lei de Introdução às Normas do Direito Brasileiro (LINDB), em específico no art. 26, que incluiu genericamente o permissivo de celebração de acordo entre a Administração Pública e particular para, entre outros, eliminar "situação contenciosa". Desse modo, resta positivada a possibilidade jurídica de celebração de acordos no campo da improbidade administrativa, seguindo-se a diretriz já constante na Lei Anticorrupção (vide cap. 4, *infra*).

Nos termos de Osorio,[361] os Acordos de Não Persecução Cível têm natureza de direito material bifronte: uma transação que reúne características de colaboração premiada e Termo de Ajustamento de Conduta (TAC) em ações ou investigações em improbidade administrativa ou em ações de improbidade empresarial. Ou seja, haveria duas perspectivas para essa espécie de acordo: uma natureza TAC, quando transcende a celebração de acordo penal e dele não depende; e uma natureza de colaboração premiada, quando se vincula ao acordo penal e traduz uma colaboração premiada em ação de improbidade administrativa. Haveria, então, uma natureza mista no Acordo de Não Persecução Civil, e que a terminologia – ao adotar a expressão cível – reporta-se tanto ao inquérito civil quanto ao processo civil, bem como a processos investigativos em geral.

A diferença entre este tipo de acordo e os acordos de leniência, portanto, seria mais quanto à forma do que quanto ao conteúdo, conforme explica o autor: "quando celebrado administrativamente, chama-se Acordo de Leniência, mas quando sua celebração ocorre em juízo, a nomenclatura será Acordo de não Persecução Cível".

Como descrito por Dobrowolski,[362] ambos os acordos de não persecução objetivam adequar as soluções consensuais como resposta às

---

[361] OSÓRIO, Fabio Medina. Natureza jurídica do instituto da não persecução cível previsto na Lei de Improbidade Administrativa e seus reflexos na Lei de Improbidade Empresarial. Portal Migalhas, 8 mar. 2020. Disponível em: https://www.migalhas.com.br/depeso/321402/natureza-juridica-do-instituto-da-nao-persecucao-civel-previsto-na-lei-de-improbidade-administrativa-e-seus-reflexos-na-lei-de-improbidade-empresarial. Acesso em: 23 set. 2020.

[362] DOBROWOLSKI, Samantha Chantal. O acordo de não persecução cível no Ministério Público Federal. *Portal Jota*, 2 abr. 2021. Disponível em: https://www.jota.info/opiniao-e-analise/

altas taxas de litigiosidade que abarrotam o sistema judiciário brasileiro. Nesse sentido, sua positivação buscou assegurar maior segurança jurídica aos particulares e o desenvolvimento de investigações mais ágeis, otimizadas e desburocratizadas, especialmente para os casos em que o objeto do acordo se debruçar sobre lesões de menor potencial ofensivo. Em novembro de 2020, a 5ª Câmara de Coordenação e Revisão do MPF (5ª CCR/MPR) publicou suas diretrizes normativas institucionais básicas a respeito do tema, as quais constam no documento intitulado Orientação Normativa nº 10/2020 (ON MPF nº 10/2020).[363] A orientação do MPF que buscou detalhar os procedimentos a serem adotados na celebração de Termo de Ajustamento de Conduta, Acordo de Não Persecução Cível e Acordo de Leniência oportunizou ao órgão a possibilidade de formulação da chamada Política Anticorrupção de Atuação Consensual, com a finalidade de assegurar a coerência e congruência dos instrumentos previstos no documento (§1º do art. 4º da ON MPF nº 10/2020).

O texto explicita o dever do MPF de almejar o "exercício de sua função por uma atuação resolutiva", incentivando seus membros a buscarem meios efetivos de prevenção, resolução e reparação adequada para a lesão cometida contra a probidade administrativa e reforçando especificamente o compromisso com a utilização de alternativas extrajudiciais para a diminuição da litigiosidade geral do sistema de justiça brasileiro (art. 6º, *caput* e parágrafo único). Seguindo essa prioridade, a orientação possui em seu art. 7º dispositivo que torna obrigatória a previsão de cláusula expressa que constitua não apenas o ANPC, mas também o acordo de leniência, em título executivo extrajudicial, nos termos do §6º do art. 5º da Lei nº 7.347/1985 e do inciso XII do art. 784 do Código de Processo Civil (CPC). Ainda, estipula a necessidade de homologação dos acordos pelo Juízo competente, podendo ser previamente submetidos à homologação da 5ª CCR-MPF (art. 8º, *caput* e parágrafo único), bem como a possibilidade de realização de audiências públicas, a depender do caso e do tipo do acordo pretendido, segundo a Resolução CNMP nº 82/2012 (art. 9º).

A respeito das partes celebrantes, a ON MPF nº 10/2020 estende às pessoas físicas e jurídicas, investigadas ou processadas, a condição de

---

colunas/direito-administrativo-sancionador/o-acordo-de-nao-persecucao-civel-no-ministerio-publico-federal-02042021. Acesso em: 29 abr. 2021

[363] BRASIL. Ministério Público Federal. *Orientação nº 10/2020*. Brasília: MPF, 2020. Disponível em: http://www.mpf.mp.br/atuacao-tematica/ccr5/orientacoes/orientacao-no-10-2020-anpc.pdf. Acesso em: 27 abr. 2021.

colegitimados (art. 10º), preservando a solidariedade processual ao incluir expressamente as demais pessoas jurídicas que integrarem o mesmo grupo econômico, de fato ou de direito, desde que o acordo seja firmado em conjunto com as principais investigadas (art. 13). Mais adiante, o parágrafo único do art. 18 veta a celebração de ANPC a qualquer pessoa física ou jurídica que tenha sido considerada inadimplente em acordo, no período de três anos anteriores ao ajuizamento da ação.

Além daqueles já positivados pelo ordenamento brasileiro, o documento elenca nos incisos do seu art. 15 da ON MPF nº 10/2020 uma série de direitos assegurados aos celebrantes perante o MPF, dentre os quais, citamos:

i. Garantia da voluntariedade na celebração do acordo (I);

ii. Direito à defesa em momento anterior à decisão relacionada a desistência, descumprimento ou rescisão do acordo pelo órgão (IV);

iii. Análise da capacidade econômico-financeira do investigado ou processado (VI);

iv. Previsibilidade adequada e suficiente a respeito das consequências sancionatórias e não sancionatórias decorrentes do acordo (VII);

v. Imprestabilidade e inutilização de quaisquer elementos de provas obtidos no decorrer da colaboração prestada, contra si próprio, ressalvada previsão previamente convencionada no acordo (VIII);

vi. Direito à desistência da proposta apresentada antes da homologação (IX);

vii. Proteção jurídica adequada sobre informações e documentos cobertos pelo sigilo ou confidencialidade, mesmo após a celebração, exceto sobre informações públicas constitutivas do acordo e sujeitas ao princípio da publicidade e à Lei de Acesso à Informação (LAI) (X);

viii. Direito de postular a apuração de práticas ilícitas no âmbito de todas as entidades componentes da Administração Pública, bem como dos Poderes Executivo, Legislativo e Judiciário, incluindo também o próprio MP e o TCU (XI);

ix. Direito de postular a apuração de práticas ilícitas na atuação interinstitucional do MPF em face de outras instituições, bem como perante membros da própria instituição, quando da suspeita de condução irregular da investigação ou do sancionamento estatal sobre os fatos objeto da solução consensual perseguida.

O dispositivo encerra-se com a observação de que não configura ameaça, coação ou coerção por parte do MPF a indicação ao interessado das medidas judiciais consideradas cabíveis hipoteticamente nos casos de insucesso da negociação (parágrafo primeiro do art. 15).

Em contrapartida, o art. 16 da ON MPF nº 10/2020 destaca os deveres do interessado na colaboração, tais como: i) necessidade de exposição dos fatos ilícitos e da situação atualizada de eventuais procedimentos investigatórios realizados em qualquer âmbito jurisdicional (incluindo aqueles dirigidos por autoridades estrangeiras) a respeito dos fatos relacionados ao acordo (I e II); ii) compromisso com os princípios da lealdade, urbanidade e boa-fé, não devendo o celebrante agir de maneira temerária em relação às declarações prestadas (III e IV); iii) contribuição para esclarecimentos sobre a composição do grupo econômico do qual fazia parte durante a prática do ilícito investigado, bem como daquele que integra no momento da celebração do acordo, devendo inclusive informar às autoridades qualquer alteração realizada no organograma da sociedade que modifique sua situação jurídica (VIII e IX); iv) dever de cessação imediata da participação ou envolvimento na prática da ilicitude objeto do acordo.

Especialmente sobre o ANPC, o documento destaca em seu art. 17 a necessidade de notificação ao ente público ou governamental lesado pelo ato de improbidade administrativa para que, a partir da ciência, o órgão se manifeste e expresse concordância ou não sobre a celebração do acordo (§1º), podendo este aderir aos termos propostos desde que conceda quitação integral como reparação ao dano causado ao Erário (§2º). Ainda no mesmo artigo, impõe-se à 5ª CCR-MPF o compromisso para criação e manutenção de um Cadastro Nacional de Acordos de Não Persecução Cível, com o objetivo de organizar e sistematizar as informações essenciais relativas às colaborações já celebradas (§4º).

O *caput* do art. 18 da ON MPF nº 10/2020 traz a caracterização do ANPC, delimitando seu escopo como sendo o ajuste firmado com o celebrante para assegurar o benefício da atenuação das sanções previstas em lei, com a isenção ou redução do sancionamento originalmente previsto. Nesse sentido, o acordo objetiva a prevenção, repressão e dissuasão dos atos de improbidade, além de garantir o ressarcimento dos danos causados e a cessação da prática delitiva, o que contribui para o egresso do processo judicial e consequente diminuição da litigiosidade.

O art. 19 estabelece a abrangência do acordo sobre qualquer categoria de improbidade administrativa presente nos art. 9º, 10º (e 10-A) e 11º da Lei Geral de Improbidade Administrativa (Lei nº 8.429/1992) e no art. 5º da Lei de Improbidade das Pessoas Jurídicas (Lei nº 12.846/2013). Além disso, a responsabilidade sobre os atos ímprobos é imputada pelo MPF e deve ser reconhecida pelo celebrante, oportunidade em que se torna revelada a forma consensual de fixação do sancionamento aplicável no acordo (art. 20º).

Visando garantir a credibilidade do sistema de responsabilização do ANPC, a redação do art. 21 da ON MPF nº 10/2020 pontuou a necessidade de adequação e proporcionalidade dos benefícios reconhecidos ao celebrante às vantagens por ele obtidas, como pressuposto de legalidade do acordo e salvaguarda do interesse público assentado no caso concreto. Por sua vez, os incisos do art. 22 determinam a abrangência da isenção ou redução das penalidades estipuladas na Lei nº 8.429/1992 e Lei nº 12.846/2013, sendo essas: a) perda da função pública; b) suspensão dos direitos políticos; c) multa pecuniária; d) proibição de contratar com o Poder Público; e) publicação extraordinária de decisão condenatória; f) suspensão ou interdição parcial de suas atividades; g) dissolução compulsória da pessoa jurídica; h) proibição de receber qualquer forma de incentivo ou subsídio por parte dos órgãos do Poder Público ou entidades subordinadas a este. Em seguida, o dispositivo determina a necessidade de observância dos limites máximos previstos em lei (§1º) e a possibilidade de previsão no ANPC de valor mínimo a ser indenizado (§4º), além de estipular a vedação a concessão de isenção total de penalidades no acordo ou permissão para exercer direitos políticos nas hipóteses de inelegibilidade disciplinadas pela Lei Complementar nº 135/2010 (Lei da Ficha Limpa) (§§2º e 3º).

São pontuados ao longo dos incisos do art. 24 da ON MPF nº 10/2020 alguns quesitos que deverão ser considerados no momento da fixação dos benefícios conferidos ao celebrante, funcionando como critérios de dosimetria na aplicação das penalidades. Segundo o dispositivo, o acordo deverá ser desenhado de maneira a considerar fatores como: a) a categoria do cargo, emprego ou função pública relativa à prática de improbidade, bem como os antecedentes funcionais do celebrante (I) ; b) vantagem ou proveito patrimonial indevidamente auferido ou pretendido com a ilicitude, além da extensão do dano ou perigo da lesão causados ao Erário, de maneira a considerar o grau de comprometimento dos deveres pertinentes ao celebrante perante às instituições públicas envolvidas (I, II, e III); c) gravidade do ilícito, ocorrência da consumação prática, e eventuais efeitos negativos

CAPÍTULO 1
TEORIA GERAL DOS ACORDOS DE LENIÊNCIA | 211

produzidos pela improbidade no âmbito da organização e função estatal afetada pela conduta (V, VI e VII); d) situação econômica do celebrante (VIII); e) disposição para cooperar com a apuração das infrações (IX); f) nos casos em que o infrator constituir pessoa jurídica, existência de mecanismos e programas de integridade, auditoria e incentivo à denúncia, aplicação efetiva dos códigos de ética e de conduta (X); e g) valor dos contratos afetados pela prática de improbidade (XI).

O documento também explicita a possibilidade de estabelecimento de outras obrigações para além do simples compromisso de cessação da conduta ímproba, caso estas sejam necessárias, proporcionais e eficazes às circunstâncias específicas do caso concreto, segundo a ponderação de que a imposição de outros deveres é pertinente para prevenção e repressão da improbidade (art. 25 e incisos). Por esta razão, o redator da normativa trouxe um rol exemplificativo de outras obrigações que podem ser impostas cumulativamente aos celebrantes, tais como a colaboração substancial nos casos de concurso de pessoas entre os infratores; compromisso de não candidatura a cargos políticos ou não exercício de cargo comissionado ou função de confiança, além da adoção e aperfeiçoamento de programas de integridade,[364] nos casos envolvendo pessoas jurídicas.

Em termos gerais, as cláusulas tidas como mandatórias no ANPC estão descritas no art. 26 da ON MPF nº 10/2020 e seguem os critérios da objetividade e da clareza na prestação de todas as informações relativas às partes celebrantes e à conduta ímproba praticada, especialmente no que diz respeito à qualificação da lesividade e detalhamento da forma de participação do celebrante, além do eventual envolvimento de outros infratores no ilícito (incisos I a III e IX e X). Ademais, sobre a mensuração e os meios de reparação da lesão causada, é imprescindível a descrição de todas as obrigações, deveres e sujeições relacionadas à restauração da legalidade e ao racional do cálculo do dano, bem como a explicitação dos pressupostos que configuraram a responsabilidade patrimonial e os elementos do dano moral difuso ou coletivo, como ação ou omissão ilícita, nexo de causalidade e bens metaindividuais afetados (incisos IV a VII). É mandatória também, quando for o caso, a previsão explícita de cláusula de não reconhecimento da quitação total do dever de indenização decorrente dos prejuízos patrimoniais causados ao Poder Público (inciso VIII). Por fim, são descritos outros elementos

---

[364] Especificamente, o inciso IV do art. 25 estipula a necessidade de observação dos parâmetros consagrados na Norma ANBT NBR ISSO 370001: 2017 (Sistema de Gestão Antissuborno), já mencionado neste capítulo 1.

considerados essenciais ao acordo que abarcam os meios de instrução, execução, vigência, fiscalização e hipóteses de extinção do acordo, além da descrição do foro judicial, de todas as outras obrigações impostas ao celebrante, dos benefícios legais reconhecidos, incluindo ainda o estabelecimento de multa cominatória em caso de descumprimento e garantias reais e fidejussórias para assegurar a execução do acordo (incisos XI a XX).

Mais adiante, restou permitida a celebração de ANPC aos infratores que já enfrentam processo judicial em fase de apelação ou reexame necessário no Tribunal Regional Federal competente, podendo esta iniciativa partir da Procuradoria Regional da República com atribuição em sede de procedimento administrativo ou da parte processada (art. 27 a 29). Destaca-se que o redator oportunizou ao celebrante a possibilidade de concessão de benefícios de isenção ou redução de penalidades ainda que a conduta já tenha sido objeto de sentença, com exceção do ressarcimento de dano material causado, que deverá ser integralmente reparado, assim como de perdimento do patrimônio e vantagem indevidamente auferida em decorrência da prática de improbidade (§1º do art. 30º).

Como condição para celebração do acordo, os infratores deverão expressamente desistir de quaisquer pretensões recursais no âmbito do processo que investiga a improbidade administrativa e que seriam passíveis de interposição após a sentença do juízo competente (art. 31). Seguindo essa mesma lógica, tornam-se imprescindíveis a concordância e manifestação expressa por parte do celebrante sobre a extinção do processo com julgamento de mérito e, após a homologação judicial do acordo, a imediata execução das sanções pactuadas (art. 32).

No momento que em que o infrator optar pela via consensual, o MPF deverá dar ciência ao relator do recurso da apelação relativa à ação de improbidade em trâmite para que este seja formalmente solicitado a não pautar o referido processo para julgamento no plenário antes de encerradas as negociações do ANPC (art. 24). Uma vez concretizada a celebração do acordo, o relator deverá ser novamente peticionado para que ocorra a sua homologação, com posterior ciência à 5ª CCR-MPF do cumprimento do procedimento (art. 35). O art. 36 determina que caberá ao MPF ser o responsável pela ação civil pública na primeira instância para promoção da fiscalização e monitoramento da execução do ANPC, devendo providenciar todas as medidas extrajudiciais e judiciais pertinentes (art. 36). O descumprimento do acordo implica a perda dos benefícios concedidos, com imediata execução da sentença de condenação originalmente proferida, perante o juízo competente (art. 37).

A respeito desse assunto, pontua-se o recente entendimento da Primeira Turma do STJ que reconheceu, por unanimidade, a possibilidade de celebração do acordo em processos que estejam em fase recursal, incluindo os casos em que houver a condenação na 2ª instância, desde que a decisão não tenha transitado em julgado. No Recuso Especial nº 1.314.581-SP,[365] o relator ministro Benedito Gonçalves proferiu a homologação sobre o termo de ANPC firmado entre a Promotoria de Justiça de Votuporanga/SP e o acusado já em sede de embargos de declaração em Agravo de Recurso Especial. Em seu voto, o relator considerou a homologação do acordo pelo Conselho Superior do MPE-SP e a manifestação favorável do MPF, bem como a reparação do dano causado ao Município onde ocorreu a improbidade. Ainda sobre o assunto, o órgão havia decidido em dezembro de 2020, no Recurso Especial nº 1.659.082,[366] que havia uma limitação para a propositura do ato de homologação, que deveria se dar em momento anterior à apresentação da contestação. Como destacado por Vogado,[367] estes entendimentos sobre a questão demonstram "sobre qual caminho há probabilidade de a jurisprudência se inclinar no momento processual limite para celebração do acordo: antes do trânsito em julgado para sua celebração e até a contestação para a possibilidade de sobrestamento do processo".

No âmbito da Advocacia-Geral da União e da Procuradora-Geral Federal, foi publicada a Portaria Normativa AGU nº 18, de 16 de julho de 2021 (Portaria Normativa AGU nº 18/2021),[368] que regulamentou o acordo de não persecução cível em matéria de improbidade administrativa. Segundo seu art. 1º, o ANPC, previsto no novo art. 17 da Lei nº 8.429/1992, poderá ser celebrado extrajudicialmente ou no curso da ação judicial, até seu trânsito em julgado, quando presentes indicativos de que a

---

[365] BRASIL. Superior Tribunal de Justiça. *AREsp. nº 1314581-SP*. Relator: Benedito Gonçalves. Julgado em 23 fev. 2021.

[366] BRASIL. Superior Tribunal de Justiça. *AgInt em REsp. nº 1659082-PB*. Relator: Gurgel de Faria. Julgado em 18 dez. 2020.

[367] VOGADO, Ana Vogado. Acordos de não persecução cível em ações de improbidade administrativa. *Conjur*, 27 mar. 2021. Disponível em: https://www.conjur.com.br/2021-mar-27/vogado-acordos-nao-persecucao-civel-acoes-improbidade. Acesso em: 28 abr. 2021

[368] BRASIL. Advocacia-Geral da União. *Portaria Normativa AGU nº 18/2021*: AGU, 2021. Disponível em: https://in.gov.br/en/web/dou/-/portaria-normativa-agu-n-18-de-16-de-julho-de-2021-332609935. Acesso em: 23 ago. 2021.

solução consensual se mostra a via mais adequada à efetiva tutela do patrimônio público e da probidade administrativa.

Detentor de uma natureza sancionatória e reparatória (art. 3º da Portaria Normativa AGU nº 18/2021), o ANPC poderá abranger todos os atos tipificados como ato de improbidade administrativa e poderá ser celebrado pelas pessoas físicas e jurídicas responsáveis por sua prática (art. 2º, §2º) no âmbito do procedimento administrativo ou no curso da ação judicial (art. 9º). Em sua celebração, o acordo levará em conta: I - a natureza e a gravidade da infração cometida; II - os danos que dela provierem à Administração Pública; III - as circunstâncias agravantes ou atenuantes; IV - os antecedentes do agente; e V - as vantagens para o interesse público na célere solução do caso (art. 2º, §2º, da Portaria Normativa AGU nº 18/2021).

Diante de um possível conflito entre os escopos de aplicação entre os ANPCs e os acordos de leniência, o art. 4º da Portaria Normativa AGU nº 18/2021 sinaliza que, se os fatos objeto da proposta de ANPC também configurarem atos tipificados e puníveis no âmbito da Lei Anticorrupção e forem identificados elementos que indiquem a possibilidade de celebração de acordo de leniência, bem como a iniciativa negocial tiver sido tomada pelos envolvidos nesses fatos, a proposta deverá ser encaminhada ao Departamento de Patrimônio Público e Probidade da Procuradoria-Geral da União para avaliação, em conjunto com a Diretoria de Acordos de Leniência da Secretaria de Combate à Corrupção da CGU, do instrumento mais adequado.

Também nesse contexto, é possível mencionar a celebração do primeiro acordo de não persecução cível celebrado pela Procuradoria-Geral do Estado de São Paulo (PGE-SP), que foi homologado perante a 9ª Vara da Fazenda Pública da Comarca de São Paulo em junho de 2021.[369] Por meio do ajuste, encerrou-se o mérito da ação de improbidade administrativa proposta contra ex-servidora pública estadual acusada de enriquecimento ilícito no exercício de suas funções. A servidora confessou a prática e foram aplicadas as sanções previstas na Lei de Improbidade, nos termos pactuados no acordo. Registre-se que os termos do ajuste observaram o regramento previsto na Resolução PGE

---

[369] DA SILVEIRA, Mateus Camilo Ribeiro. Primeiro acordo de não persecução cível celebrado pela PGE-SP. Portal Jota. 9 ago. 2021. Disponível em: https://www.jota.info/opiniao-e-analise/colunas/advocacia-publica-em-estudo/primeiro-acordo-de-nao-persecucao-civel-celebrado-pela-pge-sp-19082021?utm_campaign=jota_info__ultimas_noticias__destaques__19082021&utm_medium=email&utm_source=RD+Station. Acesso em: 23 ago. 2021.

nº 20/2020, que disciplina, entre outros assuntos, a celebração de acordo de não persecução cível na atuação judicial da instituição.

Ademais, o Pacote Anticrime também foi responsável pela introdução em nosso ordenamento jurídico de Acordo de Não Persecução Penal (ANPP), espécie de medida despenalizadora que acompanha a ampliação do fenômeno da justiça negociada no Processo Penal, alinhando-se a outros institutos já previstos no ordenamento brasileiro, como a suspensão condicional da pena e a transação penal.[370] Branquinho e Paulino[371] destacam a fundamental importância do acordo para o egresso do encarceramento por crimes de menor potencial ofensivo e, por consequência, garantia da maior efetividade e celeridade no julgamento de casos envolvendo crimes mais graves, o que corrobora para a desopressão sobre o sistema de justiça criminal no geral.

Originalmente, o ANPP foi criado a partir de dispositivo contido no art. 18 da Resolução nº 181/2017, publicada pelo Conselho Nacional do Ministério Público (CNMP), evento que acarretou transgressão constitucional ao ferir a competência privativa da União para legislar sobre matéria processual penal (art. 22, I, CF). Por consequência, a Associação de Magistrados Brasileiros (AMB) e a Ordem dos Advogados do Brasil (OAB) propuseram duas ações diretas de inconstitucionalidade (Adin nº 5790 e Adin nº 5793), sob o argumento de que a referida normativa afrontava a competência legislativa, além dos princípios da reserva legal e da segurança jurídica, ao extrapolar o poder regulamentar do órgão responsável pela sua promulgação. Ocorre que, como descrito por Monteiro,[372] após sofrer inúmeras críticas e ataques à sua legalidade, a promulgação do pacote "anticrime" regularizou o acordo, flexibilizando o princípio da obrigatoriedade da ação penal pública e ampliando as "hipóteses em que fosse viabilizado ao investigado celebrar acordo com o Ministério Público, amenizando os antigos debates sobre a (i) legalidade do acordo de não persecução penal".

---

[370] MONTEIRO, Pedro. Justiça Penal negociada: o 'novo' acordo de não persecução penal. *Portal Conjur*. 05 ago. 2020. Disponível em: https://www.conjur.com.br/2020-ago-05/pedro-monteiro-acordo-nao-persecucao-penal#author, Acesso em: 28 abr. 2021

[371] BRANQUINHO, Raquel. PAULINO, Galtiênio da Cruz. Acordo de não persecução penal: análise do art. 28-A do CPP, limite da aplicação retroativa da Lei posterior mais benéfica. Portal Jota, 24 jun. 2020. Disponível em: https://www.jota.info/opiniao-e-analise/artigos/acordo-de-nao-persecucao-penal-24062020. Acesso em: 3 maio 2021,

[372] MONTEIRO, Pedro. Justiça Penal negociada: o 'novo' acordo de não persecução penal. *Portal Conjur*. 05 ago. 2020. Disponível em: https://www.conjur.com.br/2020-ago-05/pedro-monteiro-acordo-nao-persecucao-penal#author, Acesso em: 28 abr. 2021.

Assim, a Lei nº 13.964/2018 inseriu o art. 28-A ao Código de Processo Penal, segundo o qual "não sendo caso de arquivamento e tendo o investigado confessado formal e circunstancialmente a prática de infração penal sem violência ou grave ameaça e com pena mínima inferior a 4 (quatro) anos, o Ministério Público poderá propor acordo de não persecução penal, desde que necessário e suficiente para reprovação e prevenção do crime". Para a realização de acordo desse tipo, no entanto, a lei exige o atendimento de algumas condições: a reparação do dano, o pagamento de prestação pecuniária, a renúncia voluntária a bens e direitos indicados pelo MP, a prestação de serviço à comunidade e quaisquer outras condições apontadas pelo MP como proporcionais e compatíveis com a infração penal.

Ademais, a nova legislação estipulou também as hipóteses de não cabimento de ANPP, especialmente nos casos envolvendo: i) cabimento de transação penal de competência de Juizados Especiais Criminais; ii) reincidência do investigado em infrações penais ou existência de elementos probatórios que indiquem conduta criminal habitual, reiterada ou profissional, exceto se estas forem consideradas insignificantes; iii) concessão dos benefícios de ANPP, transação penal ou suspensão condicional do processo ao investigado nos últimos 5 (cinco) anos; iv) prática de crime no âmbito da violência doméstica ou familiar, ou praticado por questões inerentes à condição do gênero feminino, em favor do agressor (incisos do §2º do art. 28-A).

Há também a previsão de verificação do elemento volitivo do acordo, que deverá ser auferido pelo magistrado em audiência na presença do defensor do celebrante, onde mais uma vez omite-se a presença do MP para garantir a total voluntariedade da colaboração (§4º). No mesmo sentido, assegura-se a necessidade de devolução dos autos ao MP nos casos em que o magistrado considerar as condições do ANPP como sendo inadequadas, insuficientes ou abusivas para que haja reformulação da proposta, com concordância do investigado e do seu defensor (§5º).

Caso o juiz decida pela recusa da homologação da proposta por esta não atender as condições do escopo legal, os autos deverão ser remetidos ao MP para que haja uma análise da necessidade de complementação das investigações realizadas ou o oferecimento da denúncia (§§7º e 8º). O pacote "anticrime" prevê ainda que, em caso de descumprimento das obrigações firmadas e após a comunicação ao juízo competente, deverá ser decretada a rescisão do acordo para posterior oferecimento de denúncia, podendo a inadimplência ser utilizada pelo MP como justificativa para o eventual não oferecimento de suspensão condicional do processo (§§10º e 11º). Em contrapartida, caso o acordo seja cumprido integralmente, o juízo competente deverá decretar a extinção da punibilidade anteriormente aplicável ao réu (§12º). Por fim, a legislação oportunizou ao investigado o requerimento de remessa aos autos a órgão superior nos casos em que houver recusa por parte do MP em propor ANPP, respeitando a vontade do intencionado (§14º).

Além da nova legislação, destaca-se também a Orientação Conjunta nº 03/2018 (OC nº 03/2018) publicada pelo Ministério Público Federal, documento que considerou a Resolução CNMP nº 181/2017, bem como as modificações trazidas pela Resolução CNMP nº 183/2017, para regulamentar o chamado Procedimento Investigatório Criminal (PIC) e o acordo de não persecução penal. A iniciativa considerou os objetivos do MPF de proporcionar uma atuação institucional estratégica, efetiva, célere, transparente e sustentável para o combate à criminalidade e corrupção, de maneira a fortalecer as competências conferidas às Câmaras de Coordenação de Revisão (CCR) na função de promoção à integração e coordenação dos órgãos institucionais que atuem em ofícios ligados ao setor com essas prerrogativas.

Nesse sentido, além de considerar os já referidos critérios para cabimento do acordo, a OC nº 03/2018 estipula uma série de quesitos extras e recomendações que deverão ser observados pelos membros do MPF no momento de análise da propositura do acordo. Sobre esse assunto, a respeito do critério relativo à necessidade de pena mínima abstrata inferior a quatro anos aplicável a infração praticada pelo investigado, o documento determina a observância por analogia da Súmula nº 243 do STJ, que estabelece o benefício da suspensão do processo como sendo não aplicável às infrações penais cometidas em concurso material, concurso formal ou continuidade delitiva, quando a pena mínima cominada, seja pelo somatório, seja pela incidência da majorante, ultrapassar o limite de um ano (item 2.a). Não pode, igualmente, o acordo ser aplicado nos casos envolvendo delitos hediondos ou a esses equiparados (item 2.g).

Além disso, a orientação determina a avaliação do dano causado pelo investigado, que deverá ser igual ou inferior a 60 (sessenta) salários mínimos – valor análogo ao estipulado pela Lei de Juizados Especiais Federais (Lei nº 10.259/2001) – ou valor superior quando assegurada integralmente a reparação (item 2.d). Ainda, para cabimento do acordo, o investigado não poderá incorrer em nenhuma das hipóteses dos incisos do §2º do art. 76 da Lei nº 9.099/95, isto é: a) condenação pela prática de crime que impute na aplicação de pena privativa de liberdade, por sentença definitiva; b) concessão de benefício de pena restritiva de direitos ou de multa em período anterior ao prazo de 5 (cinco) anos; c) insuficiência de elementos relativos aos antecedentes, conduta social, personalidade do agente, além da ausência dos motivos e circunstâncias, necessários para adoção da medida (item 2.e).

Citam-se ainda outros critérios, como a garantia de que o período de cumprimento integral do acordo não acarrete a ocorrência da prescrição da pretensão punitiva (item 2.f), além do fato de que a celebração do acordo deverá ser suficiente para a reprovação e prevenção do crime (item 2.i).

Preenchido os critérios de cabimento, o membro do MPF poderá propor acordo, tomando as providências necessárias em PIC e notificando o investigado para comparecer à Procuradoria para ter tenha ciência das respectivas cláusulas, o que inclui confissão formal e circunstanciada da prática do crime (itens 3, 4 e 5). O documento ainda estipula outras observações sobre condições a serem ajustadas, cumulativamente, no acordo. Para a reparação, recomenta-se que, quando o dano for causado a entidade pública, o ressarcimento seja feito na forma estabelecida por lei. A título de exemplo, podemos mencionar a reparação do dano causado ao INSS, que fornece ao celebrante uma guia bancária para a devolução dos benefícios recebidos indevidamente. Sendo assim, caberá ao interessado tomar as providências diretamente junto ao órgão lesado, a fim de efetuar o pagamento para em seguida anexar o comprovante aos autos (item 6.a). No que diz respeito à obrigatoriedade de previsão de cláusula contendo data limite para o cumprimento do acordo, sob pena do eventual ajuizamento da denúncia, o redator sugeriu como regra que a data limite deva sujeitar-se ao prazo de 90 (noventa) dias antes da prescrição da pretensão punitiva da pena, compelindo o procurador oficiante a averiguar se há tempo hábil para a propositura da ação penal (item 6.1).

Caso ocorra a celebração do acordo, este deverá ser cadastrado e submetido para homologação do magistrado, com pedido de suspensão processual e devolução dos autos relacionados para monitoramento do cumprimento, que deverá ser realizado pelo membro oficiante (itens 7 e 8). Há ainda previsões relativas ao cabimento de exercício de atribuição revisional da câmara competente e necessidade de requerimento por membro do MP para extinção da punibilidade, se as condições acordadas forem integralmente cumpridas pelo investigado e, em contrapartida, o oferecimento da denúncia no caso de descumprimento de acordo, sobretudo se houver risco de prescrição da pretensão punitiva (itens 9, 10 e 11).

Além do exposto, cabe ressaltar alguns outros aspectos sobre a natureza do ANPP. Aqui nos referimos à possibilidade de aplicação do acordo para processos em curso na data da entrada em vigor do pacote "anticrime", especialmente para os casos em que já houve o recebimento da denúncia sem que haja sentença protocolada. Isto porque, como esclarecido por Lopes Jr. e Josita,[373] com o advento do §13º do art. 28-A do CPP, criou-se a causa extintiva da punibilidade, o que conferiu natureza mista a esta norma, que detém caráter processual e material penal, o que ocasionaria a aplicação do princípio da retroatividade para garantir o benefício ao agente infrator (art. 5º, XL, CF), uma vez que esta é condição mais benéfica do que a eventual condenação. Diante disso, o ANPP seria aplicável a todos os processos em curso que não tenham sido sentenciados até a entrada em vigor da Lei nº 13.964/19, o que impediria a invalidação dos atos praticados antes da promulgação da lei. Como consequência, Mazloum e Mazloum[374] esclarecem que "[...] Cabe ao Estado, agora, abrir ao réu a oportunidade de ter sua punibilidade extinta mediante a proposição de acordo pelo Ministério Público e consequente cumprimento das condições convencionadas".

Ocorre que é impossível desconsiderar a existência de divergências doutrinárias e jurisprudenciais que cercam o tema relativo ao momento processual limite para o oferecimento do acordo. Surdi e Mattos[375] salientam que, ainda que os tribunais federais e estaduais, bem como a Sexta Turma do STJ,[376] sigam o entendimento de que há possibilidade de oferecimento em qualquer tempo do processo até o seu trânsito em julgado, um recente julgamento do STJ[377] demonstra a ausência de pacificação no Tribunal, dado que a mesma turma mencionada apresentou divergência ao afirmar que o cabimento de ANPP só poderia retroagir nos casos em que não houvesse recebimento

---

[373] LOPES JR., Aury; JOSITA, Higyna. Questões polêmicas do acordo de não persecução penal. *Conjur*, 6 mar. 2020. Disponível em: https://www.conjur.com.br/2020-mar-06/limite-penal-questoes-polemicas-acordo-nao-persecucao-penal. Acesso em: 2 maio 2021.

[374] MAZLOUM, Ali; MAZLOUM, Amir. Acordo de não persecução penal é aplicável a processos em curso. *Conjur*, 7 fev. 2020. Disponível em: https://www.conjur.com.br/2020-fev-07/opiniao-acordo-nao-persecucao-penal-aplicavel-acoes-curso. Acesso em: 2 maio 2021.

[375] SURDI, Daniel Ribeiro; MATTOS, Rodrigo Castor de. Acordo de não persecução penal: a atuação ex officio do Poder Judiciário. Conjur, 5 abr, 2021. Disponível em: https://www.conjur.com.br/2021-abr-05/opiniao-anpp-atuacao-ex-officio-poder-judiciario. Acesso em: 3 maio 2021.

[376] BRASIL. Superior Tribunal de Justiça. *AgRg no Habeas Corpus. nº 575395-RN*. Relator: Nefi Cordeiro. 6ª Turma. Julgado em 8 set. 2019.

[377] BRASIL. Superior Tribunal de Justiça. *REsp*. nº 2004.00.34885-7. Relator: Félix Fischer. 5ª Turma

da denúncia, o que estaria alinhado ao posicionamento proferido pela Quinta Turma do STF.[378]

Visando sanar as divergências sobre o tema, o Ministro Gilmar Mendes submeteu em setembro de 2020 o Habeas Corpus nº 185913-DF para apreciação do Plenário, com o objetivo de propor à Corte a pacificação a respeito do tema em três níveis distintos: i) possibilidade de oferecimento de ANPP em processos anteriores à entrada em vigor da Lei nº 13.964/2019; ii) estabelecimento da natureza jurídica da norma contida no dispositivo art. 28-A; e iii) existência ou não de efeito retroativo para conferir o benefício ao infrator.[379] Segundo o ministro, a importância do julgamento se encontra no impacto de eventual decisão para nortear instâncias inferiores, ainda que não haja formalmente efeito vinculante.[380]

Outro ponto digno de nota é a oportunidade de cabimento de ANPP aos processos relativos à ação privada. Segundo Lopes Jr. e Josita,[381] esta possibilidade restou configurada diante da ausência de vedação legal para os crimes de ação privada que tramitam na Justiça comum e desafiam o rito especial (art. 519 a 523, CPP) ou que tramitam nos Juizados Especiais Cíveis e Criminais (Jecrim), não tendo o requerente direito à transação ou *sursis* processual. Os autores também destacam que a confissão feita pelo investigado no âmbito da negociação do acordo não poderá ser utilizada em caso de descumprimento em processo que surja posteriormente contra este. Isto porque, como bem explicitado por Sanches,[382] ainda que pressuponha confissão, o acordo não implica culpa expressa pelo investigado, mas sim configura uma admissão implícita de culpa na sua dimensão puramente moral e sem repercussão jurídica. Segundo Branquinho e Paulino,[383] o legislador

---

[378] BRASIL. Supremo Tribunal Federal. Habeas Corpus nº 187341-SP. Relator: Alexandre de Moraes. Julgado em 13 out. 2020.

[379] SURDI, Daniel Ribeiro; MATTOS, Rodrigo Castor de. Acordo de não persecução penal: a atuação *ex officio* do Poder Judiciário. Conjur, 5 abr, 2021. Disponível em: https://www.conjur.com.br/2021-abr-05/opiniao-anpp-atuacao-ex-officio-poder-judiciario. Acesso em: 3 maio 2021.

[380] Gilmar quer que plenário do STF decida sobre acordo de não persecução penal. *Portal JOTA*, 24 ago. 2020. Disponível em: https://www.jota.info/stf/do-supremo/acordo-de-nao-persecucao-penal-stf-24092020. Acesso em: 3 maio 2021.

[381] LOPES JR., Aury; JOSITA, Higyna. Questões polêmicas do acordo de não persecução penal. *Conjur*, 06 mar. 2020. Disponível em: https://www.conjur.com.br/2020-mar-06/limite-penal-questoes-polemicas-acordo-nao-persecucao-penal. Acesso em: 2 maio 2021.

[382] CUNHA, Rogério Sanches. *Pacote Anticrime* – Lei n. 13.964/2019: Comentários às alterações do CP, CPP e LEP. Salvador: Juspodivm, 2020. p. 129.

[383] BRANQUINHO, Raquel; PAULINO, Galtiênio da Cruz. Acordo de não persecução penal: análise do art. 28-A do CPP, limite da aplicação retroativa da Lei posterior mais benéfica.

tomou providências para garantir que na análise de cabimento do ANPP não haja "discussão de culpa" ou "mérito da demanda", especialmente porque as sanções impostas por esse processo de despenalização são de natureza penal – e não penalidades, tendo em vista que "esses institutos buscam evitar o início ou o andamento de marchas procedimentais penais custosas ao Estado e ao próprio acusado".

A nosso ver, em exame preliminar, parece que tais Acordos de Não Persecução Cível e Penal configuram-se acordos de *second best*, ou seja, serão assinados pelas autoridades quando não houver disponibilidade para celebração de acordos de leniência. Resta ver, nos próximos anos, como será a prática de implementação destes acordos.

Tabela 13.b – Panorama geral do Acordo de Não Persecução Cível e Penal – demais acordos assemelhados que não constituem acordos de leniência no Brasil

(continua)

	Acordo de Não Persecução Cível e Penal
Tipo de infração	Para ANPC: infrações relativas aos atos de improbidade administrativa. Para ANPP: delitos com pena mínima abstrata inferior a 4 anos, sem violência ou grave ameaça, quando não cabível transação penal.
Órgão competente para a celebração	Negociado com o Ministério Público. Homologado pelo Juiz.
Previsão legal	Para ANPC: - Art. 6º da Lei nº 13.964/19 - Art. 17, §1º e §10-A, da Lei nº 8.429/1992 - Art. 784, inciso XII, do CPC - Art. 19 da Lei nº 12.846/2013 Para ANPP: - Art. 3º da Lei nº 13.964/19 - Art. 28-A do CPP
Previsão infralegal	Para ANPC: - Orientação nº 10/2020 da 5ª CCR MPF sobre parâmetros formais e materiais para celebração de Acordos de Não Persecução Cível. - Resolução nº 1.193/2020 do CPJ. Para ANPP: - Orientação Conjunta nº 3/2018 do MPF sobre os Acordos de Não-Persecução Penal - Resolução nº 181/2017 do CNMP - Resolução nº 183/2018 do CNMP.

Portal Jota, 24 jun. 2020. Disponível em: https://www.jota.info/opiniao-e-analise/artigos/acordo-de-nao-persecucao-penal-24062020. Acesso em: 3 maio 2021,

(conclusão)

	Acordo de Não Persecução Cível e Penal
Possíveis beneficiários	Pessoas jurídicas e pessoas físicas.
Benefícios administrativos	Não existem benefícios administrativos automáticos.
Benefícios criminais	Para ANPP: extinção da punibilidade do inquérito ou processo judicial envolvendo a infração cometida pelo investigado ou acusado.
Benefícios cíveis	Para ANPC: isenção ou redução das penas previstas na Lei 8.429/1992 e na Lei nº 12.846/2013, sendo vedada a concessão de isenção total das penalidades. Isenção ou atenuação das penas de: i) perda da função pública; ii) suspensão dos direitos políticos, exceto nos casos de ilegibilidade obrigatória ("Lei da Ficha Limpa"); iii) multa pecuniária; iv) proibição de contratar com a Administração Pública (inidoneidade); v) obrigatoriedade de publicar a punição; vi) suspensão ou interdição parcial de suas atividades; vii) dissolução compulsória da pessoa jurídica; e viii) proibição de recebimento de incentivos, subsídios e empréstimos públicos, direta ou indiretamente, ainda que por intermédio de pessoa jurídica da qual seja sócio majoritário.

Fonte: elaboração da autora.

1.4.3.3 Termo de Compromisso de Cessação (TCC) Antitruste no Cade

As justificativas, os requisitos, os benefícios conferidos e as fases de negociação do TCC Antitruste no Cade são distintos daqueles referentes aos acordos de leniência antitruste. Para mais informações detalhadas a respeito, vide cap. 2, item 2.5, *infra*.

Tabela 13.c – Panorama geral do Termo de Compromisso de Cessação Antitruste – demais acordos assemelhados que não constituem acordos de leniência no Brasil

(continua)

	TCC Antitruste
Tipo de infração	Infrações contra a ordem econômica (condutas coordenadas).
Órgão competente para a celebração	Negociado com a Superintendência-Geral do Cade (SG/Cade) ou pelo próprio Tribunal Administrativo. Homologado pelo Tribunal, sem a interveniência-anuência do Ministério Público.
Previsão legal	Art. 85 da Lei nº 12.529/2011.
Previsão infralegal	Arts. 219 a 236 do RICade. Guia Cade de TCCs em casos de cartel, 2016. Documento de Trabalho "TCC na Lei 12.529/2011". Fev. 2021.

(conclusão)

Possíveis beneficiários	Pessoas jurídicas e pessoas físicas.
Benefícios administrativos	Redução de até 50% da penalidade aplicável em faixas de desconto previstas. Caso haja leniência *plus,* redução de até 66,67% da penalidade aplicável, em faixas de desconto escalonadas. Não repercute administrativamente em outros órgãos
Benefícios criminais	Não existem benefícios criminais automáticos. Possível cooperação interinstitucional entre Cade e MP.
Benefícios cíveis	Não existem benefícios cíveis automáticos.

Fonte: elaboração da autora.

1.4.3.4 Termo de Compromisso (TC) no SFN

As justificativas, os requisitos, os benefícios conferidos e as fases de negociação do TC do SFN, tanto no BC quanto na CVM, são distintos daqueles referentes aos acordos de leniência no SFN. Para mais informações detalhadas, vide cap. 3, item 3.6, *infra*.

Tabela 13.d – Panorama geral do Termo de Compromisso do BC e da CVM no SFN – demais acordos assemelhados que não constituem acordos de leniência no Brasil

	TC BC e CVM
Tipo de infração	Para BC: apenas infrações não graves (arts. 3º e 4º da Lei nº 13.506/2017). Para CVM: todas as infrações.
Órgão competente para a celebração	BC CVM
Previsão legal	Para BC: Art. 11 e seguintes da Lei nº 13.506/2017. Para CVM: Art. 11, §§5º a 8º, da Lei nº 6.385/1976.
Previsão infralegal	Para BC: Circular BC nº 3857/2017 (alterada pela Circular BC nº 3910/2018) e Portarias BC nº 103.365/2019 (que revogou as Portarias nº 96.152/2017, nº 97.222/2018, nº 98.1000/2018 e nº 98.385/2018). Para CVM: Instrução CVM nº 607/2019 (alterada pela Instrução CVM nº 613/2019).
Possíveis beneficiários	Pessoas jurídicas e pessoas físicas
Benefícios administrativos	Deixa de instaurar ou suspende o processo administrativo em face do compromissário. Não repercute administrativamente em outros órgãos
Benefícios criminais	Não existem benefícios criminais automáticos. Possível cooperação interinstitucional entre BC/CVM e MP.
Benefícios cíveis	Não existem benefícios cíveis automáticos

Fonte: elaboração da autora.

1.4.3.5 Termo de Ajustamento de Conduta (TAC)

Segundo Osorio,[384] o compromisso de ajustamento de conduta foi introduzido no Direito brasileiro pelo Estatuto da Criança e do Adolescente (Lei nº 8.069/1990), consoante se depreende do seu artigo 211. Posteriormente, com o advento do Código de Defesa do Consumidor (Lei nº 8.078/1990), foi acrescido o §6º ao art. 5º Lei nº 7.347/1985, a Lei de Ação Civil Pública. A partir de então, o Ministério Público e os demais legitimados passaram a poder tomar dos interessados compromisso de ajustamento de conduta às exigências legais, mediante cominações, que terá eficácia de título executivo extrajudicial.

Tabela 13.e – Panorama geral do Termo de Ajustamento de Conduta - demais acordos assemelhados que não constituem acordos de leniência no Brasil

	TAC
Tipo de infração	Infrações que correspondam às ações de responsabilidade por danos morais e patrimoniais listados na Lei de Ação Civil Pública.
Órgão competente para a celebração	Negociado pelo Ministério Público, Defensoria Pública, União, Municípios e Distrito Federal, autarquias e fundações públicas. Dispensada homologação judicial, mas deverá haver homologação de órgão colegiado competente (como o CSMP ou CCR).
Previsão legal	- Art. 5º, §6º, da Lei nº 7.347/1985 - Art. 211 da Lei nº 8.069/1990 - Art. 113 da Lei nº 8.078/1990 - Art. 4º-A da Lei 9.469/1997
Previsão infralegal	- Resolução nº 179/2017 do CNMP - Resolução CNMP nº 23/2017.
Possíveis beneficiários	Pessoas jurídicas e pessoas físicas.
Benefícios administrativos	Possibilidade de substituição ou suspensão de processo administrativo sancionador, bem como atenuação de multa pecuniária, no âmbito da Agência Nacional de Saúde (ANS).
Benefícios criminais	Não existem benefícios criminais automáticos.
Benefícios cíveis	Arquivamento do inquérito civil ou das peças de informações usadas na tomada do compromisso. Não promoção de ação de conhecimento relacionada a infração coberta pelo acordo.

Fonte: elaboração da autora.

---

[384] OSÓRIO, Fabio Medina. Natureza jurídica do instituto da não persecução cível previsto na Lei de Improbidade Administrativa e seus reflexos na Lei de Improbidade Empresarial.

Três seriam, portanto, as principais características dos TACs:[385] (i) a consensualidade; (ii) a alternatividade, necessária à substituição ou suspensão do Processo Administrativo instaurado com vistas a apurar a conduta objeto do TAC; e (iii) a finalidade pública, decorrente do interesse público específico. O TAC, portanto, é um gênero do qual o acordo de leniência é uma espécie,[386] que visa, além da reparação de danos, a adoção de práticas de conformidade à lei e as outras justificativas apresentadas no cap. 1, item 1.1., *supra*.

A nosso ver, portanto, parece que tais Termos de Ajustamento de Conduta também se configuram acordos de *second best*, ou seja, serão assinados pelas autoridades quando não houver disponibilidade para celebração de acordos de leniência.

1.4.3 Panorama geral dos acordos de leniência e dos acordos assemelhados no Brasil

De modo a apresentar as semelhanças e diferenças entre os acordos de leniência (1.4.1) e os acordos assemelhados que não constituem acordos de leniência previstos na legislação brasileira (1.4.3), apresenta-se tabela consolidada a seguir:

Portal Migalhas, 8 mar. 2020. Disponível em: https://www.migalhas.com.br/depeso/321402/natureza-juridica-do-instituto-da-nao-persecucao-civel-previsto-na-lei-de-improbidade-administrativa-e-seus-reflexos-na-lei-de-improbidade-empresarial. Acesso em: 23 set. 2020.

[385] SADDY, André; GRECO, Rodrigo Azevedo. Termo de Ajustamento de Conduta em procedimentos sancionatórios regulatórios. *Revista de Informação legislativa*, v. 52, n. 206, p. 165-203, 2015.

[386] Nota Técnica nº 2/2020 5ª CCR/MPF. Disponível em: http://www.mpf.mp.br/atuacao-tematica/ccr5/notas-tecnicas/docs/nota-tecnica-2-2020-acordo-de-cooperacao-acordo-de-leniencia-final.pdf. Acesso em: 22 set. 2020.

Tabela 14 – Panorama geral dos acordos de leniência e dos demais acordos assemelhados que não constituem acordos de leniência no Brasil

(continua)

	Leniência Antitruste	TCC Antitruste	Leniência SFN	TC BC e CVM	Leniência Anticorrupção	Leniência do MP	Acordo de Colaboração Premiada	Acordo de Não Persecução Cível e Penal	TAC
	Capítulo 2	Capítulo 2	Capítulo 3	Capítulo 3	Capítulo 4	Capítulo 5	Capítulo 1	Capítulo 1	Capítulo 1
Tipo de infração	Infrações contra a ordem econômica (condutas coordenadas)	Infrações contra a ordem econômica (condutas coordenadas).	Para BC: todas as infrações (arts. 3º e 4º da Lei nº 13.506/2017). Para CVM: todas as infrações.	Para BC: apenas infrações não graves (arts. 3º e 4º da Lei nº 13.506/2017). Para CVM: todas as infrações.	Infrações previstas na Lei Anticorrupção e na Lei de Improbidade Administrativa.	Crimes relacionados à Lei Anticorrupção e à Lei de Improbidade Administrativa.	Crimes previstos na legislação que contém a previsão de acordo de colaboração.	Para ANPC: infrações relativas aos atos de improbidade administrativa Para ANPP: delitos com pena mínima abstrata inferior a 4 anos, sem violência ou grave ameaça, quando não cabível transação penal	Infrações que correspondam às ações de responsabilidade por danos morais e patrimoniais listados na Lei de Ação Civil Pública.
Órgão competente para a celebração	Negociado com a SG/Cade. Celebrado pela SG/Cade, com a intervenência-anuência	Negociado com a Superintendência-Geral do Cade (SG/Cade) ou pelo próprio	BC CVM	BC CVM	Autoridade máxima de cada órgão ou entidade pública. No âmbito federal: CGU,	Negociação com o Ministério Público e Polícias. Homologado pelo juiz.	Negociação com o Ministério Público e Polícias. Homologado pelo juiz.	Negociado com o Ministério Público Homologado pelo Juiz	Negociado pelo Ministério Público, Defensoria Pública, União, Municípios e Distrito

	Leniência Antitruste	TCC Antitruste	Leniência SFN	TC BC e CVM	Leniência Anticorrupção	Leniência do MP	Acordo de Colaboração Premiada	Acordo de Não Persecução Cível e Penal	TAC
	Capítulo 2	Capítulo 2	Capítulo 3	Capítulo 3	Capítulo 4	Capítulo 5	Capítulo 1	Capítulo 1	Capítulo 1
Órgão competente para a celebração	do Ministério Público.	Tribunal Administrativo. Homologado pelo Tribunal, sem a interveniên-cia-anuência do Ministério Público.			AGU, MP. Discussão sobre a competência do TCU para supervisão e revisão.				Federal, autarquias e fundações públicas. Dispensada homologação judicial, mas deverá haver homologação de órgão colegiado competente (como o CSMP ou CCR).
Previsão legal	Arts. 86 e 87 da Lei nº 12.529/2011.	Art. 85 da Lei nº 12.529/2011.	Art. 30 e seguintes da Lei nº 13.506/2017	Para BC: Art. 11 e seguintes da Lei nº 13.506/2017. Para CVM: Art. 11, §§5º a 8º, da Lei nº 6.385/1976.	Arts. 16 e 17 da Lei nº 12.846/2013	- Art. 129, I da CF/88 - Art. 5º e 6º da Lei nº 7.347/85 - Art. 26, da Convenção de Palermo - Art. 37 da Convenção de Mérida - Arts. 3º, §2º e 3º do CPC - Arts. 840 e 932, III, do CC/02	- Lei nº 12.850/2013 (organização criminosa, art. 4º) - Lei nº 7.492/86 (crimes contra o sistema financeiro nacional, art. 25, § 2º) - Lei nº 8.072/90 (crimes	Para ANPC: - Art. 6º da Lei nº 13.964/19 - Art. 17, §1º e §10-A, da Lei nº 8.429/1992 - Art. 784, inciso XII, do CPC Art. 19 da Lei nº 12.846/2013. Para ANPP: - Art. 3º da Lei nº 13.964/19 - Art. 28-A do CPP.	- Art. 5º, §6º, da Lei nº 7.347/1985 - Art. 211 da Lei nº 8.069/1990 - Art. 113 da Lei nº 8.078/1990 - Art. 4º-A da Lei nº 9.469/1997.

	Leniência Antitruste	TCC Antitruste	Leniência SFN	TC BC e CVM	Leniência Anticorrupção	Leniência do MP	Acordo de Colaboração Premiada	Acordo de Não Persecução Cível e Penal	TAC
	Capítulo 2	Capítulo 2	Capítulo 3	Capítulo 3	Capítulo 4	Capítulo 5	Capítulo 1	Capítulo 1	Capítulo 1
Previsão legal						- Arts. 16 a 21 da Lei nº 12.846/2013 - Lei nº 13.410/2015 - Princípio da eficiência, art. 37, *caput* da CF/88	hediondos, art. 8º, § único) - Lei nº 8.137/90 (crimes contra a ordem tributária, econômica e relações de consumo, art. 16, § único) - Lei nº 9.613/1998 (crimes de "lavagem" e ocultação de bens, direitos e valores, art. 1º, §5º) - Lei nº 9.807/1999 (organização e a manutenção de programas especiais de proteção a vítimas e testemunhas ameaçadas, art. 14)		

(continua)

	Leniência Antitruste	TCC Antitruste	Leniência SFN	TC BC e CVM	Leniência Anticorrupção	Leniência do MP	Acordo de Colaboração Premiada	Acordo de Não Persecução Cível e Penal	TAC
	Capítulo 2	Capítulo 2	Capítulo 3	Capítulo 3	Capítulo 4	Capítulo 5	Capítulo 1	Capítulo 1	Capítulo 1
Previsão legal							- Lei nº 11.343/2006 (crimes previstos na lei de drogas, art. 41) - Código Penal (art. 159)		
Previsão infralegal	Arts. 237 a 251 do RICade. Guia do programa de leniência do Cade, 2020.	Arts. 219 a 236 do RICade. Guia Cade de TCCs em casos de cartel, 2016. Documento de Trabalho "TCC na Lei nº 12.529/2011". Fev. 2021.	Para BC: Circular BC nº 3857/2017 (alterada pela Circular BC nº 3910/2018) e Portaria BC nº 103.362/2019 (que revogou a Portaria BC nº 99.323/2018). Para CVM: Instrução CVM nº 607/2019 (alterada pela Instrução CVM nº 613/2019).	Para BC: Circular BC nº 3857/2017 (alterada pela Circular BC nº 3910/2018) e Portarias BC nº 103.365/2019 (que revogou as Portarias nº 96.152/2017, nº 97.222/2018, nº 98.1000/2018 e nº 98.385/2018). Para CVM: Instrução CVM nº 607/2019 (alterada pela Instrução CVM nº 613/2019).	Arts. 28 a 40 do Decreto nº 8.420/2015 Portaria CGU 909 Portaria CGU 910 Instrução Normativa TCU nº 74/2015 Portaria Interministerial CGU/AGU 2278/2016 "Passo a Passo" Leniência CGU, 2018. Instrução Normativa TCU nº 83/2018 (revoga IN TCU	Estudo Técnico nº 1/2017 da 5ª CCR MPF sobre acordos de leniência e Colaboração Premiada. Nota Técnica nº 1/2017 da 5ª CCR MPF sobre acordos de leniência e seus efeitos. Orientação nº 7/2017 da 5ª CCR MPF sobre acordos de leniência. Nota Técnica nº 02/2018 da 5ª CCR sobre	Orientação Conjunta nº 1/2018 do MPF sobre os Acordos de Colaboração Premiada.	Para ANPC: Orientação nº 10/2020 da 5ª CCR MPF sobre parâmetros formais e materiais para celebração de Acordos de Não Persecução Cível. Resolução nº 1.193/2020 do CPI. Para ANPP: Orientação Conjunta nº 3/2018 do MPF sobre os Acordos	Resolução nº 179/2017 do CNMP. Resolução CNMP nº 23/2017.

	Leniência Antitruste	TCC Antitruste	Leniência SFN	TC BC e CVM	Leniência Anticorrupção	Leniência do MP	Acordo de Colaboração Premiada	Acordo de Não Persecução Cível e Penal	TAC
	Capítulo 2	Capítulo 2	Capítulo 3	Capítulo 3	Capítulo 4	Capítulo 5	Capítulo 1	Capítulo 1	Capítulo 1
Previsão infralegal					74/2015) Instrução Normativa CGU/AGU nº 2/2018 Portaria Conjunta CGU/AGU nº4/2019 (revoga Portaria Conjunta CGU/AGU 2278/2016) Acordo de Cooperação Técnica STF/CGU/AGU/MJ/TCU 2020	a utilização de provas decorrentes de celebração de acordos no âmbito da Operação Lava-Jato, compartilhadas com órgãos de controle (destacadamente, a Receita Federal, CGU, AGU, CADE e TCU). Nota Técnica nº 01/2020 da 5ª CCR sobre Termos de Adesões ou Subscrições de pessoas físicas em acordos de leniência celebrados pelo MPF, nos termos da Lei nº 12.846 e da	de Não Persecução Penal. Resolução nº 181/2017 do CNMP Resolução nº 183/2018 do CNMP.		

(continua)

(continua)

	Leniência Antitruste	TCC Antitruste	Leniência SFN	TC BC e CVM	Leniência Anticorrupção	Leniência do MP	Acordo de Colaboração Premiada	Acordo de Não Persecução Cível e Penal	TAC
	Capítulo 2	Capítulo 2	Capítulo 3	Capítulo 3	Capítulo 4	Capítulo 5	Capítulo 1	Capítulo 1	Capítulo 1
Previsão infralegal						Lei nº 8.429, no domínio da improbidade administrativa. Nota Técnica nº 02/2020 da 5ª CCR sobre o Acordo de Cooperação Técnica assinado pela AGU, CGU, TCU e MJSP, em 06.08.2020, com participação do STF, em matéria de combate à corrupção no Brasil, especialmente em relação aos acordos de leniência, da Lei nº 12.846, de 2013. Nota Técnica nº 04/2020 da 5ª CCR, referente			

(continua)

	Leniência Antitruste	TCC Antitruste	Leniência SFN	TC BC e CVM	Leniência Anticorrupção	Leniência do MP	Acordo de Colaboração Premiada	Acordo de Não Persecução Cível e Penal	TAC
	Capítulo 2	**Capítulo 2**	**Capítulo 3**	**Capítulo 3**	**Capítulo 4**	**Capítulo 5**	**Capítulo 1**	**Capítulo 1**	**Capítulo 1**
						à análise de pontos críticos do PL Substitutivo ao PL nº 10.887/201.			
Possíveis beneficiários	Pessoas jurídicas e pessoas físicas.	Pessoas jurídicas e pessoas físicas.	Pessoas jurídicas e pessoas físicas.	Pessoas jurídicas e pessoas físicas.	Apenas pessoas jurídicas. Mas há interpretação e acordos que permitem a adesão de pessoas físicas.	Apenas pessoas jurídicas. Mas há interpretação e acordos que permitem a adesão de pessoas físicas.	Apenas pessoas físicas.	Pessoas jurídicas e pessoas físicas.	Pessoas jurídicas e pessoas físicas.
Benefícios administrativos	Leniência total: imunidade administrativa total. Leniência parcial: redução de 1/3 a 2/3 da penalidade aplicável. Não repercute administrativamente em outros órgãos	Redução de até 50% da penalidade aplicável em faixas de desconto previstas. Caso haja leniência *plus*, redução de até 66,67% da penalidade aplicável, em faixas	Leniência Total: imunidade total. Leniência Parcial Padrão: redução de 1/3 a 2/3 da penalidade aplicável. Leniência Parcial (específica SFN): redução fixa de 1/3 da	Deixa de instaurar ou suspende o processo administrativo em face do compromissário. Não repercute administrativamente em outros órgãos	Leniência parcial: Redução em até 2/3 da multa. Isenção ou atenuação da proibição de contratar com a Administração Pública (inidoneidade) – discussão a	Não existem benefícios administrativos automáticos. Realização de gestões para entabular tratativas para a celebração de acordos tendo como objeto os mesmos fatos em outras autoridades.	Não existem benefícios administrativos automáticos.	Não existem benefícios administrativos automáticos.	Possibilidade de substituição ou suspensão de processo administrativo sancionador no âmbito da Agência Nacional de Saúde (ANS). Atenuação de multa pecuniária.

(continua)

	Leniência Antitruste	TCC Antitruste	Leniência SFN	TC BC e CVM	Leniência Anticorrupção	Leniência do MP	Acordo de Colaboração Premiada	Acordo de Não Persecução Cível e Penal	TAC
	Capítulo 2	Capítulo 2	Capítulo 3	Capítulo 3	Capítulo 4	Capítulo 5	Capítulo 1	Capítulo 1	Capítulo 1
Benefícios administrativos		de desconto escalonadas. Não repercute administrativamente em outros órgãos	penalidade aplicável. Não repercute administrativamente em outros órgãos		respeito da competência do TCU para aplicar penalidades. Isenção da obrigatoriedade de publicar a punição. Isenção da proibição de receber incentivos, subsídios e empréstimos públicos.	Emissão de certidão sobre a extensão da cooperação realizada. Empreendimento de gestões para que se retirem eventuais restrições cadastrais.			
Benefícios criminais	Imunidade criminal total ou redução de 1/3 a 2/3 da penalidade aplicável (há intervenção-anuência do MP no Acordo de Leniência Antitruste).	Não existem benefícios criminais automáticos. Possível cooperação interinstitucional entre Cade e MP.	Não existem benefícios criminais automáticos. Possível cooperação interinstitucional entre BC/CVM e MP.	Não existem benefícios criminais automáticos. Possível cooperação interinstitucional entre BC/CVM e MP.	Não existem benefícios criminais automáticos. Possível cooperação interinstitucional entre CGU/AGU e MP.	Não propositura de ações criminais para os indivíduos aderentes de baixa culpabilidade. Sem benefícios para os indivíduos de grave culpabilidade, que devem	Perdão judicial Redução em até 2/3 da pena privativa de liberdade. Substituição da pena privativa de liberdade por restritiva de direitos Regime diferenciado de pena (*).	Para ANPP: extinção da punibilidade do inquérito ou processo judicial envolvendo a infração cometida pelo investigado ou acusado.	Não existem benefícios penais automáticos.

	Leniência Antitruste	TCC Antitruste	Leniência SFN	TC BC e CVM	Leniência Anticorrupção	Leniência do MP	Acordo de Colaboração Premiada	Acordo de Não Persecução Cível e Penal	TAC
	Capítulo 2	Capítulo 2	Capítulo 3	Capítulo 3	Capítulo 4	Capítulo 5	Capítulo 1	Capítulo 1	Capítulo 1
						negociar Acordos de Colaboração Premiada.			
Benefícios cíveis	Não existem benefícios cíveis automáticos	Não existem benefícios cíveis automáticos.	Não existem benefícios cíveis automáticos	Não existem benefícios cíveis automáticos	Não existem benefícios cíveis automáticos	Não propositura de ações cíveis ou sancionatórias (inclusive as ações de improbidade administrativa). Suspensão das ações já propostas ou prolação de decisão com efeitos meramente declaratórios.	Não existem benefícios cíveis automáticos.	Para ANPC: isenção ou redução das penas previstas na Lei 8.429/1992 e na Lei nº 12.846/2013, sendo vedada a concessão de isenção total das penalidades. Isenção ou atenuação das penas de: i) perda da função pública; ii) suspensão dos direitos políticos, exceto nos casos de ilegibilidade obrigatória ("Lei da Ficha Limpa"); iii) multa	Arquivamento do inquérito civil ou das peças de informações usadas na tomada do compromisso. Não promoção de ação de conhecimento relacionada à infração coberta pelo acordo.

	Leniência Antitruste	TCC Antitruste	Leniência SFN	TC BC e CVM	Leniência Anticorrupção	Leniência do MP	Acordo de Colaboração Premiada	Acordo de Não Persecução Cível e Penal	TAC
	Capítulo 2	Capítulo 2	Capítulo 3	Capítulo 3	Capítulo 4	Capítulo 5	Capítulo 1	Capítulo 1	Capítulo 1
								pecuniária; iv) proibição de contratar com a Administração Pública (inidoneidade); v) obrigatoriedade de publicar a punição; vi) suspensão ou interdição parcial de suas atividades; vii) dissolução compulsória da pessoa jurídica; e viii) proibição de recebimento de incentivos, subsídios e empréstimos públicos, direta ou indiretamente, ainda que por intermédio de pessoa jurídica da qual seja sócio majoritário.	

Fonte: elaboração da autora.

CAPÍTULO 2

LENIÊNCIA ANTITRUSTE

O presente capítulo sobre leniência antitruste, tal qual todos os demais capítulos temáticos por espécie de acordo de leniência neste livro, segue, intencionalmente, uma estrutura de sumário semelhante, para que seja possível comparar cada um dos assuntos entre cada um dos referidos programas de leniência. Assim, este capítulo 2 apresenta, inicialmente, um breve histórico legislativo do respectivo programa de leniência antitruste (item 2.1). Em seguida, passa-se à análise dos requisitos legais do programa de leniência antitruste (item 2.2). Adiante, são apresentados os benefícios do acordo de leniência antitruste, sejam eles administrativos, criminais e/ou cíveis (item 2.3). A seguir, é delineado um passo a passo das fases de negociação do acordo, apresentado em forma visual e textual, para facilitar a compreensão do que se trata, na prática, a negociação de um acordo de leniência antitruste (item 2.4). Adiante, são detalhadas as distinções entre o acordo de leniência antitruste e o Termo de Compromisso de Cessação Antitruste (item 2.5) Por fim, é apresentado um panorama geral de todas as informações apresentadas do acordo de leniência antitruste (item 2.6.).

2.1 Leniência antitruste:[387] contextualização e breve histórico legislativo

O programa de leniência antitruste é reconhecido nacional[388] e internacionalmente[389] [390] [391] como um dos instrumentos mais eficazes

---

[387] Agradeço às pesquisadoras Mônica Fujimoto e Anna Binnoto pela pesquisa bibliográfica que subsidiou a elaboração deste capítulo.

[388] "O Programa de Leniência não é um fim em si mesmo, mas um importante mecanismo para dissuadir condutas uniformes lesivas à concorrência, este sim um fim da política de defesa

para detectar, investigar e coibir condutas anticompetitivas com potencial lesivo à concorrência e ao bem-estar social. Constitui, assim, um importante pilar da política de combate a cartéis.[392]

O programa de leniência foi introduzido, no Brasil, pela Lei nº 10.149/2000, que alterou a Lei nº 8.884/94 (artigos 35-B e C),[393] com o objetivo de fortalecer a atividade de repressão de infrações à ordem econômica do Sistema Brasileiro de Defesa da Concorrência (SBDC). Essa foi a primeira legislação a trazer esse tipo de acordo para o Brasil, inspirada nas experiências exitosas em outras jurisdições estrangeiras. Atualmente, o programa de leniência antitruste brasileiro encontra-se previsto nos artigos 86 e 87 da Lei nº 12.529/11.[394]

---

da concorrência. O mesmo se aplica à eliminação de 'obstáculos à persecução administrativa e criminal de cartéis', mandados de busca e apreensão, métodos estatísticos para detecção de cartéis e o próprio TCC que, como visto, é parte do programa de combate a cartéis" (CADE. *Requerimento nº 08700.004992/2007-43*, Relator: Paulo Furquim de Azevedo. Julgado em: 17 dez. 2008).

[389] *"Some jurisdictions have developed programs that offer leniency in order to encourage violators to tell these secrets, to confess and implicate their co-conspirators with first-hand, direct 'insider' evidence that provides convincing proof of conduct parties want to conceal. The programs uncover conspiracies that would otherwise go undetected. They elicit confessions, direct evidence about other participants, and leads that investigators can follow for other evidence too. The evidence is obtained more quickly, and at lower direct cost, compared to other methods of investigation, leading to prompt and efficient resolution of cases. To get this information, the parties who provide it are promised lower fines, shorter sentences, less restrictive orders, or even complete amnesty"* (OCDE. *Fighting hard core cartels*: harm, effective sanctions and leniency programmes. Paris: OCDE, 2002. p. 11).

[390] Terminologicamente, em algumas jurisdições, existe diferença entre os termos *"leniency"* e *"amnesty"*, para se referir às hipóteses em que há apenas redução da penalidade aplicável e àquelas em que há imunidade total, respectivamente.

[391] Para mais informações sobre o programa de leniência concorrencial dos Estados Unidos e da União Europeia, sugere-se: PRADO FILHO, José Inácio; TREVELLIN, Bruna (Org.). *IBRAC. Acordos e políticas de leniência: contribuição para o diálogo e a harmonização.* 1. ed. São Paulo: Singular, 2020.

[392] Em linhas gerais, cartel é um acordo explícito ou implícito entre concorrentes para, principalmente, fixação de preços ou quotas de produção, divisão de clientes e de mercados de atuação, bem como para a troca de informações comercialmente sensíveis. Para mais informações sobre como a existência do acordo de leniência influencia na dinâmica de incentivos para a formação de cartéis, ver: PINHA, Lucas Campio. Qual a contribuição da Teoria dos Jogos para os programas de leniência? Uma análise aplicada ao contexto brasileiro. *Revista de Defesa da Concorrência*, v. 6, n. 1, p. 157-172, maio 2018. Ver também: SALGADO, Lucia Helena. A política brasileira de dissuasão de cartéis é eficaz? Uma análise econômica dos efeitos não antecipados de acordos de leniência e colaboração. [s.d.]. No prelo. Ver também: PINHA, Lucas Campio; BRAGA, Marcelo José. Leniency and damage liability for cartel members in Brazil. *Journal of Competition Law & Economics*, 00(00), 1-26, 2021.

[393] Na vigência da Lei nº 8.884/1994, o programa de leniência foi disciplinado pela Portaria do Ministério da Justiça nº 4/2006 (artigo 61) e pela Portaria do Ministério da Justiça nº 456/2010 (artigo 59).

[394] Nos termos dos artigos 86 e 87 da Lei nº 12.529/2011 e dos artigos 196 a 210 do Regimento Interno do Cade (RICade), o Programa de Leniência Antitruste é um conjunto de iniciativas

CAPÍTULO 2
LENIÊNCIA ANTITRUSTE | 239

Ao longo dos anos, o programa de leniência antitruste passou por duas fases principais, de acordo com Athayde e Fidelis.[395] A primeira fase, entre 2000 e 2011, foi aquela de estabelecimento das bases do programa, voltada à divulgação de seus requisitos, benefícios, procedimentos a empresas e indivíduos. O foco, assim, era voltado sobretudo ao aspecto reputacional, no intuito de promover a confiança dos administrados. Nesse contexto, os acordos de leniência diziam respeito, em sua maioria, a cartéis internacionais, dado que o Cade seguia o caminho de investigações já em curso em outras autoridades antitruste do mundo. Nessa fase, foram assinados 23 acordos, a maioria deles tratando de cartéis internacionais (aprox. 70%). Ademais, 87% dos acordos tratavam de cartéis que afetaram clientes privados.

A segunda fase, segundo Athayde e Fidelis, se dá a partir de 2012 e foi aquela iniciada com a entrada em vigor da nova Lei nº 12.529/11. O Cade passou a aplicar multas altas nos julgamentos dos processos administrativos, o que aumentou o receio de severas punições (vide capítulo 1, item 1.2.2, *supra*). Ademais, passou a investigar novos cartéis, sobretudo nacionais, o que aumentou a percepção do risco de detecção das práticas ilícitas (vide capítulo 1, item 1.2, *supra*).[396] Nessa fase, os cartéis nacionais passaram a ter protagonismo nos acordos de leniência assinados, representando 88% dos 17 acordos assinados entre 2012 e 2014. Por sua vez, aproximadamente 76% dos cartéis denunciados via acordo afetaram exclusivamente clientes privados.

Essa visão é corroborada por Frade, Andrade e Athayde,[397] que trazem dados consolidados sobre a quantidade de acordos de leniência antitruste referentes a cartéis nacionais, internacionais ou a ambos, antes e após a Lei nº 12.529/11. Segundo os autores, na vigência da

---

com vistas a detectar, investigar e punir infrações contra a ordem econômica; informar e orientar permanentemente as empresas e os cidadãos em geral a respeito dos direitos e garantias previstos na legislação; e incentivar, orientar e assistir os proponentes à celebração de acordo de leniência.

[395] ATHAYDE, Amanda; FIDELIS, Andressa. Nearly 16 years of the Leniency Program in Brazil: Breakthroughs and challenges in cartel prosecution. *Antitrust Chronicle*, v. 3, p. 39-45, 2016.

[396] Para mais informações sobre a experiência brasileira com a construção do seu Programa de Leniência Antitruste, ver: ATHAYDE, Amanda; FIDELIS, Andressa Lin. Leniency programme in Brazil – recent experiences and lessons learned. *In:* LATIN AMERICAN AND CARIBBEAN COMPETITION FORUM, 14, Mexico City, Mexico. *Anais...* Mexico City: OECD, 12-13 Apr. 2016. Ver também: LIMA, Fernanda M. S.; SALGADO, Lucia H.; FIUZA, Eduardo P. S. Leniency and cooperation programs in Brazil: an empirical analysis from 1994 to 2014. *Revista de Economia Contemporânea*, v. 23, n. 2, p. 1-26, 2019.

[397] FRADE, Eduardo; ANDRADE, Diogo de; ATHAYDE, Amanda. A evolução dos acordos de leniência e dos TCCs nos 5 anos de vigência da Lei 12.529/2011. *In:* CAMPILONGO, Celso; PFEIFFER, Ricardo (Org.). *A evolução do antitruste no Brasil*. Editora Singular, 2018.

antiga Lei nº 8.884/94, 25% dos acordos de leniência eram totalmente internacionais, 38% parcialmente nacionais e internacionais e 37% totalmente nacionais. Nisso, nota-se que mais de 60% dos casos diziam respeito a cartéis internacionais.[398] Por sua vez, nos cinco primeiros anos de vigência da Lei nº 12.529/11 (2012-2016), 80% dos acordos de leniência foram totalmente nacionais, 6% foram parcialmente nacionais e internacionais e 14% foram totalmente internacionais. Isso significa, segundo os autores, uma mudança substancial quanto à nacionalidade dos cartéis investigados, visto que mais de 80% dos casos tratam de cartéis nacionais.

Cumpre destacar, porém, que a Operação Lava Jato exerceu papel importante nessa mudança de tendência, uma vez que criou as condições para que grandes empresas confessassem ao Cade a sua participação em cartéis em licitações no Brasil.[399] Frade, Thomson e Athayde[400] sustentam que seria impossível tratar de uma fase de "revolução antitruste no Brasil" sem falar da "Operação Lava Jato" e seus desdobramentos no Cade. Tanto isso é verdade que, de acordo com os dados públicos disponibilizados no site do Cade, entre 2003 e 2020, 30,7% de todos os acordos de leniência assinados decorreram dos ilícitos investigados no âmbito da Operação Lava-Jato[401] (31 dentre 101 no total). Quando comparados no período de 2015 a 2020, constata-se que 50,8 % dos acordos de leniência assinados decorrem desta operação (31 dentre 61). Ainda, segundo *peer review* elaborado pela OCDE, em 2016, houve um

---

[398] Para mais informações a respeito das investigações de cartéis internacionais no Brasil, sugere-se: ATHAYDE, Amanda; FERNANDES, Marcela. A glimpse into Brazil's experience in international cartel investigations: Legal framework, investigatory powers and recent developments in Leniency and Settlements Policy. *Concurrences Competition Law Review*, Paris, v. 3-2016, p. 1-8. Além deste, sugere-se também: CARVALHO, Vinícius; FONTANA, Bernardo; ATHAYDE, Amanda. Cartéis internacionais e defesa da concorrência no Brasil. *In:* Vinícios Marques de Carvalho (Org.). *Defesa da Concorrência*: estudos e votos. São Paulo: Singular, 2015, p. 69-92. Finalmente, também se sugere a leitura da seguinte dissertação de mestrado: GUIMARÃES, Marcelo Cesar. *Cartéis internacionais*: desafios e perspectivas para a internacionalização do direito da concorrência. Curitiba: Juruá, 2017. 271 p.

[399] Ver: SOUSA, Alden C.; CAMPOS, Priscilla C. C. *Roundtable on challenges and co-ordination of leniency programmes* – Note by Brazil. OECD, 5 Jun. 2018. Ver também: SILVEIRA, Paulo Burnier; FERNANDES, Victor Oliveira. The 'Car Wash Operation' in Brazil: challenges and perspectives in the fight against bid rigging. *In:* SILVEIRA, Paulo Burnier; KOVACIC, William Evan. *Global Competition Enforcement: new players, new challenges*. 2019. cap. 7. p. 141-154.

[400] FRADE, Eduardo; THOMSON, Diogo; ATHAYDE, Amanda. A Operação Lava Jato e a investigação de cartéis no Brasil: evolução ou revolução? *In:* MATTOS, Cesar (Org.). *A revolução antitruste no Brasil 3*. São Paulo: Singular, 2018. p. 223-254.

[401] Disponível em: http://www.cade.gov.br/assuntos/programa-de-leniencia/estatisticas. Acesso em: 1 out. 2020.

aumento de 510% nos pedidos de *marker*, em comparação com o ano anterior,[402] fomentado sobretudo pela Lava Jato.

Nessa linha, Craveiro[403] propõe a existência de uma Fase 3 no programa de leniência do Cade. Para além da Fase 1 (2000-2011) e da Fase 2 (2012-2014) propostas por Athayde e Fidelis, a autora aduz a existência de uma nova Fase 3 (2015-2019). Para Craveiro, o marco inicial seria o primeiro acordo de leniência antitruste assinado na esteira da Operação Lava Jato, em março de 2015. Trata-se de uma nova fase de escalada nas propostas de negociação de acordos,[404] marcada, segundo a autora, tanto pela Operação Lava Jato quanto pela alteração legislativa que estendeu a proteção do acordo de leniência para crimes relacionados a cartel. Assim, o maior foco dos acordos da Fase 3 seria em cartéis em licitações públicas (63% do total). Ademais, a proporção de acordos inseridos no âmbito de investigações da Lava Jato em relação ao total assinado durante a Fase 3 passa a ser de cerca de 52%. Como consequência, a proporção de acordos relativos a cartéis internacionais se torna menos representativa, de aproximadamente 12%. Assim, a autora conclui que, embora os dados analisados limitem-se aos anos de 2015 a 2019, a Fase 3 ainda estaria em curso, apresentando, entretanto, indícios de declínio, porquanto a tendência pareceria ser de queda de proposituras relacionadas a casos da Lava Jato.

Feita essa breve contextualização sobre o programa de leniência antitruste, passa-se a seguir a um breve histórico legislativo, para destacar que a Lei nº 12.529/11 fez algumas sutis, mas importantes, modificações em relação ao programa de leniência antitruste da lei anterior, da Lei nº 8.884/94. Tais modificações são, notadamente, as seguintes: a alteração da autoridade competente para celebrar o acordo (2.1.1); o fim do impedimento para que o líder do cartel seja proponente do acordo (2.1.2);

---

[402] OECD. *OECD peer reviews of competition law and policy*: Brazil. 2019. Disponível em: www.oecd.org/daf/competition/oecd-peer-reviews-of-competition-law-andpolicy-brazil-2019.htm. Acesso em: 18 jul. 2020.

[403] CRAVEIRO, Priscila. Uma régua na Leniência Antitruste: as taxas de sucesso e de declaração de cumprimento como medidas de efetividade do Programa de Leniência do Cade. Trabalho de Conclusão de Curso apresentado à Banca Examinadora da Escola de Direito da Fundação Getúlio Vargas. Brasília, setembro de 2020. *No prelo.*

[404] Segundo a autora, em 2016, por exemplo, foram recebidos pelo Cade 138 pedidos de *marker* (senha) para negociação de acordo de leniência, sendo 43 *first-ins*. CRAVEIRO, Priscila. Uma régua na Leniência Antitruste: as taxas de sucesso e de declaração de cumprimento como medidas de efetividade do Programa de Leniência do Cade. Trabalho de Conclusão de Curso apresentado à Banca Examinadora da Escola de Direito da Fundação Getúlio Vargas. Brasília, setembro de 2020. *No prelo.*

e a ampliação dos ilícitos penais cobertos pela imunidade concedida ao signatário do acordo (2.1.3), conforme se passa a expor.

2.1.1 Da alteração da autoridade competente para celebrar o acordo de leniência antitruste na Lei nº 12.529/2011

Quanto à referida modificação, esta simplesmente reflete a mudança da estrutura do próprio SBDC, já que a Superintendência-Geral (SG/Cade) passou a incorporar as funções anteriormente exercidas pela Secretaria de Direito Econômico do Ministério da Justiça (SDE/MJ) e também pela Secretaria de Acompanhamento Econômico do Ministério da Fazenda (SEAE/MF).[405] Assim, enquanto na Lei nº 8.884/94 a autoridade competente para celebrar o acordo era a União, por intermédio da SDE/MJ, na Lei nº 12.529/2011 é o próprio Cade, por intermédio da sua SG/Cade.

Importante destacar, nesse ponto, que a celebração do acordo, por ser realizada pela SG/Cade, não passa antecipadamente pelo crivo do Tribunal Administrativo de Defesa Econômica do Cade,[406] diferentemente do que acontece, por exemplo, com os Termos de Compromisso de Cessação (TCCs) (como será detalhado neste cap. 2, item 2.6, *infra*).[407]

Diante disso, é possível que se levante o questionamento de haver ou não um poder excessivo nas mãos da SG/Cade, que pode celebrar acordo de leniência sem que seja realizado um controle[408] (interno[409] ou

---

[405] CADE. *Defesa da concorrência no Brasil*: 50 anos. Brasília, Cade, 2013. Disponível em: http://www.cade.gov.br/acesso-a-informacao/publicacoes-institucionais/cade_-_defesa_da_concorrencia_no_brasil_50_anos-1.pdf. Acesso em: 10 abr. 2018.

[406] "Art. 247. Preenchidas as condições legais, o acordo de leniência será firmado com o Cade, por intermédio da Superintendência-Geral, em, pelo menos, 1 (uma) via, reservando-se aos autos respectivos tratamento de acesso restrito" (RICade).

[407] No caso dos TCCs, os acordos são necessariamente homologados pelo Tribunal Administrativo do Cade, sejam eles negociados pela SG/Cade ou pelo(s) Conselheiro(s). Art. 180, §4º, "A proposta final de Termo de Compromisso será encaminhada pelo Superintendente-Geral, acompanhada de parecer opinando pela homologação ou rejeição da proposta, ao Presidente do Tribunal, que determinará, em caráter de urgência, a inclusão do feito em pauta para julgamento" (RICade).

[408] Ressalta-se que, nesse contexto, as autoras se referem ao conceito amplo de controle como forma de monitoramento/fiscalização.

[409] Para fins da presente obra, entende-se como controle interno aquele realizado por outras áreas do mesmo órgão. No caso, seria o controle realizado pelo Tribunal.

CAPÍTULO 2
LENIÊNCIA ANTITRUSTE | 243

externo[410]), de forma tempestiva, desses acordos. Esse questionamento se baseia no fato de que, no momento exato da celebração do acordo, em não havendo publicidade imediata deste (no interesse da investigação, por exemplo, para a realização de uma operação de busca e apreensão), não ocorreria o controle interno do tribunal ou externo de outros órgãos quanto à decisão de se celebrar, ou não, o acordo.

Acredito que tal questionamento não merece prosperar. Trata-se de uma opção legislativa razoável, por diversas razões. Primeiro, porque esse desenho institucional que circunscreve a assinatura do acordo à SG/Cade tende a preservar e a favorecer o sigilo das negociações e do próprio acordo de leniência antitruste,[411] de modo a preservar uma das mais importantes garantias de um programa de leniência: a confidencialidade.[412] Assim, dado que menos interlocutores têm acesso à informação, menores são as chances de disponibilização indevida da informação.

Em segundo lugar, acredito ser razoável essa competência da SG/Cade porque isso não impede que o controle seja exercido, quer internamente por outros órgãos do próprio Cade, quer por instituições externas. Internamente, o controle do Tribunal apenas é diferido no tempo, já que é realizado *a posteriori*, seja quando da homologação (ou não) de TCCs referentes à mesma investigação, seja quando do julgamento final do caso, quando o Tribunal Administrativo do Cade confirma (ou não) os benefícios aos signatários do acordo de leniência (vide item 2.4.5, *infra*).[413] Externamente, por sua vez, o controle é

---

[410] Para fins da presente obra, entende-se como controle externo aquele realizado por outros órgãos "externos" ao Cade. No caso, seria o controle realizado pelo Tribunal de Contas da União (TCU) ou pelo judiciário, por exemplo.

[411] *Vide*, por exemplo, o artigo 86, §9º, da Lei nº 12.529/2011, que prevê: "Considera-se sigilosa a proposta de acordo de que trata este artigo, salvo no interesse das investigações e do processo administrativo".

[412] *"Confidentiality is important to leniency applicants, because informants can run serious risk of retaliation, as well as liability in other jurisdictions. Too great a risk that information would be conveyed to other jurisdictions might decrease firms' incentives to come forward. On the other hand, thanks to increasing co-operation, a firm trying to tell an agency something it did not already know could be disappointed to find that the agency had already learned about it from another source. Agencies may make it clear that they will act independently, which should have the effect of causing firms to confess early and often. Already, companies are coming forward simultaneously in all the major jurisdictions with leniency programs"* (OCDE. *Fighting hard core cartels*: harm, effective sanctions and leniency programmes. Paris: OCDE, 2002. Disponível em: http://www.oecd. org/competition/cartels/1841891.pdf. Acesso em: 15 abr. 2018).

[413] O artigo 86, §4º, da Lei nº 12.529/2011, prevê: "Compete ao Tribunal, por ocasião do julgamento do processo administrativo, verificado o cumprimento do acordo: I - decretar a extinção da ação punitiva da administração pública em favor do infrator, nas hipóteses em que a proposta de acordo tiver sido apresentada à Superintendência-Geral sem que essa tivesse

realizado pelo Ministério Público, que atua como agente interveniente nos acordos (como será detalhado neste cap. 2, seções 2.3.2 e 2.4.3, *infra*), e pelo Ministério Público Federal, que oficia junto ao Cade, pois este também pode ter acesso às informações de investigações públicas oriundas de acordos de leniência.[414]

Ainda, o controle do acordo de leniência antitruste também poderá ser exercido por outros órgãos que cooperarem com as investigações, como Tribunais de Contas, Controladorias, etc., que poderão ter acesso às informações e documentos, desde que esse acesso não cause prejuízo às investigações.

Por fim, também entendo ser justificada a competência da SG/Cade pelo fato de que os próprios investigados, ao terem acesso à investigação (quando da abertura de um inquérito administrativo público ou do processo administrativo, por exemplo), têm preservado seu direito constitucional de petição para questionarem o acordo junto ao Judiciário caso detectem qualquer ilegalidade.

2.1.2 Do fim do impedimento para que o líder do cartel seja proponente do acordo de leniência antitruste na Lei nº 12.529/2011

A Lei nº 12.529/2011[415] optou por excluir da normativa dos acordos de leniência e vedação de que o líder do cartel seja o proponente do acordo. Nos Estados Unidos, por exemplo, existem dois tipos de leniência: Tipo A (realizada antes da instauração do processo) e Tipo B (realizada após a instauração do processo). Na leniência Tipo A, é

---

conhecimento prévio da infração noticiada; ou II - nas demais hipóteses, reduzir de 1 (um) a 2/3 (dois terços) as penas aplicáveis, observado o disposto no art. 45 desta Lei, devendo ainda considerar na gradação da pena a efetividade da colaboração prestada e a boa-fé do infrator no cumprimento do acordo de leniência".

[414] Em 30 de setembro de 2016, o Cade e o MPF assinaram resolução conjunta redefinindo atuação do representante do MPF junto ao Cade. Assim, nos termos do artigo 5º da Resolução Conjunta PGR/Cade nº 01/2016: "O representante do MPF junto ao CADE terá ciência da celebração de acordo de leniência pela Superintendência-Geral do Cade, quando da instauração do respectivo inquérito administrativo não sigiloso ou processo administrativo para imposição de sanções administrativas por infrações à ordem econômica ou, antes disso, caso o acordo seja publicizado pela Superintendência-Geral. Parágrafo único. O representante do MPF junto ao Cade terá ciência do acordo de leniência de modo pessoal e reservado, ficando transferido o sigilo correspondente, sob pena de responsabilidade" (BRASIL. *Resolução Conjunta PGR/CADE nº 1, de 30 de setembro de 2016*. Brasília: Cade; PGR; 2016. Disponível em: http://www.cade.gov.br/assuntos/normas-e-legislacao/resolucao/resolucao_conjunta_pgr_cade_n_1.pdf/view. Acesso em: 17 abr. 2018).

[415] O §1º do artigo 35-B da Lei nº 8.884 previa que: "O disposto neste artigo não se aplica às empresas ou pessoas físicas que tenham estado à frente da conduta tida como infracionária".

CAPÍTULO 2
LENIÊNCIA ANTITRUSTE | 245

vedada a participação do líder e daquele que coagiu outros participantes a entrarem no acordo anticompetitivo. Já na leniência Tipo B não há tal restrição. Por outro lado, na União Europeia, a restrição quanto à realização de acordos de leniência se aplica apenas ao agente que coagiu outros a entrarem no acordo.[416]

Qual a razão, portanto, de não mais vedar que o líder do cartel seja proponente do acordo de leniência? A respeito dessa questão, a Câmara dos Deputados, na Exposição de Motivos da Lei nº 12.529/2011, apontou que:

> Na Lei atual, os líderes do cartel não podem fazer parte do acordo de leniência. Além da óbvia dificuldade de se avaliar quem é o líder, é possível que aquele que porventura seja considerado nesta condição seja aquele com mais informações a serem providas à autoridade. Abrir mão desses potenciais lenientes pode ser a diferença entre condenar ou não um cartel real.[417]

Entendo que a opção legislativa realizada na Lei nº 12.529/11 parece ter sido sensata. Há grande dificuldade de se detectar o critério da liderança, além de que, em muitos casos, o proponente pode ser justamente quem possui a maior quantidade de informações sobre o ilícito, o que justificaria a exclusão desse requisito para a celebração do acordo e a condenação dos demais envolvidos (que vem a ser justamente duas das justificativas dos programas de leniência, vide seções 1.1.2. e 1.1.5, *supra*).

Ora, quais seriam os critérios para se definir quem é o "líder do cartel"?[418] Seria aquele que tem maior participação de mercado? Seria

---

[416] OCDE. Session I: using leniency to fight hard core cartels. *In:* LATIN AMERICAN COMPETITION FORUM, 2009, Santiago. *Anais...* OCDE, 2009

[417] BRASIL. Lei nº 12.529, de 30 de novembro de 2011. Estrutura o Sistema Brasileiro de Defesa da Concorrência; dispõe sobre a prevenção e repressão às infrações contra a ordem econômica; altera a Lei nº 8.137, de 27 de dezembro de 1990, o Decreto-Lei nº 3.689, de 3 de outubro de 1941 – Código de Processo Penal, e a Lei nº 7.347, de 24 de julho de 1985; revoga dispositivos da Lei nº 8.884, de 11 de junho de 1994, e a Lei nº 9.781, de 19 de janeiro de 1999; e dá outras providências. *Diário Oficial*, Brasília, v. 148, n. 230, p. 1, 1 nov. 2011. Seção 1.

[418] De acordo com Wouter P. J. Wils, existe a preocupação de que a leniência seja utilizada pelo próprio cartel como um mecanismo de punição para as empresas que não cumpram com o acordo, de modo que se busca limitar o benefício da leniência apenas àqueles que não figuraram como líder do cartel. Contudo, questiona-se também se seria possível imaginar um sistema no qual um único membro do cartel atuasse como líder e centralizasse toda a organização e administração do grupo, uma vez que seria necessário confiar que essa figura agiria de acordo com o interesse de todo o grupo. De acordo com o autor, essa situação seria diferente caso essa figura coagisse os outros participantes a entrarem no acordo, de

aquele que foi mais ativo na conduta, enviando e-mails, agendando reuniões, manifestando-se oralmente? Seria aquele com relação ao qual se têm mais evidências no processo? Será que, ao longo de todo o período da conduta, existiu apenas um líder ou houve alteração no perfil e na proeminência de atuação dos participantes? Todos esses que, em algum momento, tiveram participação mais ativa, poderiam vir a qualificar-se como líderes e, portanto, teriam vedada a celebração de um acordo de leniência?

A versão preliminar do Guia de Dosimetria de Multas de Cartel do Cade, publicado em julho de 2020, apresenta bem essa discussão.[419] São apresentados conceitos bastante amplos para que se identifique se há ou não liderança na participação dos agentes, de modo a se aplicar um agravante à penalidade. Segundo o texto:

> é comum que o Cade considere agravante da penalidade o fato de o Representado ter sido líder na conduta, mesmo que essa liderança não tenha sido exercida com coação. Pessoas Jurídicas são consideradas como líderes quando exercem papel significativo na organização da infração, por exemplo, agendando encontros, sendo responsáveis por emitir documentos orientadores sobre a conduta para os outros envolvidos, a exemplo de tabelas de preços. Já Pessoas Físicas, normalmente são consideradas como líderes quando são sócios, administradores ou pessoas com cargo de relevância nas empresas.
>
> (...)
>
> O grau de participação deve ser considerado caso a caso, porém, pode-se citar, em lista não exaustiva, mas apenas sugestiva, algumas atitudes já utilizadas para caracterizar a liderança na conduta pelo Tribunal, como:
>
> (i) Presidente, sócios, administradores de direito ou de fato e ou diretores no rol de Representados; e
>
> (ii) Protagonismo nas tratativas envolvendo as reuniões/encontros.
>
> (...)

---

modo que, conforme mencionado anteriormente, a União Europeia exclui de ser beneficiado pela leniência apenas aquele que coage (WILS, Wouter P. J. The use of leniency in EU cartel enforcement: an assessment after twenty years. *World Competition*, v. 39, n. 3, p. 327-388, Sept. 2016).

[419] Guia de Dosimetria de Multas de Cartel. Disponível em: http://www.cade.gov.br/noticias/cade-lanca-versao-preliminar-de-guia-de-dosimetria-de-multas-de-cartel. Acesso em: 5 ago. 2020. p. 25.

2.1.3 Da ampliação dos ilícitos penais cobertos pela imunidade concedida ao signatário na Lei nº 12.529/2011

A Lei nº 8.884/94 previa benefícios criminais, decorrentes da assinatura do acordo de leniência antitruste, apenas aos ilícitos da Lei nº 8.137/90. Por sua vez, na Lei nº 12.529/2011, há previsão da extensão dos efeitos do acordo a ilícitos criminais, "tais como" os da Lei nº 8.137/90, da Lei nº 8.666/93 e do art. 288 do Código Penal. Algumas discussões sobre esse tema dos benefícios criminais resultantes do acordo de leniência antitruste serão expostas neste cap. 2, item 2.3.2, *infra*.

2.2 Leniência antitruste: requisitos legais

A premissa básica do programa de leniência antitruste é a de que os denominados signatários do acordo de leniência confessem e colaborem com as investigações,[420] trazendo informações e documentos que permitam à autoridade identificar os demais coautores e comprovar a infração noticiada ou sob investigação.[421]

Os artigos 86, da Lei nº 12.529/2011, e 197, do Regimento Interno do Cade (RICade), elencam os requisitos para a assinatura de um acordo de leniência no Brasil. Em seus termos, é necessário que: a empresa seja a primeira a se qualificar com respeito à infração noticiada ou sob investigação (2.2.1); a empresa e/ou pessoa física cesse sua participação na infração noticiada ou sob investigação (2.2.2); no momento da propositura do acordo, a Superintendência-Geral não disponha de provas suficientes para assegurar a condenação da empresa e/ou da pessoa física (2.2.3); a empresa e/ou pessoa física confesse sua participação no ilícito (2.2.4); a empresa e/ou pessoa física coopere plena e permanentemente com a investigação e o processo administrativo, comparecendo, sob suas expensas, sempre que solicitado, a todos os atos processuais, até

---

[420] *"The challenge in attacking hard-core cartels is to penetrate their cloak of secrecy. To encourage a member of a cartel to confess and implicate its co-conspirators with first-hand, direct 'insider' evidence about their clandestine meetings and communications, an enforcement agency may promise a smaller fine, shorter sentence, less restrictive order, or complete amnesty"* (OCDE. *Fighting hard core cartels*: harm, effective sanctions and leniency programmes. Paris: OCDE, 2002. Disponível em: http://www.oecd.org/competition/cartels/1841891.pdf. Acesso em: 15 abr. 2018).

[421] Para mais informações acerca das características de um programa de leniência eficiente e efetivo, ver: ICN. *Checklist for efficient and effective leniency programmes*. ICN, 2017. Disponível em: https://www.internationalcompetitionnetwork.org/portfolio/leniency-program-checklist/. Acesso em: 17 jul. 2020.

a decisão final sobre a infração noticiada proferida pelo Cade (2.2.5); e da cooperação da empresa e/ou pessoa física resulte a identificação dos demais envolvidos na infração e a obtenção de informações e documentos que comprovem a infração noticiada ou sob investigação (2.2.6). Todos esses requisitos podem levantar interessantes discussões acadêmicas e práticas, como se passa a debater a seguir.

A fim de facilitar a compreensão dos requisitos, bem como comparar com os requisitos exigidos em outros acordos de leniência previstos na legislação brasileira, apresenta-se a figura e a tabela seguintes, nos termos *supra* apresentados (vide item 1.3, *supra*):

Figura 13 – Comparação entre os requisitos do acordo de leniência antitruste no contexto mais amplo dos requisitos compartilhados por todos e requisitos específicos de alguns acordos de leniência no Brasil

Fonte: elaboração da autora.

Tabela 15 – Requisitos de um acordo de leniência antitruste

REQUISITOS COMPARTILHADOS POR TODOS OS ACORDOS DE LENIÊNCIA NO BRASIL	
	Leniência Antitruste
Cessação da conduta	SIM *(2.2.2. Do requisito de a empresa e/ou a pessoa física cessar sua participação na infração noticiada ou sob investigação)*
Confissão	SIM *(2.2.4. Do requisito de a empresa e/ou a pessoa física confessar sua participação no ilícito)*
Cooperação com a investigação e ao longo de todo o processo	SIM *(2.2.5. Do requisito de a empresa e/ou a pessoa física cooperar plena e permanentemente com a investigação e o processo administrativo)*
Resultado da cooperação	SIM *(2.2.6. Do requisito de que a cooperação da empresa e/ou da pessoa física resulte na identificação dos demais envolvidos na infração e na obtenção de informações e documentos que comprovem a infração noticiada ou sob investigação)*
REQUISITOS ESPECÍFICOS DE ALGUNS ACORDOS DE LENIÊNCIA NO BRASIL	
	Leniência Antitruste
Primazia	SIM *(2.2.1. Do requisito de a empresa ser a primeira a se qualificar com respeito à infração noticiada ou sob investigação)*
No momento da propositura, ausência de provas suficientes contra o proponente	SIM *(2.2.3. Do requisito de que, no momento da propositura do acordo, a SG/Cade não disponha de provas suficientes para assegurar a condenação da empresa e/ou da pessoa física)*
Programa de *Compliance*/ Integridade	-
Auditoria externa/ Monitor externo	-
Verbas pecuniárias	-

Fonte: elaboração da autora.

2.2.1 Primazia – Do requisito de a empresa ser a primeira a se qualificar com respeito à infração noticiada ou sob investigação

No que tange a esse requisito, trata-se de um dos importantes diferenciais do acordo de leniência antitruste,[422] uma vez que apenas a

---

[422] HARRINGTON JR., Joseph E. Corporate leniency with private information: the push of prosecution and the pull of pre-emption. *The Journal of Industrial Economics*, v. 61, n. 1, p. 1-27, Mar. 2013.

primeira empresa que procurar a autoridade de defesa da concorrência (o Cade) poderá receber os benefícios. Para todas as outras que quiserem colaborar, mas que forem retardatárias, há a possibilidade de celebrar um TCC com o Cade, cujos benefícios são significativamente inferiores (vide este cap. 2, item 2.6, *infra*). Nos termos da OCDE, a diferenciação de tratamento entre as empresas que se apresentam em diferentes momentos à autoridade é essencial para a construção de um programa de leniência efetivo, pois a primeira empresa a se apresentar deve sempre fazer jus ao melhor acordo.[423] Assim, cria-se um incentivo para que as empresas se apresentem o mais cedo possível, o que aumenta a instabilidade dos cartéis.

A respeito desse requisito, diversas dúvidas práticas podem ser levantadas, as quais serão apresentadas adiante.

Em primeiro lugar, se existirem outras empresas do mesmo grupo econômico, elas também poderão ser signatárias do acordo de leniência antitruste? Nos termos do art. 86, §6º, da Lei nº 12.529/2011 c/c art. 197, §1º, do RICade, sim, já que há previsão de que serão estendidos os benefícios do acordo de leniência antitruste às empresas do mesmo grupo econômico, de fato ou de direito, envolvidas na infração, desde que cooperem com as investigações e firmem o instrumento em conjunto com a empresa proponente.[424]

E as pessoas físicas também precisam ser as primeiras a se qualificarem junto à SG/Cade mesmo que a Lei nº 12.529/2011 preveja que esse requisito se aplica apenas às empresas? Nos termos do art. 86, §6º, da Lei nº 12.529/2011 c/c art. 197, §1º, do RICade, na hipótese de o proponente do acordo de leniência antitruste ser empresa, os benefícios do acordo podem ser estendidos aos seus dirigentes, administradores e empregados (atuais ou passados), desde que cooperem com as investigações e firmem o instrumento em conjunto com a empresa proponente.[425] Assim, elas precisam se qualificar juntamente com a empresa que for a primeira a se apresentar à SG/Cade. Interessante apontar que, segundo Craveiro, somente três dos 99 acordos de leniência

---

[423] OCDE. Using leniency to fight hard core cartels. *Policy Brief,* Sep. 2001.

[424] A assinatura por empresas do mesmo grupo econômico pode ser realizada com a empresa proponente, de forma conjunta, ou em adesão posterior formalizada em documento apartado, a depender de autorização pelo Cade, que avaliará a questão segundo critério de conveniência e oportunidade (art. 197, §2º, do RICade).

[425] A assinatura por pessoas físicas pode ser realizada com a empresa proponente, de forma conjunta, ou em adesão posterior formalizada em documento apartado, quando autorizada pelo Cade, segundo critério de conveniência e oportunidade (art. 197, §2º, do RICade).

assinados pelo Cade entre 2000 e 2020 foram assinados por pessoas físicas exclusivamente.[426]

Mas e se o indivíduo for ex-dirigente, ex-administrador e ex-empregado, tendo praticado a conduta em nome da empresa proponente do acordo de leniência antitruste, e a empresa não desejar protegê-lo, em que pese a intenção do indivíduo de colaborar? Suponha, por exemplo, que após uma alteração de controle societário, da gestão empresarial e/ou da instituição de um programa de *compliance* interno, descobre-se o cartel, reporta-se o cartel às autoridades e demite-se o indivíduo. Tendo em vista as possíveis repercussões de caráter trabalhista, cível e também reputacionais, a empresa opta por propor o acordo de leniência antitruste sem aquele(s) indivíduo(s), por considerar que ele foi justamente o responsável pela implementação da prática e pela responsabilização empresarial. Considerando que o programa de leniência institui uma "corrida" não apenas entre empresas, mas também entre a empresa e seus funcionários, se a empresa expressamente negar essa possibilidade a indivíduos específicos, a SG/Cade não poderá assinar um aditivo ao acordo de leniência antitruste com tais indivíduos, sob o risco de criar desincentivos à própria detecção de futuros cartéis.

Ainda, se o indivíduo tiver trabalhado em diversas empresas ao longo da conduta anticompetitiva, praticando o ilícito do cartel em todas elas, ele pode celebrar acordo de leniência antitruste? Suponha que o indivíduo trabalhou em três empresas (A, B e C), praticando o cartel enquanto funcionário de todas elas (A, B e C). Se qualquer dessas três for signatária do acordo de leniência antitruste (por exemplo, a empresa A), entendo que o indivíduo poderá, sim, celebrar o acordo junto à empresa proponente. A autoridade antitruste deverá ficar alerta, porém, ao fato de que a colaboração do indivíduo deverá ser plena e permanente, de modo que, apesar de o acordo ser da empresa A, a colaboração do indivíduo não se circunscreva ao cartel praticado durante seu trabalho na empresa A. Suas informações e documentos deverão ser mais amplos, incluindo também as práticas anticompetitivas implementadas em nome das empresas B e C, que poderão restar formalizadas, por exemplo, em um aditivo específico anexo ao Histórico da Conduta. Veja a figura ilustrativa (Fig. 14a):

---

[426] CRAVEIRO, Priscila. Uma régua na Leniência Antitruste: as taxas de sucesso e de declaração de cumprimento como medidas de efetividade do Programa de Leniência do Cade. Trabalho de Conclusão de Curso apresentado à Banca Examinadora da Escola de Direito da Fundação Getúlio Vargas. Brasília, setembro de 2020. *No prelo.*

Figura 14 – Primazia às pessoas físicas no acordo de leniência Antitruste

Figura 14a – Proteção antitruste no acordo de leniência à pessoa física que trabalhou em diversas empresas, todas participantes do cartel, e praticou a conduta enquanto funcionário de todas elas

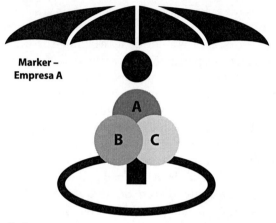

Fonte: elaboração da autora.

Mas e se a pessoa física tiver trabalhado em diversas empresas ao longo da conduta anticompetitiva, praticando o ilícito do cartel em parte delas, mas não na empesa proponente, ela pode celebrar acordo de leniência antitruste? Mantenho o mesmo exemplo de que o indivíduo trabalhou em três empresas (A, B e C), mas, dessa vez, praticou cartel apenas enquanto funcionário de B e C. Se a signatária do acordo de leniência antitruste for a empresa A, entendo que não será possível que esse indivíduo tenha os benefícios do acordo, mas tão somente de um eventual TCC posterior. Isso porque, para que as pessoas físicas sejam beneficiadas por um acordo de que a empresa foi proponente, elas devem estar abarcadas no "guarda-chuva" das práticas ilícitas desta. Elas devem ter participado do ilícito pelo menos enquanto funcionários da empresa signatária do acordo (empresa A), porque senão trariam informações sobre tudo, menos sobre as práticas da empresa A proponente do acordo de leniência. Veja a figura ilustrativa (Fig. 14b):

Figura 14b – Proteção antitruste no acordo de leniência à pessoa física que trabalhou em diversas empresas, todas participantes do cartel, mas não praticou a conduta enquanto funcionário da proponente do acordo

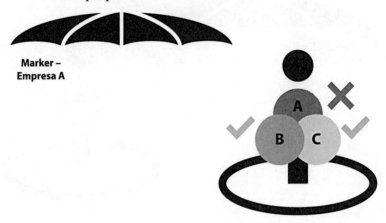

Fonte: elaboração da autora.

    Similarmente, se a pessoa física tiver trabalhado em uma só empresa ao longo da conduta anticompetitiva, praticando o ilícito do cartel em nome dela, mas não na empresa signatária, ela pode celebrar acordo de leniência antitruste? Suponha que o indivíduo trabalhou na empresa B, que praticou cartel juntamente com A e C, e que a signatária do acordo de leniência antitruste é a empresa A. Considerando o incentivo de "corrida" entre as empresas participantes do acordo colusivo, bem como entre a empresa e os indivíduos, se uma empresa foi a primeira a se qualificar, ela deve poder – em que pese não ter o dever – proteger todos os indivíduos que praticaram o ilícito em seu nome. Para os indivíduos que não praticaram a conduta anticompetitiva enquanto funcionários da empresa signatária, porém, não haverá disponibilidade de acordo de leniência, apenas de TCC. Isso porque a lógica da leniência antitruste é permitir a isenção ou a redução das penalidades aplicáveis ao primeiro "bloco" de colaboradores (empresa e seus respectivos indivíduos). Esse "bloco" é composto por aqueles que tenham praticado o ilícito do cartel no mesmo contexto empresarial. Não é possível, portanto, beneficiar indivíduos de outra empresa com os mesmos benefícios do acordo de leniência, dado que atuaram no cartel em um contexto empresarial diverso. Veja a figura ilustrativa (Fig. 14c) a seguir:

Figura 14c – Proteção antitruste no acordo de leniência à pessoa física que trabalhou em uma empresa participante do cartel, mas que não é a proponente do acordo

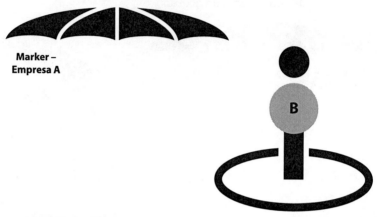

Fonte: elaboração da autora.

Como se pode notar, há diversas nuances na definição de quem pode ou não ser signatário do acordo de leniência antitruste, justamente diante da dupla possibilidade de origem das propostas: das empresas ou dos indivíduos. É nesse sentido que Marrara qualifica o sistema de leniência antitruste de *"first come, first serve"*, que significa que somente uma das pessoas físicas acusadas na apuração de infração contra a ordem econômica poderá celebrar o acordo e obter todos os seus benefícios imunizantes.[427]

Nesse sentido, cumpre pontuar que, na hipótese de o proponente do acordo de leniência ser apenas pessoa(s) física(s) e de o acordo ser celebrado sem a participação da pessoa jurídica, os seus benefícios não se estenderão à empresa a que o funcionário está ou estava vinculado, nos termos do art. 86, §6º, Lei nº 12.529/2011 c/c art. 197, §3º, do RICade. Segundo o Cade, a não extensão automática dos benefícios é um fator que objetiva aumentar a instabilidade do cartel, de modo que todos os participantes envolvidos, sejam eles empresas ou indivíduos,

---

[427] MARRARA, Thiago. Acordos no Direito da Concorrência. *Revista de Direito da Concorrência*, vol. 8, n. 2. Dez. 2020. Disponível em: https://revista.cade.gov.br/index.php/revistadedefesadaconcorrencia/article/view/451/352. Acesso em: 8 mar. 2021.

permaneçam incentivados a denunciar a prática anticompetitiva ao Cade o mais cedo possível.[428]

2.2.2 Cessação da conduta – Do requisito de a empresa e/ou pessoa física cessar sua participação na infração noticiada ou sob investigação

Trata-se de requisito exigido desde o momento da proposta de acordo à SG/Cade. Ou seja, a partir do momento em que o proponente começa a negociar com a autoridade antitruste, ele não mais poderá participar do acordo colusivo, sob pena de descumprimento de um dos requisitos previstos na Lei nº 12.529/2011.

Mas surge então uma questão: e se o cartel estiver em curso e for importante para a investigação que o colaborador continue simulando sua participação nos atos anticompetitivos, a fim de obter mais informações e documentos probatórios? Esse foi o caso, por exemplo, da investigação do famoso cartel internacional de lisinas, em que o Federal Bureau of Investigations (FBI) e o Departamento de Justiça norte-americano (DOJ) acompanharam todos os passos do colaborador Mark Witrache, filmando as reuniões, etc., de modo a robustecer o arsenal de provas do ilícito.[429]

No Brasil, essa seria uma possibilidade apenas na hipótese de o colaborador no Cade colaborar, em paralelo, com investigação criminal junto à Polícia e/ou ao Ministério Público. Caso houvesse a necessidade de continuar com eventuais passos delitivos, esses encaminhamentos deveriam ser realizados sob o crivo criminal, nos termos do chamado "flagrante esperado". A esse respeito, vale relembrar a regulamentação do instrumento da "ação controlada", previsto no art. 8º da Lei nº 12.850/13, vide cap. 1, supra. Vale destacar a regulamentação do

---

[428] Ver pergunta 15, do Guia do Programa de Leniência Antitruste do Cade: "Existe diferença caso a proposta de acordo de leniência seja feita por empresas ou por pessoas físicas?" CADE. *Guia*: Programa de Leniência antitruste do Cade. 2016. Disponível em: http://www.cade.gov.br/acesso-a-informacao/publicacoes-institucionais/guias_do_Cade/guia_programa-de-leniencia-do-cade-final.pdf. Acesso em: 23 out. 2017.

[429] A repercussão do caso inspirou o livro *The Informant: A True Story* (EICHENWALD, Kurt. *The Informant*: A True Story. 1. ed. Nova Iorque: Broadway Books, 2001) e o filme *O Desinformante* (Direção: Steven Soderbergh. Warner Bros. 2009. Título Original: The Informant). Para mais informações acessar o *press release* publicado pelo DOJ, em 3 de dezembro de 1993: DOJ. Former top adm executives, japanese executive, indicted in lysine price fixing conspiracy. *Press Release*, 1996. Disponível em: https://www.justice.gov/archive/atr/public/press_releases/1996/1030.htm. Acesso em: 23 out. 2018.

instrumento da "ação controlada", previsto no art. 8º da Lei nº 12.850/13 e definido como o ato de "retardar a intervenção policial ou administrativa relativa à ação praticada por organização criminosa ou a ela vinculada, desde que mantida sob observação e acompanhamento para que a medida legal se concretize no momento mais eficaz à formação de provas e obtenção de informações". O emprego desse instrumento depende de autorização judicial (art. 8º, §1º, da Lei nº 12.850/2013) e deve ser estruturado de forma a não configurar o chamado "flagrante preparado", que é considerado ilegal e que faz da conduta praticada crime impossível (art. 17 do Código Penal). Assim, nessa figura do "flagrante esperado"/"ação controlada", a autoridade ou agente policial pode aguardar para realizar a prisão em flagrante no momento em que o crime de fato está em curso, para obter mais informações e provas sobre a organização criminosa.

2.2.3 No momento da propositura, ausência de provas suficientes contra o proponente – Do requisito de que, no momento da propositura do acordo, a SG/Cade não disponha de provas suficientes para assegurar a condenação da empresa e/ou da pessoa física

Cuida-se de requisito para verificar se é possível, ou não, iniciar a negociação do acordo de leniência antitruste. Note-se que se trata de uma obrigação "para dentro", de a SG/Cade fazer uma análise do seu arcabouço probatório, no momento da propositura do acordo de leniência antitruste, a fim de avaliar a disponibilidade ou não do *marker*[430] para iniciar a negociação.

Mas o que são "evidências suficientes para assegurar a condenação"? Há critérios para objetivar esse termo indefinido, definidor

---

[430] Ver pergunta 29, do Guia do Programa de Leniência Antitruste do Cade. "O que é o pedido de senha (*"marker"*)? O pedido de senha (*"marker"*) é o ato em que o proponente do acordo de leniência entra em contato com a Superintendência-Geral do Cade a fim de comunicar o interesse em propor acordo de leniência em relação a uma determinada conduta anticoncorrencial coletiva e, assim, garantir que é o primeiro proponente em relação a essa conduta. Trata-se, portanto, de uma espécie de corrida entre os participantes da conduta anticompetitiva para contatar a autoridade antitruste e reportar a infração e, com isso, se candidatar aos benefícios do acordo de leniência – os quais são conferidos apenas ao primeiro proponente a se qualificar junto a SG/Cade." (CADE. *Guia:* Programa de Leniência antitruste do Cade. 2016. Disponível em: http://www.cade.gov.br/acesso-a-informacao/publicacoes-institucionais/guias_do_Cade/guia_programa-de-leniencia-do-cade-final.pdf. Acesso em: 23 out. 2018).

da disponibilidade ou não de se iniciar a negociação de um acordo de leniência? Considerando que há uma ampla margem de discricionariedade nessa análise e visando a alcançar previsibilidade, transparência e segurança jurídica aos administrativos (vide cap. 1, item 1.2.3, *supra*), devem-se buscar critérios objetivos que permitam a tomada de decisão.

Nesse sentido, entendo que, caso já haja processo administrativo[431] instaurado na Superintendência-Geral do Cade, não cabe mais a celebração de acordo de leniência com as empresas e/ou pessoas físicas, pois já se considerou haver provas robustas contra os representados. Caberia aos interessados, nesse caso, celebrar TCCs, cujos benefícios são significativamente menores (vide este cap. 2, item 2.6, *infra*).

Por outro lado, caso se tenha um inquérito administrativo,[432] há que se analisar as provas contidas nos autos em específico, para verificar sua robustez e, portanto, se há ou não "evidências suficientes" para assegurar a condenação do proponente. Seria o caso, por exemplo, de um inquérito administrativo no qual tenha sido realizada uma busca e apreensão, na qual já tenham sido encontradas evidências da conduta anticompetitiva. O fato de o caso estar ainda em fase de inquérito administrativo não significa, necessariamente, que haverá disponibilidade de acordo de leniência ao proponente, pois já constam nos autos evidências robustas de comprovação da conduta anticompetitiva. Já no caso de um inquérito administrativo em fase inicial ou mesmo intermediária, que não possui muitos elementos probatórios, seria possível permitir, sim, a assinatura de um acordo de leniência parcial (vide este cap. 2, item 2.3.1.2, *infra*), já que, apesar de possuir "conhecimento prévio" da conduta, o Cade não teria evidências suficientes para assegurar a condenação do proponente. A discussão em sede de inquérito administrativo, portanto, cinge-se à análise sobre se há ou não a possibilidade de iniciar a negociação do acordo de leniência parcial com o proponente.

Por fim, entendo que, caso se tenha um procedimento preparatório, é necessário avaliar se há ou não efetivo "conhecimento prévio" da

---

[431] Artigo 145 do RICade: "O processo administrativo para imposição de sanções administrativas por infrações à ordem econômica será instaurado pelo Superintendente-Geral, garantindo-se ao acusado o contraditório e a ampla defesa".

[432] Artigo 140 do RICade: "O inquérito administrativo, procedimento investigatório de natureza inquisitorial, será instaurado pela Superintendência-Geral para apuração de infrações à ordem econômica, quando os indícios não forem suficientes para a instauração de processo administrativo".

infração, uma vez que, de acordo com o RICade,[433] sua instauração visa a apurar se a conduta em análise trata de matéria de competência do SBDC. Caso o procedimento preparatório já esteja com informações relevantes sobre a conduta anticompetitiva e caso se verifique a competência do Cade, não há requisito para um acordo de leniência total, mas tão somente para o caso de uma leniência parcial. Por outro lado, caso o procedimento preparatório contenha apenas representações feitas por meio do "Clique Denúncia", notícias na mídia ou informação sobre a existência de investigação em outro órgão da Administração Pública ainda não apuradas pelo Cade, é possível que se esteja, sim, diante de uma hipótese de acordo de leniência total. A discussão em sede de procedimento preparatório, portanto, cinge-se à análise sobre se há ou não a possibilidade de iniciar a negociação do acordo de leniência total ou parcial com o proponente (vide este cap. 2, item 2.3.1.2, *infra*).

Diante do exposto, e com fins didáticos, entendo que a análise de cabimento do acordo de leniência descrita pode ser organizada conforme o esquema seguinte, em termos de evolução do processo administrativo sancionador no Cade: caso se tenha um procedimento preparatório, a depender do conjunto probatório, é possível a celebração de acordo de leniência total, ou de acordo de leniência parcial, ou de TCC; no caso de um inquérito administrativo, por sua vez, não cabe acordo de leniência total, mas tão somente acordo de leniência parcial ou TCC; e, no caso de processo administrativo instaurado, cabe apenas TCC. Veja a figura (Fig. 15):

Figura 15 – Tipos de acordo disponíveis por fase do processo administrativo no Cade

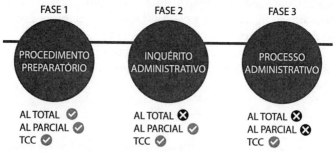

Fonte: elaboração da autora.

---

[433] Artigo 138 do RICade: "O procedimento preparatório de inquérito administrativo para apuração de infrações à ordem econômica terá por finalidade apurar se a conduta sob análise trata de matéria de competência do SBDC".

CAPÍTULO 2
LENIÊNCIA ANTITRUSTE | 259

Ainda, importa destacar que não há, na Lei nº 12.529/2011, uma definição do que seja "conhecimento prévio", critério determinante para se definir se estamos diante de um caso de acordo de leniência total ou parcial (vide este cap. 2, seções 2.3.1.1 e 2.3.1.2, *infra*). Nos termos do Guia do Programa de Leniência do Cade,[434] entende-se que o conhecimento prévio apenas ocorre na hipótese de haver, à época da apresentação da proposta de acordo de leniência, procedimento administrativo aberto (arts. 66 e 69 da Lei nº 12.529/2011) com indícios razoáveis de prática anticompetitiva para apurar a infração objeto da proposta de acordo de leniência. Assim, representações feitas por meio do "Clique Denúncia", notícias na mídia ou informação sobre a existência de investigação em outro órgão da Administração Pública ainda não apuradas pelo Cade, dentre outras situações, em regra, não configurariam "conhecimento prévio" por parte da SG/Cade, exceto se trouxerem elementos probatórios suficientes para ensejar a abertura de procedimento administrativo.

É pertinente notar que a regulamentação do BC e da CVM sobre acordos de leniência já preveem o que se entende por "conhecimento prévio",[435] o que é bastante interessante em termos de previsibilidade para os administrados (vide cap. 5, *infra*).[436] [437] Ademais, o BC[438] e a

---

[434] Ver pergunta 19, do Guia do Programa de Leniência Antitruste do Cade: Quando os benefícios do acordo de leniência serão concedidos de forma total e quando serão concedidos de forma parcial? (CADE. *Guia:* Programa de Leniência antitruste do Cade. 2016. Disponível em: http://www.cade.gov.br/acesso-a-informacao/publicacoes-institucionais/guias_do_Cade/guia_programa-de-leniencia-do-cade-final.pdf. Acesso em: 23 out. 2018).

[435] O BC tem conhecimento prévio da infração noticiada quando, na ocasião da propositura do acordo administrativo em processo de supervisão, estiver em curso na autarquia procedimento de supervisão que abranja a infração (art. 90, §2º, da Circular BC nº 3.857/2017).

[436] O BC entende que tem conhecimento prévio da infração noticiada quando, na ocasião da propositura do acordo administrativo em processo de supervisão, estiver em curso na autarquia procedimento de supervisão que abranja a infração (art. 90, §2º, da Circular BC nº 3.857/2017) (BRASIL. Banco Central do Brasil. Circular nº 3.857, de 14 de novembro de 2017. Dispõe sobre o rito do processo administrativo sancionador, a aplicação de penalidades, o Termo de Compromisso, as medidas acautelatórias, a multa cominatória e o acordo administrativo em processo de supervisão previstos na Lei nº 13.506, de 13 de novembro de 2017. *Diário Oficial*, Brasília, 21 ago. 2018. Seção 1, p. 30).

[437] A Instrução CVM nº 607 prevê que considerará que tem conhecimento prévio da infração notificada: (i) na data da expedição do ofício aos investigados para prestar esclarecimentos sobre fatos a eles imputados (art. 101, §1º, I, c/c art. 5º, da Instrução CVM nº 607); (ii) na data da proposta de inquérito administrativo (art. 101, §1º, II, c/c art. 8º, da Instrução CVM nº 607); (iii) na data da conclusão de relatório de inspeção que indica a ocorrência da infração, após realização de inspeção in loco (art. 101, §1º, III, da Instrução CVM nº 607); ou (iv) na data da decisão que suspender ou proibir atividades (art. 101, §1º, IV, da Instrução CVM nº 607, c/c art. 9º, §1º, da Lei nº 6.385/1976).

[438] Essa declaração do BC, nos termos do art. 32 da Lei nº 13.506/2017, incluirá a avaliação do atendimento das condições estipuladas no acordo, da efetividade da cooperação prestada,

CVM[439] objetivam os critérios para a avaliação dessa margem de desconto no caso de uma leniência parcial (vide cap. 4, *infra*), o que aumenta a previsibilidade, a transparência e a segurança jurídica do programa de leniência (vide cap. 1, item 1.2.3, *supra*).

2.2.4 Confissão – Do requisito de a empresa e/ou pessoa física confessar sua participação no ilícito

No que diz respeito a tal requisito,[440] tem-se que a confissão é formalmente registrada no acordo de leniência por escrito, que contém cláusula expressa referente à confissão de participação da empresa e/ou pessoa física na conduta anticoncorrencial coletiva denunciada.[441] O modelo de acordo de leniência foi modificado em 2020 pela SG/Cade, e a cláusula específica de confissão foi modificada para tornar-se mais enxuta, sem a menção, anteriormente existente, de que o signatário declarava desconhecer outras práticas anticompetitivas para além

---

e da boa-fé do infrator quanto ao cumprimento do acordo. Conforme os incisos do art. 91, da Circular BC nº 3.857/2017, o BC observará, nesse espetro variável de 1/3 (um terço) a 3/5 (três quintos), os seguintes elementos: "I - a importância das informações, documentos e provas apresentadas pelo signatário; II - o momento em que apresentada a proposta; e III - a boa-fé do signatário" (BRASIL. Banco Central do Brasil. Circular nº 3.857, de 14 de novembro de 2017. Dispõe sobre o rito do processo administrativo sancionador, a aplicação de penalidades, o Termo de Compromisso, as medidas acautelatórias, a multa cominatória e o acordo administrativo em processo de supervisão previstos na Lei nº 13.506, de 13 de novembro de 2017. *Diário Oficial*, Brasília, 21 ago. 2018. Seção 1, p. 30).

[439] A Instrução CVM nº 607 prevê ainda que a fixação do desconto, dentro do intervalo de 1/3 a 2/3 da pena, deverá ser calculada tendo como base: (i) a importância das informações, documentos e provas apresentadas pelo signatário; (ii) momento em que foi apresentada a proposta; e (iii) a colaboração individual de cada um dos signatários (art. 107, §2º, da Instrução CVM nº 607.

[440] Para mais informações sobre o requisito da confissão em programas de leniência ver documento do DOJ elaborado por Hammond e apresentado no ICN Workshop on Leniency Programs Sydney, Australia, 2004: HAMMOND, Scott D. Cornerstones of an effective leniency program. *Justice News*, Washington, D.C., Nov. 22, 2004. Disponível em: https://www.justice.gov/atr/speech/cornerstones-effective-leniency-program. Acesso em: 14 abr. 2018.

[441] 7. Cada Signatári(o/a) confessa ter participado da infração conforme descrito no "Histórico da Conduta". Disponível em: http://www.cade.gov.br/assuntos/programa-de-leniencia/modelos-de-acordos/modelo-acordo-de-leniencia-total-mpf-ou-mpe-2020.pdf/view. Acesso em: 5 ago. 2020). Anteriormente, a redação era outra: Cláusula III do modelo de acordo de leniência Antitruste do Cade. "III. Confissão de Participação na Conduta Reportada: Cada Signatário confessa ter participado da Infração Relatada conforme descrito no 'Histórico da Conduta. Cada Signatário declara não ter ciência ou participação ativa em nenhuma outra conduta anticompetitiva para além da Infração Relatada no momento da celebração deste acordo de leniência" (CADE. *Modelo padrão de acordo de leniência*. Disponível em: http://www.cade.gov.br/assuntos/programa-de-leniencia/modelo_acordo-de-leniencia_bilingue.pdf. Acesso em: 23 out. 2018).

daquelas descritas no Histórico da Conduta daquele acordo. Também consta do modelo de procuração de pessoa física para a negociação de acordo de leniência junto ao Cade a delegação de poderes específica para confissão.[442] Trata-se de condição diferente daquela exigida para a celebração de um TCC, com relação ao qual se requer apenas o "reconhecimento de participação na conduta" (vide item 2.5, *infra*).[443]

Sobre este ponto, pode-se questionar: pressupondo a confissão um elemento subjetivo do agente, de culpa ou dolo, como se dará a confissão de uma pessoa jurídica? Considerando que o art. 390[444] do Código de Processo Civil aponta como partes legitimadas para a realização de confissão tanto a própria parte quanto representante com poder especial, entende-se que não existem impedimentos para a confissão por parte da pessoa jurídica, sem o intermédio da pessoa física que realizou o ilícito.

Ademais, outra dúvida é a seguinte: sendo um dos requisitos a confissão, a pessoa física signatária do acordo de leniência deverá assinar, de próprio punho, o acordo ou poderá fazê-lo por meio de procuração? É possível que o signatário celebre o acordo de leniência por meio de procuração, desde que esta contenha previsão expressa e explícita de poderes para celebrar acordo de leniência. Essa é, inclusive,

---

[442] Modelo de procuração de pessoa física para a negociação de acordo de leniência. "Para o que se lhes outorgam poderes especiais para transigir, confessar, desistir, firmar acordos, termos e compromissos, receber notificação e dar quitação, podendo dentro desse escopo praticar todos os atos e firmar quaisquer documentos que se façam necessários ao cumprimento deste mandato". Disponível em: http://www.cade.gov.br/assuntos/programa-de-leniencia/modelos-de-acordos/modelo-10-2_procuracao-minuta-pf-2020.docx/view. Acesso em: 5 ago. 2020.

[443] A esse respeito, cita-se Athayde e De Grandis: "Primeiramente, cumpre ressaltar que a exigência contida no Regimento Interno do Cade do reconhecimento de participação na conduta investigada – exigência esta considerada legítima e confirmada pelos tribunais brasileiros – pode ser interpretada como não representativa, necessariamente, de confissão formal nos moldes criminais (prevista no artigo 65, III, 'd' do Código Penal e nos artigos 197 a 200 do Código de Processo Penal). Isso porque a confissão pressupõe o elemento subjetivo do agente (culpa e/ou dolo), com o reconhecimento da imputação legal que lhe é feita no crime, ao passo que o TCC exige simplesmente o reconhecimento de participação nos fatos, sem esse elemento subjetivo. Trata-se, portanto, de forma mais tênue de reconhecimento, que pode ser interpretada como resultante apenas em efeitos administrativos, sem repercussões criminais imediatas. O reconhecimento da participação na conduta investigada, em sede do TCC no processo administrativo, portanto, não poderia ser processualmente utilizado como se confissão formal fosse no processo criminal" (ATHAYDE, Amanda; DE GRANDIS, Rodrigo. Programa de leniência antitruste e repercussões criminais: desafios e oportunidades recentes. *In*: CARVALHO, Vinicius Marques de (Org.). *A lei 12.529/2011 e a nova política de defesa da concorrência*. 1. ed. São Paulo: Singular, 2015. v. 1. p. 287-304).

[444] "Art. 390. A confissão judicial pode ser espontânea ou provocada.
§1º A confissão espontânea pode ser feita pela própria parte ou por representante com poder especial".

a forma de se operacionalizar, por exemplo, acordos com indivíduos e empresas que participaram de cartéis internacionais com efeitos no Brasil. Tal prática encontra respaldo no mesmo art. 390, §1º, do Código de Processo Civil, já mencionado.

Ainda, cumpre discutir: e se o signatário confessou, no momento da celebração do acordo de leniência antitruste, mas ao longo da instrução processual, administrativa ou criminal, tomou atitudes contrárias a essa confissão? Seria o caso, por exemplo, de o indivíduo dizer, em oitiva, que as reuniões do cartel não tinham cunho anticompetitivo, que sua participação foi apenas "pontual" e que não entende como isso configuraria cartel, etc. Seria caso de descumprimento de um dos requisitos do acordo? Ora, tendo em vista que elemento essencial da confissão no caso de cartéis é o reconhecimento dos contatos anticompetitivos entre concorrentes, caso se negue que as reuniões eram elemento do cartel e que estas constituíam elemento central do *modus operandi* da organização do conluio, entendo que o depoimento do signatário pode, sim, ser analisado como evidência de descumprimento do acordo, tão somente para aquele indivíduo, sem trazer repercussões para os demais colaboradores, sejam estes pessoas físicas ou jurídicas.

2.2.5 Cooperação com a investigação e ao longo de todo o processo – Do requisito de a empresa e/ou pessoa física cooperar plena e permanentemente com a investigação e o processo administrativo

O requisito de cooperação plena e permanente constitui importante obrigação imputada aos signatários. Não basta que os proponentes colaborem no início da investigação, apresentando informações e documentos, e que, após a celebração do acordo, deixem a autoridade antitruste realizar todos os trâmites sem qualquer cooperação. Trata-se, portanto, da cooperação como obrigação de meio. A dúvida que surge é: como qualificar "cooperação" e, em especial, "não cooperação"?[445]

---

[445] Experiência recente no âmbito da "Operação Origem" reuniu todos os órgãos de controle de corrupção do Brasil – Ministério da Transparência e Controladoria-Geral da União (CGU), Advocacia-Geral da União (AGU), Tribunal de Contas da União (TCU) e Ministério Público Federal (MPF) –, para a realização do acordo de leniência com agências de publicidade, fato que demonstra a possibilidade de colaboração entre diferentes esferas de atuação para a celebração de acordos originados do mesmo caso. Para mais informações acessar: VASSALLO, Luiz; TEIXEIRA, Luiz Fernando; MACEDO, Fausto. Agências de publicidade fecham leniência inédita de R$ 50 mi. *Estadão*, São Paulo, 16 abr. 2018. Disponível em: http://politica.estadao.com.br/blogs/fausto-macedo/agencias-de-publicidade-fecham-leniencia-inedita-de-r-50-mi/. Acesso em: 23 out. 2018.

Se os signatários descobrem, anos depois de iniciada uma investigação oriunda de acordo de leniência antitruste, que outros subprodutos do mesmo mercado, por exemplo, foram afetados pela conduta, mas que ainda não tinham sido reportados à autoridade, isso configura "não cooperação"? Ou configura, na verdade, justamente o que se almeja com a "cooperação" plena e permanente ao longo de todo o processo administrativo, já que novos elementos estão sendo trazidos ao conhecimento? Ainda não há precedente claro do Cade nesse sentido, mas entendo que o Tribunal Administrativo, quando do julgamento de processos oriundos de acordo de leniência, deve levar em conta todos os esforços realizados pelos signatários ao longo da investigação, sob pena de criar desincentivos para futuras colaborações.

Insta mencionar, ainda, que o Cade entende como exemplo de cooperação não apenas a colaboração material, com a apresentação de informações e documentos, mas também a colaboração processual, por exemplo, por meio da apresentação de tradução juramentada de documentos. Essa cooperação se mostrou bastante exitosa no contexto dos processos administrativos que investigam cartéis internacionais, que possuem como um dos principais gargalos a tradução juramentada de documentos[446] que subsidiam a notificação dos representados estrangeiros. Para deixar tal cooperação expressa, a autoridade antitruste brasileira inseriu como cláusula-padrão em seus acordos de leniência antitruste a seguinte obrigação aos signatários:

> 5.6.1. O dever de cooperar plena e permanentemente inclui o auxílio ao Cade na notificação inicial das pessoas físicas e jurídicas Representadas contra os quais for eventualmente instaurado o Processo Administrativo, a apresentação de traduções juramentadas, do vernáculo para qualquer idioma e vice-versa, dos documentos que a SG/Cade considerar necessários à notificação das pessoas físicas e jurídicas Representadas, bem como a apresentação por escrito e devidamente certificada, em vernáculo, de eventuais oitivas realizadas com as pessoas físicas signatárias.

Ainda, segundo relatório da OCDE, o nível de cooperação requerido pelo Cade é geralmente maior que os requeridos nas jurisdições americana e europeia, podendo os acordos firmados serem percebidos como demasiado onerosos. Contudo, segundo a organização, com o aumento no número de casos derivados de acordos de leniência,

---

[446] ATHAYDE, Amanda; FERNANDES, M. C. G. A glimpse into Brazil's experience in international cartel investigations: Legal framework, investigatory powers and recent developments in Leniency and Settlements Policy. *Concurrences Review*, v. 3, p. 1-8, 2016.

e com a confirmação do programa de leniência pelas cortes brasileiras, essa característica tende a mudar no futuro.[447] Há que se ter atenção, portanto, para que o programa de leniência antitruste encontre a justa medida entre a exigência de uma cooperação plena e permanente, que aporte reais benefícios à investigação e ao processo administrativo, sem, porém, levar o pêndulo demasiadamente para o outro lado, a ponto de desincentivar as empresas e pessoas físicas a procurarem a autoridade. Essa preocupação é especialmente relevante quanto a cartéis de menor porte, que envolvam empresas médias e pequenas, em estados e/ou municípios.

2.2.6 Resultado da cooperação – Do requisito de que a cooperação da empresa e/ou da pessoa física resulte na identificação dos demais envolvidos na infração e na obtenção de informações e documentos que comprovem a infração noticiada ou sob investigação

Trata-se de obrigação imputada aos signatários no limite do seu conhecimento. Refere-se, neste caso, à cooperação como obrigação de resultado potencial, diferentemente do requisito mencionado no item anterior (vide este cap. 2, item 2.2.5, *supra*), que tem a cooperação plena e permanente ao longo do processo administrativo como obrigação de meio.

Neste contexto, a discussão recorrente diz respeito ao que se entende como "informações e documentos que comprovem a infração". De plano, cumpre destacar que esse requisito é distinto daquele que exige que, no momento da propositura do acordo, a SG/Cade não disponha de provas suficientes para assegurar a condenação (vide este cap. 2, item 2.2.3, *supra*), que também fala de "provas". Conforme já mencionado *supra*, este requisito consiste em uma obrigação "para dentro", de a SG/ Cade fazer uma análise do seu arcabouço probatório, no momento da propositura do acordo de leniência antitruste, a fim de avaliar a disponibilidade ou não do *marker* para iniciar a negociação. Diferentemente, o presente requisito "2.2.6" faz uma análise das informações e documentos obtidos como resultado de toda a investigação, abarcando não apenas

---

[447] Para mais informações, ver: OECD. *OECD peer reviews of competition law and policy*: Brazil. 2019. Disponível em: www.oecd.org/daf/competition/oecd-peer-reviews-of-competition-law-andpolicy-brazil-2019.htm. Acesso em: 18 jul. 2020.

o que a SG/Cade eventualmente tinha no momento da propositura do acordo, mas também o que foi trazido pelo signatário do acordo de leniência antitruste e o que a autoridade antitruste conseguiu obter como resultado da cooperação com o signatário.

Por exemplo: a partir da celebração do acordo de leniência é que foi possível realizar uma busca e apreensão? Foi possível a obtenção de mais informações e documentos por meio de TCCs? Foi possível, por exemplo, com base nas informações apresentadas, realizar estudos econômicos que subsidiaram a confirmação por provas indiretas do cartel? Esses exemplos evidenciam que o requisito "2.2.6" deve ser analisado pelo Tribunal do Cade quando do julgamento do processo administrativo, momento em que confirma (ou não) os benefícios aos signatários e declara o cumprimento (ou o descumprimento) do acordo.

Cabe à SG/Cade, portanto, fazer uma análise prospectiva das informações e documentos que são apresentados pelo proponente do acordo e do que se tem de perspectivas de investigação para o caso. É certo que, quanto mais robusto for o arsenal probatório trazido pelos proponentes, maiores as chances de que a SG/Cade entenda que esse requisito virá a ser preenchido e, portanto, entenda possível a celebração do acordo de leniência antitruste. Nesse sentido, cumpre destacar que a autoridade pública, representada neste caso pela SG/Cade, faz uma análise de resultado potencial da colaboração, com base nas evidências apresentadas durante a negociação. O resultado da cooperação, portanto, em termos de identificação dos demais envolvidos na infração e de obtenção de informações e documentos que comprovem a infração noticiada ou sob investigação. Não cabe imputar ao colaborador, que está trazendo as informações no primeiro momento ao Cade, uma obrigação de resultado concreto, mas sim de resultado potencial. Caso contrário, estar-se-ia imputando ao colaborar uma obrigação que dele não depende diretamente, que é a capacidade de a SG/Cade se articular com outros órgãos de investigação, como Ministérios Públicos, Controladorias, etc., bem como realizar outras análises que do colaborador não dependem, como a realização de estudo de mercado, por exemplo. O que a lei exige, portanto, é que a SG/Cade, quando da assinatura, entenda que aquelas evidências são capazes de, ao final da sua instrução, alcançar o resultado potencial almejado, que é justamente a identificação dos demais envolvidos na infração e a obtenção de informações e documentos que comprovem a infração noticiada ou sob investigação.

Nesse sentido, a seguinte dúvida pode surgir: e se, ao final de toda a instrução processual, o Tribunal do Cade entender que não há provas suficientes, o que acontece com o acordo de leniência celebrado? No final de 2017, houve discussão que tangenciou esse tema, ao arquivar duas investigações iniciadas por acordo de leniência antitruste no mercado de autopeças.[448] Ambos os casos foram arquivados por insuficiência de provas, uma vez que se entendeu que, a despeito da existência de comunicações frequentes entre rivais, elas não indicavam formação de cartel. Em que pese o arquivamento, em ambos os casos os signatários tiveram os benefícios do acordo confirmados pelo Tribunal, resultando na sua extinção da punibilidade. Nota-se, portanto, que o Cade entendeu que os signatários tinham cumprido o requisito de que a cooperação resultasse na identificação dos demais participantes da infração e na obtenção de informações e documentos que comprovassem a infração noticiada ou sob investigação, e que uma não condenação não significaria o descumprimento deste requisito.

Diferentemente, uma discussão bastante arriscada para a confiabilidade do programa de leniência antitruste foi levantada em 2021 pelo Tribunal do Cade. Após a celebração de um acordo de leniência,[449] a SG/Cade instaurou inquérito administrativo sigiloso, mas que após um ano e meio, depois de onze prorrogações, a própria SG/Cade arquivou o processo, por insuficiência de provas. Em voto do Conselheiro Relator, argumentou-se que o Tribunal Administrativo apenas poderia declarar cumprido o acordo de leniência e conceder seus benefícios se da colaboração houvesse resultado de instauração de processo administrativo para imposição de sanção por infração da ordem econômica. Segundo tal linha interpretativa, o Tribunal do Cade não poderia declarar o cumprimento do acordo de leniência em sede de procedimento preparatório ou de inquérito administrativo, mas tão somente em sede de processo administrativo.

Com o devido respeito, essa interpretação não merece prosperar. Conforme mencionado anteriormente, o requisito de cooperação e de identificação dos demais participantes da infração e obtenção de informações e documentos que comprovassem a infração noticiada ou

---

[448] Ver os seguintes inquéritos administrativos, julgados na 116ª Sessão Ordinária de Julgamento do Cade: CADE. *Inquérito Administrativo nº 08700.010322/2012-23 (acesso restrito) e 08700.008005/2017-51 (público).* Relator: João Paulo de Resende. Julgado em: 13 dez. 2017; CADE. *Inquérito Administrativo nº 08700.010319/2012-18 (acesso restrito) e 08700.008004/2017-15 (público).* Relator: Paulo Burnier da Silveira. Julgado em: 13 dez. 2017. Para mais informações, sugere-se: MOTTA, Lucas Griebeler da. Tribunal do Cade arquiva investigação de cartel iniciada com leniência. *Boletim,* jan. 2018. Disponível em: http://www.levysalomao.com.br/publicacoes/Boletim/tribunal-do-cade-arquiva-investigacao-de-cartel-iniciada-com-leniencia. Acesso em: 23 out. 2018.

[449] CADE. Inquérito Administrativo Sigiloso nº 08700.003246/2017-12 (apartado nº 08700.003272/2017-32).

sob investigação consiste em uma obrigação de resultado potencial. No momento da assinatura de um acordo de leniência, nem o colaborador nem a SG/Cade conseguem precisar, com exatidão, se aquele conjunto probatório será ou não suficiente para condenar, e essa dúvida pode se dar a uma série de fatores. Pode ser que as evidências apresentadas sejam suficientes para iniciar a investigação e, após, serem realizados outros passos investigativos, como uma busca e apreensão, por exemplo. Pode ser que posteriormente haja ou conjunto probatório relevante, ainda que unilateral, ou interno à empresa colaboradora, de modo que com a celebração de um TCC, com novas informações e documentos apresentados, haverá um fortalecimento da investigação. Pode ser, simplesmente, que haja um Tribunal Administrativo mais ou menos rigoroso em termos de arsenal probatório para justificar uma condenação. Pode ser que parte dos infratores não consiga ser notificado, pode ser que algum deles tenha falecido, pode ser que haja alguma preliminar de prescrição envolvendo alguma das partes. Pode ser que haja algum julgamento em sede dos tribunais que resulte em interpretação sobre a admissibilidade ou não de determinadas provas ou de certa interpretação jurídica. Pode ser, inclusive, que a SG/Cade, ao assinar, detivesse a expectativa de implementar determinados atos, mas que, por razões alheias à sua vontade, não tenha sido possível. Ou seja, há uma miríade de situações inimaginável entre o momento da assinatura do acordo de leniência e o seu julgamento pelo Tribunal do Cade, de modo que a SG/Cade e nenhum colaborador jamais poderão precisar, com absoluta certeza, se haverá ou não condenação dos demais infratores. A esse fator soma-se o fato de que as instruções de processos administrativos no Cade demandam anos e que, em casos de acordos de leniência, esses prazos são ainda mais alargados, conforme evidenciam as estatísticas de julgamentos pelo Cade. Logo, qualquer imputação de obrigação de resultado ao colaborador (e não de obrigação de resultado potencial) terminaria por aniquilar um dos principais pilares do programa de leniência antitruste, que é justamente o da previsibilidade e da segurança jurídica. Uma interpretação como aquela aportada pelo Conselheiro Relator acaba por imputar, aos administrados, uma obrigação que seria da SG/Cade. Ou seja, se a própria SG/Cade assinou o acordo de leniência é porque entendeu que havia ali os elementos mínimos para a celebração do acordo e também para iniciar a investigação. Se a própria SG/Cade é quem muda de opinião e, posteriormente, não instaura processo administrativo, mantendo-se em sede de procedimento preparatório ou de inquérito administrativo, não pode o Tribunal do Cade impor esse fato aos colaboradores se ficar evidenciado que apresentaram todas as informações e evidências que lhes estavam razoavelmente disponíveis, no momento da celebração e posteriormente. Se o Tribunal discordar da assinatura da SG/Cade, este poderá sinalizar que entende que não há provas suficientes para a condenação e manter os benefícios para o colaborador, justamente porque este foi quem permitiu que a autoridade pública pelo menos tivesse a oportunidade de investigar um fato total ou parcialmente desconhecido. Se a própria SG/Cade, que assinou o acordo de leniência, não foi capaz de reunir outras provas para robustecer a investigação, há que se concluir que ou (i) o acordo não deveria ter sido sequer assinado, ou (ii) a SG/Cade não cumpriu sua missão de investigar e realizar atos instrutórios posteriores, e nenhuma dessas falhas pode ser atribuída ao signatário. Essa parece inclusive ter sido a situação no caso, dado que o Conselheiro Relator chega a dizer que "a SG poderia ter empreendido esforços no sentido de aprofundar ou desenvolver novas linhas de investigação", o que reforça a hipótese, considerando as informações públicas disponíveis no processo, que não se trata de falha atribuível aos signatários, mas sim à própria SG/Cade, se assim for o caso.

Caso um raciocínio como o do Conselheiro Relator viesse a prosperar, haveria, no mínimo, um duplo prejuízo para o programa de leniência. Primeiro porque a própria SG/Cade não possuiria incentivos para não prosseguir com investigações que não tenham reconhecidamente substância, pois já terão a sinalização do Tribunal de que, no mínimo, deverá ser instaurado um processo administrativo caso haja um acordo de leniência assinado. E este processo administrativo instaurado não teria robustez suficiente, e possivelmente se alongaria por anos, resultando, ao fim e ao cabo, em um arquivamento, mas que não pôde ser feito anos antes por conta da orientação – equivocada, na nossa opinião – de que um tipo processual específico é o único que autoriza a homologação do acordo. E em segundo lugar, haveria um prejuízo mais amplo para todo o programa de leniência do Cade. Se o signatário do acordo de leniência tiver receio de que poderá sair, ao final de toda a sua colaboração, pior do que entrou, tanto ele quanto todos os demais infratores não terão mais incentivos para colaborar com as autoridades públicas no Brasil, perdendo-se, assim, todas as inúmeras vantagens desse instrumento, cujas justificativas foram apresentadas no cap. 1, seção 1.1, *supra*. Caso o Tribunal do Cade entendesse que o arcabouço probatório não seria suficiente, deveria passar essa sinalização para a própria SG/Cade, para que futuros acordos não sejam assinados com evidências de mesmo nível de informações e documentos, não imputando ao signatário dos acordos uma obrigação que é da própria Administração Pública, que é continuar investigando as práticas delitivas. De modo correto, ao final, o tribunal decretou, por maioria, a extinção da pretensão punitiva da Administração Pública e a manutenção da confidencialidade da identidade dos signatários.

2.3   Leniência antitruste: benefícios

Diante do fato de que o cartel é tanto um ilícito administrativo[450] (art. 36, §3º, da Lei nº 12.529/2011) quanto um ilícito criminal[451] (art. 4º, II, da Lei nº 8.137/1990), o programa de leniência antitruste brasileiro oferece benefícios tanto administrativos (2.3.1) quanto criminais (2.3.2) aos infratores. Ademais, o acordo traz benefícios para as investigações específicas (2.3.3) e para a política de defesa da concorrência (2.3.4). Não há, porém, repercussões civis imediatas, já que a conduta de cartel também pode sujeitar os infratores ao pagamento de indenização no âmbito civil, por meio das ações civis públicas e/ou ações privadas de reparação de dano (2.3.5).

2.3.1   Benefícios administrativos do acordo de leniência antitruste para os infratores

Condutas colusivas são reprimidas administrativamente pelo Cade, nos termos do art. 36 da Lei nº 12.529/2011, sendo elas listadas de modo exemplificativo no §3º deste mesmo artigo.[452]

---

[450] Na esfera administrativa, a competência para investigar e instaurar processos administrativos para a investigação de cartéis e outras condutas anticoncorrenciais coletivas é da Superintendência-Geral (art. 13, V, da Lei nº 12.529/2011), sendo a decisão condenatória ou absolutória de competência do Plenário do Tribunal do Cade (art. 9º, III, da Lei nº 12.529.2011).

[451] Na esfera criminal, a competência para investigar e oferecer denúncia ao Poder Judiciário sobre a prática de cartel é do Ministério Público (art. 16 da Lei nº 8.137/1990), sendo a decisão final proferida por juízo criminal.

[452] Lei nº 12.529/2011, art. 36º, §3º: "As seguintes condutas, além de outras, na medida em que configurem hipótese prevista no caput deste artigo e seus incisos, caracterizam infração da ordem econômica:
I - acordar, combinar, manipular ou ajustar com concorrente, sob qualquer forma:
a) os preços de bens ou serviços ofertados individualmente;
b) a produção ou a comercialização de uma quantidade restrita ou limitada de bens ou a prestação de um número, volume ou frequência restrita ou limitada de serviços;
c) a divisão de partes ou segmentos de um mercado atual ou potencial de bens ou serviços, mediante, dentre outros, a distribuição de clientes, fornecedores, regiões ou períodos;
d) preços, condições, vantagens ou abstenção em licitação pública;
II - promover, obter ou influenciar a adoção de conduta comercial uniforme ou concertada entre concorrentes;

Nesse sentido, uma primeira dúvida que pode ocorrer é a seguinte: em que pese o mais comum seja celebrar acordo de leniência antitruste com relação ao ilícito do cartel, seria possível sua celebração para todas as infrações previstas no art. 36 da Lei nº 12.529/2011?

Acredito que a celebração do acordo de leniência antitruste pressupõe que a prática tenha sido executada por mais de um agente econômico no mercado, de modo que o colaborador possa identificar os demais coautores da conduta anticoncorrencial coletiva à autoridade antitruste. Assim, a conduta revelada ao Cade deve ser, necessariamente, plurissubjetiva, sendo que as duas mais comuns são a conduta de cartel (art. 36, §3º, I, da Lei nº 12.529/2011)[453] e a de influência de conduta

---

III - limitar ou impedir o acesso de novas empresas ao mercado;

IV - criar dificuldades à constituição, ao funcionamento ou ao desenvolvimento de empresa concorrente ou de fornecedor, adquirente ou financiador de bens ou serviços;

V - impedir o acesso de concorrente às fontes de insumo, matérias-primas, equipamentos ou tecnologia, bem como aos canais de distribuição;

VI - exigir ou conceder exclusividade para divulgação de publicidade nos meios de comunicação de massa;

VII - utilizar meios enganosos para provocar a oscilação de preços de terceiros;

VIII - regular mercados de bens ou serviços, estabelecendo acordos para limitar ou controlar a pesquisa e o desenvolvimento tecnológico, a produção de bens ou prestação de serviços, ou para dificultar investimentos destinados à produção de bens ou serviços ou à sua distribuição;

IX - impor, no comércio de bens ou serviços, a distribuidores, varejistas e representantes preços de revenda, descontos, condições de pagamento, quantidades mínimas ou máximas, margem de lucro ou quaisquer outras condições de comercialização relativos a negócios destes com terceiros;

X - discriminar adquirentes ou fornecedores de bens ou serviços por meio da fixação diferenciada de preços, ou de condições operacionais de venda ou prestação de serviços;

XI - recusar a venda de bens ou a prestação de serviços, dentro das condições de pagamento normais aos usos e costumes comerciais;

XII - dificultar ou romper a continuidade ou desenvolvimento de relações comerciais de prazo indeterminado em razão de recusa da outra parte em submeter-se a cláusulas e condições comerciais injustificáveis ou anticoncorrenciais;

XIII - destruir, inutilizar ou açambarcar matérias-primas, produtos intermediários ou acabados, assim como destruir, inutilizar ou dificultar a operação de equipamentos destinados a produzi-los, distribuí-los ou transportá-los;

XIV - açambarcar ou impedir a exploração de direitos de propriedade industrial ou intelectual ou de tecnologia;

XV - vender mercadoria ou prestar serviços injustificadamente abaixo do preço de custo;

XVI - reter bens de produção ou de consumo, exceto para garantir a cobertura dos custos de produção;

XVII - cessar parcial ou totalmente as atividades da empresa sem justa causa comprovada;

XVIII - subordinar a venda de um bem à aquisição de outro ou à utilização de um serviço, ou subordinar a prestação de um serviço à utilização de outro ou à aquisição de um bem; e

XIX - exercer ou explorar abusivamente direitos de propriedade industrial, intelectual, tecnologia ou marca".

[453] Artigo 36, §3º, I, "a", "b", "c" e "d", da Lei nº 12.529/2011, que prevê cartel como o ilícito de: (I) acordar, combinar, manipular ou ajustar com concorrente, sob qualquer forma, (a) os preços de bens ou serviços ofertados individualmente; (b) a produção ou a comercialização

CAPÍTULO 2
LENIÊNCIA ANTITRUSTE | **271**

comercial uniforme (art. 36, §3º, II, da Lei nº 12.529/2011).[454] Esse é, também, o entendimento do Cade, nos termos do Guia do programa de leniência.[455] Assim, condutas unilaterais são passíveis tão somente da celebração de TCCs, mas não de acordos de leniência (vide este cap. 2, item 2.6, *infra*).[456]

As penas aplicáveis aos infratores da Lei nº 12.529/2011 estão previstas nos artigos 37 e 38, de modo que são, portanto, aplicáveis aos participantes de cartel ou de influência de conduta comercial uniforme. Nos termos do artigo 37, I a III, da Lei nº 12.529/2011, as sanções pecuniárias (multas) aplicáveis às infrações contra a ordem econômica são as seguintes: (i) no caso de empresas, multa de 0,1% a 20% do faturamento bruto da empresa, grupo ou conglomerado, obtido no último exercício anterior à instauração do processo administrativo, no ramo de atividade empresarial em que ocorreu a infração, a qual nunca será inferior à vantagem auferida, quando for possível sua estimação; (ii) no caso de pessoas físicas ou jurídicas de direito público ou privado, bem como de associações e sindicatos que não exerçam atividade empresarial, não sendo possível utilizar-se o critério do valor do faturamento bruto, multa entre R$ 50.000,00 e R$ 2.000.000.000,00; e (iii) no caso de administradores direta ou indiretamente responsáveis pela infração cometida, quando comprovada sua culpa ou dolo, multa de 1% a 20% daquela aplicada à empresa.

Mas não só com multas se penaliza um infrator da Lei de Defesa da Concorrência no Brasil. Conforme previsto no artigo 38 da Lei nº 12.529/2011, além das multas, outras sanções podem ser aplicadas,

---

de uma quantidade restrita ou limitada de bens ou a prestação de um número, volume ou frequência restrita ou limitada de serviços; (c) a divisão de partes ou segmentos de um mercado atual ou potencial de bens ou serviços, mediante, dentre outros, a distribuição de clientes, fornecedores, regiões ou períodos; e/ou (d) os preços, condições, vantagens ou abstenção em licitação pública

[454] Artigo 36, §3º, II, da Lei nº 12.529/2011, que prevê como influência de conduta comercial uniforme o ilícito de: "II - promover, obter ou influenciar a adoção de conduta comercial uniforme ou concertada entre concorrentes" (como acontece, por exemplo, no âmbito de associações e sindicatos).

[455] Ver pergunta 2, do Guia do Programa de Leniência Antitruste do Cade: "Para quais infrações o acordo de leniência Antitruste é aplicável?" (CADE. *Guia*: Programa de Leniência antitruste do Cade. 2016. Disponível em: http://www.cade.gov.br/acesso-a-informacao/publicacoes-institucionais/guias_do_Cade/guia_programa-de-leniencia-do-cade-final.pdf. Acesso em: 23 out. 2018).

[456] Insta pontuar que o acordo de leniência no SFN possui uma lógica diferenciada, já que muitas das infrações perseguidas pelas autoridades administrativas não são plurissubjetivas. Assim, o acordo de leniência pode ser celebrado mesmo quando se está diante de condutas empresariais unilaterais, desde que sejam identificados os demais participantes, quando couber (vide cap. 3, seção 3.2, *infra*).

isolada ou cumulativamente, na esfera administrativa, tais como: (i) a exigência de publicação da decisão de condenação em jornal de grande circulação; (ii) a proibição de contratar com instituições financeiras[457] e de participar de licitações realizadas por órgãos públicos;[458] (iii) a cisão de sociedade ou venda de ativos;[459] (iv) a recomendação para que seja concedida licença compulsória de direito de propriedade intelectual; (v) a proibição de concessão de parcelamento de tributos; (vi) a proibição de exercer comércio e/ou qualquer outro ato ou providência necessários para a eliminação dos efeitos nocivos à ordem econômica.

Nota-se que as penas aplicáveis no Brasil podem ser bastante duras, o que reforça um dos importantes pilares para a estruturação de um programa de leniência efetivo, que é justamente o receio de severas punições[460] (vide cap. 1, item 1.2.1, *supra*). Assim, a existência de benefícios administrativos claros com relação a essas penas constitui relevante incentivo para que os colaboradores procurem a autoridade antitruste a fim de denunciar a prática anticompetitiva.

Nos termos do art. 86, §4º, da Lei nº 12.529/2011, a celebração do acordo de leniência candidata as empresas e/ou indivíduos à obtenção dos benefícios da extinção da ação punitiva ou da redução da penalidade aplicável pelo Cade, benefícios estes concedidos definitivamente quando do julgamento do processo administrativo pelo Plenário do Tribunal do Cade. Portanto, observa-se que, na esfera administrativa, os benefícios serão efetivamente concedidos com a declaração de cumprimento do acordo de leniência, o que é realizado apenas pelo Tribunal do Cade, por ocasião do julgamento do processo administrativo (art. 86, §4º,

---

[457] No caso do cartel do Metrô, o Tribunal do Cade também recomendou que não fosse concedido às empresas Alstom, Bombardier e CAF, pelo prazo de cinco anos, parcelamento de tributos federais devidos, incentivos fiscais ou subsídios públicos. CADE. Processo Administrativo nº 08700.004617/2013-41. Relator: Conselheiro João Paulo de Resende. Julgado em: 8 jul. de 2019.

[458] No caso do cartel do Metrô, além da aplicação de multas, o Tribunal determinou à Alstom pena de proibição de participação em licitações públicas, nos ramos de atividade afetados pela conduta, pelo prazo de cinco anos. *Ibid.*

[459] No caso do cartel de cimentos, o Tribunal do Cade, além da aplicação de multa de cerca de 3 bilhões de reais, também impôs às empresas do mercado de cimento a venda de participações em empresas de concreto. CADE. Processo Administrativo nº 08012.011142/2006-79. Relator: Conselheiro Alessandro Octaviani Luis. Julgado em: 28 maio 2014.

[460] *"Effective leniency programs destabilize cartels. If cartel members have a significant fear of detection and the consequences of getting caught are too severe, then the rewards of self-reporting become too important to risk losing the race for leniency to another cartel member, or perhaps to its own employee if individual leniency is available. The dynamic literally creates a race to be the first to the prosecutor's office"* (HAMMOND, Scott D. *The evolution of criminal enforcement over the last two decades.* Miami: DOJ, 2010. Disponível em: http://www.justice.gov/atr/public/speeches/255515.pdf. Acesso em: 23 out. 2018. p. 4).

I e II, da Lei nº 12.529/2011). Não há qualquer exigência, assim, de homologação do acordo em juízo.

Cumpre, ainda, esclarecer a relevante distinção entre acordo de leniência antitruste total (2.3.1.1) e acordo de leniência antitruste parcial (2.3.1.2), como se passa a expor.

2.3.1.1 Acordo de leniência antitruste total

O acordo de leniência total consiste na hipótese de acordo em que há a extinção da ação punitiva da Administração Pública, nos termos do art. 86, §4º, I, da Lei nº 12.529/2011 c/c art. 208, I, do RICade.

Nesse caso, como a SG/Cade não tem "conhecimento prévio" da infração,[461] a empresa e/ou o indivíduo automaticamente receberá(ão), com a declaração de cumprimento do acordo de leniência pelo Plenário do Tribunal do Cade, o benefício da extinção da ação punitiva da Administração Pública em relação à infração noticiada.

2.3.1.2 Acordo de leniência antitruste parcial

O acordo de leniência parcial, por sua vez, consiste na hipótese de acordo em que há a redução de um a dois terços das penas aplicáveis, nos termos do art. 86, §4º, II, da Lei nº 12.529/2011 c/c art. 208, II, do RICade.

É aplicável em casos nos quais a SG/Cade já tinha conhecimento prévio da conduta, mas não dispunha de "provas suficientes para assegurar a condenação dos proponentes" (vide este cap. 2, item 2.2.3, *supra*). Assim, a empresa e/ou o indivíduo poderá celebrar um acordo de leniência com benefícios parciais e receberá, com a declaração de cumprimento do acordo de leniência pelo Plenário do Tribunal do Cade, o benefício da redução de um a dois terços da penalidade aplicável, a

---

[461] Novamente, nos termos já expostos, o Guia do Programa de Leniência do Cade expõe o seguinte a respeito da noção de "conhecimento prévio": "Apesar de não haver na legislação brasileira o conceito expresso de 'conhecimento prévio' da conduta pela Superintendência-Geral do Cade, entende-se que o conhecimento prévio apenas ocorre na hipótese de haver, à época da apresentação da proposta de acordo de leniência, procedimento administrativo aberto (arts. 66 e 69 da Lei nº 12.529/2011) com indícios razoáveis de prática anticompetitivas para apurar a infração objeto da proposta de acordo de leniência. Representações feitas por meio do 'Clique Denúncia', notícias na mídia ou informação sobre a existência de investigação em outro órgão da Administração Pública ainda não apuradas pelo Cade, dentre outras situações, em regra, não configurariam 'conhecimento prévio' por parte da Superintendência-Geral do Cade, exceto se trouxerem elementos probatórios suficientes para ensejar a abertura de procedimento administrativo" (CADE. *Guia*: Programa de Leniência antitruste do Cade. 2016. Disponível em: http://www.cade.gov.br/acesso-a-informacao/publicacoes-institucionais/guias_do_Cade/guia_programa-de-leniencia-do-cade-final.pdf. Acesso em: 23 out. 2018. p. 19).

depender da efetividade da colaboração prestada e da boa-fé do infrator no cumprimento do acordo de leniência.

A discussão que surge é a seguinte: qual será o parâmetro para o Tribunal definir se a redução será de um ou dois terços da penalidade aplicável? Não há, no RICade ou no Guia do programa de leniência do Cade, previsão nesse sentido, o que deve ser aprimorado a partir do momento em que ocorrerem os primeiros julgamentos de processos administrativos oriundos de acordos de leniência parcial.

O Tribunal do Cade deve estar atento para manter a consistência interna do processo administrativo e também a consistência externa do programa de leniência. A fim de manter a consistência interna, o Tribunal não deve conceder menores benefícios ao signatário do acordo de leniência antitruste do que já foi concedido a um compromissário em sede de TCC, por exemplo. Se o caso foi oriundo, por exemplo, de um acordo de leniência parcial e, após, foram celebrados TCCs, sendo que o primeiro obteve um desconto de 50%, o Tribunal não deve conceder benefício ao signatário que seja menor que este, sob pena de desincentivar futuras colaborações ao programa de leniência. Ainda, a fim de manter a consistência externa do programa de leniência, se as informações e documentos apresentados tiverem sido relevantes para a investigação, e se essa tiver resultado em evidências robustas para comprovar e condenar os demais investigados, o benefício deve ser o máximo, de 2/3 da penalidade aplicável. Esse foi o entendimento, por exemplo, no julgamento do Processo Administrativo 08012.005255/2010-11 (Cartel Internacional de Placas de Memória (DRAM)),[462] bem como no Processo Administrativo 08012.011980/2008-12 (Cartel Internacional de TFT-LCD), em que houve a redução de 2/3 da penalidade aplicável.

Nesse contexto, cumpre destacar que as regulamentações do BC e da CVM são interessantes e promovem a previsibilidade aos administrados quanto ao que se considera ser "conhecimento prévio".[463]

---

[462] Nesse caso, o Tribunal entendeu que os signatários cumpriram com as obrigações previstas no acordo de leniência e concedeu o perdão máximo, redução de 2/3 da penalidade aplicável, conforme artigo 35-B *caput* e 35-C, parágrafo único, da Lei nº 8.884/94 (com correspondência nos arts. 86 e 87 da Lei nº 12.529/11) (CADE. *Processo Administrativo nº 08012.005255201011*. Relator: Márcio de Oliveira Júnior. Julgado em: 28 nov. 2016).

[463] O BC entende que tem conhecimento prévio da infração noticiada quando, na ocasião da propositura do acordo administrativo em processo de supervisão, estiver em curso na autarquia procedimento de supervisão que abranja a infração (art. 90, §2º, da Circular BC nº 3.857/2017) (BRASIL. Banco Central do Brasil. Circular nº 3.857, de 14 de novembro de 2017. Dispõe sobre o rito do processo administrativo sancionador, a aplicação de penalidades, o Termo de Compromisso, as medidas acautelatórias, a multa cominatória e o acordo

[464] Ademais, o BC[465] e a CVM[466] objetivam os critérios para a avaliação dessa margem de desconto no caso de uma leniência parcial (vide cap. 4, *infra*), o que aumenta a previsibilidade, a transparência e a segurança jurídica do programa de leniência (vide cap. 1, item 1.2.3, *supra*).

No BC, o §2º do art. 87-A da nova Circular BC nº 3.857/2017 (alterada pela Circular nº 3.910/2018) determina que devem ser observados os seguintes critérios para a fixação da fração de redução das penas aplicáveis: (i) a importância das informações, documentos e provas apresentadas pelo signatário; (ii) o momento em que é apresentada a proposta; e (iii) a boa-fé do signatário (vide cap. 3, item 3.3.1.1., *infra*).

Na CVM, o art. 107, §2º, da Instrução CVM nº 607/2019, cuja redação é semelhante à da regulamentação do BC, determina que o desconto deverá ser calculado tendo como base: (i) a importância das informações, documentos e provas apresentados pelo signatário; (ii) o momento em que foi apresentada a proposta; e (iii) a colaboração individual de cada um dos signatários.

Outra discussão que pode surgir é a seguinte: e se o Cade tivesse "conhecimento prévio" da infração, resultando, portanto, em um acordo de leniência antitruste parcial, isso resultaria em efeitos parciais também na seara criminal? A princípio sim, mas a pergunta deverá ser respondida

---

administrativo em processo de supervisão previstos na Lei nº 13.506, de 13 de novembro de 2017. *Diário Oficial*, Brasília, 21 ago. 2018. Seção 1, p. 30).

[464] A Proposta de Instrução da CVM prevê que considerará que tem conhecimento prévio da infração notificada: (i) na data da expedição do ofício aos investigados para prestar esclarecimentos sobre fatos a eles imputados (art. 101, §1º, I, c/c art. 5º, da Instrução CVM nº 607); (ii) na data da proposta de inquérito administrativo (art. 101, §1º, II, c/c art. 8º, da Instrução CVM nº 607; (iii) na data da conclusão de relatório de inspeção que indica a ocorrência da infração, após realização de inspeção in loco (art. 101, §1º, III, da Instrução CVM nº 607); ou (iv) na data da decisão que suspender ou proibir atividades (art. 101, §1º, IV, da Instrução CVM nº 607, c/c art. 9º, §1º, da Lei nº 6.385/1976)).

[465] Essa declaração do BC, nos termos do art. 32 da Lei nº 13.506/2017, incluirá a avaliação do atendimento das condições estipuladas no acordo, da efetividade da cooperação prestada e da boa-fé do infrator quanto ao cumprimento do acordo. Conforme os incisos do art. 91 da Circular BC nº 3.857/2017, o BC observará, nesse espetro variável de 1/3 (um terço) a 3/5 (três quintos), os seguintes elementos: "I - a importância das informações, documentos e provas apresentadas pelo signatário; II - o momento em que apresentada a proposta; e III - a boa-fé do signatário" (BRASIL. Banco Central do Brasil. Circular nº 3.857, de 14 de novembro de 2017. Dispõe sobre o rito do processo administrativo sancionador, a aplicação de penalidades, o Termo de Compromisso, as medidas acautelatórias, a multa cominatória e o acordo administrativo em processo de supervisão previstos na Lei nº 13.506, de 13 de novembro de 2017. *Diário Oficial*, Brasília, 21 ago. 2018. Seção 1, p. 30).

[466] A Instrução CVM nº 607 prevê ainda que a fixação do desconto, dentro do intervalo de 1/3 a 2/3 da pena, deverá ser calculada tendo como base: (i) a importância das informações, documentos e provas apresentadas pelo signatário; (ii) momento em que foi apresentada a proposta; e (iii) a colaboração individual de cada um dos signatários (art. 107, §2º, da Instrução CVM nº 607.

no caso concreto. Se o Ministério Público interveniente não tiver qualquer "conhecimento prévio", é possível que o acordo parcial conceda, ainda assim, imunidade criminal total aos signatários. Por outro lado, caso já haja investigação em curso, é possível que seus benefícios também sejam modulados, tal qual realizado no âmbito administrativo, com a redução da penalidade aplicável. É de se ressaltar, porém, que um dos principais atrativos do programa de leniência antitruste é justamente a existência de benefícios administrativos concomitantemente aos benefícios criminais, de modo que uma interpretação restritiva quanto aos efeitos criminais de um acordo de leniência parcial pode ser capaz de reduzir significativamente os incentivos à sua celebração pelos proponentes (vide este cap. 2, item 2.3.2, *infra*).

2.3.1.3 Outras repercussões administrativas do acordo de leniência antitruste?

É possível questionar-se se a celebração do acordo de leniência antitruste, além de resultar na concessão de benefícios criminais aos crimes diretamente relacionados a cartel, nos termos do art. 87 da Lei nº 12.529/11, abarcaria outros ilícitos administrativos também.

Martinez entende que, ao contrário do que ocorre com os ilícitos penais relacionados a cartel, a assinatura de um acordo de leniência com o Cade não afasta a incidência de sanções com relação a outros ilícitos administrativos. Por essa razão, a autora sinaliza que a inexistência de repercussões administrativas em outras esferas poderia diminuir a atratividade do instituto, especialmente em caso de cartel em licitações.[467]

Por outro lado, é possível argumentar que, considerando que o Direito Penal é a *ultima ratio*, ou seja, somente tem incidência quando constatada a insuficiência dos demais ramos do Direito, se a legislação possibilitou a abrangência de outros crimes na concessão de imunidade dada pelo acordo de leniência, poderia ser razoável interpretar que outros ilícitos administrativos, em razão de uma questão de proporcionalidade, também poderiam ser considerados abrangidos.[468]

Considerando que um dos pilares do programa de leniência é a transparência, previsibilidade e segurança jurídica (vide cap. 1, item 1.2.3,

---

[467] MARTINEZ, Ana Paula. *Repressão a cartéis*: interface entre Direito Administrativo e Direito Penal. São Paulo: Singular, 2013. p. 280.

[468] ATHAYDE, Amanda; DE GRANDIS, Rodrigo. Programa de leniência antitruste e repercussões criminais: desafios e oportunidades recentes. *In*: CARVALHO, Vinicius Marques de (Org.). *A lei 12.529/2011 e a nova política de defesa da concorrência*. 1. ed. São Paulo: Singular, 2015. v. 1. p. 287-304. p. 293.

supra), tentar estender os efeitos administrativos do acordo de leniência antitruste do Cade a outras esferas administrativas seria extrapolar seus próprios limites. Se há outras autoridades competentes para investigar outros ilícitos administrativos, sujeitas a outras legislações, caberá aos infratores procurar cada uma delas para colaborar. Caso assim não fosse, estar-se-ia dando um poder excessivo à SG/Cade, que poderia assinar um acordo com efeitos em outras esferas que não a de sua competência.

Seria o caso, por exemplo, de se entender que o acordo de leniência antitruste abarcaria, de modo reflexo, as infrações administrativas contidas na Lei Anticorrupção, tornando desnecessária a assinatura de um acordo de leniência anticorrupção (vide cap. 4, *infra*). Essa interpretação não deve prosperar, dado que cada autoridade pública investigadora mantém suas respectivas competências, previstas em suas próprias legislações. Isso não impede que essas autoridades se articulem e criem incentivos conjuntos para que os infratores procurem ambas para a cooperação, mas cada uma delas deve manter as suas respectivas atribuições administrativas,[469] de modo que os efeitos dos seus respectivos acordos também se circunscrevam à esfera administrativa em que atuam.

2.3.1.4 Leniência *plus* antitruste

A leniência *plus*, prevista no art. 86, §7º e §8º, da Lei nº 12.529/2011 c/c art. 209 do RICade, consiste em um benefício de redução, em um terço, da penalidade aplicável à empresa e/ou ao indivíduo que fornecer informações acerca de uma nova prática sobre a qual a SG/Cade não tinha conhecimento prévio (Novo Acordo de Leniência), quando esta mesma empresa e/ou indivíduo não se qualificar para um acordo de leniência com relação a uma outra infração da qual tenha participado (acordo de leniência original). Assim, em relação à nova infração denunciada, uma vez satisfeitos os requisitos legais, o proponente receberá todos os benefícios do acordo de leniência antitruste (art. 86

---

[469] Experiência recente no âmbito da "Operação Origem" reuniu todos os órgãos de controle de corrupção do Brasil – Ministério da Transparência e Controladoria-Geral da União (CGU), Advocacia-Geral da União (AGU), Tribunal de Contas da União (TCU) e Ministério Público Federal (MPF) –, para a realização do acordo de leniência com agências de publicidade, fato que demonstra a possibilidade de colaboração entre diferentes esferas de atuação para a celebração de acordos originados do mesmo caso. Para mais informações acessar: VASSALLO, Luiz; TEIXEIRA, Luiz Fernando; MACEDO, Fausto. Agências de publicidade fecham leniência inédita de R$ 50 mi. *Estadão*, São Paulo, 16 abr. 2018. Disponível em: http://politica.estadao.com.br/blogs/fausto-macedo/agencias-de-publicidade-fecham-leniencia-inedita-de-r-50-mi/. Acesso em: 23 out. 2018.

e 87 da Lei nº 12.529/2011). Em relação à infração já sob investigação da SG/Cade, o proponente poderá beneficiar-se com a redução de um terço da penalidade aplicável (*"plus"*), na medida de sua cooperação com as investigações.

A fim de facilitar a compreensão do instituto, o Guia do Programa de Leniência do Cade[470] conta com a seguinte figura didática:

Figura 16 – Leniência *Plus* Antitruste

Fonte: CADE. Guia do programa de leniência antitruste do Cade, atualização 2020.

Ressalva-se que, caso a empresa e/ou o indivíduo tenham celebrado, anteriormente, um acordo de leniência com o Cade em um determinado mercado e, posteriormente, venham a ser investigados em outro mercado, não será a eles aplicável o benefício da leniência *plus* de forma retroativa, pois não estarão trazendo ao conhecimento do Cade qualquer informação nova, restando-lhes apenas a possibilidade de celebrar um TCC (vide este cap. 2, item 2.6, *infra*). A empresa e/ou o indivíduo, ao solicitarem uma leniência *plus*, deverão se esforçar para trazer à SG/Cade informações a respeito de todas as condutas anticompetitivas de que tenham participado, incluindo novas infrações de que o Cade não tenha conhecimento, e também estimular o *compliance* e a prática das melhores condutas concorrenciais.

Essa é, portanto, em termos cronológicos, a linha do tempo que deve ser percorrida pelo proponente para se beneficiar de uma leniência *plus*, nos termos do Guia do Programa de Leniência do Cade:[471]

---

[470] Ver pergunta 86, do Guia do Programa de Leniência Antitruste do Cade, atualização 2020: "O que é Leniência *Plus*?" Disponível em: https://www.gov.br/cade/pt-br/centrais-de-conteudo/publicacoes/guias-do-cade . Acesso em: 1 abr. 2021.

[471] Ver pergunta 86, do Guia do Programa de Leniência Antitruste do Cade: "O que é Leniência *Plus*?" Guia do Programa de Leniência Antitruste do Cade, atualização 2020. Disponível em: https://www.gov.br/cade/pt-br/centrais-de-conteudo/publicacoes/guias-do-cade . Acesso em: 1 abr. 2021.

Figura 17 – Cronologia da aceitação das propostas de Leniência *Plus* Antitruste

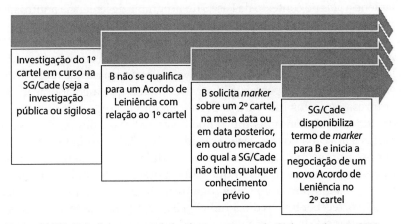

Fonte: CADE. Guia do programa de leniência antitruste do Cade, atualização 2020.

A Operação Lava Jato nos oferece um exemplo público da utilização desse instituto, embora este não tenha sido o primeiro caso de leniência *plus*. Uma empresa e alguns de seus funcionários e/ou ex-funcionários eram investigados no Processo Administrativo nº 08700.002086/2015-14, relativo a obras de serviços de engenharia, construção e montagem industrial em licitações públicas da Petrobras. Diante disso, não se habilitavam para a negociação de acordo de leniência naquele mercado, pois não eram os primeiros a reportar os fatos ilícitos ao Cade. Ocorre que a empresa e um de seus funcionários trouxe ao conhecimento do Cade um outro caso de cartel, em um outro mercado, do qual o Cade não tinha qualquer conhecimento prévio. Assim, a empresa e seu funcionário negociaram um novo acordo de leniência, que deu ensejo ao Processo Administrativo nº 08700.007351/2015-51, relativo a obras de montagem eletromecânica na "Usina Angra 3", em licitação pública da Eletronuclear. Com relação à investigação no Processo Administrativo nº 08700.002086/2015-14, portanto, concedeu-se um desconto adicional de um terço, consistente justamente na leniência *plus*.[472] Craveiro[473] indica, nesse contexto, que seis

---

[472] Para mais informações, sugere-se o *press release* do Cade: CADE. *Cade celebra acordo com construtora Camargo Corrêa na investigação de cartel em licitações da Petrobras*. 2015. Disponível em: http://www.cade.gov.br/noticias/cade-celebra-acordo-com-construtora-camargo-correa-na-investigacao-de-cartel-em-licitacoes-da-petrobras. Acesso em: 24 out. 2018.

[473] CRAVEIRO, Priscila. Uma régua na Leniência Antitruste: as taxas de sucesso e de declaração de cumprimento como medidas de efetividade do Programa de Leniência do Cade. Trabalho

empresas firmaram 29 dos 59 acordos de leniência com o Cade entre 2015 e 2019 (49%), o que poderia ser um resultado direto dos incentivos da leniência *plus* no contexto da Fase 3 do programa de leniência antitruste, marcado sobretudo pela Operação Lava Jato (vide item 2.1, *supra*).

Dito isso, tal qual previsto em outras jurisdições no exterior – notadamente nos Estados Unidos[474] –, o Cade percebeu que o instituto da leniência *plus* se coaduna com o objetivo maior da sua função repressiva, especificamente na persecução a cartéis, dado que a colaboração da empresa e/ou dos indivíduos permite a obtenção de informações e documentos de condutas anticompetitivas distintas e ainda não descobertas. Para cada nova investigação iniciada pela autoridade antitruste abre-se a oportunidade de que novas condutas anticompetitivas sejam descobertas, na medida em que cada representado terá ainda mais incentivos a reportar ao Cade uma infração desconhecida, a fim de, com isso, receber uma redução adicional na sua penalidade. Observa-se a importância da ferramenta na medida em que, no mesmo período em que ocorreu um aumento no número de acordos de leniência assinados, entre 2015 e 2017, foram feitos 21 pedidos de leniências *plus*, que representaram significativo aumento no número de casos iniciados.[475] Dessa forma, cada nova investigação representa mais um fio no "novelo de lã" que são as investigações das condutas. A leniência *plus*, portanto, surge como instrumento de "alavancagem investigativa" pela autoridade competente.

Nesse contexto de leniências *plus*, uma nova discussão surgiu no Cade: seria possível combinar descontos da leniência *plus* com os de TCCs? O desafio posto foi o seguinte: caso a empresa e/ou o indivíduo já investigados em um cartel (1º cartel) tragam ao conhecimento do Cade novo cartel (2º cartel, ou seja, qualifica-se para leniência *plus*), e caso também queiram colaborar na investigação do primeiro cartel, por meio de TCC, poderão eles combinar ambos os descontos? Se sim, como seria feito esse cálculo de descontos? E como fazer com que essa

---

de Conclusão de Curso apresentado à Banca Examinadora da Escola de Direito da Fundação Getúlio Vargas. Brasília, setembro de 2020. *No prelo.*

[474] Para mais informações sobre o instituto da leniência *plus* nos Estados Unidos, recomenda-se a leitura das questões 8 a 11 do seguinte documento da autoridade antitruste americana: ESTADOS UNIDOS. Department of Justice. *Frequently asked questions about the antitrust division's leniency program and model leniency letters.* 2017. Disponível em: https://www.justice.gov/atr/page/file/926521/download. Acesso em: 28 abr. 2018.

[475] Para mais informações, acessar o *site* do Cade: CADE. *Programa de leniência.* Disponível em: http://www.cade.gov.br/assuntos/programa-de-leniencia. Acesso em: 24 out. 2018.

combinação de descontos não crie desincentivos aos pedidos de novos acordos de leniência, não conectados a investigações já em andamento?

A fim de endereçar essas dúvidas e garantir previsibilidade e segurança jurídica aos administrados, o Regimento Interno do Cade esclareceu que a empresa e/ou o indivíduo que celebrem um TCC com relação a determinada conduta anticompetitiva em investigação (1º cartel) pode ser beneficiado pela conjugação dos benefícios da leniência *plus* e do TCC. Para isso, é necessário que, até a remessa do processo para julgamento, se habilitem para celebração de acordo de leniência relacionado a uma outra infração, da qual o Cade não tenha qualquer conhecimento prévio (2º cartel). A aplicação de ambos os descontos, porém, é realizada de modo subsequente (ou seja, primeiro incide o desconto de uma leniência *plus* e, posteriormente, o desconto do TCC) e não cumulativa (ou seja, não se trata de uma simples adição de ambos os descontos). Isso porque o Cade entendeu que a aplicação cumulativa poderia trazer benefício excessivo à empresa e/ou pessoa física que praticou cartel em diversos mercados, com possível redução do efeito dissuasório e com possível desincentivo à ágil apresentação de novas propostas de acordo de leniência. A aplicação subsequente possui, então, interpretação que se extrai da própria legislação e mantém a consistência entre o valor máximo de descontos da leniência *plus* e do TCC e o valor que seria aplicado na hipótese de leniência parcial.

Assim, considerando que a negociação do TCC prevê faixas de descontos (vide este cap. 2, item 2.6, *infra*), a aplicação subsequente da leniência *plus* com o TCC pode resultar nos seguintes parâmetros totais de desconto sobre a multa esperada, tal qual definido no art. 209, §3º, do RICade: caso seja o primeiro proponente de TCC com leniência *plus*, de 53,33% a 66,67%; caso seja o segundo proponente de TCC com leniência *plus*, de 50% a 60%; e para os demais proponentes de TCC com leniência *plus*, até 50%. Relembra-se, ainda, que nenhum requerimento poderá prever redução percentual superior àquela estabelecida em TCCs com leniência *plus* já celebrados no âmbito do mesmo processo administrativo, dada a aplicação subsidiária das regras do TCC (art. 209, §4º, do RICade).

Mas e se o novo acordo de leniência ainda estiver em fase intermediária de negociação e o TCC já estiver em fase final, a SG/Cade teria que atrasar a homologação do TCC e esperar a celebração do novo acordo para conceder a leniência *plus*? A fim de não prejudicar o programa de leniência e de TCCs, bem como para promover maior transparência, previsibilidade e segurança jurídica aos administrados (vide cap. 1, item 1.2.3, *supra*), a SG/Cade poderá conceder uma "leniência *plus* condicional", conforme a conveniência e a oportunidade, caso verifique a forte probabilidade de êxito da proposta de novo acordo de leniência. Trata-se de benefício que pode ser aplicado sob condição suspensiva, ou seja, caso o novo acordo de leniência em negociação não seja celebrado ou seja declarado o seu descumprimento pelo Tribunal do Cade, o desconto concedido antecipadamente, na negociação do TCC, deverá ser recolhido como contribuição pecuniária complementar ao Fundo de Defesa dos Direitos Difusos (art. 209, §§2º e 3º, do RICade).[476]

Além disso, na hipótese de declaração de não cumprimento, o signatário perderá também os benefícios pertinentes ao novo acordo de leniência (art. 206, §1º, IX, do RICade). Essa situação é expressamente prevista no Guia de TCC, item V, item V.7 (Modelo Anexo II – Detalhamento das Contribuições dos Compromissários, "Da contribuição complementar"), que consiste justamente na hipótese de leniência *plus* condicional.

Nesse contexto, uma pergunta que surgiu no início da aplicação da leniência *plus* no Brasil – em meados de 2015 – foi a seguinte: seria possível obter descontos de duas leniências *plus* em um mesmo processo administrativo? A resposta da SG/Cade foi negativa. O benefício da leniência *plus* é aplicado apenas uma vez em cada investigação existente, de modo que a relação é um para um, ou seja, a cada novo acordo de leniência celebrado, obtém-se o benefício *plus* em uma das investigações. A figura seguinte, extraída do Guia do Programa de Leniência do Cade,[477] visa a explicar a aplicação dos benefícios da leniência *plus* a cada nova investigação:

---

[476] De acordo com o Guia de TCC, caso o novo acordo de leniência ainda não tenha sido celebrado ou não tenha sido declarado cumprido pelo Tribunal, o desconto da leniência *plus* será condicional, de modo que será necessária a inserção de trecho sobre leniência *plus* no termo ("Da contribuição complementar"), cujo modelo pode ser acessado no Próprio Guia. Ver Anexo II ("Detalhamento das Contribuições dos Compromissários") do referido documento: CADE. *Guia*: Termo de Compromisso de Cessação para casos de cartel. 2016. Disponível em: http://www.cade.gov.br/acesso-a-informacao/publicacoes-institucionais/guias_do_Cade/guia-tcc-atualizado-11-09-17. Acesso em: 19 maio 2018.

[477] Ver pergunta 91, do Guia do Programa de Leniência Antitruste do Cade: "É possível obter descontos de duas Leniências *Plus* em um mesmo Processo Administrativo?" Guia do Programa de Leniência Antitruste do Cade, atualização 2020. Disponível em: https://www.gov.br/cade/pt-br/centrais-de-conteudo/publicacoes/guias-do-cade . Acesso em: 1 abr. 2021.

CAPÍTULO 2 — LENIÊNCIA ANTITRUSTE

Figura 18 – Benefícios da leniência *plus* em múltiplas investigações

1º Cartel	2º Cartel	3º Cartel	4º Cartel	5º Cartel
A (Proponente do Acordo de Leniência)	X (Proponente do Acordo de Leniência)	B (Proponente do Acordo de Leniência)	B (Proponente do Acordo de Leniência)	B (Proponente do Acordo de Leniência)
1/3 ◄ B (Investigado)	1/3 ◄ B (Investigado)	F (Investigado)	D (Investigado)	Y (Investigado)
C (Investigado)	Y (Investigado)	C (Investigado)	Y (Investigado)	Z (Investigado)

Fonte: CADE. Guia do programa de leniência antitruste do Cade, atualização 2020.

Outra questão que pode surgir é a seguinte: um acordo de leniência antitruste parcial pode dar ensejo ao benefício da leniência *plus*? A mera leitura desses dispositivos legais leva a uma resposta negativa. O art. 86, §7º, da Lei nº 12.529/2011[478] c/c o art. 209, *caput*, do RICade,[479] que tratam da leniência *plus*, revelam que o novo acordo de leniência deve-se relacionar a uma nova infração da qual a SG/Cade não tenha qualquer conhecimento prévio. Nesse sentido, uma leniência parcial não poderia fazer jus à obtenção do benefício da leniência *plus*, uma vez que se trata de hipótese em que a SG/Cade tem conhecimento prévio da infração noticiada, mas apenas não dispõe de provas suficientes para assegurar a condenação da empresa ou pessoa física na ocasião da propositura do acordo de leniência (art. 86, §1º, III, e §4º, II, da Lei nº 12.529/2011 c/c arts. 197, III e VI, e art. 208, II, do RICade). Nesse sentido também aponta o Guia do Programa de Leniência do Cade.[480]

Ademais, uma discussão na doutrina internacional diz respeito à necessária existência de incentivos e contraincentivos para a leniência *plus*. Nesse sentido, se a leniência *plus* é um *"extra carrot"*, ou seja, um incentivo extra para que os infratores reportem novos cartéis de que

---

[478] Art. 86, §7º, da Lei nº 12.529/2011: "A empresa ou pessoa física que não obtiver, no curso de inquérito ou processo administrativo, habilitação para a celebração do acordo de que trata este artigo, poderá celebrar com a Superintendência-Geral, até a remessa do processo para julgamento, acordo de leniência relacionado a uma outra infração, da qual o Cade não tenha qualquer conhecimento prévio".

[479] Art. 209, *caput*, do RICade: "A pessoa jurídica ou pessoa física que não obtiver, no curso de investigação ou processo administrativo, habilitação para a celebração do acordo de leniência com relação a uma determinada prática, poderá celebrar com a Superintendência-Geral, até a remessa do processo para julgamento, acordo de leniência relacionado a uma outra infração, da qual a Superintendência-Geral não tenha qualquer conhecimento prévio".

[480] Ver pergunta 94, do Guia do Programa de Leniência Antitruste do Cade: "Leniência parcial pode ser usada para o desconto da Leniência *Plus*?" Guia do Programa de Leniência Antitruste do Cade, atualização 2020. Disponível em: https://www.gov.br/cade/pt-br/centrais-de-conteudo/publicacoes/guias-do-cade . Acesso em: 1 abr. 2021.

tenham participado, seria necessário, também, um *"extra stick"*, ou seja, uma penalidade adicional caso o investigado deixasse de denunciar todos os cartéis de que tenha participado e de que tenha ciência. Há estudos[481] indicando a importância de se instituir um procedimento de *"Penalty Plus"* e de perguntas do tipo *"Omnibus Question"*, quando houver a previsão de leniência *plus* no país. Mas em que consistem ambos os institutos e como avaliar sua compatibilidade com a legislação brasileira?

Nos Estados Unidos, a *"Penalty Plus"*[482] consiste em previsão segundo a qual a empresa e/ou a pessoa física que coopera com a autoridade falha em reportar outras práticas de cartel em que estava envolvida, de modo que, ao ser condenada neste novo caso, recebe um agravante na sentença.[483] Já a *"Omnibus Question"* consiste em uma pergunta realizada ao final de entrevistas e interrogatórios, questionando se o entrevistado tem conhecimento de alguma outra prática anticompetitiva. Nessa situação, como o entrevistado ou interrogado, nos Estados Unidos, é obrigado a realizar testemunho sob juramento, sob pena de perjúrio, a pergunta *omnibus* possui grande força.

No Brasil, o *"Penalty Plus"* e a *"Omnibus Question"* não constam, formalmente, das fases de negociação de um acordo de leniência antitruste. Em que pese isso, há espaço para se questionar se sua *ratio* pode vir a subsidiar a alegação de violação do dever de colaboração prevista no acordo de leniência.[484] Trata-se de assunto controverso, porque não há previsão legal ou infralegal nesse sentido e porque há riscos de que a penalização adicional de um colaborador crie insegurança jurídica.

Nesse contexto, seria interessante que houvesse novas pesquisas acadêmicas que buscassem definir a amplitude da obrigação do colaborador de cooperar com a autoridade antitruste. Se o colaborador optar, conscientemente, por colaborar com a investigação de dois cartéis apenas, mas decidir (por quaisquer motivos que sejam) correr o risco de

---

[481] MARTYNISZYN, Marek. Leniency (amnesty) plus: a building block or a trojan horse. *Journal of Antitrust Enforcement*, v. 3, n. 2, p. 391-407, 2015. p. 5.

[482] MARTYNISZYN, Marek. Leniency (amnesty) plus: a building block or a trojan horse. *Journal of Antitrust Enforcement*, v. 3, nº 2, p. 391-407, 2015. p. 5.

[483] Em caso recente nos Estados Unidos, o DOJ aplicou penalidade maior à Bridgestone, por não ter informado à autoridade sobre sua participação em um segundo cartel envolvendo peças de borracha não vibratórias, no contexto de uma investigação de outro cartel. Ver: ESTADOS UNIDOS. Department of Justice. Bridgestone Corp. agrees to plead guilty to price fixing on automobile parts installed in U.S. cars. *Justice News*, Feb. 13, 2014. Disponível em: https://www.justice.gov/opa/pr/bridgestone-corp-agrees-plead-guilty-price-fixing-automobile-parts-installed-us-cars. Acesso em: 24 out. 2018.

[484] Art. 86, IV, da Lei nº 12.529/2011 c/c art. 197, V, do RICade.

ser investigado e punido em um terceiro, deveria ser mais penalizado do que aquele que não colaborou em nenhum processo com o Cade? Por um lado, a penalidade extra seria interessante no sentido de incentivar que o colaborador fizesse uma ampla e irrestrita avaliação de suas atividades pretéritas, reportando tudo o que de ilícito praticou. Por outro lado, porém, se o colaborador tiver uma penalidade mais grave por ter colaborado (ainda que parcialmente) do que um indivíduo não colaborador, haverá riscos significativos de desincentivar novos contatos com a autoridade antitruste em sede do programa de leniência.

2.3.2 Benefícios criminais do acordo de leniência antitruste para os infratores

Condutas colusivas também são perseguidas criminalmente,[485] nos termos do art. 4º da Lei nº 8.137/1990[486] (Lei de Crimes Contra a Ordem Econômica). A prática desse crime de cartel sujeita os indivíduos envolvidos às penas de reclusão de dois a cinco anos e multa, podendo ser aumentada de um terço até a metade se o crime causar grave dano à coletividade, se for cometido por um servidor público no exercício de suas funções, ou se relacionar-se a bens ou serviços essenciais para a vida ou para a saúde (art. 12).

---

[485] Para mais informações sobre a persecução de cartéis na esfera criminal ver: HARDING, Christopher; BEATON-WELLS, Caron; EDWARDS, Jennifer. Leniency and criminal sanctions: happily married or uneasy bedfellows? *In*: BEATON-WELLS, Caron; TRAN, Christopher (Ed.). *Anti-cartel enforcement in a contemporary age*: leniency religion. Hart Publishing, 2015, Cap. 12, p. 234-260.

[486] Lei nº 8.137/1990, art. 4º: "Constitui crime contra a ordem econômica: I - abusar do poder econômico, dominando o mercado ou eliminando, total ou parcialmente, a concorrência mediante qualquer forma de ajuste ou acordo de empresas; II - formar acordo, convênio, ajuste ou aliança entre ofertantes, visando: a) à fixação artificial de preços ou quantidades vendidas ou produzidas; b) ao controle regionalizado do mercado por empresa ou grupo de empresas; c) ao controle, em detrimento da concorrência, de rede de distribuição ou de fornecedores. Pena - reclusão, de 2 (dois) a 5 (cinco) anos e multa". Essa sanção pode, ainda, ser aumentada de um terço até metade se o crime causar grave dano à coletividade, for cometido por um servidor público ou se relacionar a bens ou serviços essenciais para a vida ou para a saúde. Importa ressaltar que em 2011 foi realizada consulta pública que precedeu a alteração do Artigo 4º da Lei nº 8.137/1990, para que esta abarcasse apenas o cartel como infração penal (e não todas as infrações anticompetitivas), tendo em vista a necessidade de tutela penal desta conduta. Para mais informações ver: CADE. *Consulta Pública SDE/MJ nº 17*. Brasília, 2011. Disponível em: http://www.cade.gov.br/acesso-a-informacao/ participacao-social-1/consultas-publicas-concluidas/consulta-publica-sde-mj-no-17. Acesso em: 23 out. 2018.

Também se observa persecução penal na Lei nº 8.666/1993 (Lei de Licitações e Contratos), com a figura do cartel em licitações. O artigo 90[487] da referida lei prevê detenção, de 2 (dois) a 4 (quatro) anos, e multa, no caso de fraudes ao caráter competitivo das licitações mediante ajuste, combinação ou qualquer outro expediente.

Ademais, na Lei nº 1.521/1951 (Lei de Crimes contra a economia popular), em seu artigo 3º, III,[488] há previsão de que é crime a promoção ou participação de consórcio, convênio, ajuste, aliança ou fusão de capitais, com o fim de impedir ou dificultar, para o efeito de aumento arbitrário de lucros, a concorrência em matéria de produção, transportes ou comércio.[489] [490] Ademais, também há a possibilidade de o cartel configurar uma associação criminosa, nos termos do artigo 288[491] do Código Penal.

Em vista, portanto, da existência de possíveis reflexos das condutas na esfera criminal, a celebração do acordo de leniência antitruste possui duas repercussões criminais imediatas: (i) a suspensão do curso do prazo prescricional e (ii) o impedimento da possibilidade de oferecer denúncias[492] com relação aos signatários quanto aos crimes elencados pelo artigo 87 da Lei nº 12.529/11.

---

[487] "Art. 90. Frustrar ou fraudar, mediante ajuste, combinação ou qualquer outro expediente, o caráter competitivo do procedimento licitatório, com o intuito de obter, para si ou para outrem, vantagem decorrente da adjudicação do objeto da licitação:
Pena - detenção, de 2 (dois) a 4 (quatro) anos, e multa".
"Art. 91. Patrocinar, direta ou indiretamente, interesse privado perante a Administração, dando causa à instauração de licitação ou à celebração de contrato, cuja invalidação vier a ser decretada pelo Poder Judiciário:
Pena - detenção, de 6 (seis) meses a 2 (dois) anos, e multa".

[488] Art. 3º, III: "promover ou participar de consórcio, convênio, ajuste, aliança ou fusão de capitais, com o fim de impedir ou dificultar, para o efeito de aumento arbitrário de lucros, a concorrência em matéria de produção, transportes ou comércio".

[489] De acordo com Ana Paula Martinez, entende-se que houve revogação tácita dos dispositivos da Lei nº 1.521/1951 por conta da entrada em vigor da Lei nº 8.137/1990 que regula a mesma matéria (MARTINEZ, Ana Paula. *Repressão a cartéis*: interface entre Direito Administrativo e Direito Penal. São Paulo: Singular, 2013. p. 197).

[490] A respeito da aplicação da Lei nº 1.521/1951, sugere-se a seguinte leitura: CABRAL, Mario Andre Machado. A aplicação do antitruste no Brasil: o mito da falta de efetividade da Lei de Crimes contra a Economia Popular de 1938. *Revista do Programa de Pós-Graduação em Direito da UFC*, v. 38.2, jul./dez. 2018.

[491] "Art. 288. Associarem-se 3 (três) ou mais pessoas, para o fim específico de cometer crimes:
Pena - reclusão, de 1 (um) a 3 (três) anos.
Parágrafo único. A pena aumenta-se até a metade se a associação é armada ou se houver a participação de criança ou adolescente".

[492] Sobre o impedimento a oferecer a denúncia, entende-se que essa repercussão criminal independe da participação do Ministério Público, mas, como já mencionado, a experiência consolidada do Cade é no sentido de promover a participação dos Ministérios Públicos na celebração dos acordos de leniência antitruste. Nesse sentido, Ana Carolina Pereira

A extinção da punibilidade, por sua vez, ocorre ao final do processo e de modo automático, quando o acordo de leniência é declarado cumprido. O cumprimento do acordo, por sua vez, se dá mediante declaração do Tribunal do Cade, nos termos do art. 86, §4º, da Lei nº 12.529/2011, o que ocorre apenas ao final de toda a instrução processual do respectivo Processo Administrativo para a Imposição de Sanções Administrativas por Infrações à Ordem Econômica (artigos 69 a 83 da Lei nº 12.529/2011) (vide este cap. 2, item 2.4.5, *infra*).

Assim, pode surgir uma dúvida: se, por acaso, o Tribunal do Cade entender que houve descumprimento do acordo de leniência antitruste ao longo da instrução do processo administrativo, isso resultaria em perda de benefícios criminais? Não, pois o Ministério Público participa dos acordos de leniência enquanto agente-interveniente, de modo que se abre uma nova frente de investigação, de cunho criminal, no âmbito das Polícias, do Ministério Público e do juízo criminal. Assim, seria necessária a declaração de descumprimento do acordo de leniência antitruste pelo juízo criminal para que houvesse efeitos na seara criminal. Em resumo, entendo que um descumprimento declarado pelo Tribunal do Cade teria reflexos apenas administrativos, ao passo que o descumprimento declarado pelo juízo criminal teria apenas reflexos penais.

2.3.2.1 Da participação do Ministério Público nos acordos de leniência antitruste

Apesar de os arts. 86 e 87 da Lei nº 12.529/2011 não exigirem, para a celebração do acordo de leniência antitruste, a participação do Ministério Público (dado que, pela dicção legal, a competência para tal celebração é apenas da SG/Cade), a experiência consolidada[493] do Cade

---

Cesarino Faraco Lamy aduz: "se o Ministério Público, como titular da ação penal pública incondicionada, apresentar denúncia contra o leniente sob o argumento de que o Acordo não possui validade no âmbito judicial, estar-se-á patrocinando uma brutal afronta ao devido processo legal constitucional. (…) O argumento formal trazido pelo Ministério Público a respeito de sua legitimidade privativa e a indisponibilidade da ação penal não se equiparam ao direito fundamental à liberdade individual, à paridade de armas – a perfectibilização do princípio da igualdade em seu viés material – e à autorização de não produzir provas contra si mesmo. (…) Com efeito, o reflexo penal do acordo de leniência é incondicionado, não havendo proibição penal quanto à plenitude desse dispositivo legal" (LAMY, Ana Carolina P. C. Faraco. *Reflexos do acordo de leniência no processo penal* – a implementação do instituto ao Direito Penal Econômico Brasileiro e a necessária adaptação ao regramento constitucional. Rio de Janeiro: Lumen Juris, 2014. p. 148).

[493] Nos termos de Athayde e De Grandis, a atuação conjunta e coordenada do Cade com os Ministérios Públicos fica evidente na medida em que se nota que, dos 45 (quarenta e cinco) acordos de leniência antitruste celebrados pelo Cade até junho de 2015, aproximadamente

é no sentido de viabilizar a sua participação na assinatura do acordo. Isso porque o Ministério Público é o titular privativo da ação penal pública e detentor de atribuição criminal, razão pela qual poderiam ser levantados questionamentos sobre se um acordo de leniência celebrado com base na Lei de Defesa da Concorrência seria capaz de conceder anistia penal aos crimes reportados. Assim, a fim de conferir maior segurança jurídica aos signatários do acordo de leniência e de evitar controvérsias que possam comprometer o programa de leniência, o Ministério Público Estadual e/ou o Federal participa como agente interveniente no acordo firmado pelo Cade.[494]

Nesse contexto, uma questão que recorrentemente surge é a seguinte: qual Ministério Público deve atuar como interveniente em cada acordo? Trata-se de questão afeta à definição das atribuições internamente ao próprio Ministério Público, Estadual e/ou Federal, o que pode resultar em interpretações bastante diversas.

Já existe o entendimento,[495] do Superior Tribunal de Justiça (STJ), no sentido de estabelecer a competência federal nos casos de cartel interestadual ou internacional e a competência estadual no restante dos casos. Assim, casos claramente locais, como aqueles de cartéis de combustíveis em um determinado município, seriam afetos à competência do Ministério Público Estadual. Por sua vez, em casos de infrações penais praticadas em detrimento de interesses, serviços ou bens da União e crimes contra o sistema financeiro, a competência seria da Justiça Federal (artigo 109, IV e VI, da CF/88). Nesse contexto, de acordo com Martinez,[496] apesar de se interpretar restritivamente a presença de interesse da União, até que se edite lei ordinária adotando tal posicionamento, ainda existiria insegurança quanto a esse entendimento, por vezes levando a competência para a esfera estadual e, por outras, para a esfera federal.

95% dos casos envolveram a participação do Ministério Público, sendo que nos demais casos não houve a participação do Ministério Público porque o acordo envolvia somente pessoas jurídicas, o que não atrairia a competência criminal (ATHAYDE, Amanda; DE GRANDIS, Rodrigo. Programa de leniência antitruste e repercussões criminais: desafios e oportunidades recentes. *In*: CARVALHO, Vinicius Marques de (Org.). *A lei 12.529/2011 e a nova política de defesa da concorrência*. 1. ed. São Paulo: Singular, 2015. v. 1. p. 287-304).

[494] OLIVEIRA, André Gustavo Veras. O Acordo de leniência na Lei de Defesa da Concorrência e na Lei Anticorrupção diante da atual conjuntura da Petrobras. *Revista de Defesa da Concorrência*, v. 3, n. 1, p. 5-27, maio 2015.

[495] MARTINEZ, Ana Paula. *Repressão a cartéis*: interface entre Direito Administrativo e Direito Penal. São Paulo: Singular, 2013. p. 232.

[496] MARTINEZ, Ana Paula. *Repressão a cartéis*: interface entre Direito Administrativo e Direito Penal. São Paulo: Singular, 2013. p. 233.

Interessante pontuar que De Grandis[497] e Schusterschitz[498] se manifestaram no sentido de defender que todos os cartéis são de competência federal. Quatro seriam as justificativas para tal. Primeiro, porque a configuração do cartel teria maior proximidade com os crimes da Lei nº 6.385/1976 (manipulação do mercado, *insider trading*, etc.), os quais o STJ tem entendido como de competência federal em todas as hipóteses. Segundo, porque o cartel poderia ser entendido como um acordo de não concorrência e fixação de preços em um determinado mercado relevante. Assim, sua existência resulta em uma alteração da própria estrutura do mercado de dupla lesividade: (i) o delito afeta os bens jurídicos indicados na segunda parte do artigo 1º da Lei nº 12.529/2011 e (ii) o delito afeta a primeira parte deste mesmo artigo que estabelece a institucionalidade da política antitruste (o grupo de competências administrativas sobre o mercado). Terceiro, porque diante da competência do Cade para o controle de concentrações, e inexistindo previsão de competência concorrente, comum ou subsidiária dos estados na Lei nº 12.529/2011, a competência seria federal. Por fim, porque o interesse federal seria elemento suficiente para atrair a competência federal, nos termos do inciso IV, artigo 109, da Constituição Federal.[499]

Diante de toda essa discussão, o Guia do Programa de Leniência do Cade[500] sinaliza que a definição de qual Ministério Público atuará

---

[497] Conforme manifestação nos autos do Processo nº 1.34.033.000099/2016-02: "NOTÍCIA DE FATO. SUPOSTA FORMAÇÃO DE CARTEL. CRIME CONTRA A ORDEM ECONÔMICA PREVISTO NO ARTIGO 4º DA LEI Nº 8.137/90. PROMOÇÃO DE DECLÍNIO DE ATRIBUIÇÕES AO MINISTÉRIO PÚBLICO ESTADUAL. NÃO HOMOLOGAÇÃO" (BRASIL. Ministério Público Federal. *Processo nº 1.34.033.000099/2016-02*. Voto nº 8369/2016. Relatora: Luiza Cristina Fonseca Frischeisen, 2016).

[498] Cf. manifestação nos autos do Processo nº 0005207-80.2016.403.6181 (exceção de incompetência para a Ação Penal 0002506-49.2016.403.6181), tramitada perante a 5ª Vara Federal Criminal – Seção Judiciária de São Paulo (BRASIL. Tribunal Regional Federal da 3ª Região. *Processo nº 0005207-80.2016.403.6181*. 2016).

[499] Cf. manifestação nos autos do Processo nº 0005207-80.2016.403.6181 (exceção de incompetência para a Ação Penal 0002506-49.2016.403.6181), tramitada perante a 5ª Vara Federal Criminal – Seção Judiciária de São Paulo: "Em se tratando de competência penal, o interesse da União a ser averiguado difere um pouco do interesse considerado na seara cível. Não se exige que o interesse da União no julgamento e processamento do feito seja efetivamente jurídico, bastando o interesse econômico ou moral (político-social) na causa. Vale dizer, a fixação da competência da Justiça estadual para processar e julgar ação civil não importa na fixação da competência desta para o julgamento dos crimes relacionados. Precedentes do Supremo Tribunal Federal e do Superior Tribunal de Justiça. – STJ, RHC 40.269" (BRASIL. Tribunal Regional Federal da 3ª Região. *Processo nº 0005207-80.2016.403.6181*. 2016).

[500] Ver pergunta 63, do Guia do Programa de Leniência Antitruste do Cade: "Como é definido qual Ministério Público atuará no caso concreto?" Guia do Programa de Leniência Antitruste do Cade, atualização 2020. Disponível em: https://www.gov.br/cade/pt-br/centrais-de-conteudo/publicacoes/guias-do-cade . Acesso em: 1 abr. 2021.

no caso concreto dependerá das atribuições fixadas em lei e em jurisprudência para desdobramentos criminais das infrações à ordem econômica. Por exemplo, se se trata de ofensa que agride o mercado de forma mais ampla, será atraída a competência do Ministério Público Federal. Já em casos envolvendo interesses locais, seria, contudo, possível a interveniência de Ministério Público Estadual. De toda sorte, em qualquer circunstância a definição do Ministério Público anuente demanda a colaboração com o proponente e a manifestação de interesse por parte do respectivo órgão ministerial.

Vale ressaltar que, em fevereiro de 2020, o Cade e o Ministério Público Federal celebraram Acordo de Cooperação Técnica[501] com o objetivo de estabelecer diretrizes para a cooperação entre as partes, tendo por fim o intercâmbio de informações sobre infrações à ordem econômica e o aprimoramento das ações de advocacia da concorrência. Tal acordo reforça o papel do MPF na investigação, prevenção e persecução a crimes contra a ordem econômica, bem como o comprometimento das partes em colaborar para a obtenção desse fim.

2.3.2.2 Da abrangência criminal do acordo de leniência antitruste

Uma interessante pergunta que pode ser feita diz respeito à abrangência criminal do artigo 87 da Lei nº 12.529/2011. A redação do referido artigo (em contraponto à redação anterior, do artigo 35-C da Lei nº 8.884/1994[502]) ampliou a lista de crimes abrangidos pelo acordo de leniência antitruste, de modo que as repercussões criminais passaram a ser aplicadas aos crimes tipificados na Lei nº 8.137/1990 (crimes contra a ordem tributária, econômica e relações de consumo, em seu art. 4º) e aos demais crimes diretamente relacionados à prática de cartel, tais como

---

[501] BRASIL. *Acordo de Cooperação Técnica nº 1*. Brasília: Cade; MPF, 2020.

[502] Essa redação do artigo 87, da Lei nº 12.529/2011, consiste em uma ampliação da repercussão criminal do acordo de leniência antitruste quando comparado com o dispositivo da lei anterior, Lei nº 8.884/94. *Vide* art. 35-C, da Lei nº 8.884/94: "Nos crimes contra a ordem econômica, tipificados na Lei nº 8.137, de 27 de novembro de 1990, a celebração de acordo de leniência, nos termos desta Lei, determina a suspensão do curso do prazo prescricional e impede o oferecimento da denúncia. Parágrafo único. Cumprido o acordo de leniência pelo agente, extingue-se automaticamente a punibilidade dos crimes a que se refere o caput deste artigo".

os tipificados na Lei nº 8.666/1993 (Lei das Licitações, em seus arts. 89 a 99[503]) e no art. 288[504] do Código Penal (crime de associação criminosa). De pronto, cumpre salientar que se trata de lista exemplificativa[505] de crimes, dada a própria redação da lei, que usa a expressão "tais como". De acordo com o manual de redação da presidência, a generalidade e a abstração constituem característica da lei e esses atributos proporcionam uma maior inteligibilidade da lei, facilitando sua aplicação a uma universalidade de situações ou pessoas.[506]

Parece-nos, portanto, que o cerne do debate está na interpretação da expressão legal "crimes diretamente relacionados à prática do cartel". Qual seria sua abrangência? Trata-se de resposta de máxima importância, pois uma interpretação mais ou menos ampla pode conceder imunidade ou reduzir a pena para mais ou menos crimes.

---

[503] Lei nº 8.666/93: "Art. 89. Dispensar ou inexigir licitação fora das hipóteses previstas em lei, ou deixar de observar as formalidades pertinentes à dispensa ou à inexigibilidade: (...) Art. 90. Frustrar ou fraudar, mediante ajuste, combinação ou qualquer outro expediente, o caráter competitivo do procedimento licitatório, com o intuito de obter, para si ou para outrem, vantagem decorrente da adjudicação do objeto da licitação: (...) Art. 91. Patrocinar, direta ou indiretamente, interesse privado perante a Administração, dando causa à instauração de licitação ou à celebração de contrato, cuja invalidação vier a ser decretada pelo Poder Judiciário: (...) Art. 92. Admitir, possibilitar ou dar causa a qualquer modificação ou vantagem, inclusive prorrogação contratual, em favor do adjudicatário, durante a execução dos contratos celebrados com o Poder Público, sem autorização em lei, no ato convocatório da licitação ou nos respectivos instrumentos contratuais, ou, ainda, pagar fatura com preterição da ordem cronológica de sua exigibilidade, observado o disposto no art. 121 desta Lei: (...) Art. 93. Impedir, perturbar ou fraudar a realização de qualquer ato de procedimento licitatório: (...) Art. 94. Devassar o sigilo de proposta apresentada em procedimento licitatório, ou proporcionar a terceiro o ensejo de devassá-lo: (...) Art. 95. Afastar ou procurar afastar licitante, por meio de violência, grave ameaça, fraude ou oferecimento de vantagem de qualquer tipo: (...) Art. 96. Fraudar, em prejuízo da Fazenda Pública, licitação instaurada para aquisição ou venda de bens ou mercadorias, ou contrato dela decorrente: I - elevando arbitrariamente os preços; II - vendendo, como verdadeira ou perfeita, mercadoria falsificada ou deteriorada; III - entregando uma mercadoria por outra; IV - alterando substância, qualidade ou quantidade da mercadoria fornecida; V - tornando, por qualquer modo, injustamente, mais onerosa a proposta ou a execução do contrato: (...) Art. 97. Admitir à licitação ou celebrar contrato com empresa ou profissional declarado inidôneo: (...) Art. 98. Obstar, impedir ou dificultar, injustamente, a inscrição de qualquer interessado nos registros cadastrais ou promover indevidamente a alteração, suspensão ou cancelamento de registro do inscrito: (...)".

[504] Art. 288 do Código Penal: "Associarem-se 3 (três) ou mais pessoas, para o fim específico de cometer crimes: Pena - reclusão, de 1 (um) a 3 (três) anos. Parágrafo único. A pena aumenta-se até a metade se a associação é armada ou se houver a participação de criança ou adolescente".

[505] MENDRONI, Marcelo Batlouni. *Crime organizado, aspectos gerais e mecanismos legais*. 5. ed. São Paulo: Atlas, 2015. p. 174 e 325.

[506] Para mais informações, ver: BRASIL. Presidência da República. *Manual de redação da Presidência da República*. 2. ed. Brasília, 2002. Disponível em: http://www.planalto.gov.br/ccivil_03/manual/manual.htm#_Toc26002198. Acesso em: 11 abr. 2018.

Segundo Athayde e De Grandis, essa expressão pode ser interpretada tanto do aspecto processual penal como do Direito Penal.[507] Para os autores, em posição que mantenho, o acordo de leniência antitruste abrange todas as infrações penais que representam um fato prévio normal ou necessário à formação do cartel, em uma típica relação de consunção ou de absorção. Trata-se de interpretação, ainda assim, difícil, dado que dependerá da análise dos fatos de cada caso concreto. Instigada por tal posicionamento, Queiroz[508] estuda a questão da abrangência da expressão "crimes diretamente relacionados à prática de cartel", especificamente para tratar da questão da corrupção ativa, e conclui que esta não deve ser enquadrada no âmbito da proteção do acordo de leniência do Cade, salvo se a corrupção ativa for um meio para o cartel, ou vice-versa.

A fim de endereçar diretamente essa questão e pacificá-la para casos complexos de alta repercussão, Frade, Thomson e Athayde[509] esclarecem que os acordos de leniência antitruste do Cade, no âmbito da Operação Lava Jato, passaram a contar com cláusula específica sobre a interpretação desse artigo, nos termos da interpretação do Ministério Público Federal, conforme se apresenta *in verbis*:

---

[507] "Sob o aspecto processual penal, estariam abrangidos pelo acordo aqueles crimes que ostentam vínculo de conexão com o cartel, a qual, segundo o Código de Processo Penal, pode ser tanto teleológica como probatória ou instrumental. Por esse critério, em especial pela conexão probatória, é possível a interpretação de que praticamente todos os crimes relacionados ao cartel estariam abrangidos pela leniência, inclusive aqueles que possuem natureza jurídica completamente distinta do cartel, como é o caso da corrupção ativa, da lavagem de dinheiro, da evasão de divisas e do homicídio. De outro lado, sob o aspecto do Direito Penal, ao indicar o legislador que os crimes diretamente relacionados ao cartel são – embora não exclusivamente – os previstos na Lei de Licitações e o de associação criminosa, ele parece indicar uma relação de meio para fim. Nesse sentido, note-se que os elementos típicos que compõem os crimes da Lei nº 8.666/1993 e, principalmente, o delito de associação criminosa, podem ser encontrados no artigo 4º da Lei nº 8.137/1990. Em relação aos crimes licitatórios, o elemento típico estaria em razão da natureza do bem jurídico tutelado, intrinsecamente ligado à isonomia e à livre concorrência. Em relação à associação criminosa, por sua vez, o elemento típico estaria em virtude de a pluralidade de pessoas configurar um pressuposto de ambas as condutas criminosas" (ATHAYDE, Amanda; DE GRANDIS, Rodrigo. Programa de leniência antitruste e repercussões criminais: desafios e oportunidades recentes. *In*: CARVALHO, Vinicius Marques de (Org.). *A lei 12.529/2011 e a nova política de defesa da concorrência*. 1. ed. São Paulo: Singular, 2015. v. 1. p. 287-304).

[508] QUEIROZ, Beatriz. Crimes diretamente relacionados à prática de cartel: uma análise acerca do enquadramento da corrupção ativa no rol de crimes do artigo 87 – Lei 12.529/11 *In*: MACEDO, Agnes et al. (Org.). *Mulheres no Antitruste*. São Paulo: Singular, 2018. v. I. p. 132-157.

[509] FRADE, Eduardo; THOMSON, Diogo; ATHAYDE, Amanda. A Operação Lava Jato e a investigação de cartéis no Brasil: evolução ou revolução? *In*: MATTOS, Cesar (Org.). *A revolução antitruste no Brasil 3*. São Paulo: Singular, 2018. p. 223-254.

CAPÍTULO 2
LENIÊNCIA ANTITRUSTE | 293

Cláusula 7.9. Estão cientes de que os benefícios previstos no artigo 87 da Lei nº 12.529, de 30 de novembro de 2011, decorrentes da assinatura deste acordo, não se aplicam aos ilícitos não relacionados diretamente à prática de cartel no presente caso, tais como os crimes de corrupção e lavagem de dinheiro, ainda que conexos aos crimes de cartel objeto deste acordo.

Assim, a questão da abrangência criminal do acordo de leniência encontra-se expressamente endereçada em cláusula contratual, de modo que se tem claro que, ao menos nos casos da Operação Lava Jato, não se entendem como diretamente relacionados a cartel os crimes de corrupção e lavagem de dinheiro, ainda que a ele conexos.

Insta destacar que essa redação de cláusula não consta do modelo padrão de acordo de leniência disponível no site do Cade, que prevê tão somente que:

Cláusula 10.8.1 Estão cientes de que os benefícios mencionados na cláusula 10.8 não se prestam a altera termos de colaboração, denúncias ou investigações do MPF ou MPE já existentes quando da celebração deste acordo de leniência.

Ou seja, para casos gerais, há tão somente uma previsão genérica de não atrito entre os benefícios já concedidos pelo MP em outras esferas, sem explicitar a questão dos ilícitos abrangidos ou não no acordo de leniência antitruste.

2.3.3 Benefícios do acordo de leniência antitruste para a investigação

Para além dos benefícios administrativos e criminais proporcionados aos infratores, a celebração de um acordo de leniência antitruste também traz relevantes benefícios para a investigação específica. Por meio da colaboração da empresa e/ou das pessoas físicas, a autoridade antitruste toma conhecimento de uma conduta que antes era desconhecida, seja total, seja parcialmente. Isso é especialmente relevante em investigações de cartéis *hard core*, por exemplo, tendo em vista que tais práticas estão sempre envoltas em uma espécie de "manto de segredos", de difícil penetração por terceiros não participantes do cartel.[510]

---

[510] Para mais informações, ver: OCDE. Using leniency to fight hard core cartels. *Policy Brief*, Sep. 2001.

Desse modo, o acordo de leniência permite que o Cade tenha acesso "direto" e "interno" a informações e documentos da conduta anticompetitiva, que dificilmente seriam possíveis de obter de outro modo (vide cap. 1, item 1.1.2, *supra*). Além disso, as novas evidências são obtidas a um custo mais baixo, tendo em vista o requisito de que a empresa colaboradora reconheça sua participação na conduta e auxilie na persecução das ações dos demais participantes.[511]

2.3.4 Benefícios do acordo de leniência antitruste para a política de defesa da concorrência

Em adição aos benefícios administrativos e criminais proporcionados aos infratores e às vantagens trazidas para a investigação específica, a celebração de um acordo de leniência antitruste traz benefícios ainda mais amplos, para toda a política de defesa da concorrência. Em primeiro lugar, porque auxilia na função repressiva do Cade, na medida em que permite o acesso a uma conduta de difícil detecção. Sabemos que os infratores, cientes da natureza ilícita dos seus atos, tentam acobertar da melhor maneira possível seus acordos, dificultando o acesso a essa informação[512] (vide cap. 1, item 1.1.1, *supra*). O acordo de leniência antitruste, assim, aumenta o risco de detecção, que é justamente um dos pilares de um programa de leniência efetivo[513] (vide cap. 1, item 1.2.1, *supra*). Em segundo lugar, porque auxilia na função preventiva do Cade, na medida em que desestabiliza os cartéis atuais e os que poderiam vir a se formar futuramente[514] (vide cap. 1, item 1.1.7, *supra*).

Nessa visão mais ampla do programa de leniência antitruste, interessante mencionar a pesquisa empírica conduzida por Craveiro.[515]

---

[511] PINHA; Lucas C.; BRAGA, Marcelo José; OLIVEIRA, Glauco A. S. A efetividade dos programas de leniência e o contexto brasileiro. *Revista de Defesa da Concorrência*, v. 4, n. 1, p. 133-152, 2016. Ver também:

[512] OCDE. *Fighting hard core cartels*: harm, effective sanctions and leniency programmes. Paris: OCDE, 2002. Disponível em: http://www.oecd.org/competition/cartels/1841891.pdf. Acesso em: 15 abr. 2018.

[513] HARRINGTON JR., Joseph E. Corporate leniency with private information: the push of prosecution and the pull of pre-emption. *The Journal Of Industrial Economics*, v. 61, n. 1, p. 1-27, Mar. 2013.

[514] HAMMOND, Scott D. *The evolution of criminal enforcement over the last two decades*. Miami: DOJ, 2010. Disponível em: http://www.justice.gov/atr/public/speeches/255515.pdf. Acesso em: 30 abr. 2018. Ver também: PINHA, Lucas C.; BRAGA, Marcelo José. Evaluating the effectiveness of the Brazilian Leniency Program. *Economics Bulletin*, v. 39, n. 3, p. 1860-1869, 2019.

[515] Craveiro, Priscila. Uma régua na Leniência Antitruste: as taxas de sucesso e de declaração de cumprimento como medidas de efetividade do Programa de Leniência do Cade. Trabalho

A autora calculou o que chamou de "taxa de sucesso" do acordo de leniência antitruste, que buscava verificar se os signatários do acordo realmente identificaram os demais participantes da infração e se apresentaram informações e documentos que comprovassem a infração. Para tanto, adotou como indicador dessa taxa de sucesso a proporção entre pessoas físicas e jurídicas punidas pelo Cade (tanto por meio de condenações quanto por meio de TCCs subsequentes) em comparação ao total de pessoas representadas no processo. Segundo a autora, com base em dados até agosto de 2020, que abarcam 31 processos oriundos de 34 acordos de leniência já julgados pelo Tribunal do Cade, a taxa de sucesso seria de 66%. Assim, Craveiro conclui que o programa de leniência do Cade vem sendo efetivo em detectar, investigar e punir infrações contra a ordem econômica, ainda que guarde espaço para melhorias. A autora esclarece que cinco desses 34 acordos não tiveram como resultado condenações e nem termos de compromisso assinados, seja porque se entendeu pela ausência de comprovação de efeitos no Brasil,[516] seja pela insuficiência de provas para comprovar a materialidade do cartel.[517] Ademais, Craveiro aponta que seria interessante que outras pesquisas futuras pudessem realizar uma análise da taxa de sucesso em processos administrativos originados de investigações *ex officio* ou de representações.

Ainda, importa mencionar que os acordos de leniência antitruste, ao fim e ao cabo, promovem uma melhora no ambiente de negócios do país. O comportamento colusivo impede que as empresas tenham iguais condições de concorrer no mercado, pois parte delas se junta para, com maior poder, alterar de modo significativo os rumos daquele mercado, beneficiando-se. Assim, a retomada da atuação autônoma por cada agente econômico aumenta as chances de novas empresas entrantes promoverem menores preços e melhor qualidade de produtos, incentiva a inovação, dentre outros efeitos positivos ao ambiente de negócios.[518]

---

de Conclusão de Curso apresentado à Banca Examinadora da Escola de Direito da Fundação Getúlio Vargas. Brasília, setembro de 2020. *No prelo.*

[516] Sobre o tema, a autora cita os processos administrativos nº 08012.000773/2011-20 e nº 08012.000774/2011-74.

[517] Sobre o tema, a autora cita os processos administrativos 08700.008005/2017-51, 08700.008004/2017-15 e 08700.010320/2012-34.

[518] Nesse sentido, reforço posicionamento apresentado em meu livro, no sentido de que "o fim último da concorrência sob a égide constitucional no Brasil não é uma competição apenas por preços, mas sim uma concorrência qualitativa, que também leva em conta fatores como inovação, qualidade e variedade. Ou seja, uma concorrência que resulte na redistribuição dos efeitos concorrenciais para consumidores e para a sociedade brasileira, atingindo o

2.3.5 Repercussões cíveis do acordo de leniência antitruste

Nos termos do art. 47 da Lei nº 12.529.2011, os prejudicados pela conduta anticompetitiva poderão ingressar em juízo para, em defesa de seus interesses individuais ou individuais e homogêneos, obter a cessação de práticas que constituam infração da ordem econômica, bem como o recebimento de indenização por perdas e danos sofridos,[519] independentemente do inquérito ou processo administrativo em curso, que não será suspenso em virtude do ajuizamento de ação de ressarcimento.

Quando se trata de signatários de acordo de leniência, estes estão mais vulneráveis a ações de reparação de danos, tendo em vista as evidências trazidas à investigação, bem como a própria decisão da autoridade antitruste. Tal situação suscita o risco de que os colaboradores tenham que pagar, individualmente, pelo prejuízo causado por todo o cartel.[520] No Brasil, essas ações parecem ser crescentes. Há dados de que, em 2017, em sete dos 15 casos resultantes de condenações pelo Cade foram iniciados procedimentos de reparação coletiva (ou seja, pouco menos de metade dos casos).[521]

Essa vulnerabilidade não foi (infelizmente) endereçada pela Lei nº 12.529/2011. Se, por um lado, a lei não impõe ao signatário do acordo de leniência antitruste a obrigação de ressarcir eventuais consumidores lesados como uma condição *sine qua non* para a celebração do acordo; por

---

fim último da justiça social apregoada na Constituição brasileira" (ATHAYDE, Amanda. *Antitruste, varejo e infrações à ordem econômica*. São Paulo: Singular, 2017. 430p).

[519] Visando a incentivar a propositura de ações coletivas, em 18 de maio de 2018, a Seprac lançou guia prático para identificação de cartéis e para cálculo do sobrepreço em ações de reparação de danos causados por cartéis. Disponível em: SEPRAC – SECRETARIA DE PROMOÇÃO DA PRODUTIVIDADE E ADVOCACIA DA CONCORRÊNCIA. *Manual de advocacia da concorrência*: cálculo de danos em cartéis – guia prático para o cálculo do sobrepreço em ações de reparação de danos. Brasília: Seprac, 2018. Disponível em: http://www.fazenda. gov.br/centrais-de-conteudos/publicacoes/guias-e-manuais/calculo-de-danos-em-cartéis. Acesso em: 23 out. 2018.

[520] ICN. *Good practices for incentivising leniency applications*. ICN, 30 Apr. 2019.

[521] OCDE. Revisões por pares da OCDE sobre legislação e política de concorrência: Brasil. 2019. Disponível em: www.oecd.org/daf/competition/oecd-peer-reviews-of-competition-law-and-policybrazil-2019.htm. Acesso em: 8 set. 2020. Segundo a OCDE, a reduzida quantidade de ações do tipo pode residir nos seguintes motivos: (i) a natureza prolongada dos procedimentos judiciais; (ii) os potenciais custos de se propor esse tipo de ação; (iii) a pouca familiaridade das cortes com a legislação concorrencial e sua complexa análise jurídica e econômica; (iv) os desafios atinentes à obtenção de provas – especialmente nos processos envolvendo acordos de leniência; e (v) o curto prazo prescricional para o ajuizamento das ações.

outro, ela também não exime o beneficiário da leniência de responder por danos concorrenciais em eventual ação civil pública e/ou ação privada de ressarcimento de danos movida em face do beneficiário da leniência e demais coautores. Logo, não há repercussões cíveis imediatas da celebração do acordo com o Cade, diferentemente do que acontece, por exemplo, com os benefícios administrativos e criminais (vide este cap. 2, item 2.3, *supra*).

Esse fato suscita algumas preocupações acerca da aplicação da lei antitruste nos âmbitos público e privado, e sobre a inter-relação entre tais esferas. Com efeito, tais esferas possuem objetivos diferentes entre si, os quais podem levar a um conflito entre os chamados *public enforcement* e *private enforcement*:

> These aspects of private enforcement of competition law therefore create tension with public enforcement. Generally, the goal of lawmakers may be to make sure that leniency applicants are at least not worse off than the other co-cartelists. However, the means to achieve this goal are diverse. The reason for this diversity can be found in the different legal traditions as well as the goals of private enforcement in the respective legal system.[522]

Cria-se, ainda, um conflito entre os dois papéis da autoridade antitruste: de um lado, incentivar as ações de reparações de danos, propiciando um contexto favorável para que as partes afetadas pela conduta anticoncorrencial alcancem o ressarcimento dos danos sofridos; e, de outro, manter um programa de leniência atrativo e efetivo.[523] Desse modo, tendo em vista que a cooperação com a autoridade antitruste aumenta as chances de que os signatários da leniência sejam alvo de uma ação de ressarcimento de danos bem-sucedida, a ausência de repercussões cíveis do acordo de leniência pode ser um importante fator de redução da atratividade do programa de leniência para os participantes de um cartel.[524] A fim de que não houvesse desincentivos para o programa de leniência antitruste, diante da inexistência de repercussões cíveis imediatas, a SG/Cade, na minuta de Exposição

---

[522] ICN. *Good practices for incentivising leniency applications*. ICN, 30 Apr. 2019. p. 8.

[523] PINHA, L. C.; BRAGA, Marcelo José. Leniency and damage liability in Brazil: the effects on collusive behavior. ENCONTRO NACIONAL DE ECONOMIA, 45, 2017, Natal, Rio Grande do Norte. *Anais...* Natal: Anpec, 2017.

[524] *Ibid.*

de Motivos[525] da primeira proposta de Resolução[526] sobre o acesso a documentos e informações de acordos de leniência e TCC (Consulta Pública nº 05/2016), propôs algumas alterações legislativas, com o objetivo de mitigar a exposição cível do signatário do acordo, limitando sua responsabilidade civil. Athayde e Fidelis analisaram de modo pormenorizado tais propostas iniciais.[527]

A primeira proposta de alteração legislativa dizia respeito à não extensão da responsabilidade solidária ao signatário da leniência,[528] [529] sob pena de o fomento das ações de reparação de danos ser um desincentivo à propositura de acordos. Nesse mesmo sentido, também se sugeriu que a repetição do indébito prevista no Código de Defesa do Consumidor (CDC) fosse dispensada em relação aos signatários da Leniência.[530] Esse também foi o sentido apontado no Projeto de Lei nº 10.830/2018, de autoria do Deputado Federal Jaime Martins, que propunha a não solidariedade do signatário do acordo de leniência com o Cade.[531]

---

[525] CADE. *Consulta Pública nº 05/2016*: Minuta de Exposição de Motivos. Disponível em: http://www.cade.gov.br/noticias/cade-submete-a-consulta-publica-resolucao-sobre-procedimentos-de-acesso-a-documentos-provenientes-de-investigacoes-antitruste. Acesso em: 25 out. 2018.

[526] CADE. *Consulta Pública nº 05/2016*: Minuta de Resolução. Disponível em: http://www.cade.gov.br/noticias/cade-submete-a-consulta-publica-resolucao-sobre-procedimentos-de-acesso-a-documentos-provenientes-de-investigacoes-antitruste. Acesso em: 24 out. 2018. A versão final da resolução, publicada em setembro de 2018, não contou com tais propostas legislativas (ver: CADE. *Resolução nº 21/2018*: Disponível em: http://www.cade.gov.br/noticias/resolucao-que-regulamenta-procedimentos-de-acesso-a-documentos-de-investigacoes-antitruste-e-aprovada-pelo-cade. Acesso em: 30 out. 2018).

[527] ATHAYDE, Amanda; FIDELIS, Andressa. Discovery, Leniência, TCC e persecução privada a cartéis: too much of a good thing? *Revista do Ibrac*, v. 22, p. 89-116, 2016.

[528] Atualmente, os artigos 275 e 942 do Código Civil e o artigo 7º, parágrafo único, do Código de Defesa do Consumidor (CDC) preveem a responsabilidade solidária entre os coautores de ato ilícito.

[529] Redação proposta: "Art. 47 (...) §3º Não responderá solidariamente pelos danos decorrentes da infração noticiada o signatário do acordo de leniência previsto no art. 86 desta Lei nº 12.529, de 2011, cuja responsabilidade civil é limitada aos danos individuais homogêneos causados e circunscrita aos seus próprios clientes e/ou fornecedores diretos e/ou indiretos" (CADE. *Consulta Pública nº 05/2016*: Minuta de Exposição de Motivos. Disponível em: http://www.cade.gov.br/noticias/cade-submete-a-consulta-publica-resolucao-sobre-procedimentos-de-acesso-a-documentos-provenientes-de-investigacoes-antitruste. Acesso em: 25 out. 2018).

[530] Redação proposta na Exposição de Motivos da primeira proposta de Resolução realizada pelo Cade: "Art. 47 (...) §4º Não se aplica a repetição do indébito por valor em dobro prevista no art. 42 do Código de Defesa do Consumidor ao signatário do acordo de leniência previsto no art. 86 desta Lei nº 12.529, de 2011" (CADE. *Consulta Pública nº 05/2016*: Minuta de Exposição de Motivos. Disponível em: http://www.cade.gov.br/noticias/cade-submete-a-consulta-publica-resolucao-sobre-procedimentos-de-acesso-a-documentos-provenientes-de-investigacoes-antitruste. Acesso em: 25 out. 2018).

[531] Nos termos da proposta dos §§4º e 5º para o art. 47 da Lei nº 12.529/2011, realizada pelo Projeto de Lei nº 10.830/2018: "§4º. Se a infração à ordem econômica tiver mais de um

Ainda, destaca-se o observado por Machado, segundo o qual a limitação da responsabilidade solidária dos signatários da leniência geraria dois efeitos relevantes:

> (i) contribuiria para a desestabilização da prática de cartel, visto que a concessão de mais esse benefício ao delator gera maior incentivo à celebração de acordos de leniência, situação que aumenta os custos relativos ao monitoramento interno do cartel que, quando excessivos, tendem a desestabilizá-lo; e (ii) reduziria a elevada exposição dos delatores às ações de indenização pois, sabendo que os beneficiários são apenas responsáveis pelos danos que efetivamente causaram, demandantes direcionariam seus esforços para processar os demais infratores, solidariamente responsáveis, que, posteriormente, teriam direito de regresso contra os beneficiários e o ônus de provar a alocação dos danos.[532]

Por sua vez, a segunda proposta de alteração legislativa trazida na Exposição de Motivos da primeira proposta de Resolução sobre o acesso a documentos e informações de acordos de leniência e TCC (Consulta Pública nº 05/2016) dizia respeito ao termo inicial de contagem da prescrição. Nesse sentido, seria necessária uma alteração legislativa para estabelecer que o termo inicial da prescrição seria a ciência inequívoca do ilícito concorrencial, que se daria no momento do julgamento da infração pelo Tribunal do Cade.[533] Essa também foi uma preocupação trazida no Projeto de Lei nº 10.830/2018, de autoria do Deputado Federal Jaime Martins, que aborda a questão prescricional. Ressalta-se, contudo, que

---

autor, todos responderão solidariamente pela reparação dos danos, exceto o signatário do acordo de leniência previsto no art. 86 desta Lei, cuja responsabilidade civil é limitada aos danos individuais homogêneos causados e circunscrita aos seus próprios clientes e/ou fornecedores diretos e/ou indiretos. §5º. Não se aplica a repetição do indébito por valor em dobro prevista no parágrafo único do art. 42 da Lei nº 8.078, de 11 de dezembro de 1990 (Código de Defesa do Consumidor), ao signatário do acordo de leniência previsto no art. 86 desta Lei".

[532] MACHADO, Luiza Andrade. Programas de leniência e responsabilidade civil concorrencial: o conflito entre a preservação dos interesses da leniência e o direito à indenização. *Revista de Defesa da Concorrência*, v. 3, n. 2, p. 114-132, nov. 2015. p. 123.

[533] Redação proposta na Exposição de Motivos da primeira proposta de Resolução realizada pelo Cade: "Art. 47 (...) §1º A instauração de procedimento para apuração da infração contra a ordem econômica pela Superintendência-Geral interrompe o prazo prescricional para ajuizamento das ações de que tratam o caput deste artigo. §2º O prazo prescricional para a ação do caput deste artigo é contado da ciência inequívoca da infração à ordem econômica".

o referido projeto foi arquivado, em 31 de janeiro de 2019, nos termos do art. 105 do Regimento Interno da Câmara dos Deputados.[534] [535]

Além das propostas apresentadas pela SG/Cade na minuta da Exposição de Motivos da primeira proposta de Resolução,[536] vale destacar a existência do Projeto de Lei nº 11.275/2018, de autoria do senador Aécio Neves. O referido PL propõe que infratores paguem indenização em dobro às partes afetadas nos casos de infrações à ordem econômica previstas no art. 36, §3º, incisos I e II. Todavia, tal disposição não será aplicável aos coautores da infração que tenham celebrado acordo de leniência ou TCC cujo cumprimento tenha sido declarado pelo Cade, os quais responderão somente pelos danos causados. Além disso, os signatários de acordo de leniência e de TCC seriam responsáveis apenas

---

[534] Nos termos da proposta dos §§1º, 2º e 3º para o art. 47 da Lei nº 12.529/2011, realizada pelo Projeto de Lei nº 10.830/2018: "§1º. O prazo prescricional para a ação do caput deste artigo será contado da ciência inequívoca da infração à ordem econômica. §2º. Presume-se a ciência inequívoca da infração à ordem econômica pela publicação da decisão do Tribunal do Cade, referente ao julgamento do processo administrativo, no Diário Oficial da União. §3º. A instauração de procedimento para apuração da infração contra a ordem econômica pela Superintendência-Geral suspende o prazo prescricional para ajuizamento das ações de que tratam o caput deste artigo.".

[535] É importante destacar que, em 2016, foi apresentado ao Senado Federal o PLS nº 283/2016, de autoria do senador Aécio Neves (PSDB/MG), propondo alterações à Lei nº 12.529/2011, "para aprimorar o caráter dissuasório da multa imposta pelo [Cade] em condenações de empresas por infrações à ordem econômica, estimular o ajuizamento de ações privadas para cessação das infrações, bem como ressarcimento dos danos dela decorrentes". O PLS propõe alterações ao art. 37, I, e ao art. 47, da Lei nº 12.529/2011. Em relação ao segundo dispositivo, concernente à reparação civil de danos, o PLS sugere o acréscimo de quatro parágrafos. Primeiramente, prevê que "[o]s prejudicados terão direito ao ressarcimento em dobro pelos prejuízos sofridos em razão de infrações à ordem econômica", mas exime de tal reparação os signatários de acordos de leniência ou TCC que tenham entregado ao Cade documentos que "permitam a estimação do dano decorrente da infração econômica". Tal disposição, que afasta a reparação em dobro de signatários de acordo de leniência, está em linha com a nossa primeira sugestão. O PLS nº 283/2016 também endereça nossa segunda sugestão, ao sugerir inclusão de parágrafo prevendo que [o]s signatários do acordo de leniência e Termo de Compromisso de cessação de prática são responsáveis apenas pelo dano que causaram aos prejudicados, não incidindo sobre eles responsabilidade solidária pelos danos causados pelos demais autores da infração à ordem econômica. Desde fevereiro de 2018, o PLS nº 283/2015 estava sob relatoria na Comissão de Constituição e Justiça e de Cidadania. Contudo, foi arquivado no dia 31 de janeiro de 2019, nos termos do art. 105 do Regimento Interno da Câmara dos Deputados.

[536] CADE. *Consulta Pública nº 05/2016*: Minuta de Resolução. Disponível em: http://www. cade.gov.br/noticias/cade-submete-a-consulta-publica-resolucao-sobre-procedimentos-de-acesso-a-documentos-provenientes-de-investigacoes-antitruste. Acesso em: 24 out. 2018. A versão final da resolução, publicada em setembro de 2018, não contou com tais propostas legislativas (ver: CADE. *Resolução nº 21/2018*: Disponível em: http://www.cade. gov.br/noticias/resolucao-que-regulamenta-procedimentos-de-acesso-a-documentos-de-investigacoes-antitruste-e-aprovada-pelo-cade. Acesso em: 30 out. 2018).

pelo dano que causaram aos prejudicados, não ficando solidariamente responsáveis pelos danos causados pelos demais autores da infração. O projeto de lei mencionado também trata da questão prescricional, definindo o prazo de cinco anos, contados da ciência inequívoca do ilícito como a publicação do julgamento final do processo administrativo pelo Cade, diferentemente da dúvida que ainda existe sobre a prescrição (prazo geral de três anos).[537] O projeto também estabelece que a decisão do Plenário do Tribunal, referida no art. 93, será apta a fundamentar a concessão de tutela de evidência, permitindo ao juiz decidir liminarmente nas ações previstas no art. 47 da Lei.

Há, ainda, outras propostas de solução para a questão da responsabilidade civil do signatário da leniência apresentadas pela doutrina. Uma delas é a limitação ao acesso e à utilização, em ações de reparação civil, de informações obtidas por meio de acordos de leniência. O objetivo seria alcançar um equilíbrio entre a confidencialidade necessária para a manutenção de um programa de leniência efetivo e a transparência suficiente para viabilizar as ações de reparação civil, isto é:

> (...) seria mantida a possibilidade do prejudicado obter informações importantes para a comprovação do dano e do nexo de causalidade decorrentes da prática de cartel, inclusive requerendo acesso a informações pré-existentes que poderiam ser obtidas, por exemplo, por meio do procedimento de busca e apreensão e, ao mesmo tempo, seria garantida a proteção ao delator da prática, ao impedir a divulgação do acordo de leniência (...).[538]

Em adição, cabe destacar a existência de autores com propostas de concessão de imunidade civil total ou parcial aos beneficiários da

---

[537] De acordo com Marcelo Rivera dos Santos, em caso de cartéis, é possível que o prejudicado não tenha certeza do momento em que ocorreu "a violação do direito" apontada pelo artigo 189 do Código Civil como termo inicial para a contagem do prazo prescricional de três anos (SANTOS, Marcelo Rivera. Ação privada de ressarcimento civil derivada de conduta anticoncorrencial: do termo inicial da prescrição. *Revista de Defesa da Concorrência*, v. 3, n. 1, p. 133-160, maio 2015. Ver também: MARTINS, Frederico Bastos Pinheiro. *Obstáculos às ações privadas de reparação de danos decorrentes de cartéis*. 2017. Dissertação (Mestrado) – Escola de Direito de São Paulo da Fundação Getulio Vargas, São Paulo, 2017; CASELTA, Daniel Costa. *Responsabilidade civil por danos decorrentes da prática de cartel*. 2015. Dissertação (Mestrado) – Universidade de São Paulo, São Paulo, 2015; MACHADO, Luiza Andrade. Programas de leniência e responsabilidade civil concorrencial: o conflito entre a preservação dos interesses da leniência e o direito à indenização. *Revista de Defesa da Concorrência*, v. 3, n. 2, p. 114-132, 2015).

[538] MACHADO, Luiza Andrade. Programas de leniência e responsabilidade civil concorrencial: o conflito entre a preservação dos interesses da leniência e o direito à indenização. *Revista de Defesa da Concorrência*, v. 3, n. 2, p. 114-132, nov. 2015. p. 120.

leniência. Conforme argumento de Pinha e Braga,[539] a concessão de imunidade ao signatário do acordo de leniência, combinada com o aumento do *enforcement* das ações privadas de ressarcimento, seria o que os autores denominaram de "opção ótima". Segundo Pinha e Braga, a imunidade, no entanto, seria a opção ótima apenas nos casos em que não há riscos de que as demais empresas participantes da conduta quebrem ao terem que arcar com o total das indenizações. Caso haja o risco de falência, a responsabilidade civil da signatária deve ser a mínima necessária para que as empresas "traídas" não quebrem.

Já de acordo com Machado, a concessão de imunidade civil parcial ou total ao beneficiário da leniência contribuiria com a efetividade do programa, tendo em vista que mitigaria ou eliminaria o impacto das ações civis de reparação sobre os delatores, bem como colocaria estes em uma posição de vantagem em relação aos demais participantes do cartel. Tal imunidade poderia ser concedida não só com base na colaboração com o processo administrativo, mas também a partir da cooperação dos beneficiários com a própria ação de reparação.[540] É importante destacar, no entanto, que a concessão de imunidade aos beneficiários do acordo de leniência não poderia ser feita em detrimento do direito das partes prejudicadas, devendo estas fazer jus ao direito de obter a reparação total dos prejuízos sofridos.[541]

Nesse contexto das ações de ressarcimento por danos concorrenciais, é interessante mencionar a discussão sobre a existência ou não dos chamados *"umbrella effects"* no contexto da responsabilidade civil. Verifica-se o referido fenômeno nas situações em que, em razão do aumento dos preços de produtos ou serviços por participantes de um cartel, há também um sobrepreço nos produtos ou serviços de concorrentes não cartelizados. Ou seja, os consumidores sofrem o sobrepreço não apenas pelos cartelistas, mas também por aqueles que não participam do cartel, mas adotam um comportamento de acompanhar as tendências de mercado. Não obstante possa causar danos inegáveis a particulares e à própria concorrência, a possibilidade de reparação

---

[539] PINHA, Lucas. C.; BRAGA, Marcelo José. Leniency and damage liability in Brazil: the effects on collusive behavior. ENCONTRO NACIONAL DE ECONOMIA, 45, 2017, Natal, Rio Grande do Norte. *Anais...* Natal: Anpec, 2017.

[540] Para mais informações, ver: MACHADO, Luiza Andrade. Programas de leniência e responsabilidade civil concorrencial: o conflito entre a preservação dos interesses da leniência e o direito à indenização. *Revista de Defesa da Concorrência*, v. 3, n. 2, p. 114-132, nov. 2015.

[541] *Ibid.*

de danos causados por *"umbrela effects"* gera bastante controvérsia na doutrina e na jurisprudência internacional.[542]

Ademais, destaca-se que nessas ações os autores da prática ilícita, réus nos respectivos processos, tendem a utilizar o argumento de defesa denominado *"pass on defense"*. Trata-se de defesa baseada no argumento de que os autores da ação de reparação não teriam legitimidade para realizar essa reivindicação, uma vez que o ônus do aumento de preços resultante da prática ilícita – de cartel, por exemplo – teria sido repassado a agentes que estão mais abaixo na cadeia de fornecimento.[543] Isso porque, quando os produtos ofertados no mercado cartelizado são insumos para a produção de outros produtos, abre-se o caminho para o argumento de que o sobrepreço pode ter sido repassado, ao menos em parte, ao longo da cadeia produtiva. Assim, o prejuízo terminaria por recair, ainda que parcialmente, para o elo seguinte da cadeia ou ao próprio consumidor final. O Guia da SEAE de cálculo de danos em cartéis[544] sinaliza, em linha com a corrente europeia, que esse efeito do *"pass on"* deve ser mensurado e considerado na indenização, com o objetivo de afastar o locupletamento indevido do autor da ação. Segundo este documento, no limite, o fornecedor que repasse integralmente para o consumidor o valor do sobrepreço não faria jus a qualquer indenização. Essa posição, porém, é contrária à corrente norte-americana,[545] para quem não é cabível a argumento de *"pass on"*.

No Brasil, o Judiciário ainda tem decisões incipientes sobre o tema da *"pass on defense"*. Algumas decisões sinalizam que não haveria essa possibilidade de ajuizamento das ações de reparação de danos por

---

[542] OLIVEIRA, Isabela M. Efeitos guarda-chuva e direito da concorrência no Brasil: os possíveis impactos nas ações de responsabilidade por danos concorrenciais. *In:* MAIOLINO, Isabela (Coord.). *Mulheres no antitruste II.* São Paulo: Ed. Singular, 2019. p. 205-237. Sobre a experiência internacional, Hausfeld e Scher apresentam julgados e comentários recentes sobre o tema nos Estados Unidos, no Canadá, na União Europeia. HAUSFELD, Michael. SCHER, Irving. Umbrella Liability: Has Its Time Come? *CPI,* 25 Out. 2020. Disponível em: https://www. competitionpolicyinternational.com/umbrella-liability-has-its-time-come/. Acesso em: 26 out. 2020.

[543] Ver: MOISEJEVAS, Raimundas, Passing-on of overcharges and the implementation of the damages directive in CEE Countries. *Yearbook of Antitrust and Regulatory Studies,* v. 10, n. 15, p. 133-146, 2017. Disponível em: https://ssrn.com/abstract=3159074. Acesso em: 8 set. 2020.

[544] SEPRAC. Manual Advocacia da Concorrência. 2018. Disponível em: https://www.gov.br/ fazenda/pt-br/assuntos/noticias/2018/maio/seprac-lanca-guia-pratico-para-identificacao-de-cartéis-e-para-o-calculo-de-seu-dano. Acesso em: 25 mar. 2020.

[545] EUA. Suprema Corte. Hannover Shoe, Inc. c. United Shoe Machinery Corp., 392 U.S. 481 (1968).

empresas que repassaram esse sobrepreço.[546] Ainda, já foi reconhecida a legitimidade do cliente indireto de ingressar com pedido de indenização por danos de cartel, fazendo-se paralelo com a jurisprudência do STJ, que reconhece a legitimidade do consumidor final acerca dos pedidos de repetição de indébitos quanto ao ICMS sobre demanda de energia elétrica contratada e não utilizada. Para endereçar esse problema, o Projeto de Lei nº 11.275/2018 supramencionado institui a presunção de que não haveria repasse do sobrepreço pelo consumidor-intermediário.

Essa discussão da responsabilidade civil por danos concorrenciais, por sua vez, pode se dar tanto no Judiciário quanto em arbitragens, já que a arbitragem vem ganhando espaço internacional e nacionalmente como instrumento de *enforcement* privado das leis antitruste. Não obstante a discussão sobre a arbitrabilidade das questões concorrenciais já tenha sido, de certa forma, superada, a natureza privada das ações de reparação civil propicia contexto favorável ao sucesso de um processo de composição de lide por arbitragem.[547] Caso a escolha venha a ser pelo ajuizamento de ações judiciais, há ainda a discussão a respeito do chamado *"forum shopping"*, sobretudo no contexto europeu. Isso porque os autores da ação judicial têm se utilizado das regras processuais para ajuizar suas petições iniciais em jurisdições que são mais abertas a esse tipo de demanda, como, por exemplo, na Holanda e no Reino Unido, o que traz debates a respeito da elaboração de legislações mais atrativas

---

[546] TJSP. AC 1076730-36.2017.8.26.0100. 5ª Câmara de Direito Privado, Des. Relator Fábio Podestá; *DJ* 29.05.2019. "A ocorrência de cartel, ainda que demonstrada, não ensejava o acolhimento automático da pretensão, eis que gera um dano difuso à sociedade. (...) empresas remassam os custos de produção ao consumidor, por visar, eminentemente, ao lucro". TJSP. AC 1077205-89.2017.8.26.0100, 30ª Câmara de Direito Privado, Drs. Relator Carlos Russo; *DJ* 27.11.2019. "Custos com insumos básicos, dentre os quais tem decisa relevância o cimento, são necessariamente considerados na formação dos preços e, por isso, repassados ao mercado de consumo. (...) os procedimentos de formação de preços consideram custos fiscos e variáveis para fins de repasse ao consumidor final". TJSP; Procedimento Comum Cível nº 1047853-52.2018.8.26.0100; 39ª Vara Cível do Foro Central Dra. Daniela Pazzeto Meneghine Conceição; Data do Julgamento: 30.4.2020. "Notadamente quanto ao processo de formação de preços, tais custos são distribuídos nos produtos e serviços, de acordo com a estratégia mercadológica adotada, motivo pelo qual se verifica que a requerente não sofreu qualquer prejuízo". BARBOSA, Marco; DE SOUSA, Lucas; BRAGA, Julia. A responsabilização civil por danos de cartel e a tese do *passing-on defense*. *Migalhas*. 18 mar. 2020. Disponível em: https://www.migalhas.com.br/depeso/326940/a-responsabilizacao-civil-por-danos-de-cartel-e-a-tese-do-passing-on-defense. Acesso em: 25 mar. 2021.

[547] Para mais informações, ver: BECKER, Bruno Bastos. Concorrência e arbitragem no Direito brasileiro – hipóteses de incidência de questões concorrenciais em arbitragens. *Revista Jurídica Luso-Brasileira*, ano 1, n. 2, p. 239-270, 2015. Disponível em: https://bit.ly/2DGKB5A. Acesso em: 9 set. 2020. Ver também: SEGAN, James. Arbitration clauses and competition. *Law Journal of European Competition Law & Practice*, v. 9, n. 7, p. 423-430, 2018. Disponível em: https://bit.ly/3jXBrRK. Acesso em: 9 set. 2020.

pelos Estados Membros para que as ações coletivas sejam ajuizadas em seu respectivo país, criando uma espécie de concorrência entre os sistemas judiciais nacionais na Europa. Nesse contexto, Teller[548] alerta que tal prática deve ser analisada com o fim de facilitar o acesso efetivo e equânime pelos consumidores finais afetados pelas infrações concorrenciais ao sistema judiciário europeu.

Essa discussão referente ao processo civil nas ações de reparação por danos concorrenciais também levanta, no Brasil, o debate a respeito da adequação ou não de serem criadas varas federais especializadas em Direito da Concorrência no Brasil. A esse respeito, recorde-se que, em 2017, o Colegiado do Conselho da Justiça Federal aprovou resolução que dispunha sobre proposta de especialização, com competência concorrente, de varas federais em Direito da Concorrência e Comércio Internacional.[549]

Ainda, há uma discussão recente no Brasil sobre a possibilidade de se ter tanto *third party funding* quanto a cessão de crédito indenizatório. Nesse sentido, Porto identifica a viabilidade jurídica do exercício de atividade empresarial no Brasil relacionada à cessão de crédito indenizatório por dano material causado por cartel, comparativamente ao realizado na Europa pela empresa *Cartel Damage Claims*. Isso em razão de que há necessidade, segundo a autora, de busca por soluções alternativas visando a incentivar as ações privadas de reparação cível no país, diante dos ônus existentes para que os prejudicados por cartel pleiteiem, por si sós, a reparação patrimonial.[550]

Por fim, é possível lançar o debate não apenas sobre as repercussões cíveis decorrentes da assinatura de um acordo de leniência antitruste, mas também as repercussões de uma decisão empresarial de não oferecer proposta de acordo de leniência ou de TCC ao Cade. Nos termos expostos em artigo de Athayde,[551] a experiência internacional japonesa aponta no sentido de que os administradores e controladores

---

[548] TELLER, Robert. Forum shopping and the private enforcement of EU competition law: is forum shopping a dead letter? *PhD Thesis, Unversity of Glasgow*. 2016. Disponível em: http://theses.gla.ac.uk/8002/1/2016TelferPhD.pdf. Acesso em: 1 abr. 2021.

[549] Conselho da Justiça Federal (CJF). Disponível em: https://www.cjf.jus.br/cjf/noticias/2017/maio/especializacao-de-varas-federais-em-direito-da-concorrencia-e-comercio-internacional-e-aprovada. Acesso em: 1 abr. 2021.

[550] PORTO, Giovana. A cessão de crédito devido por ressarcimento ao dano material oriundo de cartel: um novo business? *Revista de Defesa da Concorrência*, v. 5, n.2, 2017. Disponível em: https://revista.cade.gov.br/index.php/revistadedefesadaconcorrencia/article/view/352. Acesso em: 18 mar. 2021.

[551] Ver: ATHAYDE, Amanda. Can shareholders claim damages against company officers and directors for antitrust violations? The Japanese experience and possible lessons to Brazil.

podem ser responsabilizados, nos termos da legislação societária, pelos danos que causarem à companhia pela não propositura de um acordo de leniência. Assim, no mencionado trabalho, a autora apresenta suas primeiras considerações a respeito da possibilidade de também se interpretar a Lei nº 6.404/76 (Lei das Sociedades Anônimas) nesse sentido, ou seja, como um mecanismo de responsabilização dos administradores estatutários pela violação aos deveres de lealdade e diligência.

Para mais detalhes a respeito das metodologias de cálculo de dano, para fins de reparação pelos prejudicados pela prática ilícita, vide cap. 1, item 1.1.6, *supra*.

2.4 Leniência antitruste: as fases de negociação

A negociação de um acordo de leniência antitruste é realizada em cinco fases: fase da proposta de acordo de leniência e da concessão de senha (*"marker"*) ou de termo de fila de espera (2.4.1); fase de apresentação de informações e documentos que comprovem a infração noticiada ou sob investigação (2.4.2); fase de formalização do acordo de leniência pela SG/Cade (2.4.3); fase da publicização (ou não) do acordo de leniência (2.4.4); e fase da declaração de cumprimento do acordo de leniência pelo Tribunal do Cade (2.4.5). Ademais, há a possibilidade de rejeição ou desistência da negociação (2.4.6).[552]

A fim de facilitar a compreensão das fases da negociação de um acordo de leniência antitruste, apresenta-se a figura seguinte. É o que se passa a expor.

In: SILVEIRA, Paulo Burnier (Org.). *Competition Law and Policy in Latin America*: recent experiences. Kluwer, 2017.

[552] Para mais informações acerca do procedimento de negociação de um acordo de leniência com a autoridade antitruste brasileira, ver: ICN. *Anti-cartel enforcement template*: Administrative Council for Economic Defense – CADE /Brazil. ICN, 31 jan. 2019.

Figura 19 – As fases da negociação de um acordo de leniência antitruste

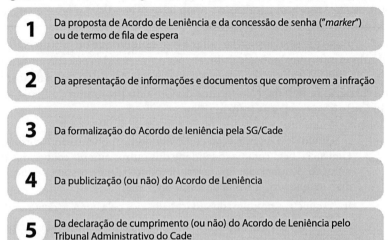

Fonte: elaboração da autora.

2.4.1 Fase 1: a proposta de acordo de leniência e a concessão de senha ("*marker*") ou de termo de fila de espera

Quando o proponente decide procurar a autoridade antitruste para iniciar a negociação de um acordo de leniência, a primeira pergunta que deve ser feita é a seguinte: há disponibilidade de senha (*marker*)?[553] Ou seja, a SG/Cade realmente pode começar a negociar um acordo com o proponente?[554] Trata-se de uma espécie de "corrida" entre os

---

[553] O sistema de *markers* consiste em "guardar" um lugar na fila para o proponente de um acordo de leniência, por um período determinado, para que este tenha tempo de realizar as investigações internas e fornecer mais documentos no âmbito do acordo. Tal mecanismo incentiva a "corrida" para denunciar o cartel à autoridade antitruste, reduzindo as barreiras para se realizar um acordo de leniência e aumentando a previsibilidade e a transparência para o proponente do acordo. Para mais informações, ver: OCDE. *Use of markers in leniency programmes*. 2014. Disponível em: http://www.oecd.org/officialdocuments/publicdisplaydocumentpdf/?cote=DAF/COMP/WP3(2014)9&doclanguage=en. Acesso em: 18 abr. 2018; ICN. Drafting and implementing an effective leniency policy. *In*: *Anti-cartel enforcement manual*: cartel enforcement – subgroup 2 ICN cartels working group. 2009. Cap. 2. Disponível em: http://www.internationalcompetitionnetwork.org/uploads/library/doc341.pdf. Acesso em: 18 abr. 2018.

[554] Para mais informações sobre o sistema de *markers* no Brasil, ver contribuição do Brasil para o Relatório da OCDE: OCDE. *Use of markers in leniency programmes*. 2014. Disponível em: http://www.oecd.org/officialdocuments/publicdisplaydocumentpdf/?cote=DAF/COMP/WP3(2014)9&doclanguage=en. Acesso em: 18 abr. 2018.

participantes da conduta anticompetitiva para contatar a autoridade antitruste e reportar a infração e, com isso, se candidatar aos benefícios do acordo de leniência antitruste.

Para que seja possível avaliar a disponibilidade ou não do *marker*, algumas informações básicas devem ser apresentadas pelo proponente, seja de modo oral, seja por escrito, ainda que de modo parcial, acerca da infração noticiada. Nos termos do Guia do Programa de Leniência do Cade,[555] são estas as informações:

I. "Quem?": a qualificação completa do proponente do Acordo de Leniência, bem como a identidade dos outros autores conhecidos da infração denunciada. Em regra, portanto, não é possível verificar a disponibilidade da senha de forma anônima;

II. "O quê?": os produtos ou serviços afetados pela infração denunciada;

III. "Quando?": a duração estimada da infração denunciada, quando possível;

IV. "Onde?": a área geográfica afetada pela infração denunciada. Na hipótese de um cartel internacional, deve ser informado que a conduta tem o potencial de gerar efeitos no Brasil, nos termos do art. 2º, caput da Lei nº 12.529/2011.

Assim, no termo de *marker* irá constar[556] (arts. 201, 202 e 203 do RICade), via de regra: (i) sua qualificação completa; (ii) o detalhamento da infração notificada ou sob investigação; (iii) a identificação dos outros autores da infração notificada ou sob investigação; (iv) os produtos ou serviços afetados; (v) a área geográfica afetada; (vi) a duração estimada da infração notificada ou sob investigação; (vii) uma descrição das informações e dos documentos que serão apresentados por ocasião da assinatura do acordo de leniência; (viii) informação sobre outras propostas de acordos de leniência sobre a mesma prática apresentadas em outras jurisdições, salvo vedação para tanto por parte da autoridade estrangeira; (ix) que foi orientado a respeito de seus direitos, garantias e deveres legais; (x) que foi orientado a se fazer acompanhar de advogado;

---

[555] Ver pergunta 31, do Guia do Programa de Leniência Antitruste do Cade: "O que deve ser reportado à Superintendência-Geral do Cade para o pedido de senha?" Guia do Programa de Leniência Antitruste do Cade, atualização 2020. Disponível em: https://www.gov.br/cade/pt-br/centrais-de-conteudo/publicacoes/guias-do-cade . Acesso em: 1 abr. 2021.

[556] Ver pergunta 46, do Guia do Programa de Leniência Antitruste do Cade: "Em que consiste a apresentação de informações e documentos que comprovem a infração noticiada ou sob investigação?" Guia do Programa de Leniência Antitruste do Cade, atualização 2020. Disponível em: https://www.gov.br/cade/pt-br/centrais-de-conteudo/publicacoes/guias-do-cade . Acesso em: 1 abr. 2021.

(xi) que está ciente de que o não atendimento às determinações da Superintendência-Geral do Cade implicará a desistência da proposta de acordo de leniência.

Diante das informações apresentadas, a SG/Cade possui o prazo de até 5 dias úteis (art. 198, §2º, do RICade) para retornar ao proponente informando a disponibilidade ou não da senha (*marker*). A experiência consolidada do Cade, porém, tem sido de que essa resposta acontece no mesmo dia ou no dia seguinte, justamente para aumentar o nível de transparência, previsibilidade e segurança jurídica no programa de leniência antitruste do Cade, elementos que são pilares dos programas de leniência (vide cap. 1, item 1.2.3, *supra*). O Cade disponibiliza em seu site um modelo de Termo de Marker,[557] em consonância com o pilar de transparência, previsibilidade e segurança jurídica dos programas de leniência (vide cap. 1).

Cumpre contextualizar que há uma discussão internacional sobre uma suposta tendência mundial sobre a queda na propositura de acordos de leniência. Craveiro[558] aponta que na Comissão Europeia teria havido uma redução de quase 50% nos pedidos de *marker* de leniência ou de TCC nos últimos anos, com base em dados dos autores Ysewyn e Kahmann.[559] Ainda, a autora indica, com base no estudo de Petroski, Barco e Bello,[560] que nos Estados Unidos também se tem discutido o declínio, especialmente a partir de 2017, do *enforcement* do combate a cartéis e do número de propostas de acordo direcionados ao DOJ. Algumas das razões dessa tendência de queda seriam a discricionariedade na concessão de *markers*, os custos (tanto financeiros quanto de transação) e a exposição a ações de reparação de danos. Com vistas a combater esses possíveis desincentivos às proposituras, Craveiro indica que o Cade trabalha no desenvolvimento de nova ferramenta que possibilitará a solicitação on-line de *marker* para a negociação de acordo de leniência (o "Clique Leniência"), que poderá reduzir barreiras e facilitar que novas propostas venham de pessoas físicas.

---

[557] Modelo de Termo de Marker. Disponível em: http://www.cade.gov.br/assuntos/programa-de-leniencia/modelos-de-acordos. Acesso em: 3 set. 2020.

[558] CRAVEIRO, Priscila. Uma régua na Leniência Antitruste: as taxas de sucesso e de declaração de cumprimento como medidas de efetividade do Programa de Leniência do Cade. Trabalho de Conclusão de Curso apresentado à Banca Examinadora da Escola de Direito da Fundação Getúlio Vargas. Brasília, setembro de 2020. *No prelo.*

[559] YSEWYN, Johan; KAHMANN, Siobhan. The decline and fall of the Leniency Programme in Europe. *Revista Concurrences*, n. 1-2018.

[560] PETKOSKI, Djordje; BARCO, Patricia; BELLO, Alicia. Reduction in Leniency; Drop In Enforcement? *In*: Key Antitrust Enforcement Trends. 2019 Shearman & Sterling Antitrust Annual Repport.

2.4.1.1 Da concessão da senha (*marker*)

Para averiguar internamente a disponibilidade da senha (*marker*), a SG/Cade verifica, inicialmente, (i) se houve pedido de senha anterior por parte de outra empresa ou indivíduo, (ii) se há negociação de acordo de leniência em andamento com outra empresa ou pessoa física e (iii) se há acordo de leniência assinado com outra empresa ou pessoa física, com ou sem a instauração de inquérito ou processo administrativo. A negociação e a celebração dos acordos eram realizadas, até fevereiro de 2021, pela Chefia de Gabinete da SG/Cade, de modo que a verificação dessas informações era simples e ágil. A partir dessa data, por meio da Resolução Cade nº 32/2021, houve uma alteração da estrutura do Cade para criar uma nova Coordenação-Geral encarregada do programa de leniência.[561]

Ainda, a SG/Cade verifica se possui "conhecimento prévio" sobre a conduta, pois, se possuir, deve avaliar se dispõe de provas suficientes para assegurar a condenação da empresa ou o indivíduo envolvido na infração. Se já tiver provas suficientes, não pode iniciar a negociação. Por outro lado, se não tiver provas suficientes, mas já tiver conhecimento prévio, há a possibilidade de negociar uma leniência parcial (vide este cap. 2, item 2.3.1.2, *supra*). Nesse caso, eventuais investigações podem estar em curso em quaisquer das Coordenações-Gerais da SG/Cade, às quais o(a) Chefe de Gabinete não tem necessariamente acesso. Dito isso, a participação do Superintendente-Adjunto de cartéis e/ou do Superintendente-Geral mostra-se imprescindível para a concessão do *marker*, na medida em que atuam como "ponto focal" de definição da existência ou não de "conhecimento prévio" sobre a conduta.

Esse ponto é relevante para garantir a confidencialidade das propostas, de modo que a unidade de negociação dos acordos de leniência (ou seja, a Chefia de Gabinete da SG/Cade, cujas funções passaram a ser desempenhadas pela nova Coordenação-Geral de Análise Antitruste 10 a partir de fevereiro de 2021[562]) não repassa essa informação a qualquer unidade de investigação, que seguem autônomas com suas respectivas atividades. Assim, para a análise da disponibilidade ou não do *marker*, diante da existência de uma "*chinese wall* temperada" no Cade, entre a área de negociação dos acordos de leniência e as demais áreas de iniciação e instrução de processos administrativos, quem realiza essa checagem de "conhecimento prévio" da infração e de "evidências suficientes para assegurar a condenação do proponente"

---

[561] CADE. Resolução Cade nº 32/2021, de 12 de fevereiro de 2021.
[562] CADE. Resolução Cade nº 32/2021, de 12 de fevereiro de 2021.

é o Superintendente-Adjunto e/ou o Superintendente-Geral do Cade, que têm acesso às informações de ambas as áreas.

Caso as respostas para todas as perguntas anteriores sejam negativas (ou seja, não há pedido anterior de *marker*, não há outra negociação em curso, não há outro acordo previamente celebrado e não há conhecimento prévio da infração com evidências suficientes para assegurar a condenação do proponente), o *marker* estará disponível e será possível iniciar uma negociação com o proponente.

Ao longo da negociação, porém, é possível que o proponente descubra outras informações e documentos a respeito da conduta anticompetitiva reportada. Diante desse cenário, é possível alterar o escopo do *marker*, para ampliá-lo ou diminuí-lo. Por exemplo, poderá ser ampliado o período estimado da conduta ou a área geográfica afetada, dentre outras informações sobre as condutas reportadas. Desse modo, o termo de *marker* pode, eventualmente, ser alterado, inclusive para incluir condutas que não haviam sido consideradas inicialmente, desde que não haja negociação de acordo de leniência antitruste celebrado e/ou em andamento abrangendo tais condutas e desde que faça parte da mesma dinâmica anticompetitiva.

Para tanto, o Cade esclarece, em seu Guia do Programa de Leniência,[563] que a ampliação do escopo poderá ser realizada apenas se satisfeitos os requisitos constantes dos artigos 86 da Lei nº 12.529/2011 e 197 do RICade e se o proponente não agiu de má-fé nem tentou ocultar ou dissimular as informações posteriormente relatadas. Caso haja novas informações – entendidas como informações ou documentos desconhecidos ou não disponíveis no início das negociações – sobre a conduta já reportada em acordo de leniência em negociação ou em acordo de leniência já assinado, o acordo de leniência antitruste deve ser complementado.

Como o *marker* consiste no primeiro documento oficial da autoridade antitruste para a iniciação da negociação, ele deve ser detalhado e conter todas as informações mencionadas, sobre o produto ou serviço afetado pela conduta, os seus participantes (incluindo o nome dos proponentes), a região geográfica onde foi praticada e o período estimado da sua duração. Ademais, ele deve conter a data, hora e minuto em que o pedido foi realizado, justamente para delimitar a precedência do proponente em relação a todos os demais. A autoridade antitruste, por cautela, deve manter esse documento em seus arquivos, ainda que não juntado a quaisquer autos (diante da restrição do art. 200,

---

[563] Ver pergunta 39, do Guia do Programa de Leniência Antitruste do Cade: "O Termo de *Marker* pode ser alterado?" Guia do Programa de Leniência Antitruste do Cade, atualização 2020. Disponível em: https://www.gov.br/cade/pt-br/centrais-de-conteudo/publicacoes/guias-do-cade . Acesso em: 1 abr. 2021.

§§1º e 2º, do RICade). Isso porque, se houver qualquer questionamento posterior a respeito da ordem de chegada dos proponentes, a autoridade estará resguardada a respeito da adequação do procedimento adotado. Ademais, como por vezes os pedidos de *marker* se distanciam na ordem de minutos, em especial quando são realizados oralmente, por telefone, a existência de data, hora e minuto do pedido aumenta a transparência, previsibilidade e segurança jurídica no programa de leniência (vide cap. 1, item 1.2.3, *supra*).

A experiência mostra que a verificação da disponibilidade de *marker* é, na maioria dos casos, simples. No entanto, verifica-se a possibilidade de maior dificuldade nessa checagem, por exemplo, diante de um pedido de negociação com relação a cartéis em licitação. Será que cada licitação configura um cartel separado ou será que todo o bloco de licitações de um cliente, por exemplo, configura o cartel? Ou será que seria possível identificar núcleos de licitações que configuram cartéis? Quais são os parâmetros, portanto, para avaliar se estamos diante um único cartel ou de diversos cartéis? Quais seriam as características a se levar em conta nesse cenário?

Athayde, Craveiro e Piazera[564] realizaram amplo estudo sobre esse tema. As autoras apresentaram a discussão sob a perspectiva da experiência norte-americana e europeia, bem como propuseram parâmetros – não exaustivos, mas exemplificativos, a serem avaliados em termos de preponderância, não cumulativos – para uma tomada de decisão em cada caso concreto. Segundo as autoras, a discussão sobre *"Single v. Multiple Conspiracies"* nos Estados Unidos não é totalmente recente e já faz parte da experiência criminal do país. Tanto é assim que o *Grand Jury Practice Manual*,[565] da *Antitrust Division*, do DOJ, editado pela primeira vez em 1991, tratou, além de outros temas, de apresentar orientações em face à consideração de existência de uma conduta única ou de múltiplas condutas (*conspiracies*). Similarmente, a discussão sobre *"single and continuous infringement"* na União Europeia também não é totalmente recente e já faz parte da experiência antitruste do bloco. O conceito de "infração única e contínua" permite à Comissão Europeia (e às autoridades nacionais de defesa da concorrência, em geral) associar

---

[564] ATHAYDE, Amanda; CRAVEIRO, Priscilla; PIAZERA, Bruna. Colusão única ou múltiplas colusões no direito antitruste: parâmetros para uma Hidra de Lerna? *Revista de Direito Público*, Porto Alegre, v. 14, n. 78, p. 115-128, nov./dez. 2017. Para uma versão resumida dos argumentos das autoras: ATHAYDE, Amanda; CRAVEIRO, Priscilla; PIAZERA, Bruna. Dez parâmetros para distinguir um cartel único de múltiplos cartéis. *Revista do Ibrac*, v. 23, n. 2, p. 102-122, 2017.

[565] DOJ. *Antitrust division grand jury practice manual*. 2011. Disponível em: https://federalevidence. com/pdf/LitPro/GrandJury/Grand_Jury_Manual.pdf. Acesso em: 23 out. 2018.

uma série de infrações pertencentes ao mesmo escopo de conduta anticompetitiva ao artigo 101 do Tratado sobre o Funcionamento da União Europeia (TFUE).

Para o Brasil, as autoras propõem que, quando da análise da existência de uma colusão única ou de múltiplas colusões, pelo menos dez parâmetros (não exaustivos) sejam considerados, quais sejam:

Figura 20 – Parâmetros objetivos e subjetivos para a tomada de decisão sobre a existência de uma colusão única ou de múltiplas colusões

PARÂMETROS PARA TOMADA DE DECISÃO SOBRE INFRAÇÃO ÚNICA OU MÚLTIPLAS INFRAÇÕES

PARÂMETROS OBJETIVOS			PARÂMETROS OBJETIVOS		
HÁ UM OBJETIVO GLOBAL OU UM PROPÓSITO OU META COMUM?	OBJETIVO COMUM		EMPRESAS PARTICIPANTES	AS EMPRESAS SÃO IDÊNTICAS OU TÊM UM "NÚCLEO DURO" COMUM?	
O *MODUS OPERANDI* É IDÊNTICO OU SIMILAR (I.E. FERRAMENTAS DE OPERACIONALIZAÇÃO)?	IMPLEMENTAÇÃO DA CONDUTA		INDIVÍDUOS PARTICIPANTES	OS INDIVÍDUOS SÃO IDÊNTICOS OU TÊM UM "NÚCLEO DURO" COMUM?	
O MERCADO DE PRODUTO OU DE SERVIÇO AFETADO É IDÊNTICO OU SIMILAR?	MERCADO DE PRODUTOS/SERVIÇOS		ELO DE INTERLIGAÇÃO	HÁ UM HUB QUE FACILITA A CONDUTA?	
O MERCADO GEOGRÁFICO É IDÊNTICO OU COMPLEMENTAR?	MERCADO GEOGRÁFICO		ESCOPO DE CLIENTES AFETADOS	OS CLIENTES (OU TIPOS DE CLIENTES) AFETADOS SÃO OS MESMO E/OU TÊM DEMANDAS/PROCESSOS DE COMPRA SEMELHANTES?	
A DURAÇÃO É IDÊNTICA, SOBREPOSTA OU COMPLEMENTAR?	PERÍODO DA CONDUTA				
OS TIPOS DE CONDUTA SÃO IDÊNTICOS OU SIMILARES?	TIPOLOGIA DA CONDUTA				

GRAU DE RELEVÂNCIA DOS PARÂMETROS
- PREPONDERANTE
- MÉDIO
- RESIDUAL

Fonte: adaptação da autora da tabela contida em ATHAYDE, Amanda; CRAVEIRO, Priscilla; PIAZERA, Bruna. Colusão única ou múltiplas colusões no direito antitruste: parâmetros para uma Hidra de Lerna? *Revista de Direito Público*, Porto Alegre, v. 14, n. 78, p. 115-128, nov./dez. 2017.

As autoras também alertam sobre eventuais tentativas de manipulação dos fatos e evidências por parte das empresas e indivíduos que colaboram com as investigações, tanto em acordos de leniência[566] quanto

---

[566] Em sede dos acordos de leniência antitruste (nos termos dos arts. 86 e 87 da Lei nº 12.529/2011), os participantes podem ter incentivos perversos ao "fatiar" as condutas anticompetitivas em múltiplas colusões, a fim de receberem novos descontos de leniência *plus*. A leniência

em TCCs,[567] razão pela qual a concessão de *marker* ao proponente deverá ser realizada com o máximo cuidado pela SG/Cade. Chama-se atenção, ainda, que o parâmetro subjetivo do "elo de interligação" pode ser viabilizado, inclusive, por um ato de corrupção, evidenciando hipóteses em que os ilícitos de cartel e corrupção se encontram.[568]

2.4.1.2 Da concessão do termo de fila de espera

Uma vez que o *marker* só é concedido ao primeiro que reportar a infração concorrencial, cumpre esclarecer o que acontece com aquelas empresas e/ou indivíduos que procuram o Cade para reportar a infração, mas que chegam atrasados nessa "corrida pelo *marker*".[569] A primeira ideia que se tem é que, se o proponente sabe que não é o detentor da senha para negociar o acordo de leniência, ele automaticamente teria incentivos para destruir provas, por exemplo. Como mitigar esses efeitos possivelmente negativos e, ao mesmo tempo, garantir a transparência, previsibilidade e segurança jurídica do programa de leniência? Como atribuir incentivos a que os participantes da conduta continuem a procurar mais cedo a autoridade antitruste, desestabilizando ainda mais os arranjos entre os concorrentes, independentemente de serem os primeiros?

Há, no Regimento Interno do Cade, um artigo específico que trata dessa hipótese (art. 199 do RICade). Nessa situação de indisponibilidade do *marker*, a SG/Cade certifica-se de que o proponente consta em "fila de

---

plus consiste na redução de um terço da penalidade aplicável à empresa e/ou à pessoa física que não se qualifica para um acordo de leniência com relação a um determinado cartel do qual tenha participado, mas que fornece informações acerca de um outro cartel sobre o qual a Superintendência-Geral do Conselho Administrativo de Defesa Econômica (Cade) não tinha qualquer conhecimento prévio, nos termos do artigo 209 do RICade e do artigo 86, §7º e §8º, da Lei nº 12.529/2011.

[567] Em sede de negociação dos TCCs com o Cade, os participantes podem ter incentivos perversos para ampliar o escopo da investigação para além dos seus limites factuais (seja para que se argua descumprimento da obrigação de colaboração do signatário, seja para que aquele compromissário receba um desconto maior, ainda que dentro dos limites previstos no Regimento Interno do Cade) ou mesmo para reduzir o escopo da investigação (seja para que se argua descumprimento da obrigação de colaboração do signatário, seja para reduzir a base de cálculo da sua penalização).

[568] A respeito da possível coexistência entre práticas corruptas e cartéis em licitação, Fernando Antônio Oliveira Jr. realiza pesquisa empírica a partir das condenações do Cade em sua tese de doutorado, ainda em fase de elaboração. OLIVEIRA JR., Fernando. *A necessária e complexa relação entre concorrência e corrupção:* uma (re)análise dos cartéis de licitação condenados pelo Cade. Tese de doutorado em fase de elaboração, UnB, 2021.

[569] De acordo com a OCDE, diversas jurisdições observaram benefícios para obtenção de evidências adicionais e facilitar a instrução do processo ao se conceder benefícios para aqueles que não conseguiram chegar à autoridade antes dos outros concorrentes (OCDE. *Leniency for subsequent applicants.* 2012. Disponível em: http://www.oecd.org/competition/Leniencyforsubsequentapplicants2012.pdf. Acesso em: 18 abr. 2018).

espera" e elabora, caso seja do interesse da empresa e/ou do indivíduo, um termo de fila de espera. A fila é organizada por ordem de chegada (2º, 3º, 4º colocados, por exemplo), mas os proponentes retardatários não têm conhecimento da posição exata em que se encontram na fila. Essa sutil adequação do termo de fila de espera é relevante na medida em que garante a confidencialidade das negociações em curso. Explica-se. Suponha que exista um cartel de três empresas (A, B e C). Suponha que a empresa A procurou a SG/Cade e obteve o termo de *marker*. Passado algum tempo, a empresa B veio procurar a SG/Cade para delatar a mesma conduta anticompetitiva e, em seguida, a empresa C também contatou a autoridade antitruste, de modo que a negociação estava indisponível para ambas. Se a SG/Cade fizesse constar no termo de fila de espera que B era o segundo da fila e C era o terceiro, quando C obtivesse esse documento, já saberia que todos os seus concorrentes do ajuste anticompetitivo já estavam prestes a colaborar com o Cade, reduzindo seus incentivos a colaborar e, possivelmente, aumentando as chances de novos contatos para evitar que a negociação do acordo de leniência prosseguisse. Na medida em que a SG/Cade apenas faz constar que a empresa C está em "fila de espera", sem especificar qual sua posição na fila, cria-se mais uma incerteza entre os concorrentes, na medida em que não há informação se está o proponente em segundo ou terceiro lugar na fila. Além disso, são criados pelo menos dois incentivos para que a empresa e/ou indivíduo permaneça na fila de espera.

Em primeiro lugar, o proponente retardatário tem incentivos a permanecer em fila de espera porque, nos termos do art. 199, §2º, do RICade, o próximo proponente da fila (2º, 3º, 4º, etc., conforme a ordem cronológica) será convidado a negociar novo acordo de leniência caso a negociação do primeiro, em andamento, não seja frutífera. Isso pode acontecer caso a proposta seja rejeitada, por descumprimento dos requisitos legais ou dos prazos previstos nos artigos 198, §3º, e 203 do RICade, ou em caso de desistência do proponente detentor da senha. Em segundo lugar, o proponente retardatário também tem incentivos a permanecer em fila de espera porque, nos termos do art. 199, §4º, do RICade, caso a negociação do acordo de leniência antitruste em andamento seja aceita e o acordo seja assinado, os proponentes que ainda estiverem "em fila de espera" terão seus pedidos de senha automaticamente convertidos em pedidos para negociação de TCC, promovendo-se assim os maiores descontos àqueles que mais cedo procuraram o Cade (vide cap. 2, item 2.6, *infra*).

O termo de fila de espera, portanto, consiste em uma certidão emitida pela SG/Cade que conterá a qualificação completa do proponente, os outros autores conhecidos da infração a ser noticiada, os produtos ou serviços afetados, a área geográfica afetada e, quando possível, a duração estimada da infração noticiada, além da data e horário do comparecimento perante a Superintendência-Geral. Trata-se, assim, praticamente de um documento de *marker*, com a diferença de que não consta qualquer informação sobre a identidade dos demais proponentes e/ou sobre a ordem cronológica de espera do proponente com relação a eventuais outros proponentes anteriores ou subsequentes (art. 199, §1º, do RICade). Assim, a "fila de espera" mantida pela SG/Cade é organizada por ordem de chegada (2º, 3º e 4º colocados, por exemplo), mas os demais proponentes não têm conhecimento da posição exata em que se encontram na fila de espera.

Figura 21 – Filas de espera para negociar o acordo de leniência antitruste

Figura 21a – Negociação do Acordo de Leniência, filas de espera e empresa não proponente

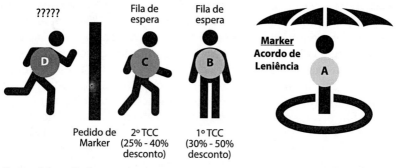

Fonte: elaboração da autora.

Figura 21b – Negociação do Acordo de Leniência, filas de espera e rejeição do proponente

Fonte: elaboração da autora.

2.4.2 Fase 2: a apresentação de informações e documentos

Após a concessão do primeiro termo de *marker*, a SG/Cade indicará prazo para que o proponente apresente a "Proposta de Acordo de Leniência". Isso significa que, dentro do prazo indicado no termo (normalmente um prazo de 40 dias a partir da concessão do *marker*, em casos nacionais, e de 60 dias, em caso internacional[570]), os proponentes devem apresentar as informações e documentos que já têm disponíveis sobre a infração anticompetitiva noticiada, para que passe por análise da equipe técnica da Chefia de Gabinete da SG/Cade (cujas funções passaram a ser desempenhadas pela nova Coordenação-Geral de Análise Antitruste 10 a partir de fevereiro de 2021).[571]

Via de regra, as seguintes informações devem ser fornecidas pelo proponente já nessa primeira reunião, nos termos do Guia do Programa de Leniência do Cade:[572] (i) descrição sumária da infração noticiada ou sob investigação; (ii) identificação dos proponentes do acordo de leniência – empresas e/ou pessoas físicas, bem como descrição detalhada da participação de cada uma delas; (iii) identificação dos demais participantes da infração noticiada ou sob investigação – empresas e/ou pessoas físicas, bem como descrição detalhada da participação de cada uma delas, indicando, ainda, se possível, a hierarquia de atuação entre essas pessoas e as alterações de representação ao longo dos anos; (iv) identificação dos concorrentes e clientes no mercado afetado; (v) duração da infração noticiada ou sob investigação; (vi) descrição detalhada da infração noticiada ou sob investigação – explicação sobre o objetivo da conduta anticompetitiva (por exemplo, fixação de preços e/ou condições comerciais, divisão de clientes e/ou troca de informações concorrencialmente sensíveis), a dinâmica da conduta (por exemplo, explicação da conduta anticompetitiva por cliente afetado, por licitação, por produto, a depender de como ocorriam os ajustes com os concorrentes), as datas e locais das reuniões, a frequência e o modo das comunicações, a organização do cartel (por exemplo, explicando

---

[570] Modelo de Histórico da Conduta. Disponível em: http://www.cade.gov.br/assuntos/programa-de-leniencia/modelos-de-acordos. Acesso em: 3 set. 2020.

[571] CADE. Resolução Cade nº 32/2021, de 12 de fevereiro de 2021.

[572] Ver pergunta 47, do Guia do Programa de Leniência Antitruste do Cade: "Normalmente, quais são as informações que devem ser fornecidas pelo proponente do acordo de leniência?" Guia do Programa de Leniência Antitruste do Cade, atualização 2020. Disponível em: https://www.gov.br/cade/pt-br/centrais-de-conteudo/publicacoes/guias-do-cade . Acesso em: 1 abr. 2021.

os documentos que embasavam e/ou auxiliavam os ajustes realizados entre concorrentes) e os mecanismos de monitoramento e/ou de punição implementados pelo cartel, etc.; (vii) descrição dos efeitos no território brasileiro, se a conduta for internacional – explicação sobre os efeitos diretos ou indiretos da infração no Brasil; (viii) descrição do mercado afetado, com explicação sobre o produto ou serviço objeto da infração noticiada; e (ix) indicação dos documentos existentes que comprovam a infração noticiada.

Ademais, os seguintes documentos, na medida do conhecimento do proponente, também devem ser fornecidos já nessa primeira reunião, nos termos do Guia do Programa de Leniência do Cade:[573] (i) troca de e-mails entre concorrentes; (ii) troca de e-mails entre pessoas da mesma empresa, relatando os ajustes entre concorrentes; (iii) troca de correspondências entre concorrentes; (iv) troca de correspondências entre pessoas da mesma empresa, relatando ajustes entre concorrentes; (v) troca de mensagens de texto e/ou de voz eletrônicas (SMS, WhatsApp, Skype, etc.); (vi) agendas, anotações manuscritas, cadernos; (vii) gravações; (viii) tabelas e planilhas Excel; (ix) comprovantes de reuniões (atas, compromisso de Outlook, agendamento de salas, reservas de hotéis, extrato de cartão de crédito, comprovantes de viagens, etc.); (x) extratos telefônicos; (xi) cartões de visita; (xii) editais e atas de julgamento de certames, etc.

Após a análise técnica da SG/Cade, caso seja evidenciado o esforço do proponente em apresentar todas as informações e documentos exigidos, mas ainda existam lacunas, poderá ser estendida a validade do *marker* e prorrogada a negociação. Para tanto, será concedido um novo termo de reunião (art. 201, III e IV, do RICade), em que será definido, caso a caso, o prazo intermediário para a apresentação das informações e dos documentos faltantes (art. 198, §3º, c/c art. 204 do RICade). Em geral, as versões seguintes terão prazo de entrega fixado em até 30 dias para casos nacionais e 45 dias para casos internacionais, a partir da data de devolução do Cade. [574] Assim, diversas renovações podem ser realizadas pela SG/Cade, até que se atinja o nível suficiente de informações e documentos para a assinatura do acordo. A negociação apenas será concluída quando finalizados os prazos intermediários

---

[573] Ver pergunta 48, do Guia do Programa de Leniência Antitruste do Cade: "Normalmente, quais documentos devem ser fornecidas pelo proponente do acordo de leniência?" Guia do Programa de Leniência Antitruste do Cade, atualização 2020. Disponível em: https://www.gov.br/cade/pt-br/centrais-de-conteudo/publicacoes/guias-do-cade. Acesso em: 1 abr. 2021.

[574] Modelo de Histórico da Conduta. Disponível em: http://www.cade.gov.br/assuntos/programa-de-leniencia/modelos-de-acordos. Acesso em: 3 set. 2020.

definidos pela SG/Cade, nos termos do art. 198, §3º, do RICade (art. 204 do RICade).

Importa destacar que, caso a SG/Cade assim entenda necessário, poderão ser realizadas entrevistas com as pessoas físicas proponentes do acordo de leniência antitruste, que devem comparecer para esclarecer as dúvidas da equipe técnica. Nessas entrevistas, diversas informações detalhadas podem ser obtidas pela autoridade antitruste, consubstanciando-se em valiosa ferramenta ao longo da negociação. Nesse sentido, relembra-se a relevância que as informações de um colaborador podem aportar à investigação (vide cap. 1, item 1.2.2, *supra*).

Com base em todas essas informações e documentos apresentados pelo proponente, a SG/Cade elabora um documento denominado "Histórico da Conduta", que consiste em uma descrição detalhada da conduta anticompetitiva. Trata-se de documento elaborado e assinado pela SG/Cade, que consiste em um Anexo do Acordo de Leniência, com o qual os proponentes concordam. Assim, o Histórico da Conduta não é assinado pelo proponente do acordo de leniência ou por seus advogados, mas é inteiramente subsidiado pelas informações que os proponentes apresentam à SG/Cade, de modo que todos confessam as práticas nos seus termos. O Cade disponibiliza em seu site um modelo de Histórico da Conduta,[575] em consonância com o pilar de transparência, previsibilidade e segurança jurídica dos programas de leniência (vide cap. 1).

Apesar de, como regra geral, o Histórico da Conduta ser um documento sensível e, consequentemente, sigiloso, nos casos relacionados à Operação Lava Jato as empresas e indivíduos signatários têm optado pela sua publicidade, como modo de distinguir-se publicamente das demais empresas e indivíduos que não estão colaborando com as investigações. Assim, exemplos de Históricos da Conduta podem ser obtidos, pelo menos, nos casos[576] de cartéis em licitações: (i) montagem industrial *onshore* da Petrobras;[577] (ii) obras de montagem Eletronuclear na Usina Angra 3 da Eletronuclear;[578] (iii) implantação da Ferrovia Norte-Sul

---

[575] Modelo de Histórico da Conduta. Disponível em: http://www.cade.gov.br/assuntos/programa-de-leniencia/modelos-de-acordos. Acesso em: 3 set. 2020.

[576] Para mais informações: CADE. *Cade investiga cartel em licitações de infraestrutura de metrôs e monotrilhos em sete estados e no DF*. 18 dez. 2017. Disponível em: https://bit.ly/3iitYfz. Acesso em: 11 abr. 2018.

[577] Versão pública do Histórico da Conduta em: CADE. *Processo Administrativo nº 08700.002086/2015-14*: Histórico da Conduta do acordo de leniência. 2015. Disponível em: https://bit.ly/2FlmdqC. Acesso em: 11 abr. 2018.

[578] Versão pública do Histórico da Conduta em: CADE. *Processo Administrativo nº 08700.007351/2015-51*: Histórico da Conduta do acordo de leniência. 2015. Disponível em: https://bit.ly/35lSKaV. Acesso em: 11 abr. 2018.

e da Ferrovia Integração Oeste-Leste;[579] (iv) edificações especiais da Petrobras;[580] (v) prefeitura do Rio de Janeiro;[581] (vi) Hidrelétrica de Belo Monte;[582] (vii) favelas do Alemão, Manguinhos e Rocinha, no Rio de Janeiro;[583] (viii) Estádios da Copa do Mundo de 2014;[584] (xi) Complexo Lagunar e Mitigação das Cheias do Norte e Noroeste Fluminense;[585] (x) obras do Arco Metropolitano do Rio de Janeiro;[586] (xi) projetos de infraestrutura de transporte de passageiros sobre trilhos;[587] (xiii) infraestrutura e transporte rodoviário em SP, Dersa/Rodoanel[588] e EMURB/Sistema Viário Estratégico Metropolitano;[589] (ix) Luz para Todos;[590] (x) Orla;[591] e (xi) Aeroportos.[592]

---

[579] Versão pública do Histórico da Conduta em: CADE. *Inquérito Administrativo nº 08700.001836/2016-11*: Histórico da Conduta do acordo de leniência. 2016. Disponível em: https://bit.ly/2ZnZVvu. Acesso em: 11 abr. 2018.

[580] Versão Pública do Histórico da Conduta em: CADE. *Inquérito Administrativo nº 08700.007777/2016-95*: Histórico da Conduta do acordo de leniência. 2016. Disponível em: https://bit.ly/33tmG2D. Acesso em: 11 abr. 2018.

[581] Versão pública do Histórico da Conduta em: CADE. *Inquérito Administrativo nº 08700.003344/2017-41*: Histórico da Conduta do acordo de leniência. 2017. Disponível em: https://bit.ly/3ijjP28. Acesso em: 11 abr. 2018.

[582] Versão Pública do Histórico da Conduta em: CADE. *Inquérito Administrativo nº 08700.006377/2016-62*: Histórico da Conduta do acordo de leniência. 2016. Disponível em: https://bit.ly/3bK1lWe. Acesso em: 11 abr. 2018.

[583] Versão Pública do Histórico da Conduta em: CADE. *Processo Administrativo nº 08700.007776/2016-41*: Histórico da Conduta do acordo de leniência. 2016. Disponível em: https://bit.ly/2DKWEyV. Acesso em: 11 abr. 2018.

[584] Versão Pública do Histórico da Conduta em: CADE. *Inquérito Administrativo nº 08700.006630/2016-88*: Histórico da Conduta do acordo de leniência. 2016. Disponível em: https://bit.ly/3jWn2VQ. Acesso em: 11 abr. 2018.

[585] Versão Pública do Histórico da Conduta em: CADE. *Inquérito Administrativo nº 08700.007277/2013-00*: Histórico da Conduta do acordo de leniência. 2017. Disponível em: https://bit.ly/3m8zd3W. Acesso em: 11 abr. 2018.

[586] Versão Pública do Histórico da Conduta em: CADE. *Inquérito Administrativo nº 08700.003226/2017-33*: Histórico da Conduta do acordo de leniência. 2017. Disponível em: https://bit.ly/3igtMxv. Acesso em: 11 abr. 2018.

[587] Versão Pública do Histórico da Conduta em: CADE. *Processo Administrativo nº 08700.003241/2017-81*: Histórico da Conduta do acordo de leniência. 2017. Disponível em: https://bit.ly/3jZjvpV. Acesso em: 14 abr. 2018.

[588] Versão Pública do Histórico da Conduta em: CADE. *Inquérito Administrativo nº 08700.004468/2017-44*: Histórico da Conduta do acordo de leniência. 2017. Disponível em: https://bit.ly/2FlnAFM. Acesso em: 19 maio 2018.

[589] Versão Pública do Histórico da Conduta em: CADE. *Inquérito Administrativo nº 08700.003240/2017-37*: Histórico da Conduta do acordo de leniência. 2017. Disponível em: https://bit.ly/32deqUM. Acesso em: 19 maio 2018.

[590] Versão Pública do Histórico da Conduta em: CADE. *Inquérito Administrativo nº 08700.005992/2019-02*: Histórico da Conduta do acordo de leniência. 2019 Disponível em: https://bit.ly/32eLNXh. Acesso em: 9 set. 2020.

[591] Versão Pública do Histórico da Conduta em: CADE. *Processo Administrativo nº 08700.003243/2017-71*: Histórico da Conduta do acordo de leniência. 2018 Disponível em: https://bit.ly/2FfXKTR. Acesso em: 9 set. 2020.

Uma vez apresentadas todas as informações e os documentos requeridos pela equipe técnica da SG/Cade, a Chefia de Gabinete da SG/Cade (cujas funções passaram a ser desempenhadas pela nova Coordenação-Geral de Análise Antitruste 10 a partir de fevereiro de 2021)[593] encaminhará a proposta de acordo de leniência antitruste para a apreciação do Superintendente-Adjunto. Este poderá solicitar novos ajustes e/ou esclarecimentos ao proponente, ou poderá encaminhar a proposta ao Superintendente-Geral para análise final. Se a análise for positiva, a proposta será considerada completa pela SG/Cade e será iniciada a fase de formalização do acordo de leniência.

2.4.3 Fase 3: a formalização do acordo de leniência antitruste pela SG/Cade

Caso a SG/Cade entenda que todas as informações e documentos possíveis sobre a prática anticompetitiva já tenham sido apresentados, são iniciados os trâmites de formalização do acordo de leniência, tanto por parte do proponente quanto pela SG/Cade. O Cade disponibiliza em seu site um modelo de acordo de leniência,[594] em consonância com o pilar de transparência, previsibilidade e segurança jurídica dos programas de leniência (vide cap. 1).

O proponente do acordo de leniência deve providenciar, por exemplo, a autenticação de documentos, a tradução juramentada e a consularização de documentos estrangeiros, bem como tomar as cautelas necessárias em relação ao manuseio dos documentos eletrônicos. Durante a coleta dos documentos eletrônicos[595] e físicos,[596] deve-se ter em mente alguns cuidados técnicos, a fim de resguardar a cadeia de custódia das evidências e robustecer sua validade probatória no

---

[592] CADE. Cade celebra acordo de leniência com Odebrecht para investigar cartel em obras de aeroportos. *Notícias*, 17 abr. 2019. Disponível em: https://bit.ly/3jWqhfY. Acesso em: 9 set. 2020.

[593] CADE. Resolução Cade nº 32/2021, de 12 de fevereiro de 2021.

[594] Versão Pública do Histórico da Conduta em: CADE. *Inquérito Administrativo nº 08700.003240/2017-37*: Histórico da Conduta do acordo de leniência. Disponível em: https://bit.ly/32deqUM. Acesso em: 19 maio 2018.

[595] Para mais informações sobre a coleta de evidências digitais ver: ICN. Digital evidence gathering. *In: Anti-cartel enforcement manual*: cartel enforcement – subgroup 2 ICN cartels working group. 2010. Cap. 3. Disponível em: http://www.internationalcompetitionnetwork. org/uploads/library/doc1006.pdf. Acesso em: 18 abr. 2018.

[596] O Guia do Programa de Leniência do Cade sinaliza que, quando os documentos apresentados não forem os originais, deve ser fornecida comprovação de que os originais existem ou, então, a justificativa de sua inexistência.

processo administrativo e criminal. O Guia do Programa de Leniência do Cade[597] aponta que, via de regra, o proponente deve registrar a história cronológica da evidência.[598] No entanto, eventual impossibilidade no prosseguimento de alguns dos procedimentos mencionados não invalida a possibilidade de utilização dos documentos apresentados.

A SG/Cade, por sua vez, inicia o contato com o(s) Ministério(s) Público(s) para apresentação da proposta de acordo de leniência antitruste, podendo ser solicitadas informações adicionais pelo Promotor e/ou Procurador da República (vide este cap. 2, item 2.3.2.1, *supra*). Quando do agendamento da assinatura do acordo, devem comparecer todos os proponentes, incluindo a empresa e/ou os indivíduos, ou seus respectivos representantes legais com poderes específicos, para negociação e celebração do acordo de leniência (vide este cap. 2, item 2.2.5, *supra*). O Cade disponibiliza em seu site um modelo de Procuração de Pessoa Física e outro de Pessoa Jurídica,[599] em consonância com o pilar de transparência, previsibilidade e segurança jurídica dos programas de leniência (vide cap. 1).

---

[597] Ver pergunta 49, do Guia do Programa de Leniência Antitruste do Cade: "Quais os cuidados que o proponente do acordo de leniência deve ter na coleta dos documentos eletrônicos e físicos?" Guia do Programa de Leniência Antitruste do Cade, atualização 2020. Disponível em: https://www.gov.br/cade/pt-br/centrais-de-conteudo/publicacoes/guias-do-cade . Acesso em: 1 abr. 2021.

[598] Para documentos eletrônicos, o Guia do Programa de Leniência do Cade sugere que "o proponente do acordo de leniência deve, via de regra, ser capaz de descrever o método de extração das evidências, ou seja: a) identificar os dispositivos (CPU, Servidor de e-mails, notebook e pendrive) de onde foram obtidas as evidências e quem eram os proprietários/custodiantes/usuários dos equipamentos e/ou dos arquivos extraídos; b) identificar os procedimentos adotados e equipamentos/softwares utilizados na extração da evidência. Descrever, por exemplo, se foi realizada uma figura forense do HD, detalhando qual tipo de figura (AD1, E01, DD); se foi utilizado bloqueador de escrita, detalhando qual modelo; qual *hash* obtido da figura (MD5, SHA1); e qual a data da coleta e o local; c) identificar os tipos de arquivos extraídos e softwares compatíveis para abri-los com as versões (por exemplo, arquivos de e-mail, Lotus Notes, Outlook, arquivo de banco de dados); d) informar outros dados relevantes para o caso. Ademais, via de regra, o proponente do acordo de leniência deve ser capaz de descrever o método de análise/perícia das evidências eletrônicas, explicitando qual(is) software(s) foi(ram) utilizado(s) e quem realizou a análise. Em se tratando de e-mails, além das informações acima, devem ser apresentadas as informações de metadados do cabeçalho (Header) de cada e-mail, tais como: From, To, Cc, Bcc, Subject, Date, Delivery Date, Received, Return-Path, Envelop-to, Message-id, Mime-version, Content-type, etc.". É ressaltado, ainda, que "o proponente do acordo de leniência deve preservar, sempre que possível, os discos rígidos ou equipamentos originais (de onde foram extraídas as evidências) e/ou sua figura forense autenticada preservada sem alterações; bem como extrair números *hash* dos documentos originais, pois podem ser solicitados pela SG/Cade durante as investigações" (*Ibid.*).

[599] Modelo de Procuração de Pessoa Física e de Pessoa Jurídica. Disponível em: http://www.cade.gov.br/assuntos/programa-de-leniencia/modelos-de-acordos. Acesso em: 3 set. 2020.

No acordo, segundo o Guia do Programa de Leniência do Cade,[600] constarão as cláusulas arroladas no art. 206, §1º, I a VIII, do RICade, das quais se expressa o conteúdo a seguir:

(i) qualificação completa das empresas e pessoas físicas que assinarão o acordo de leniência e qualificação completa do representante legal (incluindo nome, denominação ou razão social, documento de identidade, CPF ou CNPJ, endereço completo, telefone, fax e correio eletrônico);

(ii) qualificação do representante legal com poderes para receber intimações durante o curso do processo administrativo;

(iii) fax e correio eletrônico para intimações durante o curso do processo administrativo;

(iv) exposição dos fatos relativos à infração noticiada, com a identificação de seus autores, dos produtos ou serviços afetados, área geográfica afetada e duração da infração noticiada ou sob investigação, nos termos das informações e documentos apresentados pelos signatários – informações estas que são normalmente apresentadas no documento denominado Histórico da Conduta, elaborado pela Superintendência-Geral do Cade;

(v) confissão expressa da participação da empresa e/ou da pessoa física signatária do acordo de leniência na infração noticiada;

(vi) declaração da empresa e/ou da pessoa física signatária do acordo de leniência de que cessou seu envolvimento na infração noticiada;

(vii) lista com todos os documentos e informações fornecidos pela empresa e/ou pela pessoa física signatária do acordo de leniência, com o intuito de comprovar a infração noticiada ou sob investigação;

(viii) obrigações da empresa e/ou da pessoa física signatária do acordo de leniência:

(a) de apresentar à SG/Cade e a eventuais outras autoridades intervenientes do acordo de leniência todas e

---

[600] Ver pergunta 73, do Guia do Programa de Leniência Antitruste do Cade: "Quais condições e cláusulas são prevista no acordo de leniência?" Guia do Programa de Leniência Antitruste do Cade, atualização 2020. Disponível em: https://www.gov.br/cade/pt-br/centrais-de-conteudo/publicacoes/guias-do-cade . Acesso em: 1 abr. 2021.

quaisquer informações, documentos ou outros materiais de que detenham a posse, custódia ou controle, capazes de comprovar a infração noticiada ou sob investigação;

(b) de apresentar à SG/Cade e a eventuais outras autoridades intervenientes do acordo de leniência todas e quaisquer novas informações, documentos ou outros materiais relevantes de que venham a ter conhecimento no curso das investigações;

(c) de apresentar todas e quaisquer informações, documentos ou outros materiais relacionados à infração noticiada de que detenham a posse, custódia ou controle, sempre que solicitado pela SG/Cade e por eventuais outras autoridades intervenientes do acordo de leniência no curso das investigações;

(d) de cooperar plena e permanentemente com as investigações e o processo administrativo relacionado à infração relatada a ser conduzido pela SG/Cade e eventuais outras autoridades intervenientes do acordo de leniência;

(e) de comparecer, quando solicitado, sob suas expensas, a todos os atos processuais até a decisão final sobre a infração noticiada, proferida pelo Tribunal do Cade;

(f) de comunicar à SG/Cade e a eventuais outras autoridades intervenientes do acordo de leniência toda e qualquer alteração dos dados constantes no instrumento de Acordo de Leniência, inclusive os qualificadores; e

(g) de portar-se com honestidade, lealdade e boa-fé durante o cumprimento dessas obrigações;

(ix) disposição de que o não cumprimento pelo signatário das obrigações previstas no acordo de leniência resultará em perda da imunidade com relação a multas e outras sanções;

(x) declaração da SG/Cade de que a empresa e/ou pessoa física signatária do acordo de leniência foi a primeira a se qualificar com respeito à infração noticiada ou sob investigação, conforme o caso;

(xi) declaração da SG/Cade de que não dispunha de provas suficientes para assegurar a condenação da empresa e/ou da pessoa física signatária do acordo de leniência pela infração noticiada no momento da propositura do acordo de leniência;

(xii) declaração da SG/Cade a respeito de seu conhecimento prévio, ou não, sobre a infração noticiada, no momento da propositura do acordo de leniência; e

(xiii) outras obrigações que, diante das circunstâncias do caso concreto, forem reputadas necessárias.

Após a assinatura do acordo de leniência antitruste, a SG/Cade poderá instaurar inquérito administrativo (art. 66, §1º, da Lei nº 12.529/2011) ou processo administrativo (art. 69 da Lei nº 12.529/2011) para apurar a infração noticiada, bem como realizar outras medidas de investigação do caso, como busca e apreensão (art. 13, VI, "d", da Lei nº 12.529/2011) e/ou inspeção (art. 13, VI, "c", da Lei nº 12.529/2011), requisição de informações (art. 13, VI, "a", da Lei nº 12.529/2011) e/ou outros procedimentos de inteligência. Segundo Craveiro,[601] em 42% dos processos oriundos de acordo de leniência já julgados pelo Cade até agosto de 2020, houve a autorização e a condução de mandados de busca e apreensão. O próximo passo após a assinatura, portanto, é a publicização (ou não) do acordo de leniência antitruste.

2.4.4 Fase 4: a publicização (ou não) do acordo de leniência antitruste

Mesmo após a eventual instauração de inquérito ou processo administrativo pela SG/Cade, a regra geral é que o conteúdo do acordo de leniência antitruste e de todos os seus documentos relacionados é de acesso restrito e não será divulgado ao público, ressalvados os casos de ordem judicial ou autorização expressa dos signatários. Observa-se que os proponentes do acordo de leniência passam a ser denominados signatários do acordo. A sua identidade será tratada, via de regra, como de acesso restrito perante o público até o julgamento final, pelo Cade, do processo administrativo relativo à infração denunciada (art. 207 do RICade). Essa é, também, uma obrigação do próprio signatário, que tem o dever de cooperação e não pode comprometer o sigilo das investigações (art. 206, §1º, VIII, "d", e art. 207, §2º, II, do RICade, c/c

---

[601] CRAVEIRO, Priscila. Uma régua na Leniência Antitruste: as taxas de sucesso e de declaração de cumprimento como medidas de efetividade do Programa de Leniência do Cade. Trabalho de Conclusão de Curso apresentado à Banca Examinadora da Escola de Direito da Fundação Getúlio Vargas. Brasília, setembro de 2020. *No prelo.*

art. 86, §9º, da Lei nº 12.529/2011), a não ser que de outro modo seja expressamente acordado com a SG/Cade.

Os representados no processo administrativo instaurado em decorrência de acordo de leniência antitruste (ou seja, os demais investigados na conduta) terão acesso à identidade dos signatários e às demais informações e documentos do acordo. No entanto, não poderão disponibilizar informações e/ou documentos para terceiros, outros órgãos governamentais ou autoridades estrangeiras, de modo que seu acesso deverá ser usado estritamente para fins de exercício do direito ao contraditório e da ampla defesa no procedimento administrativo em trâmite perante o Cade (art. 207, §2º, I, do RICade).

Em situações excepcionais, caso haja a necessidade de divulgação ou compartilhamento da informação de acesso restrito, por determinação judicial ou qualquer outra obrigação legal indisponível, os signatários do acordo de leniência antitruste deverão informar previamente à SG/Cade – ou serem informados pela SG/Cade – da necessidade de publicidade do conteúdo e o acesso será concedido exclusivamente para o destinatário da ordem judicial e/ou para o detentor da prerrogativa legal indisponível, preservando-se o acesso restrito ao público em geral. Em situações específicas, é possível que a empresa e/ou os indivíduos signatários abdiquem da confidencialidade da sua identidade e/ou do conteúdo do acordo e/ou de seus documentos e outros materiais anexados, no todo ou em parte, caso assim seja acordado entre os signatários,[602] o Cade e o Ministério Público Estadual e/ou Federal interveniente, no interesse dos signatários ou da investigação. O Cade, porém, não requer aos signatários que abdiquem da sua garantia de sigilo, caso desejem mantê-lo.

Por se tratar de um tema de suma relevância para o programa de leniência antitruste brasileiro, bem como por ser objeto de constantes debates na agenda internacional, a SG/Cade elaborou, em 2016, um estudo sobre a experiência internacional e brasileira a respeito do acesso a documentos apresentados por colaboradores em sede de acordos

---

[602] Tal situação é conhecida, nas melhores práticas internacionais, como *"waiver"*. Para mais informações, acessar: ICN. *Waivers of confidentiality in cartel investigations* – explanatory note. 2012. Disponível em: http://www.internationalcompetitionnetwork.org/uploads/library/doc1012.pdf. Acesso em: 21 maio 2018. Ver também o guia da ICN para a cooperação transnacional em negociações de acordos de leniência, o qual apresenta diretivas para o compartilhamento de informações confidenciais entre jurisdições no interesse de suas respectivas investigações: ICN. *Guidance on Enhancing Cross-Border Leniency Cooperation*. June 2020. Disponível em: https://www.internationalcompetitionnetwork.org/wp-content/uploads/2020/07/CWG-Leniency-Coordination-Guidance.pdf?utm_medium=email&utm_source=govdelivery. Acesso em: 14 jul. 2020.

de leniência e TCC.[603] Nesse estudo foi apresentado *benchmarking* de sete países sobre a regra geral de acesso a tais documentos, bem como as peculiaridades observadas durante a negociação do acordo e a investigação da infração, e após a decisão final do caso.

Nos Estados Unidos, por exemplo, apontou-se que a regra geral é o amplo *discovery*, com base em três legislações: a Lei de Livre Acesso à Informação (*Freedom of Information Act – FOIA*); as Regras Federais do Processo Criminal (*Federal Rules of Criminal Procedure – FRCrP*); e as Regras Federais do Processo Civil (*Federal Rules of Civil Procedure – FRCP*). Com base em tais regras, as partes têm a obrigação de disponibilizar as informações e documentos que estejam sob seu controle, ressalvadas algumas exceções.[604] Caso, porém, se entenda que o acesso a tais documentos pode prejudicar as investigações do DOJ, a autoridade antitruste poderá ir a juízo e solicitar um *"stay"*, consistente em pedido civil de suspensão do processo civil até que se concluam os procedimentos investigativos, tais como as colheitas de depoimentos e provas. Esse instrumento foi, inclusive, utilizado em investigações de cartéis internacionais conduzidas nos Estados Unidos, como os casos de DRAM,[605] LCD[606] e CRT/CPT,[607] em que o DOJ logrou suspender o processo de ressarcimento civil por seis meses ou mais, tendo a suspensão se estendido por anos em alguns casos. Esse amplo acesso, por sua vez, só é possível porque os signatários do acordo de leniência possuem algumas regras processuais mais benéficas – diferentemente do que acontece no Brasil. Naquele país, por exemplo, foram definidas

---

[603] CADE. *Consulta Pública nº 05/2016*: Nota Técnica 24/2016/CHEFIA-GAB-SG/SG/CADE. Disponível em: http://www.cade.gov.br/noticias/cade-submete-a-consulta-publica-resolucao-sobre-procedimentos-de-acesso-a-documentos-provenientes-de-investigacoes-antitruste. Acesso em: 24 out. 2018.

[604] Dentre as exceções à regra de amplo *discovery* nos Estados Unidos, constam as hipóteses de (i) sigilo investigativo e do informante (FOIA), e (ii) informação privilegiada.

[605] Ver: ESTADOS UNIDOS. District Court, N.D. California. *In re Dynamic Random Access Memory (DRAM) Antitrust Litigation*. Nº 02-1486. Oct. 23, 2002.

[606] Ver o documento *Order granting United States' motion to stay discovery*, de 25 de setembro de 2007, referente ao caso: ESTADOS UNIDOS. District Court, N.D. California. *In re TFT-LCD (Flat Panel) Antitrust Litigation*. Nº 07-1827. Sept. 25, 2007. Para mais informações, ver também Lui, Illovsky e Bos, segundo os quais: "*In the TFT-LCD litigation, the court acknowledged that a stay helps the government preserve the secrecy and confidentiality of its grand jury proceedings and not 'reveal the nature, scope and direction of the ongoing criminal investigation, as well as the identities of others who may be providing evidence to the grand jury or the government, and the identities of potential witnesses and targets'*" (LUI, Bradley S.; ILLOVSKY, Eugene; BOS, Jacqueline. Increased DOJ intervention to stay discovery in civil antitrust litigation. *Antitrust Litigator*, v. 8, n. 1, 2009).

[607] Ver: ESTADOS UNIDOS. District Court, N.D. California. *In re Cathode Ray Tube (CRT) Antitrust Litigation*. MDL Nº 1917, Nº 07-5944. July 20, 2015.

limitações à responsabilidade dos beneficiários do acordo, os quais, tradicionalmente, sujeitar-se-iam à regra de ressarcimento por danos triplicados (*"treble damages"*) e à responsabilidade solidária.

Na União Europeia, por sua vez, as regras de acesso a documentos e informações oriundos de acordos de imunidade e leniência foram alteradas pela Diretiva 2014 ("Divulgação de elementos de prova"), que teve como prazo de implementação o final de 2016.[608] O artigo 6º da Diretiva 2014 ("Divulgação de elementos de prova incluídos no processo de uma autoridade da concorrência"), sem prejuízo das previsões do artigo 5º, inovou e estabeleceu categorização em três níveis de proteção aos documentos obtidos no contexto do programa de leniência: proteção total (*"black list"*), proteção temporária (*"grey list"*) e sem proteção necessária (*"white list"*). Cada categoria de documentos (que representa a pergunta sobre *"ao que"* se pede acesso na ação de reparação por danos civis) possui um regramento específico quanto ao destinatário autorizado a ter acesso (*"quem"*) e quanto ao momento em que isso acontece (*"quando"*). Os documentos descritos como *"black list"*,[609] por exemplo, não podem nunca e em nenhuma hipótese ser disponibilizados, nem por ordem judicial. Os documentos descritos como *"grey list"*,[610] por sua vez, são divulgáveis apenas mediante ordem judicial, após a autoridade competente ter proferido decisão final sobre o caso. Por fim, os documentos descritos como *"white list"*[611] serão

---

[608] Apesar de o prazo para implementação da Diretiva ter oficialmente terminado em dezembro/2016, diversos países da União Europeia tiveram dificuldades em implementar as medidas previstas devido a diferenças na utilização, pelas cortes, das medidas previstas na Diretiva. De acordo com informativo do escritório britânico Slaughter and May, publicado em fevereiro de 2017: *"it has clearly been easier for victims of anti-competitive behaviour to claim compensation in some Member States than in others as a result of the differences in the private enforcement regimes across the different Member States. The European Commission was particularly concerned that the lack of developed rules in some Member States could effectively prevent victims from exercising their rights to claim compensation in those jurisdictions"* (SLAUGHTER AND MAY. *Implementation of the Damages Directive across the EU.* 2017. Disponível em: https://www.debrauw.com/wp-content/uploads/2017/02/Briefing-Note.pdf. Acesso em: 24 out. 2018).

[609] A proteção total (*"black list"*) abarca as declarações do signatário do acordo de imunidade e de leniência (*"leniency statements"*) e as demais submissões de caráter voluntário e autoincriminatórias (*"settlement submissions"*).

[610] A proteção temporária (*"grey list"*) abrange documentos e informações trocados entre a autoridade da concorrência e as partes investigadas no curso do processo, tais como as respostas a pedidos de informação, os *statements of objections* e as análises preliminares da Comissão Europeia.

[611] A ausência de proteção necessária (*"white list"*) abrange documentos e informações em posse da autoridade da concorrência que não se encaixam nas hipóteses das categorias citadas, desde que sejam preexistentes e que não tenham sido preparados no âmbito da investigação (e.g., contratos escritos, textos de e-mails e atas de reuniões).

divulgáveis a qualquer tempo por ordem judicial. Registre-se que essa mesma diretiva sinalizou que, sem prejuízo da reparação por perda de oportunidade, a reparação integral, nos termos daquela diretiva, não deveria conduzir à reparação excessiva, por meio de indenização punitiva, múltipla ou outra.

Já na Austrália, apesar das regras gerais de *discovery* e exibição de documentos previstas nas *Federal Court Rules*, de 2011, o *Competition and Consumer Act* (*CCA*) trouxe regras protetivas da confidencialidade de informações obtidas em investigação de cartel. Segundo o item 157 desse normativo, apesar de a regra geral ser do acesso amplo a documentos públicos, há exceção aplicável a informações confidenciais em investigações de cartéis (*"protected cartel information"*). Assim, a autoridade antitruste (ACCC) e os tribunais australianos podem negar o pedido de acesso aos referidos documentos, ponderando fatores como: (i) a informação pode ter sido fornecida à ACCC de forma confidencial; (ii) a relação da Austrália com outros países; (iii) a necessidade de se evitarem prejuízos à política nacional e internacional de combate a cartéis; (iv) a proteção do informante; (v) o risco da divulgação prejudicar o programa de leniência no futuro; e (vi) os legítimos interesses do requerente da informação. Nesse sentido, o manual *ACCC Immunity and Cooperation Policy for Cartel Conduct*[612] traz manifestação da autoridade de que tentará proteger a confidencialidade dos documentos fornecidos no bojo de acordo de leniência, podendo, inclusive, alegar em juízo sigilo relativo a esses documentos.

Inspirada, então, na experiência internacional, mas com base na experiência e na legislação nacional, ao final do estudo foi colocada em consulta pública uma proposta de resolução para disciplinar o acesso a tais documentos no Brasil, a depender da fase processual do caso. A primeira fase da Consulta Pública nº 05/2016[613] recebeu contribuições da sociedade entre 8 de dezembro de 2016 e 6 de fevereiro de 2017, enquanto a segunda fase[614] recebeu contribuições de 4 de julho de 2018

---

[612] Ver passo (*Confidentiality*) do seguinte documento da autoridade antitruste australiana: AUSTRÁLIA. Australian Competition & Consumer Commission. *ACCC immunity and cooperation policy for cartel conduct*. Camberra: ACCC, Sept. 2014. Disponível em: https://www.accc.gov.au/publications/accc-immunity-cooperation-policy-for-cartel-conduct. Acesso em: 24 out. 2018.

[613] CADE. *Consulta Pública nº 05/2016*: Minuta de Resolução. Disponível em: http://www.cade.gov.br/noticias/cade-submete-a-consulta-publica-resolucao-sobre-procedimentos-de-acesso-a-documentos-provenientes-de-investigacoes-antitruste. Acesso em: 24 out. 2018.

[614] CADE. *Consulta Pública nº 05/2016*: Segunda Minuta de Resolução. Disponível em: http://www.cade.gov.br/acesso-a-informacao/participacao-social-1/consultas-publicas-concluidas/consulta-publica-no-01-2017. Acesso em: 30 out. 2018.

a 25 de julho de 2018. A versão final da resolução foi publicada como Resolução nº 21, de 11 de setembro de 2018, que passou a oficialmente disciplinar o acesso a documentos de acordos de leniência e TCC no Brasil.[615]

Tal iniciativa teve como importante marco a ação de reparação de danos ajuizada no âmbito do chamado "cartel dos compressores", diante de decisão inicial do ministro Marco Aurélio Bellizze[616] de levantar o sigilo dos documentos da leniência após remessa dos autos pela SG/Cade ao Tribunal. O voto do ministro Bellizze tinha sido no sentido de que, não

---

[615] CADE. *Resolução nº 21/2018*: Disponível em: http://www.cade.gov.br/noticias/resolucao-que-regulamenta-procedimentos-de-acesso-a-documentos-de-investigacoes-antitruste-e-aprovada-pelo-cade. Acesso em: 30 out. 2018.

[616] "EMENTA. PROCESSO CIVIL. RECURSO ESPECIAL. AÇÃO DE REPARAÇÃO DE DANOS MATERIAIS. DILAÇÃO PROBATÓRIA. DEVER DE COLABORAÇÃO. JUNTADA DE DOCUMENTOS. PROCEDIMENTO ADMINISTRATIVO. ACORDO DE LENIÊNCIA. SIGILO. EXTENSÃO. LIMITES. OPOSIÇÃO AO PODER JUDICIÁRIO. RECURSO ESPECIAL NÃO PROVIDO. 1. Ação de reparação de danos materiais proposta na origem, na qual se pretende a indenização por danos decorrentes de conduta de concerto de preços em mercado relevante, na qual se requereu a juntada de documentos obtidos por meio de acordo de leniência e inquérito policial. 2. No que tange à obtenção de documentos sob guarda de juízo criminal, a posterior apreciação da questão trazida sob a alegação de ofensa ao art. 535 do CPC e interposição de novo recurso especial resulta na perda superveniente do interesse recursal, prejudicando o julgamento do recurso especial interposto por Electrolux do Brasil S.A. 3. O acordo de leniência é instituto destinado a propiciar a obtenção de provas da prática de condutas anticoncorrenciais, por meio do qual se concede ao coautor signatário benefícios penais e administrativos. 4. Nos termos da legislação, assegura-se o sigilo das propostas de acordo de leniência, as quais, eventualmente rejeitadas, não terão nenhuma divulgação, devendo ser restituídos todos os documentos ao proponente. 5. Aceito e formalizado o acordo de leniência, a extensão do sigilo somente se justificará no interesse das apurações ou em relação a documentos específicos cujo segredo deverá ser guardado também em tutela da concorrência. 6. Todavia, ainda que estendido o sigilo, não se pode admitir sua protração indefinida no tempo, perdendo sentido sua manutenção após esgotada a fase de apuração da conduta, termo marcado pela apresentação do relatório circunstanciado pela Superintendência-Geral ao Presidente do Tribunal Administrativo. 7. O dever geral de colaboração para elucidação dos fatos, imposto nos termos do art. 339 do CPC, somente é afastado por meio de regras expressas de exclusão, entre as quais o sigilo profissional calcado na necessidade precípua de manutenção da relação de confiança inerente a determinadas profissões, o que não se afigura razoável na hipótese dos autos em que a relação entre signatários do acordo e a entidade pública se vinculam por meio do exercício do poder de polícia. 8. Nos termos da Lei nº 12.529/11, art. 11, X, compete aos conselheiros do Tribunal Administrativo de Defesa Econômica prestar informações e fornecer cópias dos autos dos procedimentos administrativos ao Poder Judiciário, quando requeridas para instruir ações judiciais, de modo que eventual sigilo do procedimento administrativo não pode ser oposto ao Poder Judiciário. 9. Recurso especial da Electrolux do Brasil S.A. prejudicado pela perda superveniente de objeto. Recurso especial de Whirlpool S.A. e Brasmotors S.A. conhecido e não provido. Prejudicada a medida cautelar vinculada ao recurso especial" (BRASIL. Superior Tribunal de Justiça. REsp 1554986/SP. Relator: Marco Aurélio Bellizze. Terceira Turma. Julgado em: 8 mar. 2016. *DJe*, 5 abr. 2016. *JusBrasil*, 2016. Disponível em: https://stj.jusbrasil.com.br/jurisprudencia/339861735/recurso-especial-resp-1554986-sp-2015-0219111-7. Acesso em: 24 out. 2018).

obstante a importância do sigilo dos acordos, este não pode se estender indefinidamente ao longo do tempo, fato que suscitou a necessidade de se realizar a Consulta Pública nº 05/2016.[617] Posteriormente, porém, o referido ministro reviu seu posicionamento, fazendo referência aos embargos de declaração interpostos pela Procuradoria-Geral Federal que atua junto ao Cade (ProCade), e optou pelo acolhimento do pedido do Cade de manutenção do sigilo até o fim do julgamento do caso.[618]

A proposta regulamentar no Brasil se inspirou nas categorias de proteção total (*"black list"*), proteção temporária (*"grey list"*) e sem proteção necessária (*"white list"*), estabelecidas na Diretiva 2014 da Comissão Europeia. A Resolução nº 21/2018 Cade estabelece, como regra, que os documentos e informações constantes nos processos administrativos são de acesso público (*"white list"*). No entanto, exceções serão mantidas como de acesso restrito durante o processo administrativo, mas as partes investigadas poderão ter acesso, para que sejam garantidos o contraditório e a ampla defesa (*"grey list"*).[619] Há, ainda, documentos que, mesmo após decisão final pelo plenário do Cade, não poderão ser disponibilizados a terceiros para consulta (*"black list"*). Entre as exceções, merece destaque o Histórico da Conduta e seus aditivos, elaborados pela SG/Cade com base em documentos e informações de caráter autoacusatório, submetidos voluntariamente no âmbito de negociações de acordo de leniência e TCCs.

---

[617] Para mais informações ver: CADE. *Cade submete à consulta pública resolução sobre procedimentos de acesso a documentos provenientes de investigações antitruste.* 7 dez. 2016. Disponível em: http://www.cade.gov.br/noticias/cade-submete-a-consulta-publica-resolucao-sobre-procedimentos-de-acesso-a-documentos-provenientes-de-investigacoes-antitruste. Acesso em: 21 maio 2018.

[618] Para mais informações ver: AGU. *Advocacia-Geral obtém no STJ decisão que fortalece combate a cartéis.* 14 mar. 2018. Disponível em: http://www.agu.gov.br/noticia/advocacia-geral-obtem-no-stj-decisao-que-fortalece-combate-a-cartéis--651814. Acesso em: 21 maio 2018.

[619] A resolução também determina condições excepcionais para concessão de acesso a outros documentos restritos, como quando houver determinação legal ou decisão judicial específica. O acesso é possível ainda a partir de cooperação jurídica internacional e autorização do signatário da leniência ou do TCC, ambos com a anuência do Cade, desde que não haja prejuízo à investigação.

Figura 22 – Proteção concedida a cada tipo de documento referente ao acordo de leniência Antitruste

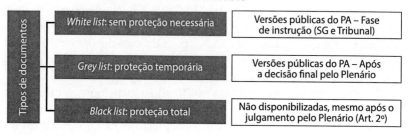

Nesse contexto, Athayde, Fidelis e Maiolino analisaram se a existência da consulta pública de resolução alterou o padrão de acesso a documentos do Cade.[620] As autoras concluíram, em 2018, que não houve mudança no padrão de acesso a documentos e informações referentes aos acordos de leniência ao longo do tempo, o que sinaliza a importância de se efetivarem as previsões da Resolução nº 21/2018 Cade, agora que esta já se encontra em vigor. Possivelmente diante das dificuldades de se implementar, operacionalmente, o acesso aos referidos documentos, em 4 de novembro de 2019, foi publicada a Portaria Cade nº 869,[621] que disciplinou a Resolução nº 21/2018 Cade. A Portaria estabeleceu os procedimentos para acesso a documentos e informações tidos como restritos, no âmbito de processos administrativos sancionadores do Cade, e que poderiam embasar pedidos de indenização por danos concorrenciais. A grande mudança foi a de que caberá ao Conselheiro Relator, quando do julgamento do caso, submeter ao Tribunal proposta de publicização de documentos, e que o Cade divulgará em seu sítio eletrônico a listagem dos processos julgados com documentos e informações disponibilizadas. Ainda, dada a sensibilidade do tema nesse contexto de *public vs private enforcement*, a Portaria dispôs que a manutenção da confidencialidade das informações estará sujeita a eventuais embargos de declaração de interessados.

---

[620] ATHAYDE, Amanda; FIDELIS, Andressa. MAIOLINO, Isabela. Da teoria à realidade: o acesso a documentos de acordos de leniência no Brasil. *In*: MACEDO, Agnes *et al.* (Org.). *Mulheres no Antitruste*. São Paulo: Singular, 2018. v. I. p. 273-290.

[621] Portaria Cade nº 869/2019. Disponível em: https://sei.cade.gov.br/sei/publicacoes/controlador_publicacoes.php?acao=publicacao_visualizar&id_documento=736758&id_orgao_publicacao=0. Acesso em: 8 set. 2020.

2.4.5 Fase 5: a declaração de cumprimento (ou não) do acordo de leniência pelo Tribunal do Cade

Após a formalização do acordo de leniência entre a SG/Cade e o signatário, com a intervenção do Ministério Público, ainda existe, via de regra, o dever de colaboração das empresas e/ou indivíduos signatários do acordo de leniência até o encerramento do processo administrativo (art. 86 da Lei nº 12.529/2011 e art. 197 c/c art. 206, §1º, I a VIII, do RICade). Caso haja processo administrativo desmembrado, a obrigação de cooperação permanece também neste.

Essa análise do cumprimento ou não das obrigações do signatário colaborador é realizada, pelo Cade, em dois principais momentos. O primeiro deles é o momento da remessa do processo administrativo da SG/Cade ao Tribunal, pois a SG/Cade opina se, em seu entendimento, as obrigações do acordo foram cumpridas ou descumpridas. O segundo momento é quando do julgamento do caso, pois o Tribunal verifica se, de fato, as condições e cláusulas estipuladas no acordo de leniência foram ou não cumpridas e se os signatários perderão os benefícios relativos à multa e demais sanções cabíveis (art. 206, §1º, IX, do RICade). Assim, a declaração final de cumprimento do acordo de leniência compete ao Tribunal,[622] apesar do processo de negociação do acordo ocorrer inteiramente no âmbito da SG/Cade (vide este cap. 2, item 2.4.1, *supra*).

Tratando-se do acordo de leniência parcial, é apenas na ocasião do julgamento do processo administrativo e da declaração de cumprimento do acordo de leniência pelo Tribunal do Cade que se estipula se o beneficiário receberá a redução de um a dois terços da penalidade aplicável. Nesse momento, a redução da penalidade dependerá da análise da efetividade da colaboração prestada e da boa-fé do infrator no cumprimento do acordo de leniência. A amplitude do benefício que o signatário do acordo de leniência parcial receberá também será decidida na ocasião da declaração de cumprimento do acordo, nos termos já expostos neste cap. 2, item 2.3.1.2, *supra*. Sobre esse ponto, relembra-se que os acordos de leniência no BC e na CVM já contam com critérios propostos em via regulamentar para a análise desse percentual de desconto, conforme será abordado no cap. 4, *infra*. O Cade não conta com tal previsão sobre o montante a ser conferido de desconto

---

[622] Para uma reflexão sobre as possíveis consequências da declaração de descumprimento, ver: ROCHA, Camila Pires; GONSALEZ DE SOUZA, Renata. What if the leniency agreement gets knocked out? *In:* GONÇALVES, Priscila Brolio (Org.). *The Future of Antitrust*. São Paulo: IBRAC, 2020. Disponível em: https://bit.ly/3mZDzdV. Acesso em: 27 set. 2020.

em sede de declaração de cumprimento de acordo de leniência parcial, sendo que, a nosso ver, se houver TCC posterior, com o máximo de desconto (50%), ou TCC com leniência *plus* posterior com o máximo de desconto (66,67%), o desconto a ser concedido ao signatário deve ser sempre maior do que o do colaborador seguinte, de modo que se deveria privilegiar a concessão de benefícios mais amplos, no teto dos dois terços de desconto previstos na legislação brasileira.

A respeito dessa declaração de cumprimento (ou não) dos acordos de leniência pelo Cade, cumpre mencionar a pesquisa empírica realizada por Craveiro.[623] Segundo a autora, com base em dados até agosto de 2020, que abarcam 31 processos oriundos de 34 acordos de leniência já julgados pelo Tribunal do Cade, todos os acordos celebrados foram declarados cumpridos, "ainda que, em alguns casos, os elementos aportados à investigação pelo acordo não tenham sido capazes de levar à condenação/confissão de indivíduos ou empresas".[624] Assim, Craveiro entende que esse percentual de 100% de taxa de declaração de cumprimento dos acordos seria um indicativo positivo de efetividade do programa de leniência antitruste, porque demonstraria ter havido a cooperação plena e permanente dos beneficiários da leniência durante o processo administrativo, além da cessação da conduta por parte deles. A autora ainda aponta que seria interessante que outras pesquisas futuras pudessem realizar uma análise da taxa de cumprimento dos TCCs homologados.

Sobre esse tema, chama-se atenção, com bastante preocupação, o voto emanado em fevereiro de 2021 por uma das Conselheiras do Cade a respeito da colaboração de um dos signatários no acordo de leniência referente ao processo de cartel internacional de frete internacional aéreo e marítimo.[625] Segundo a relatora, um processo trabalhista promovido por uma das pessoas físicas signatárias do acordo de leniência teria revelado uma suposta coação no momento da assinatura do acordo. Assim, votou pela declaração de nulidade do acordo de leniência e pela não aplicação dos benefícios dele decorrentes, bem como pela aplicação de outras penas acessórias. O julgamento foi suspenso, tendo em vista

---

[623] CRAVEIRO, Priscila. Uma régua na Leniência Antitruste: as taxas de sucesso e de declaração de cumprimento como medidas de efetividade do Programa de Leniência do Cade. Trabalho de Conclusão de Curso apresentado à Banca Examinadora da Escola de Direito da Fundação Getúlio Vargas. Brasília, setembro de 2020. *No prelo.*

[624] Sobre o tema, a autora cita os processos administrativos 08012.000774/2011-74 e 08012.000773/2011- 20.

[625] CADE. Processo Administrativo nº 08012.001183/2009-08. Cartel internacional de frete internacional aéreo e marítimo.

o pedido de vista de outro Conselheiro. Fazendo remissão à decisão do Ministro Edson Fachin no âmbito do STF (PET nº 7.074-QO/DF), a Conselheira Relatora apontou a nulidade do acordo devido à coação e seus consequentes efeitos subjetivos sobre as partes signatárias, as quais afirmavam terem sido coagidas não apenas pelos seus empregadores como também pelas autoridades. Todavia, o Tribunal do Cade decidiu, em julgamento final, pela validade do acordo, posto que, conforme apontado pelo Conselheiro Maurício Maia, quando questionado a respeito da coação, o signatário apresentou comportamento dúbio, outrossim, em divergência à relatora, as provas apresentadas não bastariam para comprovar o vício.

A preocupação que aqui se levanta diz respeito aos três pilares dos acordos de leniência (vide cap. 1, item 1.2 *supra*), e como um voto destes pode vir a afetar, diretamente, o pilar da transparência, previsibilidade e da segurança jurídica. É imperioso que haja bastante cautela em uma discussão como esta, para que não se contamine uma discussão mais ampla sobre acordos de leniência no Brasil aos acordos celebrados pelo Cade, que tem experiência histórica nesse tipo de negociação. Argumentar que há coação em uma negociação de leniência com o Cade é basicamente desconhecer as fases de uma negociação de um acordo antitruste. A negociação segue uma ritualística bastante rígida, sempre intermediada pelos advogados das pessoas físicas e jurídicas signatárias, bem como embasada em evidências concretas e informações apresentadas aos autos. Ações trabalhistas são, de algum modo, recorrentes, dado que a empresa, ao identificar a prática ilícita, possui justa causa para dispensar o funcionário e, assim, pode surgir uma celeuma sobre o processo trabalhista. Não se pode confundir, portanto, os interesses privados do trabalhador em discutir a eventual demissão com ou sem justa causa com a higidez do programa de leniência antitruste, ainda mais com a repercussão sendo aplicada a todos os demais signatários, pessoas físicas e jurídicas, que sequer tenham participado ou tido conhecimento da suposta coação. Trata-se, assim, de uma sinalização bastante ruim para o programa de leniência no Cade, dado que, após mais de 10 (dez) anos colaborando plena e permanentemente ao longo do processo, empresa signatária e funcionários se deparam com esse tipo de questionamento a respeito da validade do acordo.

Outra preocupação apontada anteriormente neste livro sobre a declaração de cumprimento ou não foi tratada no cap. 2, item 2.2.6, *supra*, quando da análise do requisito de que a cooperação da empresa e/ou da pessoa física resulte na identificação dos demais envolvidos na infração e na obtenção de informações e documentos que comprovem a infração noticiada ou sob investigação. Conforme mencionado, há que se ter bastante cautela com raciocínios que imputam ao signatário uma obrigação que é da Administração Pública e que visem a declarar descumprido o acordo de leniência, sob risco de se quebrar um dos principais pilares dos programas de leniência, que é justamente a previsibilidade e a segurança jurídica.

2.4.6 Da desistência ou da rejeição da proposta de acordo de leniência antitruste

A qualquer tempo, ao longo da negociação de um acordo de leniência antitruste com a SG/Cade e antes de sua assinatura, ao proponente é facultado desistir da proposta (art. 205, RICade). Para tanto, basta que se manifeste expressamente nesse sentido, seja oralmente, seja por escrito. Nessa hipótese, todos os documentos apresentados pelo proponente à SG/Cade serão devolvidos e todas as informações prestadas serão mantidas sob sigilo, não sendo permitido ao Cade compartilhar ou fazer uso dessas informações para nenhum fim, inclusive investigatório (art. 86, §9º, da Lei nº 12.529/2011), salvo na hipótese de serem voluntariamente apresentadas em sede de eventual TCC. Ou seja, o Cade não poderá instaurar qualquer investigação com base nas informações prestadas pelo proponente no âmbito da negociação fracassada de acordo de leniência. A SG/Cade poderá, todavia, abrir investigação para apurar fatos relacionados à proposta de acordo de leniência quando a nova investigação decorrer de indícios ou provas autônomas (art. 205, §4º, RICade).

Para além da desistência, que parte do próprio proponente, a não apresentação de documentos minimamente aptos a comprovar a infração relatada poderá ensejar também a rejeição da proposta de acordo de leniência pela SG/Cade. A proposta pode ser rejeitada pela SG/Cade por diversas razões, dentre as quais o Guia do Programa de Leniência do Cade[626] exemplifica as seguintes: (i) não apresentação da proposta do acordo de leniência no prazo de até 30 (trinta) dias da concessão do termo de *marker*; (ii) ausência de cooperação, ao longo da negociação, seja pelo não fornecimento das informações e documentos requisitados

---

[626] Ver pergunta 54, do Guia do Programa de Leniência Antitruste do Cade: "Uma proposta de acordo de leniência pode ser rejeitada pelo Cade?" Guia do Programa de Leniência Antitruste do Cade, atualização 2020. Disponível em: https://www.gov.br/cade/pt-br/centrais-de-conteudo/publicacoes/guias-do-cade . Acesso em: 1 abr. 2021.

pela SG/Cade, seja pela obstrução às investigações, de qualquer modo; (iii) insuficiência das informações e/ou documentos para evidenciar a prática noticiada ou sob investigação; (iv) não demonstração dos efeitos da infração praticada em território estrangeiro no território nacional. Caso a proposta de acordo de leniência seja finalmente rejeitada pela SG/Cade, é possível que o proponente obtenha um documento formal denominado "Termo de Rejeição", no qual a SG/Cade declarará que as informações e documentos apresentados pelo proponente não foram capazes de comprovar a infração noticiada ou sob investigação, ou que não foram cumpridos quaisquer outros requisitos exigidos pelo artigo 86, §1º, da Lei nº 12.529/2011.

Uma dúvida que recorrentemente surge é: como garantir que a SG/Cade, *de facto*, não utilizará as informações apresentadas em sede de negociação com desistência ou rejeição? Primeiramente, cumpre destacar que, *de iure*, a autoridade antitruste não pode fazer uso de tais informações, o que protege os proponentes em possíveis demandas administrativas ou judiciais e responsabiliza os servidores públicos que eventualmente descumprirem essa norma. Adicionalmente, *de facto*, a estrutura interna da SG/Cade foi desenhada justamente para impedir que isso aconteça, dado que a equipe que negocia a proposta de acordo de leniência antitruste está separada da equipe que faz a iniciação, instrução e investigação dos processos administrativos. Conforme já mencionado, quando há pedido de *marker* (vide este cap. 2, item 2.4.1, *supra*), a análise dessas informações se dá por meio de um *"chinese wall* temperado" na SG/Cade, a fim de aumentar a segurança jurídica das negociações. Nesse sentido, conforme já exposto, há uma separação entre a área de negociação dos acordos de leniência e as demais áreas de iniciação e instrução de processos. Por fim, cumpre ressaltar que o programa de leniência é baseado em sua reputação, de modo que uma situação similar a essa poderia pôr em xeque a sua própria existência, o que reduz os riscos de utilização indevida das informações e dos documentos apresentados em uma negociação rejeitada ou desistida.

Por fim, destaca-se que a desistência ou rejeição da proposta não implicam reconhecimento de ilicitude da conduta analisada ou confissão quanto à matéria de fato (art. 86, §10, da Lei nº 12.529/2011). Ademais, não há vedação de que uma proposta que tenha sido rejeitada ou que tenha sido objeto de desistência seja objeto de um novo pedido de *marker*, caso sejam preenchidos os requisitos para sua concessão. Trata-se, portanto, de uma dinâmica diferente do TCC, em que há apenas uma única chance para sua celebração (*"one shot"*) (vide item 2.6, *infra*). Em continuidade, caso haja outros proponentes na "fila de espera", a SG/Cade entrará em contato com o próximo proponente, na ordem da fila, para que seja aberta nova negociação (conforme já mencionado neste cap. 2, item 2.4.1, *supra*).

2.5 Leniência antitruste e TCC antitruste

Conforme já mencionado, o acordo de leniência antitruste, cujos benefícios são tanto administrativos quanto criminais (art. 86, §4º, c/c art. 87 da Lei nº 12.529/2011) (vide este cap. 2, item 2.2, *supra*), é instrumento disponível apenas ao primeiro agente infrator a reportar a conduta anticoncorrencial ao Cade (art. 86, §1º, I, da Lei nº 12.529/2011). O TCC, por sua vez, é acessível a todos os demais investigados na conduta anticompetitiva (art. 85 da Lei nº 12.529/2011), gerando benefícios na seara administrativa, mas sem benefícios automáticos na seara criminal. Assim, os incentivos para a celebração de TCC antitruste tendem a ser diferentes dos incentivos para a celebração de acordo de leniência, por conta dessa possível exposição do compromissário em relação à seara criminal. Nota-se, quanto à terminologia, que quem celebra o acordo de leniência é denominado signatário, ao passo que quem celebra o TCC é denominado compromissário.

Conforme já mencionado no capítulo 1, entendo que a principal diferença dos chamados "acordos assemelhados" com os acordos de leniência é que estes são, em essência, acordos instrumento de investigação, ao passo que os acordos assemelhados são pactos de ajustamento de conduta ou de não persecução, sem aportes adicionais que necessariamente auxiliem as autoridades públicas em uma investigação atual ou futura. Ademais, os acordos de leniência abarcam, via de regra, pessoas jurídicas (e em alguns casos também pessoas físicas), ao passo que os acordos assemelhados são voltados, em alguns casos apenas, para pessoas físicas e, em outros casos, a ambos, indivíduos e empresas (como é o caso do TCC antitruste).

Cumpre apresentar que, apesar de serem instrumentos distintos, a celebração de um acordo de leniência é elemento catalizador da celebração de TCCs antitruste. Essa é a conclusão alcançada por Chíxaro,[627] que, a partir de pesquisa empírica com os processos administrativos instaurados entre 2015 e 2019 (60 processos), constatou que 36

---

[627] CHÍXARO, Fernando Martins. Os Acordos depois do Acordo: Da comparação entre Termos de Cessação Conduta homologados no Cade em processo com e sem acordos de leniência, entre de 2015 a 2019. Trabalho de Conclusão da Pós Graduação na FGV. Dezembro 2020.

CAPÍTULO 2
LENIÊNCIA ANTITRUSTE | 339

destes foram decorrentes da celebração de acordos de leniência (60%), ao passo que outros 24 originaram-se de outras formas (denúncias, apurações *ex officio,* etc.) (40%). Dentre estes 60 processos administrativos, constatou-se que em 39 houve a celebração de TCCs antitruste. Destes 39 TCCs, em 31 havia acordo de leniência anterior (81,5%), ao passo que em 8 o processo teve outra forma de inicialização (18,5%). Assim, o autor conclui que a quantidade de TCCs em processos administrativos varia de acordo com a existência ou não de acordo de leniência anterior.

Athayde e Fonseca[628] discutem qual seria a finalidade dos TCCs. Os autores esclarecem que, diferentemente do acordo de leniência, que tem como clara finalidade a obtenção de provas, dada a expressa dicção legal do art. 86, incisos I e II, da Lei nº 12.529/2011: "desde que (...) dessa colaboração resulte: I – a identificação dos demais envolvidos na infração; e II – a obtenção de informações e documentos que comprovem a infração noticiada ou sob investigação"), os TCCs, por seu turno, não possuem finalidade tão facilmente identificável nos termos da Lei nº 12.529/2011, que deve ser também analisada sob a luz do Regimento Interno do Cade (RICade).[629] Diante de tal cenário, os TCCs seriam meios de obtenção, provas ou pactos de ajustamento de conduta, i.e., meros instrumentos para a abreviação de investigações de natureza antitruste?

Os autores recordam que o art. 85 da Lei nº 12.529/2011[630] estabelece que o Cade poderá tomar do investigado compromisso de cessação da prática investigada, sempre que, em juízo de conveniência e oportunidade, entender que atende aos interesses protegidos por lei. O RICade especifica que, para fins de TCCs em casos de cartel, é obrigatório o recolhimento de valor pecuniário (art. 183), o reconhecimento de participação na conduta investigada (art. 184) e a previsão de colaboração do compromissário com a instrução processual, no caso de proposta encaminhada pelo Superintendente-Geral (art. 185). O artigo 186 do RICade, ao tratar dos parâmetros para cálculo das

---

[628] ATHAYDE, Amanda; FONSECA, Marco Antonio. TCCs em casos de cartel no CADE: meios de obtenção de provas e/ou pactos de ajustamento de conduta? *In: Advocacia da concorrência em setores regulados: a história contada por especialistas.* MENDONÇA, Elvino; MENDONÇA, Rachel (Org.). Brasília, WebAdvocacy, 2020.

[629] Aprovado pela Resolução nº 22, de 19 de junho de 2019, e atualizado pela Emenda Regimental nº 01/2020, de 2 de abril de 2020.

[630] Importante, ainda, fazer alguns destaques em termos de terminologia. Este dispositivo determina que o Cade poderá *"tomar"* compromisso de cessação do representado. Note-se que a lei não fala em *"celebrar"* acordo, como o faz quando trata dos acordos de leniência ou como fazia, sob a égide da Lei nº 8.884/1994, quando falava-se em *celebração* de TCCs. Ademais, o §1º do art. 85, ao tratar dos requisitos dos TCCs, fixa quais são os seus *"elementos"* obrigatórios, mas não *cláusulas* mandatórias, como estabelecia o art. 53 da Lei nº 8.884/1994.

contribuições pecuniárias a serem pagas, determina que devem ser levadas em consideração *a amplitude e a utilidade da colaboração* com a instrução processual. O Guia de TCCs para casos de cartel[631] ainda adverte que um TCC celebrado em fase prematura do processo terá maior capacidade de *auxiliar na investigação, agregando informações ainda desconhecidas ou pouco compreendidas pela autoridade e, com isso, indicando melhores caminhos de instrução.*

Notam Athayde e Fonseca, portanto, que apesar de a Lei nº 12.529/2011 aparentemente conferir ao instrumento do TCC uma roupagem de pacto de ajustamento de conduta, i.e., mero instrumento para a abreviação de investigações de natureza antitruste, a regulamentação infralegal, mormente o RICade, tende a conduzir a discricionariedade administrativa para que este instrumento seja utilizado como meio de obtenção de provas de condutas ilícitas. Registre-se que houve questionamento judicial desse dispositivo infralegal, mas o Judiciário decidiu pela legalidade da exigência contida no RICade, por considerar que fazia parte da conveniência e da oportunidade da Administração Pública na celebração dos TCCs, e não de um direito das partes.[632]

Esse alcance se assemelha ao do *plea agreement* norte-americano, que tem como objetivos receber cooperação, criar e manter o ímpeto das investigações e resolver casos de cartel rapidamente, sem a necessidade de litígio, geralmente incluindo a apresentação de documentos e indicação de testemunhas para auxiliar na investigação.[633]

Destacam os autores, porém, que a obrigatoriedade de colaboração do compromissário com a instrução processual restringe-se aos TCCs

---

[631] Disponível em: http://www.cade.gov.br/acesso-a-informacao/publicacoes-institucionais/guias_do_Cade/guia-tcc-atualizado-11-09-17.pdf.

[632] BRASIL. Tribunal Regional Federal (1ª Região TRF-1). Apelação Cível nº 2002.34.00.001802-8. Relator: Osmane Antonio dos Santos. Julgado em: 16 jul. 2013. e-DJF1: 19 ago. 2013. JusBrasil, 2013. Disponível em: https://trf-1.jusbrasil.com.br/jurisprudencia/24028084/apelacao-civel-ac-200234000027983-df-20023400002798-3-trf1. Acesso em: 24 out. 2018; BRASIL. Tribunal Regional Federal (1ª Região TRF-1). Agravo de Instrumento nº 2007.01.00.059730-8. Relator: Luciano Tolentino Amaral. Julgado em: 28 abr. 2008. e-DJF1: 19 maio 2008. JusBrasil, 2008. Disponível em: https://trf-1.jusbrasil.com.br/jurisprudencia/984114/agravo-de-instrumento-ag-59730-df-20070100059730-8?ref=serp. Acesso em: 24 out. 2018.

[633] *"In the U.S., from the Division's perspective, the goals of cartel settlements are to: 1) receive cooperation; 2) [...] create and sustain momentum in its investigations; and 3) resolve cartel cases quickly without the need for litigation. [...] The specific types of cooperation a pleading corporation is required to provide to the Division are specified in the plea agreement and usually include providing documents and witnesses (including those located abroad) to assist the Division in its investigation."* (O'BRIEN, Ann. Cartel Settlements in The U.S. And EU: Similarities, Differences & Remaining Questions. Disponível em: https://www.justice.gov/atr/speech/cartel-settlements-us-and-eu-similarities-differences-remaining-questions).

tomados com a Superintendência-Geral do Cade (SG/Cade). O Guia de TCCs expressamente confirma que a colaboração é requisito para a celebração de *TCCs* quando o processo ainda estiver em trâmite perante a Superintendência-Geral do órgão. Para os acordos firmados já durante a tramitação do processo administrativo no Tribunal, tal requisito não se aplica. O Guia adverte, porém, que TCCs celebrados em fase processual avançada têm pouca ou quase nenhuma possibilidade de agregar informações relevantes à instrução, sendo que sua principal utilidade, em termos de redução de custos, seria atingida por meio da resolução antecipada do processo, evitando futuras disputas judiciais. Recorde-se que o Supremo Tribunal Federal[634] já decidiu que a confissão, quando desacompanhada de elementos adicionais, não constitui prova suficiente à condenação dos demais investigados.

Nesse aspecto específico, nos Estados Unidos a questão da redução de custos quanto às disputas judiciais é, de fato, perceptível, posto que a autoridade encarregada da persecução antitruste é a mesma a cargo da análise criminal. Portanto, um acordo com a autoridade encerra a investigação sob diversas ópticas. Na Europa, igualmente, os acordos são vistos como instrumentos de eficiência processual, e não como meios de obtenção de provas. A Comissão Europeia enxerga tais pactos como ferramentas aptas a simplificar e acelerar a resolução dos casos, poupando recursos da autoridade.[635] Lembre-se que a Comissão Europeia usualmente aplica o *"everyone or no one approcah"* quando avalia a conveniência de se firmar acordos, pois entende que só faz sentido se falar em eficiência processual quando todos os investigados celebram acordos, encerrando-se, de fato, a investigação. Na visão europeia, caso a autoridade tenha que prosseguir a investigação em relação à parte dos investigados, não há que se falar em eficiência, haja vista a continuidade do processo. Nesse sentido, bem explicou Ann O'Brien, que, uma vez que o sistema de acordos da Comissão Europeia tem o objetivo de obter eficiência processual, mas não induzir cooperação ou impulsionar suas investigações, o *"everyone or no one approcah"* faz sentido, pois uma solução híbrida, levando-se em conta a efetiva

---

[634] Vide, por exemplo, STF, HC 127.483 e Inq. 3.994.

[635] *"[...] settlement is a tool that aims to simplify, speed up and shorten the procedure leading to the adoption of a formal decision, thus saving human resources in the cartel department. The "Settlement Notice" rewards concrete contributions to procedural efficiency. All parties settling in the same case will receive the same reduction of the fine (10%), because their contribution to procedural savings will be the same."* Disponível em: *https://ec.europa.eu/competition/cartels/legislation/cartels_settlements/settlements_en.html*

colaboração, não alcançaria os resultados processuais e ganhos de eficiência esperados.[636]

Diante do apresentado, Athayde e Fonseca sustentam ser possível constatar que os TCCs em casos de cartel do Cade possuem finalidade híbrida, dado que podem possuir tanto finalidade de meio de obtenção de provas ou pacto de ajustamento de conduta, i.e., meros instrumentos para a abreviação de investigações de natureza antitruste, a depender do momento da instrução processual e da autoridade com a qual é firmado o TCC. A fim de melhor apresentar o argumento, apresenta-se a figura:

Figura 23 – Natureza jurídica dos TCCs Antitruste no Cade

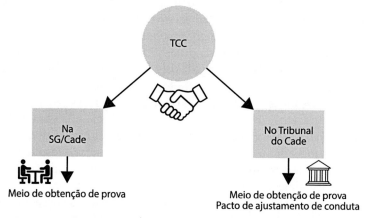

Fonte: ATHAYDE, Amanda; FONSECA, Marco Antonio. TCCs em casos de cartel no CADE: meios de obtenção de provas e/ou pactos de ajustamento de conduta? In: Advocacia da concorrência em setores regulados: a história contada por especialistas. MENDONÇA, Elvino; MENDONÇA, Rachel (Org.). Brasília, WebAdvocacy, 2020.

Ou seja, Athayde e Fonseca concluem que, quando firmado com a SG/Cade, o TCC parece ter finalidade de meio de obtenção de prova, nos termos do RICade, diante da exigência de colaboração com a autoridade antitruste. Por sua vez, quando firmado com o Tribunal do Cade, a finalidade pode ser híbrida: de um lado, se houver colaboração

---

[636] "Since the Commission's settlement procedure is set up with the goal of obtaining procedural efficiencies, rather than inducing cooperation or creating momentum in its investigations, an "everyone or no one" approach is appealing from the Commission's viewpoint because a hybrid settlement will not achieve the procedural efficiencies the Commission hopes to gain through settlement." (O'BRIEN, Ann. Cartel Settlements in The U.S. And EU: Similarities, Differences & Remaining Questions. Disponível em: https://www.justice.gov/atr/speech/cartel-settlements-us-and-eu-similarities-differences-remaining-questions).

CAPÍTULO 2
LENIÊNCIA ANTITRUSTE | 343

(recorde-se que não há tal exigência no RICade, mas tampouco há vedação), será meio de obtenção de prova; de outro lado, se não houver colaboração, será pacto de ajustamento de conduta, alinhando-se à prescrição mais ampla da Lei nº 12.529/2011.

Importante pontuar que em fevereiro de 2021 foi publicado pelo Cade o Documento de Trabalho Cade "TCC na Lei 12.529/2011".[637] O documento teve como objetivo apresentar, de forma analítica, as principais cláusulas utilizadas pelo Cade na celebração de TCCs durante a vigência da Lei nº 12.529/2011, bem como apresentar a jurisprudência da autarquia, destacando os pontos em que há consistência e clareza e os pontos em que há necessidade de uma melhor padronização e definição de critérios. Em termos quantitativos, ficou evidente que 65,6% dos TCCs firmados pelo Cade dizem respeito à conduta de cartel (229), 22,6% a casos de conduta unilateral (79) e 11,7% a investigações de influência de conduta uniforme (41). Dentre os 229 casos de TCC de cartel, 177 eram referentes a cartéis *hardcore,* 21 a cartéis difusos, 17 a cartéis *hardcore* c/c influência de conduta comercial uniforme, 11 a trocas de informação concorrencialmente sensível e 3 a cartéis *hardcore* c/c cartel difuso. Ainda, deixa-se claro que o maior número de TCCs firmados foi em casos de cartel internacional, seguido do cartel em licitações.

A seguir serão brevemente apresentados os requisitos para a celebração de TCC antitruste (2.5.1) e o procedimento de negociação e celebração de TCCs (2.5.2), evidenciando em que diferem do acordo de leniência.

2.5.1 Dos requisitos para a celebração de TCC antitruste em casos de cartel

Semelhantemente ao que ocorre nos acordos de leniência, os TCCs podem ser celebrados tanto por pessoas jurídicas quanto por pessoas físicas. Na jurisprudência do Cade, explicitada no Documento de Trabalho do Cade "TCC na Lei nº 12.529/2011",[638] tem-se que 56%

---

[637] CADE. Documento de Trabalho "TCC na Lei nº 12.529/2011". Fev. 2021. Disponível em: https://cdn.cade.gov.br/Portal/centrais-de-conteudo/publicacoes/TCC%20na%20Lei%20 n%C2%BA%2012.52911/TCC%20na%20Lei%20n%C2%BA%2012.529-11.pdf. Acesso em: 8 mar. 2021. Consultora PNUD no Cade Carolina Saito.

[638] CADE. Documento de Trabalho "TCC na Lei nº 12.529/2011". Fev. 2021. Disponível em: https://cdn.cade.gov.br/Portal/centrais-de-conteudo/publicacoes/TCC%20na%20Lei%20 n%C2%BA%2012.52911/TCC%20na%20Lei%20n%C2%BA%2012.529-11.pdf. Acesso em: 8 mar. 2021. Consultora PNUD no Cade Carolina Saito. p. 15.

dos TCCs foram firmados apenas por pessoas jurídicas, 36% foram firmados por ambos e somente 8% apenas por pessoas físicas.

A celebração de um TCC em casos de acordo, combinação, manipulação ou ajuste entre concorrentes (como é caso de cartel),[639] no âmbito da SG/Cade, possui os seguintes requisitos:

- pagamento de contribuição pecuniária ao Fundo de Defesa de Direitos Difusos, nos termos dos artigos 85, §1º, III, da Lei nº 12.529/2011 e 183 do RICade – sendo que este é um requisito apenas em casos de TCC de cartel (item 2.5.1.1);[640]

- reconhecimento de participação na conduta investigada por parte do proponente, nos termos do artigo 184 do RICade – sendo que este é um requisito apenas em casos de TCC de cartel (item 2.5.1.2);[641]

- colaboração do proponente com a instrução processual, nos termos do artigo 185 do RICade (item 2.5.1.3);[642]

- obrigação de não praticar a conduta investigada ou agir de forma a gerar os seus efeitos lesivos, nos termos do §1º do artigo 85 da Lei nº 12.529/2011 (item 2.5.1.4);

- multa para o caso de descumprimento, total ou parcial, das obrigações compromissadas (item 2.5.1.5).

---

[639] "Art. 85. Nos procedimentos administrativos mencionados nos incisos I, II e III do art. 48 desta Lei, o Cade poderá tomar do representado compromisso de cessação da prática sob investigação ou dos seus efeitos lesivos, sempre que, em juízo de conveniência e oportunidade, devidamente fundamentado, entender que atende aos interesses protegidos por lei.
§1º Do Termo de Compromisso deverão constar os seguintes elementos:
I - a especificação das obrigações do representado no sentido de não praticar a conduta investigada ou seus efeitos lesivos, bem como obrigações que julgar cabíveis;
II - a fixação do valor da multa para o caso de descumprimento, total ou parcial, das obrigações compromissadas;
III - a fixação do valor da contribuição pecuniária ao Fundo de Defesa de Direitos Difusos quando cabível" (Lei nº 12.529/2011).

[640] "Art. 183. Tratando-se de investigação de acordo, combinação, manipulação ou ajuste entre concorrentes, o compromisso de cessação deverá, necessariamente, conter a obrigação de recolher ao Fundo de Defesa de Direitos Difusos um valor pecuniário, que será estabelecido durante o processo de negociação e que não poderá ser inferior ao mínimo previsto no art. 37 da Lei 12.529, de 2011" (RICade).

[641] "Art. 184. Tratando-se de investigação de acordo, combinação, manipulação ou ajuste entre concorrentes, o compromisso de cessação deverá, necessariamente, conter reconhecimento de participação na conduta investigada por parte do compromissário" (RICade).

[642] "Art. 185. Tratando-se de investigação de acordo, combinação, manipulação ou ajuste entre concorrentes, a proposta final encaminhada pelo Superintendente-Geral ao Presidente do Tribunal, nos termos do Art. 180, §4º deste Regimento Interno, deverá, necessariamente, contar com previsão de colaboração do compromissário com a instrução processual" (RICade).

Ademais, é possível que haja exigências específicas para alguns TCCs, tendo em vista as circunstâncias do caso concreto (item 2.5.1.6).

Figura 24 – Requisitos para a celebração de TCCs Antitruste

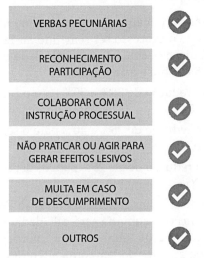

Fonte: elaboração da autora.

2.5.1.1 Do requisito de promover contribuições pecuniárias para a celebração de TCC antitruste

A Lei nº 12.529/2011 estabelece no art. 85, §2º, que será obrigatório o recolhimento de contribuição pecuniária ao Fundo de Defesa de Direitos Difusos (FDD) para os casos de TCCs firmados em investigações de cartel, valor este que não poderá ser inferior ao mínimo previsto no art. 37 da referida lei. Para os casos de condenação de pessoas jurídicas, o art. 37 estabelece que a multa será composta por uma base de cálculo (valor do faturamento bruto da empresa, grupo ou conglomerado obtido, no último exercício anterior à instauração do processo administrativo, no ramo de atividade empresarial em que ocorreu a infração) e por uma alíquota (de 0,1% a 20%).

Assim, a contribuição pecuniária do TCC é estabelecida com base no valor da multa esperada,[643] sobre o qual incidirá uma redução

---
[643] O cálculo da multa esperada é realizado em três principais passos: (i) definição da base de cálculo, (ii) atualização monetária com base na SELIC, (iii) aplicação da alíquota. A definição da base de cálculo é feita com base no disposto no art. 37, I, da Lei nº 12.529/2011, que prevê que se deve utilizar o faturamento bruto (incluindo impostos) do grupo econômico

percentual que varia conforme o momento da propositura do TCC e a amplitude e utilidade da colaboração do compromissário com a instrução processual, de acordo com os arts. 186, I, II e III, e 187 do RICade, nos seguintes termos:

(a) logo após a instauração de procedimento administrativo e antes de o processo ser remetido ao Tribunal do Cade, a contribuição pecuniária será calculada com base na multa esperada, sobre a qual incidirá:

- uma redução de 30% a 50% para o primeiro proponente de TCC;

- uma redução de 25% a 40% para o segundo proponente de TCC;

- uma redução de até 25% para os demais proponentes de TCC; e

(b) depois de os autos serem remetidos ao Tribunal do Cade: a contribuição pecuniária será calculada com base na multa esperada, sobre a qual incidirá uma redução de até 15% (esses parâmetros podem sofrer alteração se também houver leniência *plus*, vide cap. 2, item 2.5, *supra*).

Ou seja, a contribuição pecuniária é composta pelo valor que a pessoa receberia em caso de condenação (multa esperada, calculada

---

da Proponente obtido no ramo de atividades em que ocorreu a conduta no ano anterior à instauração do processo administrativo. Contudo, a depender do caso, quando não for proporcional ou possível se utilizar o ramo de atividade previsto na Resolução Cade nº 3, de 29 de maio de 2012, é possível considerar outros recortes do faturamento da empresa ou grupo de empresas, para fins de parametrização. De acordo com o Guia de Termo de Compromisso de Cessação para Casos de Cartel a experiência do Cade tem considerado alguns aspectos para legitimar a composição, tais como: "(i) faturamento referente ao produto ou serviço afetado pelo cartel, o que não necessariamente se confunde com a definição de mercado relevante13 (ex. cartel envolvendo um produto ou serviço muito específico de um ramo de atividades bastante amplo); (ii) faturamento referente ao escopo geográfico da conduta, o que não necessariamente se confunde com a definição de mercado relevante (ex.: cartel estadual, municipal ou local praticado por empresa com atuação e faturamento nacional no ramo de atividades); (iii) faturamento obtido com a receita que efetivamente é mantida pela empresa com o negócio em questão14 (ex.: casos em que é computado no faturamento da empresa a totalidade de um bem/serviço, mas apenas uma parcela desse valor é efetivamente retida por ela, a título, por exemplo, de comissão, sendo o restante repassado a outro agente)" (Ver item II.2.1.1 ("Base de cálculo"), do Guia de TCC do Cade: CADE. *Guia*: Termo de Compromisso de Cessação para casos de cartel. 2016. Disponível em: http://www.cade.gov.br/acesso-a-informacao/publicacoes-institucionais/guias_do_Cade/guia-tcc-atualizado-11-09-17. Acesso em: 19 maio 2018). Já a aplicação da alíquota varia de 12% a 20%, a depender de agravantes e atenuantes, dos princípios de razoabilidade, proporcionalidade e isonomia e dos critérios previstos no art. 45 da Lei nº 12.529/2011.

por meio da fórmula da base de cálculo × a alíquota), diminuída por um percentual de desconto.

> Multa esperada (base de cálculo × alíquota) – desconto TCC

2.5.1.1.1 Da base de cálculo das contribuições pecuniárias como requisito para a celebração de TCC antitruste

O art. 37 da Lei nº 12.529/2011 estabelece que a multa será calculada a partir de uma base de cálculo, consistente no valor do faturamento bruto da empresa, grupo ou conglomerado obtido, no último exercício anterior à instauração do processo administrativo, no ramo de atividade empresarial em que ocorreu a infração. Por sua vez, a multa da pessoa física usa como base a contribuição pecuniária da pessoa jurídica ou uma estimativa da multa que seria aplicada à pessoa jurídica. Nota-se, portanto, que a base de cálculo possui tanto um aspecto material quanto um aspecto temporal.

Sob o aspecto material, o Documento de Trabalho Cade "TCC na Lei nº 12.529/2011"[644] esclarece que a regra tem sido utilizar como base de cálculo material para as contribuições pecuniárias de TCCs antitruste o "faturamento obtido com o produto e/ou o serviço afetado pela conduta", na medida em que esse parâmetro foi usado em 48,88% dos TCCs analisados. Por sua vez, a expressão "ramo de atividade", contida na Resolução nº 2/2012, modificada pela Resolução nº 18/2016, foi usada apenas em 4,15% dos casos. Ainda, as classificações de "faturamento total" e "intervalo de valores fixos legalmente previstos" foram consideradas de acordo com a previsão legal.

Por sua vez, sob o aspecto temporal da base de cálculo do TCC, o Documento de Trabalho Cade "TCC na Lei nº 12.529/2011"[645] aponta que os documentos do Cade nem sempre são taxativos – muitas vezes (em 21,4% dos requerimentos exatamente) nem abordam expressamente

---

[644] CADE. Documento de Trabalho "TCC na Lei 12.529/2011". Fev. 2021. Disponível em: https://cdn.cade.gov.br/Portal/centrais-de-conteudo/publicacoes/TCC%20na%20Lei%20 n%C2%BA%2012.52911/TCC%20na%20Lei%20n%C2%BA%2012.529-11.pdf. Acesso em: 8 mar. 2021. Consultora PNUD no Cade Carolina Saito. p. 31.

[645] CADE. Documento de Trabalho "TCC na Lei 12.529/2011". Fev. 2021. Disponível em: https://cdn.cade.gov.br/Portal/centrais-de-conteudo/publicacoes/TCC%20na%20Lei%20 n%C2%BA%2012.52911/TCC%20na%20Lei%20n%C2%BA%2012.529-11.pdf. Acesso em: 8 mar. 2021. Consultora PNUD no Cade Carolina Saito. p. 31.

a matéria – sobre a base de cálculo temporal utilizada. Por sua vez, a regra seria utilizar como base de cálculo temporal para as contribuições pecuniárias de TCCs a própria previsão legal, qual seja, o "ano anterior à instauração do processo administrativo" (58,53% dos requerimentos, totalizando 175 TCCs). A segunda classificação mais utilizada pelo CADE foi a referente aos "anos da conduta" (8,36% dos requerimentos, totalizando 25 TCCs), seguida da classificação "últimos 12 meses de participação da Requerente na conduta" (5,02% dos requerimentos, totalizando 15 TCCs). Diante dos resultados alcançados, o próprio documento do Cade evidencia a necessidade da elaboração de um Guia de Dosimetria. Isso porque a maioria dos TCCs firmados pelo CADE (70% dos requerimentos, totalizando 220 TCCs) teria flexibilizado, de modo a melhor adequar o acordo ao caso concreto, a previsão legal referente à base de cálculo tanto em relação ao aspecto material quanto ao temporal.

A respeito desse tema, cumpre apontar a pesquisa realizada por França, que, após avaliação quantitativa e qualitativa dos fundamentos que desencadearam a observação do princípio da proporcionalidade na parametrização do ramo em TCCs e em condenações pelo Cade, constatou que a autarquia interpretou o ramo de atividade como sendo o mercado relevante atingido pela infração no período de um ano ou sob o valor médio da duração dos anos da conduta, embora, na visão da autora, fosse mais coerente a sua aplicação a partir dos ramos de atividade previstos na Resolução nº 3/2012 do CADE no lapso temporal afetado pela conduta ou como o mercado relevante no período de tempo afetado pela conduta anticompetitiva.[646]

Para mais informações a respeito da base de cálculo, sugere-se o Guia Cade de TCC em casos de cartel.[647]

2.5.1.1.2 Da alíquota das contribuições pecuniárias como requisito para a celebração de TCC antitruste

O art. 37 da Lei nº 12.529/2011 estabelece que a multa será calculada aplicando-se uma alíquota (de 0,1% a 20%) à base de cálculo.

---

[646] FRANÇA, Deborah. Os fundamentos de proporcionalidade na parametrização do ramo de atividade empresarial: Um estudo empírico do ramo de atividade como critério de fixação da multa-base em condenações administrativas e de sua expectativa em Termos de Compromisso de Cessação no CADE. *Caderno Virtual IDP*. Disponível em: https://www.portaldeperiodicos.idp.edu.br/cadernovirtual/article/view/3301. Acesso em: 18 mar. 2021.

[647] CADE. Guia sobre Termos de Compromisso de Cessação para casos de Cartel. Maio 2016. Disponível em: https://cdn.cade.gov.br/Portal/centrais-de-conteudo/publicacoes/guias-do-cade/guia-tcc-atualizado-11-09-17.pdf. Acesso em: 18 mar. 2021.

O Documento de Trabalho Cade "TCC na Lei 12.529/2011"[648] esclarece que os documentos do CADE nem sempre são taxativos – muitas vezes (em 19,85% dos requerimentos exatamente) nem abordam expressamente a matéria – sobre a alíquota utilizada. Os dados apresentados na pesquisa evidenciam que para o cartel *hardcore* a referência inicial é uma alíquota de 15%, podendo alterar entre 12% e 20% (sendo a média das alíquotas aplicadas em requerimentos de 14,38%), enquanto para o cartel difuso, a referência é uma alíquota entre 5% e 12% (sendo a média das alíquotas aplicadas em requerimentos de 8,96%). Destaca-se que a alíquota média verificada entre todos os requerimentos que tiveram aplicação de contribuição pecuniária calculada com alíquotas foi 11,83%.

Para mais informações a respeito da alíquota, sugere-se o Guia Cade de TCC em casos de cartel.[649]

2.5.1.1.3 Do desconto nas contribuições pecuniárias como requisito para a celebração de TCC antitruste

A partir do denominador determinado pelo art. 37 da Lei nº 12.529/2011, consistente na base de cálculo multiplicada pela alíquota, será então realizado o desconto do TCC antitruste, nos termos da legislação brasileira. Essa redução percentual varia conforme o momento da propositura do TCC e a amplitude e utilidade da colaboração do compromissário com a instrução processual, de acordo com os arts. 186, I, II e III, e 187 do RICade, nos seguintes termos:

(a) logo após a instauração de procedimento administrativo e antes de o processo ser remetido ao Tribunal do Cade, a contribuição pecuniária será calculada com base na multa esperada, sobre a qual incidirá:

- uma redução de 30% a 50% para o primeiro proponente de TCC;
- uma redução de 25% a 40% para o segundo proponente de TCC;

---

[648] CADE. Documento de Trabalho "TCC na Lei 12.529/2011". Fev. 2021. Disponível em: https://cdn.cade.gov.br/Portal/centrais-de-conteudo/publicacoes/TCC%20na%20Lei%20n%C2%BA%2012.52911/TCC%20na%20Lei%20n%C2%BA%2012.529-11.pdf. Acesso em: 8 mar. 2021. Consultora PNUD no Cade Carolina Saito. p. 31.

[649] CADE. Guia sobre Termos de Compromisso de Cessação para casos de Cartel. Maio 2016. Disponível em: https://cdn.cade.gov.br/Portal/centrais-de-conteudo/publicacoes/guias-do-cade/guia-tcc-atualizado-11-09-17.pdf. Acesso em: 18 mar. 2021.

- uma redução de até 25% para os demais proponentes de TCC; e

(b) depois de os autos serem remetidos ao Tribunal do Cade: a contribuição pecuniária será calculada com base na multa esperada, sobre a qual incidirá uma redução de até 15% (esses parâmetros podem sofrer alteração se também houver leniência *plus*, vide cap. 2, item 2.5, *supra*).

O Documento de Trabalho Cade "TCC na Lei 12.529/2011"[650] esclarece que os documentos do CADE nem sempre são taxativos – muitas vezes (em 25,88% dos requerimentos exatamente) nem abordam expressamente a matéria – sobre o desconto aplicado. A análise das alíquotas médias aplicadas em todos os TCCs celebrados demonstra que o CADE tem aplicado na prática o que recomenda em seu Guia de TCC como melhores práticas relacionadas aos descontos.

A respeito do nível de desconto, cumpre destacar que o Guia Cade de TCC em casos de cartel[651] possui método de quantificação da colaboração para fins do desconto aplicável. Para tanto, apresenta critérios sobre como avaliar a amplitude e a utilidade da colaboração, por meio dos critérios de identificação dos participantes da infração, da apresentação de informações e documentos que comprovem a infração e do momento processual da colaboração.

Para mais informações a respeito do desconto, sugere-se o Guia Cade de TCC em casos de cartel.[652]

Por fim, cumpre destacar a possibilidade de haver uma redução adicional da contribuição pecuniária quando há a comprovação de reparação de danos causados pela conduta concorrencial objeto do TCC, nos termos da Resolução nº 21/2018. Assim, o Documento de Trabalho Cade "TCC na Lei 12.529/2011"[653] esclarece que o uso da cláusula de reparação de danos é incipiente (apenas 5% dos TCCs), tendo sido

---

[650] CADE. Documento de Trabalho "TCC na Lei 12.529/2011". Fev. 2021. Disponível em: https://cdn.cade.gov.br/Portal/centrais-de-conteudo/publicacoes/TCC%20na%20Lei%20 n%C2%BA%2012.52911/TCC%20na%20Lei%20n%C2%BA%2012.529-11.pdf. Acesso em: 8 mar. 2021. Consultora PNUD no Cade Carolina Saito. p. 31.

[651] CADE. Guia sobre Termos de Compromisso de Cessação para casos de Cartel. Maio 2016. Disponível em: https://cdn.cade.gov.br/Portal/centrais-de-conteudo/publicacoes/guias-do-cade/guia-tcc-atualizado-11-09-17.pdf. Acesso em: 18 mar. 2021.

[652] CADE. Guia sobre Termos de Compromisso de Cessação para casos de Cartel. Maio 2016. Disponível em: https://cdn.cade.gov.br/Portal/centrais-de-conteudo/publicacoes/guias-do-cade/guia-tcc-atualizado-11-09-17.pdf. Acesso em: 18 mar. 2021.

[653] CADE. Documento de Trabalho "TCC na Lei 12.529/2011". Fev. 2021. Disponível em: https://cdn.cade.gov.br/Portal/centrais-de-conteudo/publicacoes/TCC%20na%20Lei%20

incorporada pela primeira vez em TCCs homologados no final de 2018 e sendo a maioria deles (16 entre os 18 requerimentos) relacionada a investigações concorrenciais decorrentes da Operação Lava Jato. Para mais informações sobre como esse instrumento se insere em um contexto mais amplo de cooperação interinstitucional no momento do sancionamento, remete-se ao cap. 1, item 1.4.2.2, *supra*.

2.5.1.1.4 Outras discussões sobre as contribuições pecuniárias como requisito para a celebração de TCC antitruste

Nos termos do art. 37, §1º, da Lei nº 12.529/2011, em caso de reincidência, as multas aplicadas pelo Cade serão aplicadas em dobro. Esse mesmo raciocínio, por sua vez, pode eventualmente ser levantado no âmbito de TCC. Por reincidência entende-se a situação na qual o agente infrator pratica novo ilícito após o trânsito em julgado da sentença que o tenha condenado por infração anterior. Sabe-se, porém, que o termo delimitador da reincidência antitruste, segundo Godoi, não é incontroverso, pois abarca pelo menos três vertentes.[654] De todo modo, no âmbito específico da reincidência em TCCs, o Documento de Trabalho Cade "TCC na Lei 12.529/2011"[655] explicita que essa situação aconteceu apenas duas vezes em requerimentos de TCCs antitruste.

Ademais, outros TCCs celebrados no final de 2018, pelo Tribunal do Cade, levaram em conta, como circunstância atenuante no momento do cálculo da contribuição pecuniária, a comprovação do ressarcimento

---

n%C2%BA%2012.52911/TCC%20na%20Lei%20n%C2%BA%2012.529-11.pdf. Acesso em: 8 mar. 2021. Consultora PNUD no Cade Carolina Saito.

[654] GODOI, Pedro. A reincidência antitruste e as dificuldades geradas pelo controle judicial das decisões do Cade. *Monografia UniCEUB*. 2017. Disponível em: https://repositorio.uniceub. br/jspui/bitstream/235/11243/1/21122499.pdf. Acesso em: 18 mar. 2021. "Em decorrência do controle judicial dos atos administrativos, essa transposição sem as devidas adaptações gera perplexidades, em especial no tocante ao momento de caracterização do trânsito em julgado. Duas correntes interpretativas divergentes surgem nesse sentido. Uma considera o trânsito em julgado judicial. Outra considera o trânsito em julgado administrativo. Ambas geram incongruências jurídicas. A fim de superá-las, o presente trabalho sugere a adoção de uma terceira corrente interpretativa. Para tanto, baseia-se, por analogia, nas hipóteses de suspensão de exigibilidade dos créditos tributários, previstas no Código Tributário Nacional".

[655] CADE. Documento de Trabalho "TCC na Lei 12.529/2011". Fev. 2021. Disponível em: https://cdn.cade.gov.br/Portal/centrais-de-conteudo/publicacoes/TCC%20na%20Lei%20 n%C2%BA%2012.52911/TCC%20na%20Lei%20n%C2%BA%2012.529-11.pdf. Acesso em: 8 mar. 2021. Consultora PNUD no Cade Carolina Saito. p. 31.

às partes prejudicadas pelo cartel.[656] Essa proposta, a nosso ver, está alinhada com a maneira mais adequada de se realizar a cooperação interinstitucional no momento do sancionamento, vide item 1.4, cap. 1.

No que se refere às verbas pecuniárias que são recolhidas no âmbito deste TCC antitruste, interessante mencionar estudo de Athayde e Rodrigues[657] sobre a possibilidade dos seguros *Directors and Officers* ("seguros D&O") cobrirem ou não as duas rubricas que podem constar nestes Termos de Compromisso. Segundo os autores, diante da natureza desse instrumento, que é encerrar de forma eficaz e proporcional um processo de responsabilização, sem a confissão de ilícitos dolosos ou equiparáveis pelos compromissários, haveria a possibilidade de coberturas securitárias dessa contribuição pecuniária inserida no TCC.

Na busca da natureza jurídica das verbas pecuniárias dispostas nos Termos de Compromisso existentes na legislação brasileira, Athayde e Rodrigues[658] ressaltam que esses acordos possuem nomenclaturas diferentes: (i) os TCCs junto ao CADE dispõem apenas de verbas pecuniárias a título de "contribuições pecuniárias" (art. 85, §1º, inc. III, da Lei nº 12.529/11, e art. 183 do RICade); (ii) os TCs junto ao BC dispõem, simultaneamente, de verbas a título de "indenização" (art. 11, inc. II, da Lei nº 13.506/2017) e de verbas a título de "contribuições pecuniárias" (art. 11, inc. III, da Lei nº 13.506/2017); e (iii) os TCs junto à CVM dispõem apenas de verbas a título de "indenização" (art. 11, §5º, inc. II, da Lei nº 6.385/76, e art. 82, inc. II, da Instrução CVM nº 607, de 17 de junho de 2019). Dessa maneira, a partir das especificidades e das condições da apólice, as "contribuições pecuniárias" – presentes no TCCs junto ao CADE e no TCs junto ao BC – e as "indenizações" – presentes apenas no TCs junto ao BC e à CVM – podem ser inseridas em diferentes (sub)limites para fins de cobertura por parte da seguradora.

---

[656] ATHAYDE, Amanda; MAIOLINO, Isabela. Ressarcimento voluntário de danos e acordos no Cade – O que isso significa para as ações de reparação de dano por conduta anticompetitiva no Brasil? *Portal JOTA*, 10 dez. 2018.

[657] ATHAYDE, Amanda; RODRIGUES, Matheus. Interfaces entre Seguros D&O, acordos de leniência, Termos de Compromisso e Governança Corporativa. *In*: GOLDBERG, Ilan; JUNQUEIRA, Thiago. *Temas Atuais de Direito dos Seguros*, Vol. II. São Paulo: Thomson Reuters Brasil, 2020.

[658] ATHAYDE, Amanda; RODRIGUES, Matheus. Interfaces entre Seguros D&O, acordos de leniência, Termos de Compromisso e Governança Corporativa. *In*: GOLDBERG, Ilan; JUNQUEIRA, Thiago. *Temas Atuais de Direito dos Seguros*, Vol. II. São Paulo: Thomson Reuters Brasil, 2020.

Figura 25 – Tipo de verba pecuniária contida nos termos de compromisso do CADE, do BC e da CVM

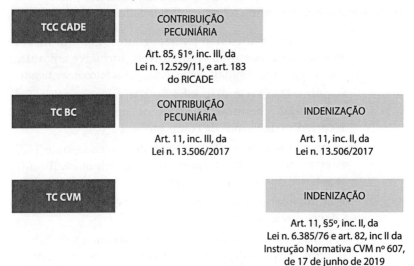

Fonte: ATHAYDE, Amanda; RODRIGUES, Matheus. Interfaces entre Seguros D&O, acordos de leniência, Termos de Compromisso e Governança Corporativa. *In*: GOLDBERG, Ilan; JUNQUEIRA, Thiago. *Temas Atuais de Direito dos Seguros*, Vol. II. São Paulo: Thomson Reuters Brasil, 2020.

Não obstante, os autores apontam que essa possibilidade pressupõe parcimônia e a adequada fixação da natureza jurídica dessas contribuições inseridas no âmbito do TCC, vez que será essencial para as seguradoras construírem as "torres de proteção do D&O",[659] definirem os (sub)limites dessas coberturas e subscreverem os prêmios dessas apólices contratadas. Considerando a contribuição pecuniária inserida no TCC – que tem como fundamento direto a multa administrativa esperada pela prática do ilícito e é igualmente destinada ao Fundo de Defesa dos Direitos Difusos (FDDD) –, Athayde e Rodrigues então propõem que essas contribuições pecuniárias, para fins securitários,

---

[659] Tom Barker e Sean J. Griffith descrevem as partes envolvidas na comercialização de um Seguro D&O, quais sejam: os compradores (na pesquisa, o autor somente analisa apenas a compra de apólices por sociedades anônimas abertas), os corretores (que constroem as "torres de proteção D&O", com a subscrição de diversos tipos de apólices), as seguradoras "primárias" (*primary insurer*) e as seguradoras excedentes (*excess insurers*), responsáveis por cobrir as perdas que excederem as políticas de perdas primárias (BAKER, Tom; GRIFFITH, Sean J. Predicting Corporate Governance Risk: Evidence from the Directors' and Officers' Liability Insurance Market. *Chicago Law Review*, vol. 74, p. 504-507. Disponível em: https://papers.ssrn.com/sol3/papers.cfm?abstract_id=909534. Acesso em: 24 set. 2020).

devem estar abarcadas no mesmo (sub)limite das multas administrativas nas apólices D&O, pressupondo o seguinte cenário fático-jurídico para que o Seguro D&O assegure a cobertura de tais verbas, qual seja o de que:

- os compromissários não tenham confessado a prática de atos ilícitos dolosos ou equiparáveis, inclusive em outros instrumentos contratuais sobre os mesmos fatos investigados;

- a apólice D&O não disponha de cláusulas específicas de exclusão das coberturas referentes aos "prejuízos financeiros" decorrentes de termos de compromisso;

- o fato e os eventuais ilícitos inseridos no escopo de TCCs estejam diretamente relacionados às responsabilidades societárias dos administradores;

- os ilícitos inseridos no âmbito do TCC não estejam relacionados a danos ambientais;[660]

- a apólice D&O destine cobertura para multas e penalidades administrativas aplicadas às pessoas físicas (empregados ou administradores segurados) e às pessoas jurídicas (sociedade beneficiária); e

- haja prévia anuência da sociedade seguradora ao termo.

Isto posto, didaticamente, Athayde e Rodrigues apresentam que a natureza jurídica das verbas pecuniárias assumidas pelos compromissários nos Termos de Compromisso pode ser exemplificada na tabela:

---

[660] As condicionantes (iv) e (v) decorrem das exclusões do seguro D&O, conforme art. 6º, da Circular SUSEP nº 553: "Além de outras exclusões previstas em lei, o seguro de RC D&O não cobre os riscos de responsabilização civil dos segurados em decorrência de: I - danos causados a terceiros, pelos segurados, na qualidade de cidadãos, quando não estiverem no exercício de seus cargos no tomador, e/ou em suas subsidiárias, e/ou em suas coligadas, situação que se enquadra em outro ramo de seguro, o seguro de responsabilidade civil geral (RC Geral); II - danos causados a terceiros quando no exercício de profissões liberais, fora do exercício de seus cargos no tomador, e/ou em suas subsidiárias, e/ou em suas coligadas, que são enquadrados em outro ramo de seguro, o seguro de responsabilidade civil profissional (RC Profissional); III - danos ambientais, que são enquadrados em outro ramo de seguro, denominado seguro de responsabilidade civil de riscos ambientais (RC Riscos Ambientais)".

Tabela 16 – Verbas pecuniárias assumidas nos termos de compromissos

TERMO DE COMPROMISSO	VERBAS PECUNIÁRIAS	PREVISÃO NORMATIVA	NATUREZA JURÍDICA	COBERTURA D&O
Termo de Compromisso de Cessação (TCC) – CADE	"Contribuições pecuniárias" para o FDD	Art. 85, §1°, inc. III, da Lei n° 12.529/11	Multa Administrativa	Cobertura Específica (6 requisitos)
Termo de Compromisso junto ao BC	"Contribuições pecuniárias"	Art. 11, inc. III, da Lei n° 13.506/17	Multa Administrativa	Cobertura Específica (6 requisitos)
	"Indenizações"	Art. 11, inc. II, da Lei n° 13.506/17	Reparação de danos	Cobertura Genérica (5 requisitos)
Termo de Compromisso junto à CVM	"Indenizações"	Art. 11, §5°, inc. II, da Lei n° 6.385/76	Reparação de danos	Cobertura Genérica (5 requisitos)

Fonte: ATHAYDE, Amanda; RODRIGUES, Matheus. Interfaces entre Seguros D&O, acordos de leniência, Termos de Compromisso e Governança Corporativa. *In*: GOLDBERG, Ilan; JUNQUEIRA, Thiago. *Temas Atuais de Direito dos Seguros*, Vol. II. São Paulo: Thomson Reuters Brasil, 2020.

2.5.1.2 Do requisito de reconhecer a participação na conduta investigada para a celebração de TCC antitruste

Quanto ao requisito do reconhecimento de participação na conduta investigada, trata-se de exigência do Regimento Interno do Cade, que determina que, tratando-se de investigação de acordo, combinação, manipulação ou ajuste entre concorrentes, o compromisso de cessação deverá, necessariamente, conter reconhecimento de participação na conduta investigada por parte do compromissário.

Rufino e Mendes ressaltam[661] a mudança do Cade no tocante à celebração de TCCs, realizada em 2013, por meio da rejeição dos acordos *"pay-to-go"*, da exigência de reconhecimento da responsabilidade do compromissário na infração e do dever de colaborar com o prosseguimento das investigações para os demais investigados. Houve, inclusive, questionamento judicial desse dispositivo infralegal, mas o Judiciário decidiu pela legalidade da exigência contida no RICade, por considerar que fazia parte da conveniência e da oportunidade da Administração

---

[661] RUFINO, Victor Santos; MENDES, Francisco Schertel Ferreira. Colaboração no combate a cartéis. *Folha de S.Paulo*, São Paulo, 19 maio 2018. Disponível em: http://www1.folha.uol.com.br/opiniao/2015/10/1693592-colaboracao-no-combate-a-cartéis.shtml?loggedpaywall. Acesso em: 19 maio 2018.

Pública na celebração dos TCCs, e não de um direito das partes.[662] Registre-se, ainda, que o Documento de Trabalho do Cade "TCC na Lei 12.529/2011"[663] explicita que a celebração de um TCC é ato discricionário da Administração Pública, passando necessariamente por um juízo de conveniência e oportunidade dos Conselheiros e do Presidente.

Conforme abordado anteriormente, uma vez que o TCC não gera benefícios automáticos na seara criminal e o Ministério Público não é interveniente na negociação (diferentemente do que ocorre nos acordos de leniência, nos termos deste cap. 2, item 2.3.2, *supra*), houve diversos questionamentos sobre se a exigência de "reconhecimento de participação na conduta" resultaria em desincentivo ao Programa de TCCs do Cade. A fim de aumentar a previsibilidade e a segurança jurídica dos administrados, o Cade, em 16 de março de 2016, assinou o Memorando de Entendimentos nº 1 com o Grupo de Combate a Cartéis do Ministério Público Federal em São Paulo ("Memorando de Entendimentos Cade-MPF SP 1/2016"), formalizando a possibilidade de coordenação institucional caso os proponentes tenham interesse em colaborar tanto por meio de TCC, com o Cade, quanto por acordo de colaboração com o MPF/SP. Nessa hipótese, a SG/Cade pode auxiliar a interlocução com o Ministério Público e/ou a Polícia Federal, sendo que a negociação e a assinatura de eventuais acordos de colaboração premiada ocorrem a critério dessas autoridades.

No referido Memorando de Entendimentos Cade-MPF SP 1/2016, foram previstas duas possibilidades de acordos no âmbito criminal, paralelamente à celebração de TCCs: (i) acordo de colaboração premiada, nos termos da Lei nº 12.850/2013 (art. 4º), quando a colaboração é mais ampla e detalhada, realizada antes mesmo do oferecimento da denúncia pelo Ministério Público; e (ii) confissão qualificada pela delação, nos termos da Lei nº 8.137/90 (art. 16), quando a colaboração é mais pontual, realizada após o oferecimento da denúncia pelo Ministério Público.

---

[662] BRASIL. Tribunal Regional Federal (1ª Região TRF-1). Apelação Cível nº 2002.34.00.001802-8. Relator: Osmane Antonio dos Santos. Julgado em: 16 jul. 2013. e-DJF1: 19 ago. 2013. *JusBrasil*, 2013. Disponível em: https://trf-1.jusbrasil.com.br/jurisprudencia/24028084/apelacao-civel-ac-200234000027983-df-20023400002798-3-trf1. Acesso em: 24 out. 2018; BRASIL. Tribunal Regional Federal (1ª Região TRF-1). Agravo de Instrumento nº 2007.01.00.059730-8. Relator: Luciano Tolentino Amaral. Julgado em: 28 abr. 2008. e-DJF1: 19 maio 2008. *JusBrasil*, 2008. Disponível em: https://trf-1.jusbrasil.com.br/jurisprudencia/984114/agravo-de-instrumento-ag-59730-df-20070100059730-8?ref=serp. Acesso em: 24 out. 2018.

[663] CADE. Documento de Trabalho "TCC na Lei 12.529/2011". Fev. 2021. Disponível em: https://cdn.cade.gov.br/Portal/centrais-de-conteudo/publicacoes/TCC%20na%20Lei%20 n%C2%BA%2012.52911/TCC%20na%20Lei%20n%C2%BA%2012.529-11.pdf. Acesso em: 8 mar. 2021. Consultora PNUD no Cade Carolina Saito.

CAPÍTULO 2
LENIÊNCIA ANTITRUSTE | 357

Na hipótese do acordo de colaboração premiada, o colaborador pode obter redução de até dois terços da pena privativa de liberdade[664] ou pode substituí-la por uma pena restritiva de direitos. Por outro lado, na hipótese da confissão qualificada, a pena pode ser reduzida de um a dois terços.[665] Observa-se que os benefícios da confissão qualificada são menores que os da colaboração premiada, pois não existe a possibilidade de substituição da pena privativa de liberdade, contudo, os requisitos para a celebração de colaboração premiada são mais rigorosos, na medida em que, para obter a redução ou substituição da pena, é necessário que, por meio das informações prestadas, se atinja um dos seguintes resultados:

I - a identificação dos demais coautores e partícipes da organização criminosa e das infrações penais por eles praticadas;

II - a revelação da estrutura hierárquica e da divisão de tarefas da organização criminosa;

III - a prevenção de infrações penais decorrentes das atividades da organização criminosa;

IV - a recuperação total ou parcial do produto ou do proveito das infrações penais praticadas pela organização criminosa;

V - a localização de eventual vítima com a sua integridade física preservada.

---

[664] "Art. 4º. O juiz poderá, a requerimento das partes, conceder o perdão judicial, reduzir em até 2/3 (dois terços) a pena privativa de liberdade ou substituí-la por restritiva de direitos daquele que tenha colaborado efetiva e voluntariamente com a investigação e com o processo criminal, desde que dessa colaboração advenha um ou mais dos seguintes resultados:
I - a identificação dos demais coautores e partícipes da organização criminosa e das infrações penais por eles praticadas;
II - a revelação da estrutura hierárquica e da divisão de tarefas da organização criminosa;
III - a prevenção de infrações penais decorrentes das atividades da organização criminosa;
IV - a recuperação total ou parcial do produto ou do proveito das infrações penais praticadas pela organização criminosa;
V - a localização de eventual vítima com a sua integridade física preservada" (Lei nº 12.850/2013).

[665] "Art. 16. Qualquer pessoa poderá provocar a iniciativa do Ministério Público nos crimes descritos nesta lei, fornecendo-lhe por escrito informações sobre o fato e a autoria, bem como indicando o tempo, o lugar e os elementos de convicção.
Parágrafo único. Nos crimes previstos nesta Lei, cometidos em quadrilha ou coautoria, o coautor ou partícipe que através de confissão espontânea revelar à autoridade policial ou judicial toda a trama delituosa terá a sua pena reduzida de um a dois terços" (Lei nº 8.137/90).

Esse mesmo modelo de memorando de entendimentos foi replicado para o Ministério Público Estadual em São Paulo, em 2019.[666]

Conforme já mencionado neste capítulo 2, item 2.2.4, entendo que a exigência de reconhecimento na conduta investigada difere da exigência de confissão do acordo de leniência. Athayde e De Grandis sustentam que a exigência contida no Regimento Interno do Cade do reconhecimento de participação na conduta investigada pode ser interpretada como não representativa, necessariamente, de confissão formal nos moldes criminais (prevista no artigo 65, III, 'd' do Código Penal e nos artigos 197 a 200 do Código de Processo Penal). Isso porque a confissão pressupõe o elemento subjetivo do agente (culpa e/ou dolo), com o reconhecimento da imputação legal que lhe é feita no crime, ao passo que o TCC exige simplesmente o reconhecimento de participação nos fatos, sem esse elemento subjetivo. Trata-se, portanto, de forma mais tênue de reconhecimento, que pode ser interpretada como resultante apenas em efeitos administrativos, sem repercussões criminais imediatas. Para os autores, reconhecimento da participação na conduta investigada, em sede do TCC no processo administrativo, portanto, não poderia ser processualmente utilizado como se confissão formal fosse no processo criminal.[667]

O Documento de Trabalho do Cade "TCC na Lei 12.529/2011"[668] verificou que a previsão de cláusula expressa quanto ao reconhecimento de participação na conduta foi regra, não apenas para as investigações de cartel, mas para todos os tipos de conduta investigados, representando 68% dos requerimentos (totalizando 236 TCCs). Em apenas sete casos (2% dos requerimentos) não houve a indicação sobre o reconhecimento ou o afastamento do reconhecimento, o qual ocorreu em 28% dos casos (totalizando 99 requerimentos).

Por sua vez, Ros realizou pesquisa empírica em que buscou verificar quantos processos administrativos no Cade existiam, especificamente no que dizia respeito à Lava Jato, e quantos processos

---

[666] CADE. Cade e Ministério Público de São Paulo assinam memorando de entendimento. Disponível em: http://antigo.cade.gov.br/noticias/cade-e-ministerio-publico-de-sao-paulo-assinam-memorando-de-entendimento. Acesso em: 21 abr. 2021.

[667] ATHAYDE, Amanda; DE GRANDIS, Rodrigo. Programa de leniência antitruste e repercussões criminais: desafios e oportunidades recentes. *In*: CARVALHO, Vinicius Marques de (Org.). *A lei 12.529/2011 e a nova política de defesa da concorrência*. 1. ed. São Paulo: Singular, 2015. v. 1. p. 287-304.

[668] CADE. Documento de Trabalho "TCC na Lei 12.529/2011". Fev. 2021. Disponível em: https://cdn.cade.gov.br/Portal/centrais-de-conteudo/publicacoes/TCC%20na%20Lei%20n%C2%BA%2012.52911/TCC%20na%20Lei%20n%C2%BA%2012.529-11.pdf. Acesso em: 8 mar. 2021. Consultora PNUD no Cade Carolina Saito.

penais haviam sido instaurados com base nos mesmos fatos. Dentre os 16 processos apurados, o autor verificou que em todos havia sido celebrado acordo de leniência, total ou parcial, mas que havia resultado em apenas 12 processos penais. Ademais, o autor notou que em apenas oito destes casos é que houve a denúncia pelo crime de cartel previsto na Lei nº 8.137/1990.[669]

2.5.1.3 Do requisito de colaborar com a instrução processual para a celebração de TCC antitruste

Em relação ao requisito de colaboração com a instrução processual, o art. 186 do RICade prevê que, na análise da colaboração, serão considerados os seguintes fatores: amplitude, utilidade[670] e momento de apresentação da proposta. Para conferir maior previsibilidade em relação à quantificação da colaboração, o Guia de TCC do Cade estabelece alguns critérios objetivos para análise do desconto aplicável.[671] O método utilizado para quantificar o desconto considera quatro principais parâmetros de cálculo: identificação dos participantes da infração; apresentação de informações sobre a infração; apresentação de documentos que comprovam a infração; e momento processual, de modo que a soma dos valores máximos de cada parâmetro corresponde à pontuação máxima prevista para cada proponente. Cumpre ressaltar que a tabela que consta no Guia de TCC é apenas indicativa e que o Cade considerará as características de cada caso concreto para a realização da análise.

O requisito da colaboração ora mencionado é aplicável às negociações de TCCs no âmbito da SG/Cade. Já no contexto das negociações com o Tribunal do Cade (na hipótese do TCC ser proposto após a remessa dos autos ao Tribunal), a princípio,[672] o dever de

---

[669] ROS, Luiz. *Criando incentivos, a partir da Teoria dos Jogos, para celebração de Termos de Compromisso de Cessação por Pessoas Físicas:* Uma análise das Ações Penais da Lava Jato. Dissertação de Mestrado. IDP. 2020.

[670] Em relação aos critérios de amplitude e utilidade, consideram-se, por analogia, os critérios empregados para análise da celebração em acordos de leniência, quais sejam: (i) identificação dos demais envolvidos na infração e (ii) obtenção de informações e documentos que comprovem a infração sob investigação, conforme será detalhado no próximo item.

[671] Ver item I.3 ("Do método de quantificação da colaboração para fins de definição do desconto aplicável") do Guia de TCC do Cade: CADE. *Guia*: Termo de Compromisso de Cessação para casos de cartel. 2016. Disponível em: http://www.cade.gov.br/acesso-a-informacao/publicacoes-institucionais/guias_do_Cade/guia-tcc-atualizado-11-09-17. Acesso em: 19 maio 2018.

[672] De acordo com o Guia Termo de Compromisso de Cessação para casos de cartel, embora a colaboração não seja requisito para celebração de TCC no âmbito do Tribunal, a depender das

colaboração com a instrução processual deixa de existir. Contudo, a redução da multa esperada é inferior ao que seria se o acordo tivesse sido proposto na SG/Cade (vide este cap. 2, item 2.5.1.1.3, *supra*). O Documento de Trabalho Cade "TCC na Lei 12.529/2011"[673] evidencia que os TCCs ocorrem, principalmente, quando o processo principal está em trâmite ainda na SG/Cade (65% dos casos, totalizando 226 TCCs), sendo menos usual a negociação de TCCs quando o processo está em trâmite no Tribunal/Cade.

Segundo o Documento de Trabalho Cade "TCC na Lei 12.529/2011",[674] a colaboração por meio da elaboração de um Histórico da Conduta foi utilizada em mais da metade de todos os requerimentos (exatamente 54% deles, totalizando 190 TCCs) relacionados a investigações de cartel. Para mais informações a respeito da colaboração, sugere-se o Guia Cade de TCC em casos de cartel.[675]

2.5.1.4 Do requisito de não praticar a conduta investigada ou agir de forma a gerar seus efeitos lesivos para a celebração de TCC antitruste

O art. 85, §1º, da Lei nº 12.529/2011 estabelece que os TCCs deverão conter, obrigatoriamente, obrigações do representado que assegurem que não seja praticada a conduta investigada ou seus efeitos lesivos novamente. Desse modo, o CADE passou a adotar, especialmente para as investigações de cartel, a previsão de cláusula expressa indicando a cessação da conduta. O Documento de Trabalho Cade "TCC na Lei

---

circunstâncias do caso concreto e de acordo com o juízo de conveniência e oportunidade do conselheiro relator, a colaboração também poderá ser exigida (Ver item I ("Da Colaboração") do Guia de TCC do Cade: CADE. *Guia*: Termo de Compromisso de Cessação para casos de cartel. 2016. Disponível em: http://www.cade.gov.br/acesso-a-informacao/publicacoes-institucionais/guias_do_Cade/guia-tcc-atualizado-11-09-17. Acesso em: 19 maio 2018).

[673] CADE. Documento de Trabalho "TCC na Lei 12.529/2011". Fev. 2021. Disponível em: https://cdn.cade.gov.br/Portal/centrais-de-conteudo/publicacoes/TCC%20na%20Lei%20n%C2%BA%2012.52911/TCC%20na%20Lei%20n%C2%BA%2012.529-11.pdf. Acesso em: 8 mar. 2021. Consultora PNUD no Cade Carolina Saito.

[674] CADE. Documento de Trabalho "TCC na Lei 12.529/2011". Fev. 2021. Disponível em: https://cdn.cade.gov.br/Portal/centrais-de-conteudo/publicacoes/TCC%20na%20Lei%20n%C2%BA%2012.52911/TCC%20na%20Lei%20n%C2%BA%2012.529-11.pdf. Acesso em: 8 mar. 2021. Consultora PNUD no Cade Carolina Saito.

[675] CADE. Guia sobre Termos de Compromisso de Cessação para casos de Cartel. Maio 2016. Disponível em: https://cdn.cade.gov.br/Portal/centrais-de-conteudo/publicacoes/guias-do-cade/guia-tcc-atualizado-11-09-17.pdf. Acesso em: 18 mar. 2021.

12.529/2011"[676] esclarece que a prática tem sido incluir a cláusula expressa de cessação da conduta em grande parte dos TCCs (264 requerimentos, totalizando 76%), independentemente da conduta objeto do acordo. Para as investigações de cartel, a cláusula foi utilizada em 100% dos requerimentos. Isso significa, portanto, que os outros 85 requerimentos (totalizando 24% dos TCCs) dizem respeito apenas a investigações de condutas unilaterais e influência de conduta uniforme.

Quanto ao requisito de não voltar a praticar a conduta investigada, ele decorre da redação do inciso I desse artigo 85, § 1º, devendo, também, necessariamente constar do termo. O Guia Cade de TCC em casos de cartel[677] esclarece que, de forma a garantir que o proponente não volte a praticar a conduta investigada, poderá o Cade exigir que ele se comprometa a adotar medidas de prevenção. Essas medidas poderão vir contidas no termo de forma genérica ou detalhada, a depender das circunstâncias do caso concreto

2.5.1.5 Do requisito de pagar multa em caso de descumprimento do TCC

Quanto ao requisito de pagar multa em caso de descumprimento do TCC, ele decorre da redação do artigo 85, § 1º, inciso II, da própria Lei nº 12.529/2011, devendo, também, necessariamente constar do termo.

Segundo o Documento de Trabalho Cade "TCC na Lei 12.529/2011",[678] os dados descritos demonstram não haver uma relação entre o valor da multa por descumprimento das obrigações do TCC e as contribuições pecuniárias estabelecidas para pessoas jurídicas, tendo em vista que o percentual médio verificado foi de 196%, enquanto o mínimo foi de apenas 0,10% e o máximo de 1.500%.

Esse resultado é convergente com a pesquisa conduzida por Braga, que tentou analisar, de forma empírica, a cláusula penal por

---

[676] CADE. Documento de Trabalho "TCC na Lei 12.529/2011". Fev. 2021. Disponível em: https://cdn.cade.gov.br/Portal/centrais-de-conteudo/publicacoes/TCC%20na%20Lei%20 n%C2%BA%2012.52911/TCC%20na%20Lei%20n%C2%BA%2012.529-11.pdf. Acesso em: 8 mar. 2021. Consultora PNUD no Cade Carolina Saito. p. 31.

[677] CADE. Guia sobre Termos de Compromisso de Cessação para casos de Cartel. Maio 2016. Disponível em: https://cdn.cade.gov.br/Portal/centrais-de-conteudo/publicacoes/guias-do-cade/guia-tcc-atualizado-11-09-17.pdf. Acesso em: 18 mar. 2021.

[678] CADE. Documento de Trabalho "TCC na Lei 12.529/2011". Fev. 2021. Disponível em: https://cdn.cade.gov.br/Portal/centrais-de-conteudo/publicacoes/TCC%20na%20Lei%20 n%C2%BA%2012.52911/TCC%20na%20Lei%20n%C2%BA%2012.529-11.pdf. Acesso em: 8 mar. 2021. Consultora PNUD no Cade Carolina Saito.

descumprimento de TCC com pessoa jurídica no Cade.[679] Segundo a autora, a partir da análise dos termos da cláusula penal dos 163 TCCs homologados pela autarquia entre 2016 e 2019, seria possível verificar uma aparente ausência de parâmetros aplicados pelo CADE na determinação dos valores estabelecidos a título de multa pelo descumprimento do TCC, seja pelo seu descumprimento integral, seja pela mora. Em processos administrativos que apuram alegadas práticas de cartel, as multas por descumprimento apresentam valores proporcionalmente menores. Dentre os 124 TCCs identificados na pesquisa, (i) 37 TCCS preveem multas por descumprimento de valor inferior ou igual a 1% do montante correspondente à contribuição pecuniária; (ii) 36 TCCs estipulam multas de valor entre 1% e 5% do valor total da contribuição pecuniária; (iii) 35 TCCs preveem multa compreendida entre 5% e 15% da contribuição pecuniária; (iv) 6 TCCs preveem multa de valor entre 15% e 30% do valor total da contribuição pecuniária; e (v) 5 TCCs estabelecem multa de valor superior a 30% da contribuição pecuniária.

A partir disso, a autora nota que as multas estipuladas para o caso de descumprimento integral de TCC são, de modo geral, bastante baixas, especialmente quando analisados os processos administrativos que apuram alegadas práticas de cartel. Isso porque aproximadamente 31% dos TCCs celebrados em investigações de cartel estabelecem multas correspondentes a, no máximo, 1% do valor da contribuição pecuniária e outros 30% preveem multas entre 1% e 5% da contribuição pecuniária. Ainda, Braga destaca o fato de diversos TCCs celebrados no âmbito do mesmo processo administrativo preverem valores iguais de multa por descumprimento, independentemente das especificidades de cada requerimento, o que reforçaria, na visão da autora, a ideia de inexistência de proporcionalidade e avaliação do caso concreto quando da negociação do TCC pela autarquia. Diante do resultado, a autora sustenta que o CADE não adota critérios objetivos para a determinação da cláusula penal aplicada no caso de declaração de descumprimento integral do TCC. Embora em alguns casos a multa pelo inadimplemento da obrigação atinja valores significativos, cerca de 30% dos compromissos preveem multas que não chegam à quantia correspondente a 1% do valor da contribuição pecuniária.

Ademais, Braga avança e realiza análise também sobre a cláusula penal a ser aplicada no caso de a Compromissária do TCC atrasar,

---

[679] BRAGA, Julia. Descumprimento de termo de compromisso de cessação celebrado com o CADE: Análise empírica sobre a existência de critérios objetivos na definição da cláusula penal. *Monografia de conclusão de curso*. UnB. 2019.

de forma injustificada e sem o consentimento prévio da autoridade, o recolhimento da contribuição pecuniária pactuada nos termos do acordo. A partir da pesquisa, a autora identifica que a autoridade antitruste aplica, na maioria das vezes, um valor fixo de multa por atraso no cumprimento da obrigação. Isso porque, dentre os 163 TCCs analisados, 104 deles preveem multa moratória no valor de R$ 10.000,00 por dia de atraso, o que representa aproximadamente 64% dos casos estudados. Além disso, foram observados (i) 11 TCCs que preveem multa moratória no valor de R$ 500,00 por dia de atraso; (ii) 6 TCCs que preveem multa diária de R$ 1.000,00; (iii) 1 TCC que prevê multa diária de R$ 2.000,00; (iv) 7 TCCs que estabelecem multa diária de R$ 5.000,00; (v) 1 TCC que prevê multa diária no valor de R$ 5.000,00 acumuláveis até o limite máximo de R$ 150.000,00; (vi) 1 TCC de multa moratória no valor de R$ 7.000,00 por dia de atraso; (vii) 15 TCCs que preveem multa diária de R$ 50.000,00; (viii) 2 TCCs que estabelecem multa por atraso no valor fixo de R$ 100.000,00; e (ix) 4 TCCs que preveem multa de 10% sobre o valor da parcela vincenda. Em conclusão, Braga aponta que, assim como ressaltado em relação aos valores determinados a título de cláusula penal pelo descumprimento integral do TCC, as quantias estabelecidas como cláusula penal moratória igualmente não refletem a existência de critério objetivo e proporcional. Isso porque a autoridade antitruste usualmente adota o valor de R$ 10.000,00 por dia de atraso no cumprimento da obrigação (64% dos casos), de modo que não são levadas em consideração as especificidades do caso concreto e as particularidades de cada negociação.

2.5.1.6 Outras exigências específicas para a celebração de TCC antitruste específicos

Ademais dos requisitos tipicamente exigidos em TCCs, outros poderão eventualmente ser utilizados negociados em sede de TCC. Isso porque o art. 85, §1º, I, prevê que o CADE pode aplicar obrigações que julgar cabíveis para alcançar o objetivo do TCC.

Um exemplo disso ocorreu no Requerimento de TCC nº 08700.004602/2016-26, realizado pela Cascol Combustíveis para Veículos Ltda., no suposto cartel nos mercados de distribuição e revenda de combustíveis líquidos do Distrito Federal. No referido caso, foi acordada a implementação de medidas não usuais – como desinvestimentos, alterações societárias, programa de *compliance* e acordo com o Ministério Público do Distrito Federal e Territórios (MPDFT) abrangendo o pagamento de multa de natureza reparatória e a colaboração no cumprimento de medida preventiva. Em contrapartida, foi concedido um desconto adicional no valor da contribuição pecuniária a ser paga pela empresa.[680]

Ademais, em alguns casos, há a negociação de cláusulas de *compliance* em TCCs Antitruste. Segundo o Documento de Trabalho Cade "TCC na Lei 12.529/2011",[681] apesar de não ser frequente, já que em apenas 6% dos TCCs do Cade há esse tipo de cláusula, houve obrigações no sentido de (i) iniciar o programa na empresa (11 TCCs), (ii) manter o programa de *compliance* já existente (2 TCCs) ou (iii) adotar o programa de integridade concorrencial (6 TCCs).

Nesse ponto, há uma exigência específica realizada em alguns casos pelo Cade, consistente na exigência de uma espécie de "monitor" do TCC. Trata-se, a nosso ver, de uma versão mais suave do "monitor externo", que tem sido, em alguns casos, exigido em acordos de leniência do MP e anticorrupção (capítulos 4 e 5). Essa cláusula encontra-se prevista, por exemplo, nos acordos celebrados pela Odebrecht no âmbito da Operação Lava Jato, no qual se impõe a seguinte obrigação: "3.4. Programa de Integridade Concorrencial – A COMPROMISSÁRIA obriga-se a: 3.4.3.1. O relatório de monitoramento sobre o progresso e a implementação do Programa de Integridade Concorrencial de que trata a cláusula 3.4.3 deve identificar os profissionais responsáveis pelo Programa e demonstrar o atendimento aos parâmetros previstos na cláusula 3.4.1".

Essa espécie de "monitor" do TCC já tinha sido solicitada em outros precedentes do Cade, sobretudo em casos de atos de concentração, em que o monitor é utilizado como uma das cláusulas em Acordo de Controle de Concentrações (ACC) e em condutas unilaterais. O monitor também já foi utilizado pelo Cade para aferição do cumprimento de suas decisões condenatórias, como, por exemplo, no processo administrativo envolvendo o consórcio Gemini, em 2016, em que se utilizou *trustee* de monitoramento para verificação da implementação de medidas comportamentais impostas pela autoridade antitruste.[682]

---

[680] Ver Nota Técnica nº 34/2017/CGAA6/SGA2/SG/CADE, referente ao processo a seguir: CADE. *Requerimento nº 08700.004602/2016-26.* Julgado em: 11 abr. 2017.

[681] CADE. Documento de Trabalho "TCC na Lei 12.529/2011". Fev. 2021. Disponível em: https://cdn.cade.gov.br/Portal/centrais-de-conteudo/publicacoes/TCC%20na%20Lei%20 n%C2%BA%2012.52911/TCC%20na%20Lei%20n%C2%BA%2012.529-11.pdf. Acesso em: 8 mar. 2021. Consultora PNUD no Cade Carolina Saito.

[682] CADE. Processo Administrativo 08012.011881/2007-41.

2.5.2 Do procedimento de negociação e celebração de TCC antitruste

A fim de facilitar a compreensão do procedimento de negociação de um TCC antitruste, apresenta-se a figura seguinte, que compreende as seis fases da negociação de um TCC no Cade:

Figura 26 – Fases da negociação de um TCC Antitruste

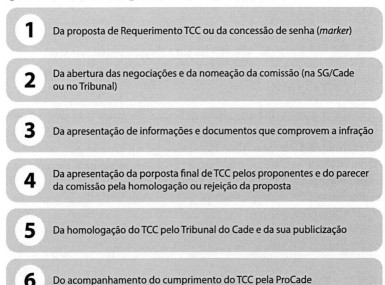

Fonte: elaboração da autora.

2.5.2.1 Da fase de proposta de requerimento de TCC ou da concessão de senha (*marker*)

A negociação de um TCC antitruste se inicia por meio de uma proposta, oral ou escrita, apresentada pelas partes que desejam colaborar. Caso não seja apresentada por escrito a proposta, nos moldes de um requerimento, é possível que a autoridade antitruste conceda uma senha (*marker*), para que se "guarde a posição" do proponente, mediante registro, até que seja apresentado formalmente o requerimento. O *marker* é, portanto, um documento redigido pela autoridade, que confirma que houve a proposta de TCC, seja por meio telefônico ou por e-mail. Este documento do *marker* tipicamente tem validade de poucos dias, até que a proponente formalize seu pedido de negociação via protocolo de um requerimento de TCC junto ao Sistema Eletrônico de Informações (SEI) do Cade.

Uma vez protocolado o requerimento de TCC, há, via de regra, um despacho de abertura das negociações. Conforme detalha o Documento de Trabalho Cade "TCC na Lei 12.529/2011",[683] a diferença entre a data de propositura do requerimento de TCC e o início das negociações tende a ser de poucos dias.

2.5.2.2 Da fase de abertura das negociações e da nomeação da comissão (na SG/Cade ou no Tribunal)

Uma vez assinado o despacho de abertura das negociações, tem-se, no mesmo ato, a nomeação da comissão, seja na SG/Cade, seja no Tribunal. A Comissão de Negociação será formada por, no mínimo, três servidores do Cade. No âmbito da SG/Cade, o período de negociação deverá ser fixado pelo Superintendente-Geral, por despacho próprio. Já quando o TCC é negociado pelo Tribunal do Cade, o processo de negociação deverá durar, no máximo, 30 dias, prorrogáveis por mais 30 dias, sem limite da quantidade de prorrogações (o que significa que os prazos tendem a ser prorrogados sem uma limitação máxima).

2.5.2.3 Da fase de apresentação de informações e documentos que comprovem a infração

Uma vez formada a comissão de negociação, passa-se à fase de apresentação de informações e documentos que comprovem a infração, tal como ocorre com as negociações de acordos de leniência antitruste. Todas as informações e documentos apresentados pelo proponente de um TCC, no curso da negociação com o Cade, receberão tratamento confidencial. O tratamento de acesso restrito poderá se estender ao próprio requerimento de TCC e ao seu andamento processual, ou seja, à própria existência da negociação, a critério do Conselheiro-Relator, quando a negociação se der perante o Tribunal,

---

[683] CADE. Documento de Trabalho "TCC na Lei 12.529/2011". Fev. 2021. Disponível em: https://cdn.cade.gov.br/Portal/centrais-de-conteudo/publicacoes/TCC%20na%20Lei%20n%C2%BA%2012.52911/TCC%20na%20Lei%20n%C2%BA%2012.529-11.pdf. Acesso em: 8 mar. 2021. Consultora PNUD no Cade Carolina Saito. p. 23.

ou do Superintendente-Geral, quando se der perante a SG/Cade, nos termos do art. 178, §3º, do RICade.

Do mesmo modo em que ocorre nos acordos de leniência antitruste (vide este cap. 2, item 2.2.6, *supra*), a colaboração em TCCs deve resultar na identificação dos demais envolvidos na infração e na obtenção de informações e documentos que comprovem a infração, dois critérios considerados pelo CADE para determinar a amplitude e a utilidade da colaboração (art. 186 do RICade) e, consequentemente, para definir o desconto aplicável ao compromissário.[684]

No caso dos TCCs, buscam-se informações adicionais àquelas já fornecidas pelo signatário do acordo de leniência e/ou obtidas no curso da instrução processual. Dessa forma, há uma escala segundo a qual a colaboração atingirá nível máximo (*i.e.*, será considerada mais ampla e útil) se o proponente (i) indicar e comprovar a participação de pessoas físicas e/ou jurídicas até então não identificados pelo Cade, e/ou fornecer novas informações sobre as pessoas físicas e/ou jurídicas já identificadas; e (ii) fornecer informações e documentos mais abrangentes que aqueles fornecidos pelo signatário do acordo de leniência e/ou de conhecimento do Cade. Ressalte-se que, segundo o Guia de TCC do Cade, a apresentação de documentos é considerada colaboração crucial e sua ausência pode, eventualmente, ensejar a rejeição do TCC.[685]

Todavia, na hipótese de negociação de TCC junto ao Tribunal do Cade, que ocorre em momento posterior à fase instrutória do processo administrativo, não há necessidade de apresentação de novos elementos de prova, sendo o TCC "meramente confirmativo".[686]

O Documento de Trabalho do Cade "TCC na Lei 12.529/2011"[687] apresenta análise interessante quanto ao tempo de duração da negociação envolvendo cada tipo de compromissário em TCCs de cartel. Evidencia-se que em TCCs negociados apenas por pessoas jurídicas, o tempo médio de negociação é de 868,1 dias (aproximadamente 29 meses, quase 2 anos e 4 meses), ao passo que quando negociados por pessoas

---

[684] CADE. Guia sobre Termos de Compromisso de Cessação para casos de Cartel. Maio 2016. Disponível em: https://cdn.cade.gov.br/Portal/centrais-de-conteudo/publicacoes/guias-do-cade/guia-tcc-atualizado-11-09-17.pdf. Acesso em: 24 mar. 2021.

[685] *Ibid.*

[686] PRADO FILHO, José Inácio F. de Almeida; TREVELIN, Bruna Sellin (Org.). *Acordos e Políticas de Leniência:* Contribuição para o Diálogo e a Harmonização. São Paulo: IBRAC/Editora Singular, 2020, p. 61.

[687] CADE. Documento de Trabalho "TCC na Lei 12.529/2011". Fev. 2021. Disponível em: https://cdn.cade.gov.br/Portal/centrais-de-conteudo/publicacoes/TCC%20na%20Lei%20n%C2%BA%2012.52911/TCC%20na%20Lei%20n%C2%BA%2012.529-11.pdf. Acesso em: 08 Mar. 2021. Consultora PNUD no Cade Carolina Saito. p. 15.

jurídicas e físicas, o tempo médio de negociação diminui para 405 dias (aproximadamente 13 meses, pouco mais de 1 ano). A hipótese do estudo é que a obtenção de provas e o detalhamento das informações da conduta anticompetitiva ocorrem de forma mais rápida e eficaz quando as próprias pessoas físicas que participaram da conduta as fornecem ao Cade. Em geral, para as investigações de cartel *hardcore*, o requerimento tramita no CADE por um período de 608,2 dias e leva um período de 544,2 dias para ser negociado.

2.5.2.4 Da fase de apresentação da proposta final de TCC pelos proponentes e de parecer da comissão negociadora pela homologação ou pela rejeição da proposta

Findas as negociações, o proponente terá 10 (dez) dias para apresentar proposta final de acordo. Com esta proposta final, será o TCC encaminhado pelo Superintendente-Geral ou pelo Conselheiro Relator com sugestão da comissão negociadora sobre a homologação ou rejeição da proposta, de modo que não poderá ser apresentada contraproposta nem ser realizada qualquer alteração pelo Plenário do Cade. Assim, o TCC deverá ser encaminhado à homologação pelo Tribunal do Cade. Vale lembrar que a proposta de TCC deverá ser julgada antes do julgamento do processo administrativo principal.

2.5.2.5 Da fase de homologação do TCC no Tribunal do Cade e da sua publicização

Caso haja a homologação do TCC pelo Tribunal do Cade, as informações apresentadas pelo compromissário serão disponibilizadas também aos demais representados no âmbito do processo administrativo e às pessoas autorizadas pelo Cade, para fins de ampla defesa e instrução do processo, respectivamente.

Caso sejam frustradas as negociações, as informações e os documentos apresentados ao longo desse período serão devolvidos aos proponentes ou destruídos, não podendo ser empregados pelas autoridades que os acessaram, para quaisquer fins, nos termos do art. 178, §7º, do RICade.

Sobre a homologação ou não de um TCC, cumpre ponderar a conveniência e a oportunidade em diversos TCCs que são celebrados pelo Tribunal do Cade muito ao final do processo administrativo, poucas semanas antes do seu julgamento. Após a Nota Técnica da SG/Cade que sugere a condenação ou o arquivamento com relação a cada um dos representados, o processo é distribuído a um Conselheiro-Relator, o qual, ao longo da sua análise, encaminha o processo para parecer da ProCade e também do MPF junto ao Cade. Não raras vezes o que se observa, então, é que as partes esperam, estrategicamente, toda a instrução processual e só manifestam interesse em negociar TCC após as manifestações da ProCade e do MPF. Parece que, em alguns casos, os representados "pagam para ver" qual o posicionamento com relação a elas e, apenas ao final do processo administrativo, quando constatam a forte chance de condenação, é que começam a negociar. Há que se avaliar, nesse contexto, se há interesse público nessa celebração. É fato que a celebração do TCC reduz os riscos de judicialização do processo e também viabiliza o efetivo recebimento da contribuição pecuniária. No entanto, os recursos públicos já vêm sendo gastos há anos na instrução desses processos, de modo que a sanção aos representados pode ser, em alguns casos, mais significativa para a política de defesa da concorrência do que a simples homologação do acordo (vide cap. 1, item 1.1.5, *supra*).

Sobre esse ponto, ainda que a discussão tenha sido realizada no âmbito dos TCCs em condutas unilaterais, cumpre relembrar a discussão levantada por Athayde e Jacobs, que também é aplicada aos TCCs em casos de conduta coordenada, objeto de análise deste livro.[688] Ainda que a formação de jurisprudência seja evidentemente muito lenta, Athayde entende que tanto a confirmação das decisões do Cade como as críticas e reformas que advierem do Judiciário são parte natural da evolução institucional do Sistema Brasileiro de Defesa da Concorrência. Com essa experiência consolidada, o que se espera, desde a doutrina que lança as bases para a organização do Estado moderno, é que a autoridade antitruste aprimore e reveja seus próprios processos internos, inclusive os decisórios, para que possa travar os debates judiciais que se seguirem de forma mais madura, eficiente e eficaz. Esse arranjo institucional forte, que envolve a legislação vigente e sua interpretação tanto no Executivo quanto no Judiciário, é que poderá fornecer a sinalização ao mercado dos limites toleráveis à competição, conforme os ditames constitucionais que determinam o fomento de um ambiente econômico saudável.

---

[688] ATHAYDE, Amanda; JACOBS, Patricia. A terceira 'onda' do antitruste no Brasil: marolinha ou tsunami? *Consultor Jurídico*, 1º mar. 2021. Disponível em: https://www.conjur.com. br/2021-mar-01/athayde-jacobs-terceira-onda-antitruste-brasil. Acesso em: 18 mar. 2021.

2.5.2.6 Da fase de acompanhamento do cumprimento do TCC pela ProCade

Após a homologação do TCC, o compromissário deverá continuar a cooperar com o Cade, ao longo de toda a instrução processual, semelhantemente ao exigido nos acordos de leniência. Para tanto, a Procuradoria Federal Especializada junto ao Cade (ProCade) acompanha o cumprimento das disposições do TCC durante todo o período da sua vigência.

2.6 Leniência antitruste: panorama geral

Tabela 17a – Panorama geral da Leniência e do TCC Antitruste

	Leniência Antitruste
Tipo de infração	Infrações contra a ordem econômica (condutas coordenadas).
Órgão competente para a celebração	Negociado com a SG/Cade. Celebrado pela SG/Cade, com a interveniência-anuência do Ministério Público.
Previsão legal	Arts. 86 e 87 da Lei nº 12.529/2011.
Previsão infralegal	Arts. 237 a 251 do RICade. Guia do programa de leniência do Cade, 2020.
Possíveis beneficiários	Pessoas jurídicas e pessoas físicas.
Benefícios administrativos	Leniência total: imunidade administrativa total. Leniência parcial: redução de 1/3 a 2/3 da penalidade aplicável. Não repercute administrativamente em outros órgãos.
Benefícios criminais	Imunidade criminal total ou redução de 1/3 a 2/3 da penalidade aplicável (há intervenção-anuência do MP no acordo de leniência antitruste).
Benefícios cíveis	Não existem benefícios cíveis automáticos.

Fonte: elaboração da autora.

Tabela 17b – Panorama geral da Leniência Antitruste celebrados e julgados pelo Cade (jul/2021)

(continua)

Mercado	Data da celebração do Acordo de Leniência	Processo Administrativo	Data do julgamento do Processo Administrativo
Vigilantes – Nacional	Celebração do Acordo de Leniência: 09/10/2003	Processo Administrativo nº 08012.001826/2003-10 (https://www.gov.br/cade/pt-br/assuntos/programa-de-leniencia/processos-julgados-1/2007/cartel-dos-vigilantes-do-rio-grande-do-sul)	Julgamento do Processo: 21/09/2007.
Peróxidos de hidrogênio – Nacional	Celebração do Acordo de Leniência: 06/05/2004	Processo Administrativo nº 08012.004702/2004-77 (https://www.gov.br/cade/pt-br/assuntos/programa-de-leniencia/processos-julgados-1/2012/cartel-internacional-dos-peroxidos)	Julgamento do Processo: 09/05/2012
Cargas Aéreas – Internacional	Celebração do Acordo de Leniência: 21/12/2006	Processo Administrativo nº 08012.011027/2006-02 (http://antigo.cade.gov.br/assuntos/programa-de-leniencia/julgados-em-2013/cartel-internacional-de-cargas-aereas)	Julgamento do Processo: 28/08/2013
Mangueiras Marítimas – Internacional	Celebração do Acordo de Leniência: 13/08/2007	Processo Administrativo nº 08012.010932/2007-18 (https://www.gov.br/cade/pt-br/assuntos/programa-de-leniencia/processos-julgados-1/2015/cartel-internacional-de-mangueiras-maritimas)	Julgamento do Processo: 25/02/2015
Placas de Memória (DRAM) – Internacional	Celebração do Acordo de Leniência: 24/11/2011.	Processo Administrativo nº 08012.005255/2010-11 (https://www.gov.br/cade/pt-br/assuntos/programa-de-leniencia/processos-julgados-1/2016/cartel-internacional-de-placas-de-memoria-dram)	Julgamento do Processo: 23/11/2016.
CRT – Internacional	Celebração do Acordo de Leniência: 29/07/2009.	Processo Administrativo nº 08012.005930/2009-79. (https://www.gov.br/cade/pt-br/assuntos/programa-de-leniencia/processos-julgados-1/2016/cartel-internacional-de-crt)	Julgamento do Processo: 09/11/2016.
Plásticos ABS – Internacional	Celebração do Acordo de Leniência: 17/12/2010.	Processo Administrativo nº 08012.000774/2011-74 (https://www.gov.br/cade/pt-br/assuntos/programa-de-leniencia/processos-julgados-1/2016/cartel-de-plasticos-abs)	Julgamento do Processo: 14/09/2016.
TPE – Internacional	Celebração do Acordo de Leniência: 17/12/2010.	Processo Administrativo nº 08012.000773/2011-20 (https://www.gov.br/cade/pt-br/assuntos/programa-de-leniencia/processos-julgados-1/2016)	Julgamento do Processo: 31/08/2016.

(continua)

Mercado	Data da celebração do Acordo de Leniência	Processo Administrativo	Data do julgamento do Processo Administrativo
Compressores - Internacional	Celebração do Acordo de Leniência: 30/01/2009	Processo Administrativo nº 08012.000820/2009-11 (https://www.gov.br/cade/pt-br/assuntos/programa-de-leniencia/processos-julgados-1/2016/cartel-internacional-dos-compressores) *Obs: O processo principal foi desmembrado no Processo Administrativo 08012.005069/2010-82, julgado em 15/04/2020.	Julgamento do Processo: 16/03/2016
Perborato de Sódio – Internacional	Celebração do Acordo de Leniência: 11/09/2006.	Processo Administrativo nº 08012.001029/2007-66. (https://www.gov.br/cade/pt-br/assuntos/programa-de-leniencia/processos-julgados-1/2016/cartel-internacional-de-perborato-de-sodio)	Julgamento do Processo: 25/02/2016.
Rolos cerâmicos refratários – Nacional	Celebração do Acordo de Leniência: 29/06/2015.	Processo Administrativo nº 08700.004627/2015-49 (https://www.gov.br/cade/pt-br/assuntos/programa-de-leniencia/processos-julgados-1/2017/cartel-de-rolos-ceramicos-refratarios)	Julgamento do Processo: 22/11/2017.
Manutenção predial – Nacional	Celebração do Acordo de Leniência: 23/06/2006.	Processo Administrativo nº 08012.006130/2006-22. (https://www.gov.br/cade/pt-br/assuntos/programa-de-leniencia/processos-julgados-1/2017/cartel-de-manutencao-predial)	Julgamento do Processo: 16/08/2017.
Airbags, cintos de segurança e volantes – Nacional	Celebração do Acordo de Leniência: 29/06/2015.	Processo Administrativo nº 08700.004631/2015-15 (https://www.gov.br/cade/pt-br/assuntos/programa-de-leniencia/processos-julgados-1/2017/cartel-de-airbags-cintos-de-seguranca-e-volantes)	Julgamento do Processo: 06/09/2017.
Sigilosos	Celebração do Acordo de Leniência: 24/05/2012	Processo Administrativo nº 08700.008004/2017-15 (https://www.gov.br/cade/pt-br/assuntos/programa-de-leniencia/processos-julgados-1/2017/sigiloso)	Julgamento do Processo: 13/12/2017
Sigilosos	Celebração do Acordo de Leniência: 24/05/2012	Processo Administrativo nº 08700.008005/2017-51 (https://www.gov.br/cade/pt-br/assuntos/programa-de-leniencia/processos-julgados-1/2017/sigiloso-1)	Julgamento do Processo: 13/12/2017
Tubos para display colorido (CDT) – Internacional	Celebração do Acordo de Leniência: 12/12/2008	Processo Administrativo nº 08012.010338/2009-99 (https://www.gov.br/cade/pt-br/assuntos/programa-de-leniencia/processos-julgados-1/2018/cartel-de-tubos-para-display-colorido-cdt) *Obs: os processos 08012.10338/2009-99 e 08012.002414/2009-99 originam-se do AL 01/2008.	Julgamento do Processo: 22/08/2018.

(continua)

Mercado	Data da celebração do Acordo de Leniência	Processo Administrativo	Data do julgamento do Processo Administrativo
Tubos para imagem colorida (CPT) – Internacional	Celebração do Acordo de Leniência: 12/12/2008.	Processo Administrativo nº 08012.002414/2009-92 (https://www.gov.br/cade/pt-br/assuntos/programa-de-leniencia/processos-julgados-1/2018/cartel-de-tubos-para-imagem-colorida-cpt) *Obs: Os processos 08012.002414/2009-99 e 08012.10338/2009-99 originam-se do AL 01/2008.	Julgamento do Processo: 22/08/2018.
Gas Insultaed Swichgear (GIS) – Internacional	Celebração do Acordo de Leniência: 11/11/2005	Processo Administrativo 08012.001376/2006-16 (https://www.gov.br/cade/pt-br/assuntos/programa-de-leniencia/processos-julgados-1/2018/cartel-de-gas-insultaed-swichgear-gis) *Obs: Os processos 08012.001376/2006-16 e 08012.001377/2006-52 originaram-se do AL 01/2005.	Julgamento do Processo: 08/08/2018
Amortecedores dianteiros e traseiros para o setor automobilístico, especificamente para peças de reposição (independent aftermarket – "aftermarket IAM") – Nacional	Celebração do Acordo de Leniência: 24/09/2015.	Processo Administrativo nº 08700.004629/2015-38 (https://www.gov.br/cade/pt-br/assuntos/programa-de-leniencia/processos-julgados-1/2018/cartel-no-mercado-nacional-de-amortecedores-dianteiros-e-traseiros-para-o-setor-automobilistico-especificamente-para-pecas-de-reposicao-independent-aftermarket--2013-201caftermarket-iam201d) O processo 08700.004073/2016-61 foi desmembrado do processo 08700.004629/2015-38 e julgado em 24/04/2019.	Julgamento do Processo: 13/06/2018.
Recarga eletrônica para celulares pré-pagos – Nacional	Celebração do Acordo de Leniência: 12/03/2010	Processo Administrativo 08012.002812/2010-42 (https://www.gov.br/cade/pt-br/assuntos/programa-de-leniencia/processos-julgados-1/2018/cartel-de-recarga-eletronica-para-celulares-pre-pagos)	Julgamento do Processo: 13/06/2018.
Laranjas – Nacional	Celebração do Acordo de Leniência: 12/01/2006	Processo Adminsitrativo nº 08700.000729/2016-76 (https://www.gov.br/cade/pt-br/assuntos/programa-de-leniencia/processos-julgados-1/2018/cartel-de-laranjas) *Obs: Os processos 08700.000738/2016-67 e 08700.000739/2016-10 foram desmembrados do processo 08700.000729/2016-76 e julgados em 28/02/2018.	Julgamento do Processo: 28/02/2018

Mercado	Data da celebração do Acordo de Leniência	Processo Administrativo	Data do julgamento do Processo Administrativo
Substratos de cerâmica – Internacional	Celebração do Acordo de Leniência: 17/12/2015	Processo Administrativo nº 08700.009167/2015-45. (https://www.gov.br/cade/pt-br/assuntos/programa-de-leniencia/processos-julgados-1/2019/cartel-internacional-com-efeitos-no-brasil-no-mercado-de-substratos-de-ceramica)	Julgamento do Processo: 16/10/2019.
Licitações públicas relativas a projetos de metrô e/ou trens e sistemas auxiliares – Nacional	Celebração do Acordo de Leniência: 22/05/2013	Processo Administrativo nº 08700.004617/2013-41 (https://www.gov.br/cade/pt-br/assuntos/programa-de-leniencia/processos-julgados-1/2019/cartel-em-licitacoes-publicas-relativas-a-projetos-de-metro-e-ou-trens-e-sistemas-auxiliares)	Julgamento do Processo: 08/07/2019.
Segmento IAM do mercado nacional de Para-brisas (braços e palhetas) automotivos (independent after-market – "aftermarket IAM") – Nacional	Celebração do Acordo de Leniência: 24/05/2012.	Processo Administrativo nº 08700.010320/2012-34. (https://www.gov.br/cade/pt-br/assuntos/programa-de-leniencia/processos-julgados-1/2019/cartel-no-segmento-iam-do-mercado-nacional-de-para-brisas-bracos-e-palhetas)	Julgamento do Processo: 26/06/2019.
Ttransistores de película fina para painéis de cristal líquido (thin film transistor liquid crystal display – TFT-LCD) – Internacional	Celebração do Acordo de Leniência (Parcial):17/12/2010.	Processo Administrativo nº 08012.011980/2008-12 (https://www.gov.br/cade/pt-br/assuntos/programa-de-leniencia/processos-julgados-1/2019/cartel-no-mercado-de-transistores-de-pelicula-fina-para-paineis-de-cristal-liquido-thin-film-transistor-liquid-crystal-display-2013-tft-lcd-com-efeitos-no-territorio-brasileiro)	Julgamento do Processo: 27/02/2019.

Mercado	Data da celebração do Acordo de Leniência	Processo Administrativo	Data do julgamento do Processo Administrativo
Transmissão e distribuição de energia elétrica no âmbito do sistema elétrico de potência – Nacional	Celebração do Acordo de Leniência: 11/11/2005.	Processo Administrativo nº 08012.001377/2006-52 (https://www.gov.br/cade/pt-br/assuntos/programa-de-leniencia/processos-julgados-1/2019/cartel-no-mercado-de-comercializa-cao-de-produtos-destinados-a-transmissao-e-distribuicao-de-e-nergia-eletrica-no-ambito-do-sistema-eletrico-de-potencia) *Obs: Acordos de Leniência celebrados em 03/12/2008 e 02/09/2010 foram incorporados por conexão a este PA. Os processos 08012.001377/2006-52 e 08012.001376/2006-16 originaram-se do AL 01/2005.	Julgamento do Processo: 13/02/2019
Sigilosos	Celebração do Acordo de Leniência: 01/08/2018	Inquérito Administrativo nº 08700.003246/2017-12	Julgamento do Processo: 14/04/2021

Fonte: elaboração da autora.

CAPÍTULO 3

LENIÊNCIA NO SISTEMA FINANCEIRO NACIONAL

O presente capítulo sobre leniência no Sistema Financeiro Nacional (SFN), tal qual todos os demais capítulos temáticos por espécie de acordo de leniência neste livro, segue, intencionalmente, uma estrutura de sumário semelhante, para que seja possível comparar cada um dos assuntos entre cada um dos referidos programas de leniência. Assim, este capítulo 3 apresenta, inicialmente, um breve histórico legislativo do respectivo programa de leniência no SFN (item 3.1). Em seguida, passa-se à análise dos requisitos legais do programa de leniência no SFN (item 3.2). Adiante, são apresentados os benefícios do acordo de leniência no SFN, sejam eles administrativos, criminais e/ ou cíveis (item 3.3). A seguir, é delineado um passo a passo das fases de negociação do acordo, apresentado em forma visual e textual, para facilitar a compreensão do que se trata, na prática, a negociação de um acordo de leniência no SFN (item 3.4). Adiante, são detalhadas as distinções entre o acordo de leniência no SFN e o Termo de Compromisso no SFN (item 3.5). Por fim, é apresentado um panorama geral de todas as informações apresentadas do acordo de leniência no SFN (item 3.6).

3.1 Leniência no Sistema Financeiro Nacional:[689] breve histórico legislativo

A Medida Provisória nº 784 inaugurou as discussões legislativas, no Brasil, a respeito dos acordos de leniência no SFN, em que pese ter inovado também em diversos outros aspectos.[690] Sua edição provocou

---

[689] Agradeço à pesquisadora Anna Binotto pela pesquisa bibliográfica que subsidiou a elaboração deste capítulo pelas autoras.

[690] Dentre os demais aspectos trazidos pela medida provisória, é possível citar, por exemplo, a nova previsão de multa cominatória, a elevação do limite da multa que o BC pode impor e

intensa controvérsia no meio jurídico e na mídia, sendo algumas delas de cunho formal (como a que ponderava se a natureza dos dispositivos propostos era ou não disciplinável por medida provisória) e outras de cunho material (como a que tratava da possibilidade de sigilo dos acordos de leniência, o que, em tese, poderia prejudicar a investigação de outros órgãos, em especial dos Ministérios Públicos, que foram os seus principais críticos). Como a Medida Provisória nº 784 teve sua vigência encerrada sem que tivesse sido apreciada a tempo pelo Congresso, foi apresentado o Projeto de Lei nº 8.843/2017, que tramitou em regime de urgência e foi rapidamente aprovado pelas duas casas do Congresso Nacional, resultando na Lei nº 13.506/2017. Assim, em 13 de novembro de 2017 a nova legislação foi finamente promulgada, dispondo sobre o processo administrativo de supervisão na esfera do BC e da CVM.[691]

A nova legislação modernizou a definição das infrações, tornou mais severas as penalidades e as medidas coercitivas e inseriu meios alternativos de solução de controvérsias aplicáveis ao SFN. Entre as várias alterações no texto final da lei, em relação à medida provisória,[692] está a substituição do termo "acordo de leniência" por "Acordo Administrativo em Processo de Supervisão" (APS) (arts. 30 a 32). Trata-se, a nosso ver, de simples mudança de nomenclatura, visando a retirar esse tipo de acordo do alvo das críticas do Ministério Público, dado que o seu conteúdo permanece o mesmo. Assim, por coerência e comparabilidade com os demais programas de leniência existentes no Brasil, manterei, neste livro, a denominação acordo de leniência.

Nos termos do art. 30 da Lei nº 13.506/2017, o BC e a CVM poderão celebrar APS – ou seja, acordos de leniência – com pessoas físicas ou jurídicas. Ademais, a Lei nº 13.506/2017 também trouxe novos

---

a definição mais clara de infração grave. No âmbito da CVM, já havia a previsão de multa cominatória, bem como a definição de infração grave, mas uma importante inovação – aplicável também ao BC – diz respeito à informatização do processo sancionador, com previsão de publicações mais ágeis por meio eletrônico. Esse fato, possivelmente, alterará a rotina dos processos em ambas as instituições, pois as citações e intimações por meio eletrônico poderão trazer maior agilidade aos processos.

[691] Para mais informações sobre o processo administrativo sancionador disposto na Lei nº 13.506/2017, bem como sobre o Acordo Administrativo em Processo de Supervisão, ver: ARAUJO, Fabiano de Figueirêdo. O acordo de leniência no âmbito do Sistema Financeiro Nacional. *Fórum de Contratação e Gestão Pública*, Belo Horizonte, v. 19, n. 219, p. 9-16, mar. 2020.

[692] Para um quadro comparativo entre o texto da Medida Provisória nº 784 com o Projeto de Lei de Conversão, sugere-se: BRASIL. Secretaria Legislativa do Congresso Nacional. *Quadro comparativo da Medida Provisória nº 784, de 2017*. 2017. Disponível em: http://legis.senado. leg.br/sdleg-getter/documento?dm=7163976&disposition=inline. Acesso em: 4 nov. 2018.

procedimentos para o Termo de Compromisso (arts. 11 a 15) no BC, até então indisponíveis como instrumento de solução de controvérsias.[693]

O Banco Central tomou a dianteira e regulamentou estes acordos em 2017, tendo publicado uma série de normas para regulamentar o tema:

- Circular BC nº 3.857/2017 – Dispõe sobre o rito do processo administrativo sancionador, a aplicação de penalidades, o termo de compromisso, as medidas acautelatórias, a multa cominatória e o acordo administrativo em processo de supervisão previstos na Lei nº 13.506, de 13 de novembro de 2017.
- Portaria nº 96.151, de 2017 – Divulga o regulamento do Comitê de Acordo Administrativo em Processo de Supervisão (Coaps).
- Portaria nº 96.152, de 2017 – Divulga o regulamento do Comitê de Decisão de Processo Administrativo Sancionador e de Termo de Compromisso (Copat).
- Portaria nº 97.222, de 2018 – Constitui Comissão de Análise e Negociação de Propostas de Termo de Compromisso (Coanp).
- Portaria nº 98.385, de 2018 – Estabelece o Regulamento da Comissão de Análise e de Negociação de Propostas de Termo de Compromisso (Coanp). Revoga alguns dispositivos da Portaria nº 97.222, de 2018.
- Portaria nº 99.323, de 2018 – Altera e consolida o Regulamento do Comitê de Acordo Administrativo em Processo de Supervisão (Coaps) e altera a composição do Comitê de Decisão de Processo Administrativo Sancionador e de Termo de Compromisso (Copat). Revoga a Portaria nº 96.151, de 2017.
- Portaria nº 98.100, de 2018 – Altera e consolida o Regulamento do Comitê de Decisão de Processo Administrativo Sancionador e de Termo de Compromisso (Copat). Revoga a Portaria nº 96.152, de 2017.
- Circular BC nº 3.910/2018, – Altera a Circular nº 3.857, de 14 de novembro de 2017, que dispõe sobre o rito do processo administrativo sancionador, a aplicação de penalidades, o termo de compromisso, as medidas acautelatórias, a multa cominatória e o acordo administrativo em processo de supervisão previstos na Lei nº 13.506, de 13 de novembro de 2017.
- Portaria nº 100.070, de 2018 – Altera e consolida o Regulamento do Comitê de Decisão de Processo Administrativo Sancionador

---

[693] Os Termos de Compromisso já existiam no âmbito da CVM, desde 1997, conforme cap. 3, item V.1, *infra*.

e de Termo de Compromisso (Copat). Revoga a Portaria nº 98.100, de 2018.
- Portaria nº 103.362, de 2019 – Altera e consolida o Regulamento do Comitê de Acordo Administrativo em Processo de Supervisão (Coaps). Revoga a Portaria nº 99.323, de 2018. É a portaria vigente.
- Portaria nº 103.363, de 2019 – Divulga o Regulamento do Comitê de Decisão de Recurso e Reexame (Coder). É a portaria vigente
- Portaria nº 103.364, de 2019 – Divulga o Regulamento do Comitê de Decisão de Processo Administrativo Sancionador (Copas). Revoga a Portaria nº 100.070, de 2018. É a portaria vigente.
- Portaria nº 103.365, de 2019 – Divulga o Regulamento do Comitê de Decisão de Termo de Compromisso (Coter). É a portaria vigente.

Nota-se, portanto, a seguinte estruturação interna dentro do BC para dar conta dos novos instrumentos dos acordos de leniência e Termos de Compromisso:

Figura 27 – Organização interna no BC referente aos acordos de leniência e Termos de Compromisso

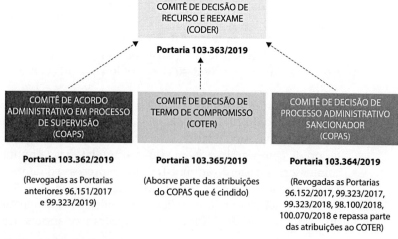

Fonte: elaboração da autora.

A CVM, por sua vez, permanece regida pelo art. 34 da Lei nº 13.506/2017, que trata do seu processo administrativo de supervisão, tendo a Lei nº 13.506/2017 alterado dispositivos da Lei nº 6.385, de 7 de dezembro de 1976, que trata da celebração de acordos administrativos em processo de supervisão.

Em junho de 2018, a CVM apresentou, para consulta pública, o Edital de Audiência Pública SDM nº 02/2018,[694] contendo uma minuta de instrução refletindo a Lei nº 13.506/2017, que propunha um novo marco sobre o rito dos procedimentos relativos à atuação sancionadora da autarquia. Em 18 de junho de 2019 esse documento foi finalmente aprovado na forma da Instrução CVM nº 607/2019 (Instrução CVM nº 607/2019), que revogou a regulamentação até então vigente,[695] especialmente no que se refere à celebração de Termos de Compromisso (vide este cap. 3, item 3.5, *infra*).[696]

Posteriormente, em 30 de agosto de 2019, a Instrução CVM nº 607/2019 foi modificada pela Instrução CVM nº 613/2019, e em 13 de maio de 2020 modificada novamente pela Instrução CVM nº 624/2020. Assim, a CVM tem o seguinte histórico de normas infralegais:

- Instrução CVM nº 607/2019, que dispõe sobre o rito dos procedimentos relativos à atuação sancionadora no âmbito da Comissão de Valores Mobiliários.
- Instrução CVM nº 613/2019, que modifica a Instrução CVM nº 607/2019 e inclui o parágrafo único do artigo 112, determinando que as alterações referentes ao "limite de pena", realizadas após a entrada em vigor da Lei nº 13.506/2017, não seriam aplicáveis às infrações praticadas antes da vigência da referida norma.
- Instrução CVM nº 624/2020, que modifica a Instrução CVM nº 607/2019 e altera os artigos 83 e 94, permitindo que sejam apresentadas propostas de acordo de leniência por meio eletrônico.
- Resolução CVM nº 2/2020, que modifica a Instrução CVM nº 607/2019, dando nova redação ao inciso I do art. 1º.

---

[694] CVM. *Edital de audiência pública SDM nº 02/18*. Rio de Janeiro: CVM, 2018. Disponível em: http://www.cvm.gov.br/export/sites/cvm/audiencias_publicas/ap_sdm/anexos/2018/sdm02__18edital.pdf. Acesso em: 6 nov. 2018.

[695] Deliberações CVM nº 390, de 8 de maio de 2001; nº 538, de 5 de março de 2008, e nº 542, de 9 de julho de 2008, e Instrução CVM nº 491, de 22 de novembro de 2011, revogadas pela Instrução CVM nº 607/2019.

[696] Destaca-se, em especial, sobre os Termos de Compromisso no âmbito da CVM, a Deliberação CVM nº 390/2001, com alterações introduzidas pelas Deliberações CVM nº 486/2005, nº 657/2011 e nº 759/2016 que foi revogada após a publicação da Instrução CVM nº 607/2019.

Nota-se, portanto, a seguinte estruturação interna dentro da CVM para dar conta do novo instrumento dos acordos de leniência e da nova regulamentação relativa aos Termos de Compromisso:

Figura 28 – Organização interna na CVM referente aos acordos de leniência e Termos de Compromisso

COMITÊ DE ACORDO DE SUPERVISÃO (CAS)	COMITÊ DE TERMO DE COMPROMISSO (CTC)
Instrução Normativa CVM 607/2019	**Instrução Normativa CVM 607/2019**
(Alterada pela Instrução Normativa CVM 613/2019, 624/2020 e Resolução CVM 2/2020)	(Alterada pela Instrução Normativa CVM 613/2019, 624/2020 e Resolução CVM 2/2020)

Fonte: elaboração da autora.

3.2 Leniência no Sistema Financeiro Nacional:[697] requisitos legais

A premissa básica do programa de leniência no SFN é a de que os signatários do acordo de leniência confessem e colaborem com as investigações, trazendo informações e documentos que permitam à autoridade identificar os demais coautores e comprovar a infração noticiada ou sob investigação. O artigo 30, *caput* e §2º, da Lei nº 13.506/2017 elenca os requisitos para a assinatura de um acordo de leniência no BC e na CVM.

Segundo seus termos, é necessário que: a empresa seja a primeira a se qualificar com respeito à infração noticiada ou sob investigação (3.2.1); a empresa e/ou pessoa física cesse sua participação na infração noticiada ou sob investigação (3.2.2); no momento da propositura do acordo, o BC e a CVM não disponham de provas suficientes para assegurar a condenação administrativa da empresa e/ou da pessoa física (3.2.3); a empresa e/ou pessoa física confesse sua participação no ilícito (3.2.4); a empresa e/ou pessoa física coopere efetiva, plena e permanentemente com a investigação (3.2.5); e a cooperação da empresa

---

[697] ATHAYDE, Amanda; BINOTTO, Anna. Programa de Leniência no Sistema Financeiro Nacional (CVM e BC): panorama e principais desafios. *In*: NÓBREGA, Antonio. MARÇAL, Thaís (Org.). *Estudos sobre a Legislação Anticorrupção e Compliance*. Rio de Janeiro: Lumen Juris, 2021.

e/ou pessoa física resulte na identificação dos demais envolvidos na infração e na obtenção de informações e documentos que comprovem a infração noticiada ou sob investigação (3.2.6).[698] Conforme se nota, esses requisitos são basicamente os mesmos do programa de leniência antitruste (vide cap. 2, *supra*). Assim, algumas das questões apresentadas anteriormente podem vir a subsidiar futuros debates quanto ao programa de leniência no SFN, mas algumas questões específicas já podem e devem ser levantadas, como se passa a expor a seguir.

A fim de facilitar a compreensão dos requisitos, bem como comparar com os requisitos exigidos em outros acordos de leniência previstos na legislação brasileira, apresenta-se a figura e a tabela, nos termos já detalhados (vide item 1.3, *supra*):

Figura 29 – Comparação entre os requisitos do acordo de leniência no SFN no contexto mais amplo dos requisitos compartilhados por todos e requisitos específicos de alguns acordos de leniência no Brasil

ACORDO DE LENIÊNCIA NO SFN QUANTO AOS REQUISITOS COMPARTILHADOS POR TODOS E REQUISITOS ESPECÍFICOS DE ALGUNS ACORDOS DE LENIÊNCIA NO BRASIL

Fonte: elaboração da autora.
* Com especificidades mencionadas no texto a seguir.

---

[698] Para mais informações acerca dos requisitos e efeitos do Acordo Administrativo em Processo de Supervisão e do Termo de Compromisso de Cessação, ver: CUNHA, Lorena P.; NEVES, Rubia C. O Termo de Compromisso de Cessação e o Acordo Administrativo em Processo de Supervisão na esfera de atuação do Banco Central do Brasil. *Revista da Procuradoria-Geral do Banco Central*, v. 12, n. 2, p. 43-56, dez. 2018.

Tabela 18 – Requisitos de um acordo de leniência no SFN

REQUISITOS COMPARTILHADOS POR TODOS OS ACORDOS DE LENIÊNCIA NO BRASIL	
	Leniência no SFN
Cessação da conduta	SIM *(3.2.2. Do requisito de a empresa e/ou pessoa física cessar sua participação na infração noticiada ou sob investigação)*
Confissão	SIM *(3.2.4. Do requisito de a empresa e/ou pessoa física confessar a prática da infração)*
Cooperação com a investigação e ao longo de todo o processo	SIM *(3.2.5. Do requisito de a empresa e/ou pessoa física cooperar efetiva, plena e permanentemente para a apuração dos fatos, com as investigações e com o processo administrativo)*
Resultado da cooperação	SIM *(3.2.6. Do requisito de que a cooperação da empresa e/ou da pessoa física seja útil ao processo, resultando na identificação dos demais envolvidos e na obtenção de informações e documentos que comprovem a infração)*
REQUISITOS ESPECÍFICOS DE ALGUNS ACORDOS DE LENIÊNCIA NO BRASIL	
	Leniência no SFN
Primazia	SIM * *(3.2.1. Do requisito de a empresa ser a primeira a se qualificar com respeito à infração noticiada ou sob investigação)*
No momento da propositura, ausência de provas suficientes contra o proponente	SIM *(3.2.3. Do requisito de que, na ocasião da propositura do acordo, o BC e a CVM não disponham de provas suficientes para assegurar a condenação administrativa da empresa e/ou da pessoa física)*
Programa de *compliance/* integridade	-
Auditoria externa/ Monitor externo	-
Verbas pecuniárias	-

Fonte: elaboração da autora.

3.2.1 Primazia – Do requisito de a empresa ser a primeira a se qualificar com respeito à infração noticiada ou sob investigação

Quanto a esse requisito da primazia, trata-se de previsão contida no art. 30, §2º, I, da Lei nº 13.506/2017. Essa primazia da pessoa jurídica, porém, não é absoluta para a celebração do acordo de leniência no SFN, já que o art. 30, §4º, da Lei nº 13.506/2017 permite que BC e CVM celebrem o acordo com outras empresas que não sejam as primeiras.[699] [700] Nesse caso, o benefício administrativo obtido será menor, sendo fixado em um terço da penalidade aplicável. Trata-se de uma das possibilidades de acordo de leniência parcial, vide este cap. 3, item 3.4.1, *infra*. Nota-se, portanto, que o requisito da primazia não é absoluto no SFN.

Tal como já mencionado quando da exposição sobre o programa de leniência antitruste (vide cap. 2, *supra*), já é de algum modo assentado que esse requisito da primazia não se aplica às pessoas físicas em conjunto com a pessoa jurídica. A ideia é que os benefícios do acordo da empresa possam ser estendidos às empresas do mesmo grupo e aos seus administradores e ex-administradores envolvidos na infração, desde que estes firmem o respectivo instrumento em conjunto com a pessoa jurídica proponente (art. 87, §1º, da Circular BC nº 3.857/2017[701]

---

[699] Vale ressaltar que, diferentemente do caso do Programa de Leniência Antitruste, voltado principalmente para a persecução de condutas coordenadas entre pessoas jurídicas (e também pessoas físicas), como o cartel, no caso dos ilícitos supervisionados pela CVM e BC, no contexto do SFN, nem sempre tais condutas envolvem práticas coordenadas entre pessoas jurídicas. Muitas das vezes, a prática ilícita consiste em conduta de uma pessoa jurídica, mas que envolve, majoritariamente, pessoas físicas (administradores, acionistas, conselheiros, gestores, agentes autônomos, auditores, etc.). Essa questão deverá influenciar a implementação do Programa de Leniência do BC e CVM e também a agenda de priorização das condutas que serão objeto de fiscalização e investigação pelos órgãos. Nesse sentido, o acordo de leniência celebrado com proponentes que não sejam os primeiros a se qualificarem poderá, na prática, ser de menor utilidade no BC e na CVM. Nesse sentido, Rafaela Canetti alerta que "[a] falta de condicionamento dos acordos à existência de um conluio é elemento que pode inviabilizar a corrida pela delação. Poucos, em regra, serão os incentivos para se autodelatar, na hipótese de ilícito unipessoal". A autora critica a redação do art. 30, I, da Lei nº 13.506/2017 que fixa que o proponente deverá os demais envolvidos na infração "quando couber" (CANETTI, R. C. Acordos administrativos em processo de supervisão são acordos de leniência? Formulação de programas de leniência não prescinde de uma prévia evolução institucional e normativa. *Portal JOTA*, 18 de set. de 2018).

[700] Destaca-se, também, que há riscos relevantes na não diferenciação entre os benefícios aplicáveis ao primeiro a se qualificar e aos demais, pois essa diferenciação está na essência do instituto do acordo de leniência. Com efeito, "[p]otencial risco decorrente de não haver os tais limites quanto à quantidade de delatores (e/ou reduções substanciais nos benefícios concedidos àqueles que perdem a corrida para a leniência) é que os membros de uma organização ilícita qualquer passem a combinar entre si a realização das delações – 'cartelizando', por assim dizer, a produção de provas, e garantindo, desta forma, que todos os infratores façam jus às reduções de penas. Um cenário como esse diminuiria (e não aumentaria) os custos globais da prática de atos ilícitos" (CANETTI, R. C. Acordos administrativos em processo de supervisão são acordos de leniência? Formulação de programas de leniência não prescinde de uma prévia evolução institucional e normativa. *Portal JOTA*, 18 de set. de 2018.).

[701] A nova redação dada ao §1º do art. 87 pela nova Circular BC nº 3.857/2017 (alterada pela Circular BC nº 3910/2018) é a seguinte: "Quando a pessoa jurídica for a proponente do acordo administrativo em processo de supervisão, seus benefícios poderão ser estendidos às empresas do mesmo grupo e aos seus administradores e ex-administradores envolvidos na infração que firmarem o respectivo instrumento em conjunto com a proponente".

e art. 101, §5º, da Instrução CVM nº 607/2019). É autorizada, ainda, a adesão ao acordo, mesmo que formalizada em documento apartado e em momento subsequente, quando admitida pela autoridade, segundo critério de conveniência e oportunidade, tendo o mesmo efeito da assinatura em conjunto (art. 87, §2º, da Circular BC nº 3.857/2017 e art. 101, §6º, da Instrução CVM nº 607/2019).

Ocorre que, na hipótese de os proponentes do acordo de leniência serem apenas pessoas físicas, como administradores ou ex-administradores, e de o acordo ser celebrado sem a participação da empresa, os seus benefícios não se estenderão à pessoa jurídica, nos termos previstos no art. 87, §3º, da Circular BC nº 3.857/2017 e art. 101, §7º, da Instrução CVM nº 607/2019. Ou seja, apesar de o requisito da primazia ser primordialmente voltado para as pessoas jurídicas, de modo a proteger as pessoas físicas que atuaram em nome da pessoa jurídica, caso o proponente seja a própria pessoa física, o requisito da primazia é "absorvido" pela pessoa física, de modo que a pessoa jurídica não poderá ter os benefícios a ela estendidos. Trata-se, assim, de uma espécie de "corrida interna" entre a pessoa jurídica e seus próprios funcionários, tal qual detalhado sobre a leniência antitruste (vide cap. 2, item 2.2.1. *supra*).

Uma dúvida que surge é a seguinte: dado que a persecução administrativa do BC é restrita aos administradores das pessoas jurídicas sujeitos à fiscalização e regulação da autarquia (art. 2º, §1º, III, e §2º, da Lei nº 13.506/2017), apenas estes é que teriam, pelo menos em princípio, legitimidade para propor acordos de leniência no BC. Mas será que outras pessoas físicas, não administradoras, poderiam propor esse tipo de acordo ao BC e colaborar com investigações? E semelhantemente, será que outras pessoas físicas não sujeitas à supervisão e fiscalização da CVM também poderiam propor este acordo e ter interesse em colaborar com as investigações?

É certo que os incentivos serão mais baixos para que estes indivíduos procurem o BC ou a CVM, dado que não terão receio de severas punições pela autarquia – recorde-se que o receio de severas punições é um dos pilares de um programa de leniência efetivo, nos termos do capítulo 1. A depender do caso, essas pessoas físicas sequer poderão integrar o polo passivo de processos administrativos conduzidos pelas referidas autarquias.[702] No entanto, caso esse indivíduo esteja

---

[702] Segundo a Lei nº 13.506/2017, no caso do BC, serão punidas as instituições financeiras e demais instituições supervisionadas pelo BC (art. 2º, *caput*), bem como pessoas físicas ou jurídicas que "I - exerçam, sem a devida autorização, atividade sujeita à supervisão ou à

colaborando em paralelo com o Ministério Público, por exemplo, ele poderia ser um colaborador em potencial em um acordo de leniência com o BC ou com a CVM, ainda que não sejam concedidos benefícios administrativos a eles no BC ou na CVM, mas tão somente penais.

Cumpre indagar, nesse contexto, como criar incentivos para que essas pessoas físicas não sujeitas à fiscalização do BC e da CVM procurem as autarquias para reportar a conduta ilícita. Talvez um caminho seja o estreitamento da cooperação com os Ministérios Públicos, que não preveem restrições quanto ao nível hierárquico do indivíduo sujeito à persecução criminal. Nesse sentido, nos parece bastante positivas as definições da cláusula décima primeira do Acordo de Cooperação Técnica celebrado entre BC e MPF (ACT BC-MPF 2020), de 13 de julho de 2020, adiante detalhado. Outras possibilidades seriam a criação de recompensas a esses "colaboradores premiados", em sede de um sistema de *whistleblower*[703] ou, ainda, a criação de obrigações acessórias e incentivos diretos e indiretos, em termos de *compliance*, para que aquelas pessoas físicas que, em que pese não sejam administradoras, tenham conhecimento da prática ilícita venham a colaborar com o BC e a CVM.

Importante notar que a Instrução CVM nº 607/2019 prevê, como circunstância atenuante à imposição de sanções em processo administrativo sancionador, "a adoção efetiva de mecanismos e procedimentos internos de integridade, auditoria e incentivo à denúncia de irregularidades, bem como a aplicação efetiva de códigos de ética e de conduta no âmbito da pessoa jurídica, avaliada por entidade pública ou privada de reconhecida especialização" (art. 66, V). Assim, poderia

---

vigilância do Banco Central do Brasil; II - prestem serviço de auditoria independente para as instituições de que trata o caput deste artigo ou de auditoria cooperativa de que trata o inciso V do caput do art. 12 da Lei Complementar no 130, de 17 de abril de 2009; III - atuem como administradores, membros da diretoria, do conselho de administração, do conselho fiscal, do comitê de auditoria e de outros órgãos previstos no estatuto ou no contrato social de instituição de que trata o caput deste artigo" (art. 2º, §1º). No caso CVM, segundo o art. 1º, da Lei nº 6.385/1976, estão sujeitos à supervisão da CVM, os agentes atuantes nas seguintes atividades: (i) emissão e distribuição de valores mobiliários no mercado; (ii) negociação e intermediação no mercado de valores mobiliários; (iii) negociação e intermediação no mercado de derivativos; (iv) organização, funcionamento e operações das Bolsas de Valores; (v) organização, funcionamento e operações das Bolsas de Mercadorias e Futuros; (vi) administração de carteiras e custódia de valores mobiliários; (vii) auditoria das companhias abertas; (viii) serviços de consultor e analista de valores mobiliários.

[703] "Cumpre primeiro entender o que vem a ser propriamente um *whistleblower*, denominado aqui como 'denunciante premiado', antes mesmo de analisar a lei e a sua interface com o direito antitruste. Em suma, trata-se de um terceiro, não participante do ilícito ou crime, que decide reportá-lo à autoridade competente, com vistas à obtenção de alguma recompensa (como uma retribuição pecuniária)" (ATHAYDE, Amanda; MATOS, Mylena. Denunciante premiado? *Whistleblower* no Brasil e o direito antitruste. *Portal JOTA*, 29 mar. 2018).

haver a exigência, por exemplo, pelo BC ou pela CVM, de que as áreas de *compliance* das instituições supervisionadas mantenham *"hotlines"* ou canais de denúncia internos específicos, contando com benefícios e incentivos trabalhistas para funcionários realizarem denúncias internamente, levando a pessoa jurídica à propositura de um acordo de leniência. Assim, fortalece-se a "corrida interna" entre os participantes do ilícito, não apenas entre a pessoa jurídica e seus administradores e ex-administradores, mas também entre estes e os subordinados que, eventualmente, tiverem implementado a prática sob sua ordem.

Para outras discussões a respeito de quem pode ou não ser signatário do acordo de leniência, justamente diante da dupla possibilidade de origem das propostas, que podem vir de empresas ou de indivíduos, e de outros possíveis problemas a serem enfrentados quando da interpretação deste requisito, sugere-se a leitura do item sobre os requisitos do programa de leniência antitruste, que possui debate semelhante (vide cap. 2, item 2.2.1, *supra*).

3.2.2 Cessação da conduta – Do requisito de a empresa e/ou pessoa física cessar sua participação na infração noticiada ou sob investigação

Trata-se de requisito de cessação da conduta exigido desde o momento da proposta de acordo ao BC ou à CVM (art. 30, §2º, II, da Lei nº 13.506/2017). Ou seja, a partir do momento em que o proponente começa a negociar com a autoridade, ele não mais poderá participar das infrações, sob pena de descumprimento de um dos requisitos previstos na lei. Nota-se que a cessação da prática também é um requisito para a celebração de Termos de Compromisso (art. 11, I, da Lei nº 13.506/2017 para o BC e do art. 11, §5º, I, da Lei nº 6.385/1976 para a CVM, vide este cap. 3, item 3.5, *infra*).

Uma discussão que se faz quanto a este requisito é a seguinte: qual o momento da propositura do acordo que será então o marco temporal para se exigir a cessação da infração em ambas as autarquias e, consequentemente, para se alegar nulidade do acordo por descumprimento deste requisito? Uma primeira opção seria a data formal da proposta, realizada por escrito, em meio físico ou eletrônico. Contudo, essa opção gera outras preocupações, por exemplo: como seria feito esse registro? Haveria a emissão de um recibo por servidor do BC ou da CVM? Seria elaborado um Termo de *Marker*, similarmente à experiência do Cade? (vide cap. 2, item 2.4.1, *supra*). Outras possibilidades seriam: a data e hora da entrega no protocolo; a data da confirmação de recebimento do e-mail; e, caso houvesse uma espécie de *"hotline"*[704] ou um canal direto de propostas, o momento dessa proposta.

Ciente dessa lacuna, o BC determinou, na nova Circular BC nº 3.857/2017 (alterada pela Circular nº 3.910/2018), que a proposta deve ser realizada por meio físico[705] ou eletrônico, sempre por escrito (ou seja, não pode ser oral). Ademais, o regulamento também dispõe que, enquanto não implantado o protocolo eletrônico de acordo administrativo em processo de supervisão, o proponente deverá submeter a proposta por meio físico, protocolada em qualquer praça em que houver representação do BC, em envelope lacrado e claramente identificado com os termos "Proposta de Acordo Administrativo em Processo de Supervisão – Confidencial" (art. 80, §1º). Em que pese essa determinação, após a implantação do protocolo eletrônico, o proponente somente poderá submeter a proposta por este meio, observando as instruções contidas no sítio eletrônico do BC (art. 80, §2º).

Na CVM, a Instrução CVM nº 607/2019 indicava que a proposta somente poderá ser apresentada por escrito, o que vedava propostas orais. Ocorre que, diante do contexto de pandemia da covid-19, foi realizada alteração pela Instrução CVM nº 624/2020, que alterou o inciso I do art. 94 da Instrução CVM nº 607/2019 e trouxe maior dinamismo à negociação, permitindo propostas eletrônicas (sobretudo no contexto de pandemia). Anteriormente, a proposta só poderia ser apresentada em envelope lacrado e claramente identificado com os termos "Proposta de Acordo de Supervisão" e "sigiloso". Com a alteração, a proposta também poderá ser apresentada ao Comitê de Acordo de Supervisão (CAS) via correspondência eletrônica, destinada ao endereço institucional do CAS,

---

[704] *"Hotline"* é um termo utilizado para designar canais diretos e anônimos de comunicação para efetuar denúncias, por exemplo, no contexto de programas de *compliance*. O *Guia de Programas de Compliance*, lançado em 2016, com o objetivo de trazer orientações sobre a estruturação e os benefícios da adoção dos programas de *compliance* concorrencial, destaca que a utilização de *hotlines* traz alguns benefícios importantes, inclusive: (i) a garantia do anonimato e, portanto, da segurança dos colaboradores, que podem participar mais ativamente das colaborações; e (ii) um incentivo para o cumprimento das normas aplicáveis, pois qualquer pessoa torna-se um potencial delator de ilicitudes.

[705] Art. 80, §§1º e 2º, da nova Circular BC nº 3.857/2017 (alterado pela Circular nº 3.910/2018): "Enquanto não implantado o protocolo eletrônico de acordo administrativo em processo de supervisão, o proponente deverá submeter a proposta por meio físico, protocolada em qualquer praça em que houver representação do Banco Central do Brasil em envelope lacrado e claramente identificada com os termos 'PROPOSTA DE ACORDO ADMINISTRATIVO EM PROCESSO DE SUPERVISÃO – CONFIDENCIAL'" (§1º); "Após a implantação do protocolo eletrônico de acordo administrativo em processo de supervisão, o proponente somente poderá submeter a proposta por esse meio, observando as instruções contidas no sítio eletrônico do Banco Central do Brasil" (§2º).

em que conste como assunto "Proposta de Acordo de Supervisão – Sigiloso" (art. 94, I, da Instrução CVM nº 607/2019).

Outra discussão que surge é a seguinte: e se a continuidade das práticas for importante para o BC ou para a CVM obterem mais provas, a fim de poder investigar os demais envolvidos? Isso se justificaria pelo fato de a cessação deixar evidente, para os demais coautores, inclusive da mesma empresa (considerando a hipótese de o proponente ser uma pessoa física, por exemplo), que se está colaborando com a autoridade. Conforme já mencionado no cap. 2, *supra*, a cessação da prática consiste em requisito incontornável, pelo menos no âmbito administrativo, dado que a legislação é taxativa na sua exigência. Assim, caso haja necessidade de continuar com eventuais passos delitivos, isso deveria ser realizado conforme o crivo criminal, com relação à chamada "ação controlada". Para discussões a respeito deste e de outros possíveis problemas a serem enfrentados quando da interpretação deste requisito, sugere-se a leitura do item sobre os requisitos do programa de leniência antitruste, que possui debate semelhante (vide cap. 2, item 2.2.2, *supra*).

3.2.3 No momento da propositura, ausência de provas suficientes contra o proponente – Do requisito de que, na ocasião da propositura do acordo, o BC e a CVM não disponham de provas suficientes para assegurar a condenação administrativa da empresa e/ou da pessoa física

Cuida-se de requisito para verificar se é possível, ou não, iniciar a negociação do acordo de leniência no SFN (art. 30, §2º, III, da Lei nº 13.506/2017). Note-se que se trata de uma obrigação "para dentro" da Administração Pública, de que o BC e a CVM façam uma análise do seu arcabouço probatório no momento da propositura do acordo de leniência, a fim de avaliar a disponibilidade ou não do *marker* para iniciar a negociação.

Como, porém, fazer essa análise de arcabouço probatório existente sem criar o risco de que proponentes, ao procurarem o BC ou a CVM, sejam "alvos mais fáceis" da supervisão do regulador? Caso existam investigações públicas, essa preocupação é mitigada, dado que os servidores responsáveis pela negociação do acordo de leniência não precisarão, necessariamente, contatar os servidores responsáveis pela instrução do processo administrativo de supervisão para avaliar o nível probatório existente em face do proponente.

Caso as investigações não sejam públicas, a situação se torna mais delicada, dado que os servidores da área de negociação precisarão, necessariamente, ter informações das demais áreas internas da autarquia para identificar se há, ou não, investigação. E se houver investigação, os servidores precisarão saber qual o seu arcabouço probatório. O mesmo acontece caso não haja uma investigação em curso, mas sim um processo de supervisão, por exemplo. Nesses casos, seria importante a criação de um *"chinese wall"* entre as áreas de supervisão e de negociação das instituições, de modo a promover maior transparência e previsibilidade ao programa de leniência no SFN, pelo menos nessa fase inicial.

O modo de operacionalização desse *"chinese wall"*, porém, depende dos arranjos institucionais internos do BC ou da CVM. Seria feito um ofício interno entre ambas as áreas? Haveria um banco de dados das investigações em curso, compartilhado pela fiscalização, ao qual os servidores da área de negociação terão acesso privilegiado? Seria dada a atribuição a um "diretor-supervisor" de ambas as áreas para concentrar essa informação e identificar as eventuais investigações não públicas existentes e seu nível probatório, a fim de autorizar, ou não, o início de uma negociação do acordo de leniência? Neste último caso, ter-se-ia então uma *"chinese wall* temperada"*, tal qual a existente no programa de leniência antitruste, em que o Superintendente-Geral tem acesso às áreas e garante a uniformidade e a segurança?

Essas preocupações são relevantes na medida em que o administrado não pode ter a desconfiança de que, ao procurar o BC ou a CVM, se tornará "alvo mais fácil" para investigações do que se não tivesse procurado as autoridades. Caso assim aconteça, toda a confiança no programa de leniência se esvairá e não haverá mais incentivos para propostas. Também é por isso que, caso o acordo não seja alcançado, todos os documentos físicos e eletrônicos serão, respectivamente, devolvidos ao proponente ou descartados, sendo vedado o seu uso para fins de responsabilização. A exceção ocorrerá quando tais documentos chegarem ao conhecimento da Administração Pública federal por outros meios, independentes da apresentação da proposta do acordo administrativo em processo de supervisão (art. 89-B, *caput* e parágrafo único, da nova Circular nº BC 3.857/2017[706] e Instrução CVM nº 607/2019)

---

[706] "Art. 89-B. Caso a proposta não seja qualificada ou o acordo não seja alcançado, todos os documentos apresentados pelo proponente serão a ele devolvidos, se apresentados em meio físico, ou descartados, se apresentados em meio eletrônico. Parágrafo único. Na hipótese do caput, é vedado o uso dos referidos documentos pelo Banco Central do Brasil para outros fins, exceto se deles tiver conhecimento independentemente da apresentação da proposta do acordo administrativo em processo de supervisão".

e quando a autoridade já tiver conhecimento prévio das informações apresentadas no acordo cujas negociações se frustraram (art. 99, §§1º e 2º da Instrução CVM n° 607/2019).

O BC avançou nessa regulamentação a respeito da existência ou não de provas suficientes. O Comitê de Acordo Administrativo em Processo de Supervisão (Coaps), inicialmente detalhado pela Portaria BC nº 96.151/2017, foi totalmente remodelado pela Portaria BC nº 99.323/2018, a qual, por sua vez, foi revogada pela Portaria BC nº 103.362/2019. A sua composição passou a ser exclusivamente de servidores não atuantes na supervisão/fiscalização,[707] para não haver o risco de "contaminação interna" das informações entre as áreas do BC. Ademais, para operacionalizar o seu *"chinese wall"* e gerar segurança jurídica aos administrados, o BC determinou que os membros da Coaps terão acesso integral ao Sistema de Automação de Processos da Supervisão, ao Sistema de Gestão e Controle de Processos Administrativos Sancionadores (Gepad) e a outros sistemas, para fins de verificar o cumprimento dos requisitos legais e regulamentares. O acesso aos referidos sistemas, portanto, passa a ter a função de "ponto focal" no BC. Por sua vez, o acesso dos membros da Coaps aos sistemas mencionados não pode ser objeto de divulgação aos servidores das áreas responsáveis pelas atividades de supervisão e vigilância (art. 5º da Portaria BC nº 103.362/2019). Assim, a fim de garantir o cumprimento do requisito de que o BC não tenha conhecimento prévio da infração noticiada, na data do recebimento da proposta, para iniciar a negociação de um acordo de leniência, o art. 83-A, §4º, da Portaria BC nº 103.362/2019 determina que será considerado que o BC detém conhecimento prévio quando houver registro de ocorrências ou de apontamentos decorrentes do procedimento de supervisão relacionados à infração noticiada.

Assim, antes da assinatura, é vedado o acesso às propostas de acordo de leniência e às informações nelas constantes por quaisquer unidades ou servidores do BC não envolvidos na sua negociação, exceto aos servidores da Procuradoria, da Auditoria Interna e da Corregedoria-Geral, consoante as respectivas competências regimentais (art. 7º da Portaria BC nº 103.362/2019). Ademais, durante a negociação dos acordos de leniência no BC, será providenciado ambiente físico e

---

[707] Segundo o art. 1º da Portaria BC nº 103.362/2019, o Coaps terá como membros os seguintes servidores: I - o Chefe do Departamento de Riscos Corporativos e Referências; Operacionais (Deris); II - o Chefe do Departamento de Atendimento Institucional (Deati); e III - o Chefe do Departamento de Organização do Sistema Financeiro (Deorf). Ademais, haverá um representante da Procuradoria-Geral do BC, sem direito a voto.

digital para a recepção de propostas e para a realização das reuniões da Coaps, de forma compatível com a preservação do sigilo das propostas e das informações nelas constantes (art. 8º, parágrafo único, da Portaria BC nº 103.362/2019).

Na CVM, por sua vez, a negociação dos acordos de leniência será conduzida no Comitê de Acordo de Supervisão (CAS). Quanto ao "conhecimento da infração" pela CVM, para fins de definição dos acordos aplicáveis e dos benefícios correspondentes, constam no art. 101, §1º,[708] da Instrução CVM nº 607/2019 diferentes marcos processuais temporais para a determinação da existência, ou não, de conhecimento prévio, que deverão servir para facilitar a atuação do CAS na identificação da existência desses marcos temporais em cada caso. De acordo com a instrução, tais marcos consistiam: (*i*) na expedição de ofício pela PFE/CVM ou pelas superintendências para obter esclarecimentos dos investigados; (*ii*) da proposta de inquérito administrativo; (*iii*) da conclusão de relatório de inspeção que indica a ocorrência da infração, após realização de inspeção *in loco*; e (*iv*) da decisão que suspender ou proibir atividades nos termos da Lei nº 6.385/1976. Nessa oportunidade, o CAS terá contato breve com eventuais elementos probatórios a respeito das infrações objeto da proposta de acordo. Caso os marcos processuais fixados não sejam identificados, a interpretação *a contrario sensu* é que a infração não está sendo formalmente investigada ou que, pelo menos, não há provas produzidas ou organizadas para a instrução processual, sendo então permitido o início das negociações do acordo de leniência.

Sobre esse procedimento tão transparente, seguro e previsível sobre o que se considera ser "conhecimento da infração" no âmbito da CVM, cumpre destacar que foi criado, inclusive, um sistema interno de verificação desses marcos processuais no âmbito da Superintendência de Processos Sancionadores (SPS). Com base neste sistema, as informações sobre os processos existentes são ali inseridas, de modo que os servidores que atuam na negociação dos acordos de leniência têm acesso a todas as informações do que existe ou não de "conhecimento prévio" sem a necessidade de contato com qualquer outro servidor ou área. Assim,

---

[708] Art. 102, §1º. "Para fins deste Capítulo, considera-se que a CVM tem conhecimento da infração noticiada na data: I - da expedição do ofício de que trata o art. 20 desta Instrução; II - da proposta de inquérito administrativo de que trata o art. 12 desta Instrução; III - da conclusão de relatório de inspeção que indica a ocorrência da infração; ou IV – da decisão que suspender ou proibir atividades, nos termos do art. 9º, §1º, da Lei nº 6.385, de 1976" (CVM. *Edital de audiência pública SDM nº 02/18.* Rio de Janeiro: CVM, 2018. Disponível em: http://www.cvm.gov.br/export/sites/cvm/audiencias_publicas/ap_sdm/anexos/2018/sdm02__18edital.pdf. Acesso em: 6 nov. 2018).

trata-se de relevante instrumento de garantia da confidencialidade das propostas de leniência, dado que este sistema supera até mesmo a prática do *"chinese wall"* existente no programa de leniência antitruste do Cade. A existência desse trâmite claro e transparente também gera segurança aos próprios servidores do BC e da CVM. Isso porque esses servidores não poderão ser acusados de ter desrespeitado os ditames legais ou de que a informação da proposta de acordo de leniência foi usada por outra área da instituição, o que poderia gerar sua responsabilização pessoal e/ou prejudicar a função fiscalizadora/ supervisora do órgão.

Por fim, para discussões a respeito do que seriam "provas suficientes para assegurar a condenação" ou de outros possíveis problemas a serem enfrentados quando da interpretação desse requisito, sugere-se a leitura do item em que tratei dos requisitos do programa de leniência antitruste, que possui debate semelhante (vide cap. 2, item 2.2.3, *supra*).

3.2.4 Confissão – Do requisito de a empresa e/ou pessoa física confessar a prática da infração

Quanto ao requisito de confissão, este é exigido pelo art. 30, *caput* e §2º, IV, da Lei nº 13.506/2017 e deverá, muito provavelmente, constar de cláusula do acordo.

Esse requisito não é exigido quando da celebração de um Termo de Compromisso, o que diferencia ambos os instrumentos. Para o BC, o art. 14, parágrafo único, da Lei nº 13.506/2017 prevê que o Termo de Compromisso não importará em confissão quanto à matéria de fato, nem em reconhecimento da ilicitude da conduta analisada. Entendimento idêntico é aplicável à CVM, conforme do art. 4º, da Deliberação CVM nº 390/2001, e do art. 81, da Instrução CVM nº 607/2019.

O fato de acordo de leniência exigir confissão e o Termo de Compromisso não exigir essa obrigação, aliado à existência de escopos potenciais de sobreposição entre ambos, pode resultar em um risco não negligenciável de "canibalização interna" dos instrumentos, prejudicando o programa de leniência no SFN, conforme será apontado a seguir (vide este cap. 3, item 3.5, *infra*). Um sinal de que esse processo de "canibalização interna" possa de fato estar acontecendo advém da constatação de que, não obstante a Lei nº 13.506 tenha sido promulgada em 2017, nenhum acordo de leniência foi firmado pelo BC ou pela CVM até meados de 2020,[709] ao passo que diversos Termos de Compromisso já foram publicizados (vide item 3.5, *infra*). Parece-nos que, no caso da CVM, uma possível infração que pode atrair a atenção para a celebração de acordos de leniência seja aquela relacionada à violação de deveres fiduciários dos administradores, nos termos da Lei de Sociedades Anônimas. Na medida em que não configura crime, não atrai a atribuição do Ministério Público e não há os riscos de uma eventual repercussão criminal indesejada, já que não há proteção imediata do colaborador. Ademais, pode ser atrativa a celebração de acordos de leniência nessa hipótese na medida em que apenas um administrador é quem colabora e confessa, e não necessariamente todos os demais administradores. A avaliar, portanto, como ocorrerá a evolução da prática na CVM.

Para outras discussões sobre possíveis problemas a serem enfrentados quando da interpretação desse requisito (como a necessidade, ou não, da presença física do signatário do acordo de leniência quando da celebração do instrumento, a possibilidade de este se fazer representado por procurador, dentre outros temas), sugere-se a leitura do item sobre os requisitos do programa de leniência antitruste, que possui debate semelhante (vide cap. 2, item 2.2.4, *supra*).

3.2.5 Cooperação com a investigação e ao longo de todo o processo – Do requisito de a empresa e/ou pessoa física cooperar efetiva, plena e permanentemente para a apuração dos fatos, com as investigações e com o processo administrativo

Trata-se de requisito de cooperação constante do *caput* e do §2º, IV, do art. 30, da Lei nº 13.506/2017, que prevê que a cooperação deve ser plena e permanente, consistindo em cooperação como obrigação de meio. O *caput* exige que a cooperação seja efe'tiva, o que pode ser entendido como uma obrigação de resultado. Essa exigência de efetividade alinha-se com a análise que deve ser feita pelo BC e pela CVM ao final do processo administrativo de supervisão quando há a declaração de cumprimento ou descumprimento do acordo com base em critérios como a "efetividade da cooperação prestada" (art. 32, II, da Lei nº 13.506/2017).

---

[709] Para fins de comparação, ressalta-se que 32 Termos de Compromisso foram firmados pelo BC e 174, pela CVM, desde a promulgação da Lei nº 13.506/2017 até a publicação desta edição, conforme será visto no tópico "3.5".

Para discussões a respeito do que seria "cooperação efetiva, plena e permanente" e sobre outros possíveis problemas a serem enfrentados quando da interpretação deste requisito (como, por exemplo, a descoberta de novos fatos e evidências e a necessidade de aditivo ao acordo de leniência inicial), sugere-se a leitura do item em que tratei dos requisitos do programa de leniência antitruste, que possui debate semelhante (vide cap. 2, item 2.2.5, *supra*).

3.2.6 Resultado da cooperação – Do requisito de que a cooperação da empresa e/ou da pessoa física seja útil ao processo, resultando na identificação dos demais envolvidos e na obtenção de informações e documentos que comprovem a infração

O requisito de resultado da cooperação está previsto no art. 30, *caput*, I e II, da Lei nº 13.506/2017 e consiste, novamente, em exigência no sentido de que a cooperação é uma obrigação de resultado, devendo ser útil ao processo. Observa-se que se trata de uma obrigação imputada aos signatários, que devem trazer um conjunto probatório que resulte na comprovação da infração. É diferente, portanto, do requisito referente a provas mencionado no item 3.2.3, *supra*, segundo o qual o conjunto probatório em posse da autoridade, no momento da propositura do acordo, deve ser insuficiente para assegurar a condenação do proponente, uma vez que este requisito está voltado "para dentro" do BC e da CVM. Portanto, o requisito de que a cooperação resulte em utilidade para o processo consiste em uma análise prospectiva realizada pela área de negociação dos acordos de leniência, que será finalmente confirmada ao final do processo, com a declaração de cumprimento ou não do acordo. Essa declaração, nos termos do art. 32 da Lei nº 13.506/2017, incluirá a avaliação do atendimento das condições estipuladas no acordo, da efetividade da cooperação prestada e da boa-fé do infrator quanto ao cumprimento do acordo.

Para discussões a respeito do que seria "cooperação que resulte em utilidade para o processo" ou sobre outros possíveis problemas a serem enfrentados quando da interpretação desse requisito, sugere-se a leitura do item em que tratei dos requisitos do programa de leniência antitruste, que possui debate semelhante (vide cap. 2, item 2.2.6, *supra*).

3.3 Leniência no Sistema Financeiro Nacional: benefícios

Os acordos de leniência no SFN trazem benefícios administrativos para os infratores (3.3.1), bem como para investigações específicas (3.3.2) e para a política nacional de combate às infrações financeiras (3.3.3). Não há, porém, benefícios criminais (3.3.4) ou civis (3.3.5) imediatos, como se passa a expor.

3.3.1 Benefícios administrativos do acordo de leniência no Sistema Financeiro Nacional para os infratores

Nos termos do art. 30, *caput*, da Lei nº 13.506/2017, a celebração do acordo de leniência possibilitará a extinção da ação punitiva ou a redução de um a dois terços da penalidade aplicável.[710] Nesse sentido, a celebração de um acordo de leniência no SFN candidata o signatário à obtenção dos benefícios da extinção da ação punitiva (acordo de leniência total) ou da redução da penalidade aplicável (acordo de leniência parcial), concedidos definitivamente pelo BC ou pela CVM quando da declaração de cumprimento do acordo (art. 32, §1º, da Lei nº 13.506/2017), conforme detalhado na Fase 5 da negociação do acordo (vide este cap. 3, item 3.4.5, *infra*).

As penalidades aplicáveis[711] àqueles que cometem infrações previstas na Lei nº 13.506/2017, praticadas sob supervisão do BC, são (i) multas de até 0,5% da receita de serviços e de produtos financeiros apurada no ano anterior ao da consumação da infração (ou, no caso de ilícito continuado, da consumação da última infração) ou R$ 2.000.000.000,00 (art. 7º, da Lei nº 13.506/2017); além de (ii) admoestação pública; (iii) proibição de prestar determinados serviços para instituições financeiras; (iv) proibição de realizar determinadas atividades ou modalidades de operação; (v) inabilitação para atuar como administrador e para exercer cargo em órgão previsto em estatuto ou em contrato

---

[710] As penas aplicáveis aos infratores da Lei nº 13.506/2017 estão previstas no art. 5º e podem ser aplicadas, de forma isolada ou cumulativa, entre "I - admoestação pública, II - multa, III - proibição de prestar determinados serviços, IV - proibição de realizar determinadas atividades ou modalidades de operação, V - inabilitação para atuar como administrador e para exercer cargo em órgão previsto em estatuto ou contrato social, VI - cessação de autorização para funcionamento". A sua regulamentação pelo BC, por sua vez, está contida nos arts. 48 e seguintes da Circular BC nº 3.857/2017.

[711] Para mais informações sobre as penalidades já aplicadas pelo BC, ano a ano, por tipo de pena: https://www.bcb.gov.br/estabilidadefinanceira/historicopenalidades. Acesso em: 9 set. 2020.

social de instituições financeiras;[712] e (vi) cassação de autorização para funcionamento (art. 5º, I a VI, da Lei nº 13.506/2017).

Não menos severas são as penas aplicáveis às infrações supervisionadas pela CVM. Previstas no art. 11, da Lei nº 6.385/1976, incluem: (i) multa; (ii) advertência; (iii) suspensão do exercício do cargo de administrador ou de conselheiro fiscal de entidades que dependam de autorização ou registro na CVM; (iv) inabilitação temporária de até 20 anos para o exercício dos cargos mencionados; (v) suspensão da autorização ou registro; (vi) proibição temporária (de até 20 anos) de praticar determinadas atividades ou operações para os integrantes do sistema de distribuição ou de outras entidades que dependam de autorização ou registro na CVM; e (vii) proibição temporária (de até 10 anos) de atuar, direta ou indiretamente, em uma ou mais modalidades de operação no mercado de valores mobiliários.

Dessa forma, a existência de benefícios administrativos claros com relação às penas aplicáveis administrativamente às infrações ao SFN constitui relevante incentivo para que os colaboradores procurem o BC ou a CVM para denunciar a prática infracional.

O efeito processual administrativo decorrente da celebração do acordo é a suspensão do prazo prescricional no âmbito administrativo com relação ao proponente signatário (art. 30, §5º, da Lei nº 13.506/2017). Todos os efeitos administrativos circunscrevem-se apenas à própria instituição celebrante (BC ou CVM), pois há previsão legal expressa no sentido de que o acordo não afeta a atuação dos demais órgãos públicos no âmbito de suas correspondentes competências (art. 30, §6º, da Lei nº 13.506/2017).

Os parâmetros para que se decida entre um acordo de leniência total e um acordo de leniência parcial estão previstos no art. 30 da Lei nº 13.506/2017. Segundo esse artigo, o BC e a CVM poderão celebrar acordo de leniência

> com pessoas físicas ou jurídicas que confessarem a prática de infração às normas legais ou regulamentares cujo cumprimento lhe caiba fiscalizar, com extinção de sua ação punitiva ou redução de 1/3 (um terço) a 2/3 (dois terços) da penalidade aplicável, mediante efetiva, plena e permanente cooperação para a apuração dos fatos, da qual resulte utilidade para o processo.

---

[712] Para mais informações sobre a penalidade de inabilitação, considerada uma das mais severas em face das pessoas físicas, dados do BC informam que já foi aplicada, até 09.09.2020, 1.793 vezes: https://www.bcb.gov.br/estabilidadefinanceira/inabilitacoesapartir2011. Acesso em: 9 set. 2020.

Adicionalmente, se a pessoa jurídica não cumprir o requisito da primazia, ela estará apta, ainda assim, a celebrar acordo, hipótese em que poderá beneficiar-se exclusivamente da redução de 1/3 (um terço) da penalidade a ela aplicável (art. 30, §4º, da Lei nº 13.506/2017). Trata-se, assim, de uma previsão legal atípica, já que exige a primazia para a celebração do acordo, mas logo em seguida já autoriza que esse mesmo requisito não seja preenchido. Assim, cumpre compreender quais são as hipóteses de aplicação das leniências total e parcial nas regulamentações do BC e da CVM, mas já se apresenta uma primeira tentativa de organização dos tipos de acordo no SFN.

Figura 30 – Tipos de acordos no SFN

Fonte: elaboração da autora.

3.3.1.1 Acordo de leniência total no BC

O acordo de leniência total consiste na hipótese de acordo em que há a extinção da ação punitiva da Administração Pública, nos termos do art. 30, *caput*, c/c art. 32, §1º, da Lei nº 13.506/2017.

A regulamentação original desse artigo constava no art. 90, da Circular BC nº 3.857/2017. Segundo seus termos, mesmo que a empresa fosse a primeira a se qualificar e o BC não tivesse conhecimento prévio da infração noticiada, havia margem de discricionariedade para a concessão dos benefícios administrativos. O benefício administrativo ao proponente poderia ser tanto a extinção da ação punitiva da Administração Pública (acordo de leniência total) quanto a redução de 2/3 (dois terços) das penas aplicáveis, e não havia nenhum critério para objetivar essa tomada de decisão acerca do nível de desconto a ser concedido pelo BC (art. 90, I, da Circular BC nº 3.857/2017). Essa situação trazia prejuízos à transparência, previsibilidade e segurança jurídica dos administrados. Qual não seria a insegurança se fosse celebrado, inicialmente, um acordo de leniência total e, ao final, o Coaps concedesse apenas parcialmente os benefícios? Nesse sentido, a revogação do art. 90 e a inclusão do art. 87-A, pela nova Circular BC nº 3.910/2018, endereçaram positivamente algumas dessas preocupações.

Recorde-se que "o máximo da previsibilidade é a ausência de discricionariedade"[713] e que a (ausência de) previsibilidade é tão relevante que levou ao fracasso da primeira fase do programa de leniência norte-americano, bem como a mudanças legislativas para que os benefícios fossem automáticos.[714]

Dito isso, nos termos do art. 87-A, I, da nova Circular BC nº 3.857/2017 (alterada pela Circular nº 3.910/2018), atualmente em vigor, se o proponente for a primeira empresa a se qualificar com respeito a determinada infração e o BC não tiver conhecimento prévio da infração noticiada, o benefício administrativo será, automaticamente,

---

[713] SPARTLING, Gary R. Transparency in enforcement maximizes cooperation from antitrust offenders. *In:* ANNUAL CONFERENCE ON INTERNATIONAL ANTITRUST LAW & POLICY, 26, 1999, New York. *Anais...* New York: Fordham Corporate Law Institute, Oct. 15, 1999. Disponível em: https://www.justice.gov/atr/file/518586/download. Acesso em: 4 nov. 2018. Segundo o vice Advogado-Geral da Divisão Antitruste do DOJ, "*A robust, effective international anti-cartel enforcement program depends on cooperation from at least some of those who have engaged in the cartel activity. Prospective cooperating parties come forward in direct proportion to the predictability and certainty of their treatment following cooperation*".

[714] Desde sua criação, em 1978, até o início da década de 1990, o Programa de Leniência dos Estados Unidos não era robusto e vigoroso como se tornou na atualidade. O grande ponto de inflexão do programa norte-americano se deu em 1993, quando a Divisão Antitruste do DOJ revisou seu Programa de Leniência, aumentando os incentivos para sua negociação, tornando-o mais transparente e visando a torná-lo mais atrativo para eventuais signatários. Algumas das principais alterações introduzidas naquele ano foram (i) a concessão automática do benefício em casos em que inexistisse investigação da prática denunciada em curso pela autoridade; (ii) a possibilidade de concessão do benefício da leniência mesmo quando a investigação já estivesse em curso; e (iii) a extensão dos efeitos da leniência à esfera criminal, afastando a culpabilidade dos funcionários, diretores e representantes das companhias signatárias. Para mais informações acerca das mudanças introduzidas no Programa de Leniência dos Estados Unidos a partir de 1993 ver: GRIFFIN, James M. The modern leniency program after ten years – a summary overview of the Antitrust Division's criminal enforcement program. *Justice News*, San Francisco, Aug. 12, 2003. Disponível em: https://www.justice.gov/atr/speech/modern-leniency-program-after-ten-years-summary-overview-antitrust-divisions-criminal. Acesso em: 4 nov. 2018; HAMMOND, Scott D. Cornerstones of an effective leniency program. *Justice News*, Washington, D.C., Nov. 22, 2004. Disponível em: https://www.justice.gov/atr/speech/cornerstones-effective-leniency-program. Acesso em: 14 abr. 2018.

o da leniência total. Considera-se que há conhecimento prévio se, na data de recebimento da proposta, não houver conhecimento registro de ocorrências ou de apontamentos decorrentes de procedimento de supervisão relacionados à infração noticiada (art. 83-A, §4º, da nova Circular BC nº 3.857, alterada pela Circular nº 3.910/2018).

3.3.1.2 Acordo de leniência parcial no BC

Conforme já mencionado, o art. 30, *caput*, c/c art. 32, §1º, da Lei nº 13.506/2017 prevê que o acordo de leniência parcial existirá quando houver a redução de 1/3 (um terço) a 2/3 (dois terços) das penas aplicáveis, mediante efetiva, plena e permanente cooperação para a apuração dos fatos, da qual resulte utilidade para o processo.

Conforme anteriormente mencionado, a regulamentação infralegal original do BC confundia a previsão da Lei nº 13.506/2017, dado que, nos termos do revogado art. 90, da Circular BC nº 3.857/2017, haveria pelo menos três hipóteses de leniência parcial.

A primeira hipótese de acordo de leniência parcial no BC era aquela já mencionada anteriormente (vide cap. 3, item 3.3.1.1, *supra*), regida pelo revogado art. 90, I, da Circular BC nº 3.857/2017. Nessa hipótese, o proponente era o primeiro a se qualificar e o BC não tinha conhecimento prévio da infração noticiada, mas não se concedia a leniência total, com base em algum critério discricionário (possivelmente levando em conta o art. 32, *caput*, da Lei nº 13.506/2017).[715] Nesse caso, a leniência parcial resultaria na redução fixa de 2/3 (dois terços) das penalidades aplicáveis. A redação legal dizia "redução em dois terços" e não "em até dois terços". Essa hipótese de leniência parcial era potencialmente prejudicial ao programa de leniência do BC, tendo em vista a ausência de previsibilidade para as partes quanto ao nível de desconto que seria concedido. Essa modalidade não mais existe nos termos da nova Circular BC nº 3.857/2017 (alterada pela Circular nº 3.910/2018).

Já a segunda hipótese de leniência parcial no SFN (leniência parcial padrão) consistia naquela em que a empresa era a primeira a

---

[715] Talvez o art. 32, *caput*, da Lei nº 13.506/2017 pudesse ser o único guia existente para essa tomada de decisão, pois ele leva em consideração se o cumprimento do acordo foi, ou não, atingido no nível máximo. Pode-se considerar que o acordo não foi cumprido em seu nível máximo em caso de desatendimento de parte das condições do acordo, de cooperação apenas parcialmente efetiva e de ausência de boa-fé parcial do infrator. Nesse caso, sua penalidade não será extinta, mas tão somente reduzida por um fator de redução de pena.

se qualificar, mas o BC já possuía conhecimento prévio[716] da infração notificada (o art. 90, II, da Circular BC nº 3.857/2017 – revogado). Nesse caso, a leniência parcial resultava na redução variável de 1/3 (um terço) a 3/5 (três quintos) das penas aplicáveis. Tratava-se de uma hipótese intermediária, na qual os benefícios não seriam nem totais e nem de redução fixa de 2/3 (dois terços) da penalidade aplicável (antiga leniência parcial tipo I). Pontue-se que essa gradação de 1/3 (um terço) a 3/5 (três quintos) não estava prevista na lei, mas tão somente na circular. A redação da nova Circular BC nº 3.857/2017 (alterada pela Circular nº 3.910/2018) retomou a redação da Lei nº 13.506/2017, esclarecendo que o benefício será de 1/3 (um terço) a 2/3 (dois terços) da penalidade aplicável, sem a criação de novas modalidades de acordo de leniência parcial. Ou seja, trata-se de norma similar à leniência parcial no Cade (vide cap. 2, item 2.3.1.2, *supra*).

Uma dúvida que surge, ainda assim, é a seguinte: como ponderar o grau de desconto a ser concedido para os administrados na hipótese de leniência parcial? Quais os parâmetros a serem utilizados pela autarquia?

O BC se antecipou e, com acerto, já esclareceu quais seriam os critérios observados para a fixação do percentual de redução das penas aplicáveis. Conforme os incisos do revogado art. 91 da Circular BC nº 3.857/2017, replicados no §2º do art. 87-A da nova Circular BC nº 3.857/2017 (alterada pela Circular nº 3.910/2018), o BC deve observar os seguintes critérios para a fixação da fração de redução das penas aplicáveis: (i) a importância das informações, documentos e provas apresentadas pelo signatário; (ii) o momento em que é apresentada a proposta; e (iii) a boa-fé do signatário. Trata-se, a nosso ver, de dispositivo que aumenta a segurança jurídica dos administrados, inclusive de modo mais transparente do que existe na leniência do Cade (vide cap. 2, item 2.3.1.2, *supra*).

Outra dúvida que surgia na regulamentação do BC dizia respeito às pessoas físicas. Nos termos do revogado art. 90, §1º, da Circular BC nº 3.857/2017, as pessoas físicas que se qualificassem em primeiro lugar se beneficiariam com a redução prevista no inciso II do *caput*. Ou seja, parecia que a Circular restringia os benefícios aplicáveis às pessoas físicas tão somente à leniência parcial "padrão", em interpretação restritiva não prevista na Lei nº 13.506/2017. Essa questão foi esclarecida com

---

[716] Relembra-se que se considera que o BC tem conhecimento prévio da infração noticiada quando, na ocasião da propositura do acordo administrativo em processo de supervisão, estiver em curso na autarquia procedimento de supervisão que abranja a infração (art. 90, §2º, da Circular BC nº 3.857/2017).

as alterações trazidas pela nova Circular BC nº 3.857/2017 (alterada pela Circular nº 3.910/2018), que incluiu o art. 87-A, §1º. Segundo seus termos, "as pessoas físicas que não se qualificarem em primeiro lugar se beneficiarão exclusivamente com redução prevista no inciso II do *caput*". Ou seja, na redação original da circular, parece que ficou faltando um "não", tendo sido esclarecido que as pessoas físicas retardatárias ainda se habilitarão à hipótese de redução de um a dois terços da penalidade (leniência parcial "padrão"), mas não à imunidade total.

Nesse cenário, a pessoa física que não tenha sido a primeira a se qualificar só poderá ser proponente do acordo se identificar envolvidos na prática ou se apresentar informações e documentos que comprovem a infração e que sejam desconhecidos pelo BC, não constando nas propostas anteriores qualificadas (art. 83, §3º, da nova Circular BC nº 3.857, alterada pela Circular nº 3.910/2018). Nesse sentido, o acordo de leniência total estará, sim, disponível para as pessoas físicas, desde que estas sejam as primeiras a se qualificarem. Caso a pessoa física não seja a primeira, ainda assim poderá celebrar acordo de leniência parcial "padrão", desde que traga elementos adicionais às investigações do BC.

Esse parágrafo é um avanço em termos de regulamentação, inclusive quando comparado ao programa de leniência antitruste, no qual ainda existem discussões sobre a possibilidade de pessoas físicas que não sejam as primeiras se beneficiarem do acordo de leniência total (vide cap. 2, item 2.2.1, *supra*).

Por fim, há ainda a hipótese de leniência parcial no BC (leniência parcial específica SFN), em que a empresa, apesar de não ser a primeira a se qualificar com respeito à infração noticiada ou sob investigação (art. 30, §4º, da Lei nº 13.506/2017), pode ter um desconto fixo de 1/3 (um terço). Retoma-se, aqui, a discussão sobre a primazia, que não é requisito absoluto para a leniência no SFN (vide este cap. 3, item 3.2.1, *supra*).

Nota-se que há um critério fixo de redução da pena, dado que a redação era "redução de 1/3", e não "redução de até 1/3". Quanto a essa modalidade de leniência parcial, o art. 83, §3º, da nova Circular BC nº 3.857 (alterada pela Circular nº 3.910/2018) determina que a pessoa jurídica que não tenha sido a primeira a se qualificar só poderá ser proponente do acordo se identificar envolvidos na prática ou se apresentar informações e documentos que comprovem a infração e que sejam desconhecidos pelo BC, não constando nas propostas anteriores qualificadas. Nesse sentido, a regulamentação também dá balizas à celebração desenfreada, com pessoas jurídicas, de novos acordos de leniência parcial "específica SFN" sem que haja elementos probatórios adicionais que auxiliem as investigações do BC.

Felizmente, parte das incertezas apontadas foi endereçada pelo BC com a nova Circular BC nº 3.857/2017 (alterada pela Circular nº 3.910/2018), conforme já detalhado. Assim, com a introdução do art. 87-A, o programa de leniência do BC foi reestruturado, de forma que:

(i) A antiga hipótese de leniência parcial, em que a empresa é a primeira a se qualificar e o BC não tem conhecimento prévio da infração noticiada, foi extinta. Passa-se, automaticamente, a um acordo de leniência total;

(ii) A hipótese de leniência parcial "padrão", em que a empresa é a primeira a se qualificar e o BC tem conhecimento prévio da infração noticiada, foi mantida pela nova Circular BC nº 3.857/2017 (alterada pela Circular nº 3.910/2018). Ao invés, porém, da redução de 1/3 (um terço) a 3/5 (três quintos) da penalidade aplicável, são retomados os parâmetros da lei, com a redução de 1/3 (um terço) a 2/3 (dois terços). Para a fixação da fração de redução das penas, já foram previstos critérios, mantidos na integralidade na nova Circular nº 3.910/2018;

(iii) A hipótese de leniência parcial "específica SFN", em que a empresa não é a primeira a se qualificar, foi mantida, mas reconfigurada. Esse tipo de acordo somente será possível caso sejam apresentados informações e documentos que comprovem a infração noticiada e que sejam desconhecidos pelo BC, não constando nas propostas anteriormente qualificadas. Será aplicável à empresa a redução fixa de 1/3 (um terço) (art. 30, §4º, da Lei nº 13.506/2017 c/c art. 83-A, §4º, da nova Circular BC nº 3.857, alterada pela Circular nº 3.910/2018). Este requisito da colaboração, portanto, será importante elemento diferenciador dos Termos de Compromisso no BC.

Assim, da maneira atualmente prevista no art. 87-A da nova Circular BC nº 3.857/2017 (alterada pela Circular nº 3.910/2018), apresenta-se a distinção entre a leniência total e as duas hipóteses de leniência parcial, bem como a distinção entre a leniência e o Termo de Compromisso:

Figura 31 – Esquema dos tipos de acordo de leniência no BC no art. 87-A da nova Circular BC nº 3.857/2017 (alterada pela Circular nº 3.910/2018)

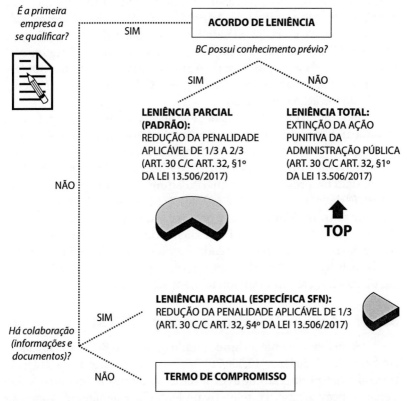

Fonte: elaboração da autora.

Ainda assim, parece que a existência de tantos cenários diferentes de leniência total e parcial traz insegurança jurídica aos administrados, o que pode levar ao fato de que, não obstante a Lei nº 13.506 tenha sido promulgada em 2017, nenhum APS foi firmado pelo BC ou pela CVM até meados de 2020.[717]

---

[717] Para fins de comparação, ressalta-se que 32 Termos de Compromisso foram firmados pelo BC, e 174, pela CVM, desde a promulgação da Lei nº 13.506/2017 até a publicação desta edição, conforme será visto no item 3.5.

3.3.1.3 Acordo de leniência total na CVM

Semelhantemente ao apresentado quanto ao BC, o acordo de leniência total na CVM consiste na hipótese de acordo em que há a extinção da ação punitiva da Administração Pública, nos termos do art. 30, *caput*, c/c o art. 32, §1º, da Lei nº 13.506/2017. O art. 107, I, da Instrução CVM nº 607/2019 esclarece que o benefício administrativo será o de extinção da ação punitiva da Administração Pública, na hipótese de a proposta ser apresentada sem que a CVM tenha conhecimento prévio da infração notificada.

No âmbito da CVM, considera-se que há conhecimento prévio da infração notificada se o acordo for proposto: (i) na data da expedição do ofício aos investigados para prestar esclarecimentos sobre fatos a eles imputados (art. 101, §1º, I, c/c art. 5º, da Instrução CVM nº 607/2019); (ii) na data da proposta de inquérito administrativo (art. 101, §1º, II, c/c art. 8º da Instrução CVM nº 607/2019); (iii) na data da conclusão de relatório de inspeção que indica a ocorrência da infração, após realização de inspeção *in loco* (art. 101, §1º, III, da Instrução CVM nº 607/2019); ou (iv) na data da decisão que suspender ou proibir atividades (art. 101, §1º, IV, da Instrução CVM nº 607/2019, c/c art. 9º, §1º, da Lei nº 6.385/1976[718]). Tal discussão já foi apresentada no item 3.2.3, *supra*.

3.3.1.4 Acordo de leniência parcial na CVM

Semelhantemente ao apresentado quanto ao BC, o art. 30, *caput*, c/c o art. 32, §1º, da Lei nº 13.506/2017 preveem que o acordo de leniência parcial existirá quando houver a redução de um a dois terços das penas aplicáveis, mediante efetiva, plena e permanente cooperação para a apuração dos fatos, da qual resulte utilidade para o processo. Pela regulamentação da CVM, há duas hipóteses de leniência parcial (semelhantes àquelas atualmente existentes no BC): acordo de leniência parcial "padrão" e "específica SFN".

A leniência parcial "padrão" é aquela em que a empresa é a primeira a se qualificar, mas a CVM já possui conhecimento prévio da infração noticiada. Nesse caso, a leniência parcial resulta na redução

---

[718] "Art. 9º, §1º. Com o fim de prevenir ou corrigir situações anormais do mercado, a Comissão poderá: I - suspender a negociação de determinado valor mobiliário ou decretar o recesso de bolsa de valores; II - suspender ou cancelar os registros de que trata esta Lei; III - divulgar informações ou recomendações com o fim de esclarecer ou orientar os participantes do mercado; IV - proibir aos participantes do mercado, sob cominação de multa, a prática de atos que especificar, prejudiciais ao seu funcionamento regular".

de 1/3 (um terço) a 2/3 (dois terços) das penas aplicáveis na esfera administrativa (art. 107, II, da Instrução CVM nº 607/2019). Ou seja, trata-se de norma similar à leniência parcial no Cade (vide cap. 2, item 2.3.1.2, *supra*).

Novamente, a dúvida que poderia surgir é a seguinte: como ponderar qual o grau de desconto a ser concedido para os administrados nessa hipótese de leniência parcial "padrão"? Segundo o art. 107, §2º, da Instrução CVM nº 607/2019, cuja redação é semelhante à da regulamentação do BC, o desconto deverá ser calculado tendo como base: (i) a importância das informações, documentos e provas apresentados pelo signatário; (ii) o momento em que foi apresentada a proposta; e (iii) a colaboração individual de cada um dos signatários. Trata-se, a nosso ver, de dispositivo que aumenta a segurança jurídica dos administrados, inclusive de modo mais transparente do que existe na leniência do Cade (vide cap. 2, item 2.3.1.., *supra*).

Ademais, há outra hipótese de leniência parcial na CVM (leniência parcial "específica SFN"), em que as pessoas físicas ou jurídicas, embora não tenham sido as primeiras a se qualificarem com respeito à infração noticiada ou sob investigação (art. 30, §4º, da Lei nº 13.506/2017), podem ter um desconto fixo de 1/3 (um terço). Retoma-se, aqui, a discussão já realizada sobre a primazia, que não é requisito absoluto para a leniência no SFN (vide este cap. 3, item 3.2.1, *supra*). Neste caso, nos termos do art. 107, §1º, da Instrução CVM nº 607/2019, haverá uma redução fixa da pena, dado que a redação é "de 1/3", e não "de até 1/3".

Assim, da maneira atualmente prevista pela Instrução Normativa da CVM, apresenta-se a distinção entre a leniência total e as duas hipóteses de leniência parcial, bem como a distinção entre a leniência e o Termo de Compromisso:

Figura 32 – Esquema dos tipos de acordo de leniência na Instrução Normativa da CVM

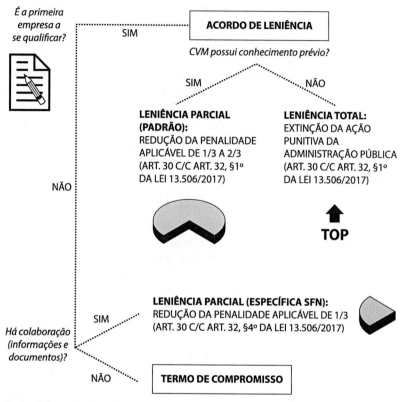

Fonte: elaboração da autora.

Igualmente ao já mencionado com relação ao BC, parece que a existência de tantos cenários diferentes de leniência total e parcial na CVM traz insegurança jurídica aos administrados, o que pode levar ao fato de que, não obstante a Lei nº 13.506 tenha sido promulgada em 2017, nenhum APS foi firmado pelo BC ou pela CVM até meados de 2020.[719] Parece-nos que, no caso da CVM, uma possível infração que pode atrair a atenção para a celebração de acordos de leniência seja aquela relacionada à violação de deveres fiduciários dos administradores, nos termos da Lei de Sociedades Anônimas. Na medida em que não configura

---

[719] Para fins de comparação, ressalta-se que 32 Termos de Compromisso foram firmados pelo BC, e 174, pela CVM, desde a promulgação da Lei nº 13.506/2017 até a publicação desta edição, conforme será visto no item 3.5.

crime, não atrai a atribuição do Ministério Público e não há os riscos de uma eventual repercussão criminal indesejada, já que não há proteção imediata do colaborador. Ademais, pode ser atrativa a celebração de acordos de leniência nessa hipótese na medida em que apenas um administrador é quem colabora e confessa, e não necessariamente todos os demais administradores. A avaliar, portanto, como ocorrerá a evolução da prática na CVM.

3.3.2 Benefícios do acordo de leniência do Sistema Financeiro Nacional para a investigação

Além de benefícios administrativos para os infratores, a celebração de um acordo de leniência no SFN traz relevantes benefícios para a investigação específica. Por meio da colaboração da empresa e/ou das pessoas físicas, o BC e a CVM tomarão conhecimento de uma infração que antes era desconhecida, total ou parcialmente. Isso permite que as autarquias tenham acesso "direto" e "interno" a informações e documentos relativos à prática que dificilmente seriam obtidos de outro modo (vide cap. 1, item 1.1.2, *supra*). Em que pese a possibilidade de essas instituições detectarem, por meio de seus respectivos processos de supervisão, a prática de infrações contra o sistema financeiro, a oportunidade de obter a colaboração e o esclarecimento sobre fatos, modo de implementação, participantes, entre outras informações, pode constituir um instrumento relevante para a própria investigação do BC e da CVM.

Destaca-se, por exemplo, no caso da CVM, que, ao menos em tese,[720] a adoção do programa de leniência poderá fortalecer a persecução de práticas de *insider trading*,[721] sobretudo em sua modalidade secun-

---

[720] Como indicado no item 3.3.4, *infra*, a inexistência de repercussões criminais para os acordos de leniência da CVM poderá desincentivar que agentes reportem condutas que, como no caso do *insider trading*, configuram crimes.

[721] Segundo entrevista do Diretor da CVM, Pablo Renteria: "O acordo de leniência não é uma panaceia, não vai ajudar na apuração de qualquer tipo de irregularidade. Vai ajudar principalmente na repressão dos chamados delitos plurissubjetivos, que contam com o conluio de diferentes sujeitos (...). Por exemplo, quando se investiga um caso de 'insider' secundário, raramente se consegue identificar aquele que vazou a informação ao sujeito que negociou indevidamente. Ainda que se tenham provas substanciais contra este último, dificilmente ele vai informar quem lhe passou a informação privilegiada, pois estaria dessa maneira se incriminando. O acordo de leniência vai ajudar a superar essa resistência e, desse modo, a alcançar aquele que vaza a informação" (PIMENTA, Guilherme. Com leniência, CVM deve chegar a vazador de informação, diz diretor. *Portal JOTA*, 16 abr. 2018. Disponível em: https://www.jota.info/tributos-e-empresas/mercado/leniencia-cvm-vazador-16042018. Acesso em: 9 maio 2008).

dária.[722] Desse modo, a CVM será capaz de identificar os indivíduos que tiveram acesso primário às informações sensíveis e confidenciais e as que "vazaram" irregularmente a outros agentes de mercado (conduta conhecida como *tipping*). Além disso, o instrumento poderá ser útil para a identificação de infrações relacionadas à condução dos negócios sociais de companhias abertas, sobretudo relacionados às atuações de acionistas e administradores em órgãos colegiados (como a Assembleia Geral, a Diretoria, o Conselho de Administração, o Conselho Fiscal e outros Comitês). Regra geral, a responsabilização desses atores é solidária,[723] de modo que os incentivos para a denúncia são similares àqueles de uma conduta praticada em conluio. No caso do BC, por sua vez, a persecução de práticas de difícil detecção, como lavagem de dinheiro, poderá ser fortalecida, dado que os coautores podem ter maiores incentivos para colaborar e detalhar o intrincado esquema criminoso.

Outro fator que pode beneficiar a investigação é que, similarmente ao que ocorre com o acordo de leniência antitruste celebrado com o Cade, a assinatura do acordo de leniência no SFN não pressupõe a definição, no momento da celebração, do valor com o qual o signatário vai contribuir. Quando o acordo é celebrado, há apenas a definição do fator

---

[722] Os *insiders* primários são pessoas ligadas à própria companhia, que obtêm informações privilegiadas, diretamente, por meio de suas atividades junto à companhia (por exemplo, acionistas, administradores ou funcionários). Já os *insiders* secundários são pessoas que têm acesso às informações privilegiadas de forma direta ou indireta, por meio dos *insiders* primários. Para mais informações sobre o ilícito de *insider trading*, ver: CVM. *Uso indevido de informação privilegiada (insider trading)*. 1. ed. Rio de Janeiro: CVM, 2016.

[723] Ver, por exemplo, os seguintes dispositivos da Lei das S.A. (Lei nº 6.404/1976): "A companhia emissora fará, nos livros próprios, as anotações referentes à extinção das debêntures, e manterá arquivados, pelo prazo de 5 (cinco) anos, juntamente com os documentos relativos à extinção, os certificados cancelados ou os recibos dos titulares das contas das debêntures escriturais" (art. 74, *caput*); "Os administradores da companhia responderão solidariamente pelas perdas e danos decorrentes da infração do disposto neste artigo" (art. 74, §2º); "Os fundadores e as instituições financeiras que participarem da constituição por subscrição pública responderão, no âmbito das respectivas atribuições, pelos prejuízos resultantes da inobservância de preceitos legais" (art. 92, *caput*); "Os fundadores responderão, solidariamente, pelo prejuízo decorrente de culpa ou dolo em atos ou operações anteriores à constituição" (art. 92, parágrafo único); "O acionista controlador responde pelos danos causados por atos praticados com abuso de poder" (art. 117, *caput*); "No caso da alínea e do §1º, o administrador ou fiscal que praticar o ato ilegal responde solidariamente com o acionista controlador" (art. 117, §2º); "Os administradores são solidariamente responsáveis pelos prejuízos causados em virtude do não cumprimento dos deveres impostos por lei para assegurar o funcionamento normal da companhia, ainda que, pelo estatuto, tais deveres não caibam a todos eles" (art. 158, §2º); "Responderá solidariamente com o administrador quem, com o fim de obter vantagem para si ou para outrem, concorrer para a prática de ato com violação da lei ou do estatuto" (art. 158, §5º); "A responsabilidade dos membros do conselho fiscal por omissão no cumprimento de seus deveres é solidária, mas dela se exime o membro dissidente que fizer consignar sua divergência em ata da reunião do órgão e a comunicar aos órgãos da administração e à assembleia-geral" (art. 165, §3º).

de redução da pena, e não da(s) pena(s) em si. A pena só será calculada no momento da declaração de cumprimento ou descumprimento do acordo de leniência e, se for o caso, da confirmação de seus benefícios (ou seja, na fase 5, conforme este cap. 3, item 3.4.5, *infra*). Isso é positivo para a investigação, uma vez que os signatários serão penalizados no mesmo momento que os demais coautores, evitando que a negociação da efetiva colaboração seja feita no contexto da negociação geral do acordo, o que poderia causar maiores entraves para a própria colaboração dos signatários do acordo de leniência.

3.3.3 Benefícios do acordo de leniência do Sistema Financeiro Nacional para a sociedade brasileira

Para além de benefícios administrativos e investigativos, a celebração de um acordo de leniência traz benefícios ainda mais amplos para todo o sistema financeiro nacional e para a sociedade brasileira. Isso porque auxilia na função repressiva do BC e da CVM, ao aumentar o risco de detecção, que é justamente um dos pilares de um programa de leniência efetivo (vide cap. 1, item 1.1.1, *supra*).

Ademais, acredito que os acordos de leniência permitirão maior estabilidade das práticas lícitas no mercado financeiro, que tenderão a convergir com os padrões esperados pela legislação e com padrões internacionais, favorecendo-se o *compliance*.[724] Nesse sentido, a estruturação de um programa de leniência, no âmbito da atuação fiscalizadora e sancionadora do BC e da CVM, sinaliza aos agentes de mercado que a prática de condutas ilícitas passará a receber atenção especial das autoridades, servindo de desincentivo a tais condutas. Ainda, um programa bem estruturado poupa recursos públicos, na medida em que antecipa informações e documentos às autoridades, que poderão ter uma atuação ainda mais efetiva em prol da sociedade.

3.3.4 Repercussões criminais do acordo de leniência no Sistema Financeiro Nacional

Após forte reação do Ministério Público (MP) contrária à possibilidade de celebração de acordos de leniência pelo BC e pela CVM,

---

[724] *Vide*: ATHAYDE, Amanda; FRAZÃO, Ana. Leniência, *compliance* e o paradoxo do ovo ou da galinha: do *compliance* como instrumento de autorregulação empresarial. *In*: CUÊVA, Ricardo Vilas Boas; FRAZÃO, Ana (Org.). *Compliance*: perspectivas e desafios para os programas de conformidade. Belo Horizonte: Fórum, 2018.

as instituições chegaram a um consenso sobre a redação dos artigos da Medida Provisória nº 784 e do Projeto de Lei nº 8.843/2017, que tramitou em regime de urgência e foi rapidamente aprovado pelas duas casas do Congresso Nacional, resultando na Lei nº 13.506/2017.[725] As instituições concordaram com a redação de um novo §6º para o art. 30 da Lei nº 13.506/2017, que disciplina as repercussões criminais do acordo de leniência no SFN.

Segundo seus termos, a celebração desse acordo não afeta a atuação do MP.[726] Assim, a instituição mantém a sua autonomia investigativa e não se vincula, de qualquer modo, à decisão tomada pelo BC ou pela CVM quanto às investigações de infrações no SFN. Em paralelo, BC e CVM têm a obrigação legal de comunicar ao MP a existência de indícios de crimes, nos termos do art. 9º da Lei Complementar nº 105/2001.[727]

Ainda, o art. 31, §3º, da Lei nº 13.506/2017 reforça que o MP, com base nas competências que lhe são atribuídas em lei, poderá requisitar informações ou acesso ao sistema informatizado do BC e da CVM sobre os acordos celebrados, sem que lhe seja oponível sigilo e sem prejuízo do disposto no art. 9º da Lei Complementar nº 105/2001. A mesma possibilidade está prevista com relação aos Termos de Compromisso do BC (art. 13, §3º, da Lei nº 13.506/2017).

O MP deverá ser comunicado "tão logo seja recebida" a proposta de acordo de leniência no BC e na CVM, nos termos do art. 31, §2º, da Lei nº 13.506/2017. Assim, passará a ter acesso bastante antecipado à própria informação de que foi realizada uma proposta de acordo de leniência. Essa obrigação de comunicar o MP cabe, no BC, ao presidente do Coaps

---

[725] *Vide*: BCB – BANCO CENTRAL DO BRASIL. Banco Central do Brasil (BCB) e Comissão de Valores Mobiliários (CVM) chegam a consenso com o Ministério Público Federal (MPF) sobre pontos importantes da Medida Provisória (MP) nº 784, de 7 de junho de 2017. *Notas à imprensa*, Brasília, 31 ago. 2017. Disponível em: https://www.BCb.gov.br/pt-br/#!/c/notas/16257. Acesso em: 4 nov. 2018.

[726] Na Instrução CVM nº 607/2019, há expressa menção de que a celebração do acordo de leniência não afastará a atuação ou a prerrogativa legal do Ministério Público, ou de outras instituições públicas: "Acordo de Supervisão celebrado pela CVM, atinente à prática de infração às normas legais ou regulamentares cujo cumprimento lhe caiba fiscalizar, não afeta a atuação ou as prerrogativas legais do Ministério Público, com o qual a CVM atuará em coordenação, ou das demais instituições públicas ou entidades autorreguladoras no âmbito de suas correspondentes competências, nem o dever legal de comunicar indícios de crime de ação penal pública" (art. 101, §4º da Instrução CVM nº 607/2019).

[727] Art. 9º da Lei Complementar nº 105/2001: "Quando, no exercício de suas atribuições, o Banco Central do Brasil e a Comissão de Valores Mobiliários verificarem a ocorrência de crime definido em lei como de ação pública, ou indícios da prática de tais crimes, informarão ao Ministério Público, juntando à comunicação os documentos necessários à apuração ou comprovação dos fatos".

(art. 2º, da Portaria BC nº 103.362/2019).[728] Na CVM, nos termos do art. 13, I, da Instrução CVM nº 607/2019, compete à Superintendência-Geral do órgão efetuar comunicações "ao Ministério Público, quando verificada a existência de indícios de crimes definidos em lei como de ação pública", o que indica que também no caso de acordos de leniência será essa a responsável pela comunicação.

Um paradigma para a cooperação institucional é o Memorando de Entendimentos Cade-MPF SP 1/2016. Esse documento baseia-se no entendimento de que há

> interesse comum da persecução administrativa e penal aos cartéis e na funcionalidade e efetividade do programas de leniência, como base da lógica de detecção e perseguição de cartéis, para além de questões de aproveitamento de provas, atenção aos resultados de cada esfera.

O documento prevê diretrizes de cooperação institucional entre Cade e MPF/SP, para celebração, com este último, de acordos de colaboração premiada (art. 4º, da Lei nº 12.850/2013) ou confissão qualificada pela delação (art. 16, da Lei nº 8.137/1990), no contexto da celebração de acordos de leniência ou TCCs com o Cade. Há previsão, por exemplo, da garantia de que a frustração das negociações com um ou outro órgão não permitirá a utilização de informações e documentos apresentados pelo proponente pelas autoridades que os acessaram.

Inexistindo enfrentamento claro das repercussões criminais dos acordos de leniência no SFN poderá acarretar o desincentivo de que agentes reportem ao BC ou à CVM infrações que, para além de ilícitos administrativos, sejam tipificadas também como crimes.[729] Nesse sentido, por exemplo, o ex-Diretor da CVM afirmou que, no âmbito daquela autoridade, os acordos de leniência deverão ser especialmente utilizados "nos casos em que as infrações administrativas não tenham correspondente penal".[730]

---

[728] Art. 3º, II, da Portaria BC nº 103.362: "Compete ao Presidente do Coaps: (...) II - efetuar a comunicação prevista no §2º do art. 31 da Lei nº 13.506, de 13 de novembro de 2017, na forma disciplinada no memorando de entendimentos a ser firmado com o Ministério Público no âmbito do fórum permanente de que trata o §4º do art. 31 do aludido diploma legal".

[729] Para mais informações sobre a interação entre o BC e o MPF no âmbito dos acordos de delação do SFN, ver: RODARTE, Fabio K.; FREITAS, João Victor. Acordos de delação premiada no sistema financeiro. *In:* CONGRESSO INTERNACIONAL DE CIÊNCIAS CRIMINAIS, 8, Porto Alegre, Rio Grande do Sul. Anais... Porto Alegre: PUCRS, 2017.

[730] PIMENTA, Guilherme. "Sem efeitos criminais, leniência na CVM servirá para ilícitos administrativos": Em entrevista ao JOTA, diretor Henrique Machado detalha rito da colaboração premiada no mercado de capitais. *Portal JOTA,* 18 de junho de 2019. Disponível em: https://www.jota.info/tributos-e-empresas/mercado/

414 AMANDA ATHAYDE
MANUAL DOS ACORDOS DE LENIÊNCIA NO BRASIL: TEORIA E PRÁTICA

Nesse contexto, orientação de como poderão ser estruturadas as repercussões criminais dos acordos de leniência e dos Termos de Compromisso firmados no SFN pode ser encontrada no Termo de Cooperação Técnica celebrado, em 2008, entre CVM e MPF. O Termo prevê que, observada a legislação aplicável e as esferas de atuação de cada autoridade, serão enviados e intercambiados informações, documentos e elementos probatórios obtidos pela CVM, no âmbito de procedimentos administrativos, e pelo MPF, no âmbito de apurações administrativas, civis ou criminais, bem como estudos técnicos produzidos por cada autoridade (cláusula segunda). Ainda, o Termo prevê que, havendo mútuo interesse, a CVM poderá participar, junto com o MPF, de procedimentos e diligências referentes a condutas lesivas ao mercado de capitais (cláusula 3.1). Em relação ao sigilo das informações e documentos intercambiados, o Termo prevê que as partes deverão resguardar o sigilo legal das informações e estudos técnicos (cláusula 5.2). Por fim, o Termo prevê que a coordenação das atividades necessárias à plena consecução da cooperação ficará a cargo da Procuradoria Federal Especializada e do coordenador da 3ª Câmara de Coordenação e Revisão do MPF. Este Termo de Cooperação Técnica foi prorrogado por MPF e CVM em 2018.[731]

No âmbito dessa cooperação, CVM e MPF já celebraram, em conjunto, alguns Termos de Compromisso e Ajustamento de Conduta,[732] como os firmados com acionistas controladores da Construtora Tenda S.A.,[733] com gerente da BR Distribuidora[734] e com administradores da

---

sem-efeitos-criminais-leniencia-na-cvm-servira-para-ilicitos-administrativos-18062019. Acesso em: 21 out. 2019.

[731] CVM e MPF prorrogam Termo de Cooperação Técnica. Disponível em: http://www.cvm. gov.br/noticias/arquivos/2018/20180508-2.html. Acesso em: 23 set. 2020.

[732] Outros exemplos de atuação conjunta entre CVM e MPF podem ser encontrados em: http:// www.cvm.gov.br/export/sites/cvm/noticias/anexos/2013/20130508-1-atuacoes-conjuntas-cvm-mpf.pdf.

[733] BRASIL. Comissão de Valores Mobiliários. *Processo CVM nº RJ 2009/428*: parecer do Comitê de Termo de Compromisso. Relator: SGE. Rio de Janeiro, 15 jan. 2009.

[734] Processo Administrativo Sancionador (PAS) CVM nº 10/08, caso em que, além de ser acusado de *insider trading*, o comprimente respondia a uma ação civil pública por responsabilidade por danos causados aos investidores do mercado de capitais. Após a celebração do Termo de Compromisso e Ajustamento de Conduta, o comprimente foi excluído do polo passivo da ação civil pública (BRASIL. Comissão de Valores Mobiliários. *CVM e MPF celebram novo Termo de Compromisso e de Ajustamento de Conduta em processos administrativo e judiciais*. 2010. Disponível em: http://www.cvm.gov.br/noticias/arquivos/2010/20100913-1.html. Acesso em: 5 dez. 2018; BRASIL. Comissão de Valores Mobiliários. *Processo de Termo de Compromisso nº 2010/963*: parecer do Comitê de Termo de Compromisso. Rio de Janeiro, 19 maio 2010).

Aracruz Celulose S.A.,[735] pela prática de *insider trading*. Como resultado, suspenderam-se os processos administrativos e criminais, bem como as repercussões civis das práticas.

Diante do exposto, constata-se que a regulamentação da relação entre Ministério Público, CVM e BC, no âmbito dos acordos de leniência celebrados no SFN, será de suma importância para evitar que a comunicação prevista tanto na Lei nº 13.506/2017 quanto na Lei Complementar nº 105/2001 funcione como um desincentivo ao programa de leniência no SFN. Sobre esse aspecto, especificamente quanto à confidencialidade, remete-se a este cap. 3, item 3.4.4, *supra*. No caso do BC, nota-se que o art. 92-A da nova Circular BC nº 3.857/2017 (alterada pela Circular nº 3.910/2018) prevê que "a comunicação de que trata o §2º do art. 31 da Lei nº 13.506, de 2017, será disciplinada no memorando de entendimentos a ser firmado com o Ministério Público no âmbito do fórum permanente de que trata o §4º do art. 31 do aludido diploma legal".

Em 13 de julho de 2020 foi finalmente celebrado o Acordo de Cooperação Técnica entre BC e MPF (ACT BC-MPF 2020),[736] a fim de implantar o Fórum Permanente de Comunicação de que trata o art. 31, §4º, da Lei nº 13.506, de 13 de novembro de 2017. Em um de seus trechos, há destaque para o fato de que, embora a celebração de APS pelo BC e de acordo de colaboração premiada pelo MPF não afete a autonomia das instâncias criminal e administrativa, há um interesse comum na persecução administrativa e penal de tais infrações, que, para além de questões de aproveitamento de provas e atenção aos resultados de cada esfera, justifica a atuação coordenada entre o BC e o MPF. Interessante notar que, na Cláusula Décima Primeira do referido ACT BC-MPF 2020, há a previsão de que o MPF se compromete a receber, como propostas de acordo de colaboração premiada, as comunicações encaminhadas pelo BC a respeito do recebimento de proposta de acordo de leniência. De igual forma, o BC se compromete a receber como propostas de acordo de leniência as comunicações encaminhadas pelo MPF a respeito da celebração de acordo de colaboração premiada. Nota-se, nesse trecho, um mecanismo similar ao já mencionado Memorando de Entendimentos Cade-MPF SP 1/2016. Esse mesmo modelo de Memorando de Entendimentos foi replicado para o Ministério Público Estadual em São Paulo, em 2019 (vide itens 1.4.2 e 2.5.1, *supra*). Chama-se a atenção para o fato

---

[735] BRASIL. Comissão de Valores Mobiliários. *PAS nº 16/2008*: parecer do comitê de Termo de Compromisso. Relator: SGE. Rio de Janeiro, 28 ago. 2012.

[736] Acordo de Cooperação Técnica entre BC e MPF. Disponível em: http://www.mpf.mp.br/pgr/documentos/ACTBACEN.pdf. Acesso em: 3 set. 2020.

de que, enquanto se exige do BC o encaminhamento de comunicação sobre proposta de acordo, do MPF se exige o encaminhamento de comunicação sobre celebração de acordo, o que diferencia, sobremaneira, o momento da comunicação ao longo do lapso temporal.

A fim de minimizar os riscos dessa comunicação entre as instituições, o parágrafo primeiro da cláusula décima primeira do referido ACT BC-MPF 2020 determina que, em caso de negociação frustrada, as propostas de acordo de leniência apresentadas ao BC e de acordo de colaboração premiada apresentadas ao MPF não implicam confissão quanto à matéria de fato nem reconhecimento da ilicitude da conduta objeto do processo investigativo. E que, neste caso, as informações e os documentos apresentados pelo proponente durante a negociação subsequentemente frustrada não poderão ser utilizados pelas autoridades que a eles tiveram acesso e que não celebraram o correspondente acordo.

Em seguida, em 31 de agosto de 2020, foram indicados por meio da Portaria PGR/MPF 751/2020 os procuradores que integrarão o Grupo Gestor deste Acordo de Cooperação.[737] Espera-se que, com essa aproximação, haja a superação de alguns dos desincentivos aos acordos de leniência no BC mencionados ao longo deste capítulo.

Ademais, a fim de minimizar os efeitos nefastos dessa inexistência de benefícios criminais automáticos, aliada à obrigatoriedade de comunicação ao MP e de concessão de acesso a este, entendo que o BC e a CVM podem adotar alguns procedimentos internos, a fim de garantir a atratividade do programa de leniência no SFN:

(i) Publicar Guia de Orientações aos administrados, identificando as hipóteses de infrações em que há (a) apenas repercussões administrativas, (b) apenas repercussões criminais, e (c) repercussões administrativas e também criminais.[738] Para o primeiro tipo de infração, não haveria qualquer risco de exposição criminal, de modo que o programa de leniência no SFN não teria qualquer tipo de questionamento. Para

---

[737] Portaria PGR/MPF 751/2020. Disponível em: http://www.mpf.mp.br/pgr/documentos/document15.pdf. Acesso em: 3 set. 2020.

[738] Segundo notícias da mídia, diversas das infrações investigadas pelo BC e pela CVM confundem-se com crimes, o que poderia prejudicar a atratividade desse instituto. *Vide*: BALTHAZAR, Ricardo. Nova leniência mantém risco alto para colaboração de empresas sob suspeita. *Folha de S.Paulo*, 3 nov. 2017. Disponível: http://www1.folha.uol.com.br/mercado/2017/11/1932290-nova-leniencia-mantem-risco-alto-para-colaboracao-de-empresas-sob-suspeita.shtml. Acesso em: 4 nov. 2018.

o segundo tipo de infração, os programas de leniência do BC e da CVM não teriam incidência, havendo competência apenas do Ministério Público. Quanto ao terceiro tipo de infração, ter-se-ia um caminho institucional de cooperação a ser percorrido.

(ii) Definir contornos claros para as comunicações, atividades, procedimentos de acesso, obrigações de manutenção da confidencialidade, etc., no âmbito do fórum permanente de comunicação BC/CVM e Ministério Público (art. 31, §4º, da Lei nº 13.506/2017). Isso inclusive por meio de acordo de cooperação técnica, a fim de atender ao art. 9º da Lei Complementar nº 105/2001, sem prejudicar o programa de leniência no SFN.

(iii) Definir, em sede infralegal, o prazo em que se realizará essa comunicação aos órgãos públicos competentes, incluindo ao Ministério Público, já que o §2º do art. 31 da Lei nº 13.506/2017 possui redação vaga (tão logo recebida). Seria interessante interpretar que essa comunicação será feita quando da decisão pela qualificação da proposta, e não quando do pedido em si. Ou seja, a comunicação seria realizada ao final da Fase 1 da negociação (vide este cap. 3, item 3.4.1, *infra*), nos termos do art. 82-A, I, c/c o art. 84-A da nova Circular BC nº 3.857/2017, alterada pela Circular nº 3.910/2018 e no art. 96, §1º, da Instrução CVM nº 607/2019. Nesse momento, as áreas técnicas do BC e da CVM já terão realizado uma análise mínima das chances de êxito daquela proposta e do risco de sua rejeição, criando incentivos para que as partes continuem a procurar os programas de leniência do BC e da CVM, sem a preocupação de que as informações e documentos serão utilizados contra elas, mesmo no caso de rejeição da sua proposta. Caso contrário, se a comunicação for realizada muito cedo na negociação, o BC e a CVM correm o risco de se tornar um canal indireto de denúncias ao Ministério Público, sem que haja benefícios para o programa de leniência no SFN.

(iv) No momento da comunicação, o BC e a CVM devem ressaltar que a informação está sujeita, ainda assim, à garantia legal do art. 31, §1º, da Lei nº 13.506/2017. Assim, caso a proposta de acordo de leniência seja finalmente rejeitada, a obrigação de não divulgar proposta de acordo e a determinação de que a proposta não importa em confissão quanto à matéria de fato ou em reconhecimento de ilicitude da conduta são aplicáveis não apenas ao BC e à CVM, mas também aos órgãos competentes (inclusive ao Ministério Público) que receberam tal informação. Assim, garante-se o sigilo da negociação do acordo, cumpre-se a obrigação da Lei Complementar nº 105/2001 e permite-se que, caso os proponentes queiram, continuem a colaborar com os demais órgãos, de modo desvinculado à negociação no BC ou na CVM.

(v) Definir, no caso de cooperação com o Ministério Público, se a persecução criminal das infrações será conduzida pelo Ministério Público Federal ou pelos Ministérios Públicos Estaduais.[739] Importante lembrar que a Lei nº 7.492/1986, que define os crimes contra o SFN, determina, em seu art. 26, que a ação penal referente aos crimes nela previstos será promovida pelo Ministério Público Federal, perante a Justiça Federal. Nos termos do parágrafo único do mesmo artigo, será admitida a assistência da CVM quando o crime tiver sido praticado no âmbito de atividade sujeita à disciplina e à fiscalização dessa autarquia, e do BC quando, fora daquela hipótese, houver sido cometido na órbita de atividade sujeita à sua disciplina e fiscalização.[740] [741] De qualquer forma, será

---

[739] Conforme os incisos IV e VI do art. 109 da Constituição Federal, compete aos juízes federais processar e julgar as infrações penais praticadas em detrimento de bens, serviços ou interesses da União ou de suas entidades autárquicas ou empresas públicas, bem como as infrações contra o SFN e a ordem econômico-financeira, nos casos determinados por lei.

[740] Vale ressaltar que a Lei nº 7.492/1986 aplica-se, exclusivamente, às instituições financeiras ou figuras equiparadas. O art. 1º define as instituições financeiras como "a pessoa jurídica de direito público ou privado, que tenha como atividade principal ou acessória, cumulativamente ou não, a captação, intermediação ou aplicação de recursos financeiros de terceiros, em moeda nacional ou estrangeira, ou a custódia, emissão, distribuição, negociação, intermediação ou administração de valores mobiliários", e as figuras equiparadas como "a pessoa jurídica que capte ou administre seguros, câmbio, consórcio, capitalização ou qualquer tipo de poupança, ou recursos de terceiros" ou "a pessoa natural que exerça quaisquer das atividades referidas neste artigo, ainda que de forma eventual". Nesse sentido, a conduta investigada deverá ser cometida por um dos agentes listados do art. 1º, da Lei nº 7.492/1986, e deverá enquadrar-se em um dos tipos previstos por esta Lei, para que sejam considerados de competência do MPF e da Justiça Federal.

[741] O Supremo Tribunal Federal (STF) fixou entendimento no sentido de que a atividade de fiscalização atribuída à autarquia federal, no caso, não basta para firmar a competência da Justiça Federal e de que "[r]egra geral os crimes contra a ordem econômica são da competência da Justiça comum (...) De outro lado, os crimes contra o sistema financeiro e a ordem econômico-financeira devem ser julgados pela Justiça Federal – ainda que ausente na legislação infraconstitucional nesse sentido –, quando se enquadrem os fatos em alguma das hipóteses previstas no artigo 109, IV, da Constituição (...) No caso, não há falar em lesão

necessário determinar a qual juízo federal (de qual unidade da federação) caberá a competência para julgar a ação penal, havendo decisões do STJ que determinam que, tendo o crime se estendido por mais de uma unidade da federação, a competência seria do juízo prevento (aquele que primeiro conhecer o feito)[742] ou do juízo do domicílio do réu.[743]

Já com relação aos Termos de Compromisso do BC, não há exigência expressa de que a comunicação deva ser realizada quando do recebimento das propostas, o que pode resultar em uma comunicação mais tardia (art. 13, §2º, da Lei nº 13.506/2017). Em que pese isso, permanece a obrigação de comunicar ao Ministério Público a existência de indícios de crimes, nos termos do art. 9º da Lei Complementar nº 105/2001. Assim, talvez uma alternativa seja que o BC comunique ao MP a possível existência de crime, mas sem especificar que esse indício é objeto de uma proposta de Termo de Compromisso, que inclusive é confidencial. Em relação aos Termos de Compromisso na CVM, inexiste exigência expressa de comunicação a respeito do recebimento das propostas.

3.3.5 Repercussões cíveis do acordo de leniência no Sistema Financeiro Nacional

Conforme o art. 87, §4º, da Circular BC nº 3.857/2017 e o art. 101, §8º, da Instrução CVM nº 607/2019, a assinatura do acordo de leniência não exime a pessoa jurídica da obrigação de reparar integralmente o dano porventura causado. Desse modo, os signatários do acordo de leniência

---

aos serviços da entidade autárquica responsável pela fiscalização: não se pode confundir o fato objeto da fiscalização (...) – com o exercício das atividades fiscalizatórias (...) cujo embaraço ou impedimento, estes sim, poderiam, em tese, configurar crimes da competência da Justiça Federal, porque lesivos a serviços prestados por entidade autárquica federal" (BRASIL. Supremo Tribunal Federal. Recurso Extraordinário nº 502.915/SP. Relator: Sepúlveda Pertence. Julgado em: 13 fev. 2007. Diário da Justiça: 27 abr. 2007. *JusBrasil*, 2007. Disponível em: https://stf.jusbrasil.com.br/jurisprudencia/758031/recurso-extraordinario-re-502915-sp. Acesso em: 27 nov. 2018).

[742] BRASIL. Superior Tribunal de Justiça. Conflito de competência nº 28.897/DF 2000/0014831-8. Relator: Fernando Gonçalves. Julgado em: 24 maio 2000. *DJ*: 19 jun. 2000. *JusBrasil*, 2000. Disponível em: https://stj.jusbrasil.com.br/jurisprudencia/8237287/conflito-de-competencia-cc-28897-df-2000-0014831-8. Acesso em: 27 nov. 2018.

[743] BRASIL. Superior Tribunal de Justiça. Conflito de competência nº 87.775/MG 2007/0161664-0. Relator: Napoleão Nunes Maia Filho. Julgado em: 12 dez. 2007. DJ: 01 fev. 2008. *JusBrasil*, 2008. Disponível em: https://stj.jusbrasil.com.br/jurisprudencia/8755157/conflito-de-competencia-cc-87775-mg-2007-0161664-0. Acesso em: 27 nov. 2018.

com o BC e a CVM ainda estão passíveis de ações de reparação de danos, que podem ser iniciadas pelos clientes/investidores prejudicados,[744] pelo MP,[745] pela Advocacia-Geral da União[746] ou até mesmo pelo Tribunal de Contas,[747] se aplicável.

Como as repercussões cíveis são irremediáveis (tal qual em todos os demais programas de leniência, no Brasil e no exterior), o importante é que, nesses casos, o BC e a CVM assegurem que o colaborador não estará em condição pior do que os demais investigados. Assim, as medidas sugeridas quanto à publicidade são importantes para permitir o igual tratamento de todos os agentes econômicos quanto às repercussões cíveis (vide este cap. 3, item 3.4.4, *infra*). Isso porque a publicização obrigatória dos acordos de leniência (art. 31, Lei nº 13.506/2017) já adianta à signatária do acordo a expectativa de repercussões privadas. Assim, há que se questionar quem seriam os legitimados para a persecução dessa reparação e de que forma ela seria operacionalizada. Seria por meio de acordos paralelos com outros órgãos (como Advocacia-Geral da União ou até mesmo o Tribunal de Contas)? Ou então com entes privados? A reparação seria, necessariamente, resultante de processos judiciais ou seria possível a negociação desse ressarcimento civil em sede de procedimentos arbitrais?

Ademais, para o caso das ações de reparação de danos ajuizadas pelo Ministério Público, é possível que as medidas sugeridas quanto às repercussões criminais (vide este cap. 3, item 3.3.4, *supra*) também resultem em benefícios para a esfera cível, caso a interação institucional conte com promotores/procuradores com atribuição criminal e cível, em que pese a autonomia funcional de cada um destes. Nesse caso, nos parece que a comunicação do BC ou da CVM ao Ministério Público (art. 31, §3º, da Lei nº 13.506/2017) também deveria ser feita de forma a possibilitar a atuação deste último na reparação de danos (por exemplo, a partir da propositura de ações civis públicas). Ademais, as ponderações sobre a cooperação interinstitucional descritas no cap. 1 parecem pertinentes também para fins dessa comunicação do BC ou da CVM ao MP.

---

[744] Nos termos dos arts. 186 e 927 do Código Civil.

[745] Nos termos dos arts. 81, III, e 82, I, do Código de Defesa do Consumidor, e do art. 5º, I, da Lei nº 7.347/1985.

[746] Nos termos dos arts. 81, III, e 82, II, do Código de Defesa do Consumidor, e do art. 5º, III, da Lei nº 7.347/1985.

[747] Nos termos dos arts. 70 e 71 da Constituição Federal.

Nesse contexto, a atuação já estruturada da CVM dá diretrizes de como se pode proceder. Nos Termos de Compromisso e Ajustamento de Conduta celebrados conjuntamente pela CVM e pelo MPF (vide este cap. 3, item 3.3.4, *supra*), como parte dos acordos, o MPF encerrou as ações civis públicas (ou então excluiu o comprometente do polo passivo dessas ações) de responsabilidade por danos causados aos investidores e ao mercado de valores mobiliários. Em relação aos acordos de leniência celebrados pelo BC e pela CVM (e aos Termos de Compromisso celebrados pelo primeiro), a atuação conjunta similar é desejável, principalmente para fortalecer os incentivos do programa de leniência no SFN.

3.4 Leniência no Sistema Financeiro Nacional: as fases da negociação

A negociação de um acordo de leniência no SFN é realizada em cinco fases. Apesar de haver diferenças específicas nos trâmites do BC e da CVM, as fases são, em linhas gerais, bastante similares. Por essa razão, serão apresentadas em conjunto, identificando-se suas respectivas peculiaridades, como se passa a expor: fase da proposta de acordo de leniência e da sua qualificação/admissibilidade (3.4.1); fase da negociação dos termos do acordo de leniência no SFN e da elaboração do Histórico da Conduta (3.4.2); fase da tomada de decisão colegiada sobre a assinatura do acordo de leniência no SFN (3.4.3); fase da publicização obrigatória do acordo de leniência (3.4.4); e fase da declaração de cumprimento do acordo de leniência (3.4.5). Ademais, há a possibilidade de rejeição ou desistência da negociação (3.4.6).

Figura 33 – As fases da negociação do acordo de leniência no SFN

1 Da proposta de Acordo de Leniência e da sua qualificação/admissibilidade

2 Da negociação dos termos do Acordo de Leniência e da elaboração do Histórico de Conduta

3 Da tomada de decisão colegiada sobre a assinatura (ou não) do Acordo de Leniência

4 Da publicização obrigatória do Acordo de Leniência

5 Da declaração de cumprimento do Acordo de Leniência

Fonte: elaboração da autora.

3.4.1 Fase 1: a proposta de acordo de leniência e sua qualificação/admissibilidade

No caso do BC, nos termos do art. 79 da Circular BC nº 3.857/2017, a qualquer momento antes da instauração do processo administrativo de supervisão é cabível a proposta de acordo de leniência.[748]

A redação original do §1º do art. 79 da Circular BC nº 3.857/2017 entrava em contradição com o *caput,* na medida em que apresentava uma exceção o marco temporal para a apresentação da proposta, autorizando seu cabimento também após a instauração do processo, desde que antes da decisão de primeira instância. Ou seja, a redação dava a entender ser possível propor acordo de leniência antes ou depois da instauração de processo administrativo de supervisão, sem qualquer sinalização sobre o que isso representaria, na prática, em termos de benefícios administrativos aos proponentes.

---

[748] Vale ressaltar que, atualmente, a CVM permite, na celebração de Termos de Compromisso, que os acordos sejam propostos antes da instauração do processo administrativo sancionador, inclusive em casos de autodenúncia. Exemplos recentes podem ser encontrados nos seguintes Processos de Termo de Compromisso da CVM: BRASIL. Comissão de Valores Mobiliários. *Processo de Termo de Compromisso nº 19957.004919/2016-77.* Relator: SGE. Rio de Janeiro, 22 nov. 2016; BRASIL. Comissão de Valores Mobiliários. *Processo de Termo de Compromisso nº 19957.005950/2016-25.* Relator: SGE. Rio de Janeiro, 22 nov. 2016. Termo de Compromisso

A nova redação da Circular BC nº 3.857/2017 (alterada pela Circular nº 3.910/2018) felizmente alterou esse ponto, excluindo os §§1º e 2º do art. 79 e transformando-os no parágrafo único. Segundo seus termos, havendo processo administrativo sancionador instaurado, a proposta de acordo de leniência poderá ser apresentada até a decisão de primeira instância, desde que identifique envolvidos na prática ou apresente informações e documentos que comprovem a infração e que sejam desconhecidos pelo BC. Ou seja, continua sendo autorizada a propositura do acordo de leniência antes ou depois da instauração de processo administrativo de supervisão, mas há balizas. Após a instauração do processo, só será aceita proposta que trouxer informações ou documentos novos.

Essa redação não afasta por completo o risco de "canibalização interna" do acordo de leniência com o Termo de Compromisso (vide este cap. 3, itens 3.5.3 e 3.5.4, *infra*), mas já deixa mais evidente o cabimento de cada um dos tipos de acordo. A nosso ver, os acordos de leniência são instrumentos de investigação, ao passo que os Termos de Compromisso são instrumentos de encerramento eficaz e proporcional dos processos em curso no BC e na CVM (à exceção dos casos de infração grave, nos quais não cabe celebração de Termos de Compromisso no BC).

No caso da CVM, a Proposta de Instrução previa que a apresentação de proposta de acordo de leniência seria cabível até a decisão de primeira instância[749] (art. 94, *caput,* da Proposta de Instrução da CVM). Na redação final da Instrução CVM nº 607/2019, o art. 93, *caput,* passou a prever que a proposta caberá até "o início do julgamento pelo Colegiado". Nesse sentido, tanto na redação originalmente proposta quanto naquela adotada na versão final, a distinção prática entre aqueles que noticiam infrações das quais a CVM tenha conhecimento, mas em relação às quais não tenha instaurado processo administrativo, e aqueles que já integram o polo passivo de um processo administrativo será relacionada ao tamanho da redução de pena (de 1/3 a 2/3). Isso porque, nos termos do art. 107, *caput,* II, e §2º, II, da Instrução CVM nº 607/2019, importará para fixação do desconto da pena o momento em que foi apresentada a proposta. Ademais, embora haja a possibilidade de celebração de Termo de Compromisso na CVM quando a proposta

---

[749] A decisão final em primeira instância, no âmbito da CVM, corresponde à decisão proferida pelo Colegiado, contra a qual caberá recurso ao CRSFN, nos termos do art. 70 da Instrução CVM nº 607/2019. No âmbito do BC, a decisão é proferida por órgão colegiado específico, a depender da matéria da infração, e poderá ser revista por recurso do CRFSN, nos termos do art. 23, da Circular BC nº 3.857/2017.

for apresentada ainda em fase de apuração ou antes desta, o Colegiado considerará a natureza e as circunstâncias da infração a fim de avaliar a conveniência da celebração do Termo de Compromisso, em comparação com os benefícios de eventual celebração de acordo de leniência, podendo determinar o sigilo do procedimento até o julgamento do processo administrativo sancionador (art. 86, §2º, da Instrução CVM nº 607/2019).

No BC, quanto à forma da proposta de acordo de leniência, esta deve ser realizada por meio físico[750] ou eletrônico, sempre por escrito (ou seja, não pode ser oral), destinada ao Chefe do Departamento de Riscos Corporativos e Referências Operacionais.[751] O regulamento também dispõe que, enquanto não implantado o protocolo eletrônico de acordo administrativo em processo de supervisão, o proponente deverá submeter a proposta por meio físico, protocolada em qualquer praça em que houver representação do BC, em envelope lacrado e claramente identificado com os termos "Proposta de Acordo Administrativo em Processo de Supervisão – Confidencial" (art. 80, §1º, da nova Circular BC nº 3.857). Em que pese essa determinação, após a implantação do protocolo eletrônico, o proponente somente poderá submeter a proposta por este meio, observando as instruções contidas no sítio eletrônico do BC (art. 80, §2º, nova Circular BC nº 3.857).

Por sua vez, quanto ao conteúdo da proposta de acordo de leniência, exige-se no BC que ela contenha: (i) a qualificação completa do proponente e a descrição detalhada da infração noticiada, incluindo a sua duração conhecida, a identificação dos seus autores e a relação das informações e documentos que serão apresentados para comprovar a veracidade dos fatos narrados; (ii) a indicação de um único representante e do seu meio de contato, para os fins previstos no §6º do art. 83-A, inclusive se a proposta for apresentada por conjunto de pessoas; e (iii) a informação sobre a apresentação de proposta de acordo acerca da

---

[750] Art. 80, §§1º e 2º, da nova Circular BC nº 3.857/2017 (alterado pela Circular nº 3.910/2018): "Enquanto não implantado o protocolo eletrônico de acordo administrativo em processo de supervisão, o proponente deverá submeter a proposta por meio físico, protocolada em qualquer praça em que houver representação do Banco Central do Brasil em envelope lacrado e claramente identificada com os termos 'PROPOSTA DE ACORDO ADMINISTRATIVO EM PROCESSO DE SUPERVISÃO – CONFIDENCIAL'" (§1º); "Após a implantação do protocolo eletrônico de acordo administrativo em processo de supervisão, o proponente somente poderá submeter a proposta por esse meio, observando as instruções contidas no sítio eletrônico do Banco Central do Brasil" (§2º).

[751] A informação sobre o destinatário da proposta consta do site do BC (Pergunta 1 – Como encaminhar?), mas não na Circular BC nº 3.857/2017. Disponível em: https://www.bcb.gov.br/estabilidadefinanceira/supervisao_aps. Acesso em: 9 set. 2020.

mesma infração a outra autoridade, caso tenha ocorrido e desde que não haja vedação para tanto.

Por sua vez, na CVM, a Instrução CVM nº 607/2019 indica que a proposta somente poderá ser apresentada por escrito, o que veda propostas orais, semelhantemente ao previsto no BC. Quanto ao procedimento da proposta, a alteração trazida pela Instrução nº 624/2020, que alterou o inciso I do art. 94 da Instrução CVM nº 607/2019 trouxe maior dinamismo à negociação, permitindo propostas eletrônicas (sobretudo no contexto de pandemia). Anteriormente, a proposta só poderia ser apresentada em envelope lacrado e claramente identificado com os termos "Proposta de Acordo de Supervisão" e "sigiloso". Com a alteração, a proposta também poderá ser apresentada ao Comitê de Acordo de Supervisão (CAS) via correspondência eletrônica, destinada ao endereço institucional do CAS, em que conste como assunto "Proposta de Acordo de Supervisão – Sigiloso" (art. 94, I, da Instrução CVM nº 607/2019).

A proposta de acordo na CVM deve conter: (i) a qualificação completa do proponente; (ii) o detalhamento da infração noticiada; (iii) a sua duração estimada; (iv) a identificação dos seus autores; (v) as informações e documentos capazes de comprovar a veracidade de suas alegações; e (vi) o endereço eletrônico do proponente ou de seu representante legal, para comunicações e recebimento de intimações (art. 94, II e III, da Instrução CVM nº 607/2019). Ademais, se houver outras propostas de acordo apresentadas para outras autoridades, a CVM prevê que deverá ser informada, desde que não haja vedação para tanto (art. 93, §1º, da Instrução CVM nº 607/2019).

Para que seja possível iniciar a negociação, a autoridade deverá analisar a disponibilidade da proposta, nos termos do art. 30, III, da Lei nº 13.506/2017. Isso significa que o BC e a CVM devem analisar a existência, ou não, de provas suficientes para assegurar a condenação do proponente (vide este cap. 3, item 3.2.3, *supra*).

Ademais, apesar de um dos requisitos do acordo de leniência ser que a empresa seja a primeira a se qualificar com respeito à infração noticiada ou sob investigação (art. 30, §2º, I, da Lei nº 13.506/2017) (conforme detalhado *supra*, neste cap. 3, item 3.2.1), ainda assim foi aberta a possibilidade de celebração de acordo de leniência no SFN com as empresas que não tiveram tal primazia (art. 30, §4º, da Lei nº 13.506/2017) (vide hipótese de leniência parcial "Específica SFN" no BC e na CVM, neste cap. 3, item 3.3.3, *supra*). Nesse caso, como o BC e a CVM irão gerenciar todas as propostas?

No BC, o art. 83-A da nova Circular BC nº 3.857/2017 (alterada pela Circular nº 3.910/2018) definiu que será negociada a primeira proposta antes de todas as demais (§1º) e na ordem em que forem recebidas, considerando a data e hora do protocolo (§2º). Por sua vez, a Instrução CVM nº 607/2019 prevê que, caso seja recebida mais de uma proposta de acordo de leniência, as propostas serão apreciadas, observada a ordem em que forem recebidas por escrito (arts. 93, §3º, 94, *caput*, da Instrução CVM nº 607).

Assim, apesar de não previsto nas respectivas regulamentações, é possível que o BC e a CVM sigam as melhores práticas já adotadas pelo Cade e elaborem "Termos de *Marker*", para os proponentes com primazia, e "Termos de Fila de Espera", para aqueles que não forem os primeiros e que estiverem aguardando as negociações anteriores. Essa medida é adequada para promover a segurança jurídica no que se refere à manutenção do sigilo dessas informações, nos termos dos arts. 30, §1º, e 31, §1º, da Lei nº 13.506/2017. No entanto, como as negociações no BC e na CVM possuem prazos, previstos no art. 84-A da nova Circular BC nº 3.857/2017 (alterada pela Circular nº 3.910/2018) e no art. 96, §1º, da Instrução CVM nº 607/2019, respectivamente, é possível que as autarquias não elaborem tais documentos nas primeiras negociações, a fim de evitar possíveis questionamentos judiciais. A CVM previu, inclusive, a possibilidade de elaboração de termo com a informação a respeito do conhecimento prévio ou não da infração noticiada (art. 96, §1º, da Instrução CVM nº 607/2019).

No BC, uma vez recebida a proposta de acordo de leniência, há o prazo de 15 (quinze) dias para apurar: (i) se há outra proposta sobre os mesmos fatos; (ii) se há conhecimento prévio da infração notificada; e (iii) se há provas suficientes para assegurar a condenação administrativa das pessoas físicas (art. 83-A, I, da nova Circular BC nº 3.857, alterada pela Circular nº 3.910/2018). Se já houver outra proposta sobre os mesmos fatos (inciso I), o proponente deverá ficar em fila de espera. Se já houver conhecimento prévio da infração noticiada, sem outra proposta sobre os mesmos fatos (inciso II), o proponente será encaminhado para uma leniência parcial. Por fim, se o BC já tiver provas suficientes para assegurar a condenação administrativa das pessoas físicas e jurídicas envolvidas (inciso III), a proposta será liminarmente rejeitada (art. 83-A, §5º, da nova Circular BC nº 3.857, alterada pela Circular nº 3.910/2018). Trata-se, assim, da chamada "fase de qualificação", nos termos definidos no art. 82-A, inciso I, da nova Circular BC nº 3.857/2017 (alterada pela Circular nº 3.910/2018).

Ressalte-se que essa análise da qualificação da proposta será sempre realizada de forma apartada do processo de supervisão do BC, de forma a sempre manter a confidencialidade das informações e dos documentos apresentados pelo proponente (art. 82-A, §3º, da nova Circular BC nº 3.857, alterada pela Circular nº 3.910/2018). Uma vez feita essa análise da proposta, que deverá ser realizada no prazo de 15 (quinze) dias, o BC comunicará o proponente sobre sua qualificação ou rejeição liminar (art. 83-A, §6º, da nova Circular BC nº 3.857, alterada pela Circular nº 3.910/2018).

No caso da CVM, o art. 96 da Instrução CVM nº 607/2019 prevê que compete ao Comitê de Acordo de Supervisão (CAS) o julgamento prévio da admissibilidade da proposta, considerando o preenchimento ou não dos requisitos do acordo de leniência. Trata-se de análise semelhante à "fase de qualificação" do BC, denominada na CVM como "fase de admissibilidade da proposta". Esse juízo de admissibilidade deve ser realizado pelo CAS em 30 (trinta) dias, prorrogáveis por igual período. No momento dessa decisão, o CAS fixará prazo para a assinatura do acordo de leniência ou para o aperfeiçoamento da proposta.

Quanto à confidencialidade, o art. 30, §1º, da Lei nº 13.506/2017 determina que a proposta permanecerá em sigilo, tanto no BC quanto na CVM, até que o acordo seja celebrado. Sobre a obrigação do BC e da CVM de comunicar ao Ministério Público a existência de crimes e das propostas, remete-se a este cap. 3, item 3.3.4, *supra*.

Por fim, deve-se esclarecer que, no BC, a apresentação de proposta de acordo de leniência não obstará: (i) a tramitação do processo administrativo sancionador já instaurado para a apuração das condutas narradas na proposta; e (ii) a instauração de processo administrativo sancionador para a apuração das condutas narradas na proposta, desde que resultante de elementos identificados no curso regular da atividade de supervisão do BC (art. 21 da nova Circular BC nº 3.857, alterada pela Circular nº 3.910/2018). Na CVM, a proposta de acordo tampouco obstará a tramitação do processo administrativo sancionador que, porventura, tenha sido instaurado anteriormente para a apuração das condutas narradas na proposta (art. 93, §4º, da Instrução CVM nº 607/2019).

3.4.2 Fase 2: a negociação dos termos do acordo de leniência no Sistema Financeiro Nacional e a elaboração do histórico da conduta

Uma vez aceita a proposta de acordo, dá-se início à fase 2, de negociação do acordo de leniência em si. No BC, essa transição da "fase de qualificação" para a "fase de negociação" foi expressamente prevista no art. 82-A da nova Circular BC nº 3.857/2017 (alterada pela Circular nº 3.910/2018). Na CVM, essa transição da "fase de admissibilidade da proposta" para a "fase de negociação" consta do art. 96 da Instrução CVM nº 607/2019.

No BC, a "fase de negociação" está regulamentada no art. 84-A da nova Circular BC nº 3.857/2017 (alterada pela Circular nº 3.910/2018). Durante essa fase, o proponente deve apresentar as informações e os documentos que formarão o Histórico de Conduta, consistente em documento que tem o propósito de consubstanciar toda a colaboração por escrito. O Histórico da Conduta deve conter, nos termos do art. 89 da nova Circular BC nº 3.857/2017 (alterada pela Circular nº 3.910/2018), no mínimo: (i) a exposição detalhada de fatos relativos à infração noticiada; (ii) a identificação dos demais envolvidos na prática da infração e o detalhamento da participação de cada um, quando couber; (iii) outras disposições que, diante das circunstâncias do caso concreto, forem reputadas necessárias; e (iv) lista com todas as informações e os documentos, fornecidos pelo signatário do acordo administrativo em processo de supervisão, que comprovem a prática da infração noticiada. Ao Histórico da Conduta é conferido tratamento reservado e restrito (§3º do art. 31 da Lei nº 13.506/2017 c/c art. 89, parágrafo único, da nova Circular BC nº 3.857, alterada pela Circular nº 3.910/2018).

Toda a negociação deve ser conduzida pelo BC no prazo de 90 dias, a contar da comunicação ao proponente da sua qualificação. O prazo é prorrogável por mais 90 dias, mediante decisão fundamentada (art. 84-A, parágrafo único, da nova Circular BC nº 3.857, alterada pela Circular nº 3.910/2018). Essa fase termina com a decisão colegiada do Coaps sobre a celebração ou não do acordo (art. 30, §7º, da Lei nº 13.506/2017 c/c Portaria BC nº 103.362/2019).

No caso da CVM, o CAS fixará prazo para a assinatura do acordo ou para aperfeiçoamento da proposta (art. 96, §1º, da Instrução CVM nº 607/2019). Durante a negociação, o CAS poderá assessorar-se da Procuradoria Federal Especializada da CVM (PFE) ou solicitar informações a qualquer outro componente organizacional da CVM na negociação da proposta, devendo o sigilo da proposta ser mantido por todos aqueles que vierem a ter conhecimento dela (art. 96, §3º, da Instrução CVM nº 607/2019). Deve-se observar que, nos termos do art. 98, parágrafo único, da Instrução CVM nº 607/2019, o prazo total fixado pelo CAS não poderá ultrapassar 180 dias, contados da data de recebimento da proposta. O decurso desse prazo implicará a rejeição da proposta de acordo de leniência (art. 96, §4º, da Instrução CVM nº 607/2019). Assim, a depender da complexidade da proposta, ou do volume de informações a ser processado, o CAS poderá fixar prazo maior ou menor.

O Histórico da Conduta na CVM, por sua vez, nos termos previstos no art. 97, da Instrução CVM nº 607/2019, também deve conter, no mínimo: (i) a exposição detalhada dos fatos relativos à infração noticiada; (ii) a identificação dos demais envolvidos na prática da infração e o detalhamento da participação de cada um, quando couber; (iii) outras disposições que, diante das circunstâncias do caso concreto, forem reputadas necessárias; e (iv) lista com todas as informações e os documentos, fornecidos pelo signatário do acordo administrativo em processo de supervisão, que comprovem a prática da infração noticiada.

Até o presente momento não há modelo público de Histórico da Conduta do BC ou da CVM, o que poderia ser uma prática bastante interessante, a fim de atrair novos proponentes e de promover transparência, previsibilidade e segurança jurídica aos administrados (vide cap. 1, item 1.2.3, *supra*).

3.4.3 Fase 3: a tomada de decisão colegiada sobre a assinatura do acordo de leniência no Sistema Financeiro

Concluída a fase de negociação, a decisão pela celebração ou não do acordo de leniência será tomada por órgão colegiado (art. 30, §7º, da Lei nº 13.506/2017).

No BC, a decisão colegiada sobre a celebração ou não do acordo é realizada pelo Coaps (Portaria BC nº 103.362/2019). As reuniões, que não são públicas, são realizadas de forma presencial ou por meio eletrônico (art. 4º, §§1º e 2º, da Portaria nº 103.362/2019). A presidência do Coaps deve providenciar ambiente físico e digital para a recepção de propostas e para a realização de reuniões, de forma compatível com a preservação do sigilo das propostas e das informações nelas constantes. Ademais, no BC, em conjunto com o termo do acordo, também é assinado um Histórico da Conduta (art. 89-A da nova Circular BC nº 3.857, alterada pela Circular nº 3.910/2018).

Na CVM, por sua vez, a decisão colegiada é tomada pelo CAS, em reunião restrita, o qual deve aceitar, ou não, a proposta de acordo de leniência (art. 98, *caput*, da Instrução CVM nº 607/2019). Para embasar essa decisão, o CAS deve levar em consideração, além da avaliação de utilidade do acordo de leniência (conforme art. 92, I e II, da Instrução CVM nº 607/2019), os seguintes elementos:

(i) a oportunidade e a conveniência na celebração do acordo;

(ii) a natureza e a gravidade das infrações informadas;[752]

(iii) a cessação do envolvimento na infração noticiada ou sob apuração a partir da data de propositura;

(iv) a quantidade e a qualidade das informações prestadas, que devem comprovar a infração e identificar os demais envolvidos; e

(v) a ausência de provas suficientes para assegurar a condenação do proponente.

O termo do acordo de leniência no BC, no qual serão fixadas as condições necessárias para assegurar a efetividade da colaboração do proponente e a utilidade para o processo administrativo sancionador, deve conter, nos termos do art. 87 da nova Circular BC nº 3.857/2017 (alterada pela Circular nº 3.910/2018):

(i) qualificação completa dos signatários;

(ii) exposição sucinta dos fatos relativos à infração noticiada;

(iii) confissão expressa da participação do signatário no ilícito;

(iv) declaração do signatário no sentido de que cessou seu envolvimento na infração noticiada ou sob investigação;

(v) declaração do signatário no sentido de que as informações e os documentos, constantes no histórico de conduta, por ele fornecidos são verdadeiros;

(vi) obrigações do signatário de:

(a) apresentar ao BC todas e quaisquer informações, documentos ou outros materiais de que detenha a posse, custódia ou controle, capazes de comprovar a infração

---

[752] Em setembro de 2018, uma proposta conjunta de Termos de Compromisso, apresentada pela JBS, foi rejeitada pelo colegiado da CVM, por haver impedimento jurídico à celebração dos acordos, em razão da gravidade das condutas irregulares dos proponentes no mercado de capitais (*insider trading*) (PAS nº 19957.005388/2017-11, 19957.005390/2017-90 e 19957.001225/2018-40). Nos dois primeiros casos, a Superintendência de Processos Sancionadores (SPS) e a Procuradoria Federal Especializada da CVM (PFE) haviam se posicionado pela condenação dos proponentes; no terceiro, o CTC baseou-se no relatório produzido pela SPS para sustentar a recomendação de rejeição das propostas (BRASIL. Comissão de Valores Mobiliários. *Rejeitada proposta conjunta de Termo de Compromisso de processos envolvendo JBS*. 2018. Disponível em: http://www.cvm.gov.br/noticias/arquivos/2018/20180926-2.html. Acesso em: 2 dez. 2018).

noticiada ou sob investigação, inclusive aquelas de que vier a ter conhecimento no curso das investigações;

(b) cooperar plena e permanentemente com as investigações e com o processo administrativo sancionador relacionado à infração relatada;

(c) comparecer, quando solicitado, sob suas expensas, a todos os atos processuais até a decisão final sobre a infração noticiada; e

(d) comunicar ao BC toda e qualquer alteração dos dados constantes no instrumento do acordo, inclusive os qualificadores;

(vii) advertência de que o não cumprimento, pelo signatário, das obrigações previstas no acordo, inclusive no que diz respeito à veracidade das informações e dos documentos constantes no Histórico de Conduta, resultará em perda dos benefícios a ele inerentes, inclusive com relação à redução ou à extinção de penalidades; e

(viii) os benefícios concedidos ao signatário.

Na CVM, por sua vez, o art. 101 da Instrução CVM nº 607/2019 determina que o termo do acordo de leniência deve conter as condições necessárias para assegurar a efetividade da colaboração e o resultado útil do processo, compreendendo as seguintes cláusulas e condições:

(i) qualificação completa dos signatários e de seus representantes legais, incluindo nome, denominação ou razão social, documento de identidade, CPF ou CNPJ, endereço completo, telefone e endereço eletrônico;

(ii) qualificação do representante legal com poderes para receber intimações durante o curso do processo administrativo;

(iii) indicação de endereço eletrônico por onde as intimações podem ser efetivadas;

(iv) exposição dos fatos relativos à infração noticiada, com a identificação de seus autores e a duração da infração noticiada ou sob investigação;

(v) confissão expressa da participação do signatário do acordo de supervisão no ilícito;

(vi) declaração do signatário do acordo de supervisão de que cessou seu envolvimento na infração noticiada ou sob apuração;

(vii) declaração do signatário do acordo de supervisão de que as informações e os documentos, constantes no histórico de conduta, por ele fornecidos são verdadeiros;

(viii) obrigações do signatário do acordo de supervisão, incluindo:

(a) apresentar à CVM e a eventuais outras autoridades signatárias do acordo de supervisão todas e quaisquer informações, documentos ou outros materiais de que tenha posse e que sejam capazes de comprovar a infração noticiada ou sob apuração;

(b) apresentar à CVM e a eventuais outras autoridades signatárias do acordo de supervisão todas e quaisquer novas informações, documentos ou outros materiais relevantes de que venha a ter conhecimento no curso das apurações;

(c) apresentar todas e quaisquer informações, documentos ou outros materiais relacionados à prática relatada, sempre que solicitado pela CVM e por eventuais outras autoridades signatárias do acordo de supervisão no curso das apurações;

(d) cooperar plena e permanentemente com as apurações e com o processo administrativo relacionado à infração relatada, a ser conduzido pela CVM e eventuais outras autoridades signatárias do acordo de supervisão;

(e) comparecer, quando solicitado, sob suas expensas, a todos os atos processuais até a decisão final da CVM sobre a infração noticiada;

(f) comunicar à CVM e a eventuais outras autoridades signatárias do acordo de supervisão toda e qualquer alteração de dados constantes do instrumento de acordo de supervisão; e

(g) portar-se com honestidade, lealdade e boa-fé durante o cumprimento dessas obrigações;

(ix) disposição de que o não cumprimento, pelo signatário, das obrigações previstas no acordo de supervisão resulta em perda do benefício com relação a multas e outras sanções;

(x) declaração da CVM de que o signatário do acordo de supervisão foi o primeiro a se qualificar com respeito à infração noticiada ou sob investigação, conforme o caso;

(xi) declaração da CVM de que não dispunha de provas suficientes para assegurar a condenação das pessoas naturais e jurídicas envolvidas na infração noticiada no momento da propositura do acordo de supervisão;

(xii) declaração da CVM a respeito de seu conhecimento prévio, ou não, sobre a infração noticiada, no momento da propositura do acordo de supervisão; e

(xiii) outras obrigações que, diante das circunstâncias do caso concreto, forem reputadas necessárias. As condições do acordo de leniência assinado com a CVM não podem ser alteradas, salvo por nova deliberação do CAS, mediante requerimento da parte interessada ou para correção de erros materiais (art. 100, parágrafo único, da Instrução CVM nº 607/2019).

Até o momento também não há modelo público de acordo de leniência do BC ou da CVM, o que poderia ser uma prática bastante interessante, a fim de atrair novos proponentes e de promover transparência, previsibilidade e segurança jurídica aos administrados (novamente vide cap. 1, item 1.2.3, *supra*).

Quanto à efetiva assinatura do acordo de leniência, surge uma dúvida operacional. Quem será o representante das autarquias para a assinatura deste instrumento? No BC, a assinatura caberá ao presidente do Coaps, nos termos do art. 23, XLII, "b", do Regimento Interno do BC c/c o art. 2º da Portaria BC nº 103.362/2019. No caso da Instrução CVM nº 607/2019, o acordo será lavrado pelos membros do CAS e pelas partes interessadas (art. 100 da Instrução CVM nº 607/2019).

3.4.4 Fase 4: a publicização obrigatória do acordo de leniência

Diante dos já mencionados questionamentos levantados sobre a medida provisória com relação ao possível sigilo do acordo de leniência,[753] o art. 31 da Lei nº 13.506/2017 disciplinou que o acordo de

---

[753] A redação da Medida Provisória nº 784, que foi alvo de inúmeras críticas, era a seguinte: "A proposta de acordo de leniência somente se tornará pública após a efetivação do respectivo

leniência será publicado, de forma clara e suficiente para a compreensão de suas cláusulas, no sítio eletrônico do BC e da CVM, no prazo de cinco dias, contados de sua assinatura. Procedimento semelhante é exigido quando da assinatura de um Termo de Compromisso (art. 13, da Lei nº 13.506/2017, para o BC, e art. 11, §7º, da Lei nº 6.385/1976, para a CVM), conforme detalhado neste cap. 3, item 3.5, *infra*.

Essa obrigatoriedade de publicizar o acordo de leniência faz com que, ao procurar a autoridade competente, o proponente já saiba que estará exposto à mídia e a eventuais ações cíveis e criminais em cinco dias após a celebração do acordo de leniência. Caso a infração tenha sido cometida por vários agentes econômicos, aquele que colaborou poderá sofrer repercussões criminais (vide este cap. 3, item 3.3.4, *supra*) e cíveis (vide este cap. 3, item 3.3.5, *supra*), além de danos à sua figura, antes dos demais coautores, o que pode trazer repercussões negativas para a atratividade do programa de leniência no SFN. Por isso é importante que o BC e a CVM criem mecanismos para minimizar esses efeitos nefastos.

Um sinal de que esse fator pode estar levando à ausência de atratividade de colaboradores ao programa de leniência no SFN pode ser o fato de que, não obstante a Lei nº 13.506 tenha sido promulgada em 2017, nenhum APS foi firmado pelo BC ou pela CVM até meados de 2020.[754]

Nesse contexto, algumas dúvidas iniciais podem surgir: o que significa ser publicado "de forma clara e suficiente"? A identidade do signatário do acordo será pública? Não necessariamente. O art. 31 da Lei nº 13.506/2017 determina que o próprio termo de acordo de leniência será publicado, incluindo as suas cláusulas. Isso não impede, porém, que o BC ou a CVM interpretem o artigo legal no sentido da possibilidade de disponibilizarem uma versão tarjada do acordo de leniência, com a exclusão do nome do signatário, mas com as demais cláusulas públicas. Essa seria uma medida bastante adequada, uma vez que preservaria a identidade do colaborador e não o colocaria em uma posição mais prejudicial do que a dos demais coautores. Inclusive, nos termos do art. 102, parágrafo único, da Instrução CVM nº 607/2019, a autarquia prevê que a publicação, que ocorrerá no prazo de cinco dias contados de sua assinatura, não conterá informações sobre a identidade dos signatários do acordo de leniência.

---

acordo, exceto no interesse das investigações e do processo administrativo sancionador".

[754] Para fins de comparação, ressalta-se que 32 Termos de Compromisso foram firmados pelo BC, e 174, pela CVM, desde a promulgação da Lei nº 13.506/2017até a publicação desta edição, conforme será visto no item 3.5.

Outra dúvida é a seguinte: as informações e documentos apresentados pelos signatários, consolidados no Histórico da Conduta, também serão publicizados, juntamente com o próprio acordo de leniência? Isso não deve ocorrer, pois essa publicidade extrapolaria o que é exigido no art. 31 da Lei nº 13.506/2017, que determina a publicidade do acordo. As informações e os documentos que estejam consolidados no Histórico da Conduta devem ter tratamento reservado e de acesso restrito, nos termos do art. 31, §3º, da Lei nº 13.506/2017, sendo o mesmo entendimento aplicado aos documentos apresentados pelos proponentes, já que estes também são elementos probatórios resultantes da celebração do acordo, e não o acordo em si.

No BC, essa previsão ficou expressa no art. 89-A, parágrafo único, da nova Circular BC nº 3.857/2017 (alterada pela Circular nº 3.910/2018). A CVM, por sua vez, enfrentou algumas dessas preocupações em sua Instrução CVM nº 607/2019, prevendo explicitamente que o acordo de leniência será publicado "de forma clara e suficiente para compreensão de suas cláusulas" no *site* da CVM, até 5 dias após sua assinatura. Assim, o sigilo do acordo, do Histórico da Conduta, dos documentos e informações apresentados e da identidade dos signatários deverá ser mantido até o julgamento do processo administrativo relacionado (art. 102 da Instrução CVM nº 607/2019). Tal sigilo poderá ser flexibilizado apenas nos casos em que for necessário conceder acesso aos demais representados, para fins de exercício dos direitos ao contraditório e à ampla defesa (art. 103, §2º, I, da Instrução CVM nº 607/2019), salvo quando tratar-se de documentos e informações comercialmente sensíveis do signatário (art. 103, §1º, da Instrução CVM nº 607/2019).

Diante do exposto, e a fim de minimizar os efeitos nefastos dessa publicidade obrigatória na atratividade do programa de leniência no SFN, entendo que o BC e a CVM, quando couber, podem adotar alguns procedimentos internos:

(i) Ao dar publicidade ao acordo de leniência, nos termos do art. 31 da Lei nº 13.506/2017, disponibilizar apenas o termo em si, incluindo as suas cláusulas, mas não o nome do signatário, nem os anexos e os apartados que contenham informações e documentos sobre a infração noticiada ou sob investigação, notadamente o Histórico da Conduta e seus documentos comprobatórios;

(ii) Ao dar publicidade ao acordo de leniência, nos termos do art. 31 da Lei nº 13.506/2017, instaurar, concomitantemente – de preferência no mesmo dia –, o processo administrativo de supervisão em face dos demais coautores (quando houver coautores e se o processo ainda não tiver sido instaurado), a fim de que todos sejam afetados de forma isonômica pela publicização, não prejudicando, de forma excessiva, apenas o colaborador signatário do acordo de leniência;

(iii) Caso a infração administrativa reportada pelo proponente também seja crime, que o BC e a CVM articulem-se com o Ministério Público, ainda durante a negociação, para um possível acordo de colaboração premiada. Assim, a publicização não tornará os colaboradores do acordo de leniência alvos prioritários da persecução do Ministério Público (vide este cap. 3, item 3.3.4. *supra*).

(iv) Ainda, como possivelmente haverá repercussões cíveis, o BC e a CVM também podem se articular com o Ministério Público para que o signatário inicie tratativas para a reparação dos danos sociais passíveis de Ação Civil Pública (Lei nº 7.347/1985) (vide este cap. 3, item 3.3.5. *supra*).

3.4.5 Fase 5: a declaração de cumprimento do acordo de leniência

Depois de celebrado e publicizado o acordo de leniência, este instruirá processo administrativo de supervisão no âmbito do BC ou da CVM. Isso significa que o acordo de leniência será a peça inicial – ou uma das peças iniciais mais relevantes – do processo administrativo que será instruído no âmbito do BC e da CVM.

No BC, cabe ao presidente do Coaps remeter o processo ao Departamento de Resolução e Ação Sancionadora (Derad), para acompanhamento e adoção das providências cabíveis, e à unidade competente para supervisionar a instituição quanto ao tema do acordo (art. 3º, IV, da Portaria BC nº 103.362/2019).[755]

Na CVM, o cumprimento das obrigações assumidas no acordo será fiscalizado, em coordenação com o CAS, pela Superintendência de Processos Sancionadores (SPS) ou pela superintendência responsável por avaliar o mérito do processo, caso ainda não tenha sido instaurado

---

[755] Art. 3º, IV, da Portaria BC nº 103.362/2019: "Compete ao Presidente do Coaps: (...) IV - remeter o processo que tiver resultado na celebração do APS ao Departamento de Resolução e Ação Sancionadora (Derad), para acompanhamento e adoção das providências cabíveis, e à unidade competente para supervisionar a instituição quanto ao tema objeto do APS".

CAPÍTULO 3
LENIÊNCIA NO SISTEMA FINANCEIRO NACIONAL | 437

processo administrativo sancionador (art. 104 da Instrução CVM nº 607/2019). Para tanto, o Relator do processo administrativo sancionador, previamente à inclusão do processo em pauta de julgamento, solicitará ao CAS relatório circunstanciado a respeito do cumprimento das obrigações pelo signatário (art. 105 da Instrução CVM nº 607/2019).

Ao final do processo administrativo sancionador, caberá à autoridade declarar o cumprimento, ou não, do acordo. Nesse momento, as autarquias deverão avaliar, nos termos do art. 32 da Lei nº 13.506/2017, cumulativamente, os seguintes elementos: (i) o atendimento às condições estipuladas no acordo; (ii) a efetividade da cooperação prestada; e (iii) a boa-fé do infrator quanto ao cumprimento do acordo.[756] A CVM especifica que essa avaliação deve considerar a colaboração individual de cada um dos signatários (art. 106, parágrafo único, da Instrução CVM nº 607/2019).

Conforme se pode notar, a avaliação prevista no inciso I é objetiva e consiste na análise de cumprimento, ou não, das cláusulas do próprio acordo de leniência. Por sua vez, a avaliação dos incisos II[757] e III contém uma maior carga de subjetividade e de discricionariedade administrativa, de modo que o BC e a CVM deverão estar atentos para propor, por meio de dispositivos infralegais ou de suas primeiras decisões, critérios que promovam transparência, previsibilidade e segurança jurídica aos administrados.

Caso seja declarado cumprido o acordo, o signatário obterá todos os benefícios administrativos já mencionados (vide este cap. 3, item 3.3.1, *supra*), havendo a extinção da ação ou a aplicação de um fator de redução da pena. Relembre-se que, quando o acordo é celebrado, ocorre somente a definição do fator de redução da pena, e não da(s) pena(s) em si, sendo esta calculada apenas no momento da declaração de cumprimento ou descumprimento do acordo de leniência e, se for o caso, da confirmação de seus benefícios. Isso é positivo para a investigação, na medida em que os signatários serão penalizados no mesmo momento que os demais coautores, evitando que a negociação da pena seja feita no contexto da negociação geral do acordo, o que

---

[756] Cf. também art. 106 da Instrução CVM nº 607/2019.

[757] Quanto à efetividade da cooperação prestada (art. 32, II, da Lei nº 13.506/2017), entendo que a análise nada mais é do que a confirmação de um dos requisitos do acordo de leniência, que é o de que a cooperação resulte em utilidade para o processo, em especial na identificação dos demais envolvidos, quando couber, e na obtenção de informações e documentos que comprovem a infração (item 3.2.6, *supra*).

poderia causar maiores entraves à própria colaboração dos signatários do acordo de leniência.

Por outro lado, caso seja declarado o descumprimento do acordo de leniência, o signatário perderá os benefícios previstos no art. 30 da Lei nº 13.506/2017 (art. 92 da nova Circular BC nº 3.857, alterada pela Circular nº 3.910/2018, e art. 108 da Instrução CVM nº 607/2019) e ficará impedido de celebrar novo acordo de leniência pelo prazo de três anos, contados do momento do conhecimento, pelo BC ou pela CVM, do descumprimento do acordo (art. 32, §§1º e 2º, da Lei nº 13.506/2017).

Destaque-se que a redação do §2º do art. 32 da Lei nº 13.506/2017 deve ser lida como "contado a partir da declaração do descumprimento" e não "a partir do conhecimento do descumprimento", já que é o próprio BC e a própria CVM que, em decisões formais, vão avaliar se houve, ou não, descumprimento. No caso da CVM, o art. 108 da Instrução CVM nº 607/2019 indica que tal declaração poderá ser feita tanto pelo CAS, após fiscalização pela SPS (nos termos do art. 104 da Instrução CVM nº 607/2019), quanto pelo Colegiado da CVM. Assim, não há critérios objetivos para definir o que se chama de "conhecimento do descumprimento", o que gera maior insegurança jurídica.

3.4.6 Da desistência ou da rejeição da proposta de acordo de leniência no Sistema Financeiro

A qualquer momento antes da assinatura do acordo de leniência, os proponentes podem desistir da proposta no BC e na CVM (art. 82-A, §1º, da nova Circular BC nº 3.857, alterada pela Circular nº 3.910/2018, e art. 95 da Instrução CVM nº 607/2019). Igualmente, o BC e a CVM também poderão rejeitar a proposta. O BC esclarece que o não atendimento às determinações da autarquia, no tempo e no modo estabelecidos, e aos requisitos legais e regulamentares implicará a rejeição liminar da proposta de acordo de leniência (art. 82-A, §2º, da Circular BC nº 3.857/2017). Não há dispositivo similar na regulamentação da CVM. Em ambos os casos (tanto na desistência quanto na rejeição), não se considerará que houve confissão quanto à matéria de fato, nem reconhecimento de ilicitude da conduta analisada, da qual não se fará qualquer divulgação (art. 31, §1º, da Lei nº 13.506/2017).

Em caso de rejeição ou de desistência, os documentos serão devolvidos ao proponente ou descartados (art. 3º, III, da Portaria BC nº 99.323/2018 e art. 99 da Instrução CVM nº 607/2019). A fim de dar segurança jurídica aos administrados, seria importante que o BC e a CVM detalhassem, por exemplo, em Guia, quais são os procedimentos internos a serem realizados nessa hipótese de devolução/descarte de documentos. Isso porque, nesses casos, é vedado o uso dos referidos documentos para fins de responsabilização, exceto quando a Administração Pública federal tiver conhecimento deles por meio independente da proposta do acordo administrativo em processo de supervisão. No BC, já se avançou no sentido de especificar que a obrigação de devolução ou descarte dos documentos e informações é do presidente do Coaps, que é o Chefe do Deris (art. 3º, III, da Portaria BC nº 103.362/2019).[758] Assim, é imprescindível que as negociações do acordo no âmbito do BC e da CVM sejam mantidas em sigilo, justamente para que não haja qualquer prejuízo àqueles proponentes que não foram exitosos em sua negociação (art. 30, §1º, da Lei nº 13.506/2017).

3.5 Leniência e Termo de Compromisso no Sistema Financeiro Nacional

Ao passo que as disposições relativas aos acordos de leniência, trazidas pela Lei nº 13.506/2017, são aplicáveis tanto ao BC quanto à CVM, as disposições sobre o Termo de Compromisso trazidas por essa mesma Lei nº 13.506/2017 aplicam-se somente ao BC.

Segundo o BC, o Termo de Compromisso é um instrumento alternativo ao processo administrativo sancionador, por meio do qual a instituição financeira ou ente regulado pelo BC se compromete a cessar a prática de determinados atos, a corrigir as irregularidades, a indenizar prejuízos e a recolher contribuição pecuniária.[759]

Nos termos do art. 11, *caput*, da Lei nº 13.506/2017, o BC poderá celebrar Termo de Compromisso com o investigado, conforme juízo de conveniência e oportunidade devidamente fundamentado e pautado no interesse público, deixando de instaurar ou suspendendo o processo administrativo destinado à apuração da infração. Essas regras estão incluídas no capítulo II da Lei nº 13.506/2017, que dispõe sobre o processo administrativo sancionador exclusivamente na esfera do BC.[760] Desde

---

[758] Art. 3º, III, da Portaria BC 103.362: "Compete ao Presidente do Coaps: (...) III - providenciar a devolução ou o descarte dos documentos e das informações constantes da proposta de acordo administrativo em processo de supervisão (APS) ao proponente, nos casos em que não for alcançado o acordo, nos termos da regulamentação em vigor;".

[759] Banco Central. Disponível em: https://www.bcb.gov.br/estabilidadefinanceira/processossfn. Acesso em: 9 set. 2020.

[760] Em relação aos acordos de leniência, as disposições do referido Capítulo II são aplicáveis à CVM, pois, no art. 34 da Lei nº 13.506/2017 (inserido no Capítulo III, que trata do processo administrativo sancionador na esfera de atuação da CVM), há previsão expressa de que,

a entrada em vigor da Lei nº 13.506/2017, o BC firmou um Termo de Compromisso em 2018, vinte em 2019, vinte e dois em 2020 e outros três até fevereiro de 2021, totalizando 46 TCs.[761] [762]

Por sua vez, os Termos de Compromisso já existiam na CVM, disciplinados pelo art. 11, §5º, da Lei nº 6.385/1976.[763] Esse dispositivo teve sua redação alterada pelo art. 35 da Lei nº 13.506/2017[764] e, segundo seus novos termos, se o investigado assinar Termo de Compromisso, a CVM poderá, após análise de conveniência e oportunidade e avaliação do interesse público, suspender ou deixar de instaurar, em qualquer fase que preceda a tomada da decisão de primeira instância, o procedimento administrativo cujo cumprimento lhe caiba fiscalizar. No total, a CVM firmou 652 Termos de Compromisso até fevereiro de 2021, sendo diversos deles firmados após a promulgação da Lei nº 13.506/2017.[765]

Conforme já mencionado no capítulo 1, entendo que a principal diferença dos chamados "acordos assemelhados" com os acordos

---

aos processos administrativos sancionadores conduzidos no âmbito da CVM, aplica-se, no que couber, o disposto no art. 19, §3º, e nos arts. 21, 22, 24, 25, 29, 30, 31 e 32 da mesma Lei, observada regulamentação editada pela CVM.

[761] Segundo informações públicas no site do Banco Central: BRASIL. Banco Central do Brasil. *Termos de Compromisso*. 2020. Disponível em: https://www.bcb.gov.br/estabilidadefinanceira/termos_processossfn. Acesso em: 21 jul. 2020.

[762] O primeiro Termo de Compromisso com instituição não bancária foi celebrado em 4 de outubro de 2019, com a Caixa Consórcios, e envolvia a assunção de compromissos relacionados à cessação de práticas que poderiam, no futuro, ser consideradas ilegais, relacionadas com o número de cotas ativas em grupos de consórcios para além dos limites fixados em suas respectivas constituições. Ver: PIMENTA, Guilherme. Banco Central fecha primeiro termo de compromisso com instituição não bancária. *Portal JOTA*, 11 out. 2019. Disponível em https://www.jota.info/tributos-e-empresas/mercado/banco-central-fecha-primeiro-termo-de-compromisso-com-instituicao-nao-bancaria-11102019. Acesso em: 21 out. 2019. Para a íntegra do Termo de Compromisso, ver: BRASIL. Banco Central do Brasil. *Termo de Compromisso Banco Central e Caixa Consórcios*. Brasília: BC, 4 out. 2019. Disponível em: https://www.bcb.gov.br/content/estabilidadefinanceira/termosprocessossfn/termo%20de%20compromisso%20caixa%20cons%C3%B3rcio.pdf. Acesso em: 4 jan. 2020.

[763] Ver: WELLISCH, Julya Sotto Mayor; SANTOS, Alexandre Pinheiro dos. O Termo de Compromisso no âmbito do mercado de valores mobiliários. *Interesse Público*, Belo Horizonte, v. 11, n. 53, jan. 2009.

[764] Nova redação dada ao art. 11, §5º, da Lei nº 6.385/1976, alterado pelo art. 35 da Lei nº 13.506/2017: "A Comissão de Valores Mobiliários, após análise de conveniência e oportunidade, com vistas a atender ao interesse público, poderá deixar de instaurar ou suspender, em qualquer fase que preceda a tomada da decisão de primeira instância, o procedimento administrativo destinado à apuração de infração prevista nas normas legais e regulamentares cujo cumprimento lhe caiba fiscalizar, se o investigado assinar Termo de Compromisso no qual se obrigue a: I - cessar a prática de atividades ou atos considerados ilícitos pela Comissão de Valores Mobiliários; e II - corrigir as irregularidades apontadas, inclusive indenizando os prejuízos".

[765] Segundo informações públicas no site da CVM: BRASIL. Comissão de Valores Mobiliários. Termos de Compromisso celebrados. 2020. Disponível em: http://www.cvm.gov.br/termos_compromisso/index.html. Acesso em: 21 jul. 2020.

CAPÍTULO 3
LENIÊNCIA NO SISTEMA FINANCEIRO NACIONAL | **441**

de leniência é que estes são, em essência, acordos instrumento de investigação, ao passo que os acordos assemelhados são pactos de ajustamento de conduta ou de não persecução, sem aportes adicionais que necessariamente auxiliem as autoridades públicas em uma investigação atual ou futura. Ademais, os acordos de leniência abarcam, via de regra, pessoas jurídicas (e em alguns casos também pessoas físicas), ao passo que os acordos assemelhados são voltados, em alguns casos apenas, para pessoas físicas e, em outros casos, para ambos, indivíduos e empresas (como é o caso do TC no BC e na CVM).

Diante do exposto, primeiramente será brevemente apresentada a experiência prévia da CVM com relação aos Termos de Compromisso (3.5.1). Em seguida, serão analisados, de modo conjunto, os requisitos desse tipo de acordo no BC e na CVM (3.5.2), seu procedimento de negociação e celebração (3.5.3) e os seus efeitos e repercussões externas (3.5.4). Ademais, serão apresentadas as repercussões criminais, cíveis e administrativas dos Termos de Compromisso do BC e da CVM (3.5.5).

3.5.1 Breves considerações sobre a experiência prévia da CVM com relação aos Termos de Compromisso

O Termo de Compromisso já existe no âmbito da CVM desde 1997, a partir da edição da Lei nº 9.457/1997, que alterou o art. 11 da Lei nº 6.385/1976, incluindo os §§5º a 8º. A celebração desses Termos de Compromisso representa importante fator na atuação sancionadora da CVM.[766] Apenas no biênio 2015-2016, a CVM recebeu 105 propostas de celebração de termos de compromisso, tendo o Colegiado da autarquia rejeitado cerca de 50% deles.[767] Considerando que, nesse período, a

---

[766] A celebração de Termos de Compromisso pela CVM poderia ser vista como uma "nova política no direito sancionador", que funciona como "um meio alternativo de proteção dos direitos difusos ou transindividuais e integra a terceira onda de acesso à justiça, que trouxe instrumentos processuais mais eficazes para a defesa de interesses metaindividuais", servindo para "encontrar soluções que atendam, ao mesmo tempo, aos interesses do infrator, do eventual prejudicado, da comunidade e do Estado". Ver: PARENTE, Norma Jansen. Mercado de capitais. *In:* CARVALHOSA, Modesto. *Tratado de Direito Empresarial.* v. 6. Rio de Janeiro: Revista dos Tribunais, 2016. p. 08-17.

[767] Dados divulgados em: www.cvm.gov.br/termos_compromisso. Para sistematização desses dados, ver: PRADO, Viviane Muller; REIS, Yasmin Fernandes. Por que a CVM firma termos de compromisso. *Portal JOTA,* 31 ago. 2017. As autoras também destacam que as razões para que aproximadamente metade das propostas de Termos de Compromisso seja rejeitada não são claras: "Sendo órgão específico criado para analisar e negociar os de termos de compromisso, os pareceres do Comitê de Termos de Compromisso justificam a aceitação ou não das propostas. Como visto acima, nos casos indicados para aceitação, a decisão do Colegiado tende a seguir o parecer do Comitê. As justificativas das aceitações são padronizadas. Em sua maioria mencionam a conveniência e oportunidade de celebrar

autoridade julgou 124 processos administrativos sancionadores, nota-se que os Termos de Compromisso representaram cerca de 30% da atuação sancionadora da CVM.

Desde a edição da referida Lei nº 9.457/1997, a CVM tem regulamentado a celebração de acordos no âmbito de seu processo administrativo sancionador, o que inclui a edição e as subsequentes alterações da Deliberação CVM nº 390/2001. O conteúdo da Deliberação CVM nº 390/2001, alterada pelas Deliberações CVM nº 486/05, nº 657/11 e nº 759/16, permaneceu em vigor quanto à negociação e celebração de Termos de Compromisso até a publicação da Instrução CVM nº 607/2019, que a revogou.[768] A Deliberação CVM 390/2001 continha diretrizes gerais sobre a celebração desses acordos, incluindo regras sobre o momento processual de recebimento das propostas de Termo de Compromisso (art. 7º, §1º), o conteúdo da proposta e as obrigações que deverão ser assumidas pelo proponente (art. 7º, I e II), a tramitação do processo administrativo (art. 2º) e os responsáveis internos pela apreciação da proposta de acordo (art. 7º, §§2º a 4º, art. 8º e art. 9º).

Além dos requisitos formais para a celebração de Termos de Compromisso, a regulamentação da CVM previa que sua aceitação ou rejeição passaria por um juízo de conveniência e oportunidade, além da análise da natureza e da gravidade das infrações objeto do processo, dos antecedentes dos acusados e da efetiva possibilidade de punição, no caso concreto (art. 9º da Deliberação CVM 390/2001, correspondente ao art. 86 da Instrução CVM nº 607/2019). Isso implica que a CVM, já no regime anterior, e em continuação na nova regulamentação, precisa justificar: (i) que o Termo de Compromisso não prejudicará a atuação preventiva da CVM; (ii) que a relevância de julgar a conduta investigada, a fim de informar ao mercado o posicionamento norteador da CVM e de orientar as práticas de mercado, é inferior à atratividade do Termo

---

o acordo com o objetivo de desestimular novas práticas, nortear a conduta dos agentes do mercado e atender a finalidade preventiva do instrumento. Em algumas das propostas rejeitadas, que apareceram conjuntamente com propostas aceitas, encontram-se justificativas como: conveniência do Colegiado apreciar o caso, gravidade do suposto ilícito e percepção que o Termo de Compromisso não teria o 'efeito paradigmático' que inibiria novas condutas. A análise dos termos de compromisso firmados entre 2015 e 2016 não dá pistas que nos permitam pensar concretamente o significado de interesse público, conveniência e oportunidade".

[768] A Deliberação CVM nº 538/2008, que dispõe sobre o processo administrativo sancionador no âmbito da CVM, também traz disposições pontuais sobre a celebração de Termos de Compromisso, em seus arts. 13 e 14.

de Compromisso;[769] (iii) que não há reincidência; e (iv) que a celebração dos Termos de Compromisso contribuirá para maior celeridade na atuação sancionadora da CVM.[770]

Há precedentes em que a CVM rejeita propostas de Termos de Compromisso sob a justificativa de que não são convenientes ou oportunas, indicando o porquê de tais considerações. Tais decisões de rejeição são públicas e servem para orientar os agentes de mercado sobre o posicionamento da autoridade em relação a determinadas práticas e sobre as suas reflexões na política de celebração de acordos.[771]

A experiência da CVM com os Termos de Compromisso será importante para orientar a atuação dessa autarquia com os acordos de leniência e, quem sabe, o próprio BC, em sua nova política de acordos, instituída pela Lei nº 13.506/2017.

---

[769] É o caso do PAS nº 18/2008, em que a CVM rejeitou os Termos de Compromisso propostos por administradores da Sadia S.A. e levou a conduta a julgamento, utilizando o caso para fixar orientações sobre deveres de diligência dos administradores. Também é o caso do Processo RJ 2015/12170, em que o CTC recomendou a rejeição do Termo de Compromisso com a BNY Mellon DTVM, pois, considerando a reincidência da proponente e a natureza e a gravidade das questões objeto do processo, "o caso em tela deveria ser julgado pelo Colegiado, visando a bem orientar as práticas do mercado em operações dessa natureza" (BRASIL. Comissão de Valores Mobiliários. *PAS nº 18/2008*: parecer do Comitê de Termo de Compromisso. Relator: SGE. Rio de Janeiro, 14 dez. 2010; BRASIL. Comissão de Valores Mobiliários. *Processo de Termo de Compromisso nº 2015/12170*. Relator: SGE. Rio de Janeiro, 3 ago. 2016).

[770] PARENTE, Norma Jansen. Mercado de capitais. *In:* CARVALHOSA, Modesto. *Tratado de Direito Empresarial*. v. 6. Rio de Janeiro: Revista dos Tribunais, 2016. p. 08-17.

[771] Casos recentes envolvem a rejeição de Termos de Compromisso propostos por administradores da Petrobras, "em razão da desproporcionalidade da proposta indenizatória, bem como, dada sua inadequação para recompor minimamente os prejuízos sofridos pela Petrobras, (...) também entendeu ser inconveniente e inoportuna a celebração de Termo de Compromisso, considerando a natureza e a gravidade das questões contidas no caso, situadas no contexto da 'Operação Lava-Jato', e (...) as propostas seriam insuficientes para desestimular a prática de atitudes assemelhadas, norteando a conduta dos participantes do mercado" (BRASIL. Comissão de Valores Mobiliários. *Rejeitado Termo de Compromisso em caso de descumprimento de dever de diligência*. 2018. Disponível em: http://www.cvm.gov.br/noticias/arquivos/2018/20180118-1.html. Acesso em: 2 dez. 2018). Além desse, vale citar a rejeição de uma proposta de um auditor independente que recusou contraproposta do CTC para reparação dos prejuízos causados, "por considerá-lo inoportuno e inconveniente, ponderando que a aceitação da proposta não seria capaz de gerar efeito paradigmático junto ao mercado, tampouco desestimular a prática de condutas dessa natureza por outros participantes do setor" (BRASIL. Comissão de Valores Mobiliários. *Rejeitado Termo de Compromisso com auditor independente*. 2017. Disponível em: http://www.cvm.gov.br/noticias/arquivos/2017/20170721-2. html. Acesso em: 2 dez. 2018), e caso em que, dentre outras razões, o CTC recomendou a rejeição da proposta diante do "fato de não haver economia processual na celebração do Termo de Compromisso, pois outros dois acusados não apresentaram proposta" (BRASIL. Comissão de Valores Mobiliários. *Processo de Termo de Compromisso nº 2016/5557*. Relator: SGE. Rio de Janeiro, 6 set. 2016).).

3.5.2 Dos requisitos para a celebração dos Termos de Compromisso no BC e na CVM

Cumpre retomar a distinção entre os objetivos que se têm com um acordo de leniência ou com um Termo de Compromisso, a fim de que tais instrumentos não sejam indevidamente utilizados. Ora, os acordos de leniência são instrumentos de investigação, ao passo que os Termos de Compromisso são instrumentos de encerramento eficaz e proporcional dos processos em curso no BC e na CVM (à exceção dos casos de infração grave, nos quais não cabe celebração de Termos de Compromisso no BC).

Em relação aos requisitos dos Termos de Compromisso no BC, o art. 12 da Lei nº 13.506/2017 determina que os investigados obrigam-se a, cumulativamente: (i) cessar a prática sob investigação ou os seus efeitos lesivos; (ii) corrigir as irregularidades apontadas e indenizar os prejuízos; e (iii) cumprir as demais condições que forem acordadas no caso concreto, com obrigatório recolhimento de contribuição pecuniária. Dentre essas "demais condições acordadas", é possível que o Termo de Compromisso preveja cláusula penal para a hipótese de inadimplemento total ou parcial dos compromissos, para a hipótese de mora do devedor ou para a garantia especial de determinada cláusula (no caso do BC, art. 12, da Lei nº 13.506/2017).

Figura 34 – Requisitos para a celebração de TCs no BC

Fonte: elaboração da autora.

Já na CVM, o art. 11, §5º, da Lei nº 6.386/1976 (cuja redação foi alterada pela Lei nº 13.506/2017) preceitua que os investigados deverão se obrigar a: (i) cessar a prática de atividades ou atos considerados ilícitos pela Comissão de Valores Mobiliários; e (ii) corrigir as irregularidades apontadas, inclusive indenizando os prejuízos.

Figura 35 – Requisitos para a celebração de TCs na CVM

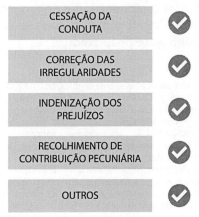

Fonte: elaboração da autora.

É possível notar, de plano, uma primeira diferença entre as legislações aplicáveis ao BC e à CVM. Em relação aos Termos de Compromisso na CVM, está ausente redação equivalente àquela do art. 11, III, da Lei nº 13.506/2017, aplicável ao BC ("cumprir as demais condições que forem acordadas no caso concreto, com obrigatório recolhimento de contribuição pecuniária"). Não seria obrigatório, portanto, na CVM, o recolhimento de contribuição pecuniária?

A dúvida surge porque o art. 11, §5º, da Lei nº 6.385/1976, que dispõe sobre os Termos de Compromisso, não inclui a necessidade de haver contribuição pecuniária entre os requisitos para celebração desses acordos.[772] Há, porém, entendimento jurisprudencial no sentido de que a

---

[772] Art. 11, §5º. "A Comissão de Valores Mobiliários, após análise de conveniência e oportunidade, com vistas a atender ao interesse público, poderá deixar de instaurar ou suspender, em qualquer fase que preceda a tomada da decisão de primeira instância, o procedimento administrativo destinado à apuração de infração prevista nas normas legais e regulamentares cujo cumprimento lhe caiba fiscalizar, se o investigado assinar Termo de Compromisso no qual se obrigue a: I - cessar a prática de atividades ou atos considerados ilícitos pela Comissão de Valores Mobiliários; e II - corrigir as irregularidades apontadas, inclusive indenizando os prejuízos".

contribuição pecuniária será obrigatória na hipótese de impossibilidade de identificação dos prejudicados.[773][774] Assim, ao menos nos casos em que não há dano mensurável e, portanto, que se entende que há um prejuízo ao mercado de capitais como um todo, a contribuição pecuniária será considerada requisito para celebração do Termo de Compromisso (a exceção ocorrerá quando a CVM identificar outras formas de fazer frente a este possível dano coletivo e difuso ao mercado).[775] Por sua vez, o valor a ser pago pelos compromissários de Termos de Compromisso, na CVM, deverá ser suficiente para fortalecer o seu caráter dissuasório, na perspectiva do infrator e do mercado.[776]

---

[773] Ver: PARENTE, Norma Jansen. Mercado de capitais. *In*: CARVALHOSA, Modesto. *Tratado de Direito Empresarial*. v. 6. Rio de Janeiro: Revista dos Tribunais, 2016. p. 08-17: "Para fins de proteção do investidor, devem constar da proposta valores precisos de indenização para poderem ser cotejados com os valores dos prejuízos. Em casos de prejuízos financeiros causados à própria companhia, as demonstrações financeiras serão de grande valia para a apuração dos danos causados. Na impossibilidade de se identificar os prejudicados, tem-se a situação de danos difusos. Como indenização de danos difusos, a CVM deve dar efetividade ao Termo de Compromisso só aceitando valores que efetivamente sejam capazes de desestimular práticas futuras semelhantes pelo requerente ou por outros participantes do mercado. (...). Situação peculiar é a do cálculo da indenização, quando o Termo de Compromisso é firmado durante investigações preliminares ou até mesmo sem que estas estejam em curso. Aqui caberá à CVM agir com muita cautela e perícia técnica para aceitar um valor compatível com os danos possivelmente causados". Cita-se, nesse contexto, o caso PAS CVM 16/20, relativo às infrações cometidas por administradores da companhia Aracruz (que causaram prejuízos à Companhia que excederam os 4 bilhões de reais) em que o Comitê de Termo de Compromisso (CTC) da CVM emitiu parecer pela rejeição das propostas de Termo de Compromisso diante do "volume financeiro envolvido, o contexto em que se verificaram as infrações imputadas aos proponentes e a especial gravidade das condutas consideradas ilícitas". O Colegiado, entretanto, acabou por aprovar os acordos, em que se previa o ressarcimento de cerca de R$13 milhões.

[774] Nos termos do art. 85, §2º, da Instrução CVM nº 607/2019, "havendo investidores prejudicados em número indeterminado e de identidade desconhecida, a CVM poderá, em comum acordo com o proponente e às suas expensas, fazer publicar editais convocando tais investidores para o fim de sua identificação e quantificação dos valores individuais a lhes serem pagos a título de indenização".

[775] Nesse sentido, exemplifica-se com o caso PAS CVM nº 19957.008704/2017-14, de relatoria do Diretor Henrique Machado, em que um dos administradores da São Paulo Turismo S.A. foi acusado de irregularidades enquanto presidente da mesa de uma assembleia geral de acionistas, e ao aceitar a proposta de Termo de Compromisso, o relator votou "pelo encaminhamento do presente processo à Superintendência-Geral para conduzir negociação complementar com o Município de São Paulo considerando, nesse mister, a possibilidade de que iniciativas de educação financeira sejam percebidas como contrapartida aos danos difusos eventualmente infringidos ao mercado" (BRASIL. Comissão de Valores Mobiliários. *PAS nº 19957.008704/2017-14*: proposta de Termo de Compromisso. Relator: Henrique Machado. Rio de Janeiro, 23 out. 2018).

[776] Cumpre salientar o entendimento consolidado no âmbito daquela autarquia no sentido de que prestações pagas em decorrência da celebração de termos de compromisso devem ter valor suficiente "para desestimular a prática de infrações semelhantes pelos indiciados e por terceiros que estejam em posição similar à dos indiciados", conforme decisão proferida no contexto do PAS CVM RJ nº 2005/9059 (BRASIL. Comissão de Valores Mobiliários. *PAS*

No caso do BC, os recursos da contribuição pecuniária serão destinados, em última instância,[777] para a conta única do Tesouro Nacional, dado que não há fundo específico para este fim. Na CVM a regra geral também é que os valores recolhidos sejam destinados à conta única do Tesouro Nacional, mas, se houver celebração em conjunto de Termo de Compromisso e de Ajustamento de Conduta, esses valores podem ser destinados ao Fundo de Defesa de Direitos Difusos (FDDD).[778] Essa distinção quanto à destinação das verbas pecuniárias pode ser visualizada com dois exemplos da CVM. No caso Embraer,[779] por exemplo, os recursos do Termo de Compromisso foram destinados à conta única do Tesouro Nacional. Por sua vez, nos casos Vailly,[780] Tenda,[781] Braskem,[782] dentre outros, os recursos foram revertidos para o FDDD, com base na Lei nº 7.347/1985, sobre ações civis públicas.

No que se refere às verbas pecuniárias que são recolhidas no âmbito destes Termos de Compromisso, interessante mencionar estudo de Athayde e Rodrigues[783] sobre a possibilidade dos seguros *Directors and Officers* (seguros D&O) cobrirem ou não as duas rubricas que podem constar nestes Termos de Compromisso no SFN: a rubrica do ressarcimento/reparação de danos e a rubrica da multa/contribuição pecuniária (vide cap. 1, item 1.6. *supra*). Segundo os autores, as contribuições pecuniárias inseridas no âmbito do TCC no BC, por exegese e interpretação sistemática

---

nº 2005/9059: parecer do Comitê de Termo de Compromisso. Relator: SGE. Rio de Janeiro, 22 mar. 2006).

[777] Tecnicamente, a contribuição pecuniária consta como receita do BC, que impacta o resultado do BC. Este resultado, por sua vez, é transferido ao final do exercício para o Tesouro Nacional.

[778] Para mais informações sobre o Termo de Compromisso celebrado pela CVM, ver a colocação de Nelson Eizrik quanto à obrigação de ressarcimento dos prejuízos, no âmbito dos Termos de Compromisso celebrados pela CVM: "o compromissário se desobriga perante a CVM, se demonstrar que realizou todos os esforços no sentido de cumprir o acordado. A obrigação do compromissário, em relação ao valor, é de meio e não de resultado. Basta que comprove que desprendeu o melhor esforço para indenizar os prejuízos decorrentes de sua ação" (EIZRIK, Nelson. *A reforma das S.A. no mercado de capitais*. 2. ed. Rio de Janeiro: Renovar, 1998, p. 271).

[779] Caso Embraer. Disponível em: http://www.cvm.gov.br/noticias/arquivos/2016/20161024-1. html. Acesso em: 3 set. 2020.

[780] Caso Vailly. Disponível em: http://www.cvm.gov.br/export/sites/cvm/noticias/ anexos/2018/20180508_atuacoes_conjuntas_CVM_MPF.pdf. Acesso em: 3 set. 2020.

[781] Caso Tenda. Disponível em: http://www.cvm.gov.br/export/sites/cvm/noticias/ anexos/2018/20180508_atuacoes_conjuntas_CVM_MPF.pdf. Acesso em: 3 set. 2020.

[782] Caso Braskem. Disponível em: http://www.cvm.gov.br/export/sites/cvm/noticias/ anexos/2018/20180508_atuacoes_conjuntas_CVM_MPF.pdf. Acesso em: 3 set. 2020.

[783] ATHAYDE, Amanda; RODRIGUES, Matheus. Interfaces entre Seguros D&O, acordos de leniência, Termos de Compromisso e Governança Corporativa. *In:* GOLDBERG, Ilan; JUNQUEIRA, Thiago. *Temas Atuais de Direito dos Seguros*, Vol. II. São Paulo: Thomson Reuters Brasil, 2020.

a partir do art. 11, inc. III, da Lei nº 13.506/17, teriam a natureza jurídica de multas administrativas, exigindo, para fins securitários, os mesmos seis requisitos da cobertura das contribuições pecuniárias inseridas no TCC Antitruste no Cade (vide cap. 2, item 2.5.1.1, *supra*).

Por outro lado, dúvida não parece surgir, segundo Athayde e Rodrigues, sobre a cobertura securitária à rubrica de ressarcimento/reparação pelos prejuízos inseridos no âmbito do TC no BC (art. 11, inc. II, da Lei nº 13.506/17) e no TC na CVM (art. 11, §5º, inc. II, da Lei nº 6.385/76). Isto porque, ainda que inseridos com eventual finalidade "intimidatória" no âmbito desses instrumentos, essas verbas não se confundem com o elemento aflitivo ou disciplinar que caracteriza a repressão punitiva diante da fixação de multas administrativas.[784]

Dessa maneira, Athayde e Rodrigues entendem que a cobertura dessas verbas pressupõe apenas requisitos gerais para a cobertura genérica dessas apólices (indenizações financeiras), qual seja o de que:

- I. os compromissários não tenham confessado a prática de atos ilícitos dolosos ou equiparáveis, inclusive em outros instrumentos contratuais sobre os mesmos fatos investigados;

- II. a apólice D&O não disponha de cláusulas específicas de exclusão das coberturas referentes aos "prejuízos financeiros" decorrentes de termos de compromisso;

- III. o fato e os eventuais ilícitos inseridos no escopo de TCCs estejam diretamente relacionados às responsabilidades societárias dos administradores;

- IV. os ilícitos inseridos no âmbito do TCC não estejam relacionados a danos ambientais;[785] e

- V. haja prévia anuência da sociedade seguradora ao termo.

---

[784] Nesse sentido: "De fato, medidas ressarcitórias, ainda que dotadas de finalidades intimidatórias, não podem, pura e simplesmente, ser tratadas como sanções administrativas. Tal é o caso, por exemplo, de medidas fiscais gravosas e de tantas outras que eventualmente ostentem apenas a aparência sancionatória, carecendo, sempre, de algum de seus pressupostos, entre os quais assume vulto o elemento finalístico ou teleológico. *O que importa ressaltar, nesse contexto, é que as medidas de cunho ressarcitório não se integram no conceito de sanção administrativa, pois não assumem efeito aflitivo ou disciplinar, não ambicionam a repressão, mas sim a reparação do dano, assumindo conteúdo restituitório, reparatório, submetendo-se, nesse passo, a princípios próprios, específicos, mais próximos, naturalmente, do Direito Civil*". (OSÓRIO, Fábio Medina. *Direito administrativo sancionador* [livro eletrônico]. 2. ed. São Paulo: Thomson Reuters Brasil, 2019, RB-2.1, grifo nosso)

[785] As condicionantes (iv) e (v) decorrem das exclusões do seguro D&O, conforme art. 6º, da Circular SUSEP n. 553: "Além de outras exclusões previstas em lei, o seguro de RC D&O não cobre os riscos de responsabilização civil dos segurados em decorrência de: I - danos

CAPÍTULO 3
LENIÊNCIA NO SISTEMA FINANCEIRO NACIONAL | **449**

Ademais, há outra importante especificidade dos Termos de Compromisso do BC. Nos termos do art. 11, §4º, da Lei nº 13.506/2017, há expressa vedação a que esses acordos sejam celebrados no contexto de "infrações graves".[786] Ocorre que, de acordo com o art. 37 da Lei nº 13.506/2017, as infrações e as penalidades nela previstas, inclusive em termos de gravidade, não se aplicam no caso da Lei nº 9.613/1998, que dispõe sobre os crimes de lavagem ou ocultação de bens, direitos e valores.[787] Diante disso, o BC teve que explicitar, em sede regulamentar, que a esse tipo de infração também era vedada a celebração de Termo de Compromisso, quando fossem consideradas graves.

Assim, o art. 61, §3º, da nova Circular BC nº 3.857/2017 (alterada pela Circular nº 3.910/2018) determina que não serão firmados Termos de Compromisso no caso de infrações graves (estas são definidas pelos efeitos, nos termos do art. 14 da Circular BC nº 3.858/2017).[788] Também é

---

causados a terceiros, pelos segurados, na qualidade de cidadãos, quando não estiverem no exercício de seus cargos no tomador, e/ou em suas subsidiárias, e/ou em suas coligadas, situação que se enquadra em outro ramo de seguro, o seguro de responsabilidade civil geral (RC Geral); II - danos causados a terceiros quando no exercício de profissões liberais, fora do exercício de seus cargos no tomador, e/ou em suas subsidiárias, e/ou em suas coligadas, que são enquadrados em outro ramo de seguro, o seguro de responsabilidade civil profissional (RC Profissional); III - danos ambientais, que são enquadrados em outro ramo de seguro, denominado seguro de responsabilidade civil de riscos ambientais (RC Riscos Ambientais).".

[786] O art. 4º da Lei nº 13.506/2017 define o que são infrações graves, que são analisadas pelos seus efeitos potenciais ou efetivos. Art. 4º da Lei nº 13.506/2017: "Constituem infrações graves aquelas infrações que produzam ou possam produzir quaisquer dos seguintes efeitos: I - causar dano à liquidez, à solvência ou à higidez ou assumir risco incompatível com a estrutura patrimonial de pessoa mencionada no caput do art. 2º desta Lei; II - contribuir para gerar indisciplina no mercado financeiro ou para afetar a estabilidade ou o funcionamento regular do Sistema Financeiro Nacional, do Sistema de Consórcios, do Sistema de Pagamentos Brasileiro ou do mercado de capitais; III - dificultar o conhecimento da real situação patrimonial ou financeira de pessoa mencionada no caput do art. 2º desta Lei; IV - afetar severamente a finalidade e a continuidade das atividades ou das operações no âmbito do Sistema Financeiro Nacional, do Sistema de Consórcios ou do Sistema de Pagamentos Brasileiro".

[787] Art. 37 da Lei nº 13.506/2017: "À exceção do disposto nos arts. 2º, 3º, 4º, 5º, 6º, 7º, 8º, 9º e 10 desta Lei, as regras estabelecidas nos Capítulos II e IV desta Lei aplicam-se, no que couber, às infrações previstas na Lei n 9.613, de 3 de março de 1998, quando apuradas pelo Banco Central do Brasil".

[788] O art. 14 da Circular BC nº 3.858/2017 define como graves as infrações que possam: (i) contribuir para o desvirtuamento das finalidades dos instrumentos e das operações utilizados no âmbito das atividades sujeitas à fiscalização do BC; (ii) acarretar dano à figura da instituição ou do segmento em que atua; (iii) contribuir para gerar indisciplina no mercado financeiro ou para afetar a estabilidade ou o regular funcionamento do SFN, do Sistema de Consórcios ou do Sistema de Pagamentos Brasileiro; (iv) afetar severamente a continuidade das atividades ou das operações no âmbito SFN, do Sistema de Consórcios ou do Sistema de Pagamentos Brasileiro; (v) contribuir para estimular conduta irregular no segmento; ou ainda (vi) que sejam cometidas mediante fraude ou simulação.

vedada a celebração de Termos de Compromisso em relação a práticas relacionadas ao registro e ao censo de capitais estrangeiros no País e à declaração de capitais brasileiros no exterior, disciplinados pelas Leis nº 4.131/1962 e nº 11.371/2006, pela Medida Provisória nº 2.224/2001 e pelo Decreto-Lei nº 1.060/1969 (vide art. 61, §3º, II, da nova Circular BC nº 3.857, alterada pela Circular nº 3.910/2018).[789]

Em relação aos Termos de Compromisso firmados na CVM, diferentemente do que acontece no BC, não há norma proibindo a celebração desses acordos no âmbito de infrações graves, seja na nova redação da Lei nº 6.385/1976, seja no conteúdo da Instrução CVM nº 607/2019. Em que pese a gravidade não ser um impeditivo para os Termos de Compromisso, esta circunstância é avaliada quando da decisão de aceitação ou não da proposta de acordo na CVM. Trata-se de circunstância a respeito da qual os administrados possuem previsibilidade, já que a gravidade das infrações é sempre definida previamente nas instruções da CVM, tal qual consta do Anexo 64 da Instrução CVM nº 607/2019.[790]

Destaca-se, ainda, a exigência de que a gravidade da infração deve estar prevista antes mesmo da prática da conduta infracionária.[791]

---

[789] Segundo a Exposição de Motivos da Circular nº 3.910/2018, a razão para tal está relacionada ao fato de que "as infrações sobre o fluxo de capitais são bastante objetivas e de baixo nível de complexidade, não havendo interesse em celebrar TC, considerando o juízo de conveniência e oportunidade que cabe a este BC (...). Ademais, o custo de eventual celebração de TC supera sobremaneira os benefícios advindos desse acordo, comprometendo a eficiência administrativa".

[790] O art. 32 da Instrução CVM nº 260/1997 definia "infração grave" para fins do art. 11, §3º, da Lei nº 6.385/1976. Por sua vez, o art. 1º do Anexo 64 da Instrução CVM nº 607/2019 define claramente que: "Art. 1º Consideram-se infração grave, ensejando a aplicação das penalidades previstas nos incisos III a VIII do art. 11 da Lei nº 6.385, de 1976, as seguintes hipóteses: I – descumprimento dos arts. 115; 116; 117; 153; 154, caput e §§ 1º e 2º; 155, caput e §§ 1º, 2º e 4º; 156, caput e § 1º; 165, caput e §§ 1º e 2º; art. 170, §§ 1º e 7º, 201; 202, caput e §§ 5º e 6º; 205, caput e § 3º; 245; 254-A, caput; e art. 273 da Lei nº 6.404, de 1976; • Inciso I com redação dada pela Resolução CVM nº 2, de 6 de agosto de 2020. II – descumprimento de determinação da CVM feita nos termos do art. 9º, inciso IV, da Lei nº 6.385, de 1976; III – as infrações definidas como graves nas demais normas da CVM; e IV – embaraço à fiscalização da CVM. Parágrafo único. Entende-se como embaraço à fiscalização, para os fins desta Instrução, as hipóteses em que qualquer das pessoas referidas no art. 9º, inciso I, alíneas "a" a "g", da Lei nº 6.385, de 1976, injustificadamente deixe de: I – atender, no prazo estabelecido, a intimação para prestação de informações ou esclarecimentos que houver sido formulada pela CVM; ou II – colocar à disposição da CVM os livros, os registros contábeis e documentos necessários para instruir sua ação fiscalizadora".

[791] Processo Administrativo Sancionador CVM Nº RJ2017/1158. Disponível em: http://www.cvm.gov.br/export/sites/cvm/noticias/anexos/2020/20200623_PAS_CVM_SEI_19957002277_2017_52_voto_diretor_henrique_machado.pdf. Acesso em: 3 set. 2020. "105. Entendo que a conduta praticada pelos Acusados é extremamente reprovável e deveria ser penalizada com a inabilitação temporária, pelo prazo mínimo de 5 anos, para o exercício de cargo de administrador ou de conselheiro fiscal de companhia aberta, de

CAPÍTULO 3
LENIÊNCIA NO SISTEMA FINANCEIRO NACIONAL | 451

A gravidade da infração é, portanto, considerada pelo Comitê de Termo de Compromisso (CTC), em seu parecer sobre a aceitação ou rejeição dos acordos, e pelo Colegiado da CVM em sua manifestação final (83 da Instrução CVM nº 607/2019).[792]

Diante dessa vedação expressa, quais as suas consequências práticas para o BC? Como o BC poderá iniciar uma negociação de Termo de Compromisso sem ter a definição, *in casu*, do que é uma infração grave? Essas preocupações surgem porque a definição do conceito de infração grave se dá apenas no caso concreto, quando do julgamento do Processo Administrativo Sancionador, pelo Comitê de Decisão de Processo Administrativo Sancionador (Copas),[793] ao final de toda a instrução processual. Essa questão, por sua vez, não gera discussões na CVM, dado que já existe previsão expressa do que são as infrações graves.

A Instrução CVM nº 607/2019 tenta delinear melhor os contornos da aceitação de um Termo de Compromisso e de um acordo de leniência. Segundo o art. 86, §2º, quando a proposta for apresentada ainda em fase de apuração ou antes desta, o Colegiado considerará a natureza e as circunstâncias da infração, a fim de avaliar a conveniência na celebração do Termo de Compromisso, em comparação com os possíveis benefícios da celebração de um acordo administrativo de supervisão, podendo determinar o sigilo do procedimento até o julgamento do processo administrativo sancionador.

Nota-se que há, portanto, um risco de possível "canibalização interna" entre os instrumentos consensuais previstos na Lei nº 13.506/2017,

---

entidade do sistema de distribuição ou de outras entidades que dependam de autorização ou registro na Comissão de Valores Mobiliários. *Ocorre, entretanto, que a infração ao art. 115 da Lei nº 6.404/1976 foi caracterizada como grave apenas com a oportuna edição da Instrução CVM nº 607, de 17 de junho de 201968, de forma que as condutas infracionais aplicadas anteriormente à sua edição não ensejam a aplicação de penalidades de restrição de direitos previstas nos incisos III a VIII do art. 11 da Lei nº 6.385/76".

[792] Ressalta-se, por outro lado, que a CVM costuma levar em consideração, na análise de rejeição ou aceitação de Termos de Compromisso, a gravidade da conduta objeto de acordo – há diversos casos em que as propostas de acordo foram recusadas diante da desproporção entre o compromisso sugerido e a gravidade da conduta (ver, por exemplo, os pareceres referentes aos termos apresentados no âmbito dos PAS RJ2015/1760, RJ2012/6987 e RJ2013/5194, respectivamente: BRASIL. Comissão de Valores Mobiliários. *Processo de Termo de Compromisso CVM nº 2015/12185*: parecer do Comitê de Termo de Compromisso. Relator: SGE. Rio de Janeiro, 26 jan. 2016; BRASIL. Comissão de Valores Mobiliários. *Processo de Termo de Compromisso CVM nº 2013/392*: parecer do Comitê de Termo de Compromisso. Relator: SGE. Rio de Janeiro, 25 fev. 2014; BRASIL. Comissão de Valores Mobiliários. *PAS nº 2013/5194*: parecer do Comitê de Termo de Compromisso. Relator: SGE. Rio de Janeiro, 26 nov. 2013).

[793] Regulado pela Portaria BC nº 103.364/2019.

diante dessa inexistência de contornos processuais específicos aplicáveis aos acordos de leniência e aos Termos de Compromisso. Para que isso não ocorra, é importante, conforme já frisado, que se tenha clara a distinção entre os objetivos de ambos os acordos: os acordos de leniência são instrumentos de investigação, ao passo que os Termos de Compromisso são instrumentos de encerramento eficaz e proporcional dos processos.

Diante disso, o BC e a CVM devem esclarecer normas e definir alguns procedimentos internos, a fim de garantir a atratividade do programa de leniência no SFN, dentre os quais se sugere:

(i) Definir claramente as hipóteses em que será possível celebrar um acordo de leniência e as hipóteses em que se pode celebrar um Termo de Compromisso, não permitindo qualquer sobreposição entre ambos. Se, ainda assim, houver sobreposição, que sejam definidas suas hipóteses excepcionais.

(ii) Criar dispositivos infralegais que determinem limites temporais para cada tipo de acordo ao longo do processo administrativo de supervisão, de modo a incentivar que as partes venham a colaborar com as autoridades mais cedo. Isso é especialmente possível na definição do âmbito de incidência dos Termos de Compromisso, já que, segundo o art. 11, da Lei nº 13.506/2017, e o art. 11, §5º, da Lei nº 6.385/2017, trata-se de acordo celebrado em juízo de conveniência e oportunidade.

(iii) Esclarecer que, no caso de o processo administrativo já houver sido instaurado, as partes devem ser direcionadas, via de regra, a celebrar o Termo de Compromisso (art. 11, da Lei nº 13.506/2017, no caso do BC). Por outro lado, quando não houver processo administrativo instaurado, a princípio, as partes seriam direcionadas a celebrar o acordo de leniência (art. 30, da Lei nº 13.506/2017). Nesse sentido, o desenho institucional realizado pelo BC, na nova Circular BC nº 3.857/2017 (alterada pela Circular nº 3.910/2018), foi interessante, definindo escopos "preferenciais" para cada tipo de acordo, mas admitindo exceções caso haja razões que assim o justifiquem. É o caso, por exemplo, da aceitação da proposta de acordo de leniência após a instauração de processo administrativo sancionador, desde que haja a identificação dos envolvidos na prática ou a apresentação de informações e documentos desconhecidos pelo BC, vide art. 79, parágrafo único.

As imagens seguintes almejam diferenciar cada um desses acordos no BC e na CVM, a fim de distingui-los não apenas em termos processuais, mas também em termos materiais, ou seja, com base em seus objetivos e nos benefícios concedidos.

Figura 36 – Objetivos e benefícios diferenciadores dos acordos de leniência e dos Termos de Compromisso no BC

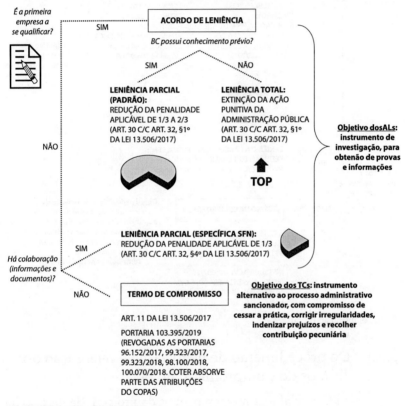

Fonte: elaboração da autora.

Figura 37 – Objetivos e benefícios diferenciadores dos acordos de leniência e dos Termos de Compromisso na CVM

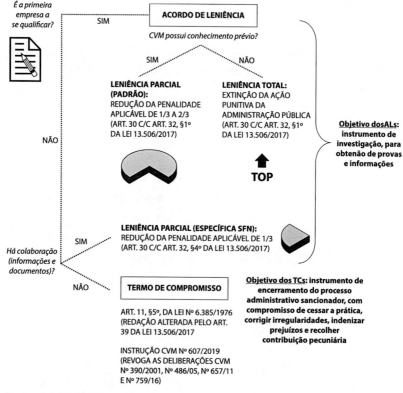

Fonte: elaboração da autora.

3.5.3 Do procedimento de negociação e celebração dos Termos de Compromisso no BC

No BC, a qualquer momento antes da prolação da decisão de primeira instância, é cabível a apresentação de proposta de Termo de Compromisso em relação às infrações às normas legais e regulamentares de regência do SFN, do Sistema de Consórcios e do Sistema de Pagamentos Brasileiro e a outras normas legais cujo cumprimento seja fiscalizado pelo Banco Central do Brasil (art. 61 da nova Circular BC nº 3.857, alterada pela Circular nº 3.910/2018).

Considerando a distinção no sentido de que os acordos de leniência são instrumentos de investigação, ao passo que os Termos de Compromisso são instrumentos de encerramento eficaz e proporcional dos processos em curso (à exceção dos casos de infração grave, nos quais não cabe celebração de Termos de Compromisso no BC), a proposta de Termo de Compromisso poderá ser apresentada tanto antes quanto depois da instauração do processo administrativo sancionador (art. 61, §1º, da nova Circular BC nº 3.857, alterada pela Circular nº 3.910/2018). O fluxograma a seguir explicita as fases de negociação dos Termos de Compromisso no BC:

Figura 38 – As fases da negociação do Termo de Compromisso no BC

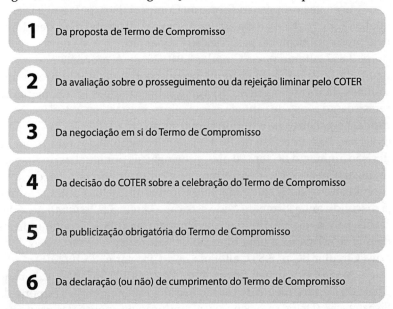

Fonte: elaboração da autora.

3.5.3.1 Da fase de proposta do Termo de Compromisso do BC

Essa fase consiste na apresentação da proposta de Termo de Compromisso, que será sigilosa (art. 13, §1º, da Lei nº 13.506/2017). A proposta deverá ser apresentada, pelo interessado, por meio de petição simples e conter obrigações objetivamente verificáveis e delimitadas no tempo, em especial: (i) a declaração de cessação da prática sob investigação e, sendo o caso, também dos seus efeitos lesivos; (ii) as medidas que serão adotadas para a correção das irregularidades apontadas e o prazo previsto para tal; (iii) a descrição e a quantificação dos prejuízos porventura causados e o modo e o prazo para a sua efetiva indenização; e (iv) o valor da contribuição pecuniária a ser recolhida (art. 62, da nova Circular BC nº 3.857, alterada pela Circular nº 3.910/2018). A proposta tramitará em autos apartados (art. 61, §2º, da nova Circular BC nº 3.857, alterada pela Circular nº 3.910/2018).

3.5.3.2 Da fase de avaliação sobre o prosseguimento ou não da rejeição preliminar pelo COTER

Uma vez proposto o Termo de Compromisso, passa-se à fase na qual o BC deve realizar sua avaliação em até 20 (vinte) dias, decidindo pelo prosseguimento ou pela rejeição liminar (art. 62-A, da nova Circular BC nº 3.857, alterada pela Circular 3.910/2018). A proposta poderá ser rejeitada liminarmente caso: (i) verse sobre fatos que representem indícios de infração grave; (ii) verse sobre práticas relacionadas ao registro e ao censo de capitais estrangeiros no Brasil ou à declaração de capitais brasileiros no exterior, previstas no art. 61, §3º, II, da Circular; e (iii) não haja interesse do BC na sua celebração. Após essa primeira decisão liminar, o BC terá 90 dias, prorrogáveis por igual período, para finalizar a negociação dos Termos de Compromisso (art. 64, da nova Circular BC nº 3.857, alterada pela Circular nº 3.910/2018). Conforme já discutido anteriormente (vide este cap. 3, item 3.5.2, *supra*), uma das razões para a rejeição liminar é, justamente, a proposta conter indícios de que se relaciona a uma infração de natureza grave (art. 62-A, I, da nova Circular BC nº 3.857, alterada pela Circular nº 3.910/2018).

Nos termos do §6º do art. 4º da Portaria 103.365/2019, caberá ao Chefe do Departamento de Gestão Estratégica, Integração e Suporte da Fiscalização (Degef) a recepção e a condução da análise das propostas de Termo de Compromisso.

3.5.3.3 Da fase de negociação em si do Termo de Compromisso do BC

Em seguida, passa-se à fase de negociação em si do Termo de Compromisso. O BC considerará, para fins de negociação das obrigações a serem assumidas no Termo de Compromisso, entre outros elementos, a natureza e a repercussão das infrações, o momento da apresentação da proposta e os antecedentes do interessado (art. 64, §2º, da nova Circular BC nº 3.857, alterada pela Circular nº 3.910/2018). Ajustes na proposta também poderão ser solicitados pelo COTER (art. 64, §3º, da Circular nº 3.910/2018).

Nos termos do art. 5º da Portaria nº 103.365/2019, a negociação das propostas de Termo de Compromisso será conduzida pelo Chefe do Departamento de Gestão Estratégica, Integração e Suporte da Fiscalização (Degef) e terá a participação de, no mínimo, três servidores, podendo ser convocados servidores de outras unidades.

3.5.3.4 Da fase de decisão do COTER sobre a celebração do Termo de Compromisso do BC

Uma vez finalizada a análise e a negociação pela comissão de negociação, liderada pelo Chefe do Departamento de Gestão Estratégica, Integração e Suporte da Fiscalização (Degef), será realizada por ele mesmo a relatoria do Termo de Compromisso.

Para que se decida pela celebração ou não do Termo de Compromisso, a decisão deve ser autorizada por órgão colegiado previsto no regimento interno do BC (art. 11, §3º, da Lei nº 13.506/2017), que vem a ser o COTER, nos termos da Portaria nº 103.365/2019.

Caso a decisão do COTER seja pela celebração do Termo de Compromisso, este documento deverá conter: (i) cláusula que estipule a periodicidade com que o comprometente fornecerá, ao BC, informações acerca do cumprimento das obrigações por ele assumidas; e (ii) cláusula penal para o caso de mora[794] do proponente ou de total ou parcial inadimplemento das obrigações compromissadas, sem prejuízo do estabelecimento de cláusula penal em segurança especial de determinada cláusula (art. 65 da nova Circular BC nº 3.857, alterada pela Circular nº 3.910/2018). As condições do termo não poderão ser alteradas, salvo por nova deliberação do BC, mediante requerimento da parte interessada (art. 66, §2º). Celebrado o Termo de Compromisso pelo Coter, de um lado, se houver processo administrativo sancionador em curso, este será suspenso em benefício do compromissário (art. 11, §2º, da Lei nº 13.506/2017), de outro, se ainda não houver processo, este não chegará a ser instaurado. Nesse sentido, nos termos do art. 11, §1º, da Lei nº 13.506/2017, frisa-se que a mera apresentação de proposta não suspende o andamento do processo, o que acontecerá apenas quando

---

[794] Art. 66 da nova Circular BC nº 3.857/2017 (alterada pela Circular nº 3.910/2018): "O prazo para cumprimento do Termo de Compromisso será improrrogável, salvo por fato superveniente e não imputável ao comprometente, e como tal reconhecido motivadamente pelo Banco Central do Brasil. §1º Reconhecida, pelo Banco Central do Brasil, a ocorrência de fato superveniente e não imputável ao comprometente, será desconsiderada a cláusula penal porventura estabelecida".

o Termo de Compromisso for efetivamente firmado (art. 11, §1º, da Lei nº 13.506/2017).

O Termo de Compromisso constitui título executivo extrajudicial e não importará em confissão quanto à matéria de fato, nem em reconhecimento da ilicitude da conduta analisada (art. 14 da Lei nº 13.506/2017). Trata-se de fator distintivo relevante em comparação com os acordos de leniência (vide este cap. 3, item 3.5.6, *infra*), o que poderá, inclusive, tornar o Termo de Compromisso do SFN instrumento ainda mais atraente que seu equivalente no programa de leniência antitruste.[795]

3.5.3.5 Da fase de publicização obrigatória do Termo de Compromisso do BC

Posteriormente, haverá a publicização do Termo de Compromisso pelo BC. Nos termos do art. 13 da Lei nº 13.506/2017, o Termo de Compromisso será publicado, de forma clara e compreensível, no sítio eletrônico do BC, no prazo de cinco dias contados de sua assinatura.

O primeiro Termo de Compromisso celebrado pelo BC foi publicado em setembro de 2018 e, por meio dele, o Banco Daycoval firmou o compromisso de cessar a cobrança de uma tarifa de confecção de cadastro, de ressarcir os clientes dos valores cobrados indevidamente, de contratar uma empresa de auditoria para supervisionar o cumprimento do Termo de Compromisso e de pagar R$ 400 mil ao BC.[796] Desde a entrada em vigor da Lei nº 13.506/2017, o BC firmou um Termo de Compromisso em 2018, vinte em 2019, vinte e dois em 2020 e outros três até fevereiro de 2021, totalizando 46 TCs.[797] [798] Tais números evidenciam

---

[795] Segundo Cunha e Neves, "a Lei nº 13.506/2017, que dispõe sobre o processo administrativo sancionador na esfera de atuação do BCB, prevê expressamente que o Termo de Compromisso de Cessação não importa em confissão de culpa, o que gera uma preocupação no sentido de que esse instituto possa se tornar muito mais vantajoso em relação ao Acordo Administrativo em Processo de Supervisão, de modo que aquele seja utilizado estrategicamente em detrimento deste. Claro que tal vantagem não se verificaria nos casos em que a conduta investigada se trata de infração grave, já que não seria cabível a celebração do Termo de Compromisso de Cessação, conforme art. 11, §4º, da Lei nº 13.506/2017". Ver CUNHA, Lorraine de Paiva; NEVES, Rubia Carneiro. O Termo de Compromisso de Cessação e o Acordo Administrativo em Processo de Supervisão na Esfera de Atuação do Banco Central do Brasil. *Revista da PGBC*, v. 12, n. 2, p. 52, dez. 2018.

[796] PIMENTA, Guilherme. Ao fechar primeiro Termo de Compromisso, BC dá sinalizações ao mercado. *Portal JOTA*, 26 set. 2018.

[797] Segundo informações públicas no site do Banco Central: BRASIL. Banco Central do Brasil. *Termos de Compromisso*. 2020. Disponível em: https://www.bcb.gov.br/estabilidadefinanceira/termos_processossfn. Acesso em: 21 jul. 2020.

[798] O primeiro Termo de Compromisso com instituição não bancária foi celebrado em 4 de outubro de 2019, com a Caixa Consórcios e envolvia a assunção de compromissos

a demanda por esse tipo de acordo – possivelmente em detrimento dos acordos de leniência no BC.

3.5.3.6 Da declaração (ou não) de cumprimento do Termo de Compromisso pelo BC

Por fim, a última fase é a declaração de cumprimento ou descumprimento do Termo de Compromisso pelo BC. Findo o prazo estabelecido no termo assinado, o BC deverá declarar se as condições nele estabelecidas foram cumpridas pelo compromitente (art. 67 da nova Circular BC nº 3.857, alterada pela Circular nº 3.910/2018). Por sua vez, o descumprimento total ou parcial das obrigações implicará a revogação do Termo de Compromisso, a adoção das medidas administrativas e judiciais necessárias para a execução das obrigações assumidas e a instauração ou o prosseguimento do processo administrativo, a fim de dar continuidade à apuração das infrações e de aplicar as sanções cabíveis (art. 15, §2º, da Lei nº 13.506/2017 c/c art. 67, §1º, da nova Circular BC nº 3.857, alterada pela Circular nº 3.910/2018).

Durante a vigência do Termo de Compromisso, os prazos de prescrição ficarão suspensos, e o procedimento administrativo será arquivado se todas as condições nele estabelecidas forem atendidas (art. 15, *caput*, da Lei nº 13.506/2017).

3.5.4 Do procedimento de negociação e de celebração dos Termos de Compromisso na CVM

Os Termos de Compromisso na CVM devem seguir as finalidades previstas na Lei nº 6.385/1976 (art. 80 da Instrução CVM nº 607/2019). De maneira geral, seu fluxo de fases se assemelha àquele exposto quanto ao BC, como se apresenta a seguir:

---

relacionados à cessação de práticas que poderiam, no futuro, ser consideradas ilegais, relacionadas com o número de cotas ativas em grupos de consórcios para além dos limites fixadas em suas respectivas constituições. Ver: PIMENTA, Guilherme. Banco Central fecha primeiro termo de compromisso com instituição não bancária. *Portal JOTA*, 11 out. 2019. Disponível em https://www.jota.info/tributos-e-empresas/mercado/banco-central-fecha-primeiro-termo-de-compromisso-com-instituicao-nao-bancaria-11102019. Acesso em: 21 out. 2019. Para a íntegra do Termo de Compromisso, ver: BRASIL. Banco Central do Brasil. *Termo de Compromisso Banco Central e Caixa Consórcios*. Brasília: BC, 4 out. 2019. Disponível em: https://www.bcb.gov.br/content/estabilidadefinanceira/termosprocessossfn/termo%20 de%20compromisso%20caixa%20cons%C3%B3rcio.pdf. Acesso em: 4 jan. 2020.

Figura 39 – As fases da negociação do Termo de Compromisso na CVM

1 Da proposta de Termo de Compromisso

2 Da avaliação sobre o prosseguimento ou da rejeição liminar pela Superintendência Geral da CVM, ouvida a PFE

3 Da negociação em si do Termo de Compromisso pelo CTC

4 Da decisão colegiada sobre a celebração do Termo de Compromisso

5 Da publicização obrigatória do Termo de Compromisso

6 Da declaração (ou não) de cumprimento do Termo de Compromisso

Fonte: elaboração da autora.

3.5.4.1 Da fase de proposta do Termo de Compromisso na CVM

A fase da negociação de um Termo de Compromisso na CVM consiste na apresentação da proposta, por meio da qual o interessado se compromete a: (i) cessar a prática de atividades ou atos considerados ilícitos, se for o caso; e (ii) corrigir as irregularidades apontadas, inclusive indenizando os prejuízos a indivíduos ou a interesses difusos ou coletivos no âmbito do mercado de valores mobiliários (art. 82 da Instrução CVM nº 607/2019). A proposta deverá ser feita à Coordenação de Controle de Processos Administrativos da Superintendência Geral da CVM, em até 30 dias após a apresentação de defesa (art. 82, §2º, da Instrução CVM nº 607/2019) e será encaminhada à PFE para exame de legalidade (art. 83, *caput*).

Semelhantemente ao exposto no BC, os Termos de Compromisso na CVM podem ser propostos antes ou depois da instauração do processo administrativo sancionador, inclusive na fase de investigação preliminar[799] (art. 82, §3º, da Instrução CVM nº 607/2019), e até mesmo em casos de autodenúncia.[800] Assim, também não parecem existir, no âmbito da CVM, especificidades relacionadas ao momento de apresentação das propostas. No caso de a proposta ocorrer antes ou durante a apuração preliminar, o caso deverá ser encaminhado à Superintendência responsável pela apuração (art. 82, §3º, da Instrução CVM nº 607/2019).

3.5.4.2 Da fase de avaliação sobre o prosseguimento ou da rejeição liminar pela Superintendência da CVM, ouvida a PFE

Uma vez submetida a proposta de Termo de Compromisso e ouvida a PFE sobre a sua legalidade, passa-se à fase consistente na análise da Superintendência-Geral pelo prosseguimento ou rejeição preliminar da proposta. Nesse momento, será elaborado parecer sobre a oportunidade e a conveniência da celebração do compromisso e a adequação da proposta formulada pelo acusado ou investigado, recomendando ao Colegiado sua aceitação ou rejeição (art. 83 da Instrução CVM nº 607/2019).

3.5.4.3 Da fase de negociação em si do Termo de Compromisso pelo CTC

Em seguida, a proposta será submetida ao Comitê de Termo de Compromisso (CTC), composto pelo titular da Superintendência-Geral e outros quatro superintendentes expressamente designados pelo Presidente da CVM (art. 83, §2º, da Instrução CVM nº 607/2019).[801] A

---

[799] Embora a Deliberação CVM nº 390/2001 estipulasse que os representados deveriam manifestar sua intenção de celebrar o acordo antes do decurso do prazo para apresentação de defesa, devendo a proposta de celebração dos termos de compromisso ser apresentada em até 30 dias contados da apresentação de defesa.

[800] Exemplos recentes podem ser encontrados nos seguintes Processos de Termo de Compromisso CVM: BRASIL. Comissão de Valores Mobiliários. *Processo de Termo de Compromisso nº 19957.004919/2016-77*. Relator: SGE. Rio de Janeiro, 22 nov. 2016; BRASIL. Comissão de Valores Mobiliários. *Processo de Termo de Compromisso nº 19957.005950/2016-25*. Relator: SGE. Rio de Janeiro, 22 nov. 2016.

[801] Nos termos do §2º do art. 84 da Proposta de Instrução da CVM, além do titular da Superintendência-Geral, que o coordenará, o Comitê de Termo de Compromisso será formado por, no mínimo, 5 (cinco) superintendentes expressamente designados pelo Presidente da CVM (CVM. *Edital de audiência pública SDM nº 02/18*. Rio de Janeiro: CVM, 2018. Disponível em: http://www.cvm.gov.br/export/sites/cvm/audiencias_publicas/ap_sdm/anexos/2018/sdm02__18edital.pdf. Acesso em: 6 nov. 2018).

deliberação do CTC sobre a proposta deverá ocorrer no prazo máximo de 30 (trinta) dias, contados da data do recebimento do parecer da PFE (art. 83, §3º, da Instrução CVM nº 607/2019). Nesse período, o CTC poderá negociar com o proponente as condições da proposta que lhe pareçam mais adequadas, e o proponente poderá, ao final das negociações, aditar os termos da proposta inicial (art. 83, §§3º e 4º, da Instrução CVM nº 607/2019). Esta negociação pelo CTC deverá ser concluída em até 120 (cento e vinte) dias, mas poderá ser prorrogada por 90 (noventa) dias se o CTC entender que é conveniente incluir na negociação outro caso ou questão ainda sem proposta apresentada (art. 83, §5º e §6º, da Instrução CVM nº 607/2019). Nos termos da alteração trazida pela Instrução CVM nº 624/2020, o novo §7º do art. 83 deixa claro que o prazo mínimo de 10 (dez) dias para manifestação do interessado, de que trata do art. 25, §4º, da Instrução CVM nº 607/2019, não se aplica aos atos de negociação de propostas de Termo de Compromisso, o que denota a intenção de maior celeridade da CVM nas negociações dos Termos de Compromisso.

Segundo o art. 84 da Instrução CVM nº 607/2019, em casos excepcionais, nos quais se entenda que o interesse público determina a análise de proposta de celebração de Termo de Compromisso apresentada fora do prazo de 30 (trinta) dias, "tais como os de oferta de indenização substancial aos lesados pela conduta objeto do processo e de modificação da situação de fato existente quando do término do referido prazo", a análise da proposta poderá ser realizada pelo Diretor-Relator do processo administrativo, devendo ser encaminhada, em seguida, à Superintendência-Geral para condução das demais fases.

Apesar da previsão excepcional, a regra geral é que a apresentação da proposta de Termo de Compromisso deve ser feita até a apresentação da defesa. Após a apresentação da defesa, a conveniência e a oportunidade da celebração do Termo de Compromisso podem ser enfraquecidas, de forma que a autoridade tenderá a rejeitar mais propostas ou, no mínimo, a prever condições mais rígidas (por exemplo, relacionadas à contribuição pecuniária proposta).[802]

---

[802] Exemplifica-se com o caso do Processo Administrativo Sancionador CVM nº RJ2013/10951, no qual foi protocolada proposta de Termo de Compromisso, em 8 de março de 2017, fazendo referência a termo de acusação formulado pela Superintendência de Relação com Investidores em 15 de outubro de 2013. A proposta original dos proponentes para a contribuição pecuniária foi de R$450 mil, mas a CVM só acabou por aceitar a proposta com o compromisso de recolhimento de R$1,5 milhão, nos termos do voto do Relator, o Diretor Henrique Balduino Machado Moreira (BRASIL. Comissão de Valores Mobiliários. *PAS nº 2013/10951*. Relator: Henrique Balduino Machado Moreira. Rio de Janeiro, 13 jun. 2017).

A Portaria CVM/PTE nº 71/2005 regulamentou a composição e o funcionamento do CTC. Esse Comitê também analisa a adequação da proposta formulada pelo acusado, sendo responsável pela apresentação de parecer sobre a oportunidade e conveniência da celebração submetida ao Colegiado da CVM (art. 83, da Instrução CVM nº 607/2019). O CTC, sob a regulamentação atual, é composto por cinco Superintendentes apontados pelo Presidente da CVM (art. 83, §2º da Instrução CVM nº 607/2019),[803] que poderão negociar (art. 83, §4º da Instrução CVM nº 607/2019) e aprovar, por maioria (art. 6º da Portaria CVM/PTE 71/2005), o parecer que será enviado ao Colegiado da CVM, responsável pela decisão final sobre aceitação ou não da proposta (art. 83, *caput*, da Instrução CVM nº 607/2019).

3.5.4.4 Da fase de decisão colegiada sobre a celebração do Termo de Compromisso na CVM

Para que se decida pela celebração, ou não, do Termo de Compromisso, a decisão deve ser autorizada por órgão colegiado da CVM, que é o CTC (art. 83 da Instrução CVM nº 607/2019).

3.5.4.5 Da fase de publicização obrigatória do Termo de Compromisso na CVM

Uma vez celebrado, o Termo de Compromisso será publicizado na página da CVM na internet, com a discriminação do prazo para cumprimento das obrigações. Constitui-se em título executivo extrajudicial (art. 11, §7º, da Lei nº 6.385/2017) e suspenderá o processo administrativo em curso pelo prazo estipulado para o cumprimento (art. 88, I da Instrução CVM nº 607/2019). Se as obrigações assumidas pelo comprometente não forem cumpridas de forma integral e adequada, o curso do processo será retomado, sem prejuízo das penalidades cabíveis (art. 90 da Instrução CVM nº 607/2019). Caberá à Superintendência responsável pelo processo fiscalizar o cumprimento das obrigações assumidas no Termo de Compromisso (art. 89 da Instrução CVM nº 607/2019).

No total, a CVM firmou 652 Termos de Compromisso até fevereiro de 2021, sendo diversos deles firmados após a promulgação da Lei nº

---

[803] Segundo o art. 2º da Portaria CVM/PTE 71/2005, o CTC será composto por titulares (i) da Superintendência-Geral da CVM; (ii) da Superintendência de Fiscalização Externa; (iii) da Superintendência de Relação com Empresas; (iv) da Superintendência de Relações com o Mercado e Intermediários; (v) da Superintendência de Normas Contábeis e Auditoria; e (vi) sem direito a voto, da Procuradoria Federal Especializada na CVM.

13.506/2017.[804] Tais números evidenciam a demanda por esse tipo de acordo – possivelmente em detrimento dos acordos de leniência na CVM.

3.5.4.6 Da declaração (ou não) de cumprimento do Termo de Compromisso na CVM

Por fim, a Superintendência responsável pelo processo administrativo deverá supervisionar o cumprimento ou descumprimento do Termo de Compromisso, nos termos do art. 89 da Instrução CVM nº 607/2019. Havendo descumprimento do Termo de Compromisso, o processo será instaurado ou retomado, sem prejuízo das penalidades aplicáveis ou medidas cabíveis (art. 91). Assim, pode-se dizer que a última fase se encerra com a declaração de cumprimento ou de descumprimento do Termo de Compromisso.

3.5.5 Das repercussões criminais, cíveis e administrativas dos Termos de Compromisso do BC e da CVM

Quanto às repercussões criminais e cíveis do Termo de Compromisso, similarmente ao já discutido para os acordos de leniência (vide este cap. 3, itens 3.3.4 e 3.3.5, *supra*), a celebração não gera impactos na atribuição do Ministério Público. Quanto a outras repercussões administrativas do Termo de Compromisso, a sua celebração tampouco gera impactos na atribuição dos demais órgãos (art. 15, §1º, da Lei nº 13.506/2017).[805]

---

[804] Segundo informações públicas no site da CVM: BRASIL. Comissão de Valores Mobiliários. Termos de Compromisso celebrados. 2020. Disponível em: http://www.cvm.gov.br/termos_compromisso/index.html. Acesso em: 21 jul. 2020.

[805] Não há dispositivo similar no regime aplicável à CVM, embora a Deliberação CVM nº 538/2008, aplicável a processos administrativos sancionadores da autarquia, determine que o Superintendente-Geral deverá efetuar comunicação a outros órgãos e entidades da Administração Pública, quando verificada a ocorrência de ilícito em área sujeita à fiscalização destes, ou indícios de sua prática (art. 10, II).

3.6 Leniência e Termo de Compromisso no Sistema Financeiro: panorama geral

Tabela 19 – Panorama geral da Leniência e do TC no BC e na CVM no SFN

	Leniência SFN
Tipo de infração	Para BC: todas as infrações (arts. 3º e 4º da Lei nº 13.506/2017). Para CVM: todas as infrações.
Órgão competente para a celebração	BC CVM
Previsão legal	Art. 30 e seguintes da Lei nº 13.506/2017
Previsão infralegal	Para BC: Circular BC nº 3857/2017 (alterada pela Circular BC nº 3910/2018) e Portaria BC nº 103.362/2019 (que revogou a Portaria BC nº 99.323/2018). Para CVM: Instrução CVM nº 607/2019 (alterada pela Instrução CVM nº 613/2019).
Possíveis beneficiários	Pessoas jurídicas e pessoas físicas
Benefícios administrativos	Leniência Total: imunidade total. Leniência Parcial Padrão: redução de 1/3 a 2/3 da penalidade aplicável. Leniência Parcial (específica SFN): redução fixa de 1/3 da penalidade aplicável. Não repercute administrativamente em outros órgãos
Benefícios criminais	Não existem benefícios criminais automáticos. Possível cooperação interinstitucional entre BC/CVM e MP.
Benefícios cíveis	Não existem benefícios cíveis automáticos

Fonte: elaboração da autora.

CAPÍTULO 4

LENIÊNCIA ANTICORRUPÇÃO

O presente capítulo sobre leniência anticorrupção, tal qual todos os demais capítulos temáticos por espécie de acordo de leniência neste livro, segue, intencionalmente, uma estrutura de sumário semelhante, para que seja possível comparar cada um dos assuntos entre cada um dos referidos programas de leniência. Assim, este capítulo 4 apresenta, inicialmente, um breve histórico legislativo do respectivo programa de leniência anticorrupção (item 4.1). Em seguida, passa-se à apresentação das instituições envolvidas nesse tumultuado processo de negociação e celebração do acordo de leniência anticorrupção (item 4.2). Adiante, passa-se à análise dos requisitos legais do programa de leniência anticorrupção (item 4.3). A seguir, são apresentados os benefícios do acordo de leniência anticorrupção, sejam eles administrativos, criminais e/ou cíveis (item 4.4). Em seguida, é delineado um passo a passo das fases de negociação do acordo, apresentado em forma visual e textual, para facilitar a compreensão do que se trata, na prática, a negociação de um acordo de leniência anticorrupção (item 4.5). Por fim, é apresentado um panorama geral de todas as informações apresentadas do acordo de leniência anticorrupção (item 4.6).

4.1 Leniência anticorrupção:[806] breve histórico legislativo

Em 2013, em resposta aos compromissos internacionais assumidos pelo Brasil, em especial à Convenção sobre Combate da Corrupção

---

[806] Agradeço às pesquisadoras Agnes Macedo de Jesus e Anna Binotto pela pesquisa bibliográfica que subsidiou a elaboração deste capítulo pela autora.

de Funcionários Públicos Estrangeiros em Transações Comerciais Internacionais da Organização para Cooperação e Desenvolvimento Econômico (Convenção OCDE), e ante a pressão dos movimentos de combate à corrupção e das manifestações populares,[807] o Congresso Nacional brasileiro aprovou a Lei da Empresa Limpa, convencionalmente chamada de Lei Anticorrupção (Lei nº 12.846, de 1º de agosto de 2013).[808]

---

[807] Conforme Simão e Vianna, "é fato que a tramitação do projeto ganhou celeridade em virtude das inúmeras manifestações populares que se proliferaram no Brasil no mês de junho de 2013. A Lei Anticorrupção foi uma das medidas legislativas aprovadas pelo Congresso Nacional como uma resposta dos parlamentares aos clamores da nação pelo maior combate aos casos de corrupção. (...) a matéria foi aprovada no Senado Federal em apenas 15 dias" (SIMÃO, Valdir Moyses; VIANNA, Marcelo Pontes. *O acordo de leniência na lei anticorrupção*: histórico, desafios e perspectivas. São Paulo: Trevisan, 2017. p. 27 e 28).

[808] Arby Ilgo Rech Filho acrescenta que essa lei também "decorreu de compromissos internacionais de combate à corrupção assumidos pelo Brasil, tais como, a Convenção das Nações Unidas contra a Corrupção (Convenção de Mérida), Convenção Interamericana contra a Corrupção (Convenção da OEA) e a Convenção sobre o Combate da Corrupção de Funcionários Públicos Estrangeiros em Transações Comerciais Internacionais (Convenção da OCDE)" (RECH FILHO, Arby Ilgo. Acordo de leniência no âmbito da lei anticorrupção. *In*: FRAZÃO, Ana (Org.). *Constituição, empresa e mercado*. Brasília: Faculdade de Direito, Universidade de Brasília, 2017). No mesmo sentido, ver: SIMÃO, Valdir Moyses; VIANNA, Marcelo Pontes. *O acordo de leniência na lei anticorrupção*: histórico, desafios e perspectivas. São Paulo: Trevisan, 2017. p. 21-24. Segundo estes autores, é "[i]mportante ter em mente que a iniciativa legislativa da Lei Anticorrupção não surge do vácuo, mas sim do cenário internacional de compromissos firmados entre diversos países de reprimir a conduta de empresa que atuam de forma antiética". Os autores citam então o Decreto nº 5.687, de janeiro de 2006, que "[p]romulga a Convenção das Nações Unidas contra a Corrupção, adotada pela Assembleia-Geral das Nações Unidas em 31 de outubro de 2003 e assinada pelo Brasil em 9 de dezembro de 2003". O capítulo 37 dessa Convenção determina que: "1. Cada Estado Parte adotará as medidas apropriadas para restabelecer as pessoas que participem ou que tenham participado na prática dos delitos qualificados de acordo com a presente Convenção que proporcionem às autoridades competentes informação útil com fins investigativos e probatórios e as que lhes prestem ajuda efetiva e concreta que possa contribuir a privar os criminosos do produto do delito, assim como recuperar esse produto. 2. Cada Estado Parte considerará a possibilidade de prever, em casos apropriados, a mitigação de pena de toda pessoa acusada que preste cooperação substancial à investigação ou ao indiciamento dos delitos qualificados de acordo com a presente Convenção. 3. Cada Estado parte considerará a possibilidade de prever, em conformidade com os princípios fundamentais de sua legislação interna, a concessão de imunidade judicial a toda pessoa que preste cooperação substancial na investigação ou no indiciamento dos delitos qualificados de acordo com a presente Convenção. 4. A proteção dessas pessoas será, mutatis mutandis, a prevista no Artigo 32 da presente Convenção. 5. Quando as pessoas mencionadas no parágrafo 1 do presente Artigo se encontrem em um Estado Parte e possam prestar cooperação substancial às autoridades competentes de outro Estado Parte, os Estados Partes interessados poderão considerar a possibilidade de celebrar acordos ou tratados, em conformidade com sua legislação interna, a respeito da eventual concessão, por esse Estrado Parte, do trato previsto nos parágrafos 2 e 3 do presente Artigo". Os autores trazem, ainda, o Decreto nº 5.015, de 12 de março de 2004, que "[p]romulga a Convenção das Nações Unidas contra o Crime Organizado Transnacional". O art. 26 dessa Convenção determina que "1. Cada Estado Parte tomará as medidas adequadas para encorajar as pessoas que participem ou tenham participado em grupos criminosos organizados: a) A fornecerem informações úteis às autoridades competentes para efeitos de investigação e produção de provas, nomeadamente: i) A identidade, natureza, composição,

CAPÍTULO 4
LENIÊNCIA ANTICORRUPÇÃO | 469

Antes disso, o Brasil já vinha participando de foros internacionais que sinalizavam a importância de uma legislação mais incisiva no combate à corrupção. Conforme contextualização histórica apresentada por Lacerda e Vasconcelos,[809] nos anos 1990 houve a intensificação do processo de debate e consolidação de novos parâmetros para prevenção, detecção e repressão de ilícitos transnacionais (lavagem de dinheiro, crime organizado, corrupção, dentre outros, e, especialmente, condutas irregulares na relação público-privada). Nesse contexto, nos fóruns internacionais teve início a produção de acordos e convenções internacionais, de modo que se formou um sistema internacional anticorrupção, consubstanciado, especialmente, na Convenção Anticorrupção da Organização dos Estados Americanos (OEA) (1996), na Convenção sobre Combate da Corrupção de Funcionários Públicos Estrangeiros em Transações Comerciais Internacionais da Organização para Cooperação e Desenvolvimento Econômico (1997), e nas Convenções de Palermo (2000) e de Mérida (2003), ambas da Organização das Nações Unidas (ONU).

Pimenta[810] esclarece que os Estados Unidos foram aqueles que levaram à OCDE, em 1988, a pauta do combate à corrupção. Isso porque as empresas norte-americanas estavam obrigadas a seguir os padrões de conduta do *Foreign Corrupt Practices Act (FCPA)*, de modo que exigiam,

---

estrutura, localização ou atividades dos grupos criminosos organizados; ii) As conexões, inclusive conexões internacionais, com outros grupos criminosos organizados; iii) As infrações que os grupos criminosos praticaram ou poderão vir a praticar; b) A prestarem ajuda efetiva e concreta às autoridades competentes, susceptível de contribuir para privar os grupos criminosos organizados dos seus recursos ou do produto do crime. 2. Cada Estado Parte poderá considerar a possibilidade, nos casos pertinentes, de reduzir a pena de que é passível um arguido que coopere de forma substancial na investigação ou no julgamento dos autores de uma infração prevista na presente Convenção. 3. Cada Estado Parte poderá considerar a possibilidade, em conformidade com os princípios fundamentais do seu ordenamento jurídico interno, de conceder imunidade a uma pessoa que coopere de forma substancial na investigação ou no julgamento dos autores de uma infração prevista na presente Convenção. 4. A proteção destas pessoas será assegurada nos termos do Artigo 24 da presente Convenção. 5. Quando uma das pessoas referidas no parágrafo 1 do presente Artigo se encontre num Estado Parte e possa prestar uma cooperação substancial às autoridades competentes de outro Estado Parte, os Estados Partes em questão poderão considerar a celebração de acordos, em conformidade com o seu direito interno, relativos à eventual concessão, pelo outro Estado Parte, do tratamento descrito nos parágrafos 2 e 3 do presente Artigo".

[809] VASCONCELOS, Beto Ferreira Martins; SILVA, Marina Lacerda e. Acordo de leniência: a prática de um jogo ainda em andamento. *In*: MOURA, Maria Thereza de Assis; BOTTINI, Pierpaolo Cruz (Org.). *Colaboração Premiada*. São Paulo: Revista dos Tribunais, 2018. p. 275-301.

[810] PIMENTA, Raquel. *A construção dos acordos de leniência da lei anticorrupção*. São Paulo: Bluncher, 2020. p. 15-18.

assim, que seus concorrentes também respeitassem as mesmas obrigações contábeis e proibição de suborno. Ou seja, para garantir que as empresas que concorressem no mercado internacional estivessem em "paridade de armas", o tema anticorrupção teve que ser disseminado ao redor do mundo. Pimenta ainda esclarece que a formulação do FCPA advém de um contexto político conturbado nos Estados Unidos, decorrente do caso "Watergate", iniciado em 1972. Segundo a autora, tendo em vista o escândalo que levou o presidente Richard Nixon a renunciar em 1974, a *Securities and Exchange Commission (SEC)*, autoridade encarregada de supervisionar o mercado de capitais norte-americano – semelhantemente à Comissão de Valores Mobiliários (CVM) no Brasil –, criou em 1976 um programa de divulgação voluntária segundo o qual as empresas poderiam contar como as fraudes contábeis e as práticas de corrupção eram implementadas. Apesar de ser, inicialmente, um programa sem legislação específica, a SEC visava a estabelecer comitês independentes para investigar seus atos e adotar medidas para garantir que a conduta não se repetiria, com o compromisso de não impor sanções adicionais às empresas colaboradoras. Essa iniciativa, portanto, é que deu a base e a experiência para a formulação da FCPA, em 1977, que prevê a responsabilização de pessoas jurídicas e físicas por fraudes contáveis e crimes de suborno de funcionários estrangeiros. Cumpre ainda pontuar que Mendes[811] apresenta um amplo estudo sobre o programa de leniência anticorrupção no Brasil e na Alemanha.

Esse contexto internacional, segundo Lacerda e Vasconcelos,[812] impulsionou a discussão e a implementação de medidas de enfrentamento da corrupção no Brasil.[813] Surgiram, então, quatro movimentos marcantes: (i) a ampliação da transparência;[814] (ii) o fortalecimento das

---

[811] MENDES, Francisco Schertel. *Leniency Policies in the Prosecution of Economic Crimes and Corruption.* Berlim: Nomos, 2021.

[812] VASCONCELOS, Beto Ferreira Martins; SILVA, Marina Lacerda e. Acordo de leniência: a prática de um jogo ainda em andamento. *In:* MOURA, Maria Thereza de Assis; BOTTINI, Pierpaolo Cruz (Org.). *Colaboração Premiada.* São Paulo: Revista dos Tribunais, 2018. p. 275-301.

[813] Para um panorama das exigências e benefícios da colaboração em temas anticorrupção em âmbito internacional, ver: BOTTINI, Pierpaolo Cruz. Exigências e benefícios da colaboração com as autoridades em temas anticorrupção. *Portal Jota,* 31 ago. 2020. Disponível em: https://bit.ly/343tFj1. Acesso em: 27 set. 2020.

[814] Segundo Vasconcelos e Silva, o movimento da transparência surge a partir de 2000, com a Lei de Responsabilidade Fiscal (Lei Complementar nº 101, de 2000, alterada pela Lei Complementar nº 131, de 2009), bem como com a Lei de Acesso à Informação (Lei nº 12.527/2011). VASCONCELOS, Beto Ferreira Martins; SILVA, Marina Lacerda e. Acordo de leniência: a prática de um jogo ainda em andamento. *In:* MOURA, Maria Thereza de Assis;

instituições;[815] (iii) a expansão legislativa[816] e (iv) a inflexão jurisprudencial.[817] No contexto da expansão legislativa é que se encontra a Lei Anticorrupção brasileira, de 2013, que vem acompanhada de uma intensa alteração do sistema normativo, com ajustes nas normas preexistentes e novos marcos regulatórios.

Nos termos do art. 1º da Lei Anticorrupção, seu objeto é a "responsabilização objetiva administrativa e civil de pessoas jurídicas pela prática de atos contra a administração pública". Todos os dispositivos dessa lei sobre acordos de leniência aplicam-se, portanto, apenas às pessoas jurídicas. Essa ideia é confirmada pelo art. 16, segundo o qual a autoridade competente poderá celebrar pacto de leniência "com as pessoas jurídicas" que praticarem os atos previstos naquela lei.

Portanto é razoável afirmar que a Lei Anticorrupção visa a mudar o cenário anterior de responsabilização e completar um ciclo para

---

BOTTINI, Pierpaolo Cruz (Org.). *Colaboração Premiada*. São Paulo: Revista dos Tribunais, 2018. p. 275-301.

[815] Segundo Vasconcelos e Silva, o movimento do fortalecimento institucional se deu com a criação, a fusão ou a remodelagem de órgãos, bem como com o uso de tecnologia para fins de detecção de ilícitos. Cita-se a criação do Conselho de Controle de Atividades Financeiras (COAF) pela Lei de Combate à Lavagem de Dinheiro (Lei nº 9.613/1998); da Estratégia Nacional de Combate à Corrupção e Lavagem de Dinheiro (ENCCLA), em 2003; da Controladoria Geral da União; da fusão da Receita Previdenciária com a Receita Tributária; das mudanças implementadas na nova estrutura do Cade, em 2011; da criação das agências reguladoras; da atuação do Ministério Público e da Polícia Federal (VASCONCELOS, Beto Ferreira Martins; SILVA, Marina Lacerda e. acordo de leniência: a prática de um jogo ainda em andamento. *In:* MOURA, Maria Thereza de Assis; BOTTINI, Pierpaolo Cruz (Org.). *Colaboração Premiada*. São Paulo: Revista dos Tribunais, 2018. p. 275-301).

[816] Segundo Vasconcelos e Silva, o movimento de expansão legislativa foi iniciado na década de 90, com a edição de normas como a Lei de Improbidade Administrativa – LIA (Lei nº 8.429/1992), da Lei de Licitações (Lei nº 8.666/1993), da Lei de Combate à Lavagem de Dinheiro (Lei nº 9.613/1998) e da Lei de Responsabilidade Fiscal – LRF (Lei Complementar nº 101, de 2000, alterada pela Lei Complementar nº 131, de 2009). No século XXI, os autores destacam a promulgação da Lei de Acesso à Informação – LAI, da nova Lei do Sistema Brasileiro de Defesa da Concorrência (Lei nº 12.529, de 2011), da nova Lei de Combate à Lavagem (Lei nº 12.683, de 2012), da Lei de Conflitos de Interesse (Lei nº 12.813, de 2013), da Lei de Combate ao Crime Organizado (Lei nº 12.850, de 2013), da Lei Anticorrupção (Lei nº 12.846, de 2013), e da Lei das Estatais (Lei nº 13.303, de 2016) (VASCONCELOS, Beto Ferreira Martins; SILVA, Marina Lacerda e. acordo de leniência: prática de um jogo ainda em andamento. *In:* MOURA, Maria Thereza de Assis; BOTTINI, Pierpaolo Cruz (Org.). *Colaboração Premiada*. São Paulo: Revista dos Tribunais, 2018. p. 275-301).

[817] Segundo Vasconcelos e Silva, o movimento de inflexão jurisprudencial é marcado pela imputação de responsabilidade a agentes públicos e privados por condutas antes não tão comumente entendidas como ilícitas. Nota-se, inclusive, a importação e adaptação de teorias como a Teoria do Domínio do Fato ou a Teoria da Cegueira Deliberada, que ultrapassam a tradicional forma de culpabilização dos indivíduos (VASCONCELOS, Beto Ferreira Martins; SILVA, Marina Lacerda e. acordo de leniência: a prática de um jogo ainda em andamento. *In:* MOURA, Maria Thereza de Assis; BOTTINI, Pierpaolo Cruz (Org.). *Colaboração Premiada*. São Paulo: Revista dos Tribunais, 2018. p 275-301).

um combate à corrupção mais eficaz. Inicialmente, apenas as pessoas físicas eram punidas na seara criminal por atos de corrupção nacional e internacional (arts. 317 e 333 do Código Penal). Posteriormente, por meio da Lei nº 8.429/92 (Lei de Improbidade Administrativa – LIA), foi possível responsabilizar tanto pessoas jurídicas quanto físicas, mas a punição da pessoa jurídica dependia da existência de um ilícito da pessoa física, exigia a participação de um agente público e era voltada apenas para a corrupção nacional.

Nesse sentido, a Lei Anticorrupção (LAC) muda esse cenário, ao permitir que as pessoas jurídicas sejam penalizadas civil e administrativamente, independentemente da investigação específica do ato de corrupção da pessoa física, bem como por combater tanto a corrupção nacional quanto a internacional (suborno internacional).[818] Ademais, a lei tem um escopo mais amplo de atos considerados lesivos à Administração Pública, que não se limitam aos atos de corrupção.[819] Ressalta-se que a referida lei "é aplicável às sociedades simples, empresárias e estrangeiras, às associações e fundações, além das pessoas jurídicas constituídas

---

[818] No entanto, há quem defenda que, embora a Lei Anticorrupção só faça menção a pessoas jurídicas, tendo em vista a interpretação de que o sistema nacional anticorrupção inclui a Lei de Improbidade Administrativa (Lei nº 8.429/1992), os acordos de leniência anticorrupção também poderiam incluir pessoas físicas, uma vez que estas estão sujeitas às penas previstas naquela Lei.

[819] Lei nº 12.846/2013. Art. 5º Constituem atos lesivos à administração pública, nacional ou estrangeira, para os fins desta Lei, todos aqueles praticados pelas pessoas jurídicas mencionadas no parágrafo único do art. 1º, que atentem contra o patrimônio público nacional ou estrangeiro, contra princípios da administração pública ou contra os compromissos internacionais assumidos pelo Brasil, assim definidos: I - prometer, oferecer ou dar, direta ou indiretamente, vantagem indevida a agente público, ou a terceira pessoa a ele relacionada; II - comprovadamente, financiar, custear, patrocinar ou de qualquer modo subvencionar a prática dos atos ilícitos previstos nesta Lei; III - comprovadamente, utilizar-se de interposta pessoa física ou jurídica para ocultar ou dissimular seus reais interesses ou a identidade dos beneficiários dos atos praticados; IV - no tocante a licitações e contratos: a) frustrar ou fraudar, mediante ajuste, combinação ou qualquer outro expediente, o caráter competitivo de procedimento licitatório público; b) impedir, perturbar ou fraudar a realização de qualquer ato de procedimento licitatório público; c) afastar ou procurar afastar licitante, por meio de fraude ou oferecimento de vantagem de qualquer tipo; d) fraudar licitação pública ou contrato dela decorrente; e) criar, de modo fraudulento ou irregular, pessoa jurídica para participar de licitação pública ou celebrar contrato administrativo; f) obter vantagem ou benefício indevido, de modo fraudulento, de modificações ou prorrogações de contratos celebrados com a administração pública, sem autorização em lei, no ato convocatório da licitação pública ou nos respectivos instrumentos contratuais; ou g) manipular ou fraudar o equilíbrio econômico-financeiro dos contratos celebrados com a administração pública; V - dificultar atividade de investigação ou fiscalização de órgãos, entidades ou agentes públicos, ou intervir em sua atuação, inclusive no âmbito das agências reguladoras e dos órgãos de fiscalização do sistema financeiro nacional.

CAPÍTULO 4
LENIÊNCIA ANTICORRUPÇÃO | 473

apenas de fato e mesmo que temporárias",[820] e pode resultar, inclusive, na sua dissolução compulsória.[821]

Dentre as diversas contribuições da Lei nº 12.846/2013,[822] pode-se citar, para os fins deste livro, a introdução do acordo de leniência anticorrupção,[823] previsto em seu art. 16.[824] [825] A redação da referida lei,

---

[820] SOARES, Luciane Rodrigues. *Combate à corrupção*: uma análise da atuação dos órgãos de controle na celebração do acordo de leniência. 2017. Trabalho de Conclusão de Curso (Especialização) – Universidade de Brasília, Brasília, 2017. p. 25.

[821] SOARES, Luciane Rodrigues. *Combate à corrupção*: uma análise da atuação dos órgãos de controle na celebração do acordo de leniência. 2017. Trabalho de Conclusão de Curso (Especialização) – Universidade de Brasília, Brasília, 2017.

[822] De acordo com Victor Alexandre Pereira "[t]alvez uma das maiores contribuições da legislação ora tratada tenha sido a atribuição de responsabilidade objetiva às pessoas jurídicas em concurso delitivo com o Poder Público; o que provavelmente vai inibir o arranjo de esquemas de corrupção no decorrer do tempo, à medida que os diretores, sócios e funcionários das grandes empresas forem tomando conta dos riscos que tais ações representam às suas respectivas liberdades e às finanças das instituições em que trabalham" (PEREIRA, Victor Alexandre El Khoury M. Acordo de leniência na Lei Anticorrupção (Lei nº 12.846/2013). *Revista Brasileira de Infraestrutura*, Belo Horizonte, ano 5, n. 9, p. 79-113, jan./jun. 2016).

[823] Para uma análise aprofundada dos acordos no âmbito da Lei Anticorrupção, ver: PIMENTA, Raquel. *A construção dos acordos de leniência da lei anticorrupção*. São Paulo: Bluncher, 2020. p. 15-18.

[824] Lei nº 12.846/2013. Art. 16: "A autoridade máxima de cada órgão ou entidade pública poderá celebrar acordo de leniência com as pessoas jurídicas responsáveis pela prática dos atos previstos nesta Lei que colaborem efetivamente com as investigações e o processo administrativo, sendo que dessa colaboração resulte: I - a identificação dos demais envolvidos na infração, quando couber; e II - a obtenção célere de informações e documentos que comprovem o ilícito sob apuração. §1º O acordo de que trata o caput somente poderá ser celebrado se preenchidos, cumulativamente, os seguintes requisitos: I - a pessoa jurídica seja a primeira a se manifestar sobre seu interesse em cooperar para a apuração do ato ilícito; II - a pessoa jurídica cesse completamente seu envolvimento na infração investigada a partir da data de propositura do acordo; III - a pessoa jurídica admita sua participação no ilícito e coopere plena e permanentemente com as investigações e o processo administrativo, comparecendo, sob suas expensas, sempre que solicitada, a todos os atos processuais, até seu encerramento. §2º A celebração do acordo de leniência isentará a pessoa jurídica das sanções previstas no inciso II do art. 6º e no inciso IV do art. 19 e reduzirá em até 2/3 (dois terços) o valor da multa aplicável. §3º O acordo de leniência não exime a pessoa jurídica da obrigação de reparar integralmente o dano causado. §4º O acordo de leniência estipulará as condições necessárias para assegurar a efetividade da colaboração e o resultado útil do processo. §5º Os efeitos do acordo de leniência serão estendidos às pessoas jurídicas que integram o mesmo grupo econômico, de fato e de direito, desde que firmem o acordo em conjunto, respeitadas as condições nele estabelecidas. §6º A proposta de acordo de leniência somente se tornará pública após a efetivação do respectivo acordo, salvo no interesse das investigações e do processo administrativo. §7º Não importará em reconhecimento da prática do ato ilícito investigado a proposta de acordo de leniência rejeitada. §8º Em caso de descumprimento do acordo de leniência, a pessoa jurídica ficará impedida de celebrar novo acordo pelo prazo de 3 (três) anos contados do conhecimento pela administração pública do referido descumprimento. §9º A celebração do acordo de leniência interrompe o prazo prescricional dos atos ilícitos previstos nesta Lei. §10. A Controladoria-Geral da União – CGU é o órgão competente para celebrar os acordos de leniência no âmbito do Poder Executivo federal, bem como no caso de atos lesivos praticados contra a administração pública estrangeira. Art. 17. A administração pública poderá também celebrar acordo de

no que tange a esse instrumento, foi claramente inspirada na redação da Lei de Defesa da Concorrência (Lei nº 12.529/2011), que prevê os acordos de leniência antitruste (vide cap. 1, *supra*). Ressalta-se, desde já, que o programa de leniência instituído pela referida lei foi amplamente impactado pela Operação Lava Jato, na medida em que, dos onze acordos de leniência celebrados pela CGU em conjunto com a AGU, nove foram firmados com empresas investigadas na Lava Jato (82%).[826]

Importante destacar, ainda, que houve tentativa de alteração de determinadas previsões do acordo de leniência anticorrupção com a introdução da Medida Provisória nº 703/2015.[827] Segundo relatado por Pimenta,[828] o então Ministro da Transparência teria expressado que "aquela MP foi uma declaração de guerra". A medida provisória revogou o requisito de que fossem firmados acordos apenas com a primeira pessoa jurídica que manifestasse seu interesse e poderiam ser firmados acordos com diversas pessoas jurídicas para o mesmo ilícito. Esse fato levantou inúmeros debates, sob o argumento de que seria possível realizar um "acordão" com as empresas investigadas. A nosso ver, como já mencionado, o requisito da primazia, ainda que de algum modo matizado pelas especificidades da infração investigada, deve ser aplicável aos acordos de leniência, sob pena de perda de incentivos ao primeiro colaborador.

A medida provisória também ampliava a imunidade àquele que firmasse acordo de leniência, incluindo as penalidades previstas em outras leis, como nas Leis de Improbidade Administrativa, de Licitações, incluindo as normas referentes ao Regime Diferenciado de Licitações, e à Lei Antitruste, desde que houvesse essa previsão no acordo. Este fato, porém, levava à supressão de competência de outras instituições atuantes em sede dos acordos de leniência, como o MP,

---

leniência com a pessoa jurídica responsável pela prática de ilícitos previstos na Lei nº 8.666, de 21 de junho de 1993, com vistas à isenção ou atenuação das sanções administrativas estabelecidas em seus arts. 86 a 88".

[825] De acordo com Ubirajara Costódio Filho, os pactos de leniência no âmbito da Lei nº 12.846/2013 são "(...) acordos celebrados entre a Administração Pública e particulares envolvidos em ilícitos administrativos, por meio dos quais estes últimos colaboram com a investigação e recebem em benefício a extinção ou a redução das sanções a que estariam sujeitos por tais ilícitos" (SANTOS, José Anacleto Abduch; BERTONCINI, Mateus; COSTÓDIO FILHO, Ubirajara. *Comentários à Lei 12.846/2013*. 2. ed. São Paulo: Revista dos Tribunais, 2015. p. 280).

[826] BRASIL. Controladoria-Geral da União. *Acordo de leniência*: balanço e monitoramento. Disponível em: https://www.gov.br/cgu/pt-br/assuntos/responsabilizacao-de-empresas/lei-anticorrupcao/acordo-leniencia. Acesso em: 3 ago. 2020.

[827] Para mais informações acerca da MP nº 703, ver: MARRARA, Thiago. Acordo de leniência na Lei Anticorrupção: pontos de estrangulamento da segurança jurídica. *Revista Digital de Direito Administrativo*, v. 6, n. 2, p. 95-113, 2019.

[828] PIMENTA, Raquel. *A construção dos acordos de leniência da lei anticorrupção*. São Paulo: Bluncher, 2020. p. 33.

CAPÍTULO 4
LENIÊNCIA ANTICORRUPÇÃO | **475**

a AGU e o Cade, de modo que, em concreto, as demais autoridades continuaram realizando suas negociações mesmo com a vigência da medida provisória, praticamente ignorando-a.

Em relação às multas e ressarcimento, a medida provisória previa que, além da multa com desconto prevista na Lei Anticorrupção, não poderia ser aplicada à pessoa jurídica "qualquer outra sanção de natureza pecuniária decorrente das infrações específicas do acordo". Ao primeiro que celebrasse acordo de leniência, seria concedida imunidade, e não apenas os 2/3 inicialmente previstos em lei. Ainda, a MP nº 703/2015 atribuía competência primordial aos órgãos de controle interno e não mais a competência pulverizada em cada órgão ou autoridade do ente federativo.

A polêmica em torno da medida provisória foi tão importante que, ao final do prazo dos 180 dias (30 de maio de 2016), a MP nº 703 expirou e tais alterações caducaram, sem que houvesse substituição por nenhum outro ato administrativo.

Segundo os termos da Lei Anticorrupção, a autoridade máxima de cada órgão ou entidade pública poderá celebrar acordo de leniência com as pessoas jurídicas responsáveis pela prática dos atos nela previstos. As pessoas jurídicas interessadas em firmar o acordo devem cooperar efetivamente com as investigações e o processo administrativo, devendo a sua colaboração resultar na identificação dos demais envolvidos na infração, quando couber, e na obtenção célere de informações e documentos que comprovem o ilícito sob apuração.[829] Em que pese inicialmente voltado apenas para acordos de leniência de pessoas jurídicas, a experiência recente tem trazido a proteção a pessoas físicas, conforme se observará *infra* (item 4.4.2, *infra*).

Fridriczewski[830] argumenta que o acordo de leniência anticorrupção teria natureza jurídica de instrumento de responsabilização das pessoas jurídicas pela prática de ilícitos contra a Administração Pública, nacional ou estrangeira, ou seja, ferramenta de aplicação do direito sancionador. Marques Neto,[831] por sua vez, aponta que este acordo de leniência seria um acordo do tipo substitutivo, vocacionado então à substituição do processo administrativo sancionador ou da própria sanção.

---

[829] Fridriczewski fala em acordo de leniência como uma ferramenta de combate à corrupção no Brasil, rompendo com a lógica adversarial que caracteriza o direito sancionador brasileiro: FRIDRICZEWSKI, Vanir. Acuerdos de Lenidad en Brasil: algunas luces en la recuperación de activos. *In:* CONGRESO INTERNACIONAL 'CRIME DOESN'T PAY', 2019, Salamanca, Espanha. Anais... Salamanca: Universidad de Salamanca, 2019.

[830] FRIDRICZEWSKI, Vanir. ACUERDOS DE LENIDAD EN BRASIL: ALGUNAS LUCES EN LA RECUPERACIÓN DE ACTIVOS. No prelo.

[831] MARQUES NETO, Floriano de Azevedo. Transações em processos sancionatórios. Itinerários e desafios. No prelo.

A Lei nº 12.846/2013 foi regulamentada, no âmbito federal, pelo Decreto nº 8.420/2015. Tal decreto tratou de diversos aspectos da Lei Anticorrupção, tais como critérios para o cálculo da multa, parâmetros para avaliação de programas de integridade ou de *compliance* e regras para a celebração dos acordos de leniência.[832] Especificamente quanto aos acordos de leniência, o decreto retoma a previsão da Lei nº 12.846/2013, segundo a qual a CGU é a autoridade competente para a formulação dos acordos de leniência no âmbito do Poder Executivo Federal.[833] Ademais, o referido decreto faz o detalhamento de alguns pontos da Lei Anticorrupção, inclusive mantendo o limite de que o acordo de leniência anticorrupção será celebrado com as pessoas jurídicas responsáveis pela prática dos atos lesivos previstos na lei, em seu art. 28.

Finalmente, é importante mencionar que foram editados outros cinco atos normativos relevantes para o contexto do acordo de leniência no âmbito do Poder Executivo Federal. A Portaria CGU nº 909, de 7 de abril de 2015, detalha a forma de avaliação dos programas de integridade de pessoas jurídicas, definindo os parâmetros de aferição das entidades envolvidas nos ilícitos da Lei Anticorrupção. Já a Portaria CGU nº 910, de 7 de abril de 2015, define os procedimentos para apuração da responsabilidade administrativa da Lei Anticorrupção. Apesar de tal normativo não mais dispor sobre os procedimentos específicos da negociação do acordo de leniência, trata-se de regulamento com relevante pertinência temática, uma vez que a proposição de um acordo pode surgir durante o processo de apuração de um ilícito.

Em 2015, o TCU publicou a Instrução Normativa (IN) nº 74/2015, que buscou impactar substancialmente a celebração de acordos de leniência anticorrupção pela CGU e AGU. A IN nº 74/2015 dispunha "sobre a fiscalização do TCU, com base no art. 3º da Lei nº 8.443/1992, quanto à organização do processo de celebração de Acordo de Leniência pela administração pública federal, nos termos da Lei nº 12.846/2013". Tratava-se de uma tentativa de fiscalização prévia e concomitante do TCU sobre as negociações dos acordos de leniência anticorrupção.

Por sua vez, em 2016 os procedimentos para a celebração do acordo de leniência pela CGU e pela AGU passaram a ser regulamentados

---

[832] Para mais informações, ver: MARRARA, Thiago. Acordo de leniência na Lei Anticorrupção: pontos de estrangulamento da segurança jurídica. Revista Digital de Direito Administrativo, v. 6, n. 2, p. 95-113, 2019.

[833] Especificamente quanto ao acordo de leniência, o art. 29 do Decreto nº 8.420/2015 determina que "[c]ompete à Controladoria-Geral da União celebrar acordos de leniência no âmbito do Poder Executivo federal e nos casos de atos lesivos contra a administração pública estrangeira".

pela Portaria Interministerial CGU/AGU nº 2.278, de 15 de dezembro de 2016. Tal portaria detalha a forma de proposição, negociação e assinatura do acordo de leniência no âmbito do Poder Executivo Federal.[834]

Nesse contexto, em 2017 o MPF começou a se manifestar publicamente sobre a necessidade de sua participação nas negociações de acordos de leniência anticorrupção. Assim, publicou inicialmente o Estudo Técnico 5ª CCR MPF 2017 sobre acordos de leniência e acordos de colaboração premiada, seguido da Nota Técnica nº 1/2017 da 5ª CCR MPF sobre acordos de leniência, em que sustenta a titularidade exclusiva do Ministério Público para a imposição de sanções.

Além disso, em 16 de maio de 2018, foi editada a Instrução Normativa CGU/AGU nº 2, aprovando a metodologia de cálculo da multa administrativa prevista no art. 6º, I, da Lei Anticorrupção, a ser aplicada no âmbito dos acordos de leniência firmados pela CGU. Ademais, foi também publicada a Instrução Normativa TCU nº 83/2018, que revogou a IN nº 74/2015 e alterou o regime de fiscalização do TCU sobre os acordos firmados pelas autoridades, que passou a ser posterior e não mais prévio e concomitante.

Ainda, cabe ressaltar que a Portaria Interministerial CGU/AGU nº 2.278/2016 foi posteriormente revogada pela Portaria Conjunta nº 4, a qual foi assinada pela CGU e AGU em 9 de agosto de 2019. O novo normativo tem por objetivo reestruturar os procedimentos referentes à negociação de acordos de leniência com agentes que cometeram atos ilícitos, consolidar o trabalho conjunto das duas instituições e trazer transparência para a sua atuação.[835] Ademais, também em 2019 foi criada a Diretoria de acordos de leniência na Secretaria de Combate à Corrupção na CGU, por meio do Decreto nº 9.681/2019.

Por fim, foi assinado o Acordo de Cooperação Técnica STF/CGU/AGU/MJ/TCU, celebrado em 6 de agosto de 2020,[836] cujo detalhamento geral foi apresentado no item 1.4, *supra*, e cujas repercussões específicas

---

[834] Para mais informações, ver: MARRARA, Thiago. Acordo de leniência na Lei Anticorrupção: pontos de estrangulamento da segurança jurídica. *Revista Digital de Direito Administrativo*, v. 6, n. 2, p. 95-113, 2019.

[835] BRASIL. Controladoria-Geral da União. CGU e AGU reestruturam regulamento dos acordos de leniência. CGU, 9 ago. 2019. Disponível em: https://www.cgu.gov.br/noticias/2019/08/cgu-e-agu-reestruturam-regulamento-dos-acordos-de-leniencia-1. Acesso em: 19 fev. 2020.

[836] Acordo de Cooperação Técnica entre o Supremo Tribunal Federal (STF), a Controladoria-Geral da União (CGU), a Advocacia-Geral da União (AGU), Ministério da Justiça e Segurança Pública (MJSP) e o Tribunal de Contas da União (TCU) em matéria de combate à corrupção no Brasil, especialmente em relação aos acordos de leniência da Lei 12.846/2013. Disponível em: http://www.stf.jus.br/arquivo/cms/noticiaNoticiaStf/anexo/Acordo6agosto.pdf. Acesso em: 18 set. 2020.

estão apresentadas no item 4.5.5, *infra*. Ato contínuo à publicação deste Acordo de Cooperação Técnica, foi publicada a Nota Técnica nº 2/2020 da 5ª CCR, criticando diversos aspectos do documento. Por fim, cabe destacar que em 2020 também foi publicada a Nota Técnica nº 01/2020 da 5ª CCR sobre termos de adesão ou subscrições de pessoas físicas em acordos de leniência no domínio da improbidade administrativa.

Como se pode notar, o tema é alvo de intensos debates e alterações infralegais, de modo que é possível se esperar que, nos próximos anos, continue tendo modificações legislativas e regulamentares sobre o tema. A seguir, linha do tempo que apresenta, de modo visual, os principais normativos sobre os acordos de leniência anticorrupção, cotejada com os marcos históricos dos demais programas de leniência no Brasil:

Figura 40 – Linha do tempo das principais previsões legais e infralegais sobre leniência anticorrupção no Brasil

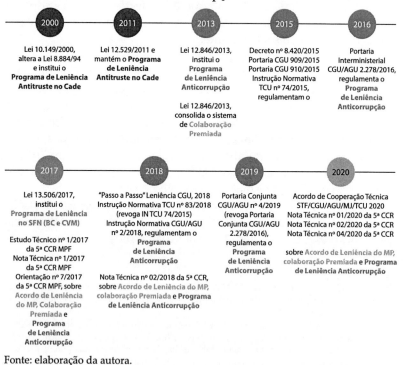

Fonte: elaboração da autora.

4.2 Leniência anticorrupção: instituições envolvidas no "sistema nacional anticorrupção"

Desde a entrada em vigor da Lei Anticorrupção, em janeiro de 2014, passou-se a ter várias discussões a respeito da forma de implementação do acordo de leniência anticorrupção, haja vista que, nos termos do *caput* do art. 16 da Lei nº 12.846/2013, o acordo poderá ser celebrado pela "autoridade máxima de cada órgão ou entidade pública". Na prática, essa outorga vaga e genérica implica uma multiplicidade imensa de autoridades competentes para celebrar o acordo de leniência, uma vez que não há clareza sobre quem seria essa autoridade máxima.[837]

Pimenta[838] aponta que o Ministério Público e o Poder Judiciário têm um peso importante na política de combate à corrupção, mas ela conta com outros atores: organizações de controle interno, como a CGU, tribunais de conta, como o TCU, advocacias públicas, como a AGU, e mecanismos de transparência, por exemplo usados pela mídia e de participação pública, como conselhos. Nenhum desses atores seria inteiramente responsável pela rede de *accountability*, e contra as "disputas de poder", pede-se coordenação, mas coordenação não seria simples de se engendrar. Tojal e Tamasaykas[839] chegam a argumentar que o grande desafio do instituto da leniência seria

> sobreviver à competição e à autofagia de diversos órgãos e instituições do Estado que, sob efeitos do discurso anticorrupção, agem de forma esquizofrênica, competindo por um desarrazoado protagonismo ou simplesmente boicotando o instituto em razão de interesses até mesmo escusos.

No âmbito do Poder Executivo Federal, a CGU é o órgão competente para celebrar os acordos de leniência nos termos do art. 16 do Decreto nº 8.420/2015,[840] mas e no âmbito estadual? Seriam as

---

[837] Para um estudo aprofundado sobre como se apresentam as diferentes instâncias da Administração Pública incumbidas de promover o controle da corrupção, ver: PINHO, Clóvis Alberto Bertolini de. *Corrupção e administração pública no Brasil*: combate administrativo e a Lei nº 12.846/2013 (Lei Anticorrupção). São Paulo: Almedina, 2020.

[838] PIMENTA, Raquel. *A construção dos acordos de leniência da lei anticorrupção*. São Paulo: Bluncher, 2020. p. 33.

[839] TOJAL, Sebastião Botto de Barros; TAMASAUSKAS, Igor Sant'Anna. A Leniência Anticorrupção: primeiras aplicações, suas dificuldades e alguns horizontes para o instituto. *In: Colaboração Premiada*. São Paulo: Revista dos Tribunais, 2018, p. 238-254.

[840] De acordo com o §10 do art. 16 da Lei Anticorrupção, "[a] Controladoria-Geral da União – CGU é o órgão competente para celebrar os acordos de leniência no âmbito do Poder Executivo federal, bem como no caso de atos lesivos praticados contra a administração

controladorias-gerais?[841] Possivelmente o primeiro acordo de leniência celebrado no âmbito estadual que foi noticiado diz respeito ao acordo entre a empresa Andrade Gutierrez com a Procuradoria-Geral do Estado do Rio de Janeiro (PGE-RJ) e a Controladoria-Geral do Estado. O acordo, noticiado como tendo sido o primeiro celebrado no Estado, resultou na devolução de R$ 44,5 milhões aos cofres públicos.[842] Posteriormente, em agosto de 2021, a mesma empresa Andrade Gutierrez celebrou novo acordo de leniência de âmbito estadual, dessa vez com a Controladoria-Geral do Estado de Minas Gerais, a Advocacia-Geral do Estado de Minas Gerais e o Ministério Público do Estado de Minas Gerais, no qual foi pactuado o pagamento de mais de R$ 128 milhões pelos colaboradores.[843]

E quem é a autoridade máxima nos municípios? E quanto à competência na esfera dos poderes Legislativo e Judiciário?[844] Ademais, cumpre destacar a possibilidade de atuação não apenas do TCU (nos termos posteriormente detalhados no item 4.2.3, *infra*), mas também

---

pública estrangeira". Ademais, o Decreto nº 8.420/2015 regulamentou a Lei Anticorrupção e o acordo de leniência no âmbito federal, outorgando as competências de autoridade máxima para a CGU.

[841] Em âmbito regional, apenas 14 Estados brasileiros regulamentaram a Lei nº 12.846/2013: AL, DF, ES, GO, MA, MT, MS, MG, PE, PR, RN, SC, SP e TO (após quase 5 anos, metade dos Estados regulamentou lei anticorrupção. *Migalhas*, 26 jan. 2018. Disponível em: http://www.migalhas.com.br/Quentes/17,MI273127,51045-Apos+quase+5+anos+metade+dos+Estados+regulamentou+lei+anticorrupcao. Acesso em: 29 jul. 2018).

[842] O montante seria equivalente aos valores pagos em propina pela empresa em contratos celebrados com o Estado do Rio de Janeiro de 2007 até 2014, somado a valores de devolução de lucro indevido, multa da lei de improbidade administrativa (Lei nº 8.429/1992) e multa da lei anticorrupção (Lei nº 12.846/2013). Para o acordo, a Andrade Gutierrez se comprometeu a desistir de todas as ações judiciais propostas contra o Estado do Rio de Janeiro e também de pleitos administrativos. No total, esses litígios poderiam somar um prejuízo de mais R$ 22 milhões ao erário. Em contrapartida, o acordo prevê que o Estado fluminense não vai declarar a inidoneidade da Andrade Gutierrez. Ou seja, a empresa não ficará impedida de assinar novos contratos com o Poder Público. CERIONI, Clara. PGE-RJ e Andrade Gutierrez firmam acordo de leniência de R$ 44,5 milhões. *Portal Jota*. 18 jan. 2021. Disponível em: https://www.jota.info/justica/pge-rj-e-andrade-gutierrez-firmam-acordo-de-leniencia-de-r-445-milhoes-18012021?utm_campaign=jota_info__ultimas_noticias__destaques__1901202&amp=1. Acesso em: 25 mar. 2021.

[843] CONTROLADORIA-GERAL DO ESTADO DE MINAS GERAIS. Acordo de leniência firmado entre a Controladoria-Geral do Estado de Minas Gerais – CGE/MG, a Advocacia-Geral do Estado de Minas Gerais – AGE/MG, o Ministério Público do Estado de Minas Gerais – MPMG e as empresas Andrade Gutierrez Investimento em Engenharia S/A e Andrade Gutierrez Engenharia S/A. 18 ago. 2021. Disponível em: https://www.cge.mg.gov.br/phocadownload/arquivos_diversos/pdf/acordo_leniencia_revisado_mai-20213.pdf. Acesso em: 24 ago. 2021.

[844] Um caso que envolveu o Judiciário (em específico, o Tribunal Superior do Trabalho) foi o acordo de leniência assinado pela Mullen Lowe. Ver: Processo nº RTOrd-0000453-02.2016.5.10.0011.

dos Tribunais de Conta estaduais.[845] E no âmbito das empresas estatais, quem seria a autoridade máxima responsável pela implementação e assinatura de um acordo de leniência?[846] Outra discussão possível diz respeito à natureza dessa competência ser concorrente ou não, no sentido de que o colaborador poderia celebrar mais de um acordo, a depender da prática e dos envolvidos.

Nesse sentido, Mendes e Fernandes advertem que os "pontos cegos" dos programas de leniência ficam ainda mais evidentes nas situações em que empresas investigadas buscam simultaneamente diversas autoridades administrativas para a colaboração, não sendo possível identificar a exata extensão das garantias de imunidade em cada hipótese.[847]

Conforme mencionado no voto do Ministro Gilmar Mendes nos Mandados de Segurança nºs 35.435, 36.173, 36.496 e 36.526, há um regime

---

[845] IBRAC. Acordos e políticas de leniência: contribuição para o diálogo e a harmonização. PRADO FILHO, José Inácio; TREVELLIN, Bruna (Org.). 1. ed. São Paulo: Singular, 2020. p. 51. "No Distrito Federal, o decreto estadual que regulamentou a Lei Anticorrupção (Decreto Estadual 37.296, de 29 de abril de 2016) determina que, uma vez assinado, o acordo de leniência deve ser encaminhado ao Tribunal de Contas do Distrito Federal (art. 51, § 1º). Contudo, tal dispositivo faz menção ao §14 do art. 16 da Lei 12.846/2013, dispositivo que havia sido inserido na Lei Anticorrupção por força da MP 703 que, conforme acima mencionado, teve sua vigência encerrada em 29 de maio de 2016. Portanto, atualmente, não há clareza quanto ao papel do Tribunal de Contas em novos acordos de leniência. No Estado do Rio de Janeiro, por sua vez, o decreto que regulamentou a Lei Anticorrupção na localidade (Decreto Estadual 46.366, de 19 de julho de 2018) determina que o valor do ressarcimento (rubrica que também poderá ser inserida no acordo de leniência tal como regulamentado no Estado) dependerá de apuração do Tribunal de Contas do Estado ou do Ministério Público, a ser realizada na esfera administrativa ou judicial (art. 57, §6º). Embora tal dispositivo invoque uma inter-relação entre a Administração Pública e o Tribunal de Contas do Estado do Rio de Janeiro, não há disposições disciplinando a relação entre tais órgãos no processo de negociação e na celebração de acordos de leniência."

[846] Neste ponto, cabe trazer também a ressalva de Victor Alexandre Pereira, no sentido de que "causa estranheza, contudo, cogitar a possibilidade das referidas 'autoridades máximas', extremamente susceptíveis aos esquemas de corrupção, serem investidas de tal prerrogativa, visto que, deste modo, estar-se-ia colocando em risco o propósito da Lei nº 12.846/2013" (PEREIRA, Victor Alexandre El Khoury M. Acordo de leniência na Lei Anticorrupção (Lei nº 12.846/2013). *Revista Brasileira de Infraestrutura*, Belo Horizonte, ano 5, n. 9, p. 79-113, jan./jun. 2016). Destarte "[n]ão se pode imaginar que o Prefeito, o Governador, os Ministros, os Secretários de Estado, os secretários gerais, os presidentes das estatais, os Presidentes da Câmara e do Senado, o Presidente dos Tribunais, os diretores dos entes possam arrogar-se dessa competência de entabular e firmar o pacto de leniência e muito menos a competência de instaurar e de julgar os devidos processos penais-administrativos instituídos na presente Lei (art. 8º)" (CARVALHOSA, Modesto. *Considerações sobre a Lei Anticorrupção das Pessoas Jurídicas*. 1. ed. São Paulo: Revista dos Tribunais, 2015. p. 30).

[847] MENDES, Gilmar; FERNANDES, Victor Oliveira. Acordos de leniência e Regimes Sancionadores Múltiplos: Pontos de Partida para uma Integração Constitucional. *In:* DANTAS, Marcelo Navarro Ribeiro (Coord.). *Inovações no Sistema de Justiça*. São Paulo: Revista dos Tribunais, 2021 (no prelo) p. 7.

duplo de responsabilização das pessoas jurídicas, de modo que os atos lesivos à Administração Pública podem ensejar tanto a responsabilidade administrativa quanto a responsabilidade judicial.[848] Esse "regime duplo de responsabilização das pessoas jurídicas" seria configurado na medida em que a prática dos chamados atos lesivos à Administração Pública definidos no art. 5º da lei pode tanto ensejar (i) responsabilidade administrativa, que é regulamentada nos capítulos III e IV do diploma, quanto (ii) responsabilidade judicial, que é regulamentada no capítulo VI da lei.

No contexto desse regime, a CGU é a entidade competente para instaurar e julgar processos administrativos que visam a aplicação da Lei nº 12.846/2013, ao menos no âmbito do Poder Executivo Federal (ou seja, responsabilidade administrativa, que é regulamentada nos capítulos III e IV da Lei nº 12.846/2013), e a AGU, por sua vez, é a responsável por requerer a responsabilização judicial das empresas (ou seja, responsabilidade judicial, que é regulamentada no capítulo VI da Lei nº 12.846/2013). Nesse sentido, destacou que:

> quando a celebração do Acordo de Leniência Anticorrupção envolver simultaneamente a CGU e a AGU, percebe-se que o alcance dos benefícios se torna bastante alargado, uma vez que opera tanto sobre o regime de responsabilização administrativa, guardado pela CGU, quanto o regime de responsabilização judicial, guardado pela AGU. O art. 2º da referida Portaria Interministerial deixa claro que a celebração conjunta do acordo de leniência poderá abranger a atenuação de sanções previstas na Lei Anticorrupção, na Lei 8.666/1993 e ainda na própria Lei de Improbidade Administrativa.[849]

Por esse motivo o Ministro entende ser necessária a cooperação entre a CGU e a AGU, para que possam ser superadas as complexidades do regime duplo da Lei Anticorrupção no contexto da celebração do acordo de leniência anticorrupção. No contexto deste julgamento no STF é que foi assinado o Acordo de Cooperação Técnica STF/CGU/AGU/MJ/TCU, celebrado em 6 de agosto de 2020,[850] cujo detalhamento geral foi apresentado no item 1.4, *supra*, e cujas repercussões específicas

---

[848] BRASIL. Supremo Tribunal Federal. *Mandado de Segurança 35.435/DF*. Relator: Min. Gilmar Mendes. Data de Julgamento: 26 maio 2020. Data de Publicação: *DJe*-138 3 jun. 2020.

[849] *Ibid.* p. 22.

[850] Acordo de Cooperação Técnica entre o Supremo Tribunal Federal (STF), a Controladoria-Geral da União (CGU), a Advocacia-Geral da União (AGU), Ministério da Justiça e Segurança Pública (MJSP) e o Tribunal de Contas da União (TCU) em matéria de combate à corrupção no Brasil, especialmente em relação aos acordos de leniência da Lei nº 12.846/2013. Disponível

CAPÍTULO 4
LENIÊNCIA ANTICORRUPÇÃO | 483

estão apresentadas no item 4.5.5, *infra*. Sobre o tema, o Ministro Gilmar Mendes escreveu, em coautoria com Victor Fernandes, artigo destacando a importância de que a Administração Pública atue de forma coordenada, e não de maneira contraditória e incoerente, de modo a gerar a aplicação de sanções como se não houvesse colaboração voluntária.[851] O presente capítulo concentrar-se-á no acordo de leniência anticorrupção no âmbito federal. Para tanto, será apresentada adiante a forma de cooperação institucional entre as principais instituições que compõem o Sistema Nacional Anticorrupção: CGU (4.2.1), AGU (4.2.2), TCU (4.2.3) e MP (4.2.4). Como se verá, há bastante controvérsia acerca das áreas de competência de cada autoridade para a celebração do acordo de leniência anticorrupção e da atuação concomitante das diversas instituições públicas, o que reforça a necessidade de haver plena cooperação entre elas, vide cap. 1, item 1.4, *supra*.

4.2.1 Da Controladoria-Geral da União (CGU)

Por força da Lei nº 12.846/2013 e do art. 16 do Decreto nº 8.420/2015,[852] a CGU é a autoridade competente para firmar acordos de leniência no âmbito do Poder Executivo Federal,[853] bem como nos casos de atos lesivos praticados contra a Administração Pública estrangeira.

---

em: http://www.stf.jus.br/arquivo/cms/noticiaNoticiaStf/anexo/Acordo6agosto.pdf. Acesso em: 18 set. 2020.

[851] MENDES, Gilmar Ferreira; FERNANDES, Victor Oliveira. Acordos de leniência e regimes sancionadores múltiplos. *Portal Jota*, 13 abr. 2021. Disponível em: https://www.jota.info/ especiais/acordos-de-leniencia-e-regimes-sancionadores-multiplos-13042021. Acesso em: 23 ago. 2021.

[852] Lei nº 12.846/2013. Art. 16, §10. "A Controladoria-Geral da União – CGU é o órgão competente para celebrar os acordos de leniência no âmbito do Poder Executivo federal, bem como no caso de atos lesivos praticados contra a administração pública estrangeira".
Decreto nº 8.420/2015, art. 29: "Compete à Controladoria-Geral da União celebrar acordos de leniência no âmbito do Poder Executivo federal e nos casos de atos lesivos contra a administração pública estrangeira".

[853] Quanto à competência da CGU para firmar acordos de leniência no âmbito do Poder Executivo Federal, Simão e Vianna acrescentam que "antes da LAC, a CGU já reunia em seu rol de atribuições o exercício das funções de órgão central dos Sistemas de Controle Interno [Lei nº 10.180/2011. Art. 19. O Sistema de Controle Interno do Poder Executivo Federal visa à avaliação da ação governamental e da gestão dos administradores públicos federais, por intermédio da fiscalização contábil, financeira, orçamentária, operacional e patrimonial, e a apoiar o controle externo no exercício de sua missão institucional] e de Correição [Decreto nº 5.480/2005. Art. 1º São organizadas sob a forma de sistema as atividades de correição do Poder Executivo Federal, a fim de promover sua coordenação e harmonização. §1º O Sistema de Correição do Poder Executivo Federal compreende as atividades relacionadas à prevenção e apuração de irregularidades, no âmbito do Poder Executivo Federal, por meio da instauração e condução de procedimentos correcionais. §2º A atividade de correição utilizará como instrumentos a investigação preliminar, a inspeção, a sindicância, o processo

A estrutura da CGU (que voltou a se chamar CGU, após uma fase como "Ministério da Transparência e Controladoria-Geral da União") conta com cinco secretarias finalísticas para executar as ações de controle do Governo Federal: (i) Secretaria Federal de Controle Interno, responsável por auditorias e fiscalizações; (ii) Corregedoria-Geral da União, responsável pelos processos e aplicação de sanções a servidores e empresas; (iii) Ouvidoria-Geral da União, que recebe e analisa as manifestações da sociedade; (iv) Secretaria de Transparência e Prevenção da Corrupção, área de coordenação e fomento a ações de transparência, acesso à informação, conduta ética, integridade e controle social; e (v) a recém-criada Secretaria de Combate à Corrupção. Essa é a principal novidade em termos de estrutura, dado que a nova secretaria ficará responsável pelas atividades de combate à corrupção, reunindo acordos de leniência, informações estratégicas e operações especiais.

Ademais, confirmando a priorização do tema dos acordos de leniência no âmbito da CGU, foi criada a Diretoria de Acordos de Leniência na Secretaria de Combate à Corrupção, por meio do Decreto nº 9.681, de 3 de janeiro de 2019. Sua competência consiste, nos termos do art. 21, em: I - realizar tratativas com as pessoas jurídicas interessadas em iniciar negociações de acordos de leniência; II - realizar juízo de admissibilidade quanto às propostas de novas negociações de acordos de leniência; III - supervisionar e coordenar os trabalhos de comissões de negociação de acordos de leniência; IV - fazer a interlocução com órgãos, entidades e autoridades, nacionais ou internacionais, no que tange às atividades relacionadas a acordos de leniência; V - realizar análises técnicas, econômicas, contábeis e financeiras em suporte às atividades relacionadas a acordos de leniência; VI - acompanhar o efetivo cumprimento das cláusulas estabelecidas nos acordos de leniência

---

administrativo geral e o processo administrativo disciplinar], e do papel de Ouvidoria-Geral da União [Decreto nº 8.109/2013. Art. 14. À Ouvidoria-Geral da União compete: I - realizar a coordenação técnica das atividades de ouvidoria no Poder Executivo federal, e sugerir a expedição de atos normativos e de orientações (dispositivo mantido no art. 13, inciso I, do novo Decreto nº 8.910/2016)], além de acompanhar as medidas de prevenção e combate à corrupção relacionadas às convenções e aos compromissos internacionais assumidos pelo Brasil. Nessa concepção, a CGU reúne, além da *expertise*, o conjunto de atribuições legais para, no Poder Executivo federal, melhor exercer a atribuição de negociação dos acordos, pois, a depender das informações advindas de tal procedimento, daria melhor tratamento e encaminhamento das provas, seja promovendo a responsabilização administrativa das pessoas jurídicas ou agente públicos que viessem a ser descobertos em razão da colaboração, seja pela interlocução com a Polícia Federal e o Ministério Público, nos casos em que houvesse indícios de cometimento de infração penal" (SIMÃO, Valdir Moyses; VIANNA, Marcelo Pontes. *O acordo de leniência na lei anticorrupção*: histórico, desafios e perspectivas. São Paulo: Trevisan, 2017. p. 113 e 114).

celebrados; VII - gerenciar a documentação obtida por meio dos acordos celebrados, bem como notificar os órgãos e unidades competentes para adoção das medidas administrativas e judiciais cabíveis; VIII - propor às autoridades competentes a resilição de acordos de leniência em casos de descumprimento de cláusulas estabelecidas; e IX - propor às autoridades competentes a quitação das obrigações estabelecidas nos acordos de leniência.

4.2.2 Da Advocacia-Geral da União (AGU)

A AGU fornece suporte jurídico extrajudicial e judicial à CGU, a quem compete acordar e firmar compromisso nas ações de interesse da União (Lei Complementar nº 73/1993, art. 4º, VI) e analisar minutas de acordos (Lei nº 8.666/1993, art. 38, parágrafo único). Especificamente quanto à negociação dos acordos de leniência, a AGU atua na obrigação de reparação de danos, conduzindo as ações de improbidade administrativa, bem como prestando assessoramento às comissões designadas para celebrar acordos de leniência (vide este cap. 4, item 4.3.7, *infra*).

Isso ocorre porque a AGU, por força do art. 131 da Constituição Federal[854] e do art. 1º da Lei Complementar nº 73/1993,[855] é a instituição competente para a representação judicial e extrajudicial da União. A referida lei dispõe, ainda, que são atribuições da AGU desistir, transigir, acordar e firmar compromisso nas ações de interesse da União, nos termos da legislação vigente.[856] Consoante o parágrafo único do art. 38 da Lei nº 8.666/1993,[857] à AGU cabe analisar minutas de acordos. Além disso, a AGU é o órgão legitimado para propor ações cobrança e de improbidade em que a União conste como prejudicada, o que se aplica,

---

[854] Constituição Federal, art. 131. "A Advocacia-Geral da União é a instituição que, diretamente ou através de órgão vinculado, representa a União, judicial e extrajudicialmente, cabendo-lhe, nos termos da lei complementar que dispuser sobre sua organização e funcionamento, as atividades de consultoria e assessoramento jurídico do Poder Executivo".

[855] Lei Complementar nº 73/1993. Art. 1º. "A Advocacia-Geral da União é a instituição que representa a União Judicial e extrajudicialmente. Parágrafo único. À Advocacia-Geral da União cabem as atividades de consultoria e assessoramento jurídicos ao Poder Executivo, nos termos desta Lei Complementar".

[856] Lei Complementar nº 73/1993. Art. 4º. "São atribuições do Advogado-Geral da União: VI - desistir, transigir, acordar e firmar compromisso nas ações de interesse da União, nos termos da legislação vigente".

[857] Lei nº 8.666/1993, art. 38: "O procedimento da licitação será iniciado com a abertura de processo administrativo, devidamente autuado, protocolado e numerado, contendo a autorização respectiva, a indicação sucinta de seu objeto e do recurso próprio para a despesa, e ao qual serão juntados oportunamente: Parágrafo Único. As minutas de editais de licitação, bem como as dos contratos, acordos, convênios ou ajustes devem ser previamente examinadas e aprovadas por assessoria jurídica da Administração".

portanto, à ação judicial prevista no art. 19 da Lei Anticorrupção.[858] Portanto, a AGU entende ser a autoridade competente para avaliar a pertinência de uma reparação de danos (ação de cobrança) e para analisar os casos que resultem em ações de improbidade administrativa.

Diante dessa necessidade de trazer a AGU para "dentro" da negociação dos acordos de leniência anticorrupção negociados pela CGU, de forma que a AGU pudesse assessorar as comissões de negociação, dando maior coerência e celeridade ao processo de negociação dos termos que tangenciassem sua atuação, foi elaborada a Portaria Interministerial CGU/AGU nº 2.278, de 15 de dezembro de 2016, posteriormente revogada pela Portaria Conjunta nº 4, de 9 de agosto de 2019.[859] Esta define os procedimentos para celebração do acordo de leniência de que trata a Lei Anticorrupção, no âmbito da CGU, e dispõe sobre a participação da AGU. A referida portaria determina, de forma clara, que caberá à AGU avaliar se é mais vantajoso para a Administração Pública aceitar a proposta da empresa ou procurar a reparação por meio de ações judiciais.[860]

Segundo o texto da Portaria Conjunta nº 4, de 9 de agosto de 2019, a proposta de acordo de leniência será dirigida à Secretaria de Combate à Corrupção da CGU (art. 3º) e contará com a participação da AGU (por meio do Departamento de Patrimônio Público e Probidade da Procuradoria-Geral da União) na negociação, celebração e acompanhamento do cumprimento dos referidos acordos. A negociação será conduzida por uma comissão, composta por membros da CGU e da AGU (art. 5º).

As competências da comissão de negociação estão descritas no art. 7º da Portaria Conjunta nº 4/2019[861] e incluem:

---

[858] Lei nº 12.846/2013, art. 19: "Em razão da prática de atos previstos no art. 5º desta Lei, a União, os Estados, o Distrito Federal e os Municípios, por meio das respectivas Advocacias Públicas ou órgãos de representação judicial, ou equivalentes, e o Ministério Público, poderão ajuizar ação com vistas à aplicação das seguintes sanções às pessoas jurídicas infratoras: I - perdimento dos bens, direitos ou valores que representem vantagem ou proveito direta ou indiretamente obtidos da infração, ressalvado o direito do lesado ou de terceiro de boa-fé; II - suspensão ou interdição parcial de suas atividades; III - dissolução compulsória da pessoa jurídica; IV - proibição de receber incentivos, subsídios, subvenções, doações ou empréstimos de órgãos ou entidades públicas e de instituições financeiras públicas ou controladas pelo poder público, pelo prazo mínimo de 1 (um) e máximo de 5 (cinco) anos".

[859] A Portaria Conjunta nº 4/2019 revogou a Portaria Interministerial CGU/AGU nº 2.278/2016, que ficou em vigor até 9 de agosto de 2019.

[860] Portaria Conjunta nº4/2019. Art. 7º, §4º. "No âmbito da comissão de negociação, compete especificamente aos membros indicados pela AGU avaliar a vantajosidade e a procedência da proposta da empresa em face da possibilidade de propositura de eventuais ações judiciais".

[861] A Portaria Conjunta nº 4/2019 revogou a Portaria Interministerial CGU/AGU nº 2.278/2016, que ficou em vigor até 9 de agosto de 2019.

(i) esclarecer à pessoa jurídica proponente os requisitos legais necessários para a celebração do acordo de leniência;

(ii) avaliar se os elementos trazidos pela pessoa jurídica proponente atendem aos requisitos legais para celebração do acordo de leniência;

(iii) avaliar o programa de integridade da pessoa jurídica proponente, caso haja, nos termos da regulamentação da CGU, podendo contar com o apoio da Diretoria de Promoção da Integridade da Secretaria de Transparência e Prevenção da Corrupção da CGU (DPI/STPC);

(iv) solicitar, quando necessário, à Diretoria de Acordos de Leniência (DAL) e ao Departamento de Patrimônio Público e Probidade da Procuradoria-Geral da União (DPP) que façam a interlocução com órgãos, inclusive unidades da CGU e da AGU, entidades e autoridades, nacionais ou internacionais, no que tange às atividades relacionadas aos acordos em negociação;

(v) propor cláusulas e obrigações para o acordo de leniência que visem a assegurar:

    (a) a efetividade da colaboração e o resultado útil do processo;

    (b) o comprometimento da pessoa jurídica em promover alterações em sua governança que mitiguem o risco de ocorrência de novos atos ilícitos;

    (c) a obrigação da pessoa jurídica em adotar, aplicar ou aperfeiçoar seu programa de integridade;

    (d) o monitoramento eficaz dos compromissos firmados no acordo de leniência; e

    (e) a reparação do dano identificado ou a subsistência dessa obrigação;

(vi) negociar os valores a serem ressarcidos, preservando-se a obrigação da pessoa jurídica de reparar integralmente o dano causado; e

(vii) submeter à DAL relatório conclusivo das negociações, sugerindo, de forma motivada, quando for o caso, a aplicação dos benefícios do acordo de leniência (vide este cap. 4, item 4.4, *infra*) e o valor da multa aplicável.

488 AMANDA ATHAYDE
MANUAL DOS ACORDOS DE LENIÊNCIA NO BRASIL: TEORIA E PRÁTICA

Cumpre destacar que a Portaria Interministerial CGU/AGU nº 2.278, de 15 de dezembro de 2016, posteriormente revogada pela Portaria Conjunta nº 4, de 9 de agosto de 2019, continha previsão importante quanto à participação da AGU nas negociações dos acordos de leniência iniciadas antes da vigência da referida portaria. A AGU poderá assinar termo de adesão aos Memorandos de Entendimento celebrados com as pessoas jurídicas antes da entrada em vigor e, portanto, passar a integrar a negociação desses acordos.[862]

4.2.3 Do Tribunal de Contas da União (TCU)

Nos termos do art. 70 da Constituição Federal, cabe ao TCU a fiscalização ampla das finanças do Estado.[863] [864] O TCU reconhece ser competente para a fiscalização contábil, financeira, orçamentária, operacional e patrimonial da Administração Pública Federal, inclusive a quantificação do dano, identificação dos responsáveis e eventual declaração de inidoneidade.[865] Com base nisso, em 2015, o TCU

---

[862] IBRAC. Acordos e políticas de leniência: contribuição para o diálogo e a harmonização. PRADO FILHO, José Inácio; TREVELLIN, Bruna (Org.). 1. ed. São Paulo: Singular, 2020.

[863] Neste ponto, cabe citar a redação da própria IN nº 74/2015, que deixa claro que "nos termos dos arts. 41, I, 'b', e 42 c/c o art. 38 da Lei nº 8.443/1992, para assegurar a eficácia do controle e para instruir o julgamento das contas, compete ao TCU promover o acompanhamento sobre a gestão e o controle contábil, orçamentário, financeiro e patrimonial praticados pela administração pública e pelos sistemas de controle interno dos Poderes Legislativo, Executivo e Judiciário, não podendo nenhum processo, documento ou informação ser sonegado ao TCU em sua ação de fiscalização, sob qualquer pretexto".

[864] Galvão destaca que "a Constituição conferiu ao TCU a ampla missão de fiscalizar temas ligados às finanças do Estado e a Lei Anticorrupção previu a assinatura de acordo de leniência sem sequer aludir ao Tribunal – a própria Corte de Contas, via edição da IN 74/2015 (cuja origem está no acórdão TCU 225/2015, plenário, rel. Min. José Múcio Monteiro, j. 11.2.2015), delimitou como se daria essa fiscalização. Certamente a citada IN 74/2015 é o instrumento jurídico-normativo mais relevante no âmbito do TCU, acerca da fiscalização e controle dos acordos de leniência celebrados com a administração pública federal" (GALVÃO, Leonardo Vasconcellos Braz. *Apontamentos sobre o acordo de leniência na Lei Anticorrupção brasileira.* Dissertação (Mestrado) – Pontifícia Universidade Católica de São Paulo, São Paulo, 2017. p. 87).

[865] Constituição Federal. Art. 70. "A fiscalização contábil, financeira, orçamentária, operacional e patrimonial da União e das entidades da administração direta e indireta, quanto à legalidade, legitimidade, economicidade, aplicação das subvenções e renúncia de receitas, será exercida pelo Congresso Nacional, mediante controle externo, e pelo sistema de controle interno de cada Poder. Parágrafo único. Prestará contas qualquer pessoa física ou jurídica, pública ou privada, que utilize, arrecade, guarde, gerencie ou administre dinheiros, bens e valores públicos ou pelos quais a União responda, ou que, em nome desta, assuma obrigações de natureza pecuniária. Art. 71. O controle externo, a cargo do Congresso Nacional, será exercido com o auxílio do Tribunal de Contas da União, ao qual compete: (...) II - julgar as contas dos administradores e demais responsáveis por dinheiros, bens e valores públicos da administração direta e indireta, incluídas as fundações e sociedades instituídas e mantidas pelo Poder Público federal, e as contas daqueles que derem causa a perda, extravio ou outra

publicou a Instrução Normativa (IN) nº 74/2015, que buscou impactar substancialmente a celebração de acordos de leniência anticorrupção pela CGU e AGU.

A IN nº 74/2015 dispunha "sobre a fiscalização do TCU, com base no art. 3º da Lei nº 8.443/1992, quanto à organização do processo de celebração de Acordo de Leniência pela administração pública federal, nos termos da Lei nº 12.846/2013". Para tanto, delimitava alguns procedimentos de fiscalização dos processos de celebração de acordos de leniência, dividindo-os em cinco etapas,[866] ao longo das quais o tribunal apreciaria os termos e as condições negociados e acompanharia os resultados alcançados, por meio de processos de acompanhamento. A revogada IN nº 74/2015 determinava, ainda, que o TCU deveria emitir parecer conclusivo acerca de cada uma das cinco etapas, avaliando

---

irregularidade de que resulte prejuízo ao erário público; (...) VIII - aplicar aos responsáveis, em caso de ilegalidade de despesa ou irregularidade de contas, as sanções previstas em lei, que estabelecerá, entre outras cominações, multa proporcional ao dano causado ao erário; IX - assinar prazo para que o órgão ou entidade adote as providências necessárias ao exato cumprimento da lei, se verificada ilegalidade; X - sustar, se não atendido, a execução do ato impugnado, comunicando a decisão à Câmara dos Deputados e ao Senado Federal; XI - representar ao Poder competente sobre irregularidades ou abusos apurados". Lei nº 8.443/1992 (Lei Orgânica do TCU). Art. 1º. "Ao Tribunal de Contas da União, órgão de controle externo, compete, nos termos da Constituição Federal e na forma estabelecida nesta Lei: I - julgar as contas dos administradores e demais responsáveis por dinheiros, bens e valores públicos das unidades dos poderes da União e das entidades da administração indireta, incluídas as fundações e sociedades instituídas e mantidas pelo poder público federal, e as contas daqueles que derem causa a perda, extravio ou outra irregularidade de que resulte dano ao Erário; II - proceder, por iniciativa própria ou por solicitação do Congresso Nacional, de suas Casas ou das respectivas Comissões, à fiscalização contábil, financeira, orçamentária, operacional e patrimonial das unidades dos poderes da União e das demais entidades referidas no inciso anterior".

[866] Art. 1º. "A fiscalização dos processos de celebração de acordos de leniência inseridos na competência do Tribunal de Contas da União, inclusive suas alterações, será realizada com a análise de documentos e informações, por meio do acompanhamento das seguintes etapas: I - manifestação da pessoa jurídica interessada em cooperar para a apuração de atos ilícitos praticados no âmbito da administração pública; II - as condições e os termos negociados entre a administração pública e a pessoa jurídica envolvida, acompanhados por todos os documentos que subsidiaram a aquiescência pela administração pública, com inclusão, se for o caso, dos processos administrativos específicos de apuração do débito; III - os acordos de leniência efetivamente celebrados, nos termos do art. 16 da Lei nº 12.846/2013; IV - relatórios de acompanhamento do cumprimento dos termos e condições do acordo de leniência; V - relatório conclusivo contendo avaliação dos resultados obtidos com a celebração do acordo de leniência. §1º Em cada uma das etapas descritas nos incisos I a V, o Tribunal irá emitir pronunciamento conclusivo quanto à legalidade, legitimidade e economicidade dos atos praticados, respeitando a salvaguarda do sigilo documental originalmente atribuído pelo órgão ou entidade da administração pública federal. §2º Para cada caso de acordo de leniência será constituído no Tribunal um processo de fiscalização, cujo Relator será definido por sorteio. §3º A critério do respectivo Relator, o pronunciamento sobre quaisquer das etapas previstas nos incisos I a V poderá ser realizada de maneira conjunta".

a legalidade, legitimidade e economicidade dos atos praticados.[867] Essa apreciação do TCU sobre as etapas que compõem a celebração de acordos, ao menos na interpretação dada pelo próprio Tribunal, constituiria condição necessária para a eficácia dos atos subsequentes nos acordos de leniência.

As autoridades responsáveis pela celebração dos acordos de leniência ficariam, nos temos da revogada IN nº 74/2015, responsáveis por, em prazo determinado,[868] encaminhar ao TCU os documentos necessários para a realização da análise que resultaria no "pronunciamento conclusivo".[869] Tal procedimento seria necessário porque, segundo o ministro do TCU Bruno Dantas, os acordos de leniência têm natureza administrativa e, por isso, não afastam a supervisão administrativa do TCU.[870] Nessa linha, é relevante a decisão exposta no Acórdão nº 874/2018,[871] de relatoria do próprio ministro.

Exemplo concreto das dificuldades trazidas pela revogada IN nº 74/2015 pode ser visto no contexto do acordo de leniência celebrado pela Andrade Gutierrez com o MPF e com o Cade, em referência a obras públicas na usina termonuclear de Angra 3. A empresa signatária alegava que a celebração dos acordos de leniência, ainda protegida por sigilo,

---

[867] IN nº 74/2015. Art. 1º, §1º. "Em cada uma das etapas descritas nos incisos I a V, o Tribunal irá emitir pronunciamento conclusivo quanto à legalidade, legitimidade e economicidade dos atos praticados, respeitando a salvaguarda do sigilo documental originalmente atribuído pelo órgão ou entidade da administração pública federal".

[868] Art. 2º. "A autoridade responsável pela celebração do acordo de leniência encaminhará ao Tribunal de Contas da União a documentação descrita nos incisos I a V do artigo anterior, observados os seguintes prazos: I - até cinco dias após o recebimento de manifestações de pessoas jurídicas interessadas em cooperar para a apuração de atos ilícitos; II - até cinco dias após a conclusão da proposta de acordos de leniência contendo as condições e os termos negociados entre a administração pública e a pessoa jurídica envolvida; III - até dez dias após a efetiva celebração de acordos de leniência; IV - até noventa dias após a efetiva celebração de acordos de leniência, no caso do relatório de acompanhamento; V - até noventa dias após o cumprimento dos termos, condições e objetivo dos acordos, no caso do relatório conclusivo descrito no inciso V do artigo anterior".

[869] Nesse sentido, destaca-se que, em julho de 2018, intentou-se que o TCU conferisse uma medida cautelar para impedir a assinatura do acordo de leniência pela CGU e AGU com a Construtora Odebrecht. No entanto, Relator Marcos Bemquerer decidiu permitir a assinatura pela AGU e pela CGU, por entender que seria mais benéfico para a Administração Pública que o TCU utilizasse os documentos entregues no âmbito do acordo de leniência para auxiliar as investigações em curso no Tribunal (BRITO, Ricardo. TCU rejeita suspensão de leniência da Odebrecht com AGU e CGU. *Reuters*, 11 jul. 2018).

[870] Para o ministro, essa exigência não se aplica aos acordos de leniência celebrados pelo Ministério Público, pois estes representam a atividade-fim daquela instituição (conforme estabelece o art. 129, da Constituição Federal) (DANTAS, Bruno. Acordos de leniência e os limites de atuação de cada órgão. *Consultor Jurídico*, 28 dez. 2017).

[871] BRASIL. Tribunal de Contas da União. Acórdão nº 874/2018. Plenário. Relator: Bruno Dantas. Sessão: 25 abr. 2018. *Diário Oficial da União*, Brasília, 9 maio 2018.

justificava que não fossem entregues ao TCU alguns documentos para investigação pelo próprio Tribunal. No caso, firmou-se o entendimento, pelo TCU, de que a assinatura dos acordos de leniência não poderia prejudicar a reparação devida ao erário,[872] permitindo que o Tribunal aplicasse sanções como a indisponibilidade de bens ou a declaração de inidoneidade para garantir tal reparação.

No entanto, em movimento já tendente à maior flexibilização da referida IN nº 74/2015, o ministro do TCU sinalizou que o Tribunal poderia levar em consideração "o intento dos responsáveis em auxiliar nas investigações dos ilícitos, mediante os institutos da colaboração premiada e do Acordo de Leniência",[873] como elementos de dosimetria, visando a "salvaguardar os compromissos firmados nesses acordos, os quais têm se mostrado importantes instrumentos para o descortino dos esquemas de corrupção espraiados em diversos órgãos e entidades da administração pública".[874]

A IN nº 74/2015 também atribuía à autoridade responsável pela celebração do acordo de leniência (que no âmbito do Executivo federal é a CGU) o dever de encaminhar ao TCU (também no âmbito federal) a documentação relativa a cada uma das cinco etapas, observando prazos específicos.[875] De acordo com o art. 4º da revogada IN nº 74/2015, "[a]

---

[872] Nesse sentido, afirmou no Acórdão nº 874/2018 que "[p]ois bem, os acordos de leniência ou de colaboração premiada possibilitam atenuações nas sanções aplicadas em virtude da prática de atos ilícitos. Porém, o artigo 5º, §3º da mesma Lei dispõe que '§3º A aplicação das sanções previstas neste artigo não exclui, em qualquer hipótese, a obrigação da reparação integral do dano causado'. Dessa forma, os danos ao erário, que são o principal objeto do presente processo neste Tribunal de Contas, não se confundem com os demais atos ilícitos que poderiam estar sendo objeto de acordo de leniência junto à CGU ou ao MPF, e deverão ser reparados, integralmente, aos cofres públicos, nos exatos termos da Constituição Federal, da Lei 8443/1992 e da LAC" (BRASIL. Tribunal de Contas da União. Acórdão nº 874/2018. Plenário. Relator: Bruno Dantas. Sessão: 25 abr. 2018. *Diário Oficial da União*, Brasília, 9 maio 2018).

[873] BRASIL. Tribunal de Contas da União. Acórdão nº 874/2018. Plenário. Relator: Bruno Dantas. Sessão: 25 abr. 2018. *Diário Oficial da União*, Brasília, 9 maio 2018. p. 93.

[874] *Ibid.*

[875] IN nº 74/2015. Art. 2º. "A autoridade responsável pela celebração do acordo de leniência encaminhará ao Tribunal de Contas da União a documentação descrita nos incisos I a V do artigo anterior, observados os seguintes prazos: I - até cinco dias após o recebimento de manifestações de pessoas jurídicas interessadas em cooperar para a apuração de atos ilícitos; II - até cinco dias após a conclusão da proposta de acordos de leniência contendo as condições e os termos negociados entre a administração pública e a pessoa jurídica envolvida; III - até dez dias após a efetiva celebração de acordos de leniência; IV - até noventa dias após a efetiva celebração de acordos de leniência, no caso do relatório de acompanhamento; V - até noventa dias após o cumprimento dos termos, condições e objetivo dos acordos, no caso do relatório conclusivo descrito no inciso V do artigo anterior. §1º Eventuais alterações na proposta de acordo encaminhada na forma do inciso II deste artigo deverão ser informadas ao Tribunal, no mínimo, dez dias antes da celebração formal do

492 AMANDA ATHAYDE
MANUAL DOS ACORDOS DE LENIÊNCIA NO BRASIL: TEORIA E PRÁTICA

autoridade que deixar de dar cumprimento aos prazos previstos no art. 2º, salvo motivo justificado, ficará sujeito à multa prevista no art. 58, IV, da Lei nº 8.443/92, na forma do Regimento Interno do TCU".[876] Na prática, essa disposição servia de fonte adicional de atrito entre as diferentes instituições, na medida em que sua aplicação poderia comprometer a confiança entre as diferentes instituições que participam das negociações dos acordos de leniência.

A tensão decorrente da publicação da IN nº 74/2015 se materializa na Consulta ao TCU (TC- 004.452/2015-1), na qual a CGU encaminha questões a serem esclarecidas e questiona a extensão da fiscalização e sugere a remessa de todas as informações no momento da celebração do acordo. A consulta fica anos parada e, em 2018, é arquivada. Pimenta relembra que o Poder Judiciário foi chamado a se pronunciar sobre o assunto em 2016 e liberou a CGU e a AGU de, em caso específico, apresentar informações ao TCU antes da celebração do acordo.[877] Ainda, foi proposta Ação Direta de Inconstitucionalidade contra a IN nº 74/2015 do TCU.[878]

Finalmente, a IN nº 74/2015 foi revogada pela IN nº 83/2018. Na prática, tensões entre as distintas autoridades no âmbito dos acordos

---

acordo de leniência. §2º Além dos documentos e informações descritos no artigo anterior, deverão ser encaminhados ao Tribunal, na forma e nos prazos estabelecidos pelo respectivo Relator, quaisquer outros que sejam necessários ao acompanhamento e à fiscalização dos acordos de leniência celebrados pela administração pública federal. §3º A documentação e as informações relativas a eventuais acordos de leniência em curso na administração pública federal antes da vigência desta Instrução Normativa deverão ser remetidas ao Tribunal no prazo de até quinze dias após a edição desta Instrução Normativa".

[876] A IN nº 74/2015 determina ainda que: "Art. 5º O disciplinamento dos procedimentos técnico-operacionais a serem observados na apreciação dos acordos de leniência submetidos ao Tribunal de Contas da União, nos termos desta Instrução Normativa, será estabelecido em normativo específico, assegurada a participação do Ministério Público. Parágrafo único. Os documentos e as informações relativos aos acordos de leniência submetidos ao Tribunal antes da vigência do normativo estabelecido no caput observarão os procedimentos a serem definidos pelo respectivo Relator, com a devida salvaguarda do sigilo documental. Art. 6º. O acordo de leniência celebrado pela administração federal não afasta as competências do Tribunal de Contas da União fixadas no art. 71 da Constituição Federal, nem impede a aplicação das sanções previstas na Lei nº 8.443/1992. §1º Deverá ser encaminhado ao Tribunal de Contas da União o processo administrativo específico de reparação integral do dano de que trata o art. 13 da Lei nº 12.846/2013, para fins de apuração de eventual prejuízo ao erário, nos termos da Instrução Normativa TCU nº 71/2012. §2º Excetua-se o disposto no parágrafo anterior a apuração de dano que não se enquadre nas competências jurisdicionais do Tribunal de Contas da União".

[877] STF. Medida Cautelar em Mandado de Segurança nº 34.031/DF Ministro Relator Gilmar Mendes.

[878] STF. Ação Direta de Inconstitucionalidade ADI nº 5.294/DF, Relator Ministro Marco Aurélio.

CAPÍTULO 4
LENIÊNCIA ANTICORRUPÇÃO | 493

de leniência anticorrupção afetaram a eficácia dessa disposição,[879] o que pode ter sido uma das razões para a exclusão dessa disposição no texto da nova IN nº 83/2018, que substituiu a IN nº 74/2015.

Uma das principais mudanças propostas durante as discussões de revisão incidia sobre o entendimento do tribunal a respeito da eficácia dos acordos feitos pela CGU. Como visto, pela regra antiga, os acordos só seriam considerados válidos se tivessem a chancela do TCU, mas essa exigência foi retirada da nova redação da IN.[880] Com a nova IN nº 83/2018, que alterou o regime de fiscalização do TCU sobre os acordos de leniência, as autoridades que celebrarem acordos de leniência deverão informar ao TCU da instauração de procedimento administrativo para celebração de acordo de leniência, bem como da instauração do processo administrativo específico de reparação integral do dano, em até cinco dias úteis. Não há, portanto, fiscalização prévia como condição de eficácia aos acordos de leniência.

---

[879] IN nº 74/2015. Art. 3º. "A apreciação do Tribunal sobre as etapas que compõem a celebração de acordos de leniência, descritas no art. 1º, dar-se-á em Sessão Plenária Extraordinária Reservada e constituirá condição necessária para a eficácia dos atos subsequentes".

[880] CAMAROTTO, Murillo. TCU vai mudar regras para acordos de leniência. *Valor Econômico*, 3 mar. 2018. Disponível em: http://www.valor.com.br/politica/5359991/tcu-vai-mudar-regras-para-acordos-de-leniencia. Acesso em: 29 jun. 2018. Essa alteração vai na linha das observações de André Rosilho, que entende que "o Tribunal, calcado em motivação justa (disciplinar procedimento voltado a fiscalizar acordo sobre tema que tangencia suas competências), acabou editando diploma normativo que, na prática, 'deu' ao TCU poder que não lhe fora conferido pela Constituição, por sua Lei Orgânica ou pela Lei Anticorrupção (aprovar ou rejeitar minutas de acordos de leniência, participar da elaboração dos seus termos, etc.)". O autor defende que "Por ser competente para fiscalizar a aplicação de recursos públicos federais em geral, seria razoável supor que o Tribunal pudesse ter editado IN com a finalidade de especificar o modo pelo qual fiscalizaria acordos de leniência já celebrados. Entretanto, não são válidas as normas da IN 74/2015 que: 1) obrigaram a administração a enviar ao TCU tanto a proposta de negociação formulada pelo particular, como a minuta já negociada para o acordo; e 2) condicionaram a celebração do acordo pela administração à prévia aprovação da minuta pelo TCU. O Tribunal tem competência para fiscalizar atos e contratos (art. 71, IX e X e §§1º e 2º, da Constituição). Não lhe compete, contudo, fiscalizar (e muito menos aprovar ou rejeitar) minutas de acordos que sequer foram publicadas, sob pena de imiscuir-se em seara própria do Executivo (praticar atos, celebrar contratos e formular acordos). Não é por outra razão que a Lei de Licitações, em seu art. 113, diz que os tribunais de contas poderão solicitar para exame 'cópia de edital de licitação já publicado' (e não minuta de edital em processo de elaboração). O TCU é instituição de controle (em regra a posteriori); não é instância de revisão geral de atividades administrativas. Evidentemente que, no caso em comento, nada impediria que, embora não obrigada legalmente, a administração viesse a aceitar submeter ao TCU a minuta já negociada para o acordo de delação, nos termos da IN nº 74/2015" (ROSILHO, André. Poder regulamentar do TCU e o acordo de leniência da Lei Anticorrupção. *Direito do Estado*, nº 133, 2016. Disponível em: http://www.direitodoestado. com.br/colunistas/Andre-Rosilho/poder-regulamentar-do-tcu-e-o-acordo-de-leniencia-da-lei-anticorrupcao. Acesso em: 29 jun. 2018).

AMANDA ATHAYDE
MANUAL DOS ACORDOS DE LENIÊNCIA NO BRASIL: TEORIA E PRÁTICA

Ademais, o TCU poderá, a qualquer tempo, requerer informações e documentos referentes "às fases do acordo de leniência", para instruir processos de controle externo, os quais não poderão ser sonegados ao órgão, nos termos do art. 42 da Lei nº 8.443/1992. O acesso a esses documentos pelas autoridades e servidores do TCU estará, no entanto, sujeito a sua confidencialidade, "sendo a eles aplicado o procedimento que lhes assegure o sigilo".[881] Foi excluída, portanto, a exigência de fiscalização em etapas pelo TCU, havendo apenas previsão de que esta fiscalização seguirá, quando aplicável, o rito das demais ações de controle e deverá seguir as diretrizes do Plano de Controle Externo, "considerando os critérios de risco, materialidade e relevância".

Aparentemente, portanto, não há mais previsão da necessidade de "confirmação" dos benefícios concedidos pelo acordo de leniência pelo TCU. No entanto, a IN nº 83/2018 prevê que as autoridades que celebrarem acordos de leniência contendo cláusulas ou condições que limitem ou dificultem a atuação do TCU – inclusive as "cláusulas que impeçam ou dificultem a execução judicial de títulos executivos constituídos pelas deliberações" do TCU – poderão ser responsabilizadas nos termos da Lei nº 8.443/1992.

O entendimento de que a eficácia dos acordos de leniência anticorrupção depende da chancela ou homologação pelo TCU é minoritária, sendo, aliás, rechaçada pela AGU e pela CGU, que entendem que tal exigência carece de previsão constitucional e legal (há notícias reportando um verdadeiro embate entre seus chefes e a cúpula do TCU).[882] O movimento das INs do próprio TCU também parece dar a entender a inexistência de uma fase de homologação dos acordos no TCU, razão pela qual, nesta segunda edição do livro, alterou-se o fluxo

---

[881] Art. 2º, §2º, da IN nº 83/2018.

[882] A ministra da AGU, Grace Mendonça, e o ministro da CGU, Wagner Rosário, enviaram ofício (Aviso Interministerial nº 02/2018/AGU/CGU) indicando "preocupações com as reiteradas condutas da área técnica, devidamente autorizadas pelos ministros relatores em procedimentos específicos, que configuram nítido descompasso com as bases que integram o instituto do acordo de leniência pátrio" e informaram que só enviariam informações acerca dos acordos de leniência negociados pelas órgãos após sua efetiva assinatura, o que contraria a orientação emitida pelo TCU, na IN nº 74/2015, de que o tribunal deveria supervisionar todas as fases da negociação e assinatura do acordo de leniência (PIRES, Breno. TCU atua em descompasso com política de leniência, afirmam AGU e CGU. *Estadão*, 10 jul. 2018. Disponível em: https://economia.estadao.com.br/noticias/geral,tcu-atua-em-descompasso-com-politica-de-leniencia-afirmam-agu-e-cgu,70002397330. Acesso em: 20 nov. 2018). Contra essa manifestação, A Associação da Auditoria de Controle Externo do Tribunal de Contas da União (AUD-TCU), a Associação Nacional dos Auditores de Controle Externo dos Tribunais de Contas do Brasil (ANTC) e a Confederação Nacional dos Servidores Públicos (CNSP) emitiram uma nota de desagravo, em defesa dos auditores do TCU, a qual foi endossada pelo ministro Bruno Dantas do TCU (Memorando nº 08/2018).

das fases da negociação dos acordos de leniência anticorrupção (vide item 4.5, *infra*).

Alves enumera algumas razões pelas quais seria questionável tal competência do TCU com relação aos acordos de leniência. Primeiramente porque o acordo não seria um ato administrativo (mas sim, um contrato – de natureza bilateral – entre o Estado e o signatário). Ademais, porque não seria celebrado "no âmbito da atividade de gestão de bens, dinheiros e valores públicos (...)", de modo que não constituiria ato jurídico praticado no bojo da administração de recursos públicos.[883] Além disso, o acordo de leniência

> não é apto a gerar, por si só, perda, extravio ou outra irregularidade de que resulte prejuízo ao erário público, uma vez que não é possível, por meio dele, reduzir ou isentar a pessoa jurídica do pagamento do dano causado à administração pública em virtude do ato ilícito praticado.

Portanto, para o autor, o acordo não geraria o dever de prestar contas. Similarmente, destaca que o TCU não possui ingerência sobre os atos de controle interno dos Poderes Executivo, Legislativo e Judiciário, tampouco sobre os processos administrativos para imposição de sanção pela Administração Pública ou sobre os acordos substitutivos ou integrativos de sanção previstos no ordenamento jurídico nacional. Soma-se a esse argumento a percepção de que a inclusão de mais um ator no conjunto de instituições que precisam ser coordenadas no contexto da celebração dos acordos de leniência anticorrupção poderia ser deletéria para a segurança jurídica e a previsibilidade do instituto.[884]

Em que pese ser justificável o desejo do TCU de poder acompanhar a legalidade das negociações em curso na CGU e na AGU, no exercício do controle externo, essa atuação concomitante às negociações pode ser prejudicial para o programa de leniência anticorrupção da CGU e da AGU. Isso porque a negociação torna-se muito mais formal e burocrática, com possível prejuízo ao foco de obter provas sobre o ilícito (vide cap. 1, *supra*). Ademais, na medida em que há mais uma instituição envolvida na negociação, há maiores riscos de perda de

---

[883] ALVES, Francisco S. M. Análise da juridicidade do controle dos acordos de leniência da lei de anticorrupção empresarial pelo Tribunal de Contas da União. *Revista da AGU*, Brasília, v. 17, n. 2, p. 155-182, abr./jun. 2018. p. 170.

[884] BARCELLOS, Ana Paula de. Submissão de acordos de leniência ao TCU necessita de esclarecimentos. *Consultor Jurídico*, 23 fev. 2015. Disponível em: https://www.conjur.com.br/2015-fev-23/ana-barcellos-submissao-acordos-leniencia-tcu-gera-duvidas. Acesso em: 20 nov. 2018.

confidencialidade, em especial no caso de desistência ou rejeição (vide este cap. 4, item 4.4.5, *infra*). Por fim, cumpre ressaltar que a assinatura dos acordos de leniência não dá às empresas quitação dos danos ao erário (o que tem sido inclusive estipulado nas cláusulas dos acordos assinados com a CGU e a AGU), de modo que não afasta a competência do TCU. Ainda assim, caso a interpretação do Judiciário seja no sentido da sua participação obrigatória, melhor seria que o TCU exercesse, portanto, um controle *a posteriori* de legalidade, mas não concomitante, bem como circunscrevesse sua atuação na análise dos danos ao erário.

Por meio do Acórdão TCU nº 2898/2018, podem-se observar as deliberações no âmbito da aprovação da nova IN nº 83/2018, que disciplinaria a atuação do TCU no controle de legalidade dos acordos de leniência e que definiu o fim do controle prévio pelo TCU, só podendo este ter acesso aos dados dos acordos de leniência após assinados.[885] Já por meio do Acórdão nº 1703/2019, é possível notar o início da aplicação dos novos mecanismos de acompanhamento dos acordos de leniência por parte do TCU.[886]

Ainda há muita incerteza a respeito da extensão da atuação do TCU quanto aos acordos de leniência anticorrupção, o que é um dos principais desafios na agenda de cooperação institucional no sistema nacional anticorrupção. Um sinalizador importante sobre os limites de atuação do TCU no âmbito dos acordos de leniência se deu com o voto do Ministro Gilmar Mendes do STF nos Mandados de Segurança nºs 35.435, 36.173, 36.496 e 36.526, impetrados contra acórdãos do TCU que resultaram na aplicação e ameaça de aplicação de sanção de inidoneidade. Em seu voto, o Ministro Gilmar Mendes opinou pela confirmação da medida liminar e pela concessão da ordem nos referidos mandados, conforme detalhado no item 1.4, *supra*.[887] No julgamento final, em março de 2021, a 2ª Turma do STF anulou a decisão do TCU de declarar a inidoneidade das empreiteiras e finalmente as liberou de participar de licitações. Segundo a tese do relator Gilmar Mendes, a Administração Pública deve agir de forma coordenada, e o TCU não poderia impedir que os acordos de leniência surtissem os efeitos

---

[885] BRASIL. Tribunal de Contas da União. *Acórdão nº 2898/2018*. Brasília: TCU, 12 dez. 2018.

[886] BRASIL. Tribunal de Contas da União. *Acórdão nº 1703/2019*. Brasília: TCU, 24 jul. 2019. Para mais precedentes que tratam da fiscalização de acordos de leniência, ver: Acórdãos TCU 639/2019, 2183/2020, 1998/2020, 860/2020, 843/2020, 66/2020, 2920/2019, 2482/2020, 1999/2020, 2227/2018, 1593/2018, 295/2018, 2923/2017, 463/2017, 483/2017, 225/2015, 315/2017, 245/2017; Acórdãos de Relação TCU 2510/2020, 2156/2016, 2294/2016.

[887] BRASIL. Supremo Tribunal Federal. Mandado de Segurança 35.435/DF. Relator: Min. Gilmar Mendes. Data de Julgamento: 26 maio 2020. Data de Publicação: *DJe*-138 03 jun. 2020.

neles previstos. Segundo seus termos, apesar de a Lei Anticorrupção não precluir a incidência da Lei nº 8.443/1992, nos casos concretos a imposição de inidoneidade pelo TCU poderia resultar em ineficácia das cláusulas dos acordos de leniência que preveem a isenção ou a atenuação das sanções administrativas estabelecidas nos arts. 86 a 88 da Lei nº 8.666/1993, por consequência, esvaziando a força normativa do art. 17 da Lei nº 12.846/2013. Assim, a Lei nº 8.433/1992 prevê outros meios menos gravosos para que o TCU possa garantir a reparação integral do dano ao erário, tais como a decretação de indisponibilidade de bens (art. 44, § 2º) e a aplicação de multa (arts. 57 e 58). Essas medidas sancionatórias deveriam, segundo o Ministro Gilmar Mendes, ser manejadas pela Corte de Contas considerando a sua proporcionalidade e os impactos sobre os acordos pactuados com a Administração Pública. No mesmo sentido, complementou o Ministro Ricardo Lewandowski, que a aplicação da pena de inidoneidade pelo TCU impediria o próprio cumprimento dos acordos de leniência pelas empresas signatárias. Ao final, o acórdão do Mandado de Segurança foi expresso ao afastar a possibilidade de o TCU declarar a inidoneidade das impetrantes pelos fatos abarcados por acordo de leniência firmado com a AGU/CGU ou com o MPF.

Possivelmente como uma resposta ao voto do Ministro Gilmar Mendes, foi assinado o Acordo de Cooperação Técnica STF/CGU/AGU/MJ/TCU, em 6 de agosto de 2020,[888] justamente sobre os acordos de leniência anticorrupção, cujos contornos gerais foram apresentados no item 1.4, *supra*, e cujos contornos operacionais específicos serão detalhados a seguir, no item 4.5.5, *infra*. Insta mencionar que o Acordo de Cooperação Técnica STF/CGU/AGU/MJ/TCU, celebrado em 6 de agosto de 2020,[889] enuncia como terceira ação sistêmica a ser implementada pelas instituições signatárias o compromisso de não sancionamento da empresa colaboradora com base nas provas apresentadas no próprio acordo de leniência, em específico a não aplicação das sanções de

---

[888] Acordo de Cooperação Técnica entre o Supremo Tribunal Federal (STF), a Controladoria-Geral da União (CGU), a Advocacia-Geral da União (AGU), Ministério da Justiça e Segurança Pública (MJSP) e o Tribunal de Contas da União (TCU) em matéria de combate à corrupção no Brasil, especialmente em relação aos acordos de leniência da Lei nº 12.846/2013. Disponível em: http://www.stf.jus.br/arquivo/cms/noticiaNoticiaStf/anexo/Acordo6agosto.pdf. Acesso em: 18 set. 2020.

[889] Acordo de Cooperação Técnica entre o Supremo Tribunal Federal (STF), a Controladoria-Geral da União (CGU), a Advocacia-Geral da União (AGU), Ministério da Justiça e Segurança Pública (MJSP) e o Tribunal de Contas da União (TCU) em matéria de combate à corrupção no Brasil, especialmente em relação aos acordos de leniência da Lei nº 12.846/2013. Disponível em: http://www.stf.jus.br/arquivo/cms/noticiaNoticiaStf/anexo/Acordo6agosto.pdf. Acesso em: 18 set. 2020.

inidoneidade, suspensão ou proibição de contratar com a Administração Pública (vide item 4.5.5, *infra*), o que claramente repercute no TCU, e que é alvo de severas críticas da Comissão Permanente de Assessoramento para acordos de leniência e colaboração premiada do MPF, nos termos da Nota Técnica nº 2/2020 5ª CCR/MPF.

Ademais, a respeito da atuação do TCU, é importante mencionar a tentativa recente de expansão das atividades de fiscalização da corte de contas, o que tem gerado diversos questionamentos, tanto de ordem jurídica quanto de ordem prática, sobre a lógica de incentivos para a celebração de acordos administrativos em outras esferas, sob pena de não validação dos benefícios no TCU. Exemplo disso é a recente atuação, em 2020, do TCU, sobre os TCCs do Cade, em que se começa a questionar os valores calculados em sede de contribuições pecuniárias nos TCCs.[890] Tramita no TCU o processo de fiscalização da atuação do Cade (TC 017.012/2020-1) no qual Procurador do Ministério Público do Tribunal de Contas (MPTCU) solicita que o TCU analise o conteúdo de TCCs firmados pelo Cade, em particular para avaliar a não utilização do critério da vantagem auferida como parâmetro de contribuições pecuniárias. Jasper e Passos[891] sinalizam que a atuação da corte de contas encontra-se, por vezes, na fronteira entre a fiscalização operacional e o mérito das decisões administrativas e apresentam outras auditorias realizadas pelo TCU em Termos de Ajustamento de Conduta firmados pela Agência Nacional de Transportes Terrestres[892] e pela Agência Nacional de Telecomunicações,[893] o que reforça a preocupação com os limites da sua competência legal de fiscalização.

Sinalização sobre os limites de contenção do TCU, porém, pode ser visualizada no julgamento dos Mandados de Segurança nºs 35435/DF, 36496/DF, 36526/DF e 36173/DF perante o Supremo Tribunal Federal (STF). Discutia-se, em essência, se o TCU, em julgamento de fraudes licitatórias, poderia declarar a inidoneidade de empresas para contratar com a Administração Pública (Lei nº 8.443/1992, art. 46), ainda

---

[890] PALMA, Juliana. *O TCU pode rever os valores de acordos celebrados pelo Cade?* Portal Jota, 30 set. 2020. Disponível em: https://www.jota.info/opiniao-e-analise/colunas/controle-publico/tcu-acordos-celebrados-cade-30092020. Acesso em: 21 abr. 2021.

[891] JASPER, Eric; PASSOS, Rane. *TCU e as auditorias operacionais de CVM e CADE.* Portal Jota, 21.04.2021. Disponível em: https://www.jota.info/opiniao-e-analise/artigos/tcu-e-as-auditorias-operacionais-de-cvm-e-cade-21042021. Acesso em: 21 abr. 2021.

[892] ANTT. Auditoria realizada no âmbito do TC 010.453/2014-8, de relatoria do Ministro Walton de Alencar.

[893] ANATEL. Auditoria realizada no âmbito do TC 023.133/2015-5, de relatoria do Ministro Bruno Dantas.

que os ilícitos tenham sido objeto de acordos firmados em programas de leniência com outras instituições federais. Mais detalhes a respeito do julgamento são apresentados no item 1.4.2, *supra*.

4.2.4 Do Ministério Público (MP)

Apesar de não haver qualquer dispositivo legal que exija a participação do Ministério Público nos acordos de leniência anticorrupção, dado que estes possuem efeitos tão somente administrativos (vide este cap. 4, item 4.4.1, *infra*), o Estudo Técnico nº 01/2017 da 5ª Câmara de Coordenação e Revisão do Ministério Público Federal (5ª CCR) sobre acordos de leniência e de colaboração premiada (Estudo Técnico nº 01/2017 do MPF)[894] argumenta que as condutas apuradas na Lei Anticorrupção[895] podem configurar ilícitos penais, cuja titularidade exclusiva para imposição das competentes sanções é do Ministério Público.[896] Nesse sentido,

---

[894] BRASIL. Ministério Público Federal. *Estudo Técnico nº 01/2017* – 5ª CCR. Brasília: set. 2017. Disponível em: http://www.mpf.mp.br/atuacao-tematica/ccr5/publicacoes/estudos-tecnicos/docs/Estudo%20Tecnico%2001-2017.pdf. Acesso em: 6 jul. 2018.

[895] Lei nº 12.846/2013, art. 5º: "Constituem atos lesivos à administração pública, nacional ou estrangeira, para os fins desta Lei, todos aqueles praticados pelas pessoas jurídicas mencionadas no parágrafo único do art. 1º, que atentem contra o patrimônio público nacional ou estrangeiro, contra princípios da administração pública ou contra os compromissos internacionais assumidos pelo Brasil, assim definidos: I - prometer, oferecer ou dar, direta ou indiretamente, vantagem indevida a agente público, ou a terceira pessoa a ele relacionada; II - comprovadamente, financiar, custear, patrocinar ou de qualquer modo subvencionar a prática dos atos ilícitos previstos nesta Lei; III - comprovadamente, utilizar-se de interposta pessoa física ou jurídica para ocultar ou dissimular seus reais interesses ou a identidade dos beneficiários dos atos praticados; IV - no tocante a licitações e contratos: a) frustrar ou fraudar, mediante ajuste, combinação ou qualquer outro expediente, o caráter competitivo de procedimento licitatório público; b) impedir, perturbar ou fraudar a realização de qualquer ato de procedimento licitatório público; c) afastar ou procurar afastar licitante, por meio de fraude ou oferecimento de vantagem de qualquer tipo; d) fraudar licitação pública ou contrato dela decorrente; e) criar, de modo fraudulento ou irregular, pessoa jurídica para participar de licitação pública ou celebrar contrato administrativo; f) obter vantagem ou benefício indevido, de modo fraudulento, de modificações ou prorrogações de contratos celebrados com a administração pública, sem autorização em lei, no ato convocatório da licitação pública ou nos respectivos instrumentos contratuais; ou g) manipular ou fraudar o equilíbrio econômico-financeiro dos contratos celebrados com a administração pública; V - dificultar atividade de investigação ou fiscalização de órgãos, entidades ou agentes públicos, ou intervir em sua atuação, inclusive no âmbito das agências reguladoras e dos órgãos de fiscalização do sistema financeiro nacional".

[896] "Na esfera do direito sancionador anticorrupção, por seu turno, é certa a repercussão criminal dos fatos apurados, dada a própria natureza de tais ilícitos, como se verifica de simples leitura do texto do artigo 5º e incisos da LAC, na descrição tipológica das condutas abrangidas. As irregularidades e atos lesivos ali relacionados, praticados em prejuízo da Administração Pública nacional ou estrangeira, não deixarão de poder configurar, também e invariavelmente, ilícitos penais, cuja titularidade exclusiva para imposição das competentes

porque há repercussão e vinculação necessária do apurado em leniência, a partir da colaboração de pessoa jurídica beneficiada por ato lesivo à Administração Pública – o qual, por natureza, configura também ilícito penal, como frisado antes –, não há como admitir que o acordo de leniência seja celebrado sem a participação ministerial *ab initio*.[897]

De acordo com o Estudo Técnico, para além de sua atribuição criminal típica e exclusiva, o seu perfil generalista e as suas competências requisitórias[898] também conferem ao MPF competência para celebrar

---

sanções é do Ministério Público e do Judiciário, sendo inadmissível que sejam postos à margem das fases de detecção e seleção de casos atribuídos a seu exercício funcional típico (...)" (p. 64). "Os fatos delitivos, com as circunstâncias e elementos que os caracterizam na ocorrência material, configuram o tipo por si mesmos, sem que se lhes tenha que ser atribuída qualidade ou confirmada natureza específica, através da chancela burocrática. Ao revés, se há setor treinado na detecção e caracterização de tais ilícitos é o dos órgãos encarregados da persecução criminal genérica, destacando-se, como é intuitivo e central na presente abordagem, o titular exclusivo da ação penal, o Ministério Público" (p. 65). "Importa registrar, neste passo, que o modelo racional e ideal para que sejam atingidos os propósitos constitucionais da inserção do instituto premial no microssistema anticorrupção, é, sem maior dúvida, o estabelecimento de uma relação de cooperação interinstitucional entre Ministério Público – único titular das ações penais públicas que envolvem crimes correlatos às práticas lesivas à Administração Pública indicadas na LAC, nos termos do artigo 129 da Constituição –, e os demais órgãos de controle e fiscalização da Administração Pública. Sem a intervenção ministerial nas negociações de acordos de leniência, eventuais condutas delituosas cometidas pelos responsáveis das empresas envolvidas podem não vir a ser detectadas adequadamente ou sequer se tornar conhecidas pelo Estado, afetando o exercício de seu poder-dever de persecução criminal, dada a possibilidade de que não sejam inteiramente reveladas pela firma colaboradora, em omissão dolosa ou não, nem corretamente detectadas pelo poder público lesado, que não detém instrumentos técnicos nem experiência e autonomia ínsitas à apuração de tais ilícitos" (p. 62 e 63) (BRASIL. Ministério Público Federal. *Estudo Técnico nº 01/2017 – 5ª CCR*. Brasília: set. 2017. Disponível em: http://www.mpf.mp.br/atuacao-tematica/ccr5/publicacoes/estudos-tecnicos/docs/Estudo%20Tecnico%2001-2017.pdf. Acesso em: 6 jul. 2018).

[897] BRASIL. Ministério Público Federal. *Estudo Técnico nº 01/2017 – 5ª CCR*. Brasília: set. 2017. Disponível em: http://www.mpf.mp.br/atuacao-tematica/ccr5/publicacoes/estudos-tecnicos/docs/Estudo%20Tecnico%2001-2017.pdf. Acesso em: 6 jul. 2018. p. 67.

[898] "O Ministério Público, titular privativo da ação penal pública, é, assim, titular qualificado da competência negocial no âmbito criminal, em que se trata do tipo de criminalidade organizada preferencialmente investigada com colaboração premiada e com auxílio do próprio infrator, estritamente vinculada ao microssistema anticorrupção, em suas repercussões civis. Além do mais, ostenta desenho constitucional generalista, sem especialidade temática restritiva, ao contrário do que normalmente ocorre com os demais negociadores públicos, limitados a atuar em determinado e estrito âmbito material, com viés essencialmente parcial e compartimentado, sem condições de adotar postura hábil a entabular, com a exigível isenção e adequadamente, negócios processuais transversais. Portanto, além de sua legitimação típica, o Ministério Público detém ainda a atribuição funcional de pretensão sancionadora sobreposta ou correspondente a dos demais negociadores, competindo-lhe 'promover o inquérito civil e a ação civil pública, para a proteção do patrimônio público e social, do meio ambiente e de outros interesses difusos e coletivos'. De outra parte, reitere-se que o constituinte estruturou o Ministério Público sobre base requisitória, sendo função institucional sua, determinante para a apuração de ilícitos, 'expedir notificações nos procedimentos

CAPÍTULO 4
LENIÊNCIA ANTICORRUPÇÃO | 501

o acordo de leniência anticorrupção, nos mesmos moldes em que a lei autoriza a autoridade administrativa a fazer. Isso acontece

> porque ao órgão ministerial foi, inclusive, conferida a atuação subsidiária pela própria [Lei Anticorrupção] – como guardião e garante –, quando verificada a omissão da autoridade administrativa, como deflui dos termos do artigo 20 da [Lei Anticorrupção].[899] [900]

Assim, a indissolúvel associação da Lei Anticorrupção e a responsabilização penal tornaria insustentável que o Ministério Público e o Poder Judiciário fossem postos à margem das fases de detecção e seleção de casos atribuídos e submetidos a seu exercício funcional típico, nos termos da Nota Técnica nº 1/2017 da 5ª CCR sobre acordos de leniência (Nota Técnica nº 01/2017 do MPF).[901] No mesmo ano, o órgão expediu a Orientação nº 07/2017 (Orientação nº 07/2017 da 5ªCCR-MPF),[902] com o objetivo de guiar seus membros na negociação e celebração de novos acordos a partir das experiências tomadas anteriormente, estabelecendo inclusive procedimentos relativos ao Termo de Confidencialidade e as cláusulas que deverão constar obrigatoriamente no acordo de leniência. Posteriormente, foi publicada uma nova Nota Técnica (Nota Técnica nº 02/2018 da 5ªCCR-MPF[903]), a respeito da não utilização de provas decorrentes de celebração de acordos no âmbito da Operação Lava Jato para compartilhamento com órgãos de controle (destacadamente, a Receita Federal, CGU, AGU, CADE e TCU). Resta claro que afastar

---

administrativos de sua competência, requisitando informações e documentos para instruí-los, na forma da lei complementar respectiva'" (BRASIL. Ministério Público Federal. *Estudo Técnico nº 01/2017* – 5ª CCR. Brasília: set. 2017. Disponível em: http://www.mpf.mp.br/atuacao-tematica/ccr5/publicacoes/estudos-tecnicos/docs/Estudo%20Tecnico%2001-2017.pdf. Acesso em: 6 jul. 2018. p. 66).

[899] Lei nº 12.846/2013, art. 20: "Nas ações ajuizadas pelo Ministério Público, poderão ser aplicadas as sanções previstas no art. 6º, sem prejuízo daquelas previstas neste Capítulo, desde que constatada a omissão das autoridades competentes para promover a responsabilização administrativa".

[900] BRASIL. Ministério Público Federal. *Estudo Técnico nº 01/2017* – 5ª CCR. Brasília: set. 2017. Disponível em: http://www.mpf.mp.br/atuacao-tematica/ccr5/publicacoes/estudos-tecnicos/docs/Estudo%20Tecnico%2001-2017.pdf. Acesso em: 6 jul. 2018. p. 75.

[901] BRASIL. Ministério Público Federal. *Nota Técnica nº 01/2017* – 5ª CCR. Brasília: nov. 2017. Disponível em: http://www.mpf.mp.br/atuacao-tematica/ccr5/notas-tecnicas/docs/nt-01-2017-5ccr-acordo-de-leniencia-comissao-leniencia.pdf. Acesso em: 26 nov. 2018.

[902] BRASIL. Ministério Público Federal. *Orientação nº 07/2017*: acordos de leniência. Brasília: MPF, 2017. Disponível em: http://www.mpf.mp.br/pgr/documentos/ORIENTAO7_2017.pdf. Acesso em: 25 abr. 2017.

[903] BRASIL. Ministério Público Federal. *Nota Técnica nº 02/2018* – 5ª CCR. Brasília: jun. 2018. Disponível em: http://www.mpf.mp.br/atuacao-tematica/ccr5/notas-tecnicas/docs/Nota%20Tecnica%202_2018.pdf.. Acesso em: 7 maio 2021.

tais instituições seria então ofensa à independência institucional e do próprio sistema de administração da Justiça.

Em 10 de março de 2015, o senador Ricardo Ferraço (PMDB/ES) apresentou o PLS nº 105/2015, que pretendia acrescentar um parágrafo ao art. 16 da Lei Anticorrupção, determinando que os acordos de leniência celebrados por entes da Administração Pública fossem homologados pelo Ministério Público. Segundo a justificação apresentada pelo senador, a Lei Anticorrupção seria omissa acerca da participação do Ministério Público, mencionando apenas, em seu art. 15, que "a comissão designada para apuração da responsabilidade de pessoa jurídica, após a conclusão do procedimento administrativo, dará conhecimento ao Ministério Público de sua existência, para apuração de eventuais delitos". Nesse sentido, seria necessário fazer menção expressa à condição de apreciação pelo Ministério Público como requisito de validade dos acordos de leniência anticorrupção, de forma a propiciar maior controle de legalidade do acordo de leniência celebrado no âmbito da Administração Pública, na medida em que o Ministério Público ficaria responsável, nos termos do PLS nº 105/2015, pelo "exame de legalidade, moralidade, razoabilidade e proporcionalidade de seus termos", devendo homologá-lo ou não. Não houve, porém, aprovação da alteração proposta na Lei nº 12.846/2013.[904]

Por fim, menciona-se que, ato contínuo assinado o Acordo de Cooperação Técnica STF/CGU/AGU/MJ/TCU, celebrado em 6 de agosto de 2020,[905] cujo detalhamento geral foi apresentado no item 1.4, *supra*, e cujas repercussões específicas estão apresentadas no item 4.5.5, *infra*, foi publicada a Nota Técnica nº 2/2020 da 5ª CCR do MPF, criticando diversos aspectos do documento, seguida da Nota Técnica nº 01/2020 da 5ª CCR sobre termos de adesão ou subscrições de pessoas físicas em acordos de leniência no domínio da improbidade administrativa. No final de 2020, o órgão publicou uma nova Nota Técnica (Nota Técnica nº 04/2020 da 5ª CCR-MPF[906]) referente à análise de pontos críticos

---

[904] Atualmente o projeto tramita na Câmara sob o PL nº 3.636/2015.

[905] Acordo de Cooperação Técnica entre o Supremo Tribunal Federal (STF), a Controladoria-Geral da União (CGU), a Advocacia-Geral da União (AGU), Ministério da Justiça e Segurança Pública (MJSP) e o Tribunal de Contas da União (TCU) em matéria de combate à corrupção no Brasil, especialmente em relação aos acordos de leniência da Lei 12.846/2013. Disponível em: http://www.stf.jus.br/arquivo/cms/noticiaNoticiaStf/anexo/Acordo6agosto.pdf. Acesso em: 18 set. 2020.

[906] BRASIL. Ministério Público Federal. *Nota Técnica nº 04/2020 – 5ª CCR*. Brasília: nov. 2020. Disponível em: http://www.mpf.mp.br/atuacao-tematica/ccr5/notas-tecnicas/docs/nt-01-2017-5ccr-acordo-de-leniencia-comissao-leniencia.pdf. Acesso em: 7 maio 2021.

feitos sobre o projeto de lei substitutivo ao PL nº 10.887/2018, que versa justamente sobre a reforma da Lei Geral de Improbidade Administrativa.

Para mais informações a respeito da atuação do MP no âmbito dos acordos de leniência, vide cap. 5, *infra*.

4.3 Leniência anticorrupção: requisitos legais

A premissa básica do programa de leniência da Lei Anticorrupção[907] é a de que a revelação de práticas corruptas e a cooperação por parte das empresas possam trazer informações e documentos que permitam às autoridades identificar os demais infratores e comprovar a infração noticiada ou sob investigação.

O artigo 16 da Lei Anticorrupção e o artigo 30 do Decreto nº 8.420/2015 (aplicáveis para a Administração Pública Federal) elencam os requisitos para a assinatura de um acordo de leniência anticorrupção. Em seus termos, é necessário que: a empresa seja a primeira a manifestar interesse em cooperar para a apuração de ato lesivo específico, quando tal circunstância for relevante (4.3.1); a empresa cesse sua participação na infração noticiada ou sob investigação (4.3.2); a empresa admita sua participação no ilícito (4.3.3); a empresa coopere plena e permanentemente com a investigação e o processo administrativo (4.3.4); a cooperação da empresa resulte na identificação dos demais envolvidos na infração e na obtenção célere de informações e documentos que comprovem a infração sob apuração (4.3.5); a empresa adote, aplique ou aperfeiçoe programa de integridade (4.3.6); que promova contribuições pecuniárias (4.3.7).

Nota-se que, salvo o requisito da adoção de programa de integridade, todos os demais são basicamente os mesmos requisitos do programa de leniência antitruste (vide cap. 2, *supra*). Assim, algumas das questões apresentadas no capítulo anterior podem vir a subsidiar futuros debates quanto ao programa de leniência anticorrupção, mas algumas nuances específicas serão levantadas a seguir.

A fim de facilitar a compreensão dos requisitos, bem como comparar com os requisitos exigidos em outros acordos de leniência previstos na legislação brasileira, apresenta-se a figura e a tabela, nos termos *supra* apresentados (vide item 1.3):

---

[907] Esclarece-se que, nos Estados Unidos, não se utiliza a expressão "acordo de leniência" para casos de corrupção, mas sim, em regra, as expressões *"deferred prosecution agreement"* ou *"non prosecution agreement"*, em razão de suas particularidades.

Figura 41 – Comparação entre os requisitos do acordo de leniência anticorrupção no contexto mais amplo dos requisitos compartilhados por todos e requisitos específicos de alguns acordos de leniência no Brasil

ACORDO DE LENIÊNCIA ANTICORRUPÇÃO QUANTO AOS REQUISITOS COMPARTILHADOS POR TODOS E REQUISITOS ESPECÍFICOS DE ALGUNS ACORDOS DE LENIÊNCIA NO BRASIL

EXIGÊNCIA PREVISTA EM **TODOS** OS PROGRAMAS DE LENIÊNCIA EXISTENTES NO BRASIL	REQUISITOS COMPARTILHADOS	REQUISITOS ESPECÍFICOS	EXIGÊNCIA PREVISTA EM **ALGUNS DOS** PROGRAMAS DE LENIÊNCIA EXISTENTES NO BRASIL
✓	CESSAÇÃO DA CONDUTA	PRIMAZIA	* ✓
✓	CONFISSÃO	NO MOMENTO DA PROPOSTA, AUSÊNCIA DE PROVAS SUFICIENTES	✗
✓	COOPERAÇÃO INVESTIGAÇÃO E PROCESSO	PROGRAMA INTEGRIDADE/ COMPLIANCE	✓
✓	RESULTADO DA COOPERAÇÃO	AUDITORIA EXTERNA/ MONITOR EXTERNO	✓
		VERBAS PECUNIÁRIAS	✓

Fonte: elaboração da autora.

* Com especificidades mencionadas no texto a seguir.

Tabela 20 – Requisitos de um acordo de leniência anticorrupção

(continua)

REQUISITOS COMPARTILHADOS POR TODOS OS ACORDOS DE LENIÊNCIA NO BRASIL	
	Leniência Anticorrupção
Cessação da conduta	SIM *(4.3.2. Do requisito de a empresa cessar sua participação na infração noticiada ou sob investigação)*
Confissão	SIM *(4.3.3. Do requisito de a empresa admitir sua participação no ilícito)*
Cooperação com a investigação e ao longo de todo o processo	SIM *(4.3.4. Do requisito de a empresa cooperar plena e permanentemente com a investigação e o processo administrativo)*
Resultado da cooperação	SIM *(4.3.5. Do requisito de que da cooperação resulte a identificação dos demais envolvidos na infração, quando couber, e a obtenção célere de informações e documentos que comprovem a infração noticiada ou sob investigação)*

(conclusão)

REQUISITOS ESPECÍFICOS DE ALGUNS ACORDOS DE LENIÊNCIA NO BRASIL	
Leniência Anticorrupção	
Primazia	SIM * *(4.3.1. Do requisito de a empresa ser a primeira a manifestar interesse para a apuração do ato lesivo específico, quando tal circunstância for relevante)*
No momento da propositura, ausência de provas suficientes contra o proponente	-
Programa de *compliance*/ integridade	SIM *(4.3.6. Do requisito de a empresa instituir ou aperfeiçoar o Programa de Integridade Empresarial)*
Auditoria externa/ Monitor externo	-
Verbas pecuniárias	SIM *(4.3.7. Do requisito de a empresa promover contribuições pecuniárias)*

Fonte: elaboração da autora.

4.3.1 Primazia – Do requisito de a empresa ser a primeira a manifestar interesse para a apuração do ato lesivo específico, quando tal circunstância for relevante

O primeiro requisito para que o acordo de leniência anticorrupção seja celebrado é de que a empresa seja a primeira a manifestar seu interesse em cooperar para a apuração do ato ilícito (art. 16, §1º, I, da Lei nº 12.846/2013). Trata-se, portanto, do requisito da primazia, semelhante ao exigido na Lei Antitruste (art. 86, §1º, I, da Lei nº 12.529/2011) (vide cap. 2, *supra*).[908]

Ocorre que o Decreto nº 8.420/2015, em seu art. 30, I, introduziu atenuação ao princípio da primazia. De acordo com o referido dispositivo, "a pessoa jurídica que pretenda celebrar acordo de leniência deverá: (...) I - ser a primeira a manifestar interesse em cooperar para a apuração de ato lesivo específico, quando tal circunstância for relevante". A parte final do dispositivo, que sinaliza que a primazia apenas será

---

[908] Vale ressaltar que a Lei Anticorrupção limitou o requisito da primazia às pessoas jurídicas, de modo que "as físicas podem celebrar leniências mesmo que outras já existam no processo" (MARRARA, Thiago. acordos de leniência no processo administrativo brasileiro: modalidades, regime jurídico e problemas emergentes. *Revista Digital de Direito Administrativo*, v. 2, n. 2, p. 509-527, 2015. p. 521).

exigida "quando tal circunstância for relevante", não aparece na Lei Anticorrupção, o que gera controvérsia interpretativa.

Ayres e Maeda[909] entendem que, ao tomar emprestado o dispositivo originalmente destinado ao combate de cartéis, o legislador brasileiro tratou da mesma forma os ilícitos antitruste e de corrupção, esquecendo-se que as Leis Anticorrupção e Antitruste possuem racionalidades distintas.[910] Assim, se o programa de leniência antitruste estaria direcionado, primordialmente, à identificação de condutas envolvendo uma multiplicidade de agentes (o cartel), faria sentido, naquele contexto, exigir tal requisito, incentivando a delação entre os membros do cartel. No entanto, no contexto da Lei Anticorrupção, diferentemente, diversas condutas típicas envolveriam a tentativa de uma empresa obter vantagem sobre outra, não havendo, necessariamente, uma prática coletiva. Portanto, não faria sentido incentivar e recompensar que uma empresa entregue as demais.

Também nesse sentido, Sales e Júnior argumentam que a redação do Decreto nº 8.420/2015 se mostra razoável e não fere o enunciado normativo da Lei, não havendo, portanto, violação ao princípio da legalidade e tampouco extrapolação por parte do referido dispositivo. De acordo com os autores, "pode ocorrer de práticas de corrupção por uma única empresa em detrimento de outras. Desse modo, não há uma associação de entes privados para a prática de atos de corrupção, de modo que se torna irrelevante que a delatora seja a primeira, pois ela será a única".[911]

Simão e Vianna também reconhecem que a corrupção pode ser, ou não, plurissubjetiva. Segundo os autores, "os casos de corrupção mais graves tendem a envolver agente públicos e, por vezes, partem de

---

[909] AYRES, Carlos Henrique da Silva; MAEDA, Bruno Carneiro. O acordo de leniência como ferramenta de combate à corrupção. *In:* SOUZA, Jorge Munhós; QUEIROZ, Ronaldo Pinheiro (Org.). *Lei Anticorrupção.* Salvador: Juspodivm, 2015. p. 245.

[910] Sobre o ponto da existência ou não de *bis in idem,* há quem argumente, porém, que a aplicação da Lei Antitruste e da Lei Anticorrupção em casos de cartéis em licitação, ainda que motivada pela existência de racionalidades distintas em ambas as legislações, resultará em *bis in idem.* Isso porque haveria a instauração de processos administrativos independentes para investigação e apuração dos mesmos fatos, com imposição de penalidades que não consideram as demais sanções administrativas já atribuídas pelos outros órgãos competentes. Ver, por exemplo: AVELINO, Gabriela Monteiro. *Combate a cartel em licitação sob a égide da Lei nº 12.846/13 e da Lei nº 12.529/11:* direito administrativo sancionador e a proibição de bis in idem. Trabalho de Conclusão de Curso (Graduação) – Universidade de São Paulo, São Paulo, 2017.

[911] SALES, Marlon Roberth; BANNWART JÚNIOR, Clodomiro José. O acordo de leniência: uma análise de sua compatibilidade constitucional e legitimidade. *Revista do Direito Público,* Londrina, v. 10, n. 3, p. 31-50, set./dez. 2015. p. 39-40.

CAPÍTULO 4
LENIÊNCIA ANTICORRUPÇÃO | 507

ações articuladas entre mais de uma empresa".[912] No entanto, apesar de a corrupção poder envolver diversos agentes, não necessariamente é assim, o que evidencia que as esferas antitruste e anticorrupção possuem lógicas distintas. Para os casos em que há tal plurissubjetividade de agentes, a presença do elemento de fragilização da estrutura criminosa trazido pelos acordos de leniência da Lei Anticorrupção é essencial.[913]

Por outro lado, Pereira entende que essa ressalva do Decreto nº 8.420/2015 é uma extrapolação dos limites normativos preestabelecidos na lei ordinária e "dá margem à interpretação de que a CGU poderá firmar acordos de leniência não apenas com a primeira empresa a delatar o esquema de corrupção, mas, simultaneamente, com outras envolvidas no ilícito".[914] Isso abre uma discussão ainda maior, pois, levado às últimas consequências, o referido decreto permitiria um "grande acordo de leniência" (o chamado "acordão") com todas as empresas corruptas, beneficiando-as independentemente da "ordem de chegada". Di Pietro e Marrara, por sua vez, afirmam que, ao impor a regra da leniência única com o primeiro a se qualificar, a lei é positiva no sentido de induzir os infratores a "correrem" para o acordo.[915]

---

[912] "De início, importante destacar que se trata de importação do direito concorrencial. Naquela esfera, o acordo de leniência tem por objetivo central a repressão à prática de cartel, infração essa exclusivamente plurissubjetiva, isto é, só existirá quando cometida por mais de um agente. Nessa lógica, a ideia é que o acordo de leniência seja instrumento de desestabilização da organização criminosa, uma vez que a qualquer momento um de seus membros pode denunciar os parceiros e gozar dos benefícios de ter sido o primeiro a quebrar o pacto clandestino. Ora, essa definitivamente não é a mesma racionalidade a ser aplicada em todos os atos lesivos da LAC. Conforme já comentado, existe ali previsão de ilícitos que podem até mesmo ser praticados de forma unilateral, não podendo sequer se falar que a regra seria de infrações cometidas em conluio entre pessoas jurídicas" (SIMÃO, Valdir Moyses; VIANNA, Marcelo Pontes. *O acordo de leniência na lei anticorrupção*: histórico, desafios e perspectivas. São Paulo: Trevisan, 2017. p. 119).

[913] Os autores defendem ainda que "a legislação poderia ter optado por outro caminho. Pondero que o elemento central para julgar o grau de efetividade do acordo de leniência para o Estado é o ineditismo da informação trazida pelo proponente. É a possibilidade de a Administração ter conhecimento de uma infração que, pelos métodos convencionais de investigação, teria grande dificuldade para obter" (SIMÃO, Valdir Moyses; VIANNA, Marcelo Pontes. *O acordo de leniência na lei anticorrupção*: histórico, desafios e perspectivas. São Paulo: Trevisan, 2017. p. 119).

[914] PEREIRA, Victor Alexandre El Khoury M. Acordo de leniência na Lei Anticorrupção (Lei nº 12.846/2013). *Revista Brasileira de Infraestrutura*, Belo Horizonte, ano 5, n. 9, p. 79-113, jan./jun. 2016. p. 97.

[915] Nesse sentido, Di Pietro e Marrara entendem que "[a] necessidade de primariedade temporal, como já se demonstrou, configura em verdade um requisito da própria qualificação da proposta e, por conseguinte, também se transforma em requisito de celebração. O objetivo da regra do *first come, first serve* é estimular a corrida pela leniência. Se fossem possíveis leniências múltiplas, a despeito da ordem de chegada, os infratores tenderiam a procrastinar a busca por colaboração com o objetivo de verificar se o acordo lhe seria útil ou não diante das provas obtidas pelo Estado. Ao impor a regra da leniência única com o primeiro a se

Conforme já mencionado, entendo não ser adequado que todas as empresas tenham a possibilidade de celebrar acordos de leniência, dada a relevância de promover a sanção aos demais envolvidos (vide cap.1, item 1.1.5. *supra*) e, assim, um reforço na dissuasão de novas práticas (vide cap.1, item 1.1.7. *supra*). Trata-se, assim, de instrumento para fomentar a "corrida" entre os participantes do ilícito e detectar práticas ilícitas de difícil investigação (vide cap. 1, item 1.1.1, *supra*). A exceção ficaria por conta dos casos em que os colaboradores, além de auxiliarem na investigação de prática específica, também trazem novos elementos de práticas até então desconhecidas, similarmente ao que acontece, por exemplo, com as leniências *plus* antitruste, que permitem a "alavancagem investigativa" pela autoridade competente (vide cap. 2, item 2.5, *supra*).

Especificamente quanto à Lei Anticorrupção, porém, há quem argumente que, como há penalidade aplicada à empresa colaboradora (dado inexistir imunidade total, mas tão somente parcial, vide este cap. 4, item 4.4.1, *infra*), o requisito de primazia deveria ser arrefecido, principalmente para evitar a judicialização nas ações de improbidade. Ainda assim, entendo que, nos termos das justificativas para a instituição de um programa de leniência, a celebração de acordos com todos os investigados impede que haja sanção aos demais infratores, a qual serve como elemento de dissuasão de práticas ilícitas futuras (vide cap. 1, itens 1.1.5 e 1.1.7, *supra*).

Simão e Vianna entendem que "(…) é difícil compreender que a exclusividade do Acordo de Leniência apenas ao primeiro candidato de fato atenda ao interesse da Administração em obter o maior número possível de informações e provas para investigação".[916] Dessa forma, seria plenamente possível que, mesmo com a colaboração da primeira empresa, o Estado ainda esteja interessado em outras informações e documentos de domínio de outras empresas, sendo a eventual colaboração da segunda empresa muito bem-vinda, na medida em que atingiria a finalidade do instrumento da leniência de aumentar a capacidade persecutória do Estado. Para tanto, os autores não entendem ser razoável ou necessária a extensão dos mesmos benefícios oferecidos

---

qualificar, a lei afasta esse risco, desestabiliza a relação entre os infratores e os induz a correr para o acordo" (MARRARA, Thiago. Comentários ao art. 16º. *In*: DI PIETRO, Maria Sylvia Zanella; MARRARA, Thiago (Coord.). *Lei Anticorrupção Comentada*. 2. ed. Belo Horizonte: Fórum, 2018. p. 217).

[916] SIMÃO, Valdir Moyses; VIANNA, Marcelo Pontes. *O acordo de leniência na lei anticorrupção*: histórico, desafios e perspectivas. São Paulo: Trevisan, 2017. p. 121.

à primeira proponente às demais, já que isso poderia desincentivar a cooperação. Sugerem, assim, que a Lei deveria ter estabelecido "gradação de incentivos aos colaboradores e não impor a limitação de que apenas uma pessoa jurídica poderia ser contemplada".

A atenuação do princípio da primazia em alguns casos, inserida pelo Decreto nº 8.420/2015, pode fazer sentido, dado que o ilícito da corrupção não envolve diversas empresas necessariamente. Se, de um lado, a Lei Antitruste refere-se a um mercado relevante que envolve diversos agentes, de outro, a Lei Anticorrupção trata de atos específicos. É preciso que se continue a exigir a primazia, porém, quando a conduta for plurissubjetiva e envolver diversas empresas, não se aceitando acordos de leniência com várias empresas, sob o risco de se perder um dos principais pilares de um programa de leniência, que é o alto risco de detecção da prática (vide cap. 1, item 1.2.1, *supra*). Nos casos, porém, em que cada empresa tenha perpetrado suas práticas de corrupção de modo independente, sem ajuste com outras empresas, ainda que em um contexto mais amplo de corrupção, é possível interpretar que cada agente participa de um ato ilícito distinto, passível, portanto, de um acordo de leniência diferente. Nos casos, porém, em que há uma espécie de "acordo de cavalheiros", nos quais a corrupção é prática sabida junto ao agente público corrupto, e que apesar de não haver um *quid pro quo* específico entre as empresas, todas elas têm conhecimento da prática da outra, de modo a se ter uma espécie de "saldo final" conjunto dos pagamentos de propina, é possível argumentar a existência de um único esquema de corrupção, que exige o requisito da primazia de modo mais rigoroso. Sabendo da dificuldade, na prática, na distinção entre essas situações que permitem e que não permitem uma maior flexibilidade do requisito da primazia, sugere-se a análise realizada por Athayde, Craveiro e Piazera sobre os critérios para se diferenciar colusões múltiplas ou uma única colusão, cujo racional pode ser aplicado, com as devidas adaptações, para o cenário de corrupção (vide item 2.4.1.1, *supra*). Nesse contexto, é importante notar que o princípio da primazia tem sido, de certa forma, mitigado na prática, quando as autoridades entendem haver diferentes condutas dentro de um mesmo grande contexto. Assim, caso se interprete um mesmo fato como envolvendo distintos atos de corrupção, cada interessado poderá ser "o primeiro" a reportar cada diferente conduta.

Uma possível solução seria a inserção, na Lei nº 12.846/2013, de outro instrumento jurídico com benefícios significativamente menores para os demais colaboradores. A Lei Anticorrupção não previu nenhum tipo de acordo *second best* para todas as outras empresas que quiserem colaborar, mas que forem retardatárias, a exemplo dos Termos de Compromisso de Cessação do Cade (vide cap. 2, item 2.6, *supra*), do Termo de Compromisso celebrados no SFN (vide cap. 3, item 3.5, *infra*), dos acordos de leniência do MP subsequentes com pessoas jurídicas e das colaborações premiadas com as pessoas físicas (vide cap. 5, *infra*). Desse modo, no âmbito do programa de leniência anticorrupção, as autoridades envolvidas ficam restritas a apenas um instrumento.

Para outras discussões a respeito de possíveis problemas a serem enfrentados quando da interpretação desse requisito, sugere-se a leitura do exposto quanto ao programa de leniência antitruste, que passou por debates semelhantes (vide cap. 2, item 2.2.1, *supra*). A distinção em relação à leniência antitruste está relacionada, principalmente, à divisão entre as condutas: enquanto no programa de leniência antitruste há tentativas de delinear quando uma conduta plurissubjetiva separa-se de outras (i.e., quando há um só grande cartel, ou cartéis menores e distintos),[917] no programa de leniência anticorrupção, pela própria natureza das práticas objeto de acordo, esta diferenciação é mais difícil.

4.3.2 Cessação da conduta – Do requisito de a empresa cessar sua participação na infração noticiada ou sob investigação

Trata-se de requisito exigido desde o momento da propositura do acordo de leniência anticorrupção à autoridade competente (art. 16, §1º, II, da Lei nº 12.846/2013 e Decreto nº 8.420/2015, art. 30, II). Ou seja, assim como ocorre no acordo de leniência antitruste (vide cap. 2, *supra*), a partir do momento em que o proponente começa a negociar com a autoridade, este não mais poderá tomar parte no ato ilícito, sob pena de descumprimento de um dos requisitos previstos na Lei Anticorrupção, deixando de fazer jus aos benefícios oferecidos aos signatários dos acordos de leniência.

Cabe aqui a ressalva feita por Simão e Vianna de que esse requisito tende a ser "mais adequad[o] aos casos de cartel, que é um ilícito de caráter continuado", o que não necessariamente esgota os ilícitos que são objeto de tutela pela Lei Anticorrupção, que podem tratar de

---

[917] Sobre esse tema, consultar: ATHAYDE, Amanda; CRAVEIRO, Priscilla; PIAZERA, Bruna. Colusão única ou múltiplas colusões no direito antitruste: parâmetros para uma Hidra de Lerna? *Revista de Direito Público*, Porto Alegre, v. 14, n. 78, p. 115-128, nov./dez. 2017.

atos lesivos instantâneos.[918] Nesse sentido, Pereira entende não ser tecnicamente adequado falar em "cessação da conduta ilícita", uma vez que, em algumas hipóteses, a conduta já teria sido consumada.[919]

De qualquer forma, a CGU indica que o requisito da cessação da conduta delitiva no momento da propositura dos acordos de leniência anticorrupção é "o mais lógico e natural dos pressupostos" e que "[a] não observância do requisito em exame implicará, ato contínuo, a imediata ruptura do pacto celebrado, dando-se pronto seguimento ao curso do processo administrativo sancionador".[920]

Para discussões a respeito de outros possíveis problemas a serem enfrentados quando da interpretação desse requisito, sugere-se a leitura do exposto quanto ao programa de leniência antitruste, que apresenta debate semelhante (vide cap. 2, item 2.2.1, *supra*).

4.3.3 Confissão – Do requisito de a empresa admitir sua participação no ilícito

A terceira exigência para que o acordo de leniência anticorrupção possa ser celebrado é o de que a pessoa jurídica admita sua participação no ilícito (art. 16, §1º, primeira parte do inciso III da Lei nº 12.846/2013 e art. 30, III, do Decreto nº 8.420/2015).

Nota-se que, enquanto os dispositivos que regulam os demais tipos de acordo de leniência falam em "confissão" (vide cap. 2, item 2.2.4, *supra*; cap. 3, item 3.2.4, *infra*; e cap. 5, item 5.2.5, *infra*), na leniência anticorrupção o termo utilizado é "admitir". De acordo com Didier,[921] há distinção entre confessar e admitir. Enquanto a primeira é uma conduta

---

[918] SIMÃO, Valdir Moyses; VIANNA, Marcelo Pontes. *O acordo de leniência na lei anticorrupção*: histórico, desafios e perspectivas. São Paulo: Trevisan, 2017. p. 125.

[919] Pereira complementa que "nem todos os atos lesivos são passíveis de cessação, pois podem já se encontrar consumados à época da delação. A conduta descrita no art. 5º, inciso I, da LAC é um exemplo, vez que prometida, oferecida ou dada vantagem indevida a agente público o fato se consuma imediatamente, não restando muito o que ser feito, a não ser que se trate de um crime continuado ainda em execução" (PEREIRA, Victor Alexandre El Khoury M. Acordo de leniência na Lei Anticorrupção (Lei nº 12.846/2013). *Revista Brasileira de Infraestrutura*, Belo Horizonte, ano 5, n. 9, p. 79-113, jan./jun. 2016. p. 97).

[920] BRASIL. Ministério Público da Transparência e Controladoria-geral da União. *Manual de responsabilização administrativa da pessoa jurídica*. CGU, dez. 2017. p. 104.

[921] DIDIER, Fredie. *Considerações sobre a confissão*. Disponível em: http://www.frediedidier. com.br/wp-content/uploads/2012/02/consideracoes-sobre-a-confissao.pdf. Acesso em: 4 jul. 2018.

positiva da parte, a segunda decorreria de uma omissão. Marinoni e Arenhart[922] afirmam que

> em termos diferenciais entre a admissão e a confissão é exatamente a conduta ativa do confidente – que pratica atos, declara a ciência de um fato – e passiva da admissão – onde simplesmente o que ocorre é que a parte deixa de, em momento oportuno, contestar a verdade de fato afirmado pela parte adversária.

Por sua vez, Echandía aponta que a admissão pode ser expressa e traz as seguintes características distintivas entre confissão e admissão: "a) o fato admitido deve ter sido alegado pela parte contrária, o que não ocorre com a confissão; b) a admissão é sempre espontânea, enquanto a confissão pode ser provocada; c) a admissão somente pode ocorrer no processo; a confissão pode ser extrajudicial".[923]

A despeito dessas distinções doutrinárias, o ex-ministro-chefe da CGU, Jorge Hage, ao falar sobre a Lei Anticorrupção, afirmou que "no Acordo de Leniência Anticorrupção, a confissão não é uma faculdade, uma opção, mas uma condição indispensável para a realização do acordo".[924] No mesmo sentido, o ministro Bruno Dantas, do TCU, afirma que "a confissão espontânea dos ilícitos praticados é requisito elementar"[925] da leniência no âmbito da Lei Anticorrupção. Parece, portanto, que, apesar de o termo técnico da lei ser "admissão", na prática a exigência das autoridades públicas tem sido no sentido da própria "confissão".

Para outras discussões sobre possíveis problemas a serem enfrentados quando da interpretação desse requisito (por exemplo, a distinção entre a "confissão" no acordo de leniência e o "reconhecimento

---

[922] Estes autores entendem que "Em verdade, a distinção atinge enorme relevância, tanto que vem expressa mesmo pelo próprio CPC (art. 334, II e III) [CPC/2015 (art. 374, II e III)]. A lei atribui a cada uma de tais figuras diversas consequências jurídicas, a iniciar pelas próprias exceções estatuídas no parágrafo único do art. 302 do CPC, casos em que o silêncio da defesa não importa em admissão (causas estas que não encontram similar em termos de confissão)" (MARINONI, Luiz Guilherme; ARENHART, Sérgio Cruz. *Manual do processo de conhecimento*. São Paulo: Revista dos Tribunais, 2001. p. 347).

[923] ECHANDÍA, Hernando Devis. *Teoría general de la prueba judicial*. Tomo 1. Buenos Aires: Victor P. de Zavalia. p. 644-645.

[924] CHAVES, Reinaldo. CGU esclarece requisitos para leniência, mas advogados questionam. *Consultor Jurídico*, 12 jul. 2014. Disponível em: https://www.conjur.com.br/2014-jul-12/cgu-esclarece-requisitos-leniencia-advogados-questionam. Acesso em: 4 jul. 2018.

[925] DANTAS, Bruno. Desvendando os acordos de leniência. *Folha de S.Paulo*, 27 dez. 2017. Disponível em: https://www1.folha.uol.com.br/opiniao/2017/12/1946233-desvendando-os-acordos-de-leniencia.shtml?loggedpaywall#_=_. Acesso em: 4 jul. 2018.

de participação na conduta" no TCC, a necessidade, ou não, de presença física do signatário do acordo de leniência quando da celebração do instrumento – ou se este ser representado por procurador –, dentre outros temas), sugere-se a leitura do exposto quanto ao programa de leniência antitruste, em que há debate semelhante (vide cap. 2, itens 2.2.4 e 2.4, *supra*).

4.3.4 Cooperação com a investigação ao longo de todo o processo – Do requisito de a empresa cooperar plena e permanentemente com a investigação e o processo administrativo

O quarto requisito para que o acordo de leniência anticorrupção possa ser celebrado é o de que a pessoa jurídica "coopere plena e permanentemente com as investigações e o processo administrativo, comparecendo, sob suas expensas, sempre que solicitada, a todos os atos processuais, até seu encerramento" (art. 16, §1º, segunda parte do III, da Lei nº 12.846/2013 e art. 30, IV, Decreto nº 8.420/2015). Especificamente quanto à aplicação desse requisito no contexto do acordo de leniência anticorrupção, é importante pontuar que essa cooperação plena e permanente vem sendo utilizada também no estabelecimento do valor da multa e nos cálculos de ressarcimento.[926]

---

[926] Nesse sentido, destaca-se posicionamento do TCU no Acórdão nº 483/2017, de relatoria de Bruno Dantas, segundo o qual "[o] real interesse da empresa em colaborar com a celeridade processual deve ser analisado concretamente em cada processo (...) cabendo à empresa demonstrar em eventuais processos de apuração dos débitos o seu real interesse em cooperar para a quantificação célere e mais acurada possível dos eventuais danos, o que poderá resultar, conforme o caso, como atenuante a ser considerada na dosimetria de eventual multa a ser aplicada com base no art. 57 da Lei 8.443/1992". Ver também entrevista concedida pelo Relator, em que afirmou que: "Das sete, três tinham celebrado acordo de leniência com o MPF [Odebrecht, Andrade e Camargo] e as outras quatro [UTC, Techint, EBE e Queiroz Galvão] não haviam cooperado com as investigações. Recebi um pedido do procurador Deltan Dallagnol, em nome da força-tarefa de Curitiba, para que as empresas colaboradoras tivessem tratamento privilegiado nos processos do TCU. Após várias rodadas de conversas entre os procuradores de Curitiba e os ministros do TCU, ficou estabelecido que a cooperação meramente na esfera penal seria insuficiente para o TCU, que possui uma missão institucional diversa da do MPF. Para eles, o principal objetivo a ser buscado são as provas da corrupção e da existência de organização criminosa. Para nós, são as provas de superfaturamento que viabilizarão o integral ressarcimento do erário. Como os acordos de leniência foram celebrados originariamente pelo MPF dentro de uma lógica muito particular, essencialmente penal, ficou acordado que os procuradores reabririam as negociações com a finalidade de obter das empresas o compromisso de cooperar também com as fiscalizações do TCU e de, ao fim, ressarcir integralmente o dano causado aos cofres públicos" (CAMAROTTO, Murillo. Sem recall, o único caminho possível é o da inidoneidade.

Discussão interessante e prática pode surgir quanto ao lapso temporal de exigência dessa cooperação plena e permanente para certas obrigações específicas. Se a CGU e a AGU exigirem, por exemplo, que a empresa colaboradora disponibilize sua base de dados de informações eletrônicas para futuros e eventuais *document reviews* por parte das instituições públicas, essa obrigação teria prazo de validade? Por um lado, as empresas colaboradoras têm custos de manutenção dessas informações em bases de dados acessíveis por terceiros. Por outro lado, a autoridade que celebra o acordo de leniência quer ter acesso completo às informações da empresa colaboradora e pode não ter interesse em restringir essa possibilidade de realizar novas buscas de informações ao longo do tempo. Caso haja acordo, as partes podem concordar que a empresa colaboradora mantenha as informações disponíveis para acesso das autoridades públicas a qualquer tempo, mediante solicitação, ainda que não seja acessível de imediato na base de dados do servidor da empresa. Outro tipo de discussão com relação ao lapso temporal dessa exigência de cooperação pode surgir em casos em que a empresa se compromete a realizar pagamentos de verbas pecuniárias durante muitos anos, dada a divisão em muitas parcelas. É o caso, por exemplo, de determinados acordos no âmbito da "Operação Lava Jato", em que certas empresas acordaram em realizar desembolsos ao longo de mais de 20 (vinte) anos. Caso a empresa se obrigue, por exemplo, a cooperar durante toda a vigência do acordo, e a vigência abarcar o prazo para pagamento das verbas pecuniárias, obrigações acessórias, como por exemplo a apresentação de relatórios periódicos, podem se tornar bastante onerosos, a longo prazo, para a empresa colaboradora.

No dia a dia das negociações, empresas e indivíduos que colaboram no âmbito dos acordos de leniência anticorrupção ou com o MP ainda possuem receios a respeito do escopo dos acordos. Ou seja, há dúvida se o acordo de leniência deveria abarcar todos os delitos já praticados (quase que em um modelo confessionário) ou se poderia ter uma limitação em termos de escopo. Esse aspecto é especialmente relevante em casos de corrupção sistêmica, em que os colaboradores e até mesmo os investigadores das autoridades públicas podem ter dificuldade em determinar, no início das investigações, qual é o escopo completo dos atos ilícitos. Há que se avaliar esse tema, a fim de garantir o pilar da segurança jurídica dos acordos de leniência (vide cap.1, item

---

Valor Econômico, 6 out. 2017. Disponível em: https://www.valor.com.br/politica/5147464/ sem-recall-o-unico-caminho-possivel-e-o-da-inidoneidade. Acesso em: 20 nov. 2018).

CAPÍTULO 4
LENIÊNCIA ANTICORRUPÇÃO | 515

1.2.3, *supra*). Sobre esse tema, recorda-se, também, a discussão sobre a viabilidade jurídica de se ter *"omnibus question"* e a *"penalty plus"* nestes tipos de acordo (vide cap. 2, item 2.3.1.4, *supra*).

Para discussões mais gerais acerca do que seria "cooperação plena e permanente" e de outros possíveis problemas a serem enfrentados quando da interpretação desse requisito (por exemplo, sobre a descoberta de novos fatos e evidências e a necessidade de aditivo ao acordo de leniência inicial), sugere-se a leitura do exposto quanto ao programa de leniência antitruste, em que há debate semelhante (vide cap. 2, item 2.2.5, *supra*).

4.3.5 Resultado da cooperação – Do requisito de que da cooperação resulte a identificação dos demais envolvidos na infração, quando couber, e a obtenção célere de informações e documentos que comprovem a infração noticiada ou sob investigação

O quinto requisito para que o acordo de leniência anticorrupção possa ser celebrado é o de que da colaboração da pessoa jurídica resulte "I - a identificação dos demais envolvidos na infração, quando couber; e II - a obtenção célere de informações e documentos que comprovem o ilícito sob apuração" (art. 16, *caput*, I e II, da Lei nº 12.846/2013 e art. 28, I e II, do Decreto nº 8.420/2015).

No que concerne ao primeiro resultado exigido da cooperação, Simão e Vianna destacam que a norma faz uma ressalva significativa ao requerer a identificação dos demais envolvidos apenas "quando couber". De acordo com os autores, tal ressalva deixa claro que alguns atos lesivos previstos na Lei Anticorrupção podem ser unilaterais e, mais importante, confere a possibilidade de se celebrar um acordo de leniência mesmo que o Estado já detenha informações sobre todos os envolvidos na prática do ato lesivo.[927]

---

[927] "Em primeiro lugar, o dispositivo nos lembra que alguns dos atos lesivos previstos pela LAC podem ser unilaterais, ou seja, não depende do envolvimento de um agente público ou de outro particular para seu cometimento. São exemplos: promessa de vantagem indevida a agente público, fraude de licitação pública e obstrução de atividade de investigação de órgãos públicos. (...) Outro aspecto que nos parece importante é que a expressão 'quando couber' confere também a possibilidade de se celebrar um acordo de leniência ainda que o Estado já detenha informações sobre todos os envolvidos na prática do ato lesivo. É possível que a Administração já retenha um conjunto de indício do cometimento de determinado ato lesivo que justifique a instauração do procedimento administrativo de responsabilização e,

Assim, conforme já mencionado, quando a conduta for pluris-subjetiva, não se pode admitir a celebração de acordos de leniência anticorrupção sem essa informação dos demais envolvidos (vide este cap. 4, item 4.3.1, *supra*). Deve-se exigir, no mínimo, que haja a indicação de todos os prováveis envolvidos, ainda que seja apenas ao longo da investigação que se obtenham as provas com relação a todos eles.[928] Por sua vez, quando a conduta for unilateral, seria possível haver uma atenuação desse requisito, no sentido de exigir a identificação do corruptor e do corrupto.[929]

O segundo resultado exigido da cooperação diz respeito à obtenção célere de informações e de documentos que comprovem o ilícito sob apuração. O destaque, na Lei Anticorrupção, é a exigência de que a obtenção de provas seja "célere", a qual consiste em inovação em relação à leniência antitruste (vide cap. 2, *supra*). Não há, ainda, clareza acerca do que se consideraria uma identificação "célere", mas parece que tal requisito estabelece que as informações e documentos apresentados pelos proponentes do acordo de leniência devem ser úteis para a autoridade. Ou seja, como sugerem Simão e Vianna, eles devem auxiliar, de forma útil e nova, a capacidade persecutória do Estado.[930]

---

no curso do feito, a pessoa jurídica manifeste seu interesse pela celebração de um acordo. Durante a negociação, a empresa não fornece informação sobre novos envolvidos, mas concede acesso a provas contundentes do cometimento de atos mais graves que facilitação o processamento das pessoas naturais e a recuperação de valores obtidos em decorrência da prática do ilícito. Parece-nos que, ainda assim, a colaboração poderia ser considerada efetiva e a ausência de informação sobre novos agentes não constituiria impedimento legal para a celebração do acordo" (SIMÃO, Valdir Moyses; VIANNA, Marcelo Pontes. *O acordo de leniência na lei anticorrupção*: histórico, desafios e perspectivas. São Paulo: Trevisan, 2017. p. 116-118).

[928] A indicação de todos os prováveis envolvidos é necessária, mesmo quando não há evidências concretas para a identificação final de todos os envolvidos. A empresa colaboradora deve realizar seus melhores esforços para obter tais informações. Em um contexto de aquisição da empresa por outro grupo econômico, por exemplo, que ao instituir um programa de *compliance* efetivo detecta a prática ilícita e resolve colaborar com a autoridade, o que se exige é que todos os documentos e todas as informações obtidas nas investigações internas sejam apresentadas à autoridade pública. Caso as pessoas físicas que atuaram diretamente no ilícito não sejam mais funcionários e/ou não queiram colaborar com as investigações, é possível que se perca um pouco dos detalhes da prática ilícita, o que não impede que a empresa indique todos os prováveis envolvidos, no limite máximo da sua capacidade.

[929] Poder-se-ia cogitar a hipótese de, caso a proponente do acordo de leniência não possa identificar o corruptor e o corrupto, o acordo ser celebrado da mesma forma, desde que haja recomposição do dano causado, em nome do ressarcimento do erário. Esse poderia ser o caso, por exemplo, de um ato de corrupção realizado há diversos anos, em que a pessoa física corruptora não é mais funcionário da empresa, mas a pessoa jurídica pretende, ainda assim, realizar o acordo de leniência e promover a reparação dos danos.

[930] SIMÃO, Valdir Moyses; VIANNA, Marcelo Pontes. *O acordo de leniência na lei anticorrupção*: histórico, desafios e perspectivas. São Paulo: Trevisan, 2017. p. 118

Nesse sentido, ponto interessante é a previsão simultânea, pela Lei Anticorrupção, da cooperação tanto como requisito para a celebração de acordos de leniência quanto como circunstância "atenuante" utilizada para calcular eventual redução da penalidade esperada (vide art. 16, §1º, I a X, c/c art. 7º, VII, da Lei nº 12.846/2013). Enquanto circunstância atenuante, o requisito da cooperação consiste em um dos cinco critérios atenuantes que pode reduzir a multa da pessoa jurídica, nos termos da Instrução Normativa nº 02/2018 CGU, cujo objetivo é "uniformizar os procedimentos seguidos pelas comissões de negociação dos acordos de leniência, formadas por membros da CGU e AGU, bem como dar maior transparência ao método de aplicação da multa por atos ilícitos".[931] [932] Assim, o "grau de colaboração da empresa" pode resultar em uma redução da penalidade de 1 a 1,5%, semelhantemente à experiência estrangeira.[933]

Para discussões a respeito do que seria essa cooperação ou de outros possíveis problemas a serem enfrentados quando da interpretação desse requisito, sugere-se a leitura do exposto quanto ao programa de leniência antitruste, em que há debate semelhante (vide cap. 2, item 2.2.6, *supra*).

---

[931] BRASIL. Ministério Público da Transparência e Controladoria-geral da União. *CGU publica metodologia de cálculo da multa aplicada nos acordos de leniência.* CGU, 2018. Disponível em: http://www.cgu.gov.br/noticias/2018/05/cgu-publica-metodologia-de-calculo-da-multa-aplicada-nos-acordos-de-leniencia. Acesso em: 5 jul. 2018.

[932] Destacam-se, também, as previsões do Manual Prático de Cálculo de Multa no Processo Administrativo de Responsabilização, o qual serve de guia de orientação para a aplicação do art. 7º da Lei nº 12.846/2013 e do art. 17 do Decreto nº 8.420/2015, inclusive "para se evitar discrepâncias entre o resultado de um cálculo que culminará em sanções semelhantes no PAR e dentro de um acordo de leniência firmado" pela CGU (BRASIL, Ministério Público da Transparência e Controladoria-Geral da União, *Manual Prático de Cálculo de Multa no Processo Administrativo de Responsabilização (PAR)*, 2018, p. 2).

[933] Os EUA também utilizam o grau de colaboração da empresa para a redução de multas, o que denominam de *full cooperation* e *partial cooperation*. Em um caso concreto, por exemplo, a Odebrecht obteve uma redução de 25% na multa pela sua *full coooperation* e a Braskem, uma redução de 15% pela sua *partial cooperation*: "[t]he criminal penalty for Odebrecht reflects a 25 percent reduction off the bottom of the U.S. Sentencing Guidelines fine range because of Odebrecht's full cooperation with the government's investigation, while the criminal penalty for Braskem reflects a 15 percent reduction off the bottom of the U.S. Sentencing Guidelines as a result of its partial cooperation" (DOJ. Odebrecht and Braskem plead guilty and agree to pay at least $3.5 billion in global penalties to resolve largest foreign bribery case in history. *Justice News*, Dec. 21, 2016. Disponível em: https://www.justice.gov/opa/pr/odebrecht-and-braskem-plead-guilty-and-agree-pay-least-35-billion-global-penalties-resolve. Acesso em: 6 jul. 2018).

4.3.6 Programa de integridade/*compliance* – Do requisito de a empresa instituir ou aperfeiçoar o programa de integridade empresarial

O sexto requisito para que o acordo de leniência anticorrupção possa ser celebrado, na esfera federal, é o de que a pessoa jurídica se comprometa a instituir ou aperfeiçoar seu programa de integridade empresarial.[934]

Esse requisito encontra-se previsto no art. 37 do Decreto nº 8.420/2015, segundo o qual "o Acordo de Leniência conterá, entre outras disposições, cláusulas que versem sobre: (...) IV - a adoção, aplicação ou aperfeiçoamento de programa de integridade, conforme os parâmetros estabelecidos no Capítulo IV". O referido decreto traz, ainda, a definição de programa de integridade, em seu art. 41, como um

> conjunto de mecanismos e procedimentos internos de integridade, auditoria e incentivo à denúncia de irregularidades e na aplicação efetiva de códigos de ética e de conduta, políticas e diretrizes com objetivo de detectar e sanar desvios, fraudes, irregularidades e atos ilícitos praticados contra a administração pública, nacional ou estrangeira.

O programa de integridade diz respeito, principalmente, a medidas anticorrupção adotadas pela empresa, com fins à prevenção, detecção e remediação dos atos lesivos à Administração Pública nacional e estrangeira previstos na Lei Anticorrupção,[935] ou seja, envolve práticas que fomentam e efetivam ações anticorrupção de maneira geral. Segundo Scaff, o mandamento legal de que os entes privados instituam mecanismos internos de *compliance* significa uma "transferência" pela Administração Pública, às pessoas jurídicas, de

---

[934] Para informações gerais sobre como deve ser estruturado um programa de *compliance*, com base em uma visão internacional, ver: ISO – INTERNATIONAL ORGANIZATION FOR STANDARDIZATION. ISO 19600. Compliance management systems – guidelines. Geneva: ISO, 2014.

[935] Neste ponto, são importantes as considerações da CGU de que "[e]mpresas que já possuem programa de *compliance*, ou seja, uma estrutura para o bom cumprimento de leis em geral, devem trabalhar para que medidas anticorrupção sejam integradas ao programa já existente. Mesmo empresas que possuem e aplicam medidas dessa natureza, sobretudo para atender a legislações antissuborno estrangeiras, devem atentar-se a necessidade de adaptá-las à nova lei brasileira, em especial para refletir a preocupação com a ocorrência de fraudes em licitações e na execução de contratos com o setor público" (BRASIL. Controladoria-Geral da União. *Programa de integridade*: diretrizes para empresas privadas. Brasília: CGU, 2015. Disponível em: https://www.cgu.gov.br/Publicacoes/etica-e-integridade/arquivos/programa-de-integridade-diretrizes-para-empresas-privadas.pdf. Acesso em: 5 jul. 2018. p. 6).

parte de sua responsabilidade sobre o controle de infrações cometidas por empresas no relacionamento com a Administração Pública.[936] Isso faz bastante sentido no contexto da celebração de acordos de leniência, em que os proponentes admitem a existência de práticas ilícitas junto aos órgãos estatais. Tal previsão soma-se à obrigação de que órgãos públicos federais, inclusive Ministérios, autarquias e fundações públicas, adequem-se aos chamados programas de integridade do Governo Federal,[937] voltados a "reunir mecanismos para prevenir, detectar, remediar e punir fraudes e atos de corrupção, adaptados aos riscos operacionais de cada instituição".[938] Tais programas começaram a ser instituídos na Administração Pública federal em 2018, sob um procedimento de três fases,[939] e, ao final, deverão ser importantes fatores de complementação aos programas de integridade empresariais, regulamentados conforme se descreverá adiante, e parte do programa de leniência anticorrupção brasileiro.

Os parâmetros para os programas de integridade são enumerados pelo art. 42 do Decreto Regulamentar nº 8.420/2015,[940] dentre os quais

---

[936] SCAFF, Fernando F. A articulação dos acordos de leniência em um sistema de controle público. *Consultor Jurídico*, 20 mar. 2018.

[937] Segundo o art. 2º da Portaria CGU nº 1089/2018, que regulamentou os programas de integridade do Governo Federal, "considera-se: I – Programa de Integridade: conjunto estruturado de medidas institucionais voltadas para a prevenção, detecção, punição e remediação de fraudes e atos de corrupção, em apoio à boa governança; e II – Riscos para a integridade: riscos que configurem ações ou omissões que possam favorecer a ocorrência de fraudes ou atos de corrupção".

[938] Conforme Nota divulgada pela CGU, disponível em http://www.cgu.gov.br/noticias/2019/01/cgu-concede-novo-prazo-para-criacao-de-programas-anticorrupcao-nos-orgaos-federais. Acesso em: 8 jan. 2019.

[939] A Portaria CGU nº 1089/2018 institui que na primeira fase, que deveria se concretizar em até 15 dias de sua publicação, "os órgãos e as entidades deverão constituir uma unidade de gestão da integridade, à qual será atribuída competência para: I – coordenação da estruturação, execução e monitoramento do Programa de Integridade; II – orientação e treinamento dos servidores com relação aos temas atinentes ao Programa de Integridade; e III – promoção de outras ações relacionadas à implementação dos planos de integridade, em conjunto com as demais unidades do órgão ou entidade." (art. 4º). Na segunda fase, a qual deveria ser concluída até 30 de novembro de 2018, os órgãos deveriam "aprovar seus planos de integridade, contendo: I – os objetivos do plano; II – a caracterização geral do órgão ou entidade; III – as ações de estabelecimento das unidades de que trata o art. 6º desta Portaria e a forma de monitoramento do seu funcionamento; e IV – o levantamento dos principais riscos para a integridade e as medidas para seu tratamento" (art. 5º). Por fim, a terceira fase, "os órgãos e as entidades deverão iniciar a execução e o monitoramento de seu Programa de Integridade, com base nas medidas definidas pelos planos de integridade." (art. 7º). Em janeiro de 2019, foi publicada a Portaria CGU nº 57/2019, substituindo a antiga Portaria nº 1089/2018 e prolongando o prazo para cumprimento da segunda fase de implementação para o dia 29 de março de 2019.

[940] Decreto nº 8.420/2015, art. 42: "Para fins do disposto no §4º do art. 5º, o programa de integridade será avaliado, quanto a sua existência e aplicação, de acordo com os seguintes

se destacam: (i) o comprometimento e o apoio da alta direção; (ii) a autonomia da instância interna responsável pelo programa de integridade; (iii) a análise de perfil e riscos; (iv) a estruturação das regras e instrumentos; e (v) as estratégias de monitoramento contínuo.

A CGU argumenta que "o apoio da alta direção da empresa é condição indispensável e permanente para o fomento a uma cultura de ética e de respeito às leis e para a aplicação efetiva do programa de integridade",[941] daí a importância desse parâmetro (art. 42, I). Ademais, entende que a "independência, estrutura e autoridade da instância interna responsável pela aplicação do Programa de Integridade e fiscalização de seu cumprimento" (art. 42, IX) são, igualmente, requisitos indispensáveis ao bom funcionamento de um programa de *compliance*. De acordo com a CGU, a instância responsável também deve ser dotada de "recursos materiais, humanos e financeiros para o pleno funcionamento, com possibilidade de acesso direito, quando necessário, ao mais alto

---

parâmetros: I - comprometimento da alta direção da pessoa jurídica, incluídos os conselhos, evidenciado pelo apoio visível e inequívoco ao programa; II - padrões de conduta, código de ética, políticas e procedimentos de integridade, aplicáveis a todos os empregados e administradores, independentemente de cargo ou função exercidos; III - padrões de conduta, código de ética e políticas de integridade estendidas, quando necessário, a terceiros, tais como, fornecedores, prestadores de serviço, agentes intermediários e associados; IV - treinamentos periódicos sobre o programa de integridade; V - análise periódica de riscos para realizar adaptações necessárias ao programa de integridade; VI - registros contábeis que reflitam de forma completa e precisa as transações da pessoa jurídica; VII - controles internos que assegurem a pronta elaboração e confiabilidade de relatórios e demonstrações financeiros da pessoa jurídica; VIII - procedimentos específicos para prevenir fraudes e ilícitos no âmbito de processos licitatórios, na execução de contratos administrativos ou em qualquer interação com o setor público, ainda que intermediada por terceiros, tal como pagamento de tributos, sujeição a fiscalizações, ou obtenção de autorizações, licenças, permissões e certidões; IX - independência, estrutura e autoridade da instância interna responsável pela aplicação do programa de integridade e fiscalização de seu cumprimento; X - canais de denúncia de irregularidades, abertos e amplamente divulgados a funcionários e terceiros, e de mecanismos destinados à proteção de denunciantes de boa-fé; XI - medidas disciplinares em caso de violação do programa de integridade; XII - procedimentos que assegurem a pronta interrupção de irregularidades ou infrações detectadas e a tempestiva remediação dos danos gerados; XIII - diligências apropriadas para contratação e, conforme o caso, supervisão, de terceiros, tais como, fornecedores, prestadores de serviço, agentes intermediários e associados; XIV - verificação, durante os processos de fusões, aquisições e reestruturações societárias, do cometimento de irregularidades ou ilícitos ou da existência de vulnerabilidades nas pessoas jurídicas envolvidas; XV - monitoramento contínuo do programa de integridade visando seu aperfeiçoamento na prevenção, detecção e combate à ocorrência dos atos lesivos previstos no art. 5º da Lei nº 12.846, de 2013; e XVI - transparência da pessoa jurídica quanto a doações para candidatos e partidos políticos".

[941] BRASIL. Controladoria-Geral da União. *Programa de integridade*: diretrizes para empresas privadas. Brasília: CGU, 2015. Disponível em: https://www.cgu.gov.br/Publicacoes/etica-e-integridade/arquivos/programa-de-integridade-diretrizes-para-empresas-privadas.pdf. Acesso em: 5 jul. 2018. p. 6.

corpo decisório da empresa".[942] Outro pilar do programa de integridade diz respeito à análise de perfil e riscos, ou seja,

> a empresa deve conhecer seus processos e sua estrutura organizacional, identificar sua área de atuação e principais parceiros de negócio, seu nível de interação com o setor público – nacional ou estrangeiro – e consequentemente avaliar os riscos para o cometimento dos atos lesivos da Lei nº 12.846/2013[943] (art. 42, V).

Segundo a CGU, um programa de integridade também precisa de estruturação das regras e instrumentos. Assim, com base no conhecimento do perfil e dos riscos da empresa, deve-se elaborar ou atualizar os "padrões de conduta, código de ética, políticas e procedimentos de integridade" (art. 42, II e III); desenvolver mecanismos de detecção ou reportes de irregularidades, tais como alertas ou *red flags*, canais de denúncia e mecanismos de proteção ao denunciante (art. 42, X); definir "medidas disciplinares em caso de violação do programa de integridade" (art. 42, XI) e medidas de remediação, ou seja, "procedimentos que assegurem a pronta interrupção de irregularidades ou infrações detectadas e a tempestiva remediação dos danos gerados" (art. 42, XII).

Ainda de acordo com a CGU, "para uma ampla e efetiva divulgação do Programa de Integridade, deve-se também elaborar plano de comunicação e treinamento com estratégias específicas para os diversos públicos da empresa".[944] Finalmente, deve haver estratégias de monitoramento contínuo do programa de integridade, "visando seu aperfeiçoamento na prevenção, detecção e combate à ocorrência dos atos lesivos" previstos no art. 5º da Lei Anticorrupção (art. 42, XV).[945]

---

[942] BRASIL. Controladoria-Geral da União. *Programa de integridade*: diretrizes para empresas privadas. Brasília: CGU, 2015. Disponível em: https://www.cgu.gov.br/Publicacoes/etica-e-integridade/arquivos/programa-de-integridade-diretrizes-para-empresas-privadas.pdf. Acesso em: 5 jul. 2018. p. 6.

[943] BRASIL. Controladoria-Geral da União. *Programa de integridade*: diretrizes para empresas privadas. Brasília: CGU, 2015. Disponível em: https://www.cgu.gov.br/Publicacoes/etica-e-integridade/arquivos/programa-de-integridade-diretrizes-para-empresas-privadas.pdf. Acesso em: 5 jul. 2018. p. 7.

[944] BRASIL. Controladoria-Geral da União. *Programa de integridade*: diretrizes para empresas privadas. Brasília: CGU, 2015. Disponível em: https://www.cgu.gov.br/Publicacoes/etica-e-integridade/arquivos/programa-de-integridade-diretrizes-para-empresas-privadas.pdf. Acesso em: 5 jul. 2018. p. 7.

[945] A CGU entende que "[é] necessário definir procedimentos de verificação da aplicabilidade do Programa de Integridade ao modo de operação da empresa e criar mecanismos para que as deficiências encontradas em qualquer área possam realimentar continuamente seu aperfeiçoamento e atualização. É preciso garantir também que o Programa de Integridade seja parte da rotina da empresa e que atue de maneira integrada com outras áreas

Na prática, como essa análise costuma acontecer ao longo da negociação dos acordos de leniência, ela se torna um importante fator de influência sobre a celeridade ou demora na conclusão da fase de negociação, na medida em que exige uma atenção mais detida da autoridade.

Ademais, vale destacar a discussão suscitada por Frazão acerca dos impactos do *compliance* sobre a responsabilidade administrativa. Segundo a autora, para que um programa de *compliance* seja robusto e efetivo, ele deve funcionar como excludente de responsabilidade das pessoas jurídicas, "sem prejuízo da responsabilidade pessoal dos agentes que praticaram o ilícito nem da responsabilidade civil objetiva da pessoa jurídica por eventuais danos". Isso porque as empresas têm pouco incentivo para investir em programas de *compliance* de qualidade se não há, em contrapartida, um benefício significativo.[946] Por sua vez, Brasiliense argumenta, a partir da experiência no Reino Unido e nos Estados Unidos, que a instauração e manutenção de programas de *compliance* robustos e eficazes seriam causas excludentes da responsabilidade de pessoas jurídicas por ilícitos cometidos por seus funcionários. Para a autora, a concessão de imunidade a pessoas jurídicas que investem em programas de *compliance*, além de representar incentivo real para que a sociedade se beneficie de um ambiente de mercado íntegro, garantiria o estrito cumprimento do devido processo legal e do princípio da pessoalidade da sanção.[947]

Por fim, cumpre destacar que, apesar de não ser um requisito legal para a celebração dos acordos de leniência anticorrupção, a CGU e a AGU têm exigido, em casos concretos, cláusulas que solicitam o afastamento dos administradores. Foi o caso, por exemplo, nos acordos de leniência celebrados com a Andrade Gutierrez, a Odebrecht e a Camargo Corrêa, *in verbis*:

---

correlacionadas, tais como recursos humanos, departamento jurídico, auditoria interna e departamento contábil-financeiro" (BRASIL. CGU. *Programa de integridade*: diretrizes para empresas privadas. Brasília, 2015. Disponível em: https://www.cgu.gov.br/Publicacoes/etica-e-integridade/arquivos/programa-de-integridade-diretrizes-para-empresas-privadas.pdf. Acesso em: 5 jul. 2018. p. 7).

[946] FRAZÃO, Ana. Impactos do *compliance* sobre a responsabilidade administrativa de pessoas jurídicas. *Portal JOTA*, 29 jul. 2020.

[947] MAMEDE, Raíssa. A exclusão da responsabilidade de pessoas jurídicas pela implementação de programas de *compliance* concorrencial. Monografia UnB. 2019. Disponível em: https://bdm.unb.br/handle/10483/25133. Acesso em: 21 abr. 2021.

a) Acordo Andrade Gutierrez:[948]

6.1.3. Adotaram as providências pertinentes, referente ao AFASTA-MENTO dos dirigentes e empregados envolvidos na prática dos atos ilícitos descritos nos ANEXOS I e II, apontados no ANEXO VI – APERFEIÇOAMENTO DO PROGRAMA DE INTEGRIDADE, e que celebraram seus correspondentes Acordos de Colaboração Premiada com os representantes do Ministério Público Federal competentes para a persecução criminal dos ilícitos, em consonância com a legislação vigente, as normas do programa de integridade, e as disposições deste Acordo.

b) Acordo Odebrecht:[949]

Adotou as providências pertinentes referente ao afastamento ou remanejamento para funções não diretivas de executivos e empregados envolvidos na prática dos atos ilícitos descritos nos ANEXOS II, II-A e II-B, apontados no ANEXO VI, em consonância com a legislação vigente e as normas do programa de conformidade.

c) Acordo Camargo Corrêa:[950]

6.1.3. Adotaram as providências pertinentes, referente ao AFASTA-MENTO dos dirigentes e empregados envolvidos na prática dos atos ilícitos descritos nos ANEXOS I e II, apontados no ANEXO VI – APERFEIÇOAMENTO DO PROGRAMA DE INTEGRIDADE, e que celebraram seus correspondentes Acordos de Colaboração Premiada com os representantes do Ministério Público Federal competentes para a persecução criminal dos ilícitos, em consonância com a legislação vigente, as normas do programa de integridade, e as disposições deste Acordo.

Trata-se, como se pode notar, de uma exigência compreendida como um desdobramento da implementação das políticas de *compliance* empresarial, previsto até mesmo no Manual Prático da CGU de Avaliação de Programa de Integridade em Processo Administrativo de Responsabilização.[951]

---

[948] Mais informações: https://www.gov.br/cgu/pt-br/assuntos/responsabilizacao-de-empresas/lei-anticorrupcao/acordo-leniencia/acordos-firmados/andrade-gutierrez.pdf.

[949] Mais informações: https://www.gov.br/cgu/pt-br/assuntos/responsabilizacao-de-empresas/lei-anticorrupcao/acordo-leniencia/acordos-firmados/odebrecht.pdf

[950] Mais informações: https://www.gov.br/cgu/pt-br/assuntos/responsabilizacao-de-empresas/lei-anticorrupcao/acordo-leniencia/acordos-firmados/camargo-correa.pdf

[951] Manual Prático da CGU de Avaliação de Programa de Integridade em Processo Administrativo de Responsabilização. Disponível em: https://www.gov.br/cgu/pt-br/centrais-de-conteudo/publicacoes/integridade/arquivos/manual-pratico-integridade-par.pdf. Acesso em: 23 set. 2020. "14.4. Em relação aos envolvidos no ato lesivo: a) a PJ afastou de seus quadros funcionais os envolvidos no ato lesivo? b) os envolvidos no ato lesivo, ainda que mantidos na PJ, foram afastados de cargos com poderes de administração, gestão e representação legal? c) os envolvidos no ato lesivo, ainda que mantidos na PJ, estão sendo monitorados?

Por fim, cumpre esclarecer que esse é um diferencial do acordo de leniência anticorrupção e do acordo de leniência do MP (vide cap. 5, item 5.2.4, *infra*), uma vez que a adoção de programas de integridade não é um requisito obrigatório para os proponentes e signatários dos acordos de leniência antitruste (vide cap. 2, *supra*) e dos acordos de leniência do SFN (vide cap. 3, *supra*).

4.3.7 Verbas pecuniárias – Do requisito de a empresa recolher verbas pecuniárias

O recolhimento de verbas pecuniárias é requisito específico de alguns acordos de leniência no Brasil (vide cap. 1, item 1.3.2.5, *supra*), apesar de não expresso na legislação anticorrupção. Nestes casos, a autoridade investigadora se antecipa e garante a verba pecuniária total ou parcial dos infratores colaboradores.

O art. 16, §3º, da Lei Anticorrupção prevê que o acordo de leniência não exime a pessoa jurídica da obrigação de reparar integralmente o dano causado. Ou seja, não há previsão legal de que, com a celebração do acordo, haja quitação dos danos.[952]

Sabe-se que a reparação integral de dano causado ao patrimônio público está prevista na Constituição Federal (art. 37, §4º). Também o Código Civil possui disposição acerca da reparação de danos, determinando que "aquele que, por ação ou omissão voluntária, negligência ou imprudência, violar direito e causar dano a outrem, ainda que exclusivamente moral, comete ato ilícito" (art. 186 do CC), e que "aquele que, por ato ilícito, causar dano a outrem fica obrigado a repará-lo" (art. 927 do CC). Ainda, a reparação está prevista em outros dispositivos legais, como na Lei Anticorrupção (art. 4º, §§1º e 2º, c/c art. 6º, §3º, c/c art. 16, §3º, da Lei nº 12.846/2013) e na Lei de Improbidade Administrativa (art. 18 da Lei nº 8.429/1992). Em complementação às multas previstas por tais diplomas legais, fica obrigado o signatário de acordo a reparar o dano, "que abrange a devolução dos valores superfaturados, desviados ou, de outra forma, ilicitamente auferidos em prejuízo a terceiros".[953]

Apresentação de cópia do termo de rescisão do contrato ou outro documento oficial que comprove o desligamento ou afastamento do cargo. Apresentação dos relatórios de monitoramento."

[952] Lei nº 12.846/2013, art. 16, §3º: "O acordo de leniência não exime a pessoa jurídica da obrigação de reparar integralmente o dano causado".

[953] BRASIL. Ministério Público Federal. *Estudo Técnico nº 01/2017* – 5ª CCR. Brasília: set. 2017. Disponível em: http://www.mpf.mp.br/atuacao-tematica/ccr5/publicacoes/estudos-tecnicos/docs/Estudo%20Tecnico%2001-2017.pdf. Acesso em: 6 jul. 2018.

CAPÍTULO 4
LENIÊNCIA ANTICORRUPÇÃO | 525

Nesse contexto, a AGU, que participa das negociações dos acordos de leniência anticorrupção juntamente com a CGU (vide este cap. 4, item 4.2, *supra*), defende que o §4º do art. 37 da Constituição Federal[954] impõe o ressarcimento ao erário em decorrência dos atos de corrupção. Assim, não haveria qualquer norma na legislação brasileira que isentasse a necessidade do referido ressarcimento, mesmo em contexto de colaboração dos investigados por meio da celebração de acordos de leniência. Ainda, argumenta que o art. 51 da Convenção das Nações Unidas contra a Corrupção (UNCAC), ratificada pelo Brasil por meio do Decreto Presidencial nº 5.687, de 31 de janeiro de 2006, preconiza que a recuperação de ativos derivados da corrupção é princípio fundamental,[955] o que, de acordo com a AGU, reforça a importância dessa exigência.

Assim, ainda que o §3º do art. 16 da Lei Anticorrupção não exija a quitação dos danos como requisito dos acordos de leniência, a AGU argumenta que o §4º do mesmo dispositivo exige que o acordo de leniência assegure a efetividade da colaboração e o resultado útil do processo. Nesses termos, defende que a Lei Anticorrupção não quis, com seu art. 16, §3º, dizer que pagamentos de dano ou de lucro não são necessários para a celebração do acordo. Nesse sentido, a minuta de Manual da AGU afirma que se deve interpretar que se inclui na expressão "resultado útil do processo" (art. 16, §4º) a reparação do dano.[956] O documento sugere, ainda, que a necessidade de ressarcimento ao erário é uma maneira de manter a moralidade nas relações entre as empresas e o Estado.[957] Nesse sentido, como exemplo de rigidez na

---

[954] Constituição Federal, art. 37, §4º. "Os atos de improbidade administrativa importarão a suspensão dos direitos políticos, a perda da função pública, a indisponibilidade dos bens e o ressarcimento ao erário, na forma e gradação previstas em lei, sem prejuízo da ação penal cabível".

[955] Convenção das Nações Unidas contra a Corrupção. Art. 51. "A restituição de ativos de acordo com o presente Capítulo é um princípio fundamental da presente Convenção e os Estados Partes se prestarão à mais ampla cooperação e assistência entre si a esse respeito".

[956] BRASIL. Advocacia-Geral da União. *Manual sobre acordos de leniência*. Versão Preliminar. p. 87. Cabe ressaltar que o Manual da AGU sobre acordos de leniência é um documento interno do órgão, contendo diretrizes para orientar a atuação de seus servidores. Ele não vincula a AGU nem a CGU, na medida em que não foi expressamente aprovado e homologado por seus chefes, e, assim, embora possa indicar, de forma geral, o posicionamento do órgão sobre os temas dos quais trata, não necessariamente reflete um posicionamento institucional oficial.

[957] "A ideia básica é evitar a incoerência de que a administração pública, na qualidade de credora por atos de corrupção, gaste mais dinheiro público com pessoas jurídicas (devedoras) que não se comprometem a ressarcir o erário de forma razoável, de modo a passar a mensagem que o crime não compensa. Por outro lado, por meio do acordo de leniência, é possível que a Administração Pública mantenha relações com pessoas jurídicas que tenham praticado

manutenção de relações com a Administração Pública e de exigência de um compromisso de ressarcimento razoável ao erário, cita o inciso IV do art. 87 da Lei nº 8.666/1993, que exige o ressarcimento integral ao erário para a reabilitação de empresas declaradas inidôneas. Na mesma linha de raciocínio, o art. 33, §4º, e o art. 94, III, do Código Penal condicionam a progressão de regime ou a reabilitação penal ao ressarcimento ao erário (reparação do dano ou devolução do produto do crime).[958] Por fim, segundo a AGU,[959] o ressarcimento ao erário, por uma estimativa razoável, é requisito dos acordos de leniência, para que as pessoas jurídicas possam manter relações com a Administração Pública quando demonstrem boa-fé e cooperem de forma plena, incluindo o compromisso de ressarcir o erário (danos e enriquecimento ilícito), e assim assegurar a efetividade da colaboração e o resultado útil do processo, conforme dispõe o art. 16, §4º, da LAC. [960]

Destarte, ainda que não conste como um requisito da Lei nº 12.846/2013 ou mesmo do Decreto nº 8.420/2015, o recolhimento de verbas pecuniárias tem sido exigido no âmbito das negociações dos acordos de leniência anticorrupção. Não por acaso, a Portaria Conjunta CGU/AGU nº 4/2019,[961] em seu art. 7º, determina que a comissão de negociação do acordo de leniência deve propor cláusulas e obrigações para o acordo que assegurem a reparação do dano identificado ou a subsistência desta obrigação (inciso V, alínea "e"). Também, há que

---

atos contra o patrimônio público, ainda que os contratos estejam contaminados por atos de corrupção, seja para prestar serviços necessários, seja para viabilizar o ressarcimento ao erário. (...) no âmbito do Poder Executivo Federal, um dos objetivos do acordo de leniência é viabilizar a continuidade da política pública afetada pelos atos de corrupção, de modo que as tratativas de acordo devem levar em consideração, quando possível, a viabilidade da continuidade do serviço público ou conclusão da obra eventualmente paralisada, conforme interesse do órgão lesado, evitando-se obras abandonadas e maiores prejuízos à administração pública. Em resumo, verifica-se, diante das referidas normas, que é justo permitir ou manter a relação de pessoas jurídicas com a Administração Pública que cooperem plenamente, de boa-fé, com as instituições públicas, incluindo o compromisso de ressarcir o erário por estimativa razoável" (BRASIL. Advocacia-Geral da União. *Manual sobre acordos de leniência*. Versão Preliminar. p. 96).

[958] Para a AGU, esses valores incluem não só o dano presumido (caracterizado pelo superfaturamento ou sobrepreço dos contratos celebrados por meio de atos de corrupção), mas também os lucros obtidos através dos contratos fraudulentos, o que fortalece o caráter dissuasório da disposição.

[959] BRASIL. Advocacia-Geral da União. *Manual sobre acordos de leniência*. Versão Preliminar. p. 86.

[960] Vale lembrar que o ressarcimento ao erário promovido pela AGU, através das ações específicas, não se confunde com a atuação do TCU na avaliação da reparação integral dos danos, nos termos da IN nº 74/2015, com base no art. 16, §3º, da Lei Anticorrupção.

[961] A Portaria Conjunta nº 4/2019 revogou a Portaria Interministerial CGU/AGU nº 2.278/2016, que ficou em vigor até 9 de agosto de 2019.

se negociar os valores a serem ressarcidos, com base em critérios de eficiência, preservando-se a obrigação da pessoa jurídica de reparar integralmente o dano causado (inciso VI).

Assim, conclui-se que o recolhimento de verbas pecuniárias vem sendo considerado requisito para a celebração dos acordos de leniência anticorrupção, que podem incluir tanto a reparação dos danos/ressarcimento[962] (natureza de indenização) quanto as multas/contribuições pecuniárias (natureza de sanção). Conforme já se ressaltou nesta obra (vide cap. 1, item 1.16 e 1.3.2.5, *supra*), a terminologia ressarcimento, reparação ou contribuição é diversa a depender do autor, de modo que se apresenta a figura para auxiliar na compreensão dos conceitos que serão utilizados neste livro:

Figura 42 – Elementos constitutivos das verbas pecuniárias contidas nos acordos de leniência anticorrupção

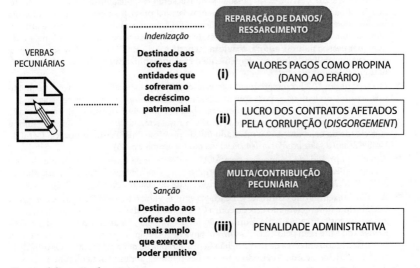

Fonte: elaboração da autora.

Com relação à rubrica da reparação de danos/ressarcimento, os acordos de leniência celebrados pela CGU e AGU trazem um cálculo de reparação antecipado. Há determinação legal explícita de que o

---

[962] Da mesma forma entende a OCDE: "*Leniency programmes have the potential to promote compensation of victims of a cartel*" (OCDE. Session I: using leniency to fight hard core cartels. *In*: LATIN AMERICAN COMPETITION FORUM, 2009, Santiago. Anais... OCDE, 2009. p. 10).

"acordo de leniência não exime a pessoa jurídica da obrigação de reparar integralmente o dano causado" (artigo 16, §3º, da Lei nº 12.846/2013).[963]

A metodologia utilizada pela CGU é a seguinte: delimitação do ilícito praticado e especificação do lapso temporal em que ele foi praticado; identificação dos contratos contaminados pela prática do ilícito e dos pagamentos recebidos referentes a tais contratos; identificação do lucro pretendido ou auferido, com base na melhor informação disponível; e acréscimo dos valores pagos a título de propina (dano).

Esse entendimento está alinhado com o entendimento da AGU, conforme se pode observar na proposta preliminar de Guia da AGU sobre acordos de leniência[964] e também nas ações de improbidade que a instituição vem propondo contra as empresas.[965] O entendimento é que o ressarcimento ao erário ("quitação integral quanto aos prejuízos"[966])

---

[963] Lei nº 12.846/2013, Art. 2º: "As pessoas jurídicas serão responsabilizadas objetivamente, nos âmbitos administrativo e civil, pelos atos lesivos previstos nesta Lei praticados em seu interesse ou benefício, exclusivo ou não. Art. 3º A responsabilização da pessoa jurídica não exclui a responsabilidade individual de seus dirigentes ou administradores ou de qualquer pessoa natural, autora, coautora ou partícipe do ato ilícito. §1º A pessoa jurídica será responsabilizada independentemente da responsabilização individual das pessoas naturais referidas no *caput*".

[964] Nesse sentido: "(...) o ressarcimento ao erário, por uma estimativa razoável, é requisito dos acordos de leniência, para que as pessoas jurídicas possam manter relações com a Administração Pública quando demonstrem boa-fé e cooperem de forma plena, incluindo o compromisso de ressarcir o erário (danos e enriquecimento ilícito), e assim assegurar a efetividade da colaboração e o resultado útil do processo)" (BRASIL. Advocacia-Geral da União. *Manual sobre acordos de leniência*. Versão Preliminar. p. 86).

[965] Ação de improbidade foi movida pela AGU em desfavor da Construtora Mendes Jr., por exemplo (BRASIL. 3ª Vara Federal de Curitiba. *Ação Civil de Improbidade Administrativa nº 5027001-47.2015.4.04.7000*. Juiz: Marcus Holz. Data de instauração: 8 jun. 2015).

[966] A título de exemplo, no acordo de leniência da empresa holandesa SBM Offshore, a empresa inicialmente tinha celebrado acordo com a CGU em que se dava "quitação integral quanto aos prejuízos". Essa cláusula, porém, não foi aceita pela 5ª Câmara de Coordenação e Revisão do MPF nem pelo TCU. Assim, em nova negociação, a empresa se comprometeu a ressarcir o erário em cerca de R$ 1,2 bilhão, sem a garantia da quitação integral. Os principais "defeitos" desse acordo, segundo informações públicas, foram: "a) não aponta quais os dados, documentos, informações e outros elementos que contribuirão para a investigação dos atos de improbidade administrativa objeto do inquérito civil e dos demais ilícitos cuja apuração o Ministério Público tem legitimidade para conduzir; b) não demonstra a razoabilidade e a proporcionalidade entre, de um lado: – as renúncias feitas pelo Ministério Público Federal: no mínimo a aplicação das sanções da Lei de Improbidade, a possibilidade de apuração de irregularidades e prejuízos relacionados aos contratos, e o ressarcimento integral do dano; e – as vantagens que se concordou em receber da SBM e demais empresas: pagamento de multa civil, redução dos bônus de performance e disponibilização de uma base de dados cujo conteúdo é desconhecido; e, de outro lado, – as vantagens auferidas pela SBM: isenção quanto a investigação sobre irregularidades de contratos milionários que já são objeto de denúncia criminal; não sujeição às graves penalidades previstas nas Leis nºs 8.429/92 e 8.666/93, inclusive declaração de inidoneidade e proibição de contratar com o poder público; garantia de manter seus contratos com a Petrobras, ainda que abrindo mão de parte de sua remuneração e, mais ainda, de poder continuar participando de novas licitações e

CAPÍTULO 4
LENIÊNCIA ANTICORRUPÇÃO | 529

é condição para a celebração dos acordos de leniência, seguindo a experiência consolidada internacionalmente na persecução do ilícito da corrupção. Dessa forma, quando da colaboração com uma empresa, considera-se possível a concessão de descontos, sem que se perca de vista o objetivo maior de que o ressarcimento pago seja suficiente para estimular uma mudança do comportamento empresarial.

A reparação de danos exigida pela AGU e pela CGU, portanto, deve abarcar (i) todos os valores pagos como propina e (ii) o lucro dos contratos afetados pela corrupção (*disgorgement*),[967] para além da multa.[968] Para mais informações a respeito das possíveis metodologias para o

---

celebrando novos contratos. c) Dá quitação integral quanto aos prejuízos, sem que se tenha cabalmente afastado sua ocorrência e apurado seu montante. De se considerar, ainda, os seguintes defeitos, a serem eventual e oportunamente sanados; d) não contém a perfeita identificação de todas as pessoas jurídicas que fazem parte do acordo; e) não está assinado pelos advogados que, inclusive, são apontados na cláusula 13, como representantes da SBM Offshore. Nota-se ainda, a ausência, nos autos, das seguintes informações que, no contexto de negociação do acordo, são de extrema importância; f) informações colhidas na esfera de investigação criminal, inclusive os acordos de colaboração premiada que estão referidos na promoção de arquivamento; g) informações sobre o acordo firmado com o Openbaar Ministerie (Ministério Público Holandês), referido no 'Executory Copy', Anexo I do acordo de leniência, item IV, já que as investigações levadas a efeitos pelas autoridades holandesas e estadunidenses envolveram, também, irregularidades nos contratos celebrados com a Petrobras, no Brasil" (AFFONSO, Julia *et. al.* Procuradoria vê "defeitos" e não homologa acordo de leniência com a SBM Offshore. *Estadão*, São Paulo, 1 set. 2016. Disponível em: http://politica.estadao.com.br/blogs/fausto-macedo/procuradoria-nao-homologa-acordo-de-leniencia-com-a-sbm-offshore/. Acesso em: 14 abr. 2018).

[967] No Direito americano, o termo *"disgorgement"* é empregado para se referir à penalidade de restituição dos lucros auferidos por meio de uma conduta ilícita. Nesse sentido, destaca-se que "[a] questão do dano indenizável, sob a Lei 12.846 de 2013, pode ser comparada pelo menos sob dois aspectos com vários sistemas legais estrangeiros. (...) o sistema norte-americano está baseado em culpa (*guilt*), tanto com relação a aspectos criminais, quanto civis, e não em responsabilidade objetiva", exemplificando-se com o caso da Siemens, em que "[a] lém do valor das multas de US$ 450 milhões que a Siemens concordou em pagar naquela época no processo penal, a empresa concordou em pagar no processo civil americano US$ 350 milhões a título do que naquele sistema se chama *disgorgement of profits*, que em uma tradução livre equivaleria a renúncia aos lucros" (CILLO, Ricardo de. Responsabilidade objetiva: Lei Anticorrupção precisa de regulamentação razoável. *Consultor Jurídico*, 2 mar. 2014). O *disgorgement* é, assim, o dano presumido da restituição do lucro dos contratos fraudados, partindo da ideia de que a empresa não obteria certo contrato sem a prática ilícita, por isso seu lucro seria um tipo de enriquecimento ilícito.

[968] A distribuição dos valores arrecadados a título de cada uma das parcelas pode ser questão relevante e com importantes desdobramentos políticos após a assinatura dos acordos de leniência. Um caso interessante é o da Odebrecht, que, ao todo, se responsabilizou pelo pagamento de R$3,1 bilhões aos cofres públicos em um acordo firmado com o Ministério Público Federal, e por um valor menor, de R$2,7 bilhões em acordo firmado com a CGU e a AGU. Há notícia de que as autoridades estariam avaliando métodos de cálculo para compatibilizar os a diferença entre os valores e dar destinação aos valores devidos a cada ente público (incluindo Estados e Municípios afetados pelas práticas ilícitas relatadas pela empresa. Ver MPF e governo ainda discutem destino de R$ 8,5 milhões da leniência da Odebrecht. *Portal JOTA*, 11 abr. 2019, Disponível em: https://www.jota.info/stf/do-supremo/

cálculo do suposto dano causado, remete-se ao item 1.1.6, *supra*, que trata do recolhimento de verbas pecuniárias como uma das justificativas para os acordos de leniência no Brasil.

Com relação à rubrica da multa administrativa/contribuição pecuniária, a Instrução Normativa nº 2/2018 da CGU e da AGU veio detalhar a metodologia de cálculo, com o objetivo de uniformizar os procedimentos seguidos pelas comissões de negociação formadas por servidores da CGU e da AGU, bem como dar maior transparência ao método de aplicação das multas por atos ilícitos.

Segundo consta na instrução, bem como em infográfico no site da controladoria, as multas são calculadas de acordo com critérios de agravantes e atenuantes. São critérios agravantes da multa: continuidade no tempo (1 a 2,5%), tolerância da direção da empresa (1 a 2,5%), interrupção de obra ou serviço público (1 a 4%), situação econômica positiva da empresa (1%), reincidência (5%) e valor total dos contratos mantidos ou pretendidos (1 a 5%). Por sua vez, são critérios atenuantes: não consumação da infração (1%), ressarcimento dos danos causados (1,5%), grau de colaboração da empresa (1 a 1,5%), comunicação espontânea (2%) e existência de programa de integridade (4%).[969] O piso e o teto máximo, por sua vez, são de 0,1 a 20% do faturamento bruto da empresa, ou de R$ 6 mil até R$ 60 bilhões, quando não for possível calcular o faturamento. Essas exigências têm levantado questionamentos das empresas colaboradoras, tanto de ordem contábil quanto de capacidade de pagamento (*ability to pay*), em especial diante de um contexto de não garantia de quitação pelo TCU.

A título de exemplo, no acordo de leniência anticorrupção celebrado pela empresa holandesa SBM Offshore em 2018, a empresa se comprometeu a ressarcir o erário em cerca de R$ 1,2 bilhão.[970] No mesmo sentido, no acordo de leniência anticorrupção da AGU e da CGU com a Odebrecht, esta se comprometeu a ressarcir R$ 2,7 bilhões ao governo federal.[971] Esses casos são notórios, uma vez que a autoridade

---

mpf-e-governo-ainda-discutem-destino-de-r-85-milhoes-da-leniencia-da-odebrecht-11042019. Acesso em: 21 out. 2019.

[969] CGU. Acordos de leniência. Disponível em: https://www.gov.br/cgu/pt-br/assuntos/ responsabilizacao-de-empresas/lei-anticorrupcao/acordo-leniencia. Acesso em: 16 jun. 2020.

[970] Contudo, esse acordo foi interrompido em dezembro de 2017 e as negociações só foram retomadas em maio de 2018 (TRINDADE, Naira. SBM Offshore retoma acordo de leniência com governo. *Estadão*, 23 maio 2018. Disponível em: https://politica.estadao.com.br/blogs/ coluna-do-estadao/sbm-offshore-retoma-acordo-de-leniencia-com-governo/. Acesso em: 13 jul. 2018).

[971] TEIXEIRA, Matheus. AGU firma leniência com a Odebrecht, que devolverá R$ 2,7 bilhões ao governo. *Portal JOTA*, Brasília, 9 jul. 2018. Disponível em: https://www.jota.info/justica/ agu-leniencia-odebrecht-27-bilhoes-09072018. Acesso em: 13 jul. 2018.

investigadora se antecipou e exigiu, como requisito para celebração do acordo de leniência anticorrupção, a reparação ou o ressarcimento do dano causado pela empresa, bem como os lucros auferidos por meio dos contratos fraudulentos. Todavia, como se verá mais adiante (vide cap. 1, item 1.1.6, *supra* e cap. 5, item 5.2.6, *infra*), o cálculo desse ressarcimento não é trivial e tem sido objeto de grande discussão.

Um desdobramento interessante que surgiu do requisito de ressarcimento dos danos causados pode ser encontrado em manifestações do TCU a respeito de acordos de leniência, que sugeriram formas alternativas de promover tal ressarcimento. Dentre elas destaca-se a discussão de obrigar as empresas signatárias de acordos de leniência a terminar obras inacabadas como parte de sua obrigação de ressarcir os danos causados pelos atos ilícitos reportados.[972] Embora esta proposta, ao que se sabe, seja ainda embrionária, ela já levanta alguns questionamentos relevantes: qual seria a forma jurídica de tal obrigação? Como se refletiria sobre as demais obrigações de ressarcimento previstas nos acordos de leniência já assinados? Haveria algum tipo de abatimento sobre as obrigações? Qual seria o procedimento para eleger a(s) empresa(s) que seria(m) responsável(is) pela obra?

Destaca-se, também, posicionamento do TCU a favor da constituição de processo paralelo de Tomada de Contas Especial, no contexto da avaliação do acordo de leniência celebrado em decorrência dos esquemas de corrupção relacionados às obras da Refinaria Abreu e Lima. No caso, a decisão foi tomada após a verificação, pelo MP/TCU, de que, diferentemente de outros casos provenientes da Operação Lava Jato (citam-se os da UTC e da Keppel Fels), não houve inclusão dos valores auferidos como lucro ilegítimo decorrente das contratações fraudadas. O relator do caso destacou, sem ainda acolher a tese do MP/TCU, que

> ainda subsiste o problema dos tratamentos não uniformes conferidos por esta Corte de Contas em outros processos derivados da Operação Lava-Jato. De qualquer forma, se a tese do MP/TCU prevalecer, sob um prisma de justiça distributiva, os relatores de processos similares

---

[972] Segundo informações divulgadas na mídia, seriam partidários dessa opção o Ministro Bruno Dantas do TCU e o Ministro do Supremo Tribunal Federal Dias Toffoli. Ver TCU propõe que empreiteiras da Lava Jato terminem obras inacabadas. *Estadão*, 13 dez. 2019. Disponível em: https://economia-estadao-com-br.cdn.ampproject.org/c/s/economia.estadao. com.br/noticias/geral,tcu-propoe-que-empreiteiras-da-lava-jato-concluam-obras-publicas-inacabadas,70003124140.amp. Acesso em: 18 dez. 2019.

também poderão adotar medidas semelhantes em outros processos de tomadas de contas especial relacionados com a Operação Lava Jato.[973]

Cumpre também trazer dados concretos dos resultados alcançados pela CGU e AGU em termos de ressarcimento, nos anos de 2018 e 2019, com base em dados aportados por Lins.[974] Segundo o autor, em 2018 foram arrecadados aproximadamente R$ 462 milhões por meio da atuação judicial dos órgãos da Procuradoria-Geral da União, ao passo que foram arrecadados R$ 810 milhões por meio da celebração de acordos de leniência. Em 2019, por sua vez, a arrecadação por meio da atuação judicial foi de aproximadamente R$ 555 milhões, ao passo que os acordos de leniência levaram a uma arrecadação de R$ 1,5 bilhão.

Na prática, e com base nos 11 (onze) acordos celebrados pela AGU e CGU até 2019, Lins aponta que os valores a título de reparação de danos/ressarcimento, que incluem (i) todos os valores pagos como propina e (ii) o lucro dos contratos afetados pela corrupção (*disgorgement*), devem ingressar nos cofres das entidades que sofreram o decréscimo patrimonial, ou seja, as vítimas dos atos lesivos, uma vez que visa tão somente a repor o *status quo* do seu patrimônio. Por sua vez, os valores a título de multa/contribuição pecuniária (iii), considerando seu caráter sancionador, devem ingressar nos cofres públicos do ente que exerceu o poder punitivo, havendo, porém, a faculdade de tais valores serem destinados à pessoa jurídica lesada, por força de disposição legal.[975]

4.4 Leniência anticorrupção: benefícios

Os acordos de leniência anticorrupção trazem benefícios administrativos às pessoas jurídicas (4.4.1) e podem, eventualmente, trazer benefícios às pessoas físicas que o adiram (4.4.2.). Discute-se, ainda, se há ou não outras repercussões administrativas dos acordos de leniência anticorrupção (4.4.3.). Também aportam benefícios às investigações específicas (4.4.4) e à política nacional de combate à corrupção (4.4.5).

---

[973] Ver BRASIL. Tribunal de Contas da União. *Processo nº TC 000.168/2016-5*. Relator: Benjamin Zymler. 2016.

[974] LINS, Raniere Rocha. Consensualidade e o enfrentamento à corrupção: diagnóstico dos espaços de consenso na prevenção e repreensão de atos corruptivos à luz da Lei nº 12.846/2013. 2020. Dissertação (Mestrado) – Instituto de Direito Público, Brasília, 2020. p. 131.

[975] LINS, Raniere Rocha. *Consensualidade e o enfrentamento à corrupção*: diagnóstico dos espaços de consenso na prevenção e repreensão de atos corruptivos à luz da Lei nº 12.846/2013. 2020. Dissertação (Mestrado) – Instituto de Direito Público, Brasília, 2020. p. 130.

Não há, porém, benefícios criminais (4.4.6) ou cíveis (4.4.7) imediatos, como se passa a expor.

4.4.1 Dos benefícios administrativos parciais do acordo de leniência anticorrupção para as pessoas jurídicas

Na Lei Anticorrupção há apenas o acordo de leniência parcial, dado que não há previsão legal para a isenção da multa aplicável, mas tão somente a sua redução. Conforme já mencionado, o art. 16, §2º, da Lei Anticorrupção prevê que a celebração do acordo de leniência isentará a pessoa jurídica das sanções previstas no inciso II do art. 6º e no inciso IV do art. 19 e reduzirá em até 2/3 o valor da multa aplicável.[976]

Assim, a celebração de um acordo de leniência anticorrupção candidata o signatário à obtenção dos seguintes benefícios: (i) extinção da obrigação de publicação extraordinária da decisão condenatória (art. 6º, II, da Lei nº 12.846/2013);[977] (ii) extinção da proibição de receber incentivos, subsídios, subvenções, doações ou empréstimos de órgãos ou entidades públicas e de instituições financeiras públicas ou controladas pelo Poder Público, pelo prazo mínimo de 1 (um) e máximo de 5 (cinco) anos (art. 19, IV, da Lei nº 12.846/2013);[978] e (iii) a redução em até 2/3 do valor da multa aplicável.[979]

---

[976] A respeito do cálculo da redução da penalidade aplicável em até 2/3, o Decreto nº 8.420/2015 determina, em seu art. 23, que "[c]om a assinatura do acordo de leniência, a multa aplicável será reduzida conforme a fração nele pactuada, observado o limite" de 2/3 da multa esperada, e, no §1º, que o "valor da multa previsto no caput poderá ser inferior ao limite mínimo". A Instrução Normativa da CGU/AGU nº 02/2018 determina, em seu art. 15, que "[s]obre a multa calculada na forma definida anteriormente [na Instrução Normativa], poderá ser aplicado redutor de até 2/3 (dois terços)".

[977] "De fato, não faria sentido que, com a celebração do acordo de leniência, a empresa continuasse sujeita à publicação extraordinária da decisão condenatória. O principal efeito que se busca com aquela sanção é dar publicidade à multa aplicada e, assim, ampliar o caráter retributivo da sanção, atingindo também a figura da pessoa jurídica. Portanto, a manutenção de tal pena em sede de acordo seria incompatível com a finalidade do programa de leniência, que inclusive já prevê uma forma alternativa de publicidade do acordo. Com efeito, o art. 22, §3º, da LAC, trata da necessidade de inserção dos dados do acordo no CNEP, salvo no caso de prejuízo às investigações e ao processo administrativo" (SIMÃO, Valdir Moyses; VIANNA, Marcelo Pontes. *O acordo de leniência na lei anticorrupção*: histórico, desafios e perspectivas. São Paulo: Trevisan, 2017. p. 127).

[978] "A previsão é curiosa por se tratar da única hipótese em que o legislador se preocupou com o fato de a pessoa jurídica, ao praticar um ato lesivo, fica sujeita também à esfera cível de responsabilização. Entretanto, o cuidado foi por demais pontual. A empresa que celebrar o acordo de leniência continuará exposta a todas as demais sanções judiciais capituladas no art. 19 (além de uma profusão de outras normas jurídicas [...])" (SIMÃO, Valdir Moyses; VIANNA, Marcelo Pontes. *O acordo de leniência na lei anticorrupção*: histórico, desafios e perspectivas. São Paulo: Trevisan, 2017. p. 138).

Ainda, nos termos do art. 17 da Lei Anticorrupção, a Administração Pública também poderá celebrar acordo de leniência com a pessoa jurídica responsável pela prática de ilícitos previstos na Lei nº 8.666,[980]

---

[979] "A inexistência de balizadores mínimos predefinidos leva ao casuísmo e à dificuldade do exercício do controle do ato administrativo, seja pelo Poder Judiciário, seja pela sociedade. Logo, pode-se estar diante da suspeição de inobservância do princípio da impessoalidade, gerando instabilidade para a própria autoridade competente pela assinatura do acordo de leniência. Nesse sentido, o conhecimento produzido pelo Cade poderia ser bastante aproveitado. (...). Seguir pelo mesmo caminho no âmbito da LAC não seria tão difícil, bastando a Administração buscar avaliar os elementos mais significativos do ponto de vista de matéria probatória que lhe possibilite adotar as medidas que estão ao seu alcance, seja ela do ponto de vista da persecução penal, administrativa ou cível. Tais elementos poderia ser graduados, por exemplo, de acordo com o ineditismo da informação, com a indicação de envolvidos e com o momento em que a pessoa demonstrou interesse em colaborar" (SIMÃO, Valdir Moyses; VIANNA, Marcelo Pontes. *O acordo de leniência na lei anticorrupção*: histórico, desafios e perspectivas. São Paulo: Trevisan, 2017. p. 127-129).

[980] Lei nº 8.666/1993: "Art. 89. Dispensar ou inexigir licitação fora das hipóteses previstas em lei, ou deixar de observar as formalidades pertinentes à dispensa ou à inexigibilidade: Pena - detenção, de 3 (três) a 5 (cinco) anos, e multa. Parágrafo único. Na mesma pena incorre aquele que, tendo comprovadamente concorrido para a consumação da ilegalidade, beneficiou-se da dispensa ou inexigibilidade ilegal, para celebrar contrato com o Poder Público. Art. 90. Frustrar ou fraudar, mediante ajuste, combinação ou qualquer outro expediente, o caráter competitivo do procedimento licitatório, com o intuito de obter, para si ou para outrem, vantagem decorrente da adjudicação do objeto da licitação: Pena - detenção, de 2 (dois) a 4 (quatro) anos, e multa. Art. 91. Patrocinar, direta ou indiretamente, interesse privado perante a Administração, dando causa à instauração de licitação ou à celebração de contrato, cuja invalidação vier a ser decretada pelo Poder Judiciário: Pena - detenção, de 6 (seis) meses a 2 (dois) anos, e multa. Art. 92. Admitir, possibilitar ou dar causa a qualquer modificação ou vantagem, inclusive prorrogação contratual, em favor do adjudicatário, durante a execução dos contratos celebrados com o Poder Público, sem autorização em lei, no ato convocatório da licitação ou nos respectivos instrumentos contratuais, ou, ainda, pagar fatura com preterição da ordem cronológica de sua exigibilidade, observado o disposto no art. 121 desta Lei: Pena - detenção, de dois a quatro anos, e multa. Parágrafo único. Incide na mesma pena o contratado que, tendo comprovadamente concorrido para a consumação da ilegalidade, obtém vantagem indevida ou se beneficia, injustamente, das modificações ou prorrogações contratuais. Art. 93. Impedir, perturbar ou fraudar a realização de qualquer ato de procedimento licitatório: Pena - detenção, de 6 (seis) meses a 2 (dois) anos, e multa. Art. 94. Devassar o sigilo de proposta apresentada em procedimento licitatório, ou proporcionar a terceiro o ensejo de devassá-lo: Pena - detenção, de 2 (dois) a 3 (três) anos, e multa. Art. 95. Afastar ou procurar afastar licitante, por meio de violência, grave ameaça, fraude ou oferecimento de vantagem de qualquer tipo: Pena - detenção, de 2 (dois) a 4 (quatro) anos, e multa, além da pena correspondente à violência. Parágrafo único. Incorre na mesma pena quem se abstém ou desiste de licitar, em razão da vantagem oferecida. Art. 96. Fraudar, em prejuízo da Fazenda Pública, licitação instaurada para aquisição ou venda de bens ou mercadorias, ou contrato dela decorrente: I - elevando arbitrariamente os preços; II - vendendo, como verdadeira ou perfeita, mercadoria falsificada ou deteriorada; III - entregando uma mercadoria por outra; IV - alterando substância, qualidade ou quantidade da mercadoria fornecida; V - tornando, por qualquer modo, injustamente, mais onerosa a proposta ou a execução do contrato: Pena - detenção, de 3 (três) a 6 (seis) anos, e multa. Art. 97. Admitir à licitação ou celebrar contrato com empresa ou profissional declarado inidôneo: Pena - detenção, de 6 (seis) meses a 2 (dois) anos, e multa. Parágrafo único. Incide na mesma pena aquele que, declarado inidôneo, venha a licitar ou a contratar com a Administração. Art. 98. Obstar, impedir ou dificultar, injustamente, a inscrição de qualquer interessado nos

CAPÍTULO 4
LENIÊNCIA ANTICORRUPÇÃO | **535**

de 21 de junho de 1993, com vistas à isenção ou atenuação das sanções administrativas estabelecidas nos arts. 86 a 88.

Assim, caso a prática ilícita tutelada pela Lei Anticorrupção envolva infrações em licitações públicas, o signatário do acordo de leniência anticorrupção poderá ser beneficiado, também, com a isenção ou atenuação da declaração de inidoneidade para licitar ou contratar com a Administração Pública, enquanto perdurarem os motivos determinantes da punição ou até que seja promovida a reabilitação perante a própria autoridade que aplicou a penalidade.[981] Trata-se de relevante incentivo para a colaboração, dado que a declaração de inidoneidade pode comprometer significativamente a viabilidade das atividades empresariais.[982]

Importante lembrar que se trata de estrutura de incentivos diferente do programa de leniência antitruste e do SFN, os quais comportam as modalidades de acordo de leniência total e parcial (vide cap. 2, item 2.3.1, *supra*, e cap. 3, item 3.3.1, *supra*). Eis, portanto, um ponto sensível quanto aos benefícios do programa de leniência anticorrupção

---

registros cadastrais ou promover indevidamente a alteração, suspensão ou cancelamento de registro do inscrito: Pena - detenção, de 6 (seis) meses a 2 (dois) anos, e multa".

[981] Para uma análise mais detalhada do dispositivo, ver: MARRARA, Thiago. Comentários ao art. 16º. *In:* DI PIETRO, Maria Sylvia Zanella; MARRARA, Thiago (Coord.). *Lei Anticorrupção Comentada.* 2. ed. Belo Horizonte: Fórum, 2018.

[982] O ministro do TCU Benjamin Zymler, "em um determinado caso concreto, concluiu-se que a declaração de inidoneidade por prazo inferior a um ano não teria o efeito dissuasório esperado. Por outro lado, revelou-se que, considerando o aspecto econômico da inidoneidade, sua declaração por período de tempo prolongado pode comprometer significativamente o desenvolvimento da atividade econômica da empresa, impactando negativamente o futuro e eventual ressarcimento do dano ao Erário. Assim, revela-se a importância, menos jurídica e mais econômica, da 'dosimetria' da sanção de inidoneidade, cujo tempo não deverá ser tão curto a ponto de não surtir o efeito dissuasório, nem tão longo a ponto de comprometer o futuro e eventual ressarcimento do dano" (MACEDO, André; FREITAS, Sarah Roriz de. Aspectos da declaração de inidoneidade pelo TCU. *Portal JOTA,* 25 ago. 2017. Disponível em: https://www.jota.info/opiniao-e-analise/artigos/aspectos-da-declaracao-de-inidoneidade-pelo-tcu-25082017. Acesso em: 7 jul. 2018). Veja ainda a notícia veiculada no Valor: "Os advogados das maiores empreiteiras do país, acusadas de envolvimento no cartel da contratação da usina nuclear de Angra 3, disseram nesta quarta-feira (22) no plenário do Tribunal de Contas da União (TCU) que a declaração de inidoneidade pode representar a 'pena de morte' para essas empresas. 'Essa condenação mata a empresa, traz prejuízos enormes. Ainda que esteja suspensa, provoca a antecipação de pagamentos, com juros altíssimos em garantias e seguros tomados', afirmou a advogada Tatiane Fernandes, que representou a Andrade Gutierrez durante a sessão plenária do tribunal. O advogado da UTC Engenharia Leonardo Bissoli afirmou que o processo em tramitação no tribunal coloca a empresa no 'corredor da morte', se fosse comparado à punição que pudesse ser aplicada a pessoa física" (BITENCOURT, Rafael; CAMAROTTO, Murillo. Inidoneidade é "pena de morte" para empreiteiras, dizem advogados. *Valor Econômico,* 22 mar. 2017. Disponível em: https://www.valor.com.br/politica/4910430/inidoneidade-e-pena-de-morte-para-empreiteiras-dizem-advogados. Acesso em: 7 jul. 2018).

para os infratores. Quando da negociação, a pessoa jurídica proponente já sabe que irá receber alguma penalidade ao final, o que poderá representar um relevante desincentivo à colaboração das empresas[983] e uma fragilização do instituto do acordo de leniência,[984] em especial diante das incertezas quanto à forma de cálculo da multa e do dano.

Para além desses benefícios administrativos, a entrada da AGU na negociação dos acordos de leniência anticorrupção promove um acertamento mais amplo da responsabilidade da empresa, com suas consequentes obrigações e benefícios (vide este cap. 4, item 4.2.3, *supra*). Com a participação da AGU no acordo, há o benefício do afastamento ou da mitigação da pena que seria aplicável nos termos da Lei de Improbidade Administrativa (Lei nº 8.429/92) e da Lei Anticorrupção (art. 20).

---

[983] SIMÃO, Valdir Moyses; VIANNA, Marcelo Pontes. *O acordo de leniência na lei anticorrupção*: histórico, desafios e perspectivas. São Paulo: Trevisan, 2017. p. 132. Nesse mesmo sentido, ver: BOTTINI, Pierpaolo. A controversa responsabilidade objetiva na Lei Anticorrupção. *Revista Consultor Jurídico*, 9 dez. 2014. Disponível em: https://www.conjur.com.br/2014-dez-09/direito-defesa-controversa-responsabilidade-objetiva-lei-anticorrupcao. Acesso em: 7 jul. 2018. O autor argumenta que a Lei Anticorrupção "prevê a responsabilidade objetiva da empresa. Assim, mesmo que a instituição não tenha deliberado cometer atos ilícitos, que apresente um efetivo sistema de prevenção e investigação de irregularidades, e que funcione dentro de estritos padrões éticos, será punida caso seja beneficiada pelo comportamento de funcionários ou de terceiros que seja contrário à norma. Note-se: ainda que a corrupção tenha sido detectada e investigada pela própria corporação, e comunicada por ela aos órgãos públicos, será aplicada a pena (embora com uma atenuante, nos termos do artigo 7º da lei, ou mesmo uma causa de diminuição caso firmada e cumprida a leniência, como disposto no artigo 16). Assim, imaginemos uma empresa cujo setor de compliance detecta um funcionário que oferece vantagens a servidores públicos para obter contratos, ampliando seu bônus em vendas com tal prática. Em seguida, a instituição apura os fatos, junta documentos, e comunica a prática às autoridades do ente afetado. É justo e correto que os danos eventualmente causados sejam suportados pela empresa, que foi beneficiada. Também que o funcionário envolvido responda pelo crime praticado. Mas não parece adequado que a pessoa jurídica, que não decidiu pelo ato, e que não foi imprudente – ao contrário, dispunha de um sistema de integridade que detectou o ato – seja castigada com as sanções previstas nos artigos 6º e/ou 19 do diploma. Ainda que a multa seja pequena – reduzida a 0,1% do faturamento bruto com um desconto de 2/3 por uma eventual leniência – não parece ser aplicável. Não se trata de tamanho, mas de princípio. Impor a pena neste caso é admitir que se castigue um ato sem culpabilidade, algo que não se justifica em um Estado cuja constituição prevê a intranscendência da pena (Constituição Federal, artigo 5º, XLV)".

[984] Assim também entendem Simão e Vianna, segundo quem "a (incerta) redução em até dois terços da multa administrativa talvez não seja incentivo suficiente para uma empresa reportar de forma espontânea uma ocorrência que implique sua responsabilização. Ainda que ela não esteja preocupada com a repercussão para as pessoas naturais envolvidas na situação, o corpo diretivo da empresa deve levar em consideração a necessidade de assumir o pagamento do valor pecuniário, além da reparação do dano causado" (SIMÃO, Valdir Moyses; VIANNA, Marcelo Pontes. *O acordo de leniência na lei anticorrupção*: histórico, desafios e perspectivas. São Paulo: Trevisan, 2017. p. 130-131).

Em seus termos, o responsável pelo ato de improbidade está sujeito à perda dos bens ou valores acrescidos ilicitamente ao patrimônio, ao ressarcimento integral do dano, à perda da função pública, à suspensão dos direitos políticos, ao pagamento de multa civil e à proibição de contratar com o Poder Público ou de receber benefícios ou incentivos fiscais ou creditícios, direta ou indiretamente, ainda que por intermédio de pessoa jurídica da qual seja sócio majoritário (art. 12). A participação da AGU nas negociações do acordo de leniência anticorrupção permite, portanto, a concessão de benefícios administrativos relacionados principalmente à reparação de danos e à multa de que trata a Lei de Improbidade Administrativa, trazendo segurança aos seus signatários.

Insta mencionar, nesse contexto, que a AGU e a CGU têm exigido, em alguns casos, o afastamento dos administradores das empresas como condição para a celebração dos acordos de leniência, nos termos supramencionados no item 4.3.6.

Nota-se, portanto, que para além dos ilícitos previstos nas Leis nº 12.846/2013 e nº 8.666/1993, que compõem o escopo do acordo de leniência por expressa disposição da Lei Anticorrupção, a totalidade dos acordos celebrados com a CGU e a AGU até 2019 trouxe em seu bojo também a prática de atos de improbidade administrativa, disciplinados pela Lei nº 8.429/1992, em cláusula referente à admissão de responsabilidade pelas pessoas jurídicas colaboradoras. Segundo Lins, em sua grande maioria, os ilícitos se resumiam a atos lesivos relacionados a fraudes de licitações e contratos administrativos, bem como ao pagamento de vantagens indevidas, ainda que por interposta pessoa, a agentes públicos e/ou políticos.[985]

É importante apontar que havia debate sobre a possibilidade de se celebrar acordos de leniência a respeito de condutas previstas na Lei de Improbidade Administrativa (vide cap. 5, *infra*). Isso porque a previsão legal do art. 17, §1º, da Lei nº 8.429/1992 vedava transação, acordo ou conciliação na ação principal, de rito ordinário, que deverá ser proposta pelo Ministério Público.

Em que pese isso, nos termos da Nota Técnica nº 1/2017 da 5ª CCR do MPF sobre acordos de leniência (Nota Técnica nº 01/2017 do MPF),[986]

---

[985] LINS, Raniere Rocha. Consensualidade e o enfrentamento à corrupção: diagnóstico dos espaços de consenso na prevenção e repreensão de atos corruptivos à luz da Lei nº 12.846/2013. 2020. Dissertação (Mestrado) – Instituto de Direito Público, Brasília, 2020.

[986] BRASIL. Ministério Público Federal. *Nota Técnica nº 01/2017* – 5ª CCR. Brasília: nov. 2017. Disponível em: http://www.mpf.mp.br/atuacao-tematica/ccr5/notas-tecnicas/docs/nt-01-2017-5ccr-acordo-de-leniencia-comissao-leniencia.pdf. Acesso em: 26 nov. 2018.

o MPF já se posicionava no sentido da derrogação do comando da Lei de Improbidade Administrativa que continha tal vedação.[987] Segundo seus termos,

> houve derrogação da vedação prevista no art. 17, § 1º, da LIA, de modo a ser possível que no acordo de leniência se contemple a aplicação da punição, por ato de improbidade administrativa, ajustada com o colaborador-infrator. Tal proceder decorre da observância da confiança, boa-fé e expectativa legítima, considerada a renúncia da pessoa jurídica ao direito de não autoincriminação e a sua efetiva colaboração com as investigações e coleta de provas. Ademais, sem que se observem tais peculiaridades, o acordo de leniência perde a sua eficiência e seu potencial de combate à corrupção, sabido, no mais, que um direito que seja socialmente ineficiente, caduca e perde sua legitimidade.

Com as alterações trazidas pela Lei nº 13.655/2018 na Lei de Introdução às Normas do Direito Brasileiro (LINDB), em específico no art. 26, que incluiu genericamente o permissivo de celebração de acordo entre Administração Pública e particular para, entre outros, eliminar "situação contenciosa", houve reforço no argumento de que tinha havido uma revogação tácita da vedação contida na Lei de Improbidade Administrativa.

Essa linha vinha sendo aceita no Judiciário,[988] até que, em junho de 2018, no âmbito do REsp 1.654.462, o Superior Tribunal de Justiça

---

[987] Para mais informações acerca da possibilidade de realização de transação e acordo no âmbito das ações de improbidade, ver: ARAÚJO, Juliana P. S. Acordos de colaboração premiada e de leniência em ações de improbidade administrativa. *Atuação: Revista Jurídica do Ministério Público Catarinense*, v. 14, n. 31, p. 1-24, 12 dez. 2019.

[988] Para posicionamento consoante ao do MPF, ver: BRASIL. Tribunal Regional Federal da 4ª Região. *Agravo de Instrumento nº 5023972-66.2017.4.04.0000/PR*. Relatora: Vânia Hack de Almeida. Julgado em: 22 ago. 2017. Sobre essa decisão, Rosis afirma que, "[c]om relação ao art. 17, §1º, da Lei de Improbidade Administrativa, o qual estabelece ser vedada a 'transação, acordo ou conciliação nas ações de que trata o caput', o documento reconhece ter havido a derrogação de tal dispositivo em função do advento da Lei Anticorrupção, pois 'a adoção do acordo de leniência pela LAC, como técnica especial de investigação e meio de defesa a um só tempo, inovou a ordem jurídica e afetou todo o microssistema anticorrupção, passando a valer também para o âmbito da LIA, quando se estiver à frente de punição de pessoa jurídica, por atos lesivos à administração pública'" (ROSIS, Roberta de. Celebração de acordo de 'leniência' no âmbito da LIA. *Portal JOTA*, 29 ago. 2018). Ver também: BRASIL. Ministério Público Federal. *Inquérito Civil nº 1.30.001.001111/2014–42*: voto 9212/2016. Relatora: Monica Nicida Garcia. 2016. Segundo a ementa do referido precedente diz: "[a]dmite-se a celebração dos acordos pelo Ministério Público Federal, no âmbito da improbidade administrativa (...) a fim de dar congruência ao microssistema de combate à corrupção e de defesa do patrimônio público e da probidade administrativa, sistema este que já contempla a possibilidade de realização de acordos de delação ou colaboração premiada no âmbito criminal".

(STJ) decidiu que, apesar da previsão genérica inserida na LINDB, ainda havia vedação à celebração de acordos em ações de improbidade administrativa, por se tratar de norma especial que prevalece sobre a norma geral. Segundo seus termos: "tratando-se de ação de improbidade administrativa, cujo interesse público tutelado é de natureza indisponível, o acordo entre a municipalidade (autor) e os particulares (réus) não tem o condão de conduzir à extinção do feito, porque aplicável as disposições da Lei nº 8.429/1992, norma especial que veda expressamente a possibilidade de transação, acordo ou conciliação nos processos que tramitam sob a sua égide".

Também nesse sentido, menciona-se a existência de acordo celebrado pela Camargo Corrêa, no âmbito de ação de improbidade ajuizada no Tribunal de Justiça de São Paulo referente à licitação da linha 5 do metrô de São Paulo. Segundo a decisão da magistrada de primeira instância, confirmada em segunda instância pelo Tribunal, a existência do art. 17 da Lei nº 8.429/1992 (mesmo antes das alterações trazidas pela Lei nº 13.655/2018 na LINDB) deveria ser interpretada de acordo com o teor do art. 16 da Lei nº 12.846/2013 e do art. 4º da Lei nº 1.850/2013. Ou seja, a partir de uma interpretação sistêmica da legislação, com base no ordenamento jurídico vigente e com as citadas leis que trouxeram mecanismos para a celebração de acordos de leniência em matéria de repressão à corrupção e colaboração premiada na esfera penal, seria possível ao Estado compensar aqueles que se dispõem a colaborar com as investigações para a solução de casos de corrupção e de danos ao erário. Esse raciocínio permitiria uma equilibrada compatibilização entre as diversas normas disciplinadoras, avaliando-se os termos do acordo em função das sanções previstas em cada uma delas e as respectivas condutas aferidas.[989]

Importante destacar que, diante da alteração do art. 17, §1º, da Lei de Improbidade Administrativa pela Lei nº 13.964/2019 (Pacote Anticrime), admitiu-se expressamente a celebração de acordo de não persecução cível (vide item 1.4.3, *supra*), de modo que resta positivada a possibilidade jurídica de celebração de acordos no campo da improbidade administrativa, seguindo-se a diretriz já constante na Lei Anticorrupção.

Por fim, cumpre mencionar que o acordo de leniência anticorrupção não possui outras repercussões administrativas para além dessas já mencionadas, de modo que não exime os colaboradores de celebrarem

---

[989] TJSP. APEL. Nº: 0041369-29.2011.8.26.0053 (e 0039554-31.2010.8.26.0053). Disponível em: https://www.migalhas.com.br/arquivos/2019/10/art20191016-06.pdf. Acesso em: 21 abr. 2021.

outro acordo em qualquer outra esfera administrativa. Assim, caso a corrupção tenha ocorrido conjuntamente com o cartel, por exemplo, também será necessário celebrar um acordo de leniência antitruste (vide cap. 2, *supra*). O mesmo acontece se a corrupção for praticada de modo atrelado à lavagem de dinheiro, por exemplo, que atrairia a necessidade de celebração de um acordo de leniência no SFN (vide cap. 3, *supra*).

4.4.2 Dos possíveis benefícios administrativos e cíveis do acordo de leniência anticorrupção para as pessoas físicas que adiram ao acordo

Apesar de não haver previsão legal no sentido da possibilidade de pessoas físicas celebrarem acordos de leniência com a GCU e a AGU, possivelmente inspirados pela experiência do acordo de leniência do MP, que também tem concedido benefícios cíveis e criminais a pessoas físicas aderentes ao acordo da pessoa jurídica (vide item 5.3.2, *infra*), a CGU e a AGU têm incluído, em alguns casos, a possibilidade de as pessoas físicas arroladas em um anexo específico aderirem aos seus termos, no prazo fixado a partir de sua celebração.

Foi o caso, por exemplo, nos acordos de leniência celebrados com a OAS, a Engevix, a Odebrecht, a Braskem e a Camargo Corrêa, *in verbis*:

a) Acordo Odebrecht:[990]

1.5 Firmam o presente instrumento, ainda, na condição de INTERVE-NIENTES-ANUENTES: (i) o INTERVENIENTE-GARANTIDOR, por seus procuradores, nos termos da cláusula 13.6; e as (ii) as pessoas físicas relacionadas no ANEXO VII, desde que cumprido o disposto na cláusula 1.5.2, as quais, em esforços conjuntos com as RESPONSÁVEIS COLABORADORAS, foram responsáveis por produzir o conjunto de informações, documentos e outros elementos comprobatórios entregues no âmbito deste Acordo de Leniência;

b) Acordo OAS:[991]

1.1.4. A adesão ao presente Acordo pelas pessoas físicas relacionadas no ANEXO XI será formalizada mediante assinatura do Termo constante no Modelo I do ANEXO XII, no prazo de até 90 (noventa) dias contados a partir da data da celebração deste Acordo, cabendo às RESPONSÁVEIS

---

[990] Mais informações: https://www.gov.br/cgu/pt-br/assuntos/responsabilizacao-de-empresas/lei-anticorrupcao/acordo-leniencia/acordos-firmados/odebrecht.pdf.

[991] Mais informações: https://www.gov.br/cgu/pt-br/assuntos/responsabilizacao-de-empresas/lei-anticorrupcao/acordo-leniencia/acordos-firmados/acordo-caso-02-para-publicacao-21fev2020.pdf.

COLABORADORAS realizar as respectivas comunicações com as pessoas físicas constantes da referida no ANEXO XI;

c) Acordo Engevix:[992]

1.3 A adesão ao presente Acordo pelas pessoas físicas relacionadas no ANEXO VII será formalizada mediante assinatura do Termo constante no ANEXO VIII, dirigido à CGU, sob sigilo, no prazo de até 30 (trinta) dias, contados a partir da data da celebração deste Acordo, cabendo às RESPONSÁVEIS COLABORADORAS realizar as respectivas comunicações com as pessoas físicas constantes do referido ANEXO VII

Com essa adesão, busca-se resolver o já mencionado desincentivo à colaboração pelas pessoas jurídicas nos acordos de leniência anticorrupção, caso não houvesse qualquer benefício às pessoas físicas que participaram dos ilícitos e que podem colaborar com a investigação aportando informações e documentos relevantes para a compreensão mais ampla da infração. Nesse sentido, Marrara aponta que, sem a perspectiva de obterem quaisquer benefícios de uma leniência, administradores ou proprietários dificilmente se disporiam a impulsionar a pessoa jurídica que gerenciam ou possuem a colaborar.[993] Nesse sentido, Machado de Souza argumenta que, em situações específicas, a colaboração simultânea de pessoas físicas e pessoas jurídicas parece ser aquela que gera mais consequências para as investigações e para a aplicação da responsabilização administrativa, de maneira que se amplia o efeito de prevenção e repressão dos delitos.[994]

Essa possibilidade de extensão de benefícios às pessoas físicas é defendida com base na Lei nº 13.964/2019, conhecida como "Pacote Anticrime", que viabilizou a celebração de acordos de não persecução

---

[992] Mais informações: https://www.gov.br/cgu/pt-br/assuntos/responsabilizacao-de-empresas/lei-anticorrupcao/acordo-leniencia/acordos-firmados/acordo-engevix.pdf.

[993] MARRARA, Thiago. Comentários ao art. 16º. *In: DI PIETRO, Maria Sylvia Zanella. MARRARA, Thiago (Coord.). *Lei Anticorrupção Comentada*. 2. ed. Belo Horizonte: Fórum, 2018. p. 191.

[994] MACHADO DE SOUZA, Renato. *La Colaboración de Personas Jurídicas en Casos de Corrupción: El Sistema Brasileño de la Ley 12.846/2013*. Tese de doutorado apresentada perante a Universidad de Salamanca. 2020. "*En este aspecto, posibilitar solamente una modalidad de colaboración excluyente, es decir, o colabora la persona física o colabora la persona jurídica, no parece ser la estrategia que generará la mejor obtención de pruebas e información sobre las dimensiones objetiva y subjetiva de los hechos ilícitos. Por un lado, la colaboración exclusiva de la persona física podrá generar – para la propia persona física – daños y perjuicios. Por otro lado, dicha colaboración podrá ser limitada porque la exclusión de la persona jurídica podrá impedir que la persona física produzca todos los elementos necesarios a la colaboración. De nuevo, en situaciones como esta, la colaboración simultánea de la persona física con la persona jurídica parece ser la que generará más consecuencias positivas para las investigaciones y para la aplicación de responsabilidad, de manera que se amplíe el efecto de prevención y represión de los delitos.*" p. 496-501.

cível, conforme alteração realizada no §1º do art. 17 da Lei de Improbidade Administrativa, Lei nº 8.829/1992.[995] Seus benefícios, porém, limitam-se às esferas administrativa e civil e ao âmbito de atribuição e competência das instituições celebrantes. Segundo Lins, essa limitação de benefícios seria mitigada uma vez que, em regra, o pressuposto para a adesão ao acordo de leniência pela pessoa física é a celebração, em paralelo, do acordo de colaboração premiada com o MP, que permite a concessão de benefícios na esfera punitiva criminal.[996]

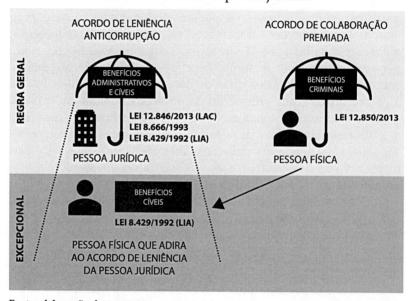

Figura 43 – Possíveis benefícios administrativos e cíveis do acordo de leniência anticorrupção para as pessoas físicas que adiram ao acordo de leniência da pessoa jurídica

Fonte: elaboração da autora.

Vale ressaltar que a garantia de benefícios claros às pessoas físicas colaboradoras não só aproveita à pessoa jurídica celebrante do acordo, como traz, por consequência, claras repercussões positivas para as

---

[995] Lei nº 13.964/2019. Art. 6º. A Lei nº 8.429, de 2 de junho de 1992, passa a vigorar com as seguintes alterações: "Art. 17. § 1º As ações de que trata este artigo admitem a celebração de acordo de não persecução cível, nos termos desta Lei".

[996] LINS, Raniere Rocha. Consensualidade e o enfrentamento à corrupção: diagnóstico dos espaços de consenso na prevenção e repressão de atos corruptivos à luz da Lei nº 12.846/2013. 2020. Dissertação (Mestrado) – Instituto de Direito Público, Brasília, 2020.

autoridades negociadoras e para a sociedade em geral, uma vez que traz substância e validade para o acordo de leniência, bem como contribui, em última instância, para a efetividade do programa de leniência.[997]

4.4.3 Outras repercussões administrativas do acordo de leniência anticorrupção?

É possível questionar-se se a celebração do acordo de leniência anticorrupção abarcaria outros ilícitos administrativos também. Conforme já mencionado no cap. 2, considerando que um dos pilares do programa de leniência é a transparência, previsibilidade e segurança jurídica (vide cap. 1, item 1.2.3, *supra*), tentar estender os efeitos administrativos do acordo de leniência antitruste do Cade a outras esferas administrativas seria extrapolar seus próprios limites. Se há outras autoridades competentes para investigar outros ilícitos administrativos, sujeitas a outras legislações, caberá aos infratores procurar cada uma delas para colaborar. Caso assim não fosse, estar-se-ia dando um poder excessivo à SG/Cade, que poderia assinar um acordo com efeitos em outras esferas que não a de sua competência.

Seria o caso, por exemplo, de se entender que o acordo de leniência anticorrupção abarcaria, de modo reflexo, as infrações administrativas contidas na Lei Antitruste, tornando desnecessária a assinatura de um acordo de leniência antitruste (vide cap. 2, *infra*). Essa interpretação não deve prosperar, dado que cada autoridade pública investigadora mantém suas respectivas competências, previstas em suas próprias legislações. Isso não impede que essas autoridades se articulem e criem incentivos conjuntos para que os infratores procurem ambas para a cooperação, mas cada uma delas deve manter as suas respectivas atribuições administrativas, de modo que os efeitos dos seus respectivos acordos também se circunscrevam à esfera administrativa em que atuam.

Por fim, cumpre destacar que, quando um ato de corrupção for praticado por administrador estatutário em companhia aberta, este ato pode ser entendido como uma violação ao dever de lealdade do administrador, previsto no art. 155 da Lei nº 6.404/64. Esse foi o entendimento da CVM em cinco casos envolvendo o escândalo

---

[997] Ver: OLIVEIRA, Isabela Monteiro de. Adesão de pessoas físicas aos acordos de leniência anticorrupção e do Ministério Público: perspectivas sobre a implementação. Monografia (Pós-Graduação) – Departamento de Direito, Fundação Getúlio Vargas. Brasília, 2020.

de corrupção na Petrobras.[998] Nestes casos, chama atenção que os principais condenados nos processos administrativos sancionadores foram aqueles que colaboraram com o Estado brasileiro em outras esferas (sobretudo com o MP, na seara criminal, por meio de acordos de colaboração premiada), mas que não cooperaram diretamente com a CVM. Essa preocupação também encontra respaldo nas reflexões de um dos ex-diretores da CVM, para quem a CVM deve evitar que apenas sejam condenados administrativamente aqueles que colaboraram com as investigações do Ministério Público, sob risco de que se subverta o regime de incentivos das delações premiadas.[999] Para mais detalhes sobre essa discussão, vide cap. 1, item 1.4.2, *supra*.

4.4.4 Dos benefícios do acordo de leniência anticorrupção para a investigação

Além dos benefícios administrativos para os infratores, é importante mencionar que os acordos de leniência anticorrupção trazem, igualmente, benefícios para o processo de investigação de infrações. A instituição de um programa de leniência permite que a autoridade investigadora competente tome conhecimento de uma prática ilegal que era, até então, total ou parcialmente desconhecida (vide cap. 1, *supra*). Isso permite o início de uma nova investigação ou, pelo menos, o robustecimento de uma investigação existente com relação à qual não se tinham provas suficientes para prosseguir. Levando-se em conta que os ilícitos de corrupção são, muitas das vezes, de difícil detecção, dado o seu caráter secreto, esse benefício se mostra ainda maior, pois

---

[998] Condenações no âmbito dos PAS CVM 08/2016 SEI nº 19957.009805/2019-66 (assunto: navios-sonda Petrobras 10.000, Vitória 10.000 e Pride DS-5) e PAS CVM 09/2016 SEI nº 19957.009824/2019-92 (assunto: navio-sonda Titanium Explorer). Disponível em: http://www.cvm.gov.br/noticias/arquivos/2019/20191216-3.html. Acesso em: 8 set. 2020. O julgamento ainda está em curso nos seguintes processos, referentes à construção da RNEST e do Comperj da Petrobras: PAS CVM SEI 19957.010647/2019-97 (05/2016): administradores da Petrobras (assunto: Refinaria Abreu e Lima – RNEST), PAS CVM SEI 19957.011654/2019-14 (06/2016): membros da diretoria, conselho de administração e conselho fiscal da Petrobras (assunto: Complexo Petroquímico do Rio de Janeiro – Comperj) e PAS CVM SEI 19957.005789/2017-71 (SP2017/294): administradores e conselheiros fiscais da Petrobras (assunto: *impairment* na elaboração das demonstrações financeiras dos exercícios sociais encerrados em 31.12.2010, 31.12.2011, 31.12.2012, 31.12.2013 e 31.12.2014). Disponível em: http://www.cvm.gov.br/noticias/arquivos/2020/20200824-3.html. Acesso em: 8 set. 2020.

[999] MACHADO, Henrique. *CVM tem que repensar como tratar casos de corrupção, diz diretor de saída do colegiado*. Disponível em: https://economia.estadao.com.br/noticias/governanca,cvm-tem-que-repensar-como-tratar-casos-de-corrupcao-diz-diretor-de-saida-do-colegiado,70003538902. Acesso em: 21 abr. 2021.

permite que a autoridade investigadora descubra conspirações que, de outra maneira, permaneceriam acobertadas.[1000] [1001]

Ainda, os acordos de leniência anticorrupção também beneficiam a investigação, na medida em que viabilizam a obtenção de provas e documentos "internos" da prática ilícita, fornecidos por agentes que efetivamente participaram da conduta corrupta, que dificilmente poderiam ser obtidos sem colaboração (vide cap. 1, item 1.1.2, *supra*). Nesse sentido, o acordo de leniência anticorrupção aumenta a eficiência e a efetividade da investigação, tendo em vista que o acesso antecipado a informações e documentos reduz os custos operacionais e financeiros da iniciação dos casos e da instrução processual (vide cap. 1, item 1.1.3, *supra*).

[1000] *"Leniency programs uncover conspiracies that would otherwise go undetected and also make the ensuing investigations more efficient and effective"* (OCDE. *Fighting hard core cartels*: harm, effective sanctions and leniency programmes. Paris: OCDE, 2002. Disponível em: http://www.oecd. org/competition/cartels/1841891.pdf. Acesso em: 15 abr. 2018. p. 7). De acordo com o ICN, no Programa de Leniência, *"[e]vidence can be obtained more quickly, and at a lower direct cost, compared to other methods of investigation, leading to prompt and efficient resolution of cases"* (ICN. Drafting and implementing an effective leniency policy. *In: Anti-cartel enforcement manual*: cartel enforcement – subgroup 2 ICN cartels working group. 2009. Cap. 2. Disponível em: http://www.internationalcompetitionnetwork.org/uploads/library/doc341.pdf. Acesso em: 18 abr. 2018).

[1001] A efetividade dos programas de leniência também foi objeto de análises empíricas. Miller e Zhou, ao estudarem a efetividade do *US Corporate Leniency Program*, concluíram que tal instrumento obteve êxito tanto no aspecto dissuasivo quanto nos aspectos desestabilizador e de detecção (MILLER, N. H. Strategic leniency and cartel enforcement. *American Economic Review*, v. 99, n. 3, p. 750-768, 2009; ZHOU, Jun. *Evaluating leniency with missing information on undetected cartels*: exploring time-varying policy impacts on cartel duration. 2013 (TILEC Discussion Paper nº 2011-042). Disponível em: http://papers.ssrn.com/sol3/papers. cfm?abstract_id=1934191. Acesso em: 3 maio 2018). O *European Leniency Program* também teve sua efetividade analisada por Brenner. O autor conclui que o acordo de leniência permite que a autoridade antitruste aplique maiores multas e afirma que a duração das investigações nos casos em que há o acordo é reduzida em 1 ano e meio (BRENNER, S. An empirical study of the European Corporate Leniency Program. *International Journal of Industrial Organization*, v. 27, n. 6, p. 639-645, 2009). Ademais, o estudo empírico realizado por Frübing e Polk traz como conclusão que *"cartels between close competitors tend to be more profitable and less stable. Given that a leniency program is more dangerous for cartels with lower critical discount factors, those profitable and from a buyer's perspective particularly harmful cartels are more likely to be disrupted by them"*. Portanto, *"the introduction of leniency programs in competition regimes can be regarded as effective, since they tend to destabilize profitable and harmful cartels"* (FRÜBING, Stefan; POLK, Andreas. *Product differentiation, leniency programs and cartel stability*. Berlin Institute for International Business Studies, Aug. 1, 2016. (BIIPS Working Paper nº 3). Disponível em: https://ssrn.com/abstract=2893593. Acesso em: 3 maio 2018. p. 20).

4.4.5 Benefícios do acordo de leniência anticorrupção para o combate à corrupção

Para além de benefícios administrativos e investigativos, a celebração de um acordo de leniência anticorrupção traz benefícios ainda mais amplos, para todo o combate à corrupção e para a sociedade brasileira.

O acordo de leniência anticorrupção permite a descoberta de práticas ilícitas que desviam recursos dos pobres para os ricos, aumentam o custo de administração das empresas, desvirtuam os gastos públicos e desestimulam investimentos estrangeiros, de modo que a corrupção "atua como um imposto regressivo".[1002] Trata-se, assim, de um enorme obstáculo para a implementação dos direitos humanos e do direito ao desenvolvimento,[1003] reduzindo a eficiência e aumentando a desigualdade.[1004] Ademais, conforme destacado por Vasconcelos, a corrupção resulta na captura do Estado pelo lado da receita, e não somente pelo lado dos gastos.[1005]

Como se não bastasse, a corrupção também causa uma alteração radical no comportamento dos agentes públicos. Por um lado, os agentes corrompidos passam a gerir a coisa pública visando apenas

---

[1002] TARRICONE, Manuel. *Carrió*: "La corrupción es la madre de la pobreza". 14 ago. 2013. Disponível em: http://www.chequeado.com/ultimas-noticias/1715-carrio-qla-corrupcion-es-la-madre-de-la-pobrezaq.html. Acesso em: 8 jul. 2018.

[1003] OCDE. *The rationale for fighting corruption*. Paris, 2014. Disponível em: https://news.un.org/en/story/2013/03/434162-corruption-hurts-human-rights-senior-un-official-warns. Acesso em: 8 jul. 2018.

[1004] No Brasil, segundo estatísticas da Federação das Indústrias do Estado de São Paulo (Fiesp), o custo médio da corrupção no país é estimado entre 1,38% e 2,3% do PIB, isto é, de R$ 50,8 bilhões a R$ 84,5 bilhões (no ano de 2010). De acordo com a Fiesp, a quantia de R$ 50,8 bilhões seria suficiente para: (i) arcar com o custo anual de 24,5 milhões de alunos das séries iniciais do ensino fundamental segundo os parâmetros do CAQi; (ii) equipar e prover o material para 129 mil escolas das séries iniciais do ensino fundamental com capacidade para 600 alunos segundo o modelo CAQi; (iii) construir 57,6 mil escolas para séries iniciais do ensino fundamental segundo o modelo CAQi; (iv) comprar 160 milhões de cestas básicas (Dieese); (v) pagar 209,9 milhões de bolsas-família em seu valor máximo (básico + 3 variáveis + 2 BVJ); e (vi) construir 918 mil casas populares segundo o programa Minha Casa Minha Vida II. Em suma, a corrupção representa a apropriação indevida de verbas, o aumento dos gastos públicos de forma injustificada (ex.: obras desnecessárias, superfaturamentos, etc.) e o aumento das desigualdades em desfavor dos mais necessitados, com notável prejuízo aos investimentos necessários nas áreas de educação, saúde e transporte. FIESP – FEDERAÇÃO DAS INDÚSTRIAS DO ESTADO DE SÃO PAULO. Índice de Percepção da Corrupção – 2010. DECOMTEC, ago. 2011. (Questões para discussão). Disponível em: http://www.fiesp.com.br/indices-pesquisas-e-publicacoes/indice-de-percepcao-da-corrupcao-2010/. Acesso em: 21 nov. 2018. p. 6-7.

[1005] VASCONCELOS, Beto. Palestra na Unafisco. Disponível em: https://www.youtube.com/watch?time_continue=10&v=tkw4XuxlIGo. Acesso em: 20 jan. 2019.

a continuidade da corrupção, relegando o interesse público. "Assim, não apenas os custos públicos são criminosamente desviados ou mal alocados, mas também desperdiçados pela desmotivação dos agentes públicos corruptos em alocá-los convenientemente".[1006] Por outro lado, os agentes não corrompidos encontram-se desmotivados diante desse modelo de Estado dominado pelos negócios escusos. Esses servidores "não se sentem comprometidos com o exercício de suas funções em favor da coletividade. Tem com o exercício de suas atribuições uma atitude perversa, buscando apenas interesses corporativos. A prestação dos serviços públicos que lhes cabe é desmotivada".[1007]

Em suma, a corrupção sistêmica produz um quadro de constante corrosão da coisa pública, seja pelo cometimento de práticas corruptas, seja pelo desinteresse em prestar corretamente os serviços públicos e "nadar contra a maré" da corrupção.[1008] Esse contexto resulta, ainda, na perda da confiança dos cidadãos nas instituições públicas, acarretando um progressivo processo de deslegitimação do Estado Democrático de Direito. Nos termos de Carvalhosa, a corrupção sistêmica "constitui um crime moral do Estado que rompeu os laços de confiança entre a cidadania e as autoridades".[1009] Diante disso, o autor entende que a ética como fator de coesão social desaparece.

Ainda, e talvez esse seja um dos efeitos mais perversos e profundos, a corrupção fere a própria base de uma democracia participativa. A corrupção promove a captura do Estado, que deixa de atuar de modo isonômico perante os cidadãos para, em contraponto, privilegiar aqueles poucos corruptores. Conseguir superar a corrupção, portanto, garante um melhor ambiente de negócios no país, com defesa da concorrência e garantia de competitividade justa, nos termos de Vasconcelos.[1010]

[1006] CARVALHOSA, Modesto. *Considerações sobre a Lei Anticorrupção das Pessoas Jurídicas*. 1. ed. São Paulo: Revista dos Tribunais, 2015. p. 84-85.

[1007] *Ibidem*. p. 85.

[1008] Sánchez fala em círculos viciosos de corrupção: "não existem incentivos suficientes para por em prática as reformas institucionais necessárias, tampouco pode surgir coalizão social com o poder suficiente para impulsioná-las. Somente quando esses tipos de entornos sociais se depararem com conjunturas críticas que ameacem as vigentes regras do jogo, abrirão as oportunidades para desviar a armadilha política" (SÁNCHEZ, Fernando Jiménez. A armadilha política: A corrupção como problema de ação de coletiva. *Revista do Conselho Nacional do Ministério Público*: improbidade administrativa, n. 5, p. 11-30, 2015).

[1009] CARVALHOSA, *Op. cit*. p. 83.

[1010] VASCONCELOS, Beto. Palestra na Ordem dos Advogados do Brasil. Disponível em: https://www.youtube.com/watch?v=Brut0kazNlw&feature=youtu.be&t=1490. Acesso em: 20 jan. 2019.

Isso posto, os acordos de leniência anticorrupção, ao trazerem à luz práticas corruptas que de outra maneira permaneceriam secretas e exigirem a cessação imediata da conduta ilícita (vide cap. 1, *supra*), desempenham um papel central no combate à corrupção. Ainda, beneficiam a sociedade brasileira ao sinalizarem aos agentes públicos e privados que a prática de condutas ilícitas passará a receber atenção especial das autoridades, servindo de desincentivo a práticas ilícitas futuras. Com sua celebração, poupam-se recursos públicos, uma vez que se antecipam informações e documentos às autoridades, as quais poderão ter uma atuação ainda mais eficaz e efetiva na abertura dos casos e na instrução processual. Ademais, aprimora-se o ambiente de prestação de serviços públicos aos cidadãos e o ambiente de negócios às empresas, que retoma seu caráter primordialmente competitivo. O enfrentamento à corrupção, portanto, deixa de ser visto como um fim em si mesmo, passando a ser um mecanismo de garantia e de efetivação de direitos à sociedade brasileira.[1011]

4.4.6 Repercussões criminais do acordo de leniência anticorrupção

O acordo de leniência anticorrupção não traz repercussões criminais imediatas, diferentemente do acordo de leniência antitruste (vide cap. 2, item 2.3.2, *supra*). A princípio, isso não seria um problema, dado que esses acordos são assinados unicamente por pessoas jurídicas, conforme já mencionado.

Ocorre que, dada a composição tipicamente familiar das empresas brasileiras, a falta de proteção criminal das pessoas físicas envolvidas na infração e a proteção administrativa apenas parcial da pessoa jurídica representam riscos aos incentivos para que as empresas procurem o programa de leniência anticorrupção. A lógica é simples: se, após tomar conhecimento de alguma prática corrupta, a empresa desejar buscar a autoridade competente para celebrar um acordo de leniência, sabe que precisará entregar o seu "fundador", ou o filho/neto dele, muito possivelmente expondo-os criminalmente. Como se não bastasse, como fruto do pacto, a empresa também deverá pagar uma multa, visto que o acordo de leniência anticorrupção tem necessariamente benefícios administrativos parciais (vide este cap. 4, item 4.4.1, *supra*).

[1011] VASCONCELOS, Beto. Palestra no Observatório Social do Brasil. Disponível em: https://www.youtube.com/watch?v=hlD-eLSS5-s. Acesso em: 20 jan. 2019.

Por esse motivo que Badin, entrevistado por Pimenta,[1012] sustenta que não teria como separar a pessoa física da empresa, já que a empresa depende da colaboração das pessoas físicas, bem como a colaboração das pessoas físicas depende muito das investigações internas que são feitas pelas empresas, já que é nestas que estão a documentação e a comprovação do que se alega.

Ante a inexistência de efeitos criminais imediatos, nota-se movimento no sentido de que as pessoas físicas que trabalham em pessoas jurídicas que negociam acordo de leniência anticorrupção com a CGU e a AGU também procurem o MP para negociar um acordo paralelo, seja um acordo de leniência com efeitos criminais para pessoas físicas de menor culpabilidade (vide cap. 5.3.2, *infra*), seja um acordo de colaboração premiada (vide item 1.4.3.1, *supra*). Quando a situação criminal é relevante, o caminho oposto tende a acontecer, com a negociação primeiro com o MP e, posteriormente, com os entes administrativos. Assim, em que pese ser possível essa cooperação interinstitucional na negociação e celebração dos referidos acordos, é forçoso reconhecer que ela implica um aumento dos custos de transação, fazendo com que iniciativas como a dos "acordos-espelho" sejam muito bem-vindas (vide cap. 5, *infra*).

4.4.7 Repercussões cíveis do acordo de leniência anticorrupção

Em relação às repercussões cíveis da celebração dos acordos de leniência anticorrupção, é importante ressaltar que estas não são imediatas. Isso porque, segundo preceitua o art. 16, §3º, da Lei Anticorrupção, a despeito dos benefícios concedidos aos signatários, subsiste a obrigação de que os danos causados ao erário sejam integralmente reparados.

O único tipo de imunidade civil conferida pela leniência anticorrupção diz respeito à sanção de "proibição de receber incentivos, subsídios, subvenções, doações ou empréstimos de órgãos ou entidades públicas e de instituições financeiras públicas ou controladas pelo poder público, pelo prazo mínimo de 1 (um) e máximo de 5 (cinco) anos" (art.19, IV). Contudo, tal benefício só será aplicável diante de

---

[1012] PIMENTA, Raquel. *A construção dos acordos de leniência da lei anticorrupção.* São Paulo: Bluncher, 2020. p. 105.

eventual ação judicial civil ajuizada pela Advocacia Pública ou pelo Ministério Público.[1013]

A decisão do legislador de limitar as repercussões cíveis do acordo de leniência anticorrupção é alvo de muitas críticas, como bem salientado por Marrara:

> As sanções civis aplicáveis são quatro e abarcam desde a suspensão da atividade empresarial até a dissolução da pessoa jurídica condenada. Nesse contexto, seguindo-se uma interpretação literal da lei, o fato de a leniência ser cumprida não imunizará o colaborador contra um pedido de extinção de sua pessoa jurídica ou de suspensão de suas atividades. Qual será, porém, a vantagem de se celebrar um acordo que impede a aplicação da sanção de proibição de recebimento de incentivos pelo infrator colaborador, mas permite que o Ministério Público solicite sua "pena de morte" (ou seja, a extinção da pessoa jurídica)? Para que se garanta a utilidade da leniência, para que seus benefícios sejam reais e efetivos, é preciso interpretar referidos mandamentos em sentido lógico e teleológico.[1014]

De toda sorte, dado que as empresas signatárias do acordo continuarão obrigadas a reparar os danos causados, uma das discussões mais relevantes durante a negociação de um acordo de leniência com a CGU e a AGU é a definição da forma de cálculo do dano ao erário. Como já mencionado, isso não exclui a possibilidade de o TCU, ao analisar o acordo, entender indevido o valor calculado do dano à sociedade brasileira (vide este cap. 4, item 4.2.3, *supra*), o que não prejudica a sua atuação, já que os acordos de leniência com a CGU e a AGU não dão quitação do dano. Nesse sentido, há diferentes posições sobre a forma de cálculo do dano e da multa que deverão compor a contribuição pecuniária (vide cap. 1, item 1.1.6, *supra*, e cap. 5, item 5.3.7, *infra*).

Apenas como ilustração, destaca-se que, no caso do acordo de leniência decorrente das irregularidades nas obras de modernização e implantação de refinarias da Petrobras, o TCU chegou a utilizar estudos econométricos para fixar o valor que deveria ser entregue a título de reparação de danos.[1015] Em outro caso, diante da definição do valor de contribuição (a título de multa e reparação de danos) da monta

---

[1013] MARRARA, Thiago. Acordo de leniência na Lei Anticorrupção: pontos de estrangulamento da segurança jurídica. *Revista Digital de Direito Administrativo*, v. 6, n. 2, p. 95-113, 2019.

[1014] *Ibid.* p. 103-104.

[1015] Nesse sentido, ver: BRASIL. Tribunal de Contas da União. *Acórdão nº 3089/2015*. Plenário. Relator: Benjamin Zymler. Sessão: 2 dez. 2015. Diário Oficial da União, Brasília, 15 dez. 2015.

de R$ 574 milhões, as empresas, logo após a celebração de acordo de leniência anticorrupção com a CGU e a AGU,[1016] apresentaram pedido de recuperação judicial. Semelhantemente, a Odebrecht também apresentou pedido de recuperação judicial, que foi aceito pela justiça.[1017] A este respeito, tema ainda em debate diz respeito à inclusão ou não de créditos decorrentes de acordos de leniência celebrados pelas empresas com outras jurisdições, como foi o caso da Odebrecht incluindo os créditos de acordo celebrado com a República Dominicana na sua recuperação judicial no Brasil.[1018]

Nesse ponto, uma discussão interessante é sobre como será classificado esse crédito no contexto da recuperação judicial. Será considerado como pedido de restituição da CGU? Ou como crédito quirografário? Coelho[1019] sugere que, tendo em vista que se cria um crédito contra a pessoa jurídica signatária, de titularidade da Administração Pública, este crédito pode ser cobrado por execução fiscal após inscrição na dívida ativa. Com o fim de evitar possíveis prejuízos para a Administração Pública, CGU e AGU têm exigido a existência de cláusula de garantia, que torna o bem extraconcursal para fins de recuperação judicial e falência. Essa garantia ao cumprimento do acordo de leniência anticorrupção geralmente é implementada por meio de fiança bancária ou constrição de bens móveis e imóveis de titularidade das pessoas jurídicas infratoras, bem como pelo impedimento de que os ajustes sejam levados a programas de renegociação, financiamento, abatimento ou parcelamento de débitos ou de recuperação judicial.

A cláusula padrão utilizada pelas autoridades, encontrada no acordo celebrado com a Odebrecht, é a seguinte:

[1016] BRASIL. Ministério Público da Transparência e Controladoria-geral da União. *CGU e AGU assinam acordo de leniência com UTC Engenharia*. CGU, 2017. Disponível em: http://www.cgu. gov.br/noticias/2017/07/cgu-e-agu-assinam-acordo-de-leniencia-com-o-utc-engenharia. Acesso em: 21 nov. 2018.

[1017] Justiça aceita pedido de recuperação judicial da Odebrecht. Bahia Notícias, 18 jun. 2019. Disponível em: https://www.bahianoticias.com.br/folha/noticia/43351-justica-aceita-pedido-de-recuperacao-judicial-da-odebrecht.html. Acesso em: 23 set. 2020.

[1018] Migalhas. *República Dominicana consegue excluir de recuperação crédito decorrente de leniência com a Odebrecht*. 08/10/2020. Disponível em: https://www.migalhas.com.br/quentes/334649/republica-dominicana-consegue-excluir-de-recuperacao-credito-decorrente-de-leniencia-com-a-odebrecht. Acesso em: 22 abr. 2021.

[1019] COELHO, Fabio Ulhoa. Acordo de leniência e a recuperação judicial da corruptora. *In:* CEREZETTI, Sheila C. Neder; MAFFIOLETTI, Emanuelle Urbano. *Dez anos da Lei nª 11.101/2005*: estudos sobre a Lei de Recuperação e Falência. São Paulo: Almedina, 2015. p. 296-297.

Acordo Odebrecht:[1020]

As RESPONSÁVEIS COLABORADORAS reconhecem que os créditos decorrentes do presente Acordo não podem ser incluídos em programas de renegociação, abatimento ou parcelamento de débitos, tributários ou não, vigentes e que vierem a ser publicados, renunciando, desde já, a quaisquer pretensões nesse sentido e ainda reconhecem a impossibilidade de inclusão dos créditos decorrentes do presente Acordo em plano de recuperação judicial.

[...]

Caso os créditos oriundos deste Instrumento sejam incluídos em plano de recuperação judicial, com reprogramação de datas ou descontos, considerar-se-á rescindido de pleno direito o presente Acordo de Leniência, com aplicação das sanções previstas na cláusula 15.5 e 15.6 às RESPONSÁVEIS COLABORADORAS.

Diante de toda essa dificuldade no cálculo dos valores, por vezes a negociação do valor da reparação de danos, que deveria ser subsidiária, torna-se principal, contrariando a razão primordial de existirem os acordos de leniência, isto é, a de ter fins investigativos e não arrecadatórios. Em alguns casos, isso significa que os proponentes investirão esforços relevantes na negociação dos montantes devidos, talvez mais intensos que na própria manutenção da colaboração com as autoridades, em contraposição às verdadeiras justificativas de existir um programa de leniência (vide cap. 1, *supra*).

4.5 Leniência anticorrupção: as fases

Em linhas gerais, a celebração do acordo de leniência anticorrupção é realizada em três fases: da proposta de acordo de leniência anticorrupção à CGU e assinatura do Memorando de Entendimentos (4.5.1); da negociação dos termos do acordo de leniência anticorrupção com a CGU e a AGU (4.5.2); e da assinatura e homologação do acordo de leniência anticorrupção (4.5.3). Ademais, há a possibilidade de rejeição ou desistência da negociação (4.5.4). O contorno dessas fases poderá ser alterado na prática, aos poucos, pelas modificações sinalizadas pelo Acordo de Cooperação Técnica STF/CGU/AGU/MJ/TCU, celebrado em

---

[1020] Mais informações: https://www.gov.br/cgu/pt-br/assuntos/responsabilizacao-de-empresas/lei-anticorrupcao/acordo-leniencia/acordos-firmados/odebrecht.pdf

6 de agosto de 2020.[1021] Assim, seus possíveis novos contornos serão detalhados nessa segunda edição do livro, tendo em vista as ações sistêmicas e operacionais definidas neste documento (4.5.5).

Figura 44 – As fases da negociação do acordo de leniência anticorrupção

1 Da proposta de Acordo de Leniência à CGU e da assinatura do Memorando de Entendimento com a CGU e a AGU

2 Da negociação dos termos do Acordo de Leniência com a CGU e a AGU

3 Da assinatura do Acordo de Leniência pela CGU e pela AGU

Fonte: elaboração da autora.

4.5.1 Fase 1: a proposta de acordo de leniência à CGU e a assinatura do Memorando de Entendimentos com a CGU e a AGU

A primeira fase da negociação dos acordos de leniência anticorrupção consiste na apresentação da proposta de acordo à Secretaria de Combate à Corrupção da CGU,[1022] que pode ser realizada por escrito ou de forma oral.

Nos termos do art. 16 da Lei Anticorrupção e dos arts. 30, 31 e 37 do Decreto nº 8.420/2015, independentemente de o pedido ser feito oralmente ou por escrito, a pessoa jurídica proponente deve: (i) declarar expressamente que foi orientado a respeito de seus direitos, garantias e deveres legais e de que o não atendimento às determinações e solicitações da CGU e da AGU durante a etapa de negociação importará

[1021] Acordo de Cooperação Técnica entre o Supremo Tribunal Federal (STF), a Controladoria-Geral da União (CGU), a Advocacia-Geral da União (AGU), Ministério da Justiça e Segurança Pública (MJSP) e o Tribunal de Contas da União (TCU) em matéria de combate à corrupção no Brasil, especialmente em relação aos acordos de leniência da Lei nº 12.846/2013. Disponível em: http://www.stf.jus.br/arquivo/cms/noticiaNoticiaStf/anexo/Acordo6agosto.pdf. Acesso em: 18 set. 2020.

[1022] Portaria Conjunta nº 4/2019, Art. 3º: "A proposta de acordo de leniência, apresentada nos termos do art. 31 do Decreto nº 8.420, de 2015, será dirigida à Secretaria de Combate à Corrupção – SCC da Controladoria-Geral da União – CGU".

a desistência da proposta;[1023] (ii) apresentar a qualificação da empresa e a identidade dos outros autores conhecidos da infração denunciada;[1024] (iii) identificar os atos lesivos à Administração Pública tipificados no art. 5º da Lei Anticorrupção que pretende denunciar (devem ser atos de competência federal ou que afetem a Administração Pública estrangeira)[1025] (art. 16, §1º, III); (iv) esclarecer os meios de prova que serão apresentados para a negociação do acordo de leniência;[1026] (v) indicar a existência, ou não, de um programa de integridade;[1027] (vi)

[1023] Portaria Conjunta nº 4/2019, Art. 3º, §1º: "A pessoa jurídica proponente declarará expressamente que foi orientada a respeito de seus direitos, garantias e deveres legais, e de que o não atendimento às determinações e solicitações da CGU e da AGU durante a etapa de negociação importará a desistência da proposta".
Decreto nº 8.420/2015. Art. 31. "A proposta de celebração de acordo de leniência poderá ser feita de forma oral ou escrita, oportunidade em que a pessoa jurídica proponente declarará expressamente que foi orientada a respeito de seus direitos, garantias e deveres legais e de que o não atendimento às determinações e solicitações da Controladoria-Geral da União durante a etapa de negociação importará a desistência da proposta. §1º A proposta apresentada receberá tratamento sigiloso e o acesso ao seu conteúdo será restrito aos servidores especificamente designados pela Controladoria-Geral da União para participar da negociação do acordo de leniência, ressalvada a possibilidade de a proponente autorizar a divulgação ou compartilhamento da existência da proposta ou de seu conteúdo, desde que haja anuência da Controladoria-Geral da União. §2º Poderá ser firmado memorando de entendimentos entre a pessoa jurídica proponente e a Controladoria-Geral da União para formalizar a proposta e definir os parâmetros do acordo de leniência. §3º Uma vez proposto o acordo de leniência, a Controladoria-Geral da União poderá requisitar os autos de processos administrativos em curso em outros órgãos ou entidades da administração pública federal relacionados aos fatos objeto do acordo".

[1024] Lei nº 12.846/2013, art. 16: "A autoridade máxima de cada órgão ou entidade pública poderá celebrar acordo de leniência com as pessoas jurídicas responsáveis pela prática dos atos previstos nesta Lei que colaborem efetivamente com as investigações e o processo administrativo, sendo que dessa colaboração resulte: I - a identificação dos demais envolvidos na infração, quando couber. (...) §1º O acordo de que trata o caput somente poderá ser celebrado se preenchidos, cumulativamente, os seguintes requisitos: III - a pessoa jurídica admita sua participação no ilícito (...)".

[1025] Lei nº 12.846/2013, art. 16, §1º: "O acordo de que trata o caput somente poderá ser celebrado se preenchidos, cumulativamente, os seguintes requisitos: III - a pessoa jurídica admita sua participação no ilícito e coopere plena e permanentemente com as investigações e o processo administrativo, comparecendo, sob suas expensas, sempre que solicitada, a todos os atos processuais, até seu encerramento. §10. A Controladoria-Geral da União – CGU é o órgão competente para celebrar os acordos de leniência no âmbito do Poder Executivo federal, bem como no caso de atos lesivos praticados contra a administração pública estrangeira".

[1026] Decreto nº 8.420/2015, art. 30: "A pessoa jurídica que pretenda celebrar acordo de leniência deverá: V - fornecer informações, documentos e elementos que comprovem a infração administrativa".

[1027] Decreto nº 8.420/2015, art. 37: "O acordo de leniência conterá, entre outras disposições, cláusulas que versem sobre: IV - a adoção, aplicação ou aperfeiçoamento de programa de integridade, conforme os parâmetros estabelecidos no Capítulo IV".

demonstrar que cessou completamente seu envolvimento na infração investigada, ou o motivo pelo qual ainda não o fez.[1028]

A proposta apresentada receberá tratamento sigiloso e o acesso ao seu conteúdo será restrito aos membros da comissão designados pelo Secretário de Combate à Corrupção da CGU[1029] e aos servidores designados como assistentes técnicos, salvo autorização expressa da proponente e das partes envolvidas permitindo a divulgação.[1030] Após o recebimento da proposta, a CGU verificará a possibilidade de se firmar um Memorando de Entendimentos, que consiste, basicamente, em um "documento que formaliza o início e a adesão da pessoa jurídica às tratativas para a futura celebração de um Acordo de Leniência".[1031] Trata-se de uma versão similar ao *marker*, utilizado no programa de leniência antitruste (vide cap. 2, item 2.4.1.1, *supra*).

O Decreto nº 8.420/2015 traz, ainda, algumas inovações em relação à Lei Anticorrupção. Uma delas diz respeito à fixação de um marco temporal para a propositura do acordo de leniência, a qual deve ser feita até a conclusão do relatório a ser elaborado no âmbito do Processo Administrativo de Responsabilização (PAR).[1032] [1033] É importante notar,

---

[1028] Lei nº 12.846/2013, art. 16, §1º: "O acordo de que trata o caput somente poderá ser celebrado se preenchidos, cumulativamente, os seguintes requisitos: II - a pessoa jurídica cesse completamente seu envolvimento na infração investigada a partir da data de propositura do acordo".
Decreto nº 8.420/2015, art. 30: "A pessoa jurídica que pretenda celebrar acordo de leniência deverá: II - ter cessado completamente seu envolvimento no ato lesivo a partir da data da propositura do acordo".

[1029] Portaria Conjunta nº 4/2019, art. 3º, §3º: "Após a assinatura do Memorando de Entendimentos, o DPP indicará um ou mais membros da AGU para comporem a comissão de negociação de eventual acordo de leniência, a ser designada nos termos do inciso I do art. 5º desta Portaria".

[1030] Portaria Conjunta nº 4/2019, art. 3º, §4º: "A proposta apresentada receberá tratamento sigiloso e o acesso ao seu conteúdo será restrito aos membros da comissão de negociação designados pelo Secretário de Combate à Corrupção da CGU e aos servidores designados como assistentes técnicos, ressalvada a possibilidade de a proponente autorizar a divulgação ou o compartilhamento da existência da proposta ou de seu conteúdo, desde que haja anuência das partes, bem como em observância ao disposto no §6º do art. 16 da Lei nº 12.846, de 2013".

[1031] BRASIL. Advocacia-Geral da União. *Manual sobre acordos de leniência*. Versão Preliminar. p. 40.

[1032] Lei nº 12.846/2013, Art. 30, §2º: "A proposta do acordo de leniência poderá ser feita até a conclusão do relatório a ser elaborado no PAR".

[1033] No que concerne a esse marco temporal, Simão e Vianna defendem que "a Administração poderia melhor analisar a possibilidade de admissão do acordo de leniência mesmo estando concluído o processo administrativo". De acordo com os autores, "respeitados os requisitos legais e a finalidade do acordo de leniência, a colaboração é sempre desejável pela Administração, uma vez que possibilita a ampliação de sua capacidade investigativa. Outrossim, não se trata de simples hipótese de retratação ou confissão da pessoa jurídica,

no entanto, que a limitação temporal diz respeito à propositura do acordo de leniência, de forma que não há qualquer indicação expressa, na Lei Anticorrupção ou no referido decreto, de prazo para a celebração do acordo de leniência. Ou seja, a Lei Anticorrupção parece deixar em aberto a possibilidade de se firmar o acordo de leniência a qualquer momento, desde que sua proposta tenha ocorrido antes da apresentação do relatório final pela Comissão do PAR[1034] (vide este cap. 4, item 4.5.1, *infra*).

O que se considera, então, ser esse PAR? Via de regra, entende-se que o PAR se consubstancia no processo aberto pela CGU ou pela autoridade máxima dos órgãos da administração para responsabilização do infrator. Essa abertura interpretativa decorre do art. 8º da Lei Anticorrupção, que define que "[a] instauração e o julgamento de processo administrativo para apuração da responsabilidade de pessoa jurídica cabem à autoridade máxima de cada órgão ou entidade dos Poderes Executivo, Legislativo e Judiciário". Por outro lado, a CGU considera que

> [a] CGU tem competência concorrente para instaurar e julgar o processo administrativo, além de competência exclusiva para avocar os processos instaurados para exame de sua regularidade ou para corrigir-lhes o andamento, inclusive promovendo a aplicação da penalidade administrativa cabível.[1035]

---

institutos esses que poderiam gerar algum tipo de atenuação da multa, mas não os efeitos do acordo de leniência. Nesses casos, sim, parece ser interessante impor algum tipo de espontaneidade do acusado antes da decisão final, a fim de que seu ato seja verdadeiro e não mera reação à penalidade inevitável. No caso de colação com o Estado, parece ser possível, independentemente do momento processual. Ademais, após a normatização do procedimento, verificou-se que a data do relatório acabou por trazer certa insegurança ao processo, uma vez que se trata de data improvável. Apresentada a defesa formal, a comissão não tem um prazo específico para a conclusão do relatório (salvo o de conclusão do processo como um todo, que pode ser prorrogado), o que torna incerta a data limite para a proposta do acordo de leniência. Por fim, cabe analisar a possibilidade de proposição de acordo de leniência após julgado o processo e a aplicadas as sanções administrativas. Como referência, lembramos que, na seara penal, admite-se a colaboração premiada mesmo após proferida a sentença. No caso da LAC, não existe vedação expressa a essa alternativa. Poderia se argumental que, se o processo foi concluído com a aplicação da penalidade, a Administração logrou reunir elementos de provas suficientes para a elucidação do caso. Porém, de outra perspectiva, a pessoa jurídica poderia apresentar evidência que auxiliassem na identificação de novos envolvidos no mesmo ilícito ou ainda numa infração distinta, cujo conteúdo o Estado desconhecia (como ocorre na leniência *plus* do Cade)" (SIMÃO, Valdir Moyses; VIANNA, Marcelo Pontes. *O acordo de leniência na lei anticorrupção*: histórico, desafios e perspectivas. São Paulo: Trevisan, 2017. p. 109 e 110).

[1034] Arts. 8º a 15 da Lei nº 12.846/2013.

[1035] Conforme disposto no *site* da CGU: BRASIL. Ministério Público da Transparência e Controladoria-geral da União. *Processo administrativo de responsabilização*. CGU, 2015.

Porém, linha minoritária entende ser possível interpretar que o PAR também se consubstanciaria no processo de Tomada de Contas Especiais (TCE).[1036] Há, ainda, uma discussão a respeito da possibilidade de suspensão do PAR após a assinatura do Memorando de Entendimentos entre a proponente do acordo de leniência e a CGU/AGU, e enquanto durar a negociação do acordo. Essa controvérsia decorre de relatórios do TCU, que questionam uma suposta interrupção da investigação quando há a suspensão do PAR pela autoridade administrativa. Assim, questiona-se: será que prosseguir com as investigações para apuração de responsabilização no PAR seria incompatível com a própria negociação do acordo de leniência?[1037]

Caso a negociação do acordo de leniência seja conduzida por uma área distinta da área de investigação (o que, inclusive, é a nossa recomendação, a fim de que se estabeleça uma espécie *"chinese wall"* interno, também denominado *"screening procedure"*[1038]), uma primeira corrente entende que não há justificativa para que haja a suspensão do processo ou do prazo prescricional. Na CGU, inclusive, as negociações do acordo de leniência são conduzidas no âmbito da recém-criada Secretaria Anticorrupção, ao passo que a condução do PAR é de responsabilidade da Corregedoria-Geral da União. Do contrário, as negociações do acordo de leniência poderiam ser utilizadas indevidamente pelos proponentes para retardar seus processos de responsabilização, sem que se tenha a garantia de um resultado positivo da negociação para o interesse público.

Por outro lado, uma segunda corrente aponta no sentido de que o PAR não é um processo de investigação, mas sim de responsabilização. Dessa forma, por ser essa sua natureza, seria incompatível

---

Disponível em: http://www.cgu.gov.br/assuntos/responsabilizacao-de-empresas/lei-anticorrupcao/processo-administrativo-de-responsabilizacao. Acesso em: 20 nov. 2018.

[1036] O TCU tem debatido essa temática no âmbito do Grupo de Trabalho instituído pela Presidência do Tribunal de Contas da União, mediante a Portaria TCU nº 55, de 21 de fevereiro de 2014.

[1037] Nesse sentido, vale destacar que a Medida Provisória nº 703/2015 havia alterado a redação do parágrafo 9º do artigo 16 da Lei Anticorrupção, para prever a suspensão do prazo prescricional quando da assinatura do Memorando de Entendimentos (final da fase 1, *vide* este cap. 4, seção 4.5.1, *infra*). No entanto, a medida provisória não foi convertida em lei, vigorando, portanto, a redação original do parágrafo, que nada diz acerca do prazo prescricional ou da suspensão do PAR durante as negociações (mas apenas após a efetiva celebração do acordo de leniência).

[1038] A respeito do novo uso do termo *"screening procedure"* e não do termo *"chinese wall"*, menciona-se discussão internacional sobre a possibilidade de este último ter cunho pejorativo. Para mais informações, recomenda-se o aprofundamento da Regra 1.10 sobre conflito de interesses da American Bar Association (ABA), disponível em: https://www.americanbar.org/groups/professional_responsibility/publications/model_rules_of_professional_conduct/rule_1_10_imputation_of_conflicts_of_interest_general_rule/ Acesso em: 29 out. 2020.

a continuidade do PAR quando da negociação em paralelo do acordo de leniência. Isso porque a mesma empresa estaria, perante o mesmo órgão, exercendo o contraditório e a ampla defesa no PAR e, em paralelo, confessando práticas no âmbito do acordo de leniência que resultam em sua responsabilização objetiva.

A fim de verificar, portanto, a possibilidade de assinar um Memorando de Entendimentos, a CGU deverá averiguar, previamente: (i) se há conclusão do relatório a ser elaborado no PAR da empresa, caso esse exista; (ii) se há negociação de acordo de leniência em andamento com outra empresa ou acordo de leniência assinado com outra empresa sobre o mesmo ato ilícito noticiado; (iii) se as provas a serem apresentadas são eficazes para a instauração de processos administrativos de responsabilização ou ações de improbidade administrativa.[1039] [1040]

Caso tais requisitos não tenham sido preenchidos (ou seja, caso não haja vedação para iniciar a negociação), é possível prosseguir com a assinatura do Memorando de Entendimentos entre a CGU e os proponentes. Vale destacar que, desde a assinatura da Portaria Interministerial CGU/AGU nº 2.278/2016 (revogada pela Portaria Conjunta

---

[1039] É interessante observar a ressalva feita pela AGU quanto à quantidade de provas necessárias para assegurar à empresa que ela foi a primeira a se manifestar sobre o ato ilícito. De acordo com esta autoridade, a quantidade de informações e documentos "pode variar conforme o caso, uma vez que haverá hipóteses nas quais a CGU necessitará de mais ou menos informações para saber se o fato já se encontra ou não sob investigação" (BRASIL. Advocacia-Geral da União. *Manual sobre acordos de leniência*. Versão Preliminar. p. 35).

[1040] Por sua vez, o TCU entende que, para ser firmado o memorando de entendimentos, deve-se atentar para os seguintes critérios: a.1) Se a pessoa jurídica proponente foi a primeira a se manifestar acerca do ato lesivo objeto do processo de leniência, nos termos do inciso I do §1º do artigo 16 da LAC; a.2) O prosseguimento das apurações, caso haja processo administrativo de responsabilização em curso, até a formalização e cumprimento do acordo de leniência, com o regular seguimento dos atos processuais da lide até o seu julgamento; a.3) O acesso irrestrito a toda e qualquer informação e documento da pessoa jurídica promitente colaboradora, incluídas as protegidas por sigilo fiscal, bancário e comercial, no intuito de contribuir com as investigações de atos lesivos previstos na LAC, bem como na aferição das vantagens indevidamente percebidas pelo agente infrator; a.4) O cumprimento do prazo definido no artigo 32 do Decreto nº 8.420, de 201571, nos termos do inciso II do artigo 16 da LAC, para o encerramento das negociações que antecedem à elaboração da minuta do acordo de leniência, devendo eventual prorrogação ser formalizada e fundamentada; a.5) A colaboração permanente da pessoa jurídica proponente até a extinção do acordo de leniência, tendo em vista não haver restrição temporal prevista na LAC ou no Decreto nº 8.420, de 2015; a.6) A desconsideração da quitação plena sem a devida estimativa de todo o dano sofrido pela administração pública decorrente dos atos lesivos confessados pela pessoa jurídica; a.7) A desconsideração da quitação de ilícitos previstos na Lei nº 8.666, de 1993 e no Decreto nº 2.745, de 24 de agosto de 1998, sem que sejam apuradas todas as irregularidades a eles referentes (BRASIL. Advocacia-Geral da União. *Manual sobre acordos de leniência*. Versão Preliminar. p. 41).

nº 4/2019), a AGU também tem assinado esse documento,[1041] em geral após verificação interna da existência, ou não, de investigações acerca do mesmo fato e de parecer emitido pela CGU a respeito da minuta de Memorando de Entendimentos.

4.5.2 Fase 2: a negociação dos termos do acordo de leniência anticorrupção com a CGU e a AGU

Uma vez assinado o Memorando de Entendimentos, encontra-se formalizada a proposta de acordo de leniência e inaugura-se a segunda fase: a da negociação dos termos do acordo. Para tanto, o Secretário de Combate à Corrupção da CGU designará uma comissão responsável pela condução da negociação do acordo, a qual deverá ser composta por, no mínimo, dois membros da carreira de finanças e controle em exercício na CGU, bem como por um membro da AGU indicado pelo DPP.[1042]

Nos termos do art. 7º da Portaria Conjunta nº 4/2019,[1043] compete à comissão de negociação, composta por servidores da CGU[1044] e da AGU:

(i) esclarecer à proponente os requisitos legais (vide este cap. 4, item 4.3, *supra*) necessários para a celebração de acordo de leniência;

(ii) avaliar se os elementos trazidos pela proponente atendem aos requisitos legais;

(iii) proceder à avaliação do programa de integridade da proponente, caso existente, conforme regulamento específico da CGU, podendo contar com o apoio da DPI;

(iv) solicitar, quando necessário, à DAL e ao DPP que façam a interlocução com órgãos, inclusive unidades da CGU e da AGU, entidades e autoridades, nacionais ou internacionais, no que tange às atividades relacionadas aos acordos em negociação;

[1041] A AGU, na pessoa do Secretário-Geral da Consultoria-Geral da União, assina o Memorando de Entendimentos, em conjunto com a CGU, após o parecer da Consultoria-Geral da União a respeito da minuta de Memorando.

[1042] Portaria Conjunta nº 4/2019, art. 5º, I.

[1043] A Portaria Conjunta nº 4/2019 revogou a Portaria Interministerial CGU/AGU nº 2.278/2016, que ficou em vigor até 9 de agosto de 2019.

[1044] Os membros da comissão de negociação que sejam servidores estáveis serão Auditores Federais de Finanças e Controle (BRASIL. Ministério Público da Transparência e Controladoria-Geral da União. *Passo a passo*. Disponível em: http://www.cgu.gov.br/assuntos/responsabilizacao-de-empresas/lei-anticorrupcao/acordo-leniencia/passo-a-passo. Acesso em: 21 nov. 2018).

AMANDA ATHAYDE
MANUAL DOS ACORDOS DE LENIÊNCIA NO BRASIL: TEORIA E PRÁTICA

(v) propor cláusulas e obrigações para o acordo de leniência que, diante das circunstâncias do caso concreto, reputem-se necessárias para assegurar:

(a) a efetividade da colaboração e o resultado útil do processo;

(b) o comprometimento da pessoa jurídica em promover alterações em sua governança que mitiguem o risco de ocorrência de novos atos ilícitos;

(c) a obrigação da pessoa jurídica em adotar, aplicar ou aperfeiçoar programa de integridade;

(d) o monitoramento eficaz dos compromissos firmados no acordo de leniência; e

(e) a reparação do dano identificado ou a subsistência desta obrigação;

(vi) negociar os valores a serem ressarcidos, preservando-se a obrigação da pessoa jurídica de reparar integralmente o dano causado;

(vi) submeter à DAL relatório conclusivo acerca das negociações, sugerindo, de forma motivada, quando for o caso, a aplicação dos efeitos previstos pelo art. 40 do Decreto nº 8.420/2015[1045] e o valor da multa aplicável.[1046]

A Portaria Conjunta nº 4/2019 ainda deixou claro que, na comissão de negociação, é competência específica dos membros da AGU avaliar a vantagem e a procedência da proposta da empresa, em face da possibilidade de eventuais ações judiciais (art. 7º, §4º). À CGU, por sua vez, cabe a avaliação de eventual programa de integridade da pessoa jurídica, além de questões econômicas e contábeis relacionadas ao cálculo da multa e ao ressarcimento do erário.

[1045] Decreto nº 8.420/2015, art. 40: "Uma vez cumprido o acordo de leniência pela pessoa jurídica colaboradora, serão declarados em favor da pessoa jurídica signatária, nos termos previamente firmados no acordo, um ou mais dos seguintes efeitos: I - isenção da publicação extraordinária da decisão administrativa sancionadora; II - isenção da proibição de receber incentivos, subsídios, subvenções, doações ou empréstimos de órgãos ou entidades públicas e de instituições financeiras públicas ou controladas pelo Poder Público; III - redução do valor final da multa aplicável, observado o disposto no art. 23; ou IV - isenção ou atenuação das sanções administrativas previstas nos art. 86 a art. 88 da Lei nº 8.666, de 1993, ou de outras normas de licitações e contratos. Parágrafo único. Os efeitos do acordo de leniência serão estendidos às pessoas jurídicas que integrarem o mesmo grupo econômico, de fato e de direito, desde que tenham firmado o acordo em conjunto, respeitadas as condições nele estabelecidas".

[1046] Portaria Conjunta nº 4/2019, art. 7º, inciso VII.

Importante mencionar que, na prática, o TCU tentou acompanhar de perto toda a negociação dos acordos de leniência realizada pela CGU e pela AGU, nos termos da revogada IN nº 74/2015. Isso significava que o TCU tinha acesso, inclusive, ao sistema eletrônico de informações (SEI) da CGU, no qual há registro, em forma de ata, de todas as reuniões e de seu conteúdo. Na prática recente, porém, sabe-se que o TCU parou de ter acesso tão pormenorizado às negociações da CGU e da AGU. Nesse contexto, embora o texto tenha sido alterado com a nova IN nº 83/2018, manteve-se o entendimento, pelo próprio Tribunal, de que a corte de contas poderá fiscalizar a celebração de acordos de leniência, razão pela qual ainda há certa incerteza sobre o nível de acesso do TCU no dia a dia das negociações.

O Acordo de Cooperação Técnica STF/CGU/AGU/MJ/TCU, celebrado em 6 de agosto de 2020,[1047] altera um pouco esse procedimento de negociação com a CGU e AGU, uma vez que reinsere a manifestação do TCU sobre a questão das verbas pecuniárias. Nos termos da terceira ação operacional deste documento, indica-se que se o TCU considerar que os valores negociados não satisfazem aos critérios estabelecidos para a quitação do dano por ele estimado, a CGU e a AGU buscarão negociação complementar para eventual ajuste dos valores a título de ressarcimento de danos, não estando impedidas de formalizar o acordo de leniência, sem quitação no ponto, caso não seja possível alcançar consenso na negociação complementar. Trata-se, portanto, de inovação no trâmite de negociação, que poderá trazer reflexos imediatos nos prazos (vide este cap. 4. item 4.5.5, *infra*.).

As partes podem optar por desistir da proposta em qualquer fase da negociação (vide este cap. 4, item 4.5.4, *infra*). Caso se proceda à negociação, a comissão de negociação poderá optar pela não celebração do acordo de leniência anticorrupção. Se, ao contrário, a comissão de negociação optar pela realização do acordo de leniência, deverá sustentar tal decisão nos critérios e requisitos legais e, especialmente, na preservação do interesse público no caso concreto.

[1047] Acordo de Cooperação Técnica entre o Supremo Tribunal Federal (STF), a Controladoria-Geral da União (CGU), a Advocacia-Geral da União (AGU), Ministério da Justiça e Segurança Pública (MJSP) e o Tribunal de Contas da União (TCU) em matéria de combate à corrupção no Brasil, especialmente em relação aos acordos de leniência da Lei nº 12.846/2013. Disponível em: http://www.stf.jus.br/arquivo/cms/noticiaNoticiaStf/anexo/Acordo6agosto.pdf. Acesso em: 18 set. 2020.

4.5.3 Fase 3: a assinatura do acordo de leniência anticorrupção pela CGU e pela AGU

Ao final da fase de negociação, caso a comissão de negociação opte pela realização do acordo de leniência, e caso as partes concordem com seus termos, a comissão apresentará um relatório, o qual será remetido, pelo Secretário de Combate à Corrupção da CGU, para manifestação conjunta do Procurador-Geral da União e do Consultor Jurídico da CGU.[1048]

Uma vez colhidas as manifestações, todas serão submetidas ao Ministro de Estado da CGU e ao Advogado-Geral da União,[1049] que podem optar por assinar, ou não, o acordo, não se vinculando às manifestações técnicas anteriores, nem da comissão de negociação nem das respectivas consultorias jurídicas.

Interessante mencionar que Lins, em pesquisa empírica sobre todos os acordos de leniência celebrados pela CGU e AGU até 2019, apurou o período despendido entre a assinatura do memorando de entendimentos e a efetiva celebração do acordo em cada um dos onze acordos celebrados.[1050] Verificou-se a média de duração de 2 anos e 2 meses, o que representa um prazo superior ao previsto no art. 32 do Decreto nº 8.420/2015, que prevê o prazo de 180 (cento e oitenta) dias. Em que pese isso, o autor entende que se trata de avanço institucional, já que o prazo médio para condenações definitivas de pessoas jurídicas por improbidade administrativa estaria em 6 (seis) anos e 8 (oito) meses, segundo a Associação Brasileira de Jurimetria (ABJ), em parceria com o Instituto Não Aceito Corrupção.[1051]

Um dos pontos detalhados pelo Decreto nº 8.420/2015 é a tutela do sigilo das negociações dos acordos de leniência. Segundo o art. 16, §3º, da Lei Anticorrupção, "[a] proposta de acordo de leniência somente se tornará pública após a efetivação do respectivo acordo, salvo no interesse das investigações e do processo administrativo". O art. 31, §1º, do Decreto nº 8.420/2015, por sua vez, dispõe que a proposta apresentada receberá tratamento sigiloso e o acesso ao seu conteúdo será restrito aos servidores especificamente designados pela CGU para participar

---

[1048] Portaria Conjunta nº 4/2019, art. 7º, §6º.

[1049] Portaria Conjunta nº 4/2019, art. 7º, §6º.

[1050] LINS, Raniere Rocha. Consensualidade e o enfrentamento à corrupção: diagnóstico dos espaços de consenso na prevenção e repreensão de atos corruptivos à luz da Lei nº 12.846/2013. 2020. Dissertação (Mestrado) – Instituto de Direito Público, Brasília, 2020.

[1051] Instituto Não Aceito Corrupção. Disponível em: http://naoaceitocorrupcao.org.br/2017/radiografia/radiografia/tempos/. Acesso em: 10 jul. 2020.

da negociação do acordo de leniência, ressalvada a possibilidade de o proponente autorizar a divulgação ou o compartilhamento de informações sobre a proposta (sobre sua existência ou seu conteúdo), desde que haja anuência da CGU.

A questão da tutela do sigilo das negociações é especialmente relevante, uma vez que é necessário ponderá-la com a própria proteção das investigações. Muito embora o sigilo sirva também para proteger a figura e a reputação da pessoa jurídica proponente, ele só se justifica em nome da melhor atuação estatal. Assim, há quem defenda que só faz sentido resguardar o sigilo das negociações em casos em que já há investigação em curso sobre a mesma prática e quando a publicidade puder trazer prejuízos.

No que concerne à hipótese de a negociação não ser exitosa, a Lei Anticorrupção prevê que, se a proposta de acordo de leniência for rejeitada pela autoridade, não se considerará que houve reconhecimento, por parte do proponente, da prática do ato ilícito investigado,[1052] novamente seguindo a inspiração do acordo de leniência antitruste. Mais uma vez, o Decreto nº 8.420/2015 complementa a Lei, adicionando aspectos operacionais a tal garantia. Segundo o art. 34 do decreto, "[a] pessoa jurídica proponente poderá desistir da proposta de acordo de leniência a qualquer momento que anteceda a assinatura do referido acordo". Ainda, segundo o art. 35 do decreto,

> [c]aso o acordo não venha a ser celebrado, os documentos apresentados durante a negociação serão devolvidos, sem retenção de cópias, à pessoa jurídica proponente e será vedado seu uso para fins de responsabilização, exceto quando a administração pública federal tiver conhecimento deles independentemente da apresentação da proposta do acordo de leniência.

Apesar dessa previsão legal, ainda há questionamentos sobre a operacionalização concreta desse sigilo, tendo em vista a multiplicidade de agentes envolvidos na negociação (vide este cap. 4, item 4.2, *infra*).

4.5.4 Da desistência ou da rejeição da proposta de acordo de leniência anticorrupção

A empresa proponente pode desistir da proposta de acordo de leniência anticorrupção em qualquer momento que anteceda a celebração

---

[1052] Lei nº 12.846/2013, art. 16, §7º: "Não importará em reconhecimento da prática do ato ilícito investigado a proposta de acordo de leniência rejeitada".

do acordo (art. 34 do Decreto nº 8.420/2015[1053] e inciso I do art. 8º da Portaria Conjunta nº 4/2019[1054]).

Para além da desistência, que parte do próprio proponente, a não apresentação de documentos minimamente aptos a comprovar a infração relatada poderá ensejar, também, a rejeição da proposta de acordo de leniência pela CGU e/ou pela AGU (inciso II do art. 8º da Portaria Conjunta nº 4/2019[1055]). Nesse caso, a comissão de negociação estará autorizada a negar a celebração do acordo de leniência sempre que notar que: (i) os proponentes não estão efetivamente dispostos a cooperar com a Administração Pública; (ii) os documentos e informações apresentados pelos proponentes não são suficientes para indicar a existência de indícios de práticas contrárias à Lei Anticorrupção, ou que tais informações e documentos não são suficientes para contribuir com as investigações; (iii) os proponentes não assumirão um programa de integridade validado pelo monitoramento da CGU; ou que (iv) os proponentes não estão dispostos[1056] a ressarcir os valores devidos a título de reparação de danos, com base em critérios de eficiência, conforme preceitua o art. 7º, VI, da Portaria Conjunta nº 4/2019.

Tanto a desistência quanto a rejeição da proposta de acordo de leniência anticorrupção não importarão em reconhecimento da prática do ato lesivo investigado pela pessoa jurídica (Lei nº 12.846/2013, art. 16, §7º;[1057] Portaria Conjunta nº 4/2019, art. 8º, parágrafo único, I;[1058] e Decreto nº 8.420/2015, primeira parte do art. 33[1059]), da qual não se fará qualquer divulgação, ressalvada a possibilidade de a proponente autorizar a divulgação ou o compartilhamento da existência da proposta ou de

---

[1053] Decreto nº 8.420/2015, art. 34: "A pessoa jurídica proponente poderá desistir da proposta de acordo de leniência a qualquer momento que anteceda a assinatura do referido acordo".

[1054] Portaria Conjunta nº 4/2019, art. 8º, I: "A qualquer momento que anteceda à celebração do acordo de leniência, a proposta de acordo poderá: I - ser objeto de desistência por parte da pessoa jurídica proponente".

[1055] Portaria Conjunta nº 4/2019, art. 8º, II: "A qualquer momento que anteceda à celebração do acordo de leniência, a proposta de acordo poderá: (...) II - ser rejeitada pela CGU ou pela AGU".

[1056] Utiliza-se aqui o termo "dispostos", mas sabe-se que o ressarcimento dependerá da capacidade da empresa de assumir as obrigações, nos termos discutidos no cap. 1, seção 1.1.6, *supra*, bem como neste cap. 4, seção 4.3.7, *supra*.

[1057] Lei nº 12.846/2013, art. 16, §7º: "Não importará em reconhecimento da prática do ato ilícito investigado a proposta de acordo de leniência rejeitada".

[1058] Portaria Conjunta nº 4/2019, art. 8º: "Parágrafo único. A desistência da proposta de acordo de leniência ou sua rejeição: I - não importará em reconhecimento da prática do ato lesivo investigado pela pessoa jurídica".

[1059] Decreto nº 8.420/2015, art. 33: "Não importará em reconhecimento da prática do ato lesivo investigado a proposta de acordo de leniência rejeitada (...)".

seu conteúdo, desde que haja anuência das partes (Portaria Conjunta nº 4/2019, art. 8º, parágrafo único, III;[1060] e Decreto nº 8.420/2015, segunda parte do art. 33[1061]).

Ainda, em ambas as hipóteses, todos os documentos apresentados pelo proponente à CGU/AGU serão devolvidos, sem retenção de cópias, e todas as informações prestadas serão mantidas sob sigilo, não sendo permitido a estas autoridades compartilhar ou fazer uso dessas informações para nenhum fim, inclusive de responsabilização, salvo na hipótese de a Administração Pública ter tido acesso a tais informações e documentos por outros meios (Portaria Conjunta nº 4/2019, art. 8º, parágrafo único, II,[1062] e Decreto nº 8.420/2015, segunda parte do art. 33[1063]).

Insta mencionar que essas garantias referentes às hipóteses de não celebração do acordo, seja por desistência ou rejeição, foram confirmadas no Acordo de Cooperação Técnica STF/CGU/AGU/MJ/TCU, celebrado em 6 de agosto de 2020, [1064] nos termos detalhados no cap. 4, item 4.5.5, *infra*.

[1060] Portaria Conjunta nº 4/2019, art. 8º: "Parágrafo único. A desistência da proposta de acordo de leniência ou sua rejeição: (...) III - não acarretará na sua divulgação, ressalvado o disposto no art. 4º desta Portaria". O referido art. 4º diz o seguinte: "Art. 4º. A proposta apresentada receberá tratamento sigiloso e o acesso ao seu conteúdo será restrito aos membros da comissão de negociação designados pelo Secretário de Combate à Corrupção da CGU e aos servidores designados como assistentes técnicos, ressalvada a possibilidade de a proponente autorizar a divulgação ou o compartilhamento da existência da proposta ou de seu conteúdo, desde que haja anuência das partes, bem como em observância ao disposto no §6º do art. 16 da Lei nº 12.846, de 2013".

[1061] Decreto nº 8.420/2015, art. 33: "Não importará em reconhecimento da prática do ato lesivo investigado a proposta de acordo de leniência rejeitada, da qual não se fará qualquer divulgação, ressalvado o disposto no §1º do art. 31". O referido §1º do art. 31 diz o seguinte: "A proposta apresentada receberá tratamento sigiloso e o acesso ao seu conteúdo será restrito aos servidores especificamente designados pela Controladoria-Geral da União para participar da negociação do acordo de leniência, ressalvada a possibilidade de a proponente autorizar a divulgação ou compartilhamento da existência da proposta ou de seu conteúdo, desde que haja anuência da Controladoria-Geral da União".

[1062] Portaria Conjunta nº 4/2019, art. 8º: "Parágrafo único. A desistência da proposta de acordo de leniência ou sua rejeição: II - implicará a devolução, sem retenção de cópias, dos documentos apresentados, sendo vedado o uso desses ou de outras informações obtidas durante a negociação para fins de responsabilização, exceto quando a administração pública tiver conhecimento deles por outros meios".

[1063] Decreto nº 8.420/2015, art. 35: "Caso o acordo não venha a ser celebrado, os documentos apresentados durante a negociação serão devolvidos, sem retenção de cópias, à pessoa jurídica proponente e será vedado seu uso para fins de responsabilização, exceto quando a administração pública federal tiver conhecimento deles independentemente da apresentação da proposta do acordo de leniência".

[1064] Acordo de Cooperação Técnica entre o Supremo Tribunal Federal (STF), a Controladoria-Geral da União (CGU), a Advocacia-Geral da União (AGU), Ministério da Justiça e Segurança Pública (MJSP) e o Tribunal de Contas da União (TCU) em matéria de combate à corrupção

Cabe aqui o mesmo questionamento levantado quando da análise do acordo de leniência antitruste (vide cap. 2, item 2.4.6, *supra*): como a CGU/AGU poderá, *de facto*, não utilizar essas informações que já foram apresentadas em sede de uma negociação com desistência ou rejeição? Como já mencionado, *de iure*, a CGU e a AGU não podem fazer o uso dessas informações e documentos, o que protege os proponentes em possíveis demandas administrativas ou judiciais e responsabiliza os servidores públicos que descumpram essa norma. *De facto*, a melhor maneira para garantir segurança jurídica aos administrados seria assegurar que as estruturas internas da CGU e da AGU garantissem a separação entre a equipe que negocia a proposta de acordo de leniência anticorrupção (equipe a ser designada pela Secretaria Executiva da CGU[1065]) da equipe que faz a iniciação, a instrução e a investigação dos processos administrativos de responsabilização (equipe a ser designada pelo Corregedor-Geral da União[1066]). Na CGU, conforme já mencionado, as negociações do acordo de leniência são conduzidas no âmbito da recém-criada Secretaria Anticorrupção, ao passo que a condução do PAR é de responsabilidade da Corregedoria-Geral da União. Assim, é importante que haja, no mínimo, uma *"chinese wall* temperada", tal qual existente no programa de leniência Antitruste (vide cap. 2, item 2.4.1.1, *supra*).

---

no Brasil, especialmente em relação aos acordos de leniência da Lei 12.846/2013. Disponível em: http://www.stf.jus.br/arquivo/cms/noticiaNoticiaStf/anexo/Acordo6agosto.pdf. Acesso em: 18 set. 2020.

[1065] Portaria Conjunta nº 4/2019, Art. 3º: "A proposta de acordo de leniência apresentada nos termos do art. 31 do Decreto nº 8.420, de 2015, será dirigida à Secretaria de Combate à Corrupção – SCC da Controladoria-Geral da União – CGU".
Art. 4º. "Uma vez assinado o Memorando de Entendimentos, o Secretário-Executivo do Ministério da Transparência, Fiscalização e Controladoria-Geral da União – CGU: I - designará, mediante despacho, comissão responsável pela condução da negociação do acordo, composta por, no mínimo, dois servidores públicos efetivos e estáveis do Ministério da Transparência, Fiscalização e Controladoria-Geral da União - CGU, bem como por membros indicados pela Advocacia-Geral da União".

[1066] Portaria nº 910/2015 da CGU, Art. 5: "Parágrafo único. Nos termos do §§1º e 2º do art. 8º e do art. 9º da Lei nº 12.846, de 2013, e do art. 4º do Decreto nº 8.420, de 2015, ficam delegadas ao Corregedor-Geral da União as seguintes competências: I - instaurar investigação preliminar e PAR".
Art. 10. "No ato de instauração do PAR, a autoridade competente designará comissão composta por dois ou mais servidores estáveis".

4.5.5 Possíveis implicações nas fases da leniência anticorrupção decorrentes das ações sistêmicas e operacionais do Acordo de Cooperação Técnica STF/CGU/AGU/MJ/TCU de 2020

Conforme supramencionado, em 6 de agosto de 2020 foi celebrado o Acordo de Cooperação Técnica STF/CGU/AGU/MJ/TCU.[1067] Para além de enunciar princípios gerais e específicos aplicados à atuação estatal anticorrupção, bem como pilares para os acordos de leniência (que na verdade são basicamente os requisitos dos acordos, e não de fato pilares do programa de leniência, nos termos tratados neste livro), conforme detalhado no item 1.4 deste livro, o Acordo de Cooperação Técnica apresenta ações sistêmicas e operacionais, que podem alterar aos poucos a dinâmica das negociações dos acordos de leniência anticorrupção. É o que se passa a analisar.

O Acordo de Cooperação Técnica STF/CGU/AGU/MJ/TCU apresenta quatro ações sistêmicas, que devem ser implementadas pelas autoridades signatárias: (i) observância, respeito e busca constante da afirmação das atribuições e competências das demais instituições; (ii) negociação de termos aditivos a acordos de leniência já celebrados, para a discussão de valores de dano ao erário, caso solicitado pela empresa signatária; (iii) adequação dos normativos e procedimentos internos para viabilizar a cooperação mencionada no próprio Acordo de Cooperação Técnica, resguardados (iii.1) o sigilo dos documentos da negociação, (iii.2) a cadeia de custódia dos documentos e informações, inclusive com a devolução destes em caso de desistência ou rejeição da proposta, e (iii.3) o compromisso de não sancionamento da empresa colaboradora com base nas provas apresentadas no próprio acordo de leniência, em específico a não aplicação das sanções de inidoneidade, suspensão ou proibição de contratar com a Administração Pública; (iv) buscar inovações legislativas para aprimorar a legislação anticorrupção.

Por sua vez, o Acordo de Cooperação Técnica STF/CGU/AGU/MJ/TCU também apresenta seis ações operacionais, que devem ser implementadas pelas autoridades signatárias: (i) comunicação entre as autoridades no momento da negociação e das investigações; (ii)

[1067] Acordo de Cooperação Técnica entre o Supremo Tribunal Federal (STF), a Controladoria-Geral da União (CGU), a Advocacia-Geral da União (AGU), Ministério da Justiça e Segurança Pública (MJSP) e o Tribunal de Contas da União (TCU) em matéria de combate à corrupção no Brasil, especialmente em relação aos acordos de leniência da Lei 12.846/2013. Disponível em: http://www.stf.jus.br/arquivo/cms/noticiaNoticiaStf/anexo/Acordo6agosto.pdf. Acesso em: 18 set. 2020.

cooperação com o TCU, em especial quanto à estimação de danos; (iii) compartilhamento de informações e documentos, com limites e procedimentos; (iv) compromisso de não utilização, direta ou indireta, das informações das empresas colaboradoras para o sancionamento; (v) busca ao sancionamento dos demais envolvidos; e (vi) estabelecimento de mecanismos de compensação e/ou abatimento de multas já pagas.

Quanto à primeira ação operacional, de (i) comunicação entre as autoridades no momento da negociação e das investigações, há alguns enunciados específicos para a notificação recíproca entre as instituições. Em (i.1), impõe a obrigação de que MPF, Polícia Federal e TCU acionem CGU e AGU caso, no curso de investigação ou procedimento apuratório, constatem o envolvimento de pessoa jurídica em ilícitos anticorrupção, quando tal medida não colocar em risco trabalhos em andamento. Ainda, em (i.2), impõe a obrigação de que a CGU e a AGU acionem o MPF caso, no curso de investigação ou procedimento instaurado, constatem envolvimento de pessoa física ou matéria de improbidade administrativa, quando tal medida não colocar em risco os trabalhos em andamento. Em (i.3), impõe que a negociação de acordos de leniência e acordos de colaboração premiada deve ser realizada de forma coordenada entre CGU, AGU, MPF e Polícia Federal, para que se resolva, simultaneamente, a responsabilidade de pessoas físicas e jurídicas. Insta ressaltar que, apesar de haver menção ao MPF e à Polícia Federal neste documento, as duas instituições não são signatárias, tendo a Comissão Permanente de Assessoramento para Acordos de Leniência e Colaboração Premiada do MPF, nos termos da Nota Técnica n. 2/2020 5ª CCR/MPF,[1068] recomendado a sua não assinatura pelo Procurador-Geral da República.

Quanto à segunda ação operacional, de (ii) cooperação com o TCU, em especial quanto à estimação de danos, é estabelecida uma tentativa de rito de comunicação sobre esse tema. Em (ii.1), enuncia que CGU, AGU e TCU buscarão parametrizar metodologia específica para apuração de eventual dano a ser endereçado em negociação para acordo de leniência – cujas dificuldades já foram supramencionadas, no cap. 1, item 1.1.6. Em (ii.2), dá nova dinâmica às negociações, de modo que CGU e AGU, concluindo que o acordo de leniência está em condições de ser assinado e ainda não havendo manifestação do TCU, este será comunicado para que se manifeste em até 90 (noventa) dias acerca da possibilidade de não instaurar ou extinguir procedimentos

---

[1068] Nota Técnica nº 2/2020 5ª CCR/MPF. Disponível em: http://www.mpf.mp.br/atuacao-tematica/ ccr5/notas-tecnicas/docs/nota-tecnica-2-2020-acordo-de-cooperacao-acordo-de-leniencia-final.pdf. Acesso em: 22 set. 2020.

administrativos de sua competência para cobrança de dano em face da colaboradora, por considerar que os valores negociados atendem aos critérios de quitação de ressarcimento de dano. Em (iii.3.), aponta que, se o TCU considerar que os valores negociados satisfazem aos critérios estabelecidos para a quitação do dano por ele estimado, o TCU dará quitação condicionada ao pleno cumprimento do acordo. Caso contrário, em (iii.4), aponta que, se o TCU considerar que os valores negociados não satisfazem aos critérios estabelecidos para a quitação do dano por ele estimado, a CGU e a AGU buscarão negociação complementar para eventual ajuste dos valores a título de ressarcimento de danos, não estando impedidas de formalizar o acordo de leniência, sem quitação no ponto, caso não seja possível alcançar consenso na negociação complementar. Trata-se, portanto, de inovação no trâmite de negociação, que poderá trazer reflexos imediatos nos prazos. Diante dessa preocupação, em (iii.5) há a previsão de que, não recebida a manifestação do TCU dentro do prazo de 90 (noventa) dias, CGU e AGU poderão negociar o acordo nos termos negociados com a empresa colaboradora, não havendo, nessa hipótese, quitação do ressarcimento do dano.

Quanto à terceira ação operacional, de (iii) compartilhamento de informações e documentos, com limites e procedimentos, são estabelecidos os seguintes limites: (iii.1) não utilização das informações recebidas contra o colaborador; (iii.2) não utilização das informações recebidas para responsabilização de outras pessoas físicas e jurídicas, até que se efetive a assinatura do acordo de leniência, exceto nos casos de ilícitos em andamento e com prévia anuência do colaborador; (iii.3) não utilização das informações recebidas para qualquer procedimento alheio ao Acordo de Cooperação Técnica, até que se efetive a assinatura do acordo de leniência; e (iii.4) a devolução das informações e documentos, nos termos do art. 35 do Decreto nº 8.420/ 2015, em caso de rejeição ou desistência da proposta de acordo.

Quanto à quarta ação operacional, de (iv) compromisso de não utilização, direta ou indireta, das informações das empresas colaboradoras para o sancionamento, há preocupação expressa com a não aplicação da sanção de inidoneidade, suspensão ou proibição para contratar com a Administração Pública, o que impacta as atividades do TCU. Em (iv.1), menciona-se que haverá o compartilhamento da integralidade das informações, documentos e demais elementos de prova fornecidos pela empresa colaboradora com o MPF e a Polícia Federal, para a responsabilização das pessoas físicas envolvidas nos ilícitos revelados pela empresa colaboradora. Em (iv.2), menciona-se esse compartilhamento com o TCU, para eventual responsabilização, em tomadas de contas especial ou de fiscalização de contratos, das demais pessoas, físicas ou jurídicas, envolvidas nos ilícitos revelados pela empresa colaboradora, bem como para apuração de eventual dano não resolvido pelo acordo de leniência. E em (iv.3) menciona-se que esse compartilhamento para outros eventuais órgãos (corregedorias, empresas estatais, Ministérios, Estados, Municípios, Distrito Federal e outros) será possível para viabilizar a responsabilização das demais pessoas, físicas ou jurídicas, envolvidas nos ilícitos revelados pela empresa colaboradora.

Quanto à quinta ação operacional, de (v) busca ao sancionamento dos demais envolvidos, de modo que, após a celebração do acordo de leniência, AGU e MPF, em conjunto ou isoladamente, poderão buscar a responsabilização, através de ações judiciais sobre improbidade administrativa, das demais pessoas, físicas e jurídicas, envolvidas no ilícito, além de que CGU e TCU também poderão proceder às ações de responsabilização contra terceiros, pessoas físicas ou jurídicas, no âmbito administrativo e de controle externo.

Quanto à sexta ação operacional, de (vi) estabelecer mecanismos de compensação e/ou abatimento de verbas pecuniárias, esses esforços são direcionados tanto às multas (sanções) já pagas quanto ao ressarcimento aos entes lesados (vide discussões no cap. 1, item 1.1.6, bem como neste cap. 4, item 4.3.7, *supra,* e no cap. 5, item 5.2.6, *infra*).

Todas essas ações sistêmicas e operacionais podem impactar na dinâmica das fases das negociações, razão pela qual há que se avaliar, nos casos concretos e a partir da sua implementação prática, como se dará essa tentativa de nova cooperação interinstitucional no âmbito dos acordos de leniência anticorrupção.[1069]

[1069] Para reflexão acerca do impacto da discricionariedade das autoridades na negociação dos acordos de leniência, ver: PIMENTA, Raquel de Mattos. Para controlar acordos de leniência é preciso mais do que bons princípios. *Portal Jota,* 11 ago. 2020. Disponível em: https://bit.ly/2S6mEbE. Acesso em: 27 set. 2020.

4.6 Leniência anticorrupção: panorama geral

Tabela 21 – Panorama geral da Leniência Anticorrupção

	Leniência Anticorrupção
Tipo de infração	Infrações previstas na Lei Anticorrupção e na Lei de Improbidade Administrativa.
Órgão competente para a celebração	Autoridade máxima de cada órgão ou entidade pública. No âmbito federal: CGU, AGU, MP. Discussão sobre a competência do TCU para supervisão e revisão.
Previsão legal	Arts. 16 e 17 da Lei nº 12.846/2013
Previsão infralegal	Arts. 28 a 40 do Decreto nº 8.420/2015 Portaria CGU 909 Portaria CGU 910 Instrução Normativa TCU nº 74/2015 Portaria Interministerial CGU/AGU 2278/2016 Passo a Passo Leniência CGU, 2018. Instrução Normativa TCU nº 83/2018 (revoga IN TCU 74/2015) Instrução Normativa CGU/AGU nº 2/2018 Portaria Conjunta CGU/AGU nº4/2019 (revoga Portaria Conjunta CGU/AGU 2278/2016) Acordo de Cooperação Técnica STF/CGU/AGU/MJ/TCU 2020
Possíveis beneficiários	Apenas pessoas jurídicas. Mas há interpretação e acordos que permitem a adesão de pessoas físicas.
Benefícios administrativos	Leniência parcial: Redução em até 2/3 da multa. Isenção ou atenuação da proibição de contratar com a Administração Pública (inidoneidade) – discussão a respeito da competência do TCU para aplicar penalidades. Isenção da obrigatoriedade de publicar a punição. Isenção da proibição de receber incentivos, subsídios e empréstimos públicos.
Benefícios criminais	Não existem benefícios criminais automáticos. Possível cooperação interinstitucional entre CGU/AGU e MP.
Benefícios cíveis	Não existem benefícios cíveis automáticos

Fonte: elaboração da autora.

CAPÍTULO 5

LENIÊNCIA DO MP

O presente capítulo sobre leniência do Ministério Público (MP), tal qual todos os demais capítulos temáticos por espécie de acordo de leniência neste livro, segue, intencionalmente, uma estrutura de sumário semelhante, para que seja possível comparar cada um dos assuntos entre cada um dos referidos programas de leniência. Assim, este capítulo 5 apresenta, inicialmente, um breve histórico legislativo do respectivo programa de leniência do MP (item 5.1). Em seguida, passa-se à análise dos requisitos legais do programa de leniência do MP (item 5.2). Adiante, são apresentados os benefícios do acordo de leniência do MP, sejam eles administrativos, criminais e/ou cíveis (item 5.3). A seguir, é delineado um passo a passo das fases de negociação do acordo, apresentado em forma visual e textual, para facilitar a compreensão do que se trata, na prática, da negociação de um acordo de leniência do MP (item 5.4). Por fim, é apresentado um panorama geral de todas as informações apresentadas do acordo de leniência do MP (item 5.5).

5.1 Acordo de leniência do MP: legislação aplicável

Os acordos de leniência do MP estão baseados em uma reinterpretação de dispositivos legais, e não em uma legislação específica, diferentemente dos acordos de colaboração premiada, regidos pela Lei nº 12.850/2013 (vide cap. 1, item 1.4.3.1, *supra*).

O acordo de leniência se constitui, segundo a Nota Técnica nº 2/2020 5ª CCR/MPF,[1070] em

---

[1070] Nota Técnica nº 2/2020 5ª CCR/MPF. Disponível em: http://www.mpf.mp.br/atuacao-tematica/ccr5/notas-tecnicas/docs/nota-tecnica-2-2020-acordo-de-cooperacao-acordo-de-leniencia-final.pdf. Acesso em: 22 set. 2020.

instrumento técnico-jurídico pelo qual o Ministério Público Federal e as pessoas jurídicas colaboradoras (e pessoas físicas relacionadas com elas) dispõem, consensualmente, sobre o exercício da postulação sancionatória do Parquet, em face do reconhecimento da prática de "atos lesivos" (artigo 5º, da Lei nº 12.846/2013) e atos de improbidade administrativa (artigos 9º, 10, 10-A e 11, da Lei nº 8.429/1992 e legislação extravagante), com a oferta de benefícios sancionatórios, tendo como pressuposto o recebimento de informações e provas úteis sobre autoria e materialidade de ilícitos, incrementando a atividade de investigação estatal do Parquet, formalizando relação jurídica bilateral ou convencional pautada na juridicidade, cooperação, boa-fé, isonomia, impessoalidade, moralidade, razoabilidade, proporcionalidade e o devido processo legal, com o fim de tutelar o interesse público anticorrupção em cada caso.

O relato do Procurador da República Carlos Fernando dos Santos Lima, à época integrante da Força Tarefa da Lava Jato em Curitiba, entrevistado por Pimenta,[1071] explica o momento inicial em que o MP decide que deve atuar nos acordos de leniência. Segundo o relato do então Procurador, foi no início das investigações da Operação Lava Jato, em 2014, que se desenhou a forma segundo a qual o MP poderia atuar. A partir da descrição de um colaborador sobre a existência de um cartel, teriam passado a estudar a forma de estruturação dos acordos de leniência do Cade. Constataram que, apesar de não constar expressamente prevista a competência do MP, o Cade chamava o MP para assinar os acordos como interveniente. Assim, elaboraram o raciocínio jurídico de que, apesar de não estarem expressamente mencionados no acordo de leniência anticorrupção, também poderiam atuar. Em seus termos: "minha primeira pergunta [era] por que o MP estava intervindo se ele não está na lei? Se ele não está lá, eu também não estou aqui, mas se ele vai lá, eu também posso ir aqui".

Nesse mesmo sentido, a Procuradora Regional da República Samantha Dobrowolski, também entrevistada por Pimenta,[1072] esclareceu que nos casos iniciais da Lava Jato não havia a incidência da Lei Anticorrupção com suas penas administrativas, dado que os fatos eram anteriores a 2013. Assim, seria possível utilizar o arcabouço da Lei de Improbidade Administrativa, que pelo aspecto procedimental formal poderia se aplicar aos fatos anteriores a 2013. A interpretação,

---

[1071] PIMENTA, Raquel. *A construção dos acordos de leniência da lei anticorrupção*. São Paulo: Bluncher, 2020. p. 93-94.

[1072] PIMENTA, Raquel. *A construção dos acordos de leniência da lei anticorrupção*. São Paulo: Bluncher, 2020. p. 94-95

CAPÍTULO 5
LENIÊNCIA DO MP | 575

portanto, foi no sentido de que a Lei Anticorrupção continha dispositivos que teriam aplicação temporal diferida, ou seja, que as sanções não poderiam retroagir porque agravariam a situação do réu, mas os acordos de leniência, quando celebrados, levariam ao abrandamento das penalidades do conjunto de subsistemas de responsabilização da pessoa jurídica e, por essa razão, poderiam ser utilizados em prol do réu. Ocorre que, à época, a Lei de Improbidade Administrativa vedava a transação em seu art. 17, mas esse também foi objeto de nova interpretação do MPF, no sentido de que haveria uma revogação tácita do dispositivo, o que será posteriormente detalhado.

O primeiro dispositivo que embasa essa reinterpretação dos dispositivos legais, de modo a conferir legitimação ao MPF para a celebração de acordos de leniência, é o art. 129, I, da Constituição Federal brasileira, que inclui, dentre as funções institucionais do Ministério Público, a promoção privativa da ação penal pública na forma da lei. Como o MP tem a titularidade exclusiva da ação penal pública, isso significaria que é o único legitimado a apresentar denúncia contra tipos penais de ação pública e, nessa interpretação, para deixar de apresentar denúncia.

O segundo dispositivo constitucional que, na visão do MP, justifica essa especial forma de concretização do princípio da eficiência da Administração Pública[1073] é o art. 37, *caput*, também da Constituição Federal. Nesse sentido, segundo Juliana Palma,

> Instrumentalização e funcionalização do Direito Administrativo ensejam a abertura à consensualidade na medida em que, conforme o critério racional que se adote para delimitar o conteúdo de "decisão eficiente", os acordos celebrados entre Administração Pública e administrado podem ser uma possível opção de escolha, admitindo ponderações

---

[1073] Segundo Juliana B. Palma: "Três relevantes interpretações do princípio da eficiência são extraídas da produção acadêmica sobre o tema: (i) a eficiência como sinônimo de 'boa administração', (ii) a eficiência como comando de otimização das decisões administrativas e (iii) a eficiência como dever de escolha do meio mais adequado para determinar decisões eficientes ao caso concreto. (...) O entendimento da eficiência como comando de otimização das decisões administrativas corresponde ao conceito mais difundido no Direito Administrativo brasileiro. (...) [A] última vertente do princípio da eficiência verificada nos textos acadêmicos aproxima a eficiência a uma obrigação de meio, pois considera a eficiência como o dever de escolha do meio mais adequado para determinar decisões eficientes ao caso concreto. Segundo essa perspectiva, a eficiência seria dotada de valor metodológico correspondente ao condicionamento das decisões administrativas à prévia ponderação dos meios à disposição da Administração Pública para satisfazer uma determinada finalidade de interesse público" (PALMA, Juliana B. *Atuação administrativa consensual*: estudo dos acordos substitutivos no processo administrativo sancionador. Dissertação (Mestrado) – Universidade de São Paulo, São Paulo, 2010. p. 91-92).

de eficiência no caso concreto juntamente com o ato administrativo imperativo e unilateral.[1074]

O terceiro dispositivo que embasa essa reinterpretação em prol da celebração de acordos de leniência pelo MP é o art. 37 da Convenção das Nações Unidas contra a Corrupção (Convenção de Mérida), introduzida no ordenamento jurídico brasileiro pelo Decreto nº 5.687/2006. Segundo tal comando, cada Estado-parte da Convenção

> adotará as medidas apropriadas para restabelecer as pessoas que participem ou que tenham participado na prática dos delitos (...) que proporcionem às autoridades competentes informação útil com fins investigativos e probatórios e as que lhes prestem ajuda efetiva e concreta que possa contribuir a privar os criminosos do produto do delito, assim como recuperar esse produto.

Assim, os signatários comprometem-se a considerar a possibilidade de prever, em casos apropriados, a mitigação de pena de toda pessoa acusada que preste cooperação substancial à investigação ou ao indiciamento dos delitos qualificados na Convenção. Além disso, a Convenção prevê que cada Estado-parte deverá considerar essa possibilidade conforme os princípios fundamentais de sua legislação interna, aplicando aos colaboradores as medidas apropriadas para a proteção eficaz desses indivíduos contra eventuais atos de represália ou intimidação.

Além disso, o quarto dispositivo que permite a celebração de acordo de leniência pelo MP é o art. 26 da Convenção das Nações Unidas contra o Crime Organizado Transnacional (Convenção de Palermo), incorporado ao ordenamento jurídico brasileiro pelo Decreto nº 5.015, de 12 de março de 2004. Tal dispositivo prevê que cada Estado-parte tomará as medidas adequadas para encorajar as pessoas que participem ou tenham participado de grupos criminosos organizados a:

(i) fornecerem informações úteis às autoridades competentes para efeitos de investigação e produção de provas, como:

(a) identidade, natureza, composição, estrutura, localização ou atividades dos grupos criminosos organizados;

(b) conexões, inclusive conexões internacionais, com outros grupos criminosos organizados; e

---

[1074] *Ibid.*, p. 96.

(c) infrações que os grupos criminosos organizados praticaram ou poderão vir a praticar.

(ii) a prestarem ajuda efetiva e concreta às autoridades competentes, capaz de contribuir para privar os grupos criminosos organizados dos seus recursos ou do produto do crime. Os Estados-parte poderão, também, segundo a Convenção, considerar conceder redução de pena e/ou imunidade penal àqueles que cooperarem de forma substancial na investigação ou no julgamento dos autores de uma infração-objeto do documento.

Ademais, o MP destaca que o Código de Processo Civil (CPC) prevê, em seu art. 3º, §§2º e 3º, que o Estado promoverá, sempre que possível, a solução consensual dos conflitos, e que a conciliação, a mediação e outros métodos de solução consensual de conflitos deverão ser estimulados por juízes, advogados, defensores públicos e membros do Ministério Público, inclusive no curso do processo judicial.

O Código Civil (CC) também é explícito ao prever que é lícito aos interessados previr ou terminar o litígio mediante concessões mútuas (art. 840) e que, no caso de obrigações de reparação civil, serão responsáveis o empregador ou comitente, por seus empregados, serviçais e prepostos, no exercício do trabalho que lhes competir, ou em razão dele (art. 932, III). O último dispositivo mencionado fortalece a percepção de que pessoas jurídicas poderão incluir seus empregados nos acordos celebrados.

Ainda, Mendonça aponta no sentido da viabilidade desse tipo de acordo:

> a interpretação teleológica nos conduz nesse mesmo sentido. É induvidoso que a vedação da lei de improbidade visa impedir que o interesse público seja lesionado. Porém, em casos de colaboração, sobretudo quando auxilia na recomposição no patrimônio público lesionado, o interesse público está sendo mais bem protegido, pois a Administração atingida é a mesma, as partes são as mesmas e o acordo acelera a reparação do dano causado ao erário e recuperação de ativos.[1075]

Mais recentemente, com as alterações trazidas pela Lei nº 13.655/2018 na Lei de Introdução às Normas do Direito Brasileiro (LINDB), em específico no art. 26, que incluiu genericamente o

---

[1075] MENDONÇA, Andrey Borges de. *Roteiro de colaboração premiada*. São Paulo: Mimeo, 2012.

permissivo de celebração de acordo entre a Administração Pública e particular para, entre outros, eliminar "situação contenciosa", houve reforço no argumento do MP de legitimidade para a celebração de acordos de leniência.

Nesse sentido, a interpretação do MP é no sentido de que pode celebrar acordos de leniência com empresas que figurarem (ou que poderão vir a figurar) no polo passivo de ações de improbidade administrativa ou de ações civis públicas para a reparação de danos decorrentes dessas infrações administrativas. Seria o caso, por exemplo, de um ato de enriquecimento ilícito perpetrado por um agente privado, em coautoria com um agente público, por meio da implementação de um cartel para fraudar licitação pública, gerando prejuízo ao erário. Segundo Dino, uma interpretação segundo a finalidade dessa norma evita que haja a disposição indevida da ação penal, em prejuízo da tutela da probidade administrativa.[1076] Ademais, segundo o Estudo Técnico nº 01/2017 do MPF,[1077] há fundamentos adjacentes que decorrem dos dispositivos legais que dão base para a celebração desses acordos,

---

[1076] Nesse sentido, destaca Nicolao Dino que: "A mens legislatoris presente nessa regra é compreensível: ao sublinhar o caráter indisponível da ação de improbidade, procurou-se imprimir rigor máximo no enfrentamento da corrupção e da improbidade administrativa. Essa inflexibilidade, contudo, não se coaduna com a própria finalidade da norma, tampouco com os atuais vetores do sistema de repressão do Estado. No campo penal, por exemplo, sabe-se que o princípio da obrigatoriedade da ação penal não é um dogma universal. Como anteriormente mencionado, cada vez mais são percebidos os influxos da chamada 'justiça negociada' no âmbito do direito penal, por conta de fatores de índole externa e interna à esfera criminal. (...) No Brasil, não obstante a presença, em nosso sistema, do princípio da obrigatoriedade da ação penal, há inúmeros traços mitigadores a esse caráter compulsório', o que, para muitos, constitui sinais de uma 'discricionariedade regrada' (...) O instituto da colaboração premiada também se harmoniza com a ideia de discricionariedade regrada ou de mitigação do princípio da obrigatoriedade, já que, por meio dela, pode-se requerer redução de pena ou, até mesmo, perdão judicial, a depender do grau de efetividade dos elementos obtidos por intermédio do colaborador (Lei 12.850, de 2013, art. 40) Em outro passo, é importante asseverar que, na esfera da improbidade administrativa, critérios baseados em proporcionalidade e necessidade têm sido utilizados para mitigar a obrigatoriedade e a indisponibilidade da ação pública" (DINO, Nicolao. A colaboração premiada na improbidade administrativa: possibilidade e repercussão probatória. *In*: SALGADO, Daniel de Resende; QUEIROZ, Ronaldo Pinheiro (Org.) *A prova no enfrentamento à macrocriminalidade*. Salvador: Juspodivm, 2016. p. 455-456).

[1077] BRASIL. Ministério Público Federal. *Estudo Técnico nº 01/2017 – 5ª CCR*. Brasília: set. 2017. Disponível em: http://www.mpf.mp.br/atuacao-tematica/ccr5/publicacoes/estudos-tecnicos/docs/Estudo%20Tecnico%2001-2017.pdf. Acesso em: 6 jul. 2018.

CAPÍTULO 5
LENIÊNCIA DO MP | 579

consistindo em pressupostos relacionais,[1078] lógicos,[1079] morais[1080] e sistêmicos.[1081]

Ainda, nos termos do Estudo Técnico nº 01/2017 da 5ª CCR do MPF sobre acordos de leniência (Estudo Técnico nº 01/2017 do MPF),[1082] esse instrumento concilia os interesses envolvidos e a técnica especial de investigação. Representa "espécie de ato jurídico convencional, com natureza dúplice: correlaciona uma técnica especial de investigação e um meio de defesa". Assim, como negócio jurídico consensual integrado à atividade sancionadora estatal, deve inserir-se em um programa oficial de leniência, apto a estimular a adesão voluntária.

Bom recordar que o MP não é novato na celebração de acordos de leniência. Há anos já participa como interveniente-anuente dos acordos de leniência antitruste (vide cap. 2, *supra*). Com efeito, o MP sustenta sua legitimidade do MP para a celebração de acordos de leniência no fato de este ser uma "instituição generalista e plurilegitimada à defesa do erário e da ordem jurídica em distintas facetas sancionadoras", nos termos do Estudo Técnico nº 01/2017 do MPF. Assim, o MP defende que sua intervenção em qualquer negociação de leniência é essencial.[1083]

Esse entendimento também já foi manifestado nos autos de ação tramitada na Justiça Federal no Paraná.[1084] O juiz afirmou que a

---

[1078] O pressuposto relacional diz respeito à ideia de colaboração, que pressupõe uma interação recíproca e bilateral entre signatários.

[1079] O pressuposto lógico sustenta-se no conjunto de incentivos e benefícios que são oferecidos aos colaboradores, impulsionando a celebração dos acordos. Além disso, permite a redução da assimetria informacional entre Estado e infrator, resultando na utilidade de tais instrumentos para ambos.

[1080] O pressuposto moral diz respeito à intenção de reduzir o oportunismo na celebração dos acordos ou o desrespeito das partes às suas proposições.

[1081] Já o pressuposto sistêmico diz respeito à segurança jurídica e à coerência com o ordenamento jurídico, criando confiança no Poder Público (e nos próprios instrumentos de colaboração) e impulsionando a procura pela cooperação.

[1082] BRASIL. Ministério Público Federal. *Estudo Técnico nº 01/2017 – 5ª CCR*. Brasília: nov. 2017. Disponível em: http://www.mpf.mp.br/atuacao-tematica/ccr5/notas-tecnicas/docs/nt-01-2017-5ccr-acordo-de-leniencia-comissao-leniencia.pdf. Acesso em: 26 nov. 2018.

[1083] Segundo o Estudo Técnico nº 01/2017 da 5ª CCR do MPF, deve ser reconhecida a "indispensabilidade da presença efetiva e da intervenção obrigatória do Ministério Público em qualquer negociação de leniência, com ou sem cooperação interinstitucional, sob pena de não se atingir integralmente as finalidades legais com ela buscadas nem ser conferida a devida segurança jurídica à avença realizada, pela exclusão indevida do *custos juris*" (BRASIL. Ministério Público Federal. *Estudo Técnico nº 01/2017 – 5ª CCR*. Brasília: set. 2017. Disponível em: http://www.mpf.mp.br/atuacao-tematica/ccr5/publicacoes/estudos-tecnicos/docs/Estudo%20Tecnico%2001-2017.pdf. Acesso em: 6 jul. 2018).

[1084] Ver ação penal ajuizada pelo MPF e pela Petrobras em face de Rogério Santos de Araújo: BRASIL. Justiça Federal. Seção Judiciária do Paraná. 13ª Vara Federal de Curitiba. *Ação Penal nº 5036528--23.2015.4.04.7000/PR*. 2016. Disponível em: http://www.mpf.mp.br/

celebração de acordos de leniência talvez fosse a melhor solução para as empresas, considerando questões relativas a emprego, economia e renda. Ainda, alegou que, para a segurança jurídica da empresa, da sociedade e da vítima, os acordos deveriam envolver esforço conjunto dos órgãos competentes, sem que se cogitasse a exclusão do Ministério Público, já que este, juntamente com a Polícia, seria responsável pelas provas. Assim, o juiz sugeriu que os termos do acordo deveriam incluir obrigatoriamente, nessa ordem, o afastamento dos executivos envolvidos em atividade criminal (não necessariamente apenas os condenados), a revelação irrestrita de todos os crimes, pessoas envolvidas e provas existentes (não necessariamente os que foram objeto do julgado), a adoção de sistemas internos mais rigorosos de *compliance* e a indenização completa dos prejuízos causados ao Poder Público (não necessariamente apenas os que foram objeto do julgado).

Em outra oportunidade, a Justiça Federal do Paraná novamente se manifestou no sentido de reconhecer a legitimidade do MP na celebração de acordos de leniência. Em sua decisão, o juiz Friedman Anderson destacou que:

> ao celebrar o acordo de leniência, o Ministério Público Federal age em prol do interesse primário – e não secundário – da Administração Pública, que, no caso, pertence à União. Assim, defendendo interesses em nome da pessoa política – o que não se assimila à advocacia prestada a ente público –, soa, no mínimo, contraditório a insurgência da Advocacia-Geral da União contra o cumprimento do acordo, cujo fim precípuo é, justamente, facilitar o ressarcimento do dano. Assim, manter o bloqueio implicaria negar eficácia a acordo celebrado com base em legislação técnica, por mera dissidência entre órgãos que compõem o Estado em si (unitariamente concebido), dando ensejo, no mais, a comportamento contraditório por parte da Administração Pública: *nemo potest venire contra factum proprium.*
>
> (...)
>
> Como não adimplir a palavra da União veiculada pelo MPF? Do ponto de vista dos particulares, o Ministério Público da União e a Advocacia Geral da União são indistinguíveis, são o ente União e não o pulmão esquerdo e o direito de um organismo. O particular transacionou com o ente, não com os órgãos. Por isso, a transação entre o Ministério Público Federal e as pessoas que representam o conjunto de Empresas

---

para-o-cidadao/caso-lava-jato/atuacao-na-1a-instancia/parana/denuncias-do-mpf/documentos/Sentena_503652823.2015.4.04.7000.pdf. Acesso em: 18 out. 2018.

Odebrecht é válido, vigente, imperativo, alcançando todos os órgãos da União, mesmo os que manifestam resistência.[1085]

Há, porém, controvérsia jurisprudencial. Cita-se, por exemplo, a decisão do Tribunal Regional da 4ª Região no Agravo de Instrumento nº 5023972-66.2017.4.04.0000/PR,[1086] que seguiu, por unanimidade, o voto da desembargadora Vania Hack. No referido caso, o julgamento proferido sinalizou que, conforme interpretação sistemática das Leis de Improbidade Administrativa e Anticorrupção, a autoridade competente para celebrar acordos de leniência com pessoas jurídicas seria a CGU e que, embora o MP pudesse negociar as penas aplicáveis nas ações que propusesse, a presença de representante da União seria indispensável para a validade dos acordos de leniência. Nas palavras da desembargadora, "não parece adequado aos termos da lei acordo de leniência firmado sem a presença dos órgãos envolvidos, especialmente a CGU, competente para tanto, segundo expressa menção legal".

[1085] BRASIL. 1ª Vara Federal da Seção Judiciária do Paraná em Curitiba. Ação Civil de Improbidade Administrativa nº 5025956-71.2016.4.04.7000. Decisão do Juiz Friedmann Anderson Wendapp, em 24 mar. 2017.

[1086] Trata-se de discussão envolvendo o acordo de leniência celebrado entre MPF e a Construtora Norberto Odebrecht: BRASIL. Tribunal Regional Federal da 4ª Região. *Agravo de Instrumento nº 5023972-66.2017.4.04.0000/PR*. Relatora: Vânia Hack de Almeida. Julgado em: 22 ago. 2017. O recurso foi interposto pela União contra decisão que, em ação de improbidade administrativa, decidiu afastar o bloqueio cautelar de bens das empresas do Grupo Odebrecht, pois empresas do Grupo eram signatárias de acordo de leniência com o Ministério Público Federal. A União argumentava que "embora celebrado acordo de colaboração, tal acordo não afasta o interesse no ressarcimento integral do dano, nos termos do disposto no art. 16, §3º da Lei nº 12.486/2013. Sustenta que não resta afastada a pretensão deduzida na origem, de ressarcimento integral do dano, motivo pelo qual não se mostra viável a liberação dos bens bloqueados das empresas agravadas". A desembargadora relatora votou no sentido de que "10. A autoridade competente para firmar o acordo de leniência, no âmbito do Poder Executivo Federal é a Controladoria Geral da União (CGU). 11. Não há impedimentos para que haja a participação de outros órgãos da administração pública federal no acordo de leniência como a Advocacia Geral da União, o Ministério Público Federal e o Tribunal de Contas da União, havendo, portanto, a necessidade de uma atuação harmônica e cooperativa desses referidos entes públicos. 12. O acordo de leniência firmado pelo Grupo Odebrecht no âmbito administrativo necessita ser re-ratificado pelo ente competente, com participação dos demais entes, levando-se em conta o ressarcimento ao erário e a multa, sob pena de não ensejar efeitos jurídicos válidos. 13. Enquanto não houver a re-ratificação do acordo de leniência, a empresa deverá permanecer na ação de improbidade, persistindo o interesse no bloqueio dos bens, não porque o MP não pode transacionar sobre as penas, mas porque o referido acordo possui vícios que precisam ser sanados para que resulte íntegra sua validade, gerando os efeitos previstos naquele ato negocial.". Vale destacar que, em se tratando de Agravo de Instrumento, a ação poderá perder seu objeto, diante de eventual extinção em 1º grau.

Em voto proferido no mesmo caso, o desembargador Rogério Favreto destacou que o bloqueio de bens da signatária – que era objeto da ação – deveria ser mantido mesmo após o acordo,

> não porque o MP não pode transacionar sobre as penas, como referiu a decisão anterior, mas porque o Acordo de Leniência possui vícios que precisam ser sanados para que resulte íntegra sua validade, gerando os efeitos previstos naquele ato negocial", aguardando-se eventual ratificação ou re-ratificação dos seus termos pela CGU.[1087]

Assim, para preservar a higidez do microssistema de combate à corrupção, o TRF4 entendeu que o acordo de leniência celebrado unicamente pelo órgão ministerial não estaria viciado, na hipótese de que o órgão competente (no caso, a CGU) o ratificasse. Finalmente, a discussão no caso concreto foi superada, pois se tornou objeto de acordo harmônico assinado com a CGU e a AGU, que buscou "espelhar" o acordo do MPF e "pacificou"[1088] algumas questões afetas à celebração de acordos com a participação de diversos órgãos. O fato de a AGU e a CGU celebrarem acordo de leniência "espelho" com a mesma signatária do acordo com o MPF foi compreendido, não apenas para o caso em concreto, mas em uma perspectiva mais ampla, como um avanço na cooperação interinstitucional (vide cap. 1, item 1.4.2, *supra*).[1089]

[1087] Segundo o voto proferido pelo desembargador Rogério Favreto: "A competência para firmar acordo de leniência, no âmbito do Poder Executivo Federal, é conferida à Controladoria-Geral da União – CGU e de forma indelegável, conforme preleciona a Lei Anticorrupção (art. 16 da Lei nº 12.846/13). Esta reserva está em compasso com o ressarcimento ao erário, visto que o direito patrimonial é indisponível. (…). Não se está vedando a possibilidade do Ministério Público Federal pactuar com pessoas físicas e jurídicas na busca de maior efetividade na persecução penal e cível (a partir da atribuição do inquérito civil). Contudo, esses acordos possuem natureza sui generis, situando no plano dos Termos de Ajustamento de Condutas – TACs, mas sem poder adentrar na competência reservada à CGU pela Lei Anticorrupção. (…). Dessa forma, o acordo de leniência firmado entre o MPF e o Grupo Odebrecht carece de amparo legal".

[1088] AGU quer "força-tarefa" para pacificar acordos de leniência: padronizar acordos evitaria divergências com órgãos de controle. *Folha de S.Paulo*, 15 fev. 2018. Disponível em: https://www1.folha.uol.com.br/mercado/2018/02/agu-quer-forca-tarefa-para-pacificar-acordos-de-leniencia.shtml. Acesso em: 15 nov. 2018.

[1089] Ver, por exemplo, notícia veiculada no *site* do MPF: BRASIL. Ministério Público Federal. *Lava-Jato*: acordo de CGU e AGU com Odebrecht consolida instituto da leniência. Disponível em: www.mpf.mp.br/pr/sala-de-imprensa/noticias-pr/lava-jato-acordo-da-cgu-e-agu-com-odebrecht-consolida-instituto-da-leniencia. Acesso em: 15 nov. 2018. A referida notícia também reportada no *site* da CGU: BRASIL. Ministério Público da Transparência e Controladoria-geral da União. *Acordo de leniência com a Odebrecht prevê ressarcimento de 2,7 bilhões*. 2018. Disponível em: http://www.cgu.gov.br/noticias/2018/07/acordo-de-leniencia-com-a-odebrecht-preve-ressarcimento-de-2-7-bilhoes. Acesso em: 15 nov. 2018.

CAPÍTULO 5
LENIÊNCIA DO MP | 583

Contudo, ainda não é possível dizer que o tema da cooperação interinstitucional suscita entendimentos pacíficos. Conforme supramencionado, em que pese a assinatura deste Acordo de Cooperação Técnica STF/CGU/AGU/MJ/TCU de 2020 (detalhada tanto no cap. 1, item 1.4.2, quanto no cap. 4, item 4.5.5, *supra*), a 5ª CCR do MPF, por meio de sua Comissão Permanente de Assessoramento para acordos de leniência e colaboração premiada, publicou a Nota Técnica nº 2/2020 5ª CCR/MPF,[1090] contrária à sua assinatura pelo Procurador-Geral da República.

Segundo a 5ª CCR, não obstante o diálogo interinstitucional seja indispensável, o acordo firmado não estaria contribuindo para uma cooperação sistemática e eficiente, mas, pelo contrário, estaria esvaziando a atuação de tais órgãos, incluindo o MPF, que ficaria com a atuação bastante limitada caso decidisse aderir ao acordo.[1091] Ademais, a modelagem explicitamente ignoraria a legitimação do MP para a celebração de acordos de leniência, com riscos sistêmicos sensíveis, nos termos do documento.

Ademais, a Nota Técnica nº 2/2020 5ª CCR/MPF critica a exclusão de atores institucionais como CADE, BC e CVM, o que diminuiria o escopo do compromisso de cooperação, ao dele retirar autoridades que podem atuar em face de um mesmo contexto fático relacionado com casos de corrupção.

Frisa-se, contudo, que anteriormente esta mesma câmara revisora havia publicado uma nota técnica (Nota Técnica nº 01/2017 da 5ªCCR-MPF)[1092] onde reiterou a imprescindibilidade da ampliação de mecanismos que promovam a cooperação institucional para otimização do instituto, o que demonstra a ausência de rejeição completa sobre o tema da colaboração multiagência. Em síntese, o documento expôs considerações importantes a respeito desse tema, dentre eles: a) consideração do corte transversal de existência sobre várias esferas punitivas que regem o instituto do acordo de leniência; b) otimização do instituto negocial a partir da adoção de um modelo de cooperação

---

[1090] Nota Técnica nº 2/2020 5ª CCR/MPF. Disponível em: http://www.mpf.mp.br/atuacao-tematica/ ccr5/notas-tecnicas/docs/nota-tecnica-2-2020-acordo-de-cooperacao-acordo-de-leniencia-final.pdf. Acesso em: 22 set. 2020.

[1091] BRASIL. Ministério Público Federal. Acordo de cooperação técnica sobre leniência esvazia atuação do MPF e não contribui para segurança jurídica, diz Câmara de Combate à Corrupção. *Notícias: Procuradoria-Geral da República*. Brasília: MPF, 10 ago. 2020. Disponível em: https:// bit.ly/2CWygd7. Acesso em: 24 ago. 2020.

[1092] BRASIL. Ministério Público Federal. *Nota Técnica nº 01/2017* – 5ª CCR. Brasília: nov. 2017. Disponível em: http://www.mpf.mp.br/atuacao-tematica/ccr5/notas-tecnicas/docs/nt-01-2017-5ccr-acordo-de-leniencia-comissao-leniencia.pdf. Acesso em: 26 nov. 2018.

interinstitucional; c) juízo de suficiência do acordo, bem como seus efeitos em outras instâncias de responsabilidade e seu valor perante o Estado; d) necessidade de adoção de regime adequado de compartilhamento de informações obtidas em razão do acordo, o que impõe adesão obrigatória de outros entes aos seus termos.

Também é digno de nota outro documento que tangencia o tema da cooperação interinstitucional, desta vez no que diz respeito ao não compartilhamento de informações e provas entre órgãos públicos. Em junho de 2018, a 5ª CCR publicou uma nota técnica (Nota Técnica nº 02/2018 da 5ª CCR-MPF[1093]) que esclareceu e corroborou os fundamentos da decisão judicial proferida na mesma época pelo então magistrado Sérgio Fernando Moro da 13ª Vara Federal de Curitiba, nos autos do processo nº 4054741-77.2015.4.04.7000/PR. Nesta ocasião, o ex-magistrado proibiu no âmbito da Operação Lava Jato o compartilhamento de informações e provas colhidas em acordos de colaboração premiada com outras instituições, como o TCU, Receita Federal, BC ou CADE, sob a justificativa de que a confidencialidade sobre esses dados amplificaria a eficácia dos referidos acordos ao evitar que outras sanções fossem aplicadas àqueles que colaboraram com as investigações. A câmara revisora apoiou formalmente este posicionamento e estendeu a vedação também aos acordos de leniência, diante da necessidade de proteção dos colaboradores que passam a deter condição distinta da dos infratores comuns, o que assegura e incentiva a via da consensualidade na esfera sancionadora.

5.2 Leniência do Ministério Público: requisitos

Nos termos da Orientação nº 07/2017 da 5ª Câmara de Coordenação e Revisão do Ministério Público Federal do Ministério Público Federal (Orientação nº 07/2017 do MPF),[1094] são requisitos para a celebração dos acordos de leniência com o Ministério Público: atender ao interesse público (5.2.1), apresentar informações e provas relevantes (5.2.2), cessar a prática (5.2.3), implementar um programa de *compliance* ou equivalente (5.2.4), colaborar (5.2.5), promover contribuições pecuniárias (5.2.6) e se

---

[1093] BRASIL. Ministério Público Federal. *Nota Técnica nº 02/2018 – 5ª CCR*. Brasília: jun. 2018. Disponível em: http://www.mpf.mp.br/atuacao-tematica/ccr5/notas-tecnicas/docs/Nota%20Tecnica%202_2018.pdf. Acesso em: 7 maio 2021.

[1094] BRASIL. Ministério Público Federal. *Orientação nº 07/2017*: acordos de leniência. Brasília: MPF, 2017. Disponível em: http://www.mpf.mp.br/pgr/documentos/ORIENTAO7_2017.pdf. Acesso em: 25 abr. 2017.

submeter a auditoria externa/monitor externo ("Monitor Independente de *Compliance*"), se for o caso (5.2.7).

A fim de facilitar a compreensão dos requisitos, bem como comparar com os requisitos exigidos em outros acordos de leniência previstos na legislação brasileira, apresentam-se a tabela e a figura seguintes, nos termos já detalhados (vide item 1.3, *supra*):

Figura 45 – Comparação entre os requisitos do acordo de leniência do MP no contexto mais amplo dos requisitos compartilhados por todos e requisitos específicos de alguns acordos de leniência no Brasil

ACORDO DE LENIÊNCIA DO MP QUANTO AOS REQUISITOS COMPARTILHADOS POR TODOS E REQUISITOS ESPECÍFICOS DE ALGUNS ACORDOS DE LENIÊNCIA NO BRASIL

EXIGÊNCIA PREVISTA EM **TODOS** OS PROGRAMAS DE LENIÊNCIA EXISTENTES NO BRASIL	REQUISITOS COMPARTILHADOS	REQUISITOS ESPECÍFICOS	EXIGÊNCIA PREVISTA EM **ALGUNS DOS** PROGRAMAS DE LENIÊNCIA EXISTENTES NO BRASIL
✓*	CESSAÇÃO DA CONDUTA	PRIMAZIA ✓	
✓	CONFISSÃO	NO MOMENTO DA PROPOSTA, AUSÊNCIA DE PROVAS SUFICIENTES ✗	
✓	COOPERAÇÃO INVESTIGAÇÃO E PROCESSO	PROGRAMA INTEGRIDADE/ COMPLIANCE ✓	
✓	RESULTADO DA COOPERAÇÃO	AUDITORIA EXTERNA/ MONITOR EXTERNO ✓*	
		VERBAS PECUNIÁRIAS ✓	

Fonte: elaboração da autora.
* Com especificidades mencionadas no texto a seguir.

Tabela 22 – Requisitos de um acordo de leniência do MP

REQUISITOS COMPARTILHADOS POR TODOS OS ACORDOS DE LENIÊNCIA NO BRASIL	
	Leniência do MP
Cessação da conduta	SIM *(5.2.3. Do requisito de cessar a prática)*
Confissão	SIM* *(5.2.1. Do requisito de atender ao interesse público)*
Cooperação com a investigação e ao longo de todo o processo	SIM *(5.2.1. Do requisito de atender ao interesse público – efetividade e utilidade)* *(5.2.5. Do requisito de colaborar)*
Resultado da cooperação	SIM *(5.2.1. Do requisito de atender ao interesse público – efetividade e utilidade)* *(5.2.2. Do requisito de apresentar informações e provas relevantes)*
REQUISITOS ESPECÍFICOS DE ALGUNS ACORDOS DE LENIÊNCIA NO BRASIL	
	Leniência do MP
Primazia	SIM *(5.2.1. Do requisito de atender ao interesse público – oportunidade)*
No momento da propositura, ausência de provas suficientes contra o proponente	-
Programa de *compliance*/ integridade	SIM *(5.2.4. Do requisito de implementar um programa de compliance ou equivalente (conformidade ou integridade))*
Auditoria externa/ Monitor externo	SIM * *(5.2.7. Do requisito de se submeter a auditoria externa)*
Verbas pecuniárias	SIM *(5.2.6. Do requisito de promover contribuições pecuniárias)*

Fonte: elaboração da autora.

5.2.1 Confissão, cooperação com a investigação e ao longo de todo o processo, resultado da cooperação e primazia – Do requisito de atender ao interesse público

Segundo a Orientação nº 07/2017 do MPF, o acordo de leniência deverá conter, explicitamente, a demonstração da relevância de sua celebração para o interesse público, indicando o atendimento dos requisitos de (i) oportunidade, (ii) efetividade e (iii) utilidade.

O requisito da (i) oportunidade está relacionado à situação de a empresa signatária ser, ou não, a primeira a se qualificar, isto é, "a revelar os fatos desconhecidos à investigação". Trata-se, portanto, do requisito da primazia, nos termos já mencionados nos demais capítulos. A título de exemplo, cita-se o acordo de leniência da J&F, firmado no contexto da Operação *Greenfield*, cuja cláusula 2ª prevê explicitamente que o interesse público é atendido tendo em vista a necessidade de

> (i) conferir efetividade à persecução cível de outras pessoas físicas e jurídicas suspeitas e ampliar e aprofundar, em todo o País, as investigações em torno de atos de improbidade administrativa, particularmente aqueles relacionados a fatos que configurem também crimes contra a Administração Pública e o Sistema Financeiro Nacional, crimes de lavagem de dinheiro e crimes contra a Ordem Econômica e Tributária, entre outros, especialmente no que diz respeito à repercussão desses ilícitos nas esferas cível, administrativa, regulatória e disciplinar, (ii) preservar a própria existência da empresa e a continuidade de suas atividades, o que, apesar dos ilícitos confessados, encontra, entre outras justificativas, a de obter os valores necessários à reparação dos ilícitos perpetrados, (iii) assegurar a adequação e efetividade das práticas de integridade da empresa, prevenindo a ocorrência de ilícitos e privilegiando em grau máximo a ética e transparência na condução de seus negócios; e (iv) estimular que a Colaboradora entabule negociações e conclua acordo em outras jurisdições, que porventura possam ter interesse em acordos semelhantes, para o fim de ser promovida a expansão das investigações de corrupção no Brasil e no exterior.

Disposição similar foi incluída no acordo de leniência celebrado com as empresas do Grupo Setal, no contexto da Operação Lava Jato, em que na cláusula 2ª prevê que

> O interesse público é atendido com a presente proposta tendo em vista a necessidade de conferir efetividade à persecução criminal e cível a outras pessoas físicas e jurídicas suspeitas e ampliar e aprofundar, em todo o País, as investigação de torno de crimes contra a Administração, contra o Sistema Financeiro Nacional, crimes de lavagem de dinheiro e crimes contra a Ordem Econômica, entre outros, inclusive no que diz respeito à repercussão desses ilícitos na esfera cível, administrativa, tributária e disciplinar.

Apesar de não estar expresso na Orientação nº 07/2017 do MPF como um dos requisitos, o texto dos acordos deixa claro que a confissão também é exigida quando da celebração do acordo de leniência do MP, como se verá com algumas das cláusulas exemplificadas a seguir.

Por sua vez, o requisito da (ii) efetividade está relacionado à "capacidade real de contribuição da colaboradora à investigação, por meio do fornecimento de elementos concretos que possam servir de prova". Assim, a avaliação levará em consideração as informações e provas que o proponente estiver apto a compartilhar e fornecer.

Por fim, para preencher o terceiro requisito, da (iii) utilidade do acordo de leniência, devem ficar explicitados quantos e quais são os fatos ilícitos e as pessoas envolvidas dos quais o MPF ainda não tenha conhecimento, bem como quais são os meios pelos quais se fará a respectiva prova. Esse requisito confere ao acordo de leniência do MP um efeito de "alavancagem investigativa", similar ao efeito que se tem na leniência *plus* antitruste (vide cap. 2, item 2.3.1.4, *supra*). Tanto é assim que Pimenta[1095] sustenta que a ampliação do escopo dos acordos de leniência é uma forma de expandir a competência do MPF e das investigações, mas que isso também aumenta potenciais problemas de compatibilização com outras instituições de controle, incluindo com outros entes federativos, como Estados e Municípios, a depender do que é relatado.

5.2.2 Resultado da cooperação – Do requisito de apresentar informações e provas relevantes

Segundo as diretrizes da Orientação nº 07/2017 do MPF, para que o acordo de leniência do MP possa ser celebrado, deve ser demonstrada a relevância das informações e provas. O acordo deverá conter um índice com a descrição resumida do conteúdo de cada item de prova anexado.

Nesse contexto, destaca-se cláusula 6ª, I, "c", do acordo de leniência assinado pela Odebrecht S.A., que incluía, dentre as obrigações da compromissária, a de apresentar relatórios específicos para cada ilícito descrito no acordo de leniência, de forma que havia anexos específicos contendo provas para os diferentes ilícitos relatados.

> apresentar relatórios para cada fato ilícito identificado nos termos da Cláusula 4ª acima e de competência desse Juízo, os quais deverão compreender a narrativa detalhada das condutas e a consolidação de todas as provas relacionadas a cada fato, englobando as provas documentais

---

[1095] PIMENTA, Raquel. *A construção dos acordos de leniência da lei anticorrupção*. São Paulo: Bluncher, 2020. p. 108.

colhidas no âmbito de investigações internas, as provas colhidas na investigação oficial a que tenham acesso e, na medida de seu alcance, depoimentos de Aderentes ou de Prepostos relacionados aos ilícitos que são objeto deste Acordo prestados em outros procedimentos.[1096]

Situação peculiar pode acontecer quando o acordo de leniência versar sobre mais de um fato ilícito e/ou mais de uma pessoa envolvida. Isso porque, se for necessário garantir o sigilo sobre quaisquer fatos ou pessoas para fins da investigação, o acordo deverá fazer essa indicação, incluindo tais informações em anexos específicos, cuja publicidade ficará sobrestada.

Ademais, a Orientação nº 07/2017 do MPF chama atenção para a necessidade de qualidade das informações e provas, e não apenas de quantidade. Em seus termos, "não basta que os fatos e provas sejam novos, precisam ser aptos a revelar e a desmantelar organização criminosa". Além disso, a Orientação também aponta a importância de previsão acerca de "como se procederá em caso de revelação de novos fatos, depois de celebrado o acordo", indicando que as partes poderão, durante um determinado período de tempo após a celebração do acordo, trazer novos fatos ainda não apresentados. É o caso, por exemplo, do acordo de leniência com a J&F, que traz, em sua cláusula 10, disposição permitindo que a J&F ou qualquer empresa de seu grupo econômico tragam ao MPF, em até 180 dias contados da data de homologação do acordo de leniência (ou da adesão ao acordo), complementação dos anexos com provas e/ou fatos adicionais:

> A COLABORADORA, por meio das empresas do seu grupo econômico e de Prepostos, apresentou ao Ministério Público Federal os fatos que nesta data constam dos anexos a este Acordo e concorda, assim como todos os Prepostos que nesta data aderem ou que vierem a aderir a este Acordo, em trazer ao conhecimento do Ministério Público Federal, no prazo de 180 (cento e oitenta) dias, contados da data de homologação do presente Acordo, ou da data de adesão a ele, conforme o caso, a complementação de tais anexos e os demais fatos e provas que sejam apurados em investigações internas e que possam auxiliar na investigação de infrações descritas neste Acordo de Leniência.[1097]

[1096] BRASIL. Ministério Público Federal. *Termo de acordo de leniência*: Odebrecht S.A. Curitiba: MPF, 2016. p. 5. Disponível em: https://bit.ly/31l46JW. Acesso em: 23 ago. 2020.

[1097] BRASIL. Ministério Público Federal. *Acordo de leniência*: J&F Investimentos S.A. Curitiba: MPF, 2016. Disponível em: https://bit.ly/2FRPRnJ. Acesso em: 23 ago. 2020. p. 6.

A cláusula 14 do referido acordo prevê, ainda, que:

> Os fatos e condutas ilícitas que venham a ser apurados por meio da investigação interna promovida pela COLABORADORA serão apresentados ao Ministério Público Federal, obedecendo o disposto nas cláusulas anteriores, bem como: I - em relação aos fatos e condutas ilícitas que guardem relação com os fatos abrangidos nos Anexos do presente Acordo e sejam de sua atribuição, o Ministério Público Federal avaliará de boa-fé sua inclusão neste Acordo, podendo negá-la em virtude da gravidade do fato e/ou culpabilidade da conduta, ou ainda pela constatação de sua sonegação dolosa por ocasião da celebração deste Acordo, observadas as demais cláusulas deste Acordo; II - em relação aos fatos e condutas ilícitas que não guardem relação com os fatos abrangidos nos Anexos ao presente Acordo e/ou não sejam de sua atribuição, serão apresentados, sumarizadamente, pelo Ministério Público Federal ao membro do Ministério Público com atribuição para a investigação, aplicando-se no que couber o disposto na Cláusula 12.[1098]

Nos termos do Estudo Técnico nº 01/2017 do MPF, um elemento relevante consiste no ganho informacional do Estado, obtido com a colaboração da própria pessoa jurídica infratora. Assim, a relevância das informações prestadas e seu ineditismo são essenciais à possibilidade de celebração de acordos e dizem direto respeito ao grau de efetividade que dele se pode obter na apuração de ilícitos. Segundo seus termos,

> Se pode ser correto compreender que o colaborador tem a obrigação de apresentar todos os elementos ao seu alcance, não é menos adequado compreender que sua colaboração fica sujeita à eficácia objetiva da colaboração. O resultado previsto é que os elementos apresentados sejam capazes de formar a convicção provada sobre os fatos alegados. Portanto, é legítimo entender que a capacidade autêntica da colaboração oportuna, útil e real é pressuposto para a negociação. Sem ela, não há como alcançar um acordo que seja premiado por sua eficácia objetiva.
>
> A utilidade das informações, por seu turno, relaciona-se com o potencial de otimizar as investigações e punições, acelerar os procedimentos a tanto necessários, conferir maior certeza às apurações e sanções impostas e quando possível, oferecer a reparação total do dano, ou ao menos promovê-la na melhor medida possível, sem outorga de quitação integral,

---

[1098] *Ibid.*, p. 9.

ainda que a reparação seja apenas um efeito possível e colateral, não essencial da leniência.[1099]

Ainda, os acordos costumam dispor sobre a utilização das informações e dos documentos constantes em seus anexos por outros Ministérios Públicos e autoridades de controle e fiscalização. Nesse sentido, destaca-se decisão judicial no sentido de que é inapropriado que os órgãos administrativos que não têm aderido aos acordos pretendam servir-se das provas colhidas, por meio destes, contra os próprios colaboradores ou empresas lenientes.[1100] Outro exemplo da referida previsão pode ser encontrado no acordo de leniência da J&F:

> Cláusula 8ª - Em caso de negativa de adesão a este Acordo de Leniência pelo membro do Ministério Público mencionado Cláusula 7º, por qualquer motivo, os anexos e provas decorrentes deste Acordo de Leniência que digam respeito aos fatos submetidos a tais promotores ou procuradores e cuja adesão foi negada serão devolvidas pelo Ministério Público Federal à empresa, mediante recibo, e não poderão ser utilizadas pelo membro do Ministério Público não aderente para quaisquer fins. Na hipótese de um anexo que aponte fatos atinentes a duas jurisdições ter sido rejeitado por um dos membros do Ministério Público competente e não pelo outro, o anexo poderá ser utilizado pelo último após excluídas as informações que digam respeito aos fatos de atribuição do Ministério Público não aderente.[1101]

Nesse contexto, a Estudo Técnico nº 01/2017 do MPF já sinalizava que o compartilhamento da prova produzida em colaboração, para ser válido e proporcional, depende de aceitação dos termos do acordo, no que diz respeito especialmente aos limites de atuação em relação

---

[1099] BRASIL. Ministério Público Federal. *Estudo Técnico nº 01/2017* – 5ª CCR. Brasília: nov. 2017. Disponível em: http://www.mpf.mp.br/atuacao-tematica/ccr5/notas-tecnicas/docs/nt-01-2017-5ccr-acordo-de-leniencia-comissao-leniencia.pdf. Acesso em: 26 nov. 2018. p. 9.

[1100] Dizia o Despacho publicado em 13 de junho de 2018: "Há uma questão óbvia, a necessidade de estabelecer alguma proteção para acusados colaboradores ou empresas lenientes contra sanções de órgãos administrativos, o que poderia colocar em risco os próprios acordos e igualmente futuros acordos. Tudo isso decorre do fato de que, na prática, os acordos de colaboração e de leniência celebrados pelo MPF vale empresa leniente. Também não impede que os órgãos administrativos realizem suas próprias investigações, sem utilização da prova compartilhada, contra os colaboradores e empresas lenientes. Evidentemente, a decisão só abrange as provas colhidas em processos e acordos celebrados perante este Juízo" (BRASIL. Justiça Federal. Seção Judiciária do Paraná. 13ª Vara Federal de Curitiba. *Petição nº 5054741-77.2015.4.04.7000/PR*. Requerente: Ministério Público Federal. Juiz: Sérgio Fernando Moro. Curitiba: 13 jun. 2018).

[1101] BRASIL. Ministério Público Federal. *Acordo de leniência*: J&F Investimentos S.A. Curitiba: MPF, 2016. Disponível em: https://bit.ly/2FRPRnJ. Acesso em: 23 ago. 2020. p. 6.

à pessoa jurídica colaboradora, que merece a devida proteção estatal. Em sentido similar, a Orientação Conjunta nº 01/2018 do MPF, embora concernente a acordos de colaboração premiada, é interessante, pois apresenta a possibilidade de o MPF (i) convidar os MPs com atribuição concorrente para participar das tratativas de formalização do acordo; e (ii) de o MP concorrente aceitar e aderir aos termos do acordo de leniência celebrado, por exemplo, com o MPF, para que possa ter acesso a informações, documentos anexos e meios de prova.

Mais recentemente, a Nota Técnica nº 01/2020 do MPF[1102] trouxe à discussão a questão da "indivisibilidade do Ministério Público Federal" e o compartilhamento interno de provas entre procuradores da instituição. Segundo o referido documento, "a indivisibilidade revela que, mesmo alterada a titularidade subjetiva do ofício, permanece este como elo inquebrantável de apresentação da Instituição na sua atividade extrajudicial e judicial".[1103] Assim, sempre que um membro do Ministério Público se manifesta, está-se manifestando o próprio Ministério Público.

Nesse sentido, tal princípio reforçaria a possibilidade de celebração de acordos de leniência com adesão institucional posterior de outros membros do Ministério Público não celebrantes do acordo. Essa possibilidade seria especialmente importante para a atividade funcional de investigação ou apuração do membro do Ministério Público não celebrante, tendo em vista que o acordo pode conter elementos de prova relevantes ou úteis acerca de diversos fatos.

Contudo, a Nota Técnica nº 01/2020 da 5ª CCR/MPF ressalta que o acordo, sendo válido e eficaz, deve ser resguardado não só pelos membros celebrantes, mas também por todos os demais integrantes da instituição. Dessa forma, a indivisibilidade do *Parquet* seria elemento essencial para conferir segurança jurídica ao acordo e proteção aos colaboradores.

5.2.3 Cessação da conduta – Do requisito de cessar a prática

Conforme previsto na Orientação nº 07/2017 do MPF, e em linha com os demais acordos de leniência previstos no ordenamento jurídico

---

[1102] BRASIL. Ministério Público Federal. Nota Técnica nº 01/2020 – 5ª CCR. Brasília: maio 2020. Disponível em: http://www.mpf.mp.br/atuacao-tematica/ccr5/notas-tecnicas/docs/nt-1_2020_5ccr_05-05-redacao-final-nt-al-com-adesoes-ultima-versao.pdf. Acesso em: 19 ago. 2020.

[1103] *Ibid.*, p. 33.

brasileiro, é requisito para a celebração do acordo de leniência do MP que o signatário se comprometa a cessar as condutas ilícitas.

Exemplo nesse sentido pode ser encontrado no acordo de leniência da Setal, que dispõe, entre as obrigações das colaboradoras, a de "cessar completamente seu envolvimento nos fatos narrados nos anexos a este Termo de Leniência".[1104] A mesma descrição aparece, também, nos acordos de leniência do MP com a Odebrecht S.A., a Braskem S.A., a Setec Tecnologia S.A. e a Rolls Royce, Plc. Por sua vez, o acordo de leniência da J&F é um pouco mais detalhado e prevê que a signatária deverá

> cessar completamente, por si ou por empresas de seu grupo econômico, seu envolvimento nos fatos narrados nos Anexos a este Acordo de Leniência e com qualquer atividade criminosa prevista na cláusula 5º, II, deste Acordo, especialmente ilícitos eleitorais, infrações contra o sistema financeiro nacional, contra a ordem econômica e tributária, de corrupção, contra a Administração Pública, contra a saúde pública, contra as relações de consumo, lavagem de dinheiro e formação de organização criminosa.[1105]

Caso houvesse a necessidade de continuar com eventuais passos delitivos, esses encaminhamentos deveriam ser realizados sob o crivo criminal, nos termos do chamado "flagrante esperado". A esse respeito, vale relembrar a regulamentação do instrumento da "ação controlada", previsto no art. 8º, da Lei nº 12.850/13, vide cap. 1, supra. Vale destacar a regulamentação do instrumento da "ação controlada", previsto no art. 8º da Lei nº 12.850/13 e definido como o ato de "retardar a intervenção policial ou administrativa relativa à ação praticada por organização criminosa ou a ela vinculada, desde que mantida sob observação e acompanhamento para que a medida legal se concretize no momento mais eficaz à formação de provas e obtenção de informações". O emprego desse instrumento depende de autorização judicial (art. 8º, §1º, da Lei nº 12.850/2013) e deve ser estruturado de forma a não configurar o chamado "flagrante preparado", que é considerado ilegal e que faz da conduta praticada crime impossível (art. 17, do Código Penal). Assim, nessa figura do "flagrante esperado"/"ação controlada", a autoridade ou agente policial pode aguardar para realizar a prisão em flagrante

---

[1104] BRASIL. Ministério Público Federal. *Termo de Leniência*: SOG Óleo e Gás S/A e outras. Curitiba: MPF, 2014. Disponível em: https://bit.ly/31oFLmB. Acesso em: 23 ago. 2020. p. 4.

[1105] BRASIL. Ministério Público Federal. *Acordo de leniência*: J&F Investimentos S.A. Curitiba: MPF, 2016. Disponível em: https://bit.ly/2FRPRnJ. Acesso em: 23 ago. 2020. p. 11.

no momento em que o crime de fato está em curso, para obter mais informações e provas sobre a organização criminosa.

5.2.4 Programa de integridade/*compliance* – do requisito de implementar um programa de *compliance* ou equivalente (conformidade ou integridade)

Os programas de integridade/*compliance*, como aliados aos acordos de leniência, podem ser entendidos como instrumentos que permitem a dissuasão de práticas ilícitas futuras (vide cap. 1, item 1.1.7, *supra*).

Nos termos da Orientação nº 07/2017 do MPF, o acordo de leniência do MP deverá conter também compromisso no sentido de que o signatário implemente programa de *compliance* ou equivalente (conformidade ou integridade).[1106] Se a signatária já tivesse programa de *compliance* implementado, o MPF incluiria a obrigação de "manter e aprimorar" tal programa. Este é um diferencial do acordo de leniência anticorrupção (vide cap. 4, item 4.3.6) e do acordo de leniência do MP, uma vez que a adoção de programas de integridade não é um requisito obrigatório para os proponentes e signatários dos acordos de leniência antitruste (vide cap. 2, *supra*) e dos acordos de leniência do SFN (vide cap. 3, *supra*).

O acordo de leniência da J&F, por exemplo, prevê na cláusula 15, XI, que uma das obrigações da colaboradora é o aprimoramento do programa de integridade da signatária:

> Cláusula 15. A COLABORADORA compromete-se, a partir da homologação do presente Acordo, a: (...) XI - A aprimorar programa de integridade nos termos do Artigo 41 e 42 do Decreto 8.420/2015, em atenção às melhores práticas, a ser iniciado no prazo de 90 (noventa) dias da homologação do presente Acordo de Leniência, cabendo à COLABORADORA

[1106] O Decreto nº 8.420/2015 dispõe que, no âmbito de uma pessoa jurídica, o programa de integridade consiste no conjunto de mecanismos e procedimentos internos de integridade, auditoria e incentivo à denúncia de irregularidades e na aplicação efetiva de códigos de ética e de conduta, políticas e diretrizes com objetivo de detectar e sanar desvios, fraudes, irregularidades e atos ilícitos praticados contra a administração pública, nacional ou estrangeira (art. 41), e que tal programa "deve ser estruturado, aplicado e atualizado de acordo com as características e riscos atuais das atividades de cada pessoa jurídica, a qual por sua vez deve garantir o constante aprimoramento e adaptação do referido programa, visando garantir sua efetividade" (art. 41, parágrafo único).

apresentar ao Ministério Público Federal o cronograma de implantação do programa no prazo de 180 (cento e oitenta) dias.[1107]

Disposições similares podem ser encontradas nos acordos de leniência do MP com a Odebrecht, a Rolls-Royce, a Keppel Fels Brasil, dentre outras. A seguir, a cláusula 6ª, "h", do acordo de leniência da Rolls-Royce:

> Cláusula 6ª. A COLABORADORA compromete-se a: (...) h) continuar a implementar e aprimorar programa de integridade nos termos dos Artigos 41 e 42 do Decreto 8.420/2015, conforme Compromisso de Aprimoramento de Programa de Integridade anexo.[1108]

5.2.5 Cooperação com a investigação e ao longo de todo o processo – do requisito de colaborar

Consoante a Orientação nº 07/2017 do MPF, para que sejam elegíveis para a celebração de um acordo de leniência do MP, as pessoas jurídicas e físicas interessadas devem comprometer-se a colaborar de forma plena com as investigações, durante toda a vigência do acordo de leniência, portando-se com honestidade, lealdade e boa-fé. De fato, tais orientações podem parecer um pouco abstratas.

Para ilustrar, é possível exemplificar algumas das obrigações assumidas pela J&F no acordo de leniência que celebrou com o MPF:

> Cláusula 15. A COLABORADORA compromete-se, a partir da homologação do presente Acordo, a: (...) V - prestar ao Ministério Público Federal todas as informações de que as empresas de seu grupo econômico dispuserem ou puderem obter para esclarecer os dados encontráveis em sistemas eletrônicos e bases de dados eletrônicos; VI - a agir diligentemente, no curso das investigações internas, para que os Prepostos que detenham documentos, informações ou materiais relevantes relacionados aos fatos narrados nos anexos a este Acordo de Leniência venham a aderir ao presente, entregando tais materiais às autoridades mencionadas; (...) VIII - (...) a comparecer pelas autoridades mencionadas, mediante prévia e escrita intimação, a qualquer ato, procedimento ou processo judicial ou extrajudicial, a arcar com as despesas com esse comparecimento e a se abster de aplicar sanções trabalhistas àqueles que colaboraram

---

[1107] BRASIL. Ministério Público Federal. *Acordo de leniência*: J&F Investimentos S.A. Curitiba: MPF, 2016. Disponível em: https://bit.ly/2FRPRnJ. Acesso em: 23 ago. 2020. p. 10.

[1108] BRASIL. Ministério Público Federal. *Termo de acordo de leniência*: Rolls-Royce plc. Curitiba: MPF, 2017. Disponível em: https://bit.ly/3lgg4wC. Acesso em: 23 ago. 2020. p. 2.

ou vierem a colaborar; IX - a comunicar ao ofício ou instância com atribuição do Ministério Público Federal, bem como a todos os membros do Ministério Público que adiram a este Acordo de Leniência, toda e qualquer alteração dos dados constantes deste instrumento; X - a portar-se com honestidade, lealdade e boa-fé durante o cumprimento dessas obrigações; (...) XII - (...) a envidar seus melhores esforços para implantar as demais ações e medidas condizentes com as normas do padrão ISO 19600, e ISO 37001 (sistema de gestão antissuborno), quando disponível, executando tais ações e medidas em todas as empresas controladas pela holding J&F Investimentos S.A.; (...) XX - (...) a conduzir investigação interna com duração de 180 (cento e oitenta) dias, podendo ser o prazo prorrogado em comum acordo com o Ministério Público Federal. A investigação implicará a revisão da documentação eletrônica e física, bem como entrevista de pessoas relevantes ligadas aos relatados nos Anexos, no âmbito da Força-Tarefa das Operações Greenfield, Sépsis e Cui Bono Operação Carne Fraca Colaboradora, seguindo melhores práticas internacionais, com o escopo de verificar eventual existência de documentos ou elementos probatórios adicionais de corroboração dos fatos já narrados; e (...) XXI - (...) a contratar auditoria independente, conforme as melhores práticas internacionais, que deverá realizar o controle do acompanhamento de todas as obrigações assumidas neste Acordo, incluindo o controle sobre a execução dos projetos sociais previstos na cláusula 16, devendo o resultado de tal auditoria e controle de acompanhamento serem consolidados em relatórios anuais.[1109]

A cláusula do acordo de leniência da J&F é exemplificativa, pois é uma das mais longas. As obrigações assumidas pelas signatárias de acordos de leniência variam e são específicas a cada acordo, mas listam-se adiante algumas das cláusulas com obrigações específicas de cooperação assumidas por outras signatárias em acordos já celebrados com o MP:

(i) Apresentação de descrição suplementar e detalhada dos fatos relatados no acordo de leniência, bem como documentos, informações e materiais relevantes relacionados;[1110]

(ii) Apresentação de relatórios específicos para cada ilícito descrito do no acordo de leniência;[1111]

[1109] BRASIL. Ministério Público Federal. Acordo de leniência: J&F Investimentos S.A. Curitiba: MPF, 2016. Disponível em: https://bit.ly/2FRPRnJ. Acesso em: 23 ago. 2020. p. 11-14.

[1110] Obrigação assumida pela Odebrecht S.A., Construções e Comércio Camargo Correa; Braskem S.A., Rolls-Royce plc.; Keppel Fels Brasil S.A.

[1111] Obrigação assumida pela Odebrecht S.A.; Braskem S.A.

CAPÍTULO 5
LENIÊNCIA DO MP | 597

(iii) Atuação diligente no curso das investigações internas, de forma a permitir que seus prepostos colaborem com a obrigação de cooperação;[1112]

(iv) Apresentação à força-tarefa da Operação Lava Jato e aos demais membros do MP sempre que requisitado;

(v) Apresentação dos nomes das empresas e contas bancárias no exterior utilizadas na prática dos fatos ilícitos objeto do acordo de leniência;[1113]

(vi) Apresentação da lista consolidada de todas as doações eleitorais e destinatários de pagamentos ilícitos realizados pelo signatário.[1114]

No dia a dia das negociações, empresas e indivíduos que colaboram no âmbito dos acordos de leniência anticorrupção ou com o MP ainda possuem receios a respeito do escopo dos acordos. Ou seja, há dúvida se o acordo de leniência deveria abarcar todos os delitos já praticados (quase em que um modelo confessionário) ou se poderia ter uma limitação em termos de escopo. Esse aspecto é especialmente relevante em casos de corrupção sistêmica, em que os colaboradores e até mesmo os investigadores das autoridades públicas podem ter dificuldade em determinar, no início das investigações, qual é o escopo completo dos atos ilícitos. Há que se avaliar nesse tema, a fim de garantir o pilar da segurança jurídica dos acordos de leniência (vide cap.1, item 1.2.3, *supra*). Sobre esse tema, recorda-se, também, a discussão sobre a viabilidade jurídica de se ter *"omnibus question"* e a *"penalty plus"* nestes tipos de acordo (vide cap. 2, item 2.3.1.4, *supra*).

5.2.6 Verbas pecuniárias – do requisito de recolher verbas pecuniárias

O recolhimento de verbas pecuniárias é requisito específico de alguns acordos de leniência no Brasil (vide item 1.3.2.5., *infra*), apesar de não expresso na legislação que rege os acordos do MP. Nestes casos, a autoridade investigadora se antecipa e garante a verba pecuniária total ou parcial dos infratores colaboradores.

[1112] Obrigação assumida pela Odebrecht S.A.; Construções e Comércio Camargo Correa; Braskem S.A. Rolls-Royce plc.; Keppel Fels Brasil S.A.

[1113] Obrigação assumida pela Odebrecht S.A.; Braskem S.A.

[1114] Obrigação assumida pela Odebrecht S.A. e Braskem S.A.

598 AMANDA ATHAYDE
MANUAL DOS ACORDOS DE LENIÊNCIA NO BRASIL: TEORIA E PRÁTICA

A 5ª Câmara de Coordenação e Revisão do MPF (CCR) entende que o ressarcimento, apesar de desejável, não é obrigatório (vide cap. 5, *infra*). Em seus termos,

> em contrapartida às finalidades precípuas do instituto premial, a reparação dos danos ao erário não tem que fazer parte do objeto essencial de acordo de leniência, mas pode nele ser incluída, sobretudo para ser antecipada a restituição da parte incontroversa ou de parcela passível de liquidação adiantada.[1115]

A Orientação nº 07/2017 do MPF, por sua vez, dita que a celebração de acordos de leniência do MP está sujeita ao recolhimento, pelos signatários, de determinadas verbas pecuniárias. As diretrizes também preveem que todos os valores arrecadados por ocasião do acordo de leniência deverão levar em consideração as regras de responsabilidade fiscal. Além disso, o acordo não poderá prever possibilidade de aplicação ou investimento, nos órgãos da Administração Pública, de quaisquer valores advindos das contribuições pecuniárias, "evitando-se assim, possível risco moral nas negociações". Em ambos os casos, o signatário deverá prestar garantias[1116] do pagamento referido.

[1115] BRASIL. Ministério Público Federal. *Estudo Técnico nº 01/2017 – 5ª CCR*. Brasília: set. 2017. Disponível em: http://www.mpf.mp.br/atuacao-tematica/ccr5/publicacoes/estudos-tecnicos/docs/Estudo%20Tecnico%2001-2017.pdf. Acesso em: 6 jul. 2018.

[1116] Ainda, vale destacar que, segundo o Estudo Técnico nº 01/2017 da 5ª CCR do MPF, é possível que, quando da apresentação do acordo de leniência, o signatário ofereça a própria empresa (em seu sentido econômico, isto é, distinta de seus bens materiais ou imateriais) como garantia dos valores devidos a título de reparação civil, conforme possibilita o art. 862, do Código de Processo Civil, que trata da penhora de estabelecimento comercial, industrial ou agrícola ("Em tal contexto, pode dar-se o caso que a empresa ofereça em garantia das obrigações assumidas e do ressarcimento integral do dano, a própria empresa, no sentido de que trata o art. 862, do CPC, ficando ela mesma como garantia de todos os valores devidos. Vale dizer que esta garantia só abrange a empresa como patrimônio imaterial e como atividade econômica e não torna, por si só, indisponível o patrimônio material da empresa ou a imobilização de seu ativo, que pode ser empregado para seus fins usuais. Objetiva-se, com isto, oferecer garantia suficiente do ressarcimento dos danos operados pela pessoa jurídica – bem como da aplicação das outras sanções –, sem que se inviabilize o prosseguimento de suas atividades"). Nesse sentido, a importância da garantia está em assegurar que haverá possibilidade concreta de cumprimento das obrigações assumidas, especialmente no que diz respeito à contribuição pecuniária. Segundo o Estudo Técnico nº 01/2017 do MPF, "Parece nítido que uma empresa que não pode dispor de seu patrimônio também não pode funcionar. E, assim, certamente não terá condições de arcar com as sanções que lhe são impostas. Mais do que isto, se a empresa não pode operar, mesmo depois de colaborar com investigações que levem ao desmantelamento de crimes graves e relevantes, decerto não tem interesse em realizar o acordo de leniência nem colaborar com o Poder Público. (…) Para evitar tal cenário indesejado, toma-se como garantia do cumprimento das obrigações assumidas no acordo e do adimplemento das sanções ali previstas a empresa (considerada em seu aspecto econômico), em termos semelhantes ao

O recolhimento de verbas pecuniárias pode incluir tanto a reparação dos danos/ressarcimento[1117] (natureza de indenização) quanto as multas/contribuições pecuniárias (natureza de sanção). A terminologia[1118] ressarcimento, reparação ou contribuição ainda é diversa a depender do autor, de modo que se apresenta a figura para auxiliar na compreensão dos conceitos que serão utilizados neste livro:

Figura 46 – Elementos constitutivos das verbas pecuniárias contidas nos acordos de leniência

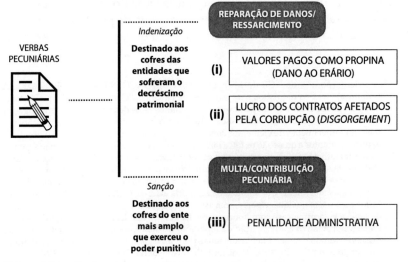

Fonte: elaboração da autora.

---

que prevê o art. 862, do CPC. A garantia prévia sugerida por esta fórmula seria medida protetiva semelhante a direito real de garantia, que poderia vir a converter-se futuramente na penhora de empresa de que trata o dispositivo mencionado" (BRASIL. Ministério Público Federal. *Estudo Técnico nº 01/2017* – 5ª CCR. Brasília: set. 2017. Disponível em: http://www.mpf.mp.br/atuacao-tematica/ccr5/publicacoes/estudos-tecnicos/docs/Estudo%20Tecnico%2001-2017.pdf. Acesso em: 6 jul. 2018).

[1117] Da mesma forma entende a OCDE: "*Leniency programmes have the potential to promote compensation of victims of a cartel*" (OCDE. Session I: using leniency to fight hard core cartels. In: LATIN AMERICAN COMPETITION FORUM, 2009, Santiago. Anais... OCDE, 2009. p. 10).

[1118] Segundo Carlos Roberto Gonçalves, há distinção entre os vocábulos ressarcimento e reparação. Para ele, ressarcimento é o pagamento de todo o prejuízo material sofrido, abrangendo o dano emergente e os lucros cessantes, o principal e os acréscimos que lhe adviriam com o tempo e com o emprego da coisa. Reparação, por sua vez, é a compensação pelo dano moral, a fim de minorar a dor sofrida pela vítima (GONÇALVES, Carlos Roberto. *Direito civil brasileiro*: responsabilidade civil. 5. ed. São Paulo. Saraiva, 2010. v. 4. p. 359).

Com relação à rubrica da reparação de danos/ressarcimento, os acordos de leniência celebrados pelo MP trazem um cálculo de reparação antecipado.[1119] A cláusula de reparação antecipa o cálculo, sem dar quitação à obrigação de reparar integralmente o dano causado a particulares que venham a ingressar contra a empresa.[1120] [1121]

A Orientação nº 07/2017 do MPF determina, em relação ao valor devido para reparação de danos, que não será dada quitação por danos ou prejuízos, devendo o valor pago a esse título ser sempre considerado como uma antecipação de pagamentos. Isso significa que o signatário poderá adiantar o debate sobre a quantificação dos danos decorrentes de sua infração, bem como realizar pagamento da parte incontroversa, mas isso não implicará, necessariamente, a quitação integral do valor

---

[1119] A Orientação nº 7 da CCR do MPF, em "7.5. OBRIGAÇÕES DA COLABORADORA (mínimas)" traz os requisitos para o acordo de leniência "Cível-Criminal", quais sejam: (I) oportunidade: ser a primeira empresa a revelar os fatos desconhecidos à investigação; (II) efetividade: ter capacidade real de contribuição da colaboradora à investigação, por meio do fornecimento de elementos concretos que possam servir de prova; (III) utilidade: explicitar quantos e quais são os fatos ilícitos e pessoas envolvidas, que ainda não sejam de conhecimento do MPF, bem como quais são os meios pelos quais se fará a respectiva prova; (IV) informações e provas: apresentar informações e provas relevantes; (V) cessação: cessar as condutas ilícitas; (VI) *compliance*: implementar programa de *compliance*/conformidade/ integridade/equivalente e se submeter a auditoria externa; (VII) colaboração: colaborar de forma plena, sem qualquer reserva, com as investigações, durante toda a vigência do acordo de leniência, portando-se com honestidade, lealdade e boa-fé; (VIII) reparação de danos: pagar valor relativo à antecipação de reparação de danos, ressalvado o direito de outros órgãos buscarem o ressarcimento adicional, prestando garantias; e (IX) multa: pagar multa, prestando garantias (BRASIL. Ministério Público Federal. *Orientação nº 07/2017*: acordos de leniência. Brasília: MPF, 2017. Disponível em: http://www.mpf.mp.br/pgr/documentos/ ORIENTAO7_2017.pdf. Acesso em: 25 abr. 2017).

[1120] Veja que o item 10 da Orientação nº 7 da CCR do MPF dispões que "10) Não será dada quitação por danos ou prejuízos, devendo o valor pago a esse título ser sempre considerado como uma antecipação de pagamentos" (BRASIL. Ministério Público Federal. *Orientação nº 07/2017*: acordos de leniência. Brasília: MPF, 2017. Disponível em: http://www.mpf.mp.br/ pgr/documentos/ORIENTAO7_2017.pdf. Acesso em: 25 abr. 2017).

[1121] O acordo de leniência da empresa Odebrecht S.A. com o MPF, por exemplo, prevê o seguinte: "Cláusula 7ª. Este Acordo é parte de um acordo global coordenado pelas autoridades competentes das jurisdições brasileira, estadunidense e suíça, no âmbito da qual a COLABORADORA se compromete a pagar o valor global equivalente, nesta data, a R$ 3.828.000.000,00 (três bilhões, oitocentos e vinte e oito milhões de reais) (Valor Global) (...) após a aplicação de estimativa de projeção de variação SELIC, resulta no valor estimado de R$ 8.512.000.000,00 (oito bilhões, quinhentos e doze milhões de reais) (...). §3º Descontada a parcela destinada a outras jurisdições, (...) o Valor Global será disponibilizado ao Ministério Público Federal e destinado da seguinte forma: a) O valor correspondente a 97,5% (noventa e sete por cento) para fins de ressarcimento dos danos materiais e imateriais causados pelos fatos e condutas ilícitas objeto deste Acordo aos entes públicos, órgãos públicos, empresas públicas, fundações públicas e sociedades de economia mista, observado o disposto no artigo 16, §3º, da Lei nº 12.846/2013; b) o valor correspondente a 2,5 (dois e meio por cento) a título de perda de valores relacionados à prática dos crimes previstos na Lei de Lavagem de Dinheiro, nos termos do art. 7º, *caput*, inciso I, e parágrafo 1º, da Lei 9.613/98".

devido, especialmente quando houver outros infratores solidariamente responsáveis pela reparação de danos.

Segundo o Estudo Técnico nº 01/2017 do MPF, a reparação de danos não necessariamente integra o objeto essencial dos acordos de leniência do MP (dado que esse não é o objetivo principal de um acordo de leniência, vide cap. 1, *supra*), mas pode ser incluída com o fim de adiantar a parte incontroversa do valor dos danos. Nesse sentido, a principal repercussão da assinatura de acordos de leniência do MP na esfera cível é a de que, tendo em vista o requisito de adiantamento de valor a título de reparação de danos, antecipa-se a discussão sobre o montante total do dano ao erário ou a terceiros que deverá ser ressarcido pelos infratores. Isso não significa, conforme será explicitado mais à frente, que tal discussão tenha que ser exaurida durante as negociações dos acordos, sobretudo quando há solidariedade entre outros infratores na responsabilidade por reparação dos danos. Nesse caso, o signatário não precisa promover quitação integral do montante devido pelos danos, mas, certamente, pode adiantar-se e oferecer contribuição parcial, demonstrando boa-fé e disposição para colaborar e afastando os requisitos de cautelaridade para constrição de bens em garantia de pagamento de danos e sanções.

Nesse contexto, destaca o Estudo Técnico nº 01/2017 do MPF que

> inclusive como demonstração de boa-fé das partes, o valor incontroverso inicial da lesão pode ser adiantado pela empresa colaboradora e outros agentes responsáveis, sem que isto implique quitação integral, eis que não se pode dispensar aquilo cujo alcance completo eventualmente ainda seja desconhecido, talvez até pelo próprio infrator.

Isso significa que ao signatário do acordo de leniência deve ser dado benefício da ordem, ou seja, não se deve cobrar dele todo o valor dos danos, sob pena de oferecer tratamento desproporcional em benefício de infratores não colaboradores que também tenham sido solidariamente responsáveis pelo dano em questão.

Assim, a existência do requisito de antecipação de valor a título de reparação de danos passa a representar um importante benefício do ponto de vista cível (vide cap. 5, item 5.3.1, *infra*): dá-se ao signatário do acordo de leniência maior segurança acerca do valor com que deverá recolher em termos de verba pecuniária, tanto em caso de multa (como um benefício de ordem administrativa) quanto de reparação de danos, evitando-se que a discussão seja objeto de ação independente promovida pelo MP. Entretanto não se pode pretender excluir ou afastar por completo eventual atuação futura do Ministério Público, de outros colegitimados ou do próprio TCU na busca de ressarcimento integral dos danos, quando for cabível, caso tal debate não tenha sido exaurido durante a negociação do acordo de leniência.

O Estudo Técnico nº 01/2017 do MPF destaca, assim, que, na hipótese de impossibilidade ou dificuldade técnica na determinação do valor integral do dano a ser ressarcido (cuja complexidade foi mencionada no cap. 1, item 1.1.6, *supra*), não se deve deixar de celebrar o acordo de leniência, devendo ser ressarcido o valor incontroverso e deixada em aberto a quitação integral do valor devido. Dessa forma, mantêm-se os benefícios dos acordos também para a investigação e para a sociedade brasileira.[1122] Tal Estudo levanta, também, o ponto da proporcionalidade nos valores fixados, destacando que

> mesmo sendo devido o ressarcimento integral do dano, é recomendável levar em conta as dificuldades técnicas do Estado para determinar o dano, eventualmente, e a capacidade econômica da empresa infratora e sua função social, voltada também à continuidade de seu funcionamento como agente econômico e empregador, de modo que se possa estabelecer um sistema racional e razoável de cobrança e adimplemento das obrigações, especialmente em razão da contribuição valiosa trazida à atuação estatal repressiva, com sua colaboração premiada.

Para mais informações a respeito das possíveis metodologias para cálculo do suposto dano causado, remete-se ao item 1.1.6, *supra*, que trata do recolhimento de verbas pecuniárias como uma das justificativas para os acordos de leniência no Brasil.

Por fim, esclarece-se que o Estudo Técnico nº 01/2017 do MPF destaca que os valores recolhidos a título de reparação de danos devem

---

[1122] Nesse sentido, destaca tal estudo que "embora a cooperação prestada mereça prêmios e seja, eventualmente, justo e prático atribuir desconto ou perdão a dívidas, não se pode, automaticamente, adotar, como parâmetro expresso em negociações premiais, a dispensa do cumprimento da obrigação reparatória geral. Não obstante, a depender do caso concreto, pode ser bem justificável a desoneração parcial de obrigações pendentes, bem como outros modos de abrandar seu cumprimento efetivo. Em hipóteses tais, deve-se ponderar quão mais alto é o grau de atendimento do interesse público e social, não somente o econômico do ente lesado, com a avença realizada, mesmo com as vantagens concedidas ao colaborador e a suspensão eventual da cobrança em relação a ele, do que teria sido o atingido, sem a colaboração e mantida a ignorância do Estado sobre os delitos, sua incapacidade de reaver recursos desviados e a cultura de práticas lesivas e indevidas no relacionamento entre o setor público e a iniciativa privada" (BRASIL. Ministério Público Federal. *Estudo Técnico nº 01/2017* – 5ª CCR. Brasília: set. 2017. Disponível em: http://www.mpf.mp.br/atuacao-tematica/ccr5/publicacoes/estudos-tecnicos/docs/Estudo%20Tecnico%2001-2017.pdf. Acesso em: 6 jul. 2018).

ser, em primeiro lugar, destinados às vítimas (incluindo entes políticos), sempre que estas forem conhecidas. Ou seja, os valores serão destinados aos cofres das entidades que sofreram o decréscimo patrimonial.

É importante notar que os acordos de leniência do MP que vêm sendo celebrados trazem disposições sobre reparação de danos, com montantes mínimos a serem destinados a várias instituições, entidades e autoridades. A título de exemplo, o acordo de leniência da J&F previa ressarcimento e multa em valor total de R$ 10,3 bilhões, divididos entre BNDES, União, Funcef, Fundação Petrobras de Seguridade Social (Petros), Caixa Econômica Federal e FGTS, além de definir um montante de R$ 2,3 bilhões que deveria ser adimplido por meio da execução de projetos sociais em diversas áreas (no caso, eram 49 áreas listadas em anexo específico do acordo de leniência como "Temas autorizados para projetos sociais"):[1123]

> Cláusula 16. Em razão dos ilícitos mencionados nos anexos do presente Acordo, a COLABORADORA deverá pagar, exclusivamente por sua holding J&F Investimentos S/A, a título de multa e valor mínimo de ressarcimento, no prazo de 25 (vinte e cinco) anos, o total de RS 10.300.000.000,00 (dez bilhões e trezentos milhões de reais), devendo tal valor ser destinado às entidades lesadas da seguinte forma: I - O montante de R$ 1.750.000.000,00 (um bilhão, setecentos e cinquenta milhões de reais) deverá ser destinado ao BNDES (Banco Nacional de Desenvolvimento Econômico e Social); II - O montante de R$ 1.750.000.000,00 (um bilhão, setecentos e cinquenta milhões de reais) deverá ser destinado à União, por meio do pagamento de Guia de Recolhimento (GRU) com código apropriado; III - O montante de R$ 1.750.000.000,00 (um bilhão, setecentos e cinquenta milhões de reais) deverá ser destinado à FUNCEF (Fundação dos Economiários Federais); IV - O montante de 1.750.000.000,00 (um bilhão, setecentos e cinquenta milhões de reais) deverá ser destinado à PETROS (Fundação Petrobras de Seguridade Social); V - O montante de R$ 500.000.000,00 (quinhentos milhões de reais) deverá ser destinado à Caixa Econômica Federal; VI - O montante de R$ 500.000.000,00 (quinhentos milhões de reais) deverá ser destinado ao FGTS (Fundo de Garantia do Tempo de Serviço); VII - O montante de 2.300.000.000,00 (dois bilhões e trezentos milhões de reais) será adimplido por meio

---

[1123] Isso é interessante porque há distintos "tipos" de lesados pelas práticas que são objeto de acordo de leniência. Usualmente são pessoas jurídicas de direito público, como a União, Estados, Municípios, autarquias, empresas públicas e outros órgãos da Administração Direta e Indireta. Mas há também casos em que são lesadas entidades privadas, como é o caso do exemplo citado.

da execução de projetos sociais, em áreas temáticas relacionadas em apêndice deste Acordo.[1124]

Com relação à rubrica da multa /contribuição pecuniária, a Orientação nº 07/2017 do MPF determina que as multas devidas em decorrência das infrações tratadas no acordo de leniência do MP dependerão do alcance do acordo. Serão aplicáveis as multas previstas na Lei de Improbidade Administrativa ou na Lei Anticorrupção, consoante as circunstâncias do caso concreto e a aplicabilidade das referidas leis.

No âmbito da Lei de Improbidade Administrativa, serão aplicáveis (i) multa civil de até três vezes o valor do acréscimo patrimonial ilícito, em se tratando de atos que importam o enriquecimento ilícito (art. 9º e art. 12, I, da Lei nº 8.429/1992); (ii) multa civil de até duas vezes o valor do dano, para atos que causam prejuízo ao erário (art. 10 e art. 12, II, da Lei nº 8.429/1992); ou (iii) multa civil de até cem vezes o valor da remuneração percebida pelo agente, para casos de atos que atentam contra os princípios da Administração Pública (art. 11 e art. 12, III, da Lei nº 8.429/1992).

Já a Lei Anticorrupção prevê, dentre as penalidades aplicáveis na esfera administrativa, multa no valor de 0,1% a 20% do faturamento bruto do último exercício anterior ao da instauração do processo administrativo (a qual nunca será inferior à vantagem auferida, quando for possível sua estimação) (art. 6º, I, da Lei nº 12.846/2013). Se a multa não puder ser calculada com base no faturamento, ela variará entre R$ 6 mil e R$ 60 milhões (art. 6º, §4º, da Lei nº 12.846/2013).

Assim, o MP poderá empregar os critérios trazidos pela Lei de Improbidade Administrativa ou pela Lei Anticorrupção (e seu Decreto Regulamentador) para calcular a multa devida quando da celebração de acordos de leniência. Nesse sentido, alguns critérios que poderão ser utilizados pelo MP incluem: (i) a gravidade do fato (art. 12, *caput*, da Lei nº 8.429/1992), a extensão do dano causado e o proveito patrimonial obtido pelo agente (art. 12, parágrafo único, da Lei nº 8.429/1992), no caso da Lei de Improbidade Administrativa; e (ii) a redução de 2/3 da multa esperada (art. 16, §2º, da Lei nº 12.846/2013) e os parâmetros previstos nos artigos 17 a 20, do Decreto nº 8.420/2015,[1125] para as infrações previstas na Lei Anticorrupção.

[1124] BRASIL. Ministério Público Federal. *Acordo de leniência*: J&F Investimentos S.A. Curitiba: MPF, 2016. Disponível em: https://bit.ly/2FRPRnJ. Acesso em: 23 ago. 2020. p. 15.

[1125] "Art. 17. O cálculo da multa se inicia com a soma dos valores correspondentes aos seguintes percentuais do faturamento bruto da pessoa jurídica do último exercício anterior ao da instauração do PAR, excluídos os tributos: I - um por cento a dois e meio por cento havendo continuidade dos atos lesivos no tempo; II - um por cento a dois e meio por cento para

CAPÍTULO 5
LENIÊNCIA DO MP | 605

No caso envolvendo a agência de publicidade Mullen Lowen (antiga Borghi/Lowe), investigada por atos de corrupção para conseguir contratos com a Petrobras, por exemplo, houve essa discussão. No acordo de leniência firmado, as signatárias se comprometeram a recolher R$53 milhões, sendo que R$3,5 milhões se referiam aos danos causados ao erário, R$8 milhões foram pagos a título de multa e o restante, quase

---

tolerância ou ciência de pessoas do corpo diretivo ou gerencial da pessoa jurídica; III - um por cento a quatro por cento no caso de interrupção no fornecimento de serviço público ou na execução de obra contratada; IV - um por cento para a situação econômica do infrator com base na apresentação de índice de Solvência Geral – SG e de Liquidez Geral – LG superiores a um e de lucro líquido no último exercício anterior ao da ocorrência do ato lesivo; V - cinco por cento no caso de reincidência, assim definida a ocorrência de nova infração, idêntica ou não à anterior, tipificada como ato lesivo pelo art. 5º da Lei nº 12.846, de 2013, em menos de cinco anos, contados da publicação do julgamento da infração anterior; e VI - no caso de os contratos mantidos ou pretendidos com o órgão ou entidade lesado, serão considerados, na data da prática do ato lesivo, os seguintes percentuais: a) um por cento em contratos acima de R$ 1.500.000,00 (um milhão e quinhentos mil reais); b) dois por cento em contratos acima de R$ 10.000.000,00 (dez milhões de reais); c) três por cento em contratos acima de R$ 50.000.000,00 (cinquenta milhões de reais); d) quatro por cento em contratos acima de R$ 250.000.000,00 (duzentos e cinquenta milhões de reais); e e) cinco por cento em contratos acima de R$ 1.000.000.000,00 (um bilhão de reais)".

"Art. 18. Do resultado da soma dos fatores do art. 17 serão subtraídos os valores correspondentes aos seguintes percentuais do faturamento bruto da pessoa jurídica do último exercício anterior ao da instauração do PAR, excluídos os tributos: I - um por cento no caso de não consumação da infração; II - um e meio por cento no caso de comprovação de ressarcimento pela pessoa jurídica dos danos a que tenha dado causa; III - um por cento a um e meio por cento para o grau de colaboração da pessoa jurídica com a investigação ou a apuração do ato lesivo, independentemente do acordo de leniência; IV - dois por cento no caso de comunicação espontânea pela pessoa jurídica antes da instauração do PAR acerca da ocorrência do ato lesivo; e V - um por cento a quatro por cento para comprovação de a pessoa jurídica possuir e aplicar um programa de integridade, conforme os parâmetros estabelecidos no Capítulo IV".

"Art. 19. Na ausência de todos os fatores previstos nos art. 17 e art. 18 ou de resultado das operações de soma e subtração ser igual ou menor a zero, o valor da multa corresponderá, conforme o caso, a: I - um décimo por cento do faturamento bruto do último exercício anterior ao da instauração do PAR, excluídos os tributos; ou II - R$ 6.000,00 (seis mil reais), na hipótese do art. 22".

"Art. 20. A existência e quantificação dos fatores previstos nos art. 17 e art. 18, deverá ser apurada no PAR e evidenciada no relatório final da comissão, o qual também conterá a estimativa, sempre que possível, dos valores da vantagem auferida e da pretendida. §1º Em qualquer hipótese, o valor final da multa terá como limite: I - mínimo, o maior valor entre o da vantagem auferida e o previsto no art. 19; e II - máximo, o menor valor entre: a) vinte por cento do faturamento bruto do último exercício anterior ao da instauração do PAR, excluídos os tributos; ou b) três vezes o valor da vantagem pretendida ou auferida. §2º O valor da vantagem auferida ou pretendida equivale aos ganhos obtidos ou pretendidos pela pessoa jurídica que não ocorreriam sem a prática do ato lesivo, somado, quando for o caso, ao valor correspondente a qualquer vantagem indevida prometida ou dada a agente público ou a terceiros a ele relacionados. §3º Para fins do cálculo do valor de que trata o §2º, serão deduzidos custos e despesas legítimos comprovadamente executados ou que seriam devidos ou despendidos caso o ato lesivo não tivesse ocorrido".

R$38,5 milhões, dizia respeito à devolução dos lucros obtidos por meio dos contratos superfaturados que celebraram com a Petrobras.[1126]

Recentemente, mais um desenvolvimento do debate sobre o ressarcimento ao erário viabilizado por meio da assinatura de acordos de leniência veio à tona ao final de 2019, com o julgamento da ADPF nº 568 pelo STF. Neste, discutia-se a licitude de decisão proferida pela 13ª Vara da Justiça Federal de Curitiba que homologou o Acordo de Assunção de Compromissos firmado entre a Petrobras e o Ministério Público Federal, que estava ligado ao cumprimento de obrigações assumidas pela companhia junto a autoridades públicas dos Estados Unidos e que previa destinação de aproximadamente R$ 680 milhões a autoridades brasileiras. A ação, proposta pela PGR, sustentava que os membros do MPF teriam extrapolado suas atribuições constitucionais e legais ao firmar acordo que previa os termos e condições de destinação do referido valor, e que a decisão da Justiça Federal que o homologou seria atentatória à ordem constitucional.

Relator do caso no STF, o Ministro Alexandre de Moraes posicionou-se pela "nulidade absoluta do *Acordo de Assunção de Compromissos*" e afirmou que

> A execução e a fiscalização do cumprimento de obrigações assumidas pela Petrobras no exterior, ainda que visem à mitigação da responsabilidade da empresa por fatos relacionados à Operação Lava Jato, não correspondem às atribuições específicas dos membros do MPF em exercício na Força-Tarefa respectiva, ou com a competência jurisdicional do Juízo da 13ª Vara Criminal Federal, juízo absolutamente incompetente para analisar a presente hipótese.[1127]

Determinou, portanto, o Ministro Relator, o repasse para os Estados, dos créditos previstos no acordo celebrado com a autoridade norte-americana, "para todos os fins orçamentários e financeiros, sob fiscalização da Controladoria-Geral da União e do Tribunal de Contas da União".

Por fim, insta mencionar que, no âmbito da Operação Lava Jato, segundo informações do MPF, até agosto de 2020, os 19 acordos

---

[1126] Ver: LAVA JATO – AGU e CGU fecham acordo de leniência com empresas de publicidade que prevê devolução de R$ 53 milhões. *G1 Política*, 16 abr. 2018. Disponível em: https://g1.globo.com/politica/operacao-lava-jato/noticia/agu-e-cgu-fecham-o-primeiro-acordo-de-leniencia-da-lava-jato-com-empresas-de-publicidade.ghtml. Acesso em: 15 nov. 2018.

[1127] STF, ADPF nº 568. Rel. Min. Alexandre de Moraes, *DJ* 18 dez. 2019. Afirmou ainda o Ministro Relator que "o depósito dos valores pagos pela Petrobras deveria ter ocorrido em favor do Tesouro Nacional, cabendo à União, por meio da lei orçamentária aprovada pelo Congresso Nacional, definir a destinação do montante, em conformidade com os princípios da unidade e universalidade orçamentárias".

de leniência celebrados teriam envolvido o pagamento de multas da ordem de R$12,5 bilhões. Além disso, aproximadamente R$4,5 bilhões já haviam sido recolhidos por meio de acordos de colaboração.[1128]

Não obstante, há uma preocupação quanto às ações propostas por terceiros. Nesses casos, é mister que haja garantia de que os terceiros não ajuizarão ações unicamente contra os signatários de acordos de leniência, sobretudo quando houver outros infratores solidariamente responsáveis pela reparação de danos. Assim, o MPF sugere que seja conferido, aos signatários, benefício de ordem no pagamento das quotas-parte ou de parcelas delas,[1129] conforme a proporcionalidade e a potencialidade de recuperação dos prejuízos causados (ou seja, recomenda que o valor residual dos danos seja cobrado, primariamente, dos infratores que não tenham colaborado com a investigação, privilegiando o signatário do acordo de leniência). Tal benefício decorre, também, de um juízo sobre a utilidade e a qualidade da colaboração realizada.

5.2.7 Auditoria externa/monitor externo ("Monitor Independente de *Compliance*") – do requisito de se submeter a auditoria/monitor externo, às suas expensas, se for o caso

Nos termos da Orientação nº 07/2017 do MPF, o acordo de leniência do MP poderá conter compromisso no sentido de que o signatário se submeta a auditoria externa. Isso significa que, às suas expensas, o signatário terá de contratar um auditor/monitor externo, isto é, um terceiro com autonomia e independência perante a empresa monitorada, que acompanhará suas ações relativas ao programa de *compliance* e verificará se sua atuação está se dando de forma íntegra (vide cap. 4, item 4.3.6, supra).

[1128] BRASIL. Ministério Público Federal. Caso Lava Jato: resultados. Disponível em: http://www.mpf.mp.br/grandes-casos/lava-jato/resultados. Acesso em: 20 ago. 2020.

[1129] O Estudo do MPF destaca que "havendo possibilidade de se cobrar dano adicional de terceiros envolvidos nos fatos, mas não abrangidos no acordo, afigura-se pragmaticamente possível e conceitualmente justo que a exigência da reparação seja a eles dirigida, antes dos demais que colaboraram. É dizer: não se afigura cabível endereçar cobrança adicional pelo dano à pessoa jurídica colaboradora, enquanto houver outros envolvidos na infração, aos quais se deva e possa dirigir a efetivação do dever de ressarcimento, sendo salutar conferir ao colaborador, ao menos, o benefício de ordem no pagamento de saldos eventualmente existentes ou de sua parte, na impossibilidade do adiantamento de sua quota-parte" (BRASIL. Ministério Público Federal. *Estudo Técnico nº 01/2017* – 5ª CCR. Brasília: set. 2017. Disponível em: http://www.mpf.mp.br/atuacao-tematica/ccr5/publicacoes/estudos-tecnicos/docs/Estudo%20Tecnico%2001-2017.pdf. Acesso em: 6 jul. 2018).

O trabalho do monitor externo consiste na emissão de relatórios a respeito da aplicação do programa de *compliance*/integridade, os quais serão apresentados, em seguida, à autoridade pública. Trata-se de uma espécie de terceirização, pela Administração Pública, do acompanhamento do programa de *compliance* empresarial, que pode ser um instrumento relevante para promover a autorregulação empresarial.

Segundo Oliveira,[1130] ao monitor externo (também chamado de "Monitor de *Compliance* Independente") cabe, em apertadíssima síntese, realizar uma série de ações e tomada de providências voltadas à aderência da empresa aos termos da leniência rumo ao seu cumprimento integral, apoiando-a em seu caminho de final reabilitação empresarial e resgate reputacional, em decorrência das práticas de corrupção reconhecidas no acordo de leniência. Segundo o autor

> O Monitor Independente é um profissional de reputação ilibada, notória especialização e imparcial, indicado pela empresa, aprovado pelo MPF e remunerado pela empresa – no caso J&F, trata-se de Comitê Independente, composto por três profissionais – que se constitui em *longa manus* do MPF, e que terá uma série de atribuições voltadas ao acompanhamento da execução do acordo de leniência, verificando o cumprimento *in loco* das obrigações assumidas pela empresa no acordo. Concomitantemente *coach* e *referee* da empresa, o Monitor atuará de modo independente no processo de revitalização da empresa, para que esta possa o mais rapidamente possível retomar o curso natural dos negócios e sair do pós-leniência melhor do que ingressou – *corporate get well program*.

A inspiração brasileira reside no *Independent Compliance Monitoring* norte-americano, implementado como método de acompanhamento de acordos de leniência pelo Departamento de Justiça dos Estados Unidos (DOJ) e pela *Securities and Exchange Commission (SEC)*, cujas linhas gerais estão previstas no documento conhecido como "Memorando Morford".[1131]

Esta previsão constou, por exemplo, nos acordos de leniência firmados pela Odebrecht S.A. e pela Braskem S.A. A seguir, a cláusula 6ª, X, presente no acordo da Braskem:

[1130] OLIVEIRA, Gustavo Justino. "Pós-acordo de leniência": desafios das empresas para sua reabilitação. Portal Conjur, 28 ago. 2019. Disponível em: https://www.conjur.com.br/2019-ago-28/pos-acordo-leniencia-desafios-empresas-reabilitacao. Acesso em: 23 set. 2020.

[1131] ESTADOS UNIDOS. Departamento de Justiça. *Memorandum Morford, Office of the Deputy Attorney General, U.S. Department of Justice, March 7, 2008*. Disponível em: https://www.justice.gov/sites/default/files/dag/legacy/2008/03/20/morford-useofmonitorsmemo-03072008.pdf. Acesso em: 23 set. 2020.

CAPÍTULO 5
LENIÊNCIA DO MP | 609

a partir da homologação do presente Acordo pelo Juízo da 13a Vara Federal da Subitem de Curitiba, a sujeitar-se a monitoramento independente, nos termos e condições descritos no Apêndice 3 ao presente Acordo - Monitoramento Independente;[1132]

Para as duas empresas citadas como exemplo, houve um monitor indicado pelas autoridades brasileiras e um indicado pelo DOJ, sendo o último decorrente do acordo firmado pelas referidas empresas na jurisdição americana. Em março de 2020 a Força-Tarefa da Lava Jato reconheceu o cumprimento do acordo de leniência da Braskem e deixou de monitorar a empresa.[1133] Segundo seus termos, "todas as recomendações feitas pelos monitores independentes, para a estruturação e funcionamento do programa de *compliance*, foram atendidas pela empresa". Em maio de 2020, DOJ e SEC também colocaram fim ao monitoramento instituído nestes acordos de leniência.[1134] Em julho de 2020, o MPF publicou notícia em que constou a metodologia que os monitores independentes utilizaram para levar à certificação do programa de *compliance*.[1135] Conforme o descritivo apresentado, as

---

[1132] BRASIL. Ministério Público Federal. *Termo de acordo de leniência*: Braskem S.A. Curitiba: MPF, 2016. Disponível em: https://bit.ly/2Etm5oI. Acesso em: 23 ago. 2020. p. 7.

[1133] Lava Jato diz que Braskem cumpre acordo e monitoria acaba. Estadão, 11 mar. 2020. Disponível em: https://politica.estadao.com.br/blogs/fausto-macedo/lava-jato-diz-que-braskem-cumpre-acordo-e-monitoria-acaba/. Acesso em: 23 set. 2020.

[1134] Autoridades encerram monitoria na Braskem. Jornal Valor Econômico, 14 maio 2020. Disponível em: https://valor.globo.com/empresas/noticia/2020/05/14/autoridades-encerram-monitoria-na-braskem.ghtml. Acesso em: 23 set. 2020.

[1135] Monitores independentes apresentam à Lava Jato/PR metodologia que levou à certificação do programa de *compliance* da Braskem. Disponível em: http://www.mpf.mp.br/pr/sala-de-imprensa/noticias-pr/monitores-independentes-apresentam-a-lava-jato-pr-metodologia-que-levou-a-certificacao-do-programa-de-compliance-da-braskem-s-a. Acesso em: 23 set. 2020. "No documento, identificam-se como características geralmente aceitas de um programa de conformidade corporativa eficaz: Compromisso e divulgação dos níveis superiores e intermediários da administração (*tone at the top*); Avaliação de risco; Políticas e procedimentos; Autonomia e recursos; Treinamento e comunicações; Incentivos e medidas disciplinares; Gestão de terceiros; Investigações de possíveis irregularidades, inclusive uma estrutura de denúncias confidenciais e a remediação de condutas irregulares identificadas; Diligência e integração de conformidade em fusões e aquisições; e Melhoria contínua, testes periódicos e análise. [...] Com o auxílio de especialistas em contabilidade forense, os monitores coletaram e analisaram mais de 700 gigabytes de dados contábeis da companhia, contendo 419 milhões de registros. Desse conjunto, mais de 1.100 transações foram testadas, incluindo, contas a pagar, contas de alto risco do razão geral, receitas, despesas de funcionários, patrocínios e doações. Como os monitores certificaram que o programa de conformidade da Braskem está adequadamente concebido e implementado para prevenir e detectar violações das leis anticorrupção em conformidade com as melhores práticas, a divulgação do Memorando permite à sociedade, ao mercado e ao ambiente de *compliance* conhecer o processo que levou ao cumprimento da obrigação pactuada no acordo de leniência firmado com o Ministério Público Federal".

atividades de monitoria incluíram a elaboração de plano de trabalho detalhado, solicitação e análise de documentos, visitas a escritórios da companhia, entrevistas com funcionários, participação em reuniões e elaboração de recomendações destinadas a reforçar o programa de conformidade. A notícia aponta ainda que na monitoria foi concebido um programa de testes de transações com o objetivo de, entre outros, abordar potenciais riscos anticorrupção.

Pimenta[1136] esclarece que o acordo de leniência celebrado com a J&F previu a criação de um Comitê de Supervisão Independente, que informaria ao Ministério Público relatórios sobre as obrigações assumidas no âmbito do acordo de leniência, incluindo investigações e monitoramento da implementação das demais exigências. Segundo a autora, o comitê seria uma ampliação da figura do monitor independente, em uma estrutura de governança corporativa distinta.

Importante distinguir essa figura, do chamado "Comitê Especial de Investigação" (*Special Committee*). Diferentemente do monitor externo ou da auditoria externa, que são contratados para monitorar a empresa após a celebração de um acordo com as autoridades públicas, este Comitê Especial de Investigação atua justamente para cumprir a finalidade da investigação em si. Ou seja, em empresas em que há certa dúvida de que os administradores (diretores e/ou conselheiros da administração) serão capazes de conduzir investigações confiáveis[1137] (seja porque são controladores, seja porque a empresa é de histórico familiar, seja porque os próprios administradores estão envolvidos nos fatos), contrata-se um Comitê Especial de Investigação em que são convocados terceiros, independentes, para conduzir os trâmites de investigação. É fato que esse Comitê tende a contratar auditorias, empresas de análise forense e escritórios de advocacia especializados para a realização do trabalho operacional de investigação, mas é este Comitê quem toma as decisões empresariais, portanto, decorrentes dos eventuais fatos ilícitos que forem encontrados.

[1136] PIMENTA, Raquel. *A construção dos acordos de leniência da lei anticorrupção.* São Paulo: Bluncher, 2020. p. 116.

[1137] Essa opinião parece ser compartilhada por Otávio Yasbek, que atuou como monitor independente de conformidade do programa de *compliance* instituído após a celebração de acordo de leniência pela Odebrecht, em 2016. *Compliance* não pode ignorar o papel do controlador que praticou corrupção, diz monitor da Odebrecht. Estadão, 6 ago. 2020. Disponível em: https://economia.estadao.com.br/noticias/governanca,compliance-nao-pode-ignorar-o-papel-do-controlador-que-praticou-corrupcao-diz-monitor-da-odebrecht,70002970471. Acesso em: 23 set. 2020.

5.3 Leniência do Ministério Público: benefícios

Os acordos de leniência do MP possuem, tipicamente, efeitos na esfera cível, o que pode gerar benefícios para a pessoa jurídica (5.3.1). Além disso, em situações específicas, também às pessoas físicas aderentes ao acordo podem ser aplicáveis benefícios cíveis e criminais (5.3.2). Ainda, outras duas questões merecem ser abordadas: os benefícios dos acordos de leniência do MP para as investigações (5.3.3) e para a sociedade brasileira como um todo (5.3.4); e as repercussões administrativas do acordo de leniência do Ministério Público (5.3.5).

5.3.1 Dos benefícios cíveis do acordo de leniência para as pessoas jurídicas

Nos termos da Orientação nº 07/2017 do MPF, dentre os benefícios cíveis dos acordos de leniência do Ministério Público aplicáveis às pessoas jurídicas, incluem-se a não propositura de ações cíveis ou sancionatórias (inclusive as ações de improbidade administrativa) ou a suspensão das ações já propostas ou a prolação de decisão com efeitos meramente declaratórios e não punitivos.

Trata-se de efeito cível relevante para a vida empresarial de uma pessoa jurídica, dado que a aplicação de uma pena de proibição de contratar com a Administração Pública, possivelmente decorrente de uma ação de improbidade administrativa, poderia resultar no encerramento das atividades da empresa. Athayde e De Grandis[1138] sinalizam que o MP tem realizado pedido meramente declaratório quanto à ação de improbidade em face do colaborador, sem demandar a efetiva aplicação das sanções.[1139]

[1138] ATHAYDE, Amanda; DE GRANDIS, Rodrigo. Programa de leniência antitruste e repercussões criminais: desafios e oportunidades recentes. *In:* CARVALHO, Vinicius Marques de (Org.). *A lei 12.529/2011 e a nova política de defesa da concorrência.* São Paulo: Singular, 2015. v. 1. p. 287-304.

[1139] No sentido da existência de dois pedidos principais quando de uma ação de improbidade administrativa: "primeiramente, o pedido de que o juiz reconheça a conduta de improbidade (pedido originário, de natureza declaratória); depois, o pedido de que, sendo procedente a ação, sejam aplicadas ao réu as respectivas sanções (pedido subsequente, de natureza condenatória)" (CARVALHO FILHO, José dos Santos. *Direito Administrativo.* 24. ed. São Paulo: Lumen Juris, 2011). Os autores indicam, inclusive, que esse raciocínio já foi aceito, por exemplo, no contexto da Ação de Improbidade Administrativa nº 2006.50.01.009819-5113, que tramitou perante a Justiça Federal de Vitória/ES, tendo a colaboração premiada sido aplicada em caso de improbidade administrativa. Segundo a decisão da juíza: "a utilização da delação premiada, para fixação de sanção mínima, redução ou até afastamento de algumas das sanções, além de poder contribuir com as investigações e a instrução processual, mostra-se princípio de equidade e de igualdade jurídica, já que, em diversas outras situações legais, a

Ademais, outro benefício cível da celebração de acordos de leniência do MP é a possibilidade de adiantamento da reparação de danos, com o pagamento do valor incontroverso, mesmo que isso não implique a quitação total dos danos causados (vide este cap. 5, item 5.2.6 e cap. 1, item 1.1.6, *supra*).

Ainda, tais acordos representam a possibilidade de atenuação das consequências práticas de uma condenação, podendo ser percebidos como importante meio de defesa dos infratores.[1140]

Por fim, não se pode afastar a existência de um relevante benefício de ordem reputacional para as signatárias do acordo de leniência, que deixam de lado o "estigma" de "investigadas" e passam à qualidade de "colaboradoras".

5.3.2 Dos possíveis benefícios cíveis e criminais do acordo de leniência do MP para as pessoas físicas que adiram ao acordo da pessoa jurídica

Via de regra, o acordo de colaboração premiada está disponível para pessoas físicas e se circunscreve à esfera criminal (vide item 1.4.3.1, *supra*), ao passo que o acordo de leniência do MP, celebrado posteriormente à Lei Anticorrupção, está disponível para pessoas jurídicas e se circunscreve à esfera cível.

Ocorre que, reconhecendo que afastar as pessoas físicas da legitimidade de celebrar acordos de leniência poderia resultar em nulificar a eficiência que se preconiza com a própria existência do instituto,[1141] o

---

renúncia ao direito constitucional de manter-se em silêncio converte-se em benefícios, com redução expressiva da sanção imposta" (BRASIL. Ação de Improbidade Administrativa nº 2006.50.01.009819-5113. Justiça Federal de Vitória/ES).

[1140] Segundo o Estudo Técnico nº 01/2017 da 5ª CCR do MPF, "em configuração bifronte, [o acordo de leniência do MP] apresenta-se, de outro lado, também como um meio de defesa, uma estratégia à disposição do infrator na avaliação das probabilidades relacionadas a sua efetiva punição ou às possibilidades concretas de esquivar-se dela. Mas, ainda assim e por isto mesmo, uma vez inserido na ordem jurídica, trata-se de instrumento oferecido à defesa, cujo manejo não pode ser obstado ou dificultado injustamente, devendo, ao revés, ser autenticamente permitido ao agente colaborador a ele recorrer, e, através de juízo de proporcionalidade, que leve em conta a cooperação com o Estado no curso de investigações e para o maior proveito em relação às sanções que lhe podem ser impostas, dele beneficiar-se em várias vertentes, considerando-se especialmente sua sujeição ao sistema de múltipla incidência de responsabilização do ordenamento vigente" (BRASIL. Ministério Público Federal. *Estudo Técnico nº 01/2017 – 5ª* CCR. Brasília: set. 2017. Disponível em: http://www.mpf.mp.br/atuacao-tematica/ccr5/publicacoes/estudos-tecnicos/docs/Estudo%20Tecnico%20 01-2017.pdf. Acesso em: 6 jul. 2018).

[1141] MACHADO, Pedro Antônio de Oliveira. *Acordo de leniência & Lei de Improbidade Administrativa.* Curitiba; Juruá, 2017, p. 186.

MP realizou, historicamente, uma busca por superar esse que poderia ser um relevante desincentivo aos seus acordos de leniência. Assim, em que pese inicialmente controversa, a prática do MP foi no sentido de viabilizar, ao longo dos anos, a adesão de pessoas físicas aos acordos de leniência e conceder a estas benefícios cíveis e criminais, com o fim de realizar suas atribuições constitucionalmente previstas.[1142]

Pimenta[1143] esclarece que essa peculiaridade da extensão da imunidade para pessoas físicas que assinam o acordo e àqueles que poderão subscrevê-lo no futuro foi realizada não com base na Lei Anticorrupção, mas sim no paralelismo com a Lei de Organizações Criminosas e na analogia ao art. 86 da Lei nº 12.529/2011 do programa de leniência do Cade, que prevê a extensão dos benefícios da empresa signatária do acordo de leniência às empresas do mesmo grupo, de fato ou de direito, e aos seus dirigentes, administradores e empregados envolvidos na infração. Desde o primeiro acordo de leniência do MP, assinado com a SOG Setal, tal estrutura já foi utilizada e acatada em juízo, quando da homologação externa do acordo.

Passa-se, assim, a uma breve apresentação histórica sobre essas cláusulas de adesão na experiência do MPF.[1144] No acordo de leniência celebrado entre SOG e outros com o MPF, homologado em 01.12.2014, as pessoas físicas foram consideradas partes signatárias do acordo, tendo sido também incluída previsão de posterior subscrição por parte de pessoas físicas (prepostos, dirigentes ou acionistas). No acordo de leniência celebrado entre a Camargo Corrêa e o MPF, homologado em 24.08.2015, não houve pessoas físicas signatárias, mas foi incluída previsão de subscrição posterior do acordo por prepostos ou acionistas, reservando-se ao MPF o direito de avaliar as condições para adesão. No acordo de leniência da Carioca com o MPF, homologado em 20.10.2015, as mesmas condições foram reproduzidas. No acordo de leniência entre Andrade Gutierrez e MPF, homologado em 30.03.2016, também houve a adoção de cláusulas permissivas da subscrição de pessoas físicas, com prazo. O diferencial, porém, diante da extensão dos ilícitos cobertos

---

[1142] Ver: OLIVEIRA, Isabela Monteiro de. *Adesão de pessoas físicas aos acordos de leniência anticorrupção e do Ministério Público*: perspectivas sobre a implementação. Monografia (Pós-Graduação) – Departamento de Direito, Fundação Getúlio Vargas. Brasília, 2020.

[1143] PIMENTA, Raquel. *A construção dos acordos de leniência da lei anticorrupção*. São Paulo: Bluncher, 2020. p. 94-95.

[1144] MPF. Nota Técnica sobre os Termos de Adesões ou Subscrições de pessoas físicas em acordos de leniência. 6 maio 2020. Disponível em: http://www.mpf.mp.br/pgr/noticias-pgr/mpf-elabora-nota-tecnica-para-orientar-atuacao-de-membros-em-acordos-de-leniencia-com-adesao-de-pessoas-fisicas. Acesso em: 18 jun. 2020.

pelo acordo da empresa, foi permitir que os promotores naturais decidissem sobre a adesão ao acordo e, que em caso de negativa de adesão, as provas produzidas não poderiam ser utilizadas em desfavor da colaboradora, mas apenas em relação a terceiros. Posteriormente, no acordo de leniência celebrado entre Signus e MPF, homologado em 23.11.2016, também foi preservada a cláusula de subscrição ou adesão, desde que adequada, necessária e proporcional.

O acordo de leniência celebrado pelo MPF com a Braskem, homologado em 15.12.2016, inaugurou um novo instrumental sobre as adesões. Homologado na mesma data, o acordo de leniência Odebrecht também trouxe a disciplina dos aspectos referidos, adotando os mesmos parâmetros na celebração da leniência. Merecem destaque: (i) a abrangência da categoria de pessoas físicas "aderentes" (prepostos, empregados, administradores, dirigentes, terceiros contratados, incluindo fornecedores de bens e prestadores de serviços, desligados ou não, da pessoa jurídica colaboradora); (ii) a abrangência da categoria de ilícitos abarcados pela adesão, estatuindo-se uma diversidade de condutas ilícitas conexas ou correlatas às condutas objeto de investigação; (iii) a abrangência de condutas a serem relevadas pelos aderentes dentro das circunstâncias descritas nos anexos, bem como condutas descobertas em investigação interna, mesmo não conexas ou correlatas; (iv) a processualização da forma como fatos não conexos serão informados ao MPF perante membros com atribuição para investigação, não assinantes do acordo; (v) as consequências da não adesão de membros do MPF não assinantes do acordo; (vi) a disciplina sobre recusa de adesão de membro do MPF, sobre fato contido em Anexo no qual se descrevem outros, os quais são de atribuição de outro membro do *Parquet*; (vii) o dever dos aderentes complementar elementos contidos nos anexos do acordo, necessários para a investigação das infrações; (viii) os limites de proteção conferidos à colaboradora e aderentes; (ix) a processualização interna do encaminhamento no MPF de Anexos, contendo fatos ilícitos que não são da atribuição dos membros assinantes, exigindo-se a adesão aos termos do acordo, sob pena de devolução; (x) as condições a serem avaliadas pelo MPF para avaliação de cada adesão. Neste acordo também está previsto prazo para a colaboradora entregar ao MPF manifestação de intenção de adesão, sendo que a pessoa física também poderá solicitar sua adesão. Houve, ainda, previsão de decisão fundamentada para rejeição da adesão requerida e foi prevista cláusula geral, habilitando o MPF a formular exigências extraordinárias e não previstas no acordo, como condição de aceitação da adesão.

Diferentemente, o acordo de leniência com a Rolls-Royce, celebrado em 15.12.2016, não teve a participação de pessoas físicas, tampouco a possibilidade de adesão destas no curso da execução do acordo firmado.

Com a finalidade de chancelar a legitimidade da subscrição ou adesão de pessoas físicas aos acordos de leniência, a Orientação nº 07/2017 do MPF, de agosto de 2017, previu que seria possível, quando da celebração do acordo, incluir no tópico "descrição das partes" a possibilidade de adesão ao acordo, durante prazo específico, por parte de empresas do grupo, diretores, empregados e prepostos da empresa envolvidos nas práticas objeto do acordo de leniência, mediante assinatura dos respectivos termos e posterior aceitação pelo membro oficiante.[1145]

Também em agosto de 2017, em 24.08.2018, foi celebrado o acordo de leniência com a J&F, que continha disciplina sobre a adesão de pessoas físicas, assim como os acordos de leniência da Getinge/Maquet, homologado em 17.05.2018, da Andrade Gutierrez, homologado em 21.05.2018, da Drager, homologado em 27.09.2018, e da Cia Bozano, homologado em 06.12.2018. Diferentemente, tanto o acordo de leniência com a Keppel, homologado em 05.04.2018, quanto o acordo de leniência com a Camargo Corrêa, homologado em 27.11.2018, não dispuseram de cláusula prevendo a adesão de pessoas físicas.

Em 2018, a Orientação Conjunta nº 01/2018 do MPF, referente aos acordos de colaboração premiada, também mencionou a possibilidade de celebração de Termos de Adesão Individual aos acordos de leniência.

Em 2019, os acordos de leniência celebrados incluíram, em sua maioria, cláusulas que permitiam a adesão de pessoas físicas. Foi o caso do acordo de leniência com a a.G. Investimentos, homologado em 25.04.2019, com a Rodonorte, homologado em 28.06.2019, com a Eil/Ecs/Ecovia/Ecocataratas, homologado em 05.09.2019, e no acordo de leniência Purunã, celebrado em 18.09.2019. Não houve essa inclusão nos acordos de leniência da Granebert, homologado em 11.04.2019, e da Technip, homologado em 24.07.2019.

Por fim, a admissibilidade das adesões de pessoas físicas em acordos de leniência ficou evidente em face da alteração da Lei de Improbidade Administrativa (Lei nº 8.429/1992) pela Lei nº 13.964/2019 (Pacote Anticrime), dado que restou positivada a possibilidade jurídica

---

[1145] BRASIL. Ministério Público Federal. *Orientação nº 07/2017*: acordos de leniência. Brasília: MPF, 2017. Disponível em: http://www.mpf.mp.br/pgr/documentos/ORIENTAO7_2017. pdf. Acesso em: 29 jun. 2020, item 7.2.

de celebração de acordos no campo da improbidade administrativa, sem distinção entre pessoas físicas ou jurídicas.

Em que pese todo esse histórico, diante das dúvidas existentes sobre essa adesão de pessoas físicas aos acordos de leniência celebrados pelo MP, em maio de 2020 a 5ª CCR do MPF publicou "Nota Técnica sobre os Termos de Adesões ou Subscrições de pessoas físicas em acordos de leniência" (doravante NT 01 do MPF de 2020 sobre Adesões de pessoas físicas).[1146] Para incentivar a colaboração de pessoas físicas ligadas à empresa com o processo investigatório e as consequentes descobertas e a cessação dos ilícitos associativos ou corporativos, era preciso deixar claro ser possível estender o sistema de benefícios à esfera criminal. Isso porque, diversamente dos atos ilícitos praticados pela pessoa jurídica colaboradora, as tipificações das condutas ilícitas de pessoas físicas envolvidas ensejam potencialmente responsabilização nas esferas penal, civil, administrativa e por ato de improbidade administrativa.[1147]

Assim, a NT do MPF de 2020 deixa claro que é possível a concessão de efeitos cíveis e criminais às pessoas físicas colaboradoras, de modo que o acordo de leniência passa a cumprir uma função regulamentar, ao estabelecer o procedimento e a organização dessas informações mediante adesões. Para tanto, o próprio acordo pode estabelecer prazos para o processamento das manifestações adesivas e do encaminhamento de elementos de prova sobre os ilícitos delatados, com o fim de estabilizar o campo objetivo (factual) e subjetivo (proponentes-aderentes) da colaboração.[1148]

Nos termos da NT do MPF de 2020 sobre adesões de pessoas físicas, a adesão confere às pessoas físicas aderentes deveres e obrigações, ao passo que também lhes proporciona direitos e garantias:

> A Adesão confere às pessoas físicas aderentes os deveres e obrigações próprios da condição estatutária de colaboradores, mas também lhes proporcionam os direitos e garantias inerentes a esta condição legal, exigindo que as autoridades celebrantes do Acordo de Leniência e Termos de Adesão observem esta válida expansão subjetiva do ajuste, conduzindo-se em plena harmonia com o conteúdo do Acordo, em face de todos os colaboradores, sob a égide de todos os princípios de

---

[1146] MPF. Nota Técnica sobre os Termos de Adesões ou Subscrições de pessoas físicas em acordos de leniência. 6 maio 2020. Disponível em: http://www.mpf.mp.br/pgr/noticias-pgr/mpf-elabora-nota-tecnica-para-orientar-atuacao-de-membros-em-acordos-de-leniencia-com-adesao-de-pessoas-fisicas. Último acesso em: 18 jun. 2020.

[1147] *Ibidem*, p. 18.

[1148] *Ibidem*, p. 18.

direito público acima sublinhados, que estão na raiz da legalidade de suas atividades funcionais.

Os aderentes estão obrigados à colaboração, da qual advenha um ou mais dos seguintes resultados, bem sublinhados na Lei nº 12.850, quais sejam: I - a identificação dos demais coautores e partícipes (incluindo, beneficiários diretos ou indiretos) dos atos de corrupção; II - a revelação da estrutura hierárquica e da divisão de tarefas da organização que está envolvida na corrupção, revelando o modus operandi corruptivo; III - a prevenção de novas práticas de corrupção pelos infratores; IV - a recuperação total ou parcial do produto ou do proveito dos atos de corrupção delatados.

Os aderentes estão obrigados a cessar sua participação nos ilícitos revelados na Adesão. Devem admitir sua participação no ilícito (quando for o caso) e cooperar plena e permanentemente com as investigações e o inquérito civil público, comparecendo, sob suas expensas, sempre que solicitada, a todos os atos processuais, até seu encerramento, incluindo a fase da execução do Acordo de Leniência e Adesão.

Os aderentes estão obrigados a propiciar de forma célere informações e documentos dotados de veracidade (conteúdo e forma) e licitude (origem) sobre os ilícitos delatados, habilitando o MPF a tomar as providências jurídicas, urgentes ou não, que as circunstâncias concretas o exigirem no cumprimento de sua atribuição.

Os aderentes estão obrigados a ressarcir os danos causados pelos ilícitos delatados que foram responsáveis pela sua ocorrência. Todavia, o Acordo de Leniência e Adesão não estão condicionados, por lei, ao ressarcimento integral dos danos, de sorte que pagamentos de valores indenizatórios podem ser objeto de negociação, com o caráter de quitação parcial deste dever legal de reparação civil.

Celebrados o Acordo de Leniência e Adesão, e cumpridos os termos da avença, os aderentes ostentarão direito público subjetivo aos benefícios legais pactuados, encontrando-se o MPF submetido ao cumprimento fiel do que foi acordado, em contrapartida da colaboração realizada. Estabelecidas as obrigações do MPF no acordo de Leniência, os aderentes possuem direitos públicos subjetivos de exigir o seu cumprimento, nos exatos termos das prescrições perfilhadas no ajuste.

Ainda, importante esclarecer que, tal qual o acordo de leniência originário, a adesão também deve seguir o mesmo trâmite interno (homologação pela 5ª CCR MPF) e externo (homologação judicial), vide item 5.4, *infra*. A competência judicial criminal para homologação de adesões inseridas em acordo de leniência, por sua vez, deve ocorrer conforme as regras de competência previstas na legislação processual penal.[1149]

Por fim, a NT do MPF de 2020 sobre adesões de pessoas físicas destaca a necessidade de isonomia e proporcionalidade na concessão de benefícios às pessoas físicas aderentes, tendo em vista as circunstâncias de cada colaborador, elementos de corroboração apresentados, fatos ilícitos descortinados e utilidade para as investigações, visando à efetividade da persecução ministerial, seja no domínio punitivo civil ou no domínio criminal.[1150] Para tanto, há maior segurança jurídica e isonomia no processamento das adesões posteriores quando no próprio acordo de leniência estão contidos os parâmetros de concessão de benefícios para novas pessoas físicas aderentes.

Mesmo diante de todas essas orientações contidas na NT, em uma situação concreta, é possível (e até mesmo recorrente em alguns núcleos) que o MP faça uma distinção entre aquelas pessoas físicas consideradas de "maior culpabilidade" e aquelas de "menor culpabilidade". De maior culpabilidade seriam aqueles indivíduos que, ocupantes de cargos de direção, atuaram diretamente e até mesmo organizaram as atividades ilícitas da empresa e que tinham poder de alterar o rumo da conduta ao longo do tempo, mas se omitiram de fazê-lo. De menor culpabilidade, por sua vez, seriam aqueles indivíduos que sequer seriam objeto de investigação específica, como secretários(as), motoristas, executivos(as), sem envolvimento direto nas decisões. Com isso, o MP pode restringir a adesão apenas àquelas de "menor culpabilidade" e direcionar as de "maior culpabilidade" para a celebração de acordos de colaboração premiada específicos (vide item 1.4.3.1, *supra*). Isso porque, para esses indivíduos de "maior culpabilidade", não seria possível negociar pena privativa de liberdade no âmbito do acordo de leniência, mas tão somente nos acordos de colaboração premiada, bem como não seria considerado isonômico considerá-los aderentes tal qual todos os demais indivíduos de "menor culpabilidade".

Exemplo desse posicionamento é o acordo celebrado em fevereiro de 2021 com a Samsung, o qual determinou, em seu parágrafo 4º,

---

[1149] MPF. Nota Técnica sobre os Termos de Adesões ou Subscrições de pessoas físicas em acordos de leniência. 6 maio 2020. p. 44. Disponível em: http://www.mpf.mp.br/pgr/noticias-pgr/mpf-elabora-nota-tecnica-para-orientar-atuacao-de-membros-em-acordos-de-leniencia-com-adesao-de-pessoas-fisicas. Último acesso em: 18 jun. 2020.

[1150] MPF. Nota Técnica sobre os Termos de Adesões ou Subscrições de pessoas físicas em acordos de leniência. 6 maio 2020. p. 47. Disponível em: http://www.mpf.mp.br/pgr/noticias-pgr/mpf-elabora-nota-tecnica-para-orientar-atuacao-de-membros-em-acordos-de-leniencia-com-adesao-de-pessoas-fisicas. Último acesso em: 18 jun. 2020.

que o MPF avaliaria a boa-fé das propostas de adesão dos indivíduos aderentes, podendo negá-la quando a conduta se revelasse "de grave culpabilidade", seja em razão do grau de responsabilidade da pessoa física, seja por outras circunstâncias relevantes a critério do MPF. Em tais situações, as informações e provas entregues com a proposta seriam devolvidas e não seriam utilizadas para quaisquer fins, sob pena de ilicitude da prova.

Essa experiência prática parece ter tido inspiração nos institutos norte-americanos do *"carve in"* e *"carve out"*. Costumeiramente empregados pelo Departamento de Justiça dos Estados Unidos (DOJ) em suas investigações, podem permitir a inclusão (no caso do *carve in*) ou a exclusão (no caso do *carve out*) de pessoas físicas dos compromissos e benefícios de acordos de leniência celebrados com a autoridade. De maneira geral, o DOJ exclui dos acordos de leniência os indivíduos considerados culpáveis (*"culpable"*),[1151] os quais devem celebrar acordos de colaboração distintos com a autoridade, em geral os *non-prosecution agreements*.[1152]

A figura a seguir apresenta essa distinção básica e essa hipótese intermediária:

[1151] Sobre a política de *carve out* e *carve in* conduzida pelo DOJ nos *plea agreements* celebrados no âmbito antitruste: *"In the past, the division's corporate plea agreements have, in appropriate circumstances, included a provision offering non-prosecution protection to those employees of the corporation who cooperate with the investigation and whose conduct does not warrant prosecution. The division excluded, or carved out, employees who were believed to be culpable. In certain circumstances, it also carved out employees who refused to cooperate with the division's investigation, employees against whom the division was still developing evidence and employees with potentially relevant information who could not be located. (...) As part of a thorough review of the division's approach to corporate dispositions, we have decided to implement two changes. The division will continue to carve out employees who we have reason to believe were involved in criminal wrongdoing and who are potential targets of our investigation. However, we will no longer carve out employees for reasons unrelated to culpability"* (BAER, Bill. Statement of Assistant Attorney General Bill Baer on changes to Antitrust Division's carve-out practice regarding corporate plea agreements. *Justice News*, Washington D.C., Apr. 12, 2013. Disponível em: https://www.justice.gov/opa/pr/statement-assistant-attorney-general-bill-baer-changes-antitrust-division-s-carve-out. Acesso em: 15 nov. 2018).

[1152] Vale destacar posicionamento do DOJ, expresso pelo Chefe da Divisão Criminal Scott D. Hammond, segundo o qual *"Most corporate plea agreements provide a non-prosecution agreement for company employees who cooperate fully in the investigation. Yet certain culpable employees, employees who refuse to cooperate, and employees against whom the Division is still developing evidence may not receive any protection under the company plea agreement"* (HAMMOND, Scott D. Measuring the value of second-in cooperation in corporate plea agreements. *In:* ANNUAL AMERICAN BAR ASSOCIATION SECTION OF ANTITRUST LAW SPRING MEETING, 54., 2006, Washington D.C. Anais... DOJ: 2006. Disponível em: http://www.justice.gov/atr/public/speeches/215514.pdf. Acesso em: 15 nov. 2018).

Figura 47 – Possíveis benefícios cíveis e criminais do acordo de leniência do MP para as pessoas físicas que adiram ao acordo de leniência da pessoa jurídica

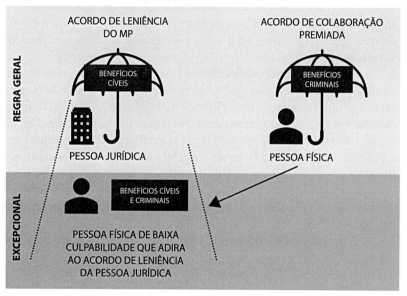

Fonte: elaboração da autora.

Em conclusão, a NT do MPF de 2020 aponta que a adesão de pessoas físicas ao acordo de leniência é instrumento indispensável para um programa de leniência consistente e eficaz. Embora não haja previsão legal expressa na Lei nº 12.846/2013, nem mesmo na nova redação da Lei nº 8.429/1992, ressalta-se a sua previsão na Orientação nº 7/2017, da 5ª CCR do MP, assim como a inexistência de impedimento legal para esta prática institucional, que visa a garantir a efetividade máxima da cooperação objeto da leniência.

5.3.3 Benefícios do acordo de leniência do Ministério Público para a investigação

O acordo de leniência representa um importante instrumento para as investigações conduzidas pelos MPs, uma vez que muitos dos ilícitos investigados são praticados em silêncio e reserva, dificilmente sendo revelados na ausência de comunicação ou vazamento de informações de dentro da organização. Por essa razão, ao incentivarem a colaboração dos infratores, os acordos de leniência trazem relevantes benefícios investigativos.[1153]

O Estudo Técnico nº 01/2017 do MPF destaca ainda outros benefícios para a investigação: tendo em vista que os acordos de leniência servem, principalmente, como importante fonte de provas para as autoridades (vide cap. 1, item 1.1.2, *supra*). Eles também representam, indiretamente, maior velocidade nos trâmites processuais, economia de recursos humanos e financeiros empregados na investigação, redução do tempo dispendido até a aplicação da sanção (vide cap. 1, item 1.1.3, *supra*) e fator de prevenção e dissuasão de práticas delituosas futuras (vide cap. 1, item 1.1.7, *supra*).

Ademais, segundo o Estudo Técnico nº 01/2017 do MPF, o uso do acordo de leniência como instrumento investigativo é particularmente importante no contexto de práticas envolvendo empresas de natureza familiar ou patriarcal:

> se a pessoa natural é dominante sobre a organização, a tendência é a dificuldade na iniciativa da empresa em procurar a Administração Pública para confessar uma prática lesiva levada a efeito no interesse da própria estrutura empresarial que busca proteger o patriarca ou a família, ainda que haja separação legal entre os patrimônios pessoais, dos sócios e da firma.

[1153] Segundo o Estudo Técnico nº 01/2017 da 5ª CCR do MPF, "Do sistema jurídico, como adiante examinado, portanto, passa-se a exigir soluções úteis, mas legítimas e constitucionalmente aceitáveis, que permitam enfrentar com eficácia e consistência o potencial lesivo e a alta sofisticação trazidos pela realidade delitiva organizada, visando a tornar efetivas suas promessas tradicionais de estabilização social, além de seu dever de proteção coletiva, no qual se insere a concretização dos direitos fundamentais, inclusive a defesa da moralidade e probidade administrativas e do erário". Além disso, destaca que a celebração dos acordos de leniência Cível-Criminais "justifica-se francamente na constatação pragmática e simples de que, muitas vezes, o desbaratamento de delitos organizacionais é tarefa complexa, que envolve a custosa e improvável identificação de atuação ilícita coordenada e organizada, com liame de confiança e sigilo entre os perpetradores. Ou seja, o instrumento de consensualidade encerrado no acordo de leniência é algo mais que uma simples confissão, já que exige entrega, sem reserva mental, de dados mais amplos e sensíveis sobre condutas de terceiros, além da própria, bem como indicação e fornecimento de provas e de caminhos probatórios, e, por isto mesmo, pode ensejar significativas mitigações das penas ou, em casos isolados, sua remissão total" (BRASIL. Ministério Público Federal. *Estudo Técnico nº 01/2017* – 5ª CCR. Brasília: set. 2017. Disponível em: http://www.mpf.mp.br/atuacao-tematica/ccr5/publicacoes/ estudos-tecnicos/docs/Estudo%20Tecnico%2001-2017.pdf. Acesso em: 6 jul. 2018).

5.3.4 Benefícios do acordo de leniência do Ministério Público para a sociedade brasileira

O acordo de leniência do MP, por ser instrumento legítimo, voluntário e premial, desempenha papel importante na desestabilização de organizações criminosas, o que pode ser percebido como um benefício para toda a sociedade. Além disso, por ser estruturado de forma a atrair os colaboradores espontaneamente, facilita não só a atuação repressiva, mas também a atuação preventiva em relação às infrações.

Nesse sentido, o uso de acordos de leniência pelo MP também significa um importante *trade-off* entre Estado e infratores. De um lado, o Estado passa a ter informações sobre práticas ilegais das quais não teria tido conhecimento por outras vias, economiza recursos públicos e tempo e realiza a persecução penal de delitos organizacionais com maior êxito, rapidez e certeza. De outro, o infrator que coopera com a investigação faz jus a uma atenuação na sanção aplicável, afastando-se das punições aplicáveis aos demais coautores.

5.3.5 Repercussões administrativas do acordo de leniência do Ministério Público

A celebração de um acordo de leniência com o Ministério Público não possui repercussões administrativas imediatas em outras esferas. Nesse sentido, não afasta a possibilidade e a necessidade de celebração de acordos de leniência em esferas administrativas, como aqueles no Cade (vide cap. 2, *supra*), no BC e na CVM (vide cap. 3, *supra*) ou na CGU e na AGU (vide cap. 4, *supra*).[1154]

Em que pese a ausência de repercussões administrativas imediatas, os acordos de leniência do MP costumam envolver algumas disposições direcionadas ao próprio MP. Nesse sentido, costuma-se prever que o MP deverá envidar esforços para entabular tratativas para a celebração de acordos, em outras autoridades, que tenham como objeto os mesmos fatos investigados, visando à cooperação institucional e à otimização e racionalização da atuação estatal na repressão a tais ilícitos.

Além disso, o Ministério Público compromete-se a empreender gestões para que tais autoridades retirem eventuais restrições cadastrais

---

[1154] Esse foi, inclusive, o caso de diversas empresas no contexto da Operação Lava Jato, como UTC, Andrade Gutierrez, Odebrecht, entre outras, que firmaram, ao mesmo tempo, acordos com MPF, Cade e CGU. Outro caso relevante diz respeito ao acordo de leniência celebrado pelas empresas MullenLowe Brasil e FCB Brasil, com a CGU e a AGU, espelhando os termos de outro acordo que já tinha sido firmado pelas mesmas signatárias com o MPF.

em relação aos signatários,[1155] a requerer a suspensão de ações que já tenham sido propostas ou a prolação de decisão com efeitos meramente declaratórios, e também a emitir certidão sobre a extensão da cooperação realizada.

Destaca-se, ainda, nos termos do Estudo Técnico nº 01/2017 do MPF, que uma relevante repercussão administrativa destinada ao Estado é a obrigação de reconhecer que a pessoa jurídica colaboradora e signatária de um acordo de leniência do MP assume um *status* diferenciado, decorrente de sua transição de "infrator" para "colaborador". Nesse sentido, reconhece-se que o movimento de colaboração com a investigação pode colocar a pessoa jurídica signatária em situação de indisposição em seu ramo de negócios, podendo esta ser alvo de diversas formas de retaliação:

> daí ser admissível que o Estado, num juízo de proporcionalidade e correlação fática e lógica, diante de situações concretas, adote as providências tendentes a dotar o colaborador da devida proteção contra tratamento injusto, desproporcional ou decorrente de retaliações, de que possa vir a ser alvo por parte de investigados ou apoiadores que ainda estejam em postos de poder político e no comando de organismos públicos relevantes ao funcionamento empresarial.[1156]

Assim, em observância aos comandos gerais de lealdade, boa-fé, segurança jurídica e proteção da confiança, o Estado deve dar ao signatário do acordo de leniência tratamento diferenciado, assegurando a sobrevivência, a existência material, a conservação do patrimônio e a continuidade do ente signatário, a proteção das informações por ele prestadas e a continuidade da colaboração com a investigação.

Nesse contexto, uma repercussão desse *status* diferenciado, tendo em vista seu pressuposto lógico, é a vedação à atuação repressiva desnecessária e desproporcional por parte de outras autoridades e órgãos de controle. Ora, os acordos de leniência servem como um fator limitante da ação do Estado, impedindo que este atue para reprimir os mesmos fatos que tenham sido objeto de acordo, especialmente

---

[1155] Essa previsão se verificou em acordos de leniência assinados com o MPF, como os da Odebrecht e da J&F, em que o MPF se comprometeu expressamente a "empreender diálogo ativo com os órgãos públicos, empresas públicas e sociedades de economia mista para que retirem quaisquer eventuais restrições cadastrais à COLABORADORA que sejam relacionadas aos fatos objeto deste Acordo ou à sua celebração".

[1156] BRASIL. Ministério Público Federal. *Estudo Técnico nº 01/2017* – 5ª CCR. Brasília: set. 2017. Disponível em: http://www.mpf.mp.br/atuacao-tematica/ccr5/publicacoes/estudos-tecnicos/docs/Estudo%20Tecnico%2001-2017.pdf. Acesso em: 6 jul. 2018.

quando não há nenhuma descoberta nova (segundo o Estudo Técnico nº 01/2017 do MPF, faltaria, nesse caso, necessidade e adequação para a atuação estatal). Tal vedação seria, obviamente, afastada em caso de descumprimento das obrigações contraídas no acordo de leniência, hipótese em que a atuação sancionadora negocialmente suspensa seria retomada.

Em linha com esse raciocínio, destaca-se decisão emitida pelo STF, em abril de 2018, no caso do acordo de leniência celebrado com a Andrade Gutierrez Engenharia S.A. (Medida Cautelar em Mandado de Segurança nº 35.435-DF). Nesse caso, apesar da celebração do acordo com o MPF, houve decisão posterior emitida pelo Tribunal de Contas de União declarando a inidoneidade da empresa, por conta de desvios de recursos e de superfaturamento nas obras da usina nuclear Angra 3. Em sede de recurso ao STF, o ministro Gilmar Mendes destacou que, a despeito da indubitável competência do TCU para fiscalização das contas públicas, "não se desconhece a relevância dos acordos de leniência firmados entre os investigados e o Poder Público (...) e a necessidade de observar-se o princípio da segurança jurídica e da confiança legítima a fim de incentivar novos colaboradores". Nesse sentido, a "atuação [do TCU] deve limitar-se ao escopo de buscar integralmente a reparação do dano causado, sem inviabilizar o cumprimento dos citados acordos". No caso, o ministro entendeu que

> a sujeição da [Andrade Gutierrez] à sanção de inidoneidade poderia inviabilizar suas atividades, inclusive o cumprimento do acordo, de sorte que essa penalidade não dever ser aplicada, ressalvada a ocorrência de fatos novos, que ensejariam a própria rescisão do acordo de leniência.

Ainda, tendo em vista a multiplicidade de órgãos que podem ser responsáveis pela investigação das práticas objeto do acordo, é importante que o Estado, genericamente considerado, observe o dever de boa-fé na utilização dessas informações. Nos termos do Estudo Técnico nº 01/2017 do MPF:

> Nesta matéria, deve prevalecer, por conseguinte, de modo amplo, o princípio da boa-fé objetiva do Estado, a implicar que as informações e provas entregues pelo colaborador não sejam utilizadas contra ele, seja de modo direto, seja de modo cruzado, em casos contra terceiros, o que representaria grave ofensa à e frustração das expectativas de confiança e coerência depositadas na conduta estatal. O acesso e compartilhamento de dados, informações e documentos só pode ser efetivado, portanto, através de compromisso de observância das condições acertadas entre

colaborador e Estado-acusador, voltadas a garantir o status legalmente adquirido pelo colaborador com a atitude cooperativa adotada e o respeito ao serviço por ele prestado tal como testemunha protegida.

O compartilhamento da prova produzida em colaboração, para ser válido e proporcional, depende de aceitação dos termos do acordo, no que diz especialmente aos limites de atuação em relação à pessoa jurídica colaboradora, que merece a proteção estatal integral, como testemunha especial, em todas as esferas de atuação repressiva.

O acesso é livre e útil para o prosseguimento das medidas necessárias à busca da punição de todos os envolvidos e à tomada de outras providências preventivas ou repressivas cabíveis, inclusive no exercício do poder hierárquico e da alteração de políticas públicas ou modos de relacionamento com particulares. Mas não pode ser injusto em relação à empresa colaboradora, valendo-se do que ela mesma produziu contra si para que seja usado contra ela, hipótese em que estaria o Estado ferindo seus deveres constitucionais e os limites éticos de seu agir e de seu direito de autotutela. Esta solução decorre do sistema, de uma visão coerente e adequada, à luz da Constituição Federal e de seus princípios, sobretudo boa fé e lealdade, proporcionalidade e racionalidade na atuação estatal.

Em relação a esse ponto específico, destaca-se decisão judicial, no contexto da Operação Lava Jato, no sentido de vedar o acesso às informações e aos documentos anexos de acordos de leniência por autoridades que não figurem como signatários ou aderentes do acordo.[1157] Isso se justifica pela necessidade de estabelecer alguma proteção aos colaboradores contra sanções de órgãos administrativos, sob pena de repelir futuros colaboradores e signatários dos acordos de leniência.

[1157] O Despacho, de 13 de junho de 2018, diz que: "Há uma questão óbvia, a necessidade de estabelecer alguma proteção para acusados colaboradores ou empresas lenientes contra sanções de órgãos administrativos, o que poderia colocar em risco os próprios acordos e igualmente futuros acordos. Tudo isso decorre do fato de que, na prática, os acordos de colaboração e de leniência celebrados pelo MPF não têm contado com a adesão por parte de determinados órgãos administrativos. No contexto, é inapropriado que os órgãos administrativos, que não tem aderido aos acordos, pretendam servir-se das provas através deles colhidas contra os próprios colaboradores ou empresas lenientes. Isso não impede que as mesmas provas sejam utilizadas contra terceiros ou que os órgãos administrativos busquem, como apontado pelo Juízo, autorização específica para utilização da prova contra o colaborador ou empresa leniente. Também não impede que os órgãos administrativos realizem suas próprias investigações, sem utilização da prova compartilhada, contra os colaboradores e empresas lenientes. Evidentemente, a decisão só abrange as provas colhidas em processos e acordos celebrados perante este Juízo" (BRASIL. Justiça Federal. Seção Judiciária do Paraná. 13ª Vara Federal de Curitiba. *Petição nº 5054741-77.2015.4.04.7000/PR*. Requerente: Ministério Público Federal. Juiz: Sérgio Fernando Moro. Curitiba: 13 jun. 2018).

Percebe-se, assim, a relevância da guarda e do sigilo das informações e documentos apresentados nos acordos de leniência do MP como fator de proteção do instituto e dos incentivos para sua celebração. A confissão e a colaboração realizadas pelos infratores que buscam o acordo de leniência são condições para o gozo dos benefícios que esse instrumento pode lhes oferecer. Dessa forma, em observância aos princípios da moralidade, finalidade e devido processo legal, o Ministério Público deve atentar-se à garantia de que tais acordos não sejam conduzidos de forma extrema ou desproporcionalmente prejudicial aos seus signatários.

5.4 Leniência do MP: fases de negociação

De maneira geral, as fases da negociação dos acordos de leniência do Ministério Público podem ser encontradas na Orientação nº 07/2017 do MPF. Basicamente, a negociação se divide em quatro fases, como se passa a expor: fase da proposta de acordo de leniência (5.4.1); fase da assinatura do termo de confidencialidade e do início das negociações (5.4.2); fase da assinatura do acordo pelo Ministério Público e da homologação interna (5.4.3); e fase da confirmação (ou não) dos benefícios de acordo de leniência em juízo (5.4.4). Ademais, há a possibilidade de rejeição ou desistência da negociação (5.4.5).

Figura 48 – As fases da negociação do acordo de leniência no MP

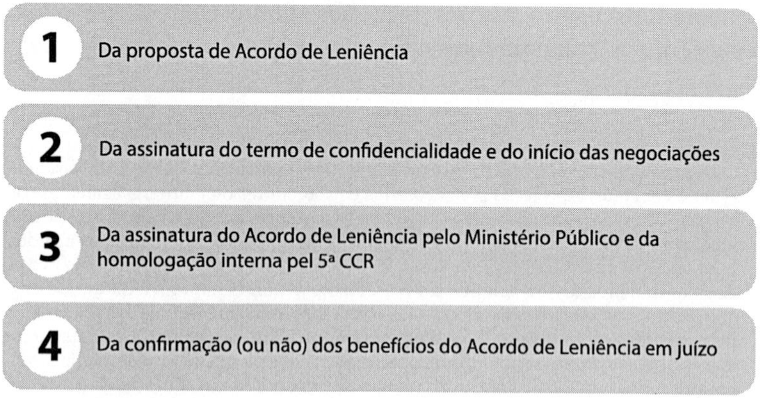

1 Da proposta de Acordo de Leniência

2 Da assinatura do termo de confidencialidade e do início das negociações

3 Da assinatura do Acordo de Leniência pelo Ministério Público e da homologação interna pel 5ª CCR

4 Da confirmação (ou não) dos benefícios do Acordo de Leniência em juízo

Fonte: elaboração da autora.

Cumpre destacar que essas fases são aplicáveis ao MPF, diante da Orientação nº 07/2017 do MPF. Diante da garantia de autonomia funcional dos Procuradores, porém, não há uma garantia de que esse passo a passo será seguido. Essa é, inclusive, uma das principais críticas ao acordo de leniência do MP, diante da ampla discricionariedade dos negociadores e da ausência de padronização.

Ademais, em caso de negociação pelos MPs Estaduais, tampouco há clareza se esse também será o trâmite a ser seguido, diante da ausência sequer de uma orientação nos moldes do MPF, que sinalizaria um procedimento padrão. Trata-se, assim, de significativo entrave a um dos pilares de um programa de leniência efetivo: o da transparência, previsibilidade e segurança jurídica (vide cap. 1, item 1.2.3, *supra*).

5.4.1 Fase 1: a proposta do acordo de leniência

A primeira fase da negociação dos acordos de leniência do MP consiste na apresentação da proposta, pelos representantes da pessoa jurídica, ao membro do MP detentor da atribuição para a propositura da ação de improbidade ou da ação civil pública no âmbito da Lei Anticorrupção. Nos termos da Orientação nº 07/2017 do MPF, as negociações deverão ser conduzidas, prioritariamente, por mais de um membro do MP, preferencialmente, de ambas as áreas de atuação (criminal e improbidade administrativa).[1158]

Embora não haja obrigação específica prevendo a celebração conjunta de acordos de leniência do MP e acordos de colaboração premiada referentes às mesmas condutas ilícitas, é importante que haja coerência entre os acordos negociados no mesmo contexto, sendo essa sinergia um dos principais sucessos dos acordos no âmbito do MP. Assim, às pessoas físicas de maior culpabilidade que negociarem acordos de colaboração premiada seria recomendado fazê-lo de modo concomitante à negociação do acordo de leniência com a pessoa jurídica.

5.4.2 Fase 2: a assinatura do Termo de Confidencialidade e o início das negociações do acordo de leniência

Segundo a Orientação nº 07/2017 do MPF, a segunda fase da negociação do acordo de leniência do MP envolve a assinatura de um documento intitulado "Termo de Confidencialidade". Trata-se do documento inicial da negociação, que deverá ser autuado em separado como procedimento

---

[1158] BRASIL. Ministério Público Federal. *Orientação nº 07/2017*: acordos de leniência. Brasília: MPF, 2017. Disponível em: http://www.mpf.mp.br/pgr/documentos/ORIENTAO7_2017. pdf. Acesso em: 25 abr. 2017. p. 2.

administrativo, mas distribuído por dependência ao inquérito civil ou outro procedimento já existente, se aplicável. Consiste em documento semelhante ao *marker* no programa de leniência antitruste, que traz as balizas do que já foi apresentado pelos proponentes e dá as garantias de confidencialidade para a negociação (vide cap. 2, item 2.4.1, *supra*).

A assinatura do Termo de Confidencialidade deverá ser comunicada à 5ª CCR, por memorando, que poderá incluir solicitação de apoio da Comissão Permanente de Assessoramento para acordos de leniência e colaboração premiada. A negociação do acordo de leniência no Ministério Público deverá ser sigilosa até que se atinja o momento para levantamento do sigilo, nos termos da Orientação nº 07/2017 do MPF. Todas as reuniões de negociação do acordo de leniência deverão ser registradas nos autos do procedimento administrativo, incluindo informações sobre data, lugar, participantes, além de sumário dos assuntos tratados. Nesse contexto, destaca-se a necessidade de buscar garantir o sigilo das condutas-objeto, inclusive na elaboração do sumário do acordo de leniência, em especial diante da possibilidade de não celebração do acordo ao final da negociação.

As colaborações da pessoa jurídica e das pessoas físicas a ela vinculadas que celebrarem acordos de colaboração premiada (indivíduos de maior culpabilidade) ou que forem aderentes ao acordo de leniência da pessoa jurídica (indivíduos de menor culpabilidade) serão consubstanciadas em um item intitulado "Anexo". Trata-se de documento semelhante ao "Histórico de Conduta" exigido nos acordos de leniência antitruste (vide cap. 2, *supra*) e no SFN (vide cap. 3, *supra*), em que se apresentam, de modo pormenorizado, todas as informações e documentos que serão entregues como resultado da colaboração.

Além da negociação da colaboração em si, essa fase abarca a negociação dos valores a serem pagos pela pessoa jurídica colaboradora, nos controversos termos já destacados (vide cap. 1, item 1.1.6 e cap. 5, item 5.2.6, *supra*).

5.4.3 Fase 3: a assinatura do acordo de leniência pelo Ministério Público e a homologação interna pela 5ª CCR

Subsequentemente à negociação, vem a fase da efetiva assinatura do acordo de leniência e de homologação interna no próprio MP. O procedimento administrativo em que consta a minuta do acordo deverá ser encaminhado à 5ª CCR e distribuído a um de seus membros titulares para homologação, que ocorrerá em Sessão de Coordenação.

Pimenta[1159] recorda que, se a lei não prevê acordos celebrados pelo MPF expressamente, tampouco prevê como seriam controlados estes acordos. A prática do MP, porém, foi de submeter à homologação perante a 5ª CCR desde o primeiro acordo de leniência celebrado, no âmbito da Operação Lava Jato.

O sigilo sobre os autos deverá ser mantido durante essa fase e os "Anexos" do acordo de leniência somente serão encaminhados à CCR se esta assim solicitar. Nos termos da Orientação nº 07/2017 do MPF, após o envio dos autos do Procedimento Administrativo, a CCR poderá solicitar que sejam feitos esclarecimentos sobre os termos do acordo e sobre a forma de cálculo dos valores e multas acordadas, devendo os autos ser restituídos à origem, em caso de necessidade de realização de diligências complementares.

A submissão do acordo de leniência do Ministério Público à 5ª CCR representa, portanto, a fase de homologação interna do acordo. Havendo homologação do acordo, o extrato da deliberação da CCR será publicado e divulgado, havendo possibilidade de manutenção do sigilo, se necessário. Os autos do procedimento administrativo serão restituídos à origem para acompanhamento do cumprimento do acordo, até a conclusão do pagamento das contribuições pecuniárias acordadas ou até o encerramento das ações que, eventualmente, utilizem as informações decorrentes do acordo de leniência. Somente após esse período é que o procedimento administrativo poderá ser submetido à 5ª CCR para arquivamento.

5.4.4 Fase 4: a confirmação (ou não) dos benefícios do acordo de leniência em juízo

Após a homologação interna pela 5ª CCR do MP, o acordo de leniência será encaminhado para ser homologado e confirmado pelo juiz encarregado da decisão final sobre as condutas investigadas. Essa homologação advém da necessidade de referendar a extensão da imunidade para pessoas físicas que assinam o acordo e àqueles que poderão subscrevê-lo no futuro, conforme esclarece Pimenta.[1160] Apesar de não haver legislação expressa sobre esse trâmite, adota-se o procedimento disposto na Lei de Organizações Criminosas para os acordos de colaboração das pessoas físicas.

[1159] PIMENTA, Raquel. *A construção dos acordos de leniência da lei anticorrupção*. São Paulo: Bluncher, 2020. p. 102.

[1160] PIMENTA, Raquel. *A construção dos acordos de leniência da lei anticorrupção*. São Paulo: Bluncher, 2020. p. 102.

AMANDA ATHAYDE
MANUAL DOS ACORDOS DE LENIÊNCIA NO BRASIL: TEORIA E PRÁTICA

Em geral, é necessária a confirmação dos benefícios criminais aplicáveis a eventuais pessoas físicas aderentes ao acordo de leniência, pois caberá ao juízo criminal "aprovar" tais benefícios e cuidar de sua execução. Nesse contexto, é importante destacar que a análise feita no momento da homologação em juízo deve se limitar a questões formais, não podendo incidir sobre o conteúdo do acordo, que diz respeito apenas às partes: o MP e o(s) signatário(s)/aderente(s). Nesse sentido, destaca-se a decisão do ministro Dias Toffoli, do STF, no sentido de que a decisão de homologar, ou não, um acordo deverá limitar-se à aferição de legalidade, regularidade e voluntariedade,[1161] não podendo debruçar-se sobre o conteúdo da manifestação do colaborador.

5.4.5 Da desistência ou da rejeição da proposta de acordo de leniência

Por fim, tal qual garantido em todos os demais programas de leniência existentes no Brasil, é facultado ao proponente desistir da proposta em qualquer momento da negociação de um acordo de leniência com o MP, desde que antes da homologação interna e externa (em juízo). Para tanto, basta que o interessado se manifeste expressamente nesse sentido, preferencialmente nos autos do procedimento administrativo em que foi registrada a sua proposta de acordo.[1162]

[1161] "A colaboração premiada é um negócio jurídico processual, uma vez que, além de ser qualificada expressamente pela lei como 'meio de obtenção de prova', seu objeto é a cooperação do imputado para a investigação e para o processo criminal, atividade de natureza processual, ainda que se agregue a esse negócio jurídico o efeito substancial (de direito material) concernente à sanção premial a ser atribuída a essa colaboração. 5. A homologação judicial do acordo de colaboração, por consistir em exercício de atividade de delibação, limita-se a aferir a regularidade, a voluntariedade e a legalidade do acordo, não havendo qualquer juízo de valor a respeito das declarações do colaborador. 6. Por se tratar de negócio jurídico personalíssimo, o acordo de colaboração premiada não pode ser impugnado por coautores ou partícipes do colaborador na organização criminosa e nas infrações penais por ela praticadas (...)" (BRASIL. Supremo Tribunal Federal. *Habeas Corpus nº 127483*. Relator: Dias Toffoli. Julgado em 27 ago. 2015. *DJe*: 04 fev. 2016).

[1162] Não há menção expressa, quer seja no Estudo Técnico nº 01/2017, quer seja na Orientação nº 07/2017, do MPF sobre os procedimentos específicos e o tratamento das informações e documentos compartilhados pelo proponente no caso de desistência (pelo MPF ou pelo próprio proponente) das negociações. Entretanto, o Estudo Técnico nº 01/2017 dispõe que "salvo hipótese de descumprimento dos termos da avença pela empresa, o uso das informações obtidas em razão do acordo de leniência implica a aceitação de todos os seus termos pelas partes, inclusive no que se refere à obrigação assumida pelo Ministério Público de não aplicar instrumentos", o que induz ao entendimento de que o MPF reconhece a importância de não dar às informações e aos documentos apresentados usos estranhos ao processo específico referente às práticas investigadas (BRASIL. *Ministério Público Federal. Estudo Técnico nº 01/2017* – 5ª CCR. Brasília: set. 2017. Disponível em: http://www.mpf. mp.br/atuacao-tematica/ccr5/publicacoes/estudos-tecnicos/docs/Estudo%20Tecnico%20 01-2017.pdf. Acesso em: 6 jul. 2018).

CAPÍTULO 5
LENIÊNCIA DO MP | 631

Ademais, caso o MP entenda que não foram preenchidos os requisitos para a celebração do acordo, em especial o atendimento ao interesse público e a apresentação de informações e provas relevantes (vide este cap. 5, seções 5.2.1 e 5.2.2, *supra*), poderá haver a rejeição da proposta de acordo de leniência.

5.5 Leniência do Ministério Público: panorama geral

Tabela 23 – Panorama geral da Leniência do Ministério Público

(continua)

	Leniência do MP
Tipo de infração	Crimes relacionados à Lei Anticorrupção e à Lei de Improbidade Administrativa.
Órgão competente para a celebração	Negociação com o Ministério Público e Polícias. Homologado pelo juiz.
Previsão legal	- Art. 129, I, da CF/88 - Art. 5º e 6º da Lei nº 7.347/85 - Art. 26, da Convenção de Palermo - Art. 37 da Convenção de Mérida - Art. 3º, §2º e 3º do CPC - Arts. 840 e 932, III, do CC/02 - Arts. 16 a 21 da Lei nº 12.846/2013 - Lei nº 13.410/2015 - Princípio da eficiência, art. 37, *caput*, da CF/88
Previsão infralegal	Estudo Técnico nº 1/2017 da 5ª CCR MPF sobre acordos de leniência e Colaboração Premiada. Nota Técnica nº 1/2017 da 5ª CCR MPF sobre acordos de leniência e seus efeitos. Orientação nº 7/2017 da 5ª CCR MPF sobre acordos de leniência. Nota Técnica nº 02/2018 da 5ª CCR sobre a utilização de provas decorrentes de celebração de acordos no âmbito da Operação Lava-Jato, compartilhadas com órgãos de controle (destacadamente, a Receita Federal, CGU, AGU, CADE e TCU). Nota Técnica nº 01/2020 da 5ª CCR sobre Termos de Adesões ou Subscrições de pessoas físicas em acordos de leniência celebrados pelo MPF, nos termos da Lei nº 12.846 e da Lei nº 8.429, no domínio da improbidade administrativa. Nota Técnica nº 02/2020 da 5ª CCR sobre o Acordo de Cooperação Técnica assinado pela AGU, CGU, TCU e MJSP, em 06.08.2020, com participação do STF, em matéria de combate à corrupção no Brasil, especialmente em relação aos acordos de leniência, da Lei nº 12.846, de 2013. Nota Técnica nº 04/2020 da 5ª CCR, referente à análise de pontos críticos do PL Substitutivo ao PL nº 10.887/201.
Possíveis beneficiários	Apenas pessoas jurídicas. Mas há interpretação e acordos que permitem a adesão de pessoas físicas.

(conclusão)

Benefícios administrativos	Não existem benefícios administrativos automáticos. Realização de gestões para entabular tratativas para a celebração de acordos tendo como objeto os mesmos fatos em outras autoridades. Emissão de certidão sobre a extensão da cooperação realizada. Empreendimento de gestões para que se retirem eventuais restrições cadastrais.
Benefícios criminais	Não propositura de ações criminais para os indivíduos aderentes de baixa culpabilidade. Sem benefícios para os indivíduos de grave culpabilidade, que devem negociar Acordos de colaboração premiada.
Benefícios cíveis	Não propositura de ações cíveis ou sancionatórias (inclusive as ações de improbidade administrativa). Suspensão das ações já propostas ou prolação de decisão com efeitos meramente declaratórios.

Fonte: elaboração da autora.

REFERÊNCIAS

ABBOUD, Alexandra M. Temas de la democracia: cómo combatir la corrupción. *EJornalUSA*, v. 11, n. 12, 2006.

AGU – ADVOCACIA-GERAL DA UNIÃO. *Advocacia-Geral obtém no STJ decisão que fortalece combate a cartéis*. 14 mar. 2018. Disponível em: http://www.agu.gov.br/noticia/advocacia-geral-obtem-no-stj-decisao-que-fortalece-combate-a-carteis--651814. Acesso em: 21 maio 2018.

AGU quer "força-tarefa" para pacificar acordos de leniência: padronizar acordos evitaria divergências com órgãos de controle. *Folha de São Paulo*, 15 fev. 2018. Disponível em: https://www1.folha.uol.com.br/mercado/2018/02/agu-quer-forca-tarefa-para-pacificar-acordos-de-leniencia.shtml. Acesso em: 15 nov. 2018.

AFFONSO, Julia *et. al*. Procuradoria vê "defeitos" e não homologa acordo de leniência com a SBM Offshore. *Estadão*, São Paulo, 1 set. 2016. Disponível em: http://www.valor.com.br/politica/5302271/perto-de-acordo-de-leniencia-inedito-sbm-suspende-assinatura-apos-acao. Acesso em: 14 abr. 2018.

AGÊNCIA BRASIL. Índice de Percepção da Corrupção no Brasil tem queda e país fica pior no ranking. *Istoé*, 21 fev. 2018. Disponível em: https://www.istoedinheiro.com.br/indice-de-percepcao-da-corrupcao-no-brasil-tem-queda-e-pais-fica-pior-no-ranking/. Acesso em: 8 jul. 2018.

ALEMANHA. Bundeskartellamt. *Leniency programme*. Disponível em: http://www.bundeskartellamt.de/EN/Banoncartels/Leniency_programme/leniencyprogramme_node.html. Acesso em: 26 abr. 2018.

ALVES, Francisco S. M. Análise da juridicidade do controle dos acordos de leniência da lei de anticorrupção empresarial pelo Tribunal de Contas da União. *Revista da AGU*, Brasília, v. 17, n. 2, p. 155-182, abr./jun. 2018.

AMBIMA – ASSOCIAÇÃO BRASILEIRA DAS ENTIDADES DOS MERCADOS FINANCEIRO E DE CAPITAIS. *Guia de prevenção à "lavagem de dinheiro" e ao financiamento do terrorismo no mercado de capitais brasileiro*. 2014. Disponível em: http://www.anbima.com.br/data/files/A8/96/7B/01/B78C7510E855FB75862C16A8/ANBIMA-Guia-PLD_1_.pdf. Acesso em: 28 abr. 2018.

ANDREATO, Danilo. *Técnicas especiais de investigação*: premissas teóricas e limites constitucionais. Belo Horizonte: Arraes Editores, 2013.

APÓS quase 5 anos, metade dos Estados regulamentou lei anticorrupção. *Migalhas*, 26 jan. 2018. Disponível em: http://www.migalhas.com.br/Quentes/17,MI273127,51045-Apos+quase+5+anos+metade+dos+Estados+regulamentou+lei+anticorrupcao. Acesso em: 29 jul. 2018.

ARAUJO, Fabiano de Figueirêdo. O acordo de leniência no âmbito do Sistema Financeiro Nacional. *Fórum de Contratação e Gestão Pública*, Belo Horizonte, v. 19, n. 219, p. 9-16, mar. 2020.

ARAÚJO, Juliana P. S. Acordos de colaboração premiada e de leniência em ações de improbidade administrativa. *Atuação: Revista Jurídica do Ministério Público Catarinense*, v. 14, n. 31, p. 1-24, 12 dez. 2019.

ATHAYDE, Amanda; CRAVEIRO, Priscilla; PIAZERA, Bruna. Dez parâmetros para distinguir um cartel único de múltiplos cartéis. *Revista do Ibrac*, v. 23, n. 2, p. 102-122, 2017.

ATHAYDE, Amanda. *Antitruste, varejo e infrações à ordem econômica*. São Paulo: Singular, 2017.

ATHAYDE, Amanda. Can shareholders claim damages against company officers and directors for antitrust violations? The Japanese experience and possible lessons to Brazil. *In:* SILVEIRA, Paulo Burnier da (Org.). *Competition Law and Policy in Latin America*: recent experiences. Editora Kluwer, 2017.

ATHAYDE, Amanda. Colusão única ou múltiplas colusões no direito antitruste: parâmetros para uma Hidra de Lerna? *Revista de Direito Público*, Porto Alegre, v. 14, n. 78, p. 115-128, nov./dez. 2017.

ATHAYDE, Amanda; DE GRANDIS, Rodrigo. Programa de Leniência antitruste e repercussões criminais: desafios e oportunidades recentes. *In:* CARVALHO, Vinicius Marques de. (Org.). *A lei 12.529/2011 e a nova política de defesa da concorrência*. 1. ed. São Paulo: Singular, 2015. v. 1. p. 287-304.

ATHAYDE, Amanda; FERNANDES, M. C. G. A glimpse into Brazil's experience in international cartel investigations: Legal framework, investigatory powers and recent developments in Leniency and Settlements Policy. *Concurrences Review*, v. 3, p. 1-8, 2016.

ATHAYDE, Amanda; FIDELIS, Andressa. Nearly 16 years of the Leniency Program in Brazil: breakthroughs and challenges in cartel prosecution. *Antitrust Chronicle*, v. 3, p. 39-45, 2016.

ATHAYDE, Amanda. Leniency programme in Brazil – recent experiences and lessons learned. *In:* LATIN AMERICAN AND CARIBBEAN COMPETITION FORUM, 14, Mexico City, Mexico. *Anais...* Mexico City: OECD, 12-13 Apr. 2016.

ATHAYDE, Amanda. Discovery, Leniência, TCC e persecução privada a cartéis: too much of a good thing? *Revista do Ibrac*, v. 22, p. 89-116, 2016.

ATHAYDE, Amanda; FIDELIS, Andressa. MAIOLINO, Isabela. Da teoria à realidade: o acesso a documentos de Acordos de Leniência no Brasil. *In:* MACEDO, Agnes *et al.* (Org.). *Mulheres no Antitruste*. v. 1. São Paulo: Singular, 2018. p. 273-290.

ATHAYDE, Amanda; FRAZÃO, Ana. Leniência, *compliance* e o paradoxo do ovo ou da galinha: do *compliance* como instrumento de autorregulação empresarial. *In:* CUÊVA, Ricardo Vilas Boas; FRAZÃO, Ana (Org.). *Compliance*: perspectivas e desafios para os programas de conformidade. Belo Horizonte: Fórum, 2018.

ATHAYDE, Amanda; MAIOLINO, Isabela. Ressarcimento voluntário de danos e acordos no Cade – o que isso significa para as ações de reparação de dano por conduta anticompetitiva no Brasil? *Portal JOTA*, 10 dez. 2018.

ATHAYDE, Amanda; MATOS, Mylena. Denunciante premiado? Whistleblower no Brasil e o direito antitruste. *Portal JOTA*, 29 mar. 2018.

AUSTRÁLIA. Australian Competition & Consumer Commission. *ACCC immunity and cooperation policy for cartel conduct*. Camberra: ACCC, Sep. 2014. Disponível em: https://

REFERÊNCIAS | 635

www.accc.gov.au/publications/accc-immunity-cooperation-policy-for-cartel-conduct. Acesso em: 26 abr. 2018.

ÁUSTRIA. Federal Competition Authotiry. *Handbook on leniency programme*. Disponível em: https://www.bwb.gv.at/en/cartels_and_abuse_control/leniency/. Acesso em: 26 abr. 2018.

AVELINO, Gabriela Monteiro. *Combate a cartel em licitação sob a égide da Lei nº 12.846/13 e da Lei nº 12.529/11*: direito administrativo sancionador e a proibição de bis in idem. Trabalho de Conclusão de Curso (Graduação) – Universidade de São Paulo, São Paulo, 2017.

AYRES, Carlos Henrique da Silva; MAEDA, Bruno Carneiro. O acordo de leniência como ferramenta de combate à corrupção. *In:* SOUZA, Jorge Munhós; QUEIROZ, Ronaldo Pinheiro (Org.). *Lei Anticorrupção*. Salvador: Juspodivm, 2015.

BADARÓ, Gustavo. *Processo penal*. Rio de Janeiro: Campus Jurídico, 2012.

BADARÓ, Gustavo. *Processo penal*. 3. ed. São Paulo: Revista dos Tribunais, 2015.

BAER, Bill. Statement of Assistant Attorney General Bill Baer on changes to Antitrust Division's carve-out practice regarding corporate plea agreements. *Justice News*, Washington D. C., Apr. 12, 2013. Disponível em: https://www.justice.gov/opa/pr/statement-assistant-attorney-general-bill-baer-changes-antitrust-division-s-carve-out. Acesso em: 15 nov. 2018.

BAER, Bill. *Prosecuting antitrust crimes*. Washington, D. C.: DOJ, 2014. Disponível em: http://www.justice.gov/atr/file/517741/download. Acesso em: 30 abr. 2018.

BALTHAZAR, Ricardo. Nova leniência mantém risco alto para colaboração de empresas sob suspeita. *Folha de São Paulo*, 3 nov. 2017. Disponível: http://www1.folha.uol.com. br/mercado/2017/11/1932290-nova-leniencia-mantem-risco-alto-para-colaboracao-de-empresas-sob-suspeita.shtml. Acesso em: 4 nov. 2018.

BARCELLOS, Ana Paula de. Submissão de acordos de leniência ao TCU necessita de esclarecimentos. *Consultor Jurídico*, 23 fev. 2015. Disponível em: https://www.conjur.com. br/2015-fev-23/ana-barcellos-submissao-acordos-leniencia-tcu-gera-duvidas. Acesso em: 20 nov. 2018.

BARNARD, Chester I. *As funções do executivo*. São Paulo: Atlas, 1971.

BARROS, Marco Antônio de. *Lavagem de capitais e obrigações civis correlatas*: com comentário, artigo por artigo, à Lei 9.613/98. São Paulo: Revista dos Tribunais, 2004.

BCB – BANCO CENTRAL DO BRASIL. Banco Central do Brasil (BCB) e Comissão de Valores Mobiliários (CVM) chegam a consenso com o Ministério Público Federal (MPF) sobre pontos importantes da Medida Provisória (MP) nº 784, de 7 de junho de 2017. *Notas à imprensa*, Brasília, 31 ago. 2017. Disponível em: https://www.BCb.gov.br/pt-br/#!/c/notas/16257. Acesso em: 4 nov. 2018.

BECKER, Bruno Bastos. Concorrência e arbitragem no Direito brasileiro – hipóteses de incidência de questões concorrenciais em arbitragens. *Revista Jurídica Luso-Brasileira*, ano 1, n. 2, p. 239-270, 2015. Disponível em: https://bit.ly/2DGKB5A. Acesso em: 9 set. 2020.

BITENCOURT, Rafael; CAMAROTTO, Murillo. Inidoneidade é "pena de morte" para empreiteiras, dizem advogados. *Valor Econômico*, 22 mar. 2017. Disponível em: https://www.valor.com.br/politica/4910430/inidoneidade-e-pena-de-morte-para-empreiteiras-dizem-advogados. Acesso em: 7 jul. 2018.

BITTENCOURT, Cezar Roberto; BUSATO, Paulo César. *Comentários à lei de organização criminosa, Lei n. 12.850/2013*. São Paulo: Saraiva, 2014.

BOTTINI, Pierpaolo. A controversa responsabilidade objetiva na Lei Anticorrupção. *Revista Consultor Jurídico*, 9 de dezembro de 2014. Disponível em: https://www.conjur.com.br/2014-dez-09/direito-defesa-controversa-responsabilidade-objetiva-lei-anticorrupcao. Acesso em: 7 jul. 2018.

BRASIL. Advocacia-Geral da União. *Manual sobre acordos de leniência*. Versão Preliminar.

BRASIL. *Ação de Improbidade Administrativa nº 2006.50.01.009819-5113*. Justiça Federal de Vitória/ES.

BRASIL. Ministério Público Federal. *Caso Banestado*. Disponível em: http://www.mpf.mp.br/para-o-cidadao/caso-lava-jato/atuacao-na-1a-instancia/investigacao/relacao-com-o-caso-banestado. Acesso em: 15 nov. 2018.

BRASIL. Ministério Público Federal. *A Lava Jato em números no Paraná*. Disponível em: http://www.mpf.mp.br/para-o-cidadao/caso-lava-jato/atuacao-na-1a-instancia/parana/resultado. Acesso em: 15 nov. 2018.

BRASIL. Ministério Público Federal. *Lava-Jato*: acordo de CGU e AGU com Odebrecht consolida instituto da leniência. Disponível em: www.mpf.mp.br/pr/sala-de-imprensa/noticias-pr/lava-jato-acordo-da-cgu-e-agu-com-odebrecht-consolida-instituto-da-leniencia. Acesso em: 15 nov. 2018.

BRASIL. Superior Tribunal de Justiça. Conflito de competência nº 28.897/DF 2000/0014831-8. Relator: Fernando Gonçalves. Julgado em: 24 maio 2000. *DJ*: 19 jun. 2000. *JusBrasil*, 2000. Disponível em: https://stj.jusbrasil.com.br/jurisprudencia/8237287/conflito-de-competencia-cc-28897-df-2000-0014831-8. Acesso em: 27 nov. 2018.

BRASIL. Presidência da República. *Manual de redação da Presidência da República*. 2. ed. Brasília, 2002. Disponível em: http://www.planalto.gov.br/ccivil_03/manual/manual.htm#_Toc26002198. Acesso em: 11 abr. 2018.

BRASIL. Comissão de Valores Mobiliários. *PAS nº 2005/9059*: parecer do Comitê de Termo de Compromisso. Relator: SGE. Rio de Janeiro, 22 mar. 2006.

BRASIL. Tribunal de Contas da União. Acórdão nº 763/2007. Plenário. Relator: Marcos Bemquerer. Sessão: 2 maio 2007. *Diário Oficial da União*, Brasília, 4 maio 2007.

BRASIL. Supremo Tribunal Federal. Recurso Extraordinário nº 502.915/SP. Relator: Sepúlveda Pertence. Julgado em: 13 fev. 2007. *DJe*: 27 abr. 2007. *JusBrasil*, 2007. Disponível em: https://stf.jusbrasil.com.br/jurisprudencia/758031/recurso-extraordinario-re-502915-sp. Acesso em: 27 nov. 2018.

BRASIL. Superior Tribunal de Justiça. Conflito de competência nº 87.775/MG 2007/0161664-0. Relator: Napoleão Nunes Maia Filho. Julgado em: 12 dez. 2007. DJ: 01 fev. 2008. *JusBrasil*, 2008. Disponível em: https://stj.jusbrasil.com.br/jurisprudencia/8755157/conflito-de-competencia-cc-87775-mg-2007-0161664-0. Acesso em: 27 nov. 2018.

BRASIL. Tribunal Regional Federal (1ª Região TRF-1). Agravo de Instrumento nº 2007.01.00.059730-8. Relator: Luciano Tolentino Amaral. Julgado em: 28 abr. 2008. e-DJF1: 19 maio 2008. *JusBrasil*, 2008. Disponível em: https://trf-1.jusbrasil.com.br/jurisprudencia/984114/agravo-de-instrumento-ag-59730-df-20070100059730-8?ref=serp. Acesso em: 24 out. 2018.

REFERÊNCIAS | 637

BRASIL. Fighting cartels: Brazil's leniency program. *In:* LATIN AMERICAN COMPETITION FORUM, 2009, Santiago, Chile. Anais... Santiago: OECD, 2009.

BRASIL. Ministério da Justiça. *Combate a cartéis e Programa de Leniência.* 3. ed. Brasília: SDE; MJ; Cade, 2009 (Coleção SDE/Cade n. 01/2009). Disponível em: http://www.cade. gov.br/acesso-a-informacao/publicacoes-institucionais/documentos-da-antiga-lei/ cartilha_leniencia.pdf . Acesso em: 14 abr. 2018.

BRASIL. Comissão de Valores Mobiliários. *Processo CVM nº RJ 2009/428:* parecer do Comitê de Termo de Compromisso. Relator: SGE. Rio de Janeiro, 15 jan. 2009.

BRASIL. Comissão de Valores Mobiliários. *CVM e MPF celebram novo Termo de Compromisso e de Ajustamento de Conduta em processos administrativo e judiciais.* 2010. Disponível em: http://www.cvm.gov.br/noticias/arquivos/2010/20100913-1.html. Acesso em: 5 dez. 2018.

BRASIL. Comissão de Valores Mobiliários. *PAS nº 18/2008:* parecer do Comitê de Termo de Compromisso. Relator: SGE. Rio de Janeiro, 14 dez. 2010.

BRASIL. Comissão de Valores Mobiliários. *Processo de Termo de Compromisso nº 2010/963:* parecer do Comitê de Termo de Compromisso. Rio de Janeiro, 19 maio 2010.

BRASIL. Comissão de Valores Mobiliários. *PAS nº 16/2008:* parecer do comitê de Termo de Compromisso. Relator: SGE. Rio de Janeiro, 28 ago. 2012.

BRASIL. Tribunal Regional Federal (1ª Região TRF-1). Apelação Cível nº 2002.34.00.001802-8. Relator: Osmane Antonio dos Santos. Julgado em: 16 jul. 2013. e-DJF1: 19 ago. 2013. *JusBrasil,* 2013. Disponível em: https://trf-1.jusbrasil.com.br/jurisprudencia/24028084/ apelacao-civel-ac-200234000027983-df-20023400002798-3-trf1. Acesso em: 24 out. 2018.

BRASIL. Comissão de Valores Mobiliários. *PAS nº 2013/5194:* parecer do Comitê de Termo de Compromisso. Relator: SGE. Rio de Janeiro, 26 nov. 2013.

BRASIL. Comissão de Valores Mobiliários. *Processo de Termo de Compromisso CVM nº 2013/392:* parecer do Comitê de Termo de Compromisso. Relator: SGE. Rio de Janeiro, 25 fev. 2014.

BRASIL. Supremo Tribunal Federal. *Medida cautelar na ADI nº 5.104/DF.* Relator: Roberto Barroso. Data de julgamento: 21 maio 2014. *DJe*-213: 30 out. 2014.

BRASIL. Ministério Público da Transparência e Controladoria-geral da União. *Processo administrativo de responsabilização.* CGU, 2015. Disponível em: http://www.cgu.gov.br/ assuntos/responsabilizacao-de-empresas/lei-anticorrupcao/processo-administrativo-de-responsabilizacao. Acesso em: 20 nov. 2018.

BRASIL. Controladoria-Geral da União. *Programa de integridade:* diretrizes para empresas privadas. Brasília: CGU, 2015. Disponível em: https://www.cgu.gov.br/Publicacoes/ etica-e-integridade/arquivos/programa-de-integridade-diretrizes-para-empresas-privadas. pdf. Acesso em: 5 jul. 2018.

BRASIL. 3ª Vara Federal de Curitiba. *Ação Civil de Improbidade Administrativa nº 5027001-47.2015.4.04.7000.* Juiz: Marcus Holz. Data de instauração: 8 jun. 2015.

BRASIL. Tribunal de Contas da União. Acórdão nº 1990/2015. Plenário. Relator: Benjamin Zymler. Sessão: 12 ago. 2015. *Diário Oficial da União,* Brasília, 20 ago. 2015.

BRASIL. Tribunal de Contas da União. Acórdão nº 3089/2015. Plenário. Relator: Benjamin Zymler. Sessão: 2 dez. 2015. *Diário Oficial da União,* Brasília, 15 dez. 2015.

BRASIL. *Resolução Conjunta PGR/CADE nº 1, de 30 de setembro de 2016*. Brasília: Cade; PGR; 2016. Disponível em: http://www.cade.gov.br/assuntos/normas-e-legislacao/resolucao/resolucao_conjunta_pgr_cade_n_1.pdf/view. Acesso em: 17 abr. 2018.

BRASIL. Ministério Público Federal. *Processo nº 1.34.033.000099/2016-02*. Voto nº 8369/2016. Relatora: Luiza Cristina Fonseca Frischeisen. 2016.

BRASIL. Tribunal Regional Federal da 3ª Região. *Processo nº 0005207-80.2016.403.6181*. 2016.

BRASIL. Ministério da Justiça. *Memorando de Entendimentos nº 01/2016*. Brasília: MJ, 2016. Disponível em: http://www.cade.gov.br/assuntos/programa-de-leniencia/memorando-de-entendimentos-sg-e-mpfsp_tcc-e-acordos-de-colaboracao_15-03-2016.pdf. Acesso em: 4 nov. 2018.

BRASIL. Tribunal de Contas da União. *Processo nº TC 000.168/2016-5*. Relator: Benjamin Zymler. 2016.

BRASIL. Supremo Tribunal Federal. *Habeas Corpus nº 127483*. Relator: Dias Toffoli. Julgado em 27 ago. 2015. *DJe*: 04 fev. 2016.

BRASIL. Superior Tribunal de Justiça. REsp 1554986/SP. Relator: Marco Aurélio Bellizze. Terceira Turma. Julgado em: 8 mar. 2016. *DJe*: 05 abr. 2016. *JusBrasil*, 2016. Disponível em: https://stj.jusbrasil.com.br/jurisprudencia/339861735/recurso-especial-resp-1554986-sp-2015-0219111-7. Acesso em: 24 out. 2018.

BRASIL. *Acordo de Leniência – Carioca Christian-Nielsen Engenharia*: Termo de Adesão e de Depoimento – Tania Maria Silva Fontenelle. 10 abr. 2016. Disponível em: https://politica.estadao.com.br/blogs/fausto-macedo/wp-content/uploads/sites/41/2016/10/301_DEPOIM_TESTEMUNHA1.pdf. Acesso em: 8 dez. 2018.

BRASIL. Tribunal de Contas da União. Acórdão nº 6.850/2016. 2ª Câmara. Relator: Ana Arraes. Sessão: 7 jun. 2016. *Diário Oficial da União*, Brasília, 13 jun. 2016.

BRASIL. Comissão de Valores Mobiliários. *Processo de Termo de Compromisso nº 2015/12170*. Relator: SGE. Rio de Janeiro, 3 ago. 2016.

BRASIL. Comissão de Valores Mobiliários. *Processo de Termo de Compromisso nº 2016/5557*. Relator: SGE. Rio de Janeiro, 6 set. 2016.

BRASIL. Comissão de Valores Mobiliários. *Processo de Termo de Compromisso nº 19957.004919/2016-77*. Relator: SGE. Rio de Janeiro, 22 nov. 2016.

BRASIL. Comissão de Valores Mobiliários. *Processo de Termo de Compromisso nº 19957.005950/2016-25*. Relator: SGE. Rio de Janeiro, 22 nov. 2016.

BRASIL. Comissão de Valores Mobiliários. *Processo de Termo de Compromisso CVM nº 2015/12185*: parecer do Comitê de Termo de Compromisso. Relator: SGE. Rio de Janeiro, 26 jan. 2016.

BRASIL. Ministério Público da Transparência e Controladoria-geral da União. *CGU e AGU assinam acordo de leniência com UTC Engenharia*. CGU, 2017. Disponível em: http://www.cgu.gov.br/noticias/2017/07/cgu-e-agu-assinam-acordo-de-leniencia-com-o-utc-engenharia. Acesso em: 21 nov. 2018.

BRASIL. Secretaria Legislativa do Congresso Nacional. *Quadro comparativo da Medida Provisória nº 784, de 2017*. 2017. Disponível em: http://legis.senado.leg.br/sdleg-getter/documento?dm=7163976&disposition=inline. Acesso em: 4 nov. 2018.

REFERÊNCIAS | 639

BRASIL. Ministério Público Federal. *Orientação nº 07/2017*: acordos de leniência. Brasília: MPF, 2017. Disponível em: http://www.mpf.mp.br/pgr/documentos/ORIENTAO7_2017. pdf. Acesso em: 25 abr. 2017.

BRASIL. Comissão de Valores Mobiliários. *Rejeitado Termo de Compromisso com auditor independente*. 2017. Disponível em: http://www.cvm.gov.br/noticias/ arquivos/2017/20170721-2.html. Acesso em: 2 dez. 2018.

BRASIL. Tribunal de Contas da União. Acórdão nº 483/2017. Plenário. Processo nº TC 016.991/2015-0. Relator: Bruno Dantas. Sessão: 22 mar. 2017. *Diário Oficial da União*, Brasília, 30 mar. 2017.

BRASIL. 1ª Vara Federal da Seção Judiciária do Paraná em Curitiba. Ação Civil de Improbidade Administrativa nº 5025956-71.2016.4.04.7000. Decisão do Juiz Friedmann Anderson Wendapp, em 24 mar. 2017.

BRASIL. Comissão de Valores Mobiliários. *PAS nº 2013/10951*. Relator: Henrique Balduino Machado Moreira. Rio de Janeiro, 13 jun. 2017.

BRASIL. *Termo de Manifestação de adesão e de Depoimento* – Assunto: Rodoanel-Wtorre. 14 jun. 2017. Disponível em: https://politica.estadao.com.br/blogs/fausto-macedo/wp-content/ uploads/sites/41/2017/06/888_ANEXO2-1.pdf. Acesso em: 8 dez 2018.

BRASIL. Tribunal de Contas da União. Acórdão nº 1306/2017. Plenário. Relator: José Múcio Monteiro. Sessão: 21 jun. 2017. *Diário Oficial da União*, Brasília, 3 jul. 2017.

BRASIL. Tribunal Regional Federal da 4ª Região. *Agravo de Instrumento nº 5023972-66.2017.4.04.0000/PR*. Relatora: Vânia Hack de Almeida. Julgado em: 22 ago. 2017.

BRASIL. Ministério Público Federal. *Procedimento Extrajudicial nº 1.34.001.001469/2016-98*. Relatora: Maria Hilda Marsiaj Pinto. Homologado em: 6 set. 2017.

BRASIL. Ministério Público Federal. *Estudo Técnico nº 01/2017* – 5ª CCR. Brasília: set. 2017. Disponível em: http://www.mpf.mp.br/atuacao-tematica/ccr5/publicacoes/estudos-tecnicos/docs/Estudo%20Tecnico%2001-2017.pdf. Acesso em: 6 jul. 2018.

BRASIL. Supremo Tribunal Federal. *ADI nº 5.508-DF*. Relator: Marco Aurélio. Data de julgamento: 19 set. 2017. Data de Publicação: *DJe*-216: 25 set. 2017.

BRASIL. Ministério Público Federal. *Nota Técnica nº 01/2017* – 5ª CCR. Brasília: nov. 2017. Disponível em: http://www.mpf.mp.br/atuacao-tematica/ccr5/notas-tecnicas/docs/ nt-01-2017-5ccr-acordo-de-leniencia-comissao-leniencia.pdf. Acesso em: 26 nov. 2018.

BRASIL. Ministério Público da Transparência e Controladoria-geral da União. *Manual de responsabilização administrativa da pessoa jurídica*. CGU, dez. 2017.

BRASIL. Ministério Público Federal. *Orientação nº 01/2018*: acordos de colaboração premiada. Brasília: MPF, 2018. Disponível em: http://www.mpf.mp.br/atuacao-tematica/ ccr5/orientacoes/orientacao-conjunta-no-1-2018.pdf. Acesso em: 15 nov. 2018.

BRASIL. Ministério Público da Transparência e Controladoria-geral da União. *Acordo de leniência com a Odebrecht prevê ressarcimento de 2,7 bilhões*. 2018. Disponível em: http://www. cgu.gov.br/noticias/2018/07/acordo-de-leniencia-com-a-odebrecht-preve-ressarcimento-de-2-7-bilhoes. Acesso em: 15 nov. 2018.

BRASIL. Ministério Público da Transparência e Controladoria-geral da União. *Acordo de leniência com a Odebrecht prevê ressarcimento de 2,7 bilhões*. CGU, 2018. Disponível em:

http://www.cgu.gov.br/noticias/2018/07/acordo-de-leniencia-com-a-odebrecht-preve-ressarcimento-de-2-7-bilhoes. Acesso em: 20 nov. 2018.

BRASIL. Ministério Público da Transparência e Controladoria-geral da União. *CGU publica metodologia de cálculo da multa aplicada nos acordos de leniência*. CGU, 2018. Disponível em: http://www.cgu.gov.br/noticias/2018/05/cgu-publica-metodologia-de-calculo-da-multa-aplicada-nos-acordos-de-leniencia. Acesso em: 5 jul. 2018.

BRASIL. Comissão de Valores Mobiliários. *Rejeitado Termo de Compromisso em caso de descumprimento de dever de diligência*. 2018. Disponível em: http://www.cvm.gov.br/noticias/arquivos/2018/20180118-1.html. Acesso em: 2 dez. 2018.

BRASIL. Comissão de Valores Mobiliários. *Rejeitada proposta conjunta de Termo de Compromisso de processos envolvendo JBS*. 2018. Disponível em: http://www.cvm.gov.br/noticias/arquivos/2018/20180926-2.html. Acesso em: 2 dez. 2018.

BRASIL. Supremo Tribunal Federal. *Medida Cautelar em Mandado de Segurança nº 35.435-DF*. Relator: Gilmar Mendes. *DJ*: 13 abr. 2018.

BRASIL. Procuradoria-Geral da República. *Procedimento Administrativo nº 1.00.000.016663/2017-47*: decisão nº 001/2018/PGR. Brasília, 16 fev. 2018.

BRASIL. Supremo Tribunal Federal. *Ação Cautelar nº 4.352-DF*. Relator: Edson Fachin. Data de julgamento: 28 fev. 2018.

BRASIL. Supremo Tribunal Federal. *Medida Cautelar em Mandado de Segurança nº 35.435-DF*. Relator: Gilmar Mendes. *DJ*: 13 abr. 2018.

BRASIL. Tribunal de Contas da União. Acórdão nº 874/2018. Plenário. Relator: Bruno Dantas. Sessão: 25 abr. 2018. *Diário Oficial da União*, Brasília, 9 maio 2018.

BRASIL. Tribunal de Contas da União. Acórdão nº 1221/2018. Plenário. Relator: Benjamin Zymler. Sessão: 30 maio 2018. *Diário Oficial da União*, 11 jun. 2018.

BRASIL. Justiça Federal. Seção Judiciária do Paraná. 13ª Vara Federal de Curitiba. *Petição nº 5054741-77.2015.4.04.7000/PR*. Requerente: Ministério Público Federal. Juiz: Sérgio Fernando Moro. Curitiba: 13 jun. 2018.

BRASIL. Banco Central do Brasil. Circular nº 3.857, de 14 de novembro de 2017. Dispõe sobre o rito do processo administrativo sancionador, a aplicação de penalidades, o termo de compromisso, as medidas acautelatórias, a multa cominatória e o acordo administrativo em processo de supervisão previstos na Lei nº 13.506, de 13 de novembro de 2017. *Diário Oficial*, Brasília, 21 ago. 2018. Seção 1, p. 30.

BRASIL. Tribunal Regional Federal da 1ª Região. *Agravo de Instrumento nº 1007591-35.2017.4.01.0000*. Relator: Jirair Aram Meguriam. *DJ*: 05 out. 2018.

BRASIL. Ministério Público Federal. *Autos nº 5032134-36.2016.4.04.7000, nº 5004047-07.2015.4.04.7000 (IPL referente à CARIOCA); 5004046-22.2015.4.04.7000 (IPL referente à SCHAHIN) e 5044849-81.2014.4.04.7000 (IPL referente à OAS)*. 09 ago. 2016. Disponível em: http://www.mpf.mp.br/para-o-cidadao/caso-lava-jato/atuacao-na-1a-instancia/parana/denuncias-do-mpf/documentos/denuncia-45. Acesso em: 18 out. 2018.

BRASIL. Comissão de Valores Mobiliários. *PAS nº 19957.008704/2017-14*: proposta de Termo de Compromisso. Relator: Henrique Machado. Rio de Janeiro, 23 out. 2018.

REFERÊNCIAS | 641

BRASIL. Supremo Tribunal Federal. *PET nº 7003* – processo nº 0004604-22.2017.1.00.0000. Relator: Edson Fachin. Data da decisão: 17 dez. 2018. Disponível em: http://portal.stf. jus.br/processos/downloadPeca.asp?id=15339279615&ext=.pdf. Acesso em: 13 jan. 2019.

BRASIL. Banco Central do Brasil. *Termo de Compromisso Banco Central e Caixa Consórcios.* Brasília: BC, 4 out. 2019. Disponível em: https://www.bcb.gov.br/content/estabilidadefinanceira/termosprocessossfn/termo%20de%20compromisso%20caixa%20cons%C3%B3rcio.pdf. Acesso em: 4 jan. 2020

BRASIL. Controladoria-Geral da União. *CGU e AGU reestruturam regulamento dos acordos de leniência.* CGU, 9 ago. 2019. Disponível em: https://www.cgu.gov.br/noticias/2019/08/cgu-e-agu-reestruturam-regulamento-dos-acordos-de-leniencia-1. Acesso em: 19 fev. 2020.

BRASIL. Banco Central do Brasil. *Termos de Compromisso.* 2020. Disponível em: https://www.bcb.gov.br/estabilidadefinanceira/termos_processossfn. Acesso em: 4 jan. 2020.

BRASIL. Ministério Público Federal. Nota Técnica nº 01/2020 – 5ª CCR. Brasília: maio 2020. Disponível em: http://www.mpf.mp.br/atuacao-tematica/ccr5/notas-tecnicas/docs/nt-1_2020_5ccr_05-05-redacao-final-nt-al-com-adesoes-ultima-versao.pdf. Acesso em: 19 ago. 2020.

BRASIL. Ministério Público Federal. Nota Técnica nº 2/2020 - 5ª CCR. Brasília: MPF, 2020. Disponível em: https://bit.ly/31pwQ49. Acesso em: 24 ago. 2020.

BRASIL. Acordo de Cooperação Técnica nº 1. Brasília: Cade; MPF, 2020.

BRASIL. Ministério Público Federal. Acordo de cooperação técnica sobre leniência esvazia atuação do MPF e não contribui para segurança jurídica, diz Câmara de Combate à Corrupção. Notícias: Procuradoria-Geral da República. Brasília: MPF, 10 ago. 2020. Disponível em: https://bit.ly/2CWygd7. Acesso em: 24 ago. 2020.

BRASIL. Controladoria-Geral da União. Acordo de Leniência: balanço e monitoramento. Disponível em: https://bit.ly/3efcDDn. Acesso em: 3 ago. 2020.

BRASIL. Supremo Tribunal Federal. Mandado de Segurança 35.435/DF. Relator: Min. Gilmar Mendes. Data de Julgamento: 26 maio 2020. Data de Publicação: *DJe*-138. 03 jun. 2020.

BRENNER, S. An empirical study of the European Corporate Leniency Program. *International Journal of Industrial Organization*, v. 27, n. 6, p. 639-645, 2009.

BRITO, Ricardo. TCU rejeita suspensão de leniência da Odebrecht com AGU e CGU. *Reuters*, 11 jul. 2018.

BULGÁRIA. Commission for Protection of Competition. *Policy of the commission for protection of competition on immunity from fines or reduction of fines in case of participation of an undertaking in a secret cartel ("leniency").* Disponível em: http://www.cpc.bg/Competence/Leniency.aspx. Acesso em: 26 abr. 2018.

CABRAL, Mario Andre Machado. A aplicação do antitruste no Brasil: o mito da falta de efetividade da Lei de Crimes contra a Economia Popular de 1938. *Revista do Programa de Pós-Graduação em Direito da UFC*, v. 38.2, jul./dez. 2018.

CADE – CONSELHO ADMINISTRATIVO DE DEFESA ECONÔMICA. *Programa de Leniência.* Disponível em http://www.cade.gov.br/assuntos/programa-de-leniencia. Acesso em: 26 abr. 2018.

CADE – CONSELHO ADMINISTRATIVO DE DEFESA ECONÔMICA. *Modelo padrão de Acordo de Leniência*. Disponível em: http://www.cade.gov.br/assuntos/programa-de-leniencia/modelo_acordo-de-leniencia_bilingue.pdf. Acesso em: 23 out. 2018.

CADE – CONSELHO ADMINISTRATIVO DE DEFESA ECONÔMICA. *Consulta Pública nº 05/2016*: Minuta de Exposição de Motivos. Disponível em: http://www.cade.gov.br/noticias/cade-submete-a-consulta-publica-resolucao-sobre-procedimentos-de-acesso-a-documentos-provenientes-de-investigacoes-antitruste. Acesso em: 25 out. 2018.

CADE – CONSELHO ADMINISTRATIVO DE DEFESA ECONÔMICA. *Consulta Pública nº 05/2016*: Nota Técnica 24/2016/CHEFIA-GAB-SG/SG/CADE. Disponível em: http://www.cade.gov.br/noticias/cade-submete-a-consulta-publica-resolucao-sobre-procedimentos-de-acesso-a-documentos-provenientes-de-investigacoes-antitruste. Acesso em: 24 out. 2018.

CADE – CONSELHO ADMINISTRATIVO DE DEFESA ECONÔMICA. *Consulta Pública nº 05/2016*: Minuta de Resolução. Disponível em: http://www.cade.gov.br/noticias/cade-submete-a-consulta-publica-resolucao-sobre-procedimentos-de-acesso-a-documentos-provenientes-de-investigacoes-antitruste. Acesso em: 24 out. 2018.

CADE – CONSELHO ADMINISTRATIVO DE DEFESA ECONÔMICA. *Processo Administrativo nº 08700.002086/2015-14*: Histórico da Conduta do Acordo de Leniência. 2015. Disponível em: https://bit.ly/2FlmdqC. Acesso em: 11 abr. 2018.

CADE – CONSELHO ADMINISTRATIVO DE DEFESA ECONÔMICA. *Processo Administrativo nº 08700.007351/2015-51*: Histórico da Conduta do Acordo de Leniência. 2015. Disponível em: https://bit.ly/35lSKaV. Acesso em: 11 abr. 2018.

CADE – CONSELHO ADMINISTRATIVO DE DEFESA ECONÔMICA. *Inquérito Administrativo nº 08700.001836/2016-11*: Histórico da Conduta do Acordo de Leniência. 2016. Disponível em: https://bit.ly/2ZnZVvu. Acesso em: 11 abr. 2018.

CADE – CONSELHO ADMINISTRATIVO DE DEFESA ECONÔMICA. *Inquérito Administrativo nº 08700.007777/2016-95*: Histórico da Conduta do Acordo de Leniência. 2016. Disponível em: https://bit.ly/33tmG2D. Acesso em: 11 abr. 2018.

CADE – CONSELHO ADMINISTRATIVO DE DEFESA ECONÔMICA. *Inquérito Administrativo nº 08700.003344/2017-41*: Histórico da Conduta do Acordo de Leniência. 2017. Disponível em: https://bit.ly/3ijjP28. Acesso em: 11 abr. 2018.

CADE – CONSELHO ADMINISTRATIVO DE DEFESA ECONÔMICA. *Inquérito Administrativo nº 08700.006377/2016-62*: Histórico da Conduta do Acordo de Leniência. 2016. Disponível em: https://bit.ly/3bK1lWe. Acesso em: 11 abr. 2018.

CADE – CONSELHO ADMINISTRATIVO DE DEFESA ECONÔMICA. *Processo Administrativo nº 08700.007776/2016-41*: Histórico da Conduta do Acordo de Leniência. 2016. Disponível em: https://bit.ly/2DKWEyV. Acesso em: 11 abr. 2018.

CADE – CONSELHO ADMINISTRATIVO DE DEFESA ECONÔMICA. *Inquérito Administrativo nº 08700.006630/2016-88*: Histórico da Conduta do Acordo de Leniência. 2016. Disponível em: https://bit.ly/3jWn2VQ. Acesso em: 11 abr. 2018.

CADE – CONSELHO ADMINISTRATIVO DE DEFESA ECONÔMICA. *Inquérito Administrativo nº 08700.007277/2013-00*: Histórico da Conduta do Acordo de Leniência. 2017. Disponível em: https://bit.ly/3m8zd3W. Acesso em: 11 abr. 2018.

REFERÊNCIAS | 643

CADE – CONSELHO ADMINISTRATIVO DE DEFESA ECONÔMICA. *Inquérito Administrativo nº 08700.003226/2017-33*: Histórico da Conduta do Acordo de Leniência. 2017. Disponível em: https://bit.ly/3igtMxv. Acesso em: 11 abr. 2018.

CADE – CONSELHO ADMINISTRATIVO DE DEFESA ECONÔMICA. *Processo Administrativo nº 08700.003241/2017-81*: Histórico da Conduta do Acordo de Leniência. 2017. Disponível em: https://bit.ly/3jZjvpV. Acesso em: 14 abr. 2018.

CADE – CONSELHO ADMINISTRATIVO DE DEFESA ECONÔMICA. *Inquérito Administrativo nº 08700.004468/2017-44*: Histórico da Conduta do Acordo de Leniência. 2017. Disponível em: https://bit.ly/2FlnAFM. Acesso em: 19 maio 2018.

CADE – CONSELHO ADMINISTRATIVO DE DEFESA ECONÔMICA. *Inquérito Administrativo nº 08700.003240/2017-37*: Histórico da Conduta do Acordo de Leniência. 2017. Disponível em: https://bit.ly/32deqUM. Acesso em: 19 maio 2018.

CADE – CONSELHO ADMINISTRATIVO DE DEFESA ECONÔMICA. *Inquérito Administrativo nº 08700.005992/2019-02*: Histórico da Conduta do Acordo de Leniência. 2019. Disponível em: https://bit.ly/32eLNXh. Acesso em: 9 set. 2020.

CADE – CONSELHO ADMINISTRATIVO DE DEFESA ECONÔMICA. *Processo Administrativo nº 08700.003243/2017-71*: Histórico da Conduta do Acordo de Leniência. 2018. Disponível em: https://bit.ly/2FfXKTR. Acesso em: 9 set. 2020.

CADE – CONSELHO ADMINISTRATIVO DE DEFESA ECONÔMICA. *Requerimento nº 08700.004992/2007-43*. Relator: Paulo Furquim de Azevedo. Julgado em: 17 dez. 2008.

CADE – CONSELHO ADMINISTRATIVO DE DEFESA ECONÔMICA. *Consulta Pública SDE/MJ nº 17*. Brasília, 2011. Disponível em: https://bit.ly/3amgzBm. Acesso em: 23 out. 2018.

CADE – CONSELHO ADMINISTRATIVO DE DEFESA ECONÔMICA. *Defesa da concorrência no Brasil*: 50 anos. Brasília, Cade, 2013. Disponível em: https://bit.ly/2QhFejs. Acesso em: 10 abr. 2018.

CADE – CONSELHO ADMINISTRATIVO DE DEFESA ECONÔMICA. *Cade celebra acordo com construtora Camargo Corrêa na investigação de cartel em licitações da Petrobras*. 2015. Disponível em: https://bit.ly/3ecJCZ1. Acesso em: 24 out. 2018.

CADE – CONSELHO ADMINISTRATIVO DE DEFESA ECONÔMICA. *Guia*: Programa de Leniência antitruste do Cade. 2016. Disponível em: https://bit.ly/3uYIoaE. Acesso em: 6 set. 2020.

CADE – CONSELHO ADMINISTRATIVO DE DEFESA ECONÔMICA. *Guia*: Termo de Compromisso de Cessação para casos de cartel. 2016. Disponível em: http://www.cade.gov.br/acesso-a-informacao/publicacoes-institucionais/guias_do_Cade/guia-tcc-atualizado-11-09-17. Acesso em: 19 maio 2018.

CADE – CONSELHO ADMINISTRATIVO DE DEFESA ECONÔMICA. *Prevenção ótima de cartéis*: o caso dos peróxidos no Brasil. Brasília: Cade, 2016. (Documento de Trabalho nº 02/2016). Disponível em: http://www.cade.gov.br/acesso-a-informacao/publicacoes-institucionais/dee-publicacoes-anexos/documento-de-trabalho-002-o-caso-dos-peroxidos-no-brasil.pdf. Acesso em: 2 maio 2018.

CADE – CONSELHO ADMINISTRATIVO DE DEFESA ECONÔMICA. Ministério Público Federal. *Inquérito Civil nº 1.30.001.001111/2014-42*: voto 9212/2016. Relatora: Monica Nicida Garcia. 2016.

CADE – CONSELHO ADMINISTRATIVO DE DEFESA ECONÔMICA. *Processo Administrativo nº 08012.005255201011*. Relator: Márcio de Oliveira Júnior. Julgado em: 28 nov. 2016.

CADE – CONSELHO ADMINISTRATIVO DE DEFESA ECONÔMICA. *Cade submete à consulta pública resolução sobre procedimentos de acesso a documentos provenientes de investigações antitruste*. 7 dez. 2016. Disponível em: http://www.cade.gov.br/noticias/cade-submete-a-consulta-publica-resolucao-sobre-procedimentos-de-acesso-a-documentos-provenientes-de-investigacoes-antitruste. Acesso em: 21 maio 2018.

CADE – CONSELHO ADMINISTRATIVO DE DEFESA ECONÔMICA. *Requerimento nº 08700.004602/2016-26*. Julgado em: 11 abr. 2017.

CADE – CONSELHO ADMINISTRATIVO DE DEFESA ECONÔMICA. *Inquérito Administrativo nº 08700.010322/2012-23*. Relator: João Paulo de Resende. Julgado em: 13 dez. 2017.

CADE – CONSELHO ADMINISTRATIVO DE DEFESA ECONÔMICA. *Inquérito Administrativo nº 08700.010319/2012-18*. Relator: Paulo Burnier da Silveira. Julgado em: 13 dez. 2017.

CADE – CONSELHO ADMINISTRATIVO DE DEFESA ECONÔMICA. *Cade investiga cartel em licitações de infraestrutura de metrôs e monotrilhos em sete estados e no DF*. 18 dez. 2017. Disponível em: https://bit.ly/3iitYfz. Acesso em: 11 abr. 2018.

CADE – CONSELHO ADMINISTRATIVO DE DEFESA ECONÔMICA. *Cade e Ministério Público do Espírito Santo firmam acordo de cooperação técnica*. Brasília, 14 mar. 2018. Disponível em: http://www.cade.gov.br/noticias/cade-e-ministerio-publico-do-espirito-santo-firmam-acordo-de-cooperacao-tecnica. Acesso em: 30 abr. 2018.

CADE – CONSELHO ADMINISTRATIVO DE DEFESA ECONÔMICA. Cade celebra acordo de leniência com Odebrecht para investigar cartel em obras de aeroportos. *Notícias*, 17 abr. 2019. Disponível em: https://bit.ly/3jWqhfY. Acesso em: 9 set. 2020.

CALLEGARI, André Luís. *Lavagem de dinheiro*: aspectos penais da Lei nº 9.613/98. 2. ed. Porto Alegre: Livraria do Advogado, 2008.

CAMAROTTO, Murillo. Sem recall, o único caminho possível é o da inidoneidade. *Valor Econômico*, 6 out. 2017. Disponível em: https://www.valor.com.br/politica/5147464/sem-recall-o-unico-caminho-possivel-e-o-da-inidoneidade. Acesso em: 20 nov. 2018.

CAMAROTTO, Murillo. Perto de acordo de leniência inédito, SBM suspende assinatura após ação. *Valor Econômico*, 2 fev. 2018. Disponível em: https://www.valor.com.br/politica/5302271/perto-de-acordo-de-leniencia-inedito-sbm-suspende-assinatura-apos-acao. Acesso em: 1 jul. 2018.

CAMAROTTO, Murillo. TCU vai mudar regras para acordos de leniência. *Valor Econômico*, 3 mar. 2018. Disponível em: http://www.valor.com.br/politica/5359991/tcu-vai-mudar-regras-para-acordos-de-leniencia. Acesso em: 29 jun. 2018.

CAMAROTTO, Murillo. Processo Administrativo nº 08012.011142/2006-79. Relator: Conselheiro Alessandro Octaviani Luis. Julgado em: 28 maio 2014.

REFERÊNCIAS | 645

CAMAROTTO, Murillo. Processo Administrativo nº 08700.004617/2013-41. Relator: Conselheiro João Paulo de Resende. Julgado em: 8 jul. de 2019.

CAMAROTTO, Murillo. Estatísticas do Programa de Leniência do Cade. Brasília: Cade, 2019. Disponível em: http://www.cade.gov.br/assuntos/programa-de-leniencia/estatisticas. Acesso em: 14 jul. 2020.

CANADA. Competition Bureau. *Immunity and leniency programs*. Disponível em: http://www.competitionbureau.gc.ca/eic/site/cb-bc.nsf/eng/h_02000.html. Acesso em: 10 out. 2018.

CANETTI, R. C. Acordos administrativos em processo de supervisão são acordos de leniência? Formulação de programas de leniência não prescinde de uma prévia evolução institucional e normativa. *Portal JOTA*, 18 set. 2018.

CAPEZ, Fernando. *Curso de processo penal*. 23. ed. São Paulo: Saraiva, 2016.

CARVALHO, Vinícius; FONTANA, Bernardo; ATHAYDE, Amanda. Cartéis internacionais e defesa da concorrência no Brasil. *In*: CARVALHO, Vinícios Marques de (Org.). *Defesa da Concorrência* – estudos e votos. 1. ed. São Paulo: Singular, 2015. p. 69-92.

CARVALHO FILHO, José dos Santos. *Direito Administrativo*. 24. ed. São Paulo: Lumen Juris, 2011.

CARVALHOSA, Modesto. *Considerações sobre a Lei Anticorrupção das Pessoas Jurídicas*. 1. ed. São Paulo: Revista dos Tribunais, 2015.

CASELTA, Daniel Costa. *Responsabilidade civil por danos decorrentes da prática de cartel*. 2015. Dissertação (mestrado) – Universidade de São Paulo, São Paulo, 2015.

CELEBRADO primeiro acordo de leniência que envolveu todos os órgãos de controle anticorrupção. *Migalhas*, 16 abr. 2018. Disponível em: http://www.migalhas.com.br/Quentes/17,MI278523,101048-Celebrado+primeiro+acordo+de+leniencia+que+envolve u+todos+os+orgaos. Acesso em: 1 jul. 2018.

CHAVES, Reinaldo. CGU esclarece requisitos para leniência, mas advogados questionam. *Consultor Jurídico*, 12 jul. 2014. Disponível em: https://www.conjur.com.br/2014-jul-12/cgu-esclarece-requisitos-leniencia-advogados-questionam. Acesso em: 4 jul. 2018.

CHEMTOB, Stuart M. *Antitrust deterrence in the United States and Japan*. Washington, D. C.: DOJ, 2000. Disponível em: http://www.justice.gov/atr/file/518541/download. Acesso em: 30 abr. 2018.

CHIAVENATO, Idalberto. *Introdução à teoria geral da administração*: uma visão abrangente da moderna administração das organizações. 7. ed. Rio de Janeiro: Elsevier, 2003.

CHILE. Fiscalía Nacional Económica. *Guía de delación compensada*. Santiago: FNE, 2017. Disponível em: http://www.fne.gob.cl/delacion-compensada/guia-de-delacion-compensada/. Acesso em: 26 abr. 2018.

CHILE. Fiscalía Nacional Económica. Recent challenges for cartel combat: Chile's new leniency programme. *In*: LATIN AMERICAN COMPETITION FORUM, 2009, Santiago, Chile. Anais... Santiago: OECD, 2009.

CILLO, Ricardo de. Responsabilidade objetiva: Lei Anticorrupção precisa de regulamentação razoável. *Consultor Jurídico*, 2 mar. 2014.

COELHO, Fabio Ulhoa. Acordo de leniência e a recuperação judicial da corruptora. *In:* CEREZETTI, Sheila C. Neder; MAFFIOLETTI, Emanuelle Urbano. *Dez anos da Lei nº 11.101/2005:* estudos sobre a Lei de Recuperação e Falência, São Paulo: Almedina, 2015.

COREIA DO SUL. Korean Fair Trade Commission. *Monopoly regulation and fair trade act.* 9 abr. 2018. Disponível em http://www.ftc.go.kr/solution/skin/doc. html?fn=abe6ebfcffcd366c32a8cb91035bdbee5ad625cdf007b29f88891153490137d1&rs=/fileupload/data/result/BBSMSTR_000000002411/. Acesso em: 26 abr. 2018.

CPI – COMPETITION POLICY INTERNATIONAL. Antitrust Chronicle – Arbitration & Antitrust. CPI, 2019. Disponível em: https://bit.ly/3ico5At. Acesso em: 9 set. 2020.

CUNHA, Lorraine P.; NEVES, Rubia C. O Termo de Compromisso de Cessação e o Acordo Administrativo em Processo de Supervisão na esfera de atuação do Banco Central do Brasil. *Revista da Procuradoria-Geral do Banco Central,* v. 12, n. 2, p. 43-56, dez. 2018.

CVM – COMISSÃO DE VALORES MOBILIÁRIOS. *Uso indevido de informação privilegiada (insider trading).* 1. ed. Rio de Janeiro: CVM, 2016.

CVM – COMISSÃO DE VALORES MOBILIÁRIOS. *Edital de audiência pública SDM nº 02/18.* Rio de Janeiro: CVM, 2018. Disponível em: http://www.cvm.gov.br/export/sites/cvm/audiencias_publicas/ap_sdm/anexos/2018/sdm02__18edital.pdf. Acesso em: 6 nov. 2018.

CUIABANO, Simone. *Competition policy evaluation through damage estimation in fuel retail cartel.* TSE, Sep. 2017 (TSE Working Paper, n. 17-847).

CUIABANO, Simone *et al.* Filtrando cartéis: a contribuição da literatura econômica na identificação de comportamentos colusivos. *Revista de Defesa da Concorrência,* Brasília, v. 2, n. 2, p. 43-63, nov. 2014.

CURY, Antonio. *Organização e métodos:* uma visão holística. 8. ed. São Paulo: Atlas, 2006.

DANTAS, Bruno. Desvendando os acordos de leniência. *Folha de São Paulo,* 27 dez. 2017. Disponível em: https://www1.folha.uol.com.br/opiniao/2017/12/1946233-desvendando-os-acordos-de-leniencia.shtml?loggedpaywall#_=_. Acesso em: 4 jul. 2018.

DE SANCTIS, Fausto Martin de. Combate à corrupção e à lavagem de dinheiro. *GEN Jurídico,* 2 de julho de 2015.

DIDIER, Fredie. *Considerações sobre a confissão.* Disponível em: http://www.frediedidier. com.br/wp-content/uploads/2012/02/consideracoes-sobre-a-confissao.pdf. Acesso em: 4 jul. 2018.

DINO, Nicolao. A colaboração premiada na improbidade administrativa: possibilidade e repercussão probatória. *In:* SALGADO, Daniel de Resende; QUEIROZ, Ronaldo Pinheiro (Org.). *A prova no enfrentamento à macrocriminalidade.* Salvador: Juspodivm, 2016.

DI PIETRO, Maria Sylvia Zanella; MARRARA, Thiago (Coord.). *Lei Anticorrupção Comentada.* Belo Horizonte: Fórum, 2017.

DIREITO de não incriminação: compartilhamento de termos de colaboração deve seguir acordo, diz STF. *Consultor Jurídico,* 30 de outubro de 2018. Disponível em: https://www.conjur.com.br/2018-out-30/compartilhamento-termos-colaboracao-seguir-acordo. Acesso em: 15 nov. 2018.

DOJ – DEPARTMENT OF JUSTICE. Odebrecht and Braskem plead guilty and agree to pay at least $3.5 billion in global penalties to resolve largest foreign bribery case in

REFERÊNCIAS | 647

history. *Justice News*, December 21, 2016. Disponível em: https://www.justice.gov/opa/pr/odebrecht-and-braskem-plead-guilty-and-agree-pay-least-35-billion-global-penalties-resolve. Acesso em: 6 jul. 2018.

ECHANDÍA, Hernando Devis. *Teoría general de la prueba judicial*. Tomo 1. Buenos Aires: Victor P. de Zavalia.

EIZRIK, Nelson. *A reforma das S.A. no mercado de capitais*. 2. ed. Rio de Janeiro: Renovar, 1998.

ESLOVÁQUIA. Antimonopoly Office of the Slovak Republic. *Decree no. 172/2014*: laying down details of leniency programme. 2014. Disponível em: http://www.antimon.gov.sk/data/files/405_172_2014-decree-laying-down-details-of-leniency-programme.pdf. Acesso em: 26 abr. 2018.

ESTADÃO CONTEÚDO. Fachin devolve delação da Galvão Engenharia à PGR para ajuste pontual. *Istoé*, 16 nov. 17. Disponível em: https://istoe.com.br/fachin-devolve-delacao-da-galvao-engenharia-a-pgr-para-ajuste-pontual/. Acesso em: 15 nov. 2018.

ESTADOS UNIDOS. Department of Justice. *Leniency program*. Disponível em: https://www.justice.gov/atr/leniency-program. Acesso em: 26 abr. 2018.

ESTADOS UNIDOS. Department of Justice. Former top adm executives, japanese executive, indicted in lysine price fixing conspiracy. *Press Release*, 1996. Disponível em: https://www.justice.gov/archive/atr/public/press_releases/1996/1030.htm. Acesso em: 23 out. 2018.

ESTADOS UNIDOS. District Court, N.D. California. *In re Dynamic Random Access Memory (DRAM) Antitrust Litigation*. No. 02-1486. Oct. 23, 2002.

ESTADOS UNIDOS. District Court, N.D. California. *In re TFT-LCD (Flat Panel) Antitrust Litigation*. No. 07-1827. Sept. 25, 2007.

ESTADOS UNIDOS. Department of Justice. *Antitrust division grand jury practice manual*. 2011. Disponível em: https://federalevidence.com/pdf/LitPro/GrandJury/Grand_Jury_Manual.pdf. Acesso em: 23 out. 2018.

ESTADOS UNIDOS. Department of Justice. Bridgestone Corp. agrees to plead guilty to price fixing on automobile parts installed in U.S. cars. *Justice News*, February 13, 2014. Disponível em: https://www.justice.gov/opa/pr/bridgestone-corp-agrees-plead-guilty-price-fixing-automobile-parts-installed-us-cars. Acesso em: 24 out. 2018.

ESTADOS UNIDOS. Department of Justice. *Individual accountability for corporate wrongdoing*. Washington, D. C., 2015. Disponível em: https://www.justice.gov/archives/dag/file/769036/download. Acesso em: 28 abr. 2008.

ESTADOS UNIDOS. District Court, N.D. California. *In re Cathode Ray Tube (CRT) Antitrust Litigation*. MDL No. 1917, No. 07-5944. July 20, 2015.

ESTADOS UNIDOS. Department of Justice. *Frequently asked questions about the antitrust division's leniency program and model leniency letters*. 2017. Disponível em: https://www.justice.gov/atr/page/file/926521/download. Acesso em: 28 abr. 2018.

ESTÔNIA. Republic of Estonia Competition Authority. *Leniency programme*. Disponível em: http://www.konkurentsiamet.ee/index.php?id=15112. Acesso em: 26 abr. 2018.

FALCÃO, Márcio. Os 29 anexos da delação de Lúcio Funaro. *Portal JOTA*, 14 set. 2017.

FALCÃO, Márcio. Bloqueio: MPF e governo discutem destino de R$ 8,5 milhões da leniência da Odebrecht. *Portal JOTA*, 11 abr. 2019.

FARINA, Elizabeth *et al. Competitividade*: mercado, Estado e organizações. São Paulo: Singular, 1997.

FIESP – FEDERAÇÃO DAS INDÚSTRIAS DO ESTADO DE SÃO PAULO. Índice de Percepção da Corrupção – 2010. DECOMTEC, ago. 2011. (Questões para discussão). Disponível em: http://www.fiesp.com.br/indices-pesquisas-e-publicacoes/indice-de-percepcao-da-corrupcao-2010/. Acesso em: 21 nov. 2018.

FRADE, Eduardo; DE ANDRADE, Diogo; ATHAYDE, Amanda. A evolução dos acordos de leniência e dos TCCs nos 5 anos de vigência da Lei 12.529/2011. *In:* CAMPILONGO, Celso; PFEIFFER, Ricardo (Org.). *A evolução do antitruste no Brasil*. Editora Singular, 2018.

FRADE, Eduardo; THOMSON, Diogo; ATHAYDE, Amanda. A Operação Lava Jato e a investigação de cartéis no Brasil: evolução ou revolução? *In:* MATTOS, Cesar (Org.) *A revolução antitruste no Brasil 3*. São Paulo: Singular, 2018.

FRAZÃO, Ana. Impactos do *compliance* sobre a responsabilidade administrativa de pessoas jurídicas. *Portal JOTA*, 29 jul. 2020.

FRIDRICZEWSKI, Vanir. Acuerdos de Lenidad en Brasil: algunas luces en la recuperación de activos. *In:* CONGRESO INTERNACIONAL 'CRIME DOESN'T PAY', 2019, Salamanca, Espanha. *Anais...* Salamanca: Universidad de Salamanca, 2019.

FRÜBING, Stefan; POLK, Andreas. *Product differentiation, leniency programs and cartel stability*. 2016. (BIIPS Working Paper n. 3). Disponível em: https://ssrn.com/abstract=2893593. Acesso em: 3 maio 2018.

FRÜBING, Stefan; POLK, Andreas. *Product differentiation, leniency programs and cartel stability*. Berlin Institute for International Business Studies, Aug. 1, 2016. (BIIPS Working Paper nº 3). Disponível em: https://ssrn.com/abstract=2893593. Acesso em: 3 maio 2018. p. 20.

GAFI – GRUPO DE AÇÃO FINANCEIRA INTERNACIONAL. *Money laundering*. Disponível em: http://www.fatf-gafi.org/faq/moneylaundering/. Acesso em: 2 maio 2018.

GALVÃO, Leonardo Vasconcellos Braz. *Apontamentos sobre o Acordo de Leniência na Lei Anticorrupção brasileira*. Dissertação (Mestrado) – PUC-SP, São Paulo, 2017.

GONÇALVES, Carlos Roberto. *Direito civil brasileiro*: responsabilidade civil. 5. ed. São Paulo. Saraiva, 2010.

GOVERNO fecha acordo de leniência com Andrade Gutierrez de R$ 1,49 bi. *Folha de São Paulo*, 18 dez. 2018. Disponível em: https://www1.folha.uol.com.br/mercado/2018/12/governo-fecha-acordo-de-leniencia-com-andrade-gutierrez-de-r-149-bi.shtml. Acesso em: 19 dez. 2018.

GRIFFIN, James M. The modern leniency program after ten years – a summary overview of the Antitrust Division's criminal enforcement program. *Justice News*, San Francisco, Aug. 12, 2003. Disponível em: https://www.justice.gov/atr/speech/modern-leniency-program-after-ten-years-summary-overview-antitrust-divisions-criminal. Acesso em: 4 nov. 2018.

GRIMBERG, Mauro. Alterações no Cade por novo projeto. *Portal Jota*, 11 jan. 2019.

GUIMARÃES, Marcelo Cesar. *Cartéis internacionais*: desafios e perspectivas para a internacionalização do direito da concorrência. Curitiba: Juruá, 2017. 271 p.

REFERÊNCIAS | 649

HAMMOND, Scott D. *When calculating the costs and benefits of applying for corporate amnesty, how do you put a price tag on an individual's freedom.* California: *DOJ*, 2001. Disponível em: http://www.justice.gov/atr/file/519066/download. Acesso em: 30 abr. 2018.

HAMMOND, Scott D. Cornerstones of an effective leniency program. *Justice News*, Washington, D. C., Nov. 22, 2004. Disponível em: https://www.justice.gov/atr/speech/ cornerstones-effective-leniency-program. Acesso em: 14 abr. 2018.

HAMMOND, Scott D. Caught in the act: inside an international cartel. *Justice News*, Washington, D. C., Oct. 18, 2005. Disponível em: https://www.justice.gov/atr/speech/ caught-act-inside-international-cartel. Acesso em: 1 maio 2018.

HAMMOND, Scott D. *Charting new waters in international cartel prosecutions.* California: DOJ, 2006. Disponível em: http://www.justice.gov/atr/file/518446/download. Acesso em: 30 abr. 2018.

HAMMOND, Scott D. Measuring the value of second-in cooperation in corporate plea agreements. *In:* ANNUAL AMERICAN BAR ASSOCIATION SECTION OF ANTITRUST LAW SPRING MEETING, 54., 2006, Washington D.C. *Anais...*DOJ: 2006. Disponível em: http://www.justice.gov/atr/public/speeches/215514.pdf. Acesso em: 15 nov. 2018.

HAMMOND, Scott D. *The evolution of criminal enforcement over the last two decades.* Miami: DOJ, 2010. Disponível em: http://www.justice.gov/atr/public/speeches/255515.pdf. Acesso em: 30 abr. 2018.

HARDING, Christopher; BEATON-WELLS, Caron; EDWARDS, Jennifer. Leniency and criminal sanctions: happily married or uneasy bedfellows? *In:* BEATON-WELLS, Caron; TRAN, Christopher (Ed.). *Anti-cartel enforcement in a contemporary age*: leniency religion. Hart Publishing, 2015, Cap. 12, p. 234-260.

HARRINGTON, Joseph E. Optimal corporate leniency programs. *The Journal of Industrial Economics*, v. 56, n. 2, p. 215-246, 2008.

HARRINGTON, Joseph E. Corporate leniency with private information: the push of prosecution and the pull of pre-emption. *The Journal Of Industrial Economics*, v. 61, n. 1, p. 1-27, March 2013.

HCA – HUNGARIAN COMPETITION AUTHORITY. *Leniency policy.* Disponível em: http://www.gvh.hu/en/for_professional_users/leniency_policy. Acesso em: 27 abr. 2018.

HOVENKAMP, Herbert. *Quantification of harm in private antitrust actions in the United States.* University of Iowa Legal Studies Research Paper, 2011.

HUNGRIA. Hungarian Competition Authority. *Leniency policy.* Disponível em: http:// www.gvh.hu/en/for_professional_users/leniency_policy. Acesso em: 27 abr. 2018.

ICC – INTERNATIONAL CHAMBER OF COMMERCE. *ICC leniency manual*: a user-guide for filing leniency applications worldwide. 2. ed. Paris: ICC, 2018.

ICN – INTERNATIONAL COMPETITION NETWORK. *Anti-cartel enforcement manual*: cartel enforcement – subgroup 2 ICN cartels working group. May 2007. Disponível em: http://www.internationalcompetitionnetwork.org/uploads/library/doc343.pdf. Acesso em: 30 abr. 2018.

ICN – INTERNATIONAL COMPETITION NETWORK. Drafting and implementing an effective leniency policy. *In: Anti-cartel enforcement manual*: cartel enforcement – subgroup 2 ICN cartels working group. May 2007. Cap. 2. Disponível em: http://www.

internationalcompetitionnetwork.org/uploads/library/doc1005.pdf. Acesso em: 23 out. 2018.

ICN – INTERNATIONAL COMPETITION NETWORK. Cartel case initiation. *In: Anti-cartel enforcement manual*: cartel enforcement – subgroup 2 ICN cartels working group. May 2007. Cap. 4. Disponível em: http://www.internationalcompetitionnetwork.org/uploads/library/doc343.pdf. Acesso em: 30 abr. 2018.

ICN – INTERNATIONAL COMPETITION NETWORK. Drafting and implementing an effective leniency policy. *In: Anti-cartel enforcement manual*: cartel enforcement – subgroup 2 ICN cartels working group. 2009. Cap. 2. Disponível em: http://www.internationalcompetitionnetwork.org/uploads/library/doc341.pdf. Acesso em: 18 abr. 2018.

ICN – INTERNATIONAL COMPETITION NETWORK. Digital evidence gathering. *In: Anti-cartel enforcement manual*: cartel enforcement – subgroup 2 ICN cartels working group. 2010. Cap. 3. Disponível em: http://www.internationalcompetitionnetwork.org/uploads/library/doc1006.pdf. Acesso em: 18 abr. 2018.

ICN – INTERNATIONAL COMPETITION NETWORK. *Waivers of confidentiality in cartel investigations* – explanatory note. 2012. Disponível em: Disponível em: http://www.internationalcompetitionnetwork.org/uploads/library/doc1012.pdf. Acesso em: 21 maio 2018.

ICN – INTERNATIONAL COMPETITION NETWORK. Checklist for efficient and effective leniency programmes. ICN, 2017. Disponível em: https://www.internationalcompetitionnetwork.org/portfolio/leniency-program-checklist/. Acesso em: 17 jul. 2020.

ICN – INTERNATIONAL COMPETITION NETWORK. Anti-cartel enforcement template: Administrative Council for Economic Defense – CADE /Brazil. ICN, 31 Jan. 2019.

ICN – INTERNATIONAL COMPETITION NETWORK. Good practices for incentivising leniency applications. ICN, 30 Apr. 2019.

ICN – INTERNATIONAL COMPETITION NETWORK. Guidance on Enhancing Cross-Border Leniency Cooperation. June 2020. Disponível em: https://bit.ly/3dui96b. Acesso em: 14 jul. 2020.

ISO – INTERNATIONAL ORGANIZATION FOR STANDARDIZATION. ISO 19600. Compliance management systems – guidelines. Geneva: ISO, 2014.

JAPÃO. Japan Fair Trade Commission. *ICN Anti-cartel enforcement template*. Disponível em: http://www.jftc.go.jp/en/policy_enforcement/cartels_bidriggings/anti_cartel.html. Acesso em: 27 abr. 2018.

JAPÃO. Japan Fair Trade Commission. *Cartels and bid-riggings*. Disponível em: https://www.jftc.go.jp/en/policy_enforcement/cartels_bidriggings/index.html. Acesso em: 27 abr. 2018.

KLOUB, Jindrich. Leniency as the most effective tool in combating cartels. *In:* LATIN AMERICAN COMPETITION FORUM, 2009, Santiago, Chile. Anais... Santiago: OECD, 2009.

LAMY, Ana Carolina P. C. Faraco. *Reflexos do Acordo de Leniência no processo penal* – a implementação do instituto ao Direito Penal Econômico Brasileiro e a necessária adaptação ao regramento constitucional. Rio de Janeiro: Lumen Juris, 2014.

REFERÊNCIAS | 651

LAVA JATO: AGU e CGU fecham acordo de leniência com empresas de publicidade que prevê devolução de R$ 53 milhões. *G1 Política*, 16 abr. 2018. Disponível em: https://g1.globo.com/politica/operacao-lava-jato/noticia/agu-e-cgu-fecham-o-primeiro-acordo-de-leniencia-da-lava-jato-com-empresas-de-publicidade.ghtml. Acesso em: 15 nov. 2018.

LESLIE, Christopher R. Antitrust amnesty, game theory, and cartel stability. *Journal of Corporation Law*, v. 31, 2006.

LILLEY, Peter. *Lavagem de dinheiro*: negócios ilícitos transformados em atividades legais. São Paulo: Futura, 2001.

LIMA, Fernanda M. S.; SALGADO, Lucia H.; FIUZA, Eduardo P. S. Leniency and cooperation programs in Brazil: an empirical analysis from 1994 to 2014. *Revista de Economia Contemporânea*, v. 23, n. 2, p. 1-26, 2019.

LIMA, Renato Brasileiro de. *Manual de processo penal*: volume único. 5. ed. Salvador: Juspodivm, 2017.

LINS, Raniere Rocha. *Consensualidade e o enfrentamento à corrupção*: diagnóstico dos espaços de consenso na prevenção e repreensão de atos corruptivos à luz da Lei nº 12.846/2013. 2020. Dissertação (Mestrado) – Instituto de Direito Público, Brasília, 2020.

LITUÂNIA. Competition Council of the Republic of Lithuania. *Rules on immunity from fines and reduction of fines for the parties to prohibited agreements*: general provisions. 2008. Disponível em: https://kt.gov.lt/en/legislation/rules-on-immunity-from-fines-and-reduction-of-fines-for-the-parties-to-prohibited-agreements. Acesso em: 27 abr. 2018.

LORENZ, Moritz. *An introduction to EU competition law*. Cambridge University Press, 2013.

LUI, Bradley. S.; ILLOVSKY, Eugene; BOS, Jacqueline. Increased DOJ intervention to stay discovery in civil antitrust litigation". *Antitrust Litigator*, v. 8, n. 1, 2009.

MACEDO, André; FREITAS, Sarah Roriz de. Aspectos da declaração de inidoneidade pelo TCU. *Portal JOTA*, 25 ago. 2017. Disponível em: https://www.jota.info/opiniao-e-analise/artigos/aspectos-da-declaracao-de-inidoneidade-pelo-tcu-25082017. Acesso em: 7 jul. 2018.

MACHADO, Luiza Andrade. Programas de leniência e responsabilidade civil concorrencial: o conflito entre a preservação dos interesses da leniência e o direito à indenização. *Revista de Defesa da Concorrência*, v. 3, n. 2, p. 114-132, 2015.

MARCO COLINO, Sandra. The perks of being a whistleblower: designing efficient leniency programs in new antitrust jurisdictions. *Vanderbilt Journal of Transnational Law*, v. 50, n. 5, 2016. Disponível em: https://ssrn.com/abstract=2871056. Acesso em: 3 maio 2018.

MARINONI, Luiz Guilherme; ARENHART, Sérgio Cruz. *Manual do processo de conhecimento*. São Paulo: Revista dos Tribunais, 2001.

MARRARA, Thiago. Comentários ao art. 16º. *In*: DI PIETRO, Maria Sylvia Zanella. MARRARA, Thiago (Coord.). *Lei Anticorrupção Comentada*. 2. ed. Belo Horizonte: Fórum, 2018.

MARRARA, Thiago. Acordos de Leniência no processo administrativo brasileiro: modalidades, regime jurídico e problemas emergentes. *Revista Digital de Direito Administrativo*, v. 2, n. 2, p. 509-527, 2015.

MARRARA, Thiago. Acordo de leniência na Lei Anticorrupção: pontos de estrangulamento da segurança jurídica. *Revista Digital de Direito Administrativo*, v. 6, n. 2, p. 95-113, 2019.

MARTINEZ, Ana Paula. *Repressão a cartéis*: interface entre Direito Administrativo e Direito Penal. São Paulo: Singular, 2013.

MARTINEZ, Ana Paula. Challenges ahead of leniency programmes: the Brazilian experience. *Journal of European Law and Practice*, v. 6, n. 4, p. 260-267, 2015.

MARTINS, Frederico Bastos Pinheiro. *Obstáculos às ações privadas de reparação de danos decorrentes de cartéis*. 2017. Dissertação (mestrado) – Escola de Direito de São Paulo da Fundação Getulio Vargas, São Paulo, 2017.

MARTYNISZYN, Marek. Leniency (amnesty) plus: a building block or a trojan horse". *Journal of Antitrust Enforcement*, v. 3, n. 2, p. 391-407, 2015.

MEGALE, Bela; SOUZA, André de; SCHMITT, Gustavo. Fachin devolve à PGR oito delações de executivos da OAS. *O Globo*, 8 fev. 2018. Disponível em: https://oglobo.globo.com/brasil/fachin-devolve-pgr-oito-delacoes-de-executivos-da-oas-22377249. Acesso em: 15 nov. 2018.

MENDES, Gilmar; FERNANDES, Victor Oliveira. Acordos de Leniência e Regimes Sancionadores Múltiplos: Pontos de Partida para uma Integração Constitucional. *In:* DANTAS, Marcelo Navarro Ribeiro (Coord.). *Inovações no Sistema de Justiça*. Editora Revista dos Tribunais: São Paulo, 2021 (no prelo).

MELLO, Magno Antonio Correia de. Programas de leniência em países membros e parceiros da organização para a cooperação e desenvolvimento econômico. *Consultoria Legislativa*, Nov. 2015. Disponível em: http://bd.camara.gov.br/bd/handle/bdcamara/26442. Acesso em: 26 abr. 2018.

MENDONÇA, Andrey Borges de. *Roteiro de colaboração premiada*. São Paulo: Mimeo, 2012.

MENDRONI, Marcelo Batlouni. *Crime organizado, aspectos gerais e mecanismos legais*. 5. ed. São Paulo: Atlas, 2015.

MÉXICO. Comisión Federal de Competencia Económica. *Programa de inmunidad*. Disponível em: https://www.cofece.mx/autoridad-investigadora/programa-de-inmunidad/. Acesso em: 27 abr. 2018.

MILLER, Nathan H. Strategic leniency and cartel enforcement. *American Economic Review*, v. 99, n. 3, p. 750-768, 2009.

MOISEJEVAS, Raimundas, Passing-on of overcharges and the implementation of the damages directive in CEE Countries. Yearbook of Antitrust and Regulatory Studies, v. 10, n. 15, p. 133-146, 2017. Disponível em: https://ssrn.com/abstract=3159074. Acesso em: 8 set. 2020.

MOTTA, Lucas Griebeler da. Tribunal do Cade arquiva investigação de cartel iniciada com leniência. *Boletim*, jan. 2018. Disponível em: http://www.levysalomao.com.br/publicacoes/Boletim/tribunal-do-cade-arquiva-investigacao-de-cartel-iniciada-com-leniencia. Acesso em: 23 out. 2018.

MOURA, Bruno; DANTAS, Iuri. Cade investiga cartéis ainda desconhecidos na Lava Jato. *Portal JOTA*, 30 jun. 2017. Disponível em: https://www.jota.info/especiais/cade-investiga-carteis-ainda-desconhecidos-na-lava-jato-30062017. Acesso em: 9 out. 2018.

MOURA, Rafael Moraes; PIRES, Breno. Fachin devolve delação da Galvão Engenharia à Procuradoria. *Estadão*, Brasília, 16 nov. 2017. Disponível em: https://politica.estadao.com.br

REFERÊNCIAS | 653

/blogs/fausto-macedo/fachin-devolve-delacao-da-galvao-engenharia-a-procuradoria-para-ajuste-pontual/. Acesso em: 15 nov. 2018.

NONATO, Renato Vicente. Acordo de Leniência no Brasil: seus limites e a ação de seus protagonistas. 2018. Dissertação (Mestrado) – Faculdade de Direito da Universidade Fumec, Belo Horizonte, 2018.

NUCCI, Guilherme. Há limites para o prêmio da colaboração premiada? *Consultor Jurídico*, 3 jul. 2017.

OCDE – ORGANIZAÇÃO PARA A COOPERAÇÃO E DESENVOLVIMENTO ECONÔMICO. *Public and private antitrust enforcement in competition*. Disponível em: www.oecd.org/daf/competition/antitrust-enforcement-in-competition.htm. Acesso em: 8 out. 2018.

OCDE – ORGANIZAÇÃO PARA A COOPERAÇÃO E DESENVOLVIMENTO ECONÔMICO. Using leniency to fight hard core cartels. Policy Brief, Sep. 2001.

OCDE – ORGANIZAÇÃO PARA A COOPERAÇÃO E DESENVOLVIMENTO ECONÔMICO. *Fighting hard core cartels*: harm, effective sanctions and leniency programmes. Paris: OCDE, 2002. Disponível em: http://www.oecd.org/competition/cartels/1841891.pdf. Acesso em: 15 abr. 2018.

OCDE – ORGANIZAÇÃO PARA A COOPERAÇÃO E DESENVOLVIMENTO ECONÔMICO. Session I: using leniency to fight hard core cartels. *In*: LATIN AMERICAN COMPETITION FORUM, 2009, Santiago. *Anais...* OCDE, 2009.

OCDE – ORGANIZAÇÃO PARA A COOPERAÇÃO E DESENVOLVIMENTO ECONÔMICO. Recent challenges for cartel combat: Chile's new leniency programme. *In*: LATIN AMERICAN COMPETITION FORUM, 2009, Santiago. *Anais...* OCDE, 2009.

OCDE – ORGANIZAÇÃO PARA A COOPERAÇÃO E DESENVOLVIMENTO ECONÔMICO. *Quantification of harm to competition by national courts and competition agencies*. OCDE, 2011.

OCDE – ORGANIZAÇÃO PARA A COOPERAÇÃO E DESENVOLVIMENTO ECONÔMICO. *Leniency for subsequent applicants*. 2012. Disponível em: http://www.oecd.org/competition/Leniencyforsubsequentapplicants2012.pdf. Acesso em: 18 abr. 2018.

OCDE – ORGANIZAÇÃO PARA A COOPERAÇÃO E DESENVOLVIMENTO ECONÔMICO. *Ex officio cartel investigations and the use of screens to detect cartels*. OCDE, 2013. Disponível em: http://www.oecd.org/daf/competition/exofficio-cartel-investigation-2013.pdf. Acesso em: 30 abr. 2018.

OCDE – ORGANIZAÇÃO PARA A COOPERAÇÃO E DESENVOLVIMENTO ECONÔMICO. *Use of markers in leniency programmes*. 2014. Disponível em: http://www.oecd.org/officialdocuments/publicdisplaydocumentpdf/?cote=DAF/COMP/WP3(2014)9&doclanguage=en. Acesso em: 18 abr. 2018.

OCDE – ORGANIZAÇÃO PARA A COOPERAÇÃO E DESENVOLVIMENTO ECONÔMICO. *The rationale for fighting corruption*. Paris, 2014. Disponível em: https://news.un.org/en/story/2013/03/434162-corruption-hurts-human-rights-senior-un-official-warns. Acesso em: 8 jul. 2018.

OCDE – ORGANIZAÇÃO PARA A COOPERAÇÃO E DESENVOLVIMENTO ECONÔMICO. OECD peer reviews of competition law and policy: Brazil. 2019. Disponível em: https://bit.ly/3v6ns1D. Acesso em: 18 jul. 2020.

OCDE; THE WORLD BANK. *Identification and quantification of the proceeds of bribery*: a joint OECD-StAR analysis. OECD Publishing, 2012. Disponível em: http://www.oecd. org/daf/anti-bribery/50057547.pdf. Acesso em: 21 nov. 2018.

OLIVEIRA, André Gustavo Veras. O Acordo de Leniência na Lei de Defesa da Concorrência e na Lei Anticorrupção diante da atual conjuntura da Petrobras. *Revista de Defesa da Concorrência*, v. 3, n. 1, p. 5-27, maio 2015.

OLIVEIRA, Isabela Monteiro de. *Adesão de pessoas físicas aos acordos de leniência anticorrupção e do Ministério Público*: perspectivas sobre a implementação. Monografia (Pós-Graduação) – Departamento de Direito, Fundação Getúlio Vargas. Brasília, 2020.

OLIVEIRA, Isabela Monteiro de. Efeitos guarda-chuva e direito da concorrência no Brasil: os possíveis impactos nas ações de responsabilidade por danos concorrenciais. *In*: MAIOLINO, Isabela (Coord.). *Mulheres no antitruste II*. São Paulo: Singular, 2019. p. 205-237.

PACELLI, Eugênio; FISCHER, Douglas. *Comentários ao Código de Processo Penal e sua jurisprudência*. 5. ed. São Paulo: Atlas, 2013.

PALMA, Juliana B. *Atuação administrativa consensual*: estudo dos acordos substitutivos no processo administrativo sancionador. Dissetação (Mestrado) – Universidade de São Paulo, São Paulo, 2010.

PARENTE, Norma Jansen. *Aspectos jurídicos do insider trading*. CVM, 1978.

PARENTE, Norma Jansen. Mercado de capitais. *In*: CARVALHOSA, Modesto. *Tratado de Direito Empresarial*. v. 6. Rio de Janeiro: Revista dos Tribunais, 2016.

PASSOS, Gabriel C. Dos Acordos de Leniência do CADE e da CGU: qual balcão é o mais atrativo? *Revista de Defesa da Concorrência*, v. 8, n. 1, p. 207-236, jun. 2020.

PEREIRA, Victor Alexandre El Khoury M. Acordo de leniência na Lei Anticorrupção (Lei nº 12.846/2013). *Revista Brasileira de Infraestrutura*, Belo Horizonte, ano 5, n. 9, p. 79-113, jan./jun. 2016.

PIMENTA, Guilherme. Com leniência, CVM deve chegar a vazador de informação, diz diretor. *Portal JOTA*, 16 abr. 2018. Disponível em: https://www.jota.info/tributos-e-empresas/mercado/leniencia-cvm-vazador-16042018. Acesso em: 9 maio 2008.

PIMENTA, Guilherme. Empresa não pode sair de leniência pior do que entrou, diz Amanda Athayde. *Portal JOTA*, São Paulo, 21 jun. 2018. Disponível em: https://www.jota. info/tributos-e-empresas/mercado/empresa-leniencia-entrou-amanda-athayde-21062018. Acesso em: 9 out. 2018.

PIMENTA, Guilherme. Ao fechar primeiro termo de compromisso, BC dá sinalizações ao mercado. *Portal JOTA*, 26 set. 2018.

PIMENTA, Guilherme. "Sem efeitos criminais, leniência na CVM servirá para ilícitos administrativos": Em entrevista ao JOTA, diretor Henrique Machado detalha rito da colaboração premiada no mercado de capitais. *Portal JOTA*, 18 de junho de 2019. Disponível em: https://www.jota.info/tributos-e-empresas/mercado/sem-efeitos-criminais-leniencia-na-cvm-servira-para-ilicitos-administrativos-18062019. Acesso em: 21 out. 2019.

REFERÊNCIAS | 655

PIMENTA, Guilherme. Banco Central fecha primeiro termo de compromisso com instituição não bancária. *Portal JOTA*, 11 out. 2019. Disponível em https://www.jota.info/tributos-e-empresas/mercado/banco-central-fecha-primeiro-termo-de-compromisso-com-instituicao-nao-bancaria-11102019. Acesso em: 21 out. 2019.

PIMENTA, Raquel. A construção dos acordos de leniência da lei anticorrupção. São Paulo: Bluncher, 2020. p. 94-95

PINHA, Lucas Campio. Qual a contribuição da Teoria dos Jogos para os programas de leniência? Uma análise aplicada ao contexto brasileiro. Revista de Defesa da Concorrência, v. 6, n. 1, p. 157-172, maio 2018.

PINHA, Lucas C.; BRAGA, Marcelo José. Evaluating the effectiveness of the Brazilian Leniency Program. Economics Bulletin, v. 39, n. 3, p. 1860-1869, 2019.

PINHA, Lucas C. Leniency and damages liability in Brazil: the effects on collusive behavior. ENCONTRO NACIONAL DE ECONOMIA, 45, 2017, Natal, Rio Grande do Norte. *Anais...* Natal: Anpec, 2017.

PINHA, Lucas Campio; BRAGA, Marcelo José; OLIVEIRA, Glauco Avelino Sampaio. A efetividade dos programas de leniência e o contexto brasileiro. *Revista de Defesa da Concorrência*, v. 4, n. 1, p. 133-152, 2016. Disponível em: http://revista.cade.gov.br/index.php/revistadedefesadaconcorrencia/article/view/253. Acesso em: 3 maio 2017.

PINHO, Clóvis Alberto Bertolini de. Corrupção e administração pública no Brasil: combate administrativo e a Lei no 12.846/2013 (Lei Anticorrupção). São Paulo: Almedina, 2020.

PIRES, Breno. CGU, AGU e MPF assinam e enaltecem primeiro acordo 'global' de leniência. *Estadão*, 16 abr. 2018. Disponível em: https://economia.estadao.com.br/noticias/governanca,cgu-agu-e-mpf-assinam-e-enaltecem-primeiro-acordo-global-de-leniencia,70002271113. Acesso em: 1 jul. 2018.

PIRES, Breno. TCU atua em descompasso com política de leniência, afirmam AGU e CGU. *Estadão*, 10 jul. 2018. Disponível em: https://economia.estadao.com.br/noticias/geral,tcu-atua-em-descompasso-com-politica-de-leniencia-afirmam-agu-e-cgu,70002397330. Acesso em: 20 nov. 2018.

POLÔNIA. Office of Competition and Consumer Protection. *Leniency programme.* Disponível em: http://www.uokik.gov.pl/leniency_programme.php. Acesso em: 27 abr. 2018.

PORTUGAL. Autoridade da Concorrência. *O programa de clemência.* Disponível em: http://www.concorrencia.pt/vPT/Praticas_Proibidas/O_programa_de_clemencia/Paginas/Programa-da-Clemencia.aspx. Acesso em: 27 abr. 2018.

PRADO, Viviane Muller; REIS, Yasmin Fernandes. Por que a CVM firma termos de compromisso. *Portal JOTA*, 31 ago. 2017.

QUEIROZ, Beatriz. Crimes diretamente relacionados à prática de cartel: uma análise acerca do enquadramento da corrupção ativa no rol de crimes do artigo 87 - Lei 12.529/11. *Mulheres no Antitruste*, v. 1. Brasília: Editora UnB, 2018. p. 132-157.

RECH FILHO, Arby Ilgo. Acordo de leniência no âmbito da lei anticorrupção. *In:* FRAZÃO, Ana (Org.). *Constituição, empresa e mercado.* Brasília: Faculdade de Direito, Universidade de Brasília, 2017.

REINO UNIDO. Competition and Markets Authority. *Cartels*: come forward and apply for leniency. 2014. Disponível em: https://www.gov.uk/guidance/cartels-confess-and-apply-for-leniency. Acesso em: 27 abr. 2018.

ROCHA, Camila Pires; SOUZA, Renata Gonsalez. What if the Leniency Agreement gets knocked out? 2020. No prelo.

RODARTE, Fabio K.; FREITAS, João Victor. Acordos de delação premiada no sistema financeiro. *In*: CONGRESSO INTERNACIONAL DE CIÊNCIAS CRIMINAIS, 8, Porto Alegre, Rio Grande do Sul. *Anais*... Porto Alegre: PUCRS, 2017.

ROSILHO, André. Poder regulamentar do TCU e o Acordo de Leniência da Lei Anticorrupção. *Direito do Estado*, n. 133, 2016. Disponível em: http://www.direitodoestado. com.br/colunistas/Andre-Rosilho/poder-regulamentar-do-tcu-e-o-acordo-de-leniencia-da-lei-anticorrupcao. Acesso em: 29 jun. 2018.

ROSIS, Roberta de. Celebração de acordo de 'leniência' no âmbito da LIA. *Portal JOTA*, 29 ago. 2018.

RUFINO, Victor Santos. *Os fundamentos da delação*: análise do Programa de Leniência do Cade à luz da Teoria dos Jogos. Dissertação (Mestrado) – Universidade de Brasília, Brasília, 2016. Disponível em: http://repositorio.unb.br/bitstream/10482/22288/1/2016_VictorSantosRufino.pdf. Acesso em: 29 abr. 2018.

RUFINO, Victor Santos; MENDES, Francisco Schertel Ferreira. Colaboração no combate a cartéis. *Folha de São Paulo*, São Paulo, 19 maio 2018. Disponível em: http://www1.folha.uol. com.br/opiniao/2015/10/1693592-colaboracao-no-combate-a-carteis.shtml?loggedpaywall. Acesso em: 19 maio 2018.

SALGADO, Lucia Helena. A política brasileira de dissuasão de cartéis é eficaz? Uma análise econômica dos efeitos não antecipados de acordos de leniência e colaboração. [s.d.]. No prelo.

SALGADO, Lucia Helena; SOUZA, Sergio Aquino. Análise dos efeitos da extensão de acordos de leniência a líderes de cartel: uma reflexão a partir de investigação em mercado de prestação de serviços de manutenção. [s.d.]. No prelo.

SALES, Marlon Roberth; BANNWART JÚNIOR, Clodomiro José. O Acordo de Leniência: uma análise de sua compatibilidade constitucional e legitimidade. *Revista do Direito Público*, Londrina, v. 10, n. 3, p. 31-50, set./dez. 2015.

SÁNCHEZ, Fernando Jiménez. A armadilha política: A corrupção como problema de ação de coletiva. *Revista do Conselho Nacional do Ministério Público: improbidade administrativa*, n. 5, p. 11-30, 2015.

SANTOS, José Anacleto Abduch; BERTONCINI, Mateus; COSTÓDIO FILHO, Ubirajara. *Comentários à Lei 12.846/2013*. 2. ed. São Paulo: Revista dos Tribunais, 2015.

SANTOS, Marcelo Rivera. Ação privada de ressarcimento civil derivada de conduta anticoncorrencial: do termo inicial da prescrição. *Revista de Defesa da Concorrência*, v. 3, n. 1, p. 133-160, maio 2015.

SANTOS, Natália B. C.; RODRIGUES, Filipe A. Os jogos da leniência: uma análise econômica da Lei Anticorrupção. *Revista Jurídica Luso-Brasileira*, ano 4, n. 6, p. 2509-2534, 2018.

REFERÊNCIAS | 657

SBM devolverá R$ 1,22 bilhão à Petrobras em acordo de leniência. *Notícias do Dia*, 23 out. 2018. Disponível em https://ndonline.com.br/florianopolis/noticias/sbm-devolvera-r-1-22-bilhao-a-petrobras-em-acordo-de-leniencia. Acesso em: 20 nov. 2018.

SCAFF, Fernando F. A articulação dos acordos de leniência em um sistema de controle público. *Consultor Jurídico*, 20 mar. 2018.

SCHMITT, Gustavo. Odebrecht e Braskem terão monitor externo contra fraudes. *O Globo*, 23 dez. 2016. Disponível em: https://oglobo.globo.com/brasil/odebrecht-braskem-terao-monitor-externo-contra-fraudes-20685242. Acesso em: 20 nov. 2018.

SEGAN, James. Arbitration clauses and competition. Law Journal of European Competition Law & Practice, v. 9, n. 7, p. 423-430, 2018. Disponível em: https://bit.ly/3jXBrRK. Acesso em: 9 set. 2020.

SEPRAC – SECRETARIA DE PROMOÇÃO DA PRODUTIVIDADE E ADVOCACIA DA CONCORRÊNCIA. *Manual de advocacia da concorrência*: cálculo de danos em cartéis – guia prático para o cálculo do sobrepreço em ações de reparação de danos. Brasília: Seprac, 2018. Disponível em: http://www.fazenda.gov.br/centrais-de-conteudos/publicacoes/guias-e-manuais/calculo-de-danos-em-carteis. Acesso em: 23 out. 2018.

SHALDERS, André; BARBIÉRI, Luiz Felipe. Leia a íntegra da delação de executivos da JBS. *Poder 360*, 19 maio 2017. Disponível em: https://www.poder360.com.br/justica/leia-a-integra-da-delacao-de-executivos-da-jbs/. Acesso em: 28 abr. 2018.

SILVA, Lucas Freire. *Simulação de efeitos de um choque na tecnologia de detecção de cartéis*: subsídios para a política antitruste brasileira. 74f. Dissertação (Mestrado) – Universidade de Brasília, Brasília, 2016. Disponível em: http://repositorio.unb.br/bitstream/10482/23226/1/2016_LucasFreireSilva.pdf. Acesso em: 30 abr. 2018.

SILVA, Rodrigo D. Benefícios da delação: colaboração premiada é importante para romper pacto de silêncio mafioso. *Consultor Jurídico*, 25 jan. 2015. Disponível em: https://www.conjur.com.br/2015-jan-25/entrevista-vladimir-barros-aras-procurador-regional-republica. Acesso em: 15 nov. 2018.

SILVEIRA, Paulo Burnier; FERNANDES, Victor Oliveira. The 'Car Wash Operation' in Brazil: challenges and perspectives in the fight against bid rigging. *In:* SILVEIRA, Paulo Burnier; KOVACIC, William Evan. Global Competition Enforcement: new players, new challenges. 2019. cap. 7. p. 141-154.

SIMÃO, Valdir Moyses; VIANNA, Marcelo Pontes. *O acordo de leniência na lei anticorrupção*: histórico, desafios e perspectivas. São Paulo: Trevisan Editora, 2017.

SLAUGHTER AND MAY. *Implementation of the Damages Directive across the EU*. 2017. Disponível em: https://www.debrauw.com/wp-content/uploads/2017/02/Briefing-Note.pdf. Acesso em: 24 out. 2018.

SOUSA, Alden C.; CAMPOS, Priscilla C. C. *Roundtable on challenges and co-ordination of leniency programmes* – Note by Brazil. OECD, 5 Jun. 2018.

SPRATLING, Gary R. *International cartels*: the intersection between FCPA violations and antitrust violations. Washington, D. C.: *DOJ*, 1999. Disponível em: http://www.justice.gov/atr/file/518581/download. Acesso em: 30 abr. 2018.

SPRATLING, Gary R. Transparency in enforcement maximizes cooperation from antitrust offenders. *In:* ANNUAL CONFERENCE ON INTERNATIONAL ANTITRUST LAW &

POLICY, 26, 1999, New York. *Anais...* New York: Fordham Corporate Law Institute, October 15, 1999. Disponível em: https://www.justice.gov/atr/file/518586/download. Acesso em: 4 nov. 2018.

SPRATLING, Gary R. Making companies an offer they shouldn't refuse: the antitrust division's corporate leniency policy – an update. 1999. *Justice News*, Washington, D. C., Feb. 16, 2019. Disponível em: https://www.justice.gov/atr/speech/making-companies-offer-they-shouldnt-refuse-antitrust-divisions-corporate-leniency-policy. Acesso em: 30 abr. 2018.

SYNDER, Brent. *Individual accountability for antitrust crimes.* New Haven: DOJ, 2016. Disponível em: https://www.justice.gov/opa/file/826721/download. Acesso em: 30 abr. 2018.

TAIWAN. Fair Trade Commission. *Regulations on immunity and reduction of fines in illegal concerted action cases.* 6 jan. 2012. Disponível em: https://www.ftc.gov.tw/internet/english/doc/docDetail.aspx?uid=1302&docid=12223. Acesso em: 27 abr. 2018.

TARRICONE, Manuel. *Carrió:* "la corrupción es la madre de la pobreza". 14 ago. 2013. Disponível em: http://www.chequeado.com/ultimas-noticias/1715-carrio-qla-corrupcion-es-la-madre-de-la-pobrezaq.html. Acesso em: 8 jul. 2018.

TEIXEIRA, Matheus. AGU firma leniência com a Odebrecht, que devolverá R$ 2,7 bilhões ao governo. *Portal JOTA*, Brasília, 9 jul. 2018. Disponível em: https://www.jota.info/justica/agu-leniencia-odebrecht-27-bilhoes-09072018. Acesso em: 13 jul. 2018.

THEODORO JÚNIOR, Humberto. *Curso de direito processual civil.* 56. ed. v. 1. Rio de Janeiro: Forense, 2015.

TRINDADE, Naira. SBM Offshore retoma acordo de leniência com governo. *Estadão*, 23 maio 2018. Disponível em: https://politica.estadao.com.br/blogs/coluna-do-estadao/sbm-offshore-retoma-acordo-de-leniencia-com-governo/. Acesso em: 1 jul. 2018.

UNIÃO EUROPEIA. European Competition Network. *ECN model leniency programme.* Disponível em: http://ec.europa.eu/competition/ecn/mlp_revised_2012_en.pdf. Acesso em: 27 abr. 2018.

VASCONCELOS, Beto Ferreira Martins; SILVA, Marina Lacerda e. Acordo de Leniência - a prática de um jogo ainda em andamento. *In:* MOURA, Maria Thereza de Assis; BOTTINI, Pierpaolo Cruz (Org.). *Colaboração Premiada.* São Paulo: Revista dos Tribunais, 2018. p. 275-301.

VASCONCELOS, Beto Ferreira Martins; SILVA, Marina Lacerda e. Lei Anticorrupção, leniência e colaboração – avanços e desafios. *In:* LAMACHIA, Claudio; PETRARCA, Carolina (Coord.). *Compliance:* essência e efetividade. Brasília: OAB, Conselho Federal, 2018. p. 101-110.

VASSALLO, Luiz; TEIXEIRA, Luiz Fernando; MACEDO, Fausto. Agências de publicidade fecham leniência inédita de R$ 50 mi. *Estadão*, São Paulo, 16 abr. 2018. Disponível em: http://politica.estadao.com.br/blogs/fausto-macedo/agencias-de-publicidade-fecham-leniencia-inedita-de-r-50-mi/. Acesso em: 18 abr. 2018.

WELLISCH, Julya Sotto Mayor; SANTOS, Alexandre Pinheiro dos. O termo de compromisso no âmbito do mercado de valores mobiliários. *Interesse Público*, Belo Horizonte, v. 11, n. 53, jan. 2009.

WILS, Wouter P. J. Leniency in antitrust enforcement: theory and practice. *World Competition: Law and Economics Review*, v. 30, n. 1, 2013. Disponível em: https://papers.ssrn.com/sol3/papers.cfm?abstract_id=939399. Acesso em: 2 maio 2018.

WILS, Wouter P. J. The use of leniency in EU cartel enforcement: an assessment after twenty years. *World Competition*, v. 39, n. 3, p. 327-388, Sept. 2016.

ZHOU, Jun. *Evaluating leniency with missing information on undetected cartels*: exploring time-varying policy impacts on cartel duration. 2013 (TILEC Discussion Paper n. 2011-042). Disponível em: http://papers.ssrn.com/sol3/papers.cfm?abstract_id=1934191. Acesso em: 3 maio 2018.

Esta obra foi composta em fonte Palatino Linotype, corpo 10
e impressa em papel Offset 63g (miolo) e Supremo 250g (capa)
pela Gráfica Paulinelli.